天

Borderless

下

博稽古今 融汇天下

天
Borderless
下

法学新经典

中国法律的传统与近代转型

第四版

张晋藩　著

法律出版社 LAW PRESS · CHINA

作者简介

张晋藩 1930年出生，辽宁沈阳人，现为中国政法大学终身教授，博士生导师，中国政法大学法律史学研究院名誉院长。1952年中国人民大学首届“国家与法权历史”研究生专业毕业。1952年至1983年先后任中国人民大学法律系讲师，副教授，教授，博士生导师。1983年至1994年先后任中国政法大学研究生院院长，副校长，中国法律史研究所所长。1987年评为国家级重点学科中国法制史学带头人。主要兼职先后有：中国法律史学会常务副会长、名誉会长，中国法制史研究会会长。1991年享受国务院特殊贡献津贴，2001年聘为中国政法大学终身教授，2012年入选中国法学会首届“全国杰出资深法学家”，2018年被中国老教授协会授予“科教兴国优秀工作奖”先进个人。主要著作：《中国法制史》（日本中央大学译成日文出版）、《中国法律的传统与近代转型》（德国Springer出版社将该书第三版译成英文出版）、《中华法制文明史》、《中国监察法制史》、《中国宪法史》、《中国刑法史新论》、《清代民法综论》、《镜鉴心语》、《学思欣路》等30余部，主编《中国民法通史》、《中国司法制度史》、《清朝法制史》、《中国法制通史》（10卷本）、《中华大典 · 法律典》、《中国少数民族法史通览》（10卷本）等，主编中国法制史教材20余部；在《中国社会科学》《中国法学》《法学研究》《求是》等刊物上发表学术论文300余篇。

出版说明

《中国法律的传统与近代转型》(第四版)较之第三版,增加了三个传统,一是“德法互补、共同为治”;二是“立足实际,体现国情”;三是“吏民习法,明刑弼教”,并对第三版十五个传统在编排次序上有所调整,以更好地反映逻辑关系。此外,在“中国法律的近代转型”部分也作了必要的修改,以更符合历史的实际。本次再版时作者对书中脚注进行了全面核查,但引用的部分文献来自图书馆、孤本或影印资料,时间久远,未能找到更全面的信息出处,如有不到之处,望读者一并批评指正。

张晋藩

2019 年 5 月 31 日

目　录

前　言

一

中国是世界著名的法制文明古国之一，法律的历史可以上溯到公元前三千年左右，而且辗转相承，绵延不绝，迄未中断。这是古埃及、古巴比伦、古印度、古波斯等国所不具备的一大特点和一大优点，由此而形成了历史悠久、源流清晰、特色鲜明的法律传统。它产生于中国的文化土壤，是中华民族的智慧与创造力的体现。它的完整性与系统性以及遗留至今浩瀚的法学著作、历代法典王章与档案资料，均为世界所少有。它雄辩地说明了中华民族对世界法文化宝库的巨大贡献，以及中华法系何以受到各国的尊重，长时期地傲然自立于世界法律历史之林。

中国古代法律总是依托于社会的发展而发展，尤其是在社会转型时期法律也相应地发生巨大的变革，并以其特有的功能为社会的转型发挥着催生的作用。从法律与社会的相互关系中可以把握法律发展的阶段性与规律性，以及法律传统与中国国情、社情相适应的典型性。

中国自古以来就是统一的多民族国家，不同的民族在不同的时代，由于文化、经济、政治发展的差别而处于不同的历史地位,对于中国法律传统的形成与发展所起的作用也各自不同。但无论如何,中国法律传统是各民族人民共同缔造的,凝聚了各族人民的法律智慧,是各民族的法律文化与法制经验相互交流与吸收的结果。但是这种多元性并没有影响中原汉族法律传统的主体性与统一性。如同海纳百川一样,中原汉族的法律正是在吸收各民族的法律文化的基础上,才形成了多样性的发展与绚烂多彩的法律传统。

就文化源头而言,也同样存在多元性与主体性的统一。从先秦开始,儒、墨、道、法等各家学说,都尽其可能地支配着、影响着中国古代法律的发展与法律传统的形成。但在这个过程中又存在一种基本的倾向,那就是儒家思想的主导地位。儒家思想及其施政原则,始终指导着法律的构建进程与司法的总体规范,这是由深厚的宗法社会的道德理想主义,以及法、理、情三者相统一的文化土壤所决定的。汉以后的外儒内法则表现了以儒家思想为主导的诸子百家学说的融合。

中国法律传统的内涵极为宽广,尽管菁芜并存,但富有跨越时空的民主性因素。譬如,人本主义的法律倾斜、法致中平的价值取向、天人合一的和谐诉求、德礼为本的道德支撑、援法断罪的司法责任、法为治具的政治方略等,都彰显了中国法律传统中最有价值的部分。因此需要从多侧面、多层次、多角度去研究、总结,以揭示其历史的真相,并为当前的法制建设提供准确的历史的借鉴。

由此可见,中国法律的传统绝不意味着腐朽、保守,其民族性也绝不是劣根性。传统的“善”与“恶”都是历史和文化的积淀,只能更新,不能铲除,因为失去传统就丧失了民族文化的特质,就失去了前进的历史与文化的基础。

我们研究中国法律传统的目的,就是为了正确认识法律在漫长的发展历程中如何不断地完善自己,以及它在社会的进步当中所处的位置和所具的价值;就是要从固有的法律传统中总结出滋润五千年中国历史的理性思维的成果与源泉。对传统的反思越深刻、批判得越彻底，越能准确地撷其精华，弃其糟粕，增强对法律发展的规律性的认识，提高中华民族的自豪感与自信心，力求在复兴中华民族的伟大事业中创造出反映新时代特色的中华法系。

二

1840 年鸦片战争以后，侵略者的炮火轰开了清朝闭关锁国的门户，西方的法文化也同西方的商品一样通过各种渠道涌入中国，传统的中国法律由于中国社会根基的动摇而遭遇到前所未有的危机。随着西学东渐的深入，西方法文化对中华法文化进行了猛烈的冲击和挑战。在不断的冲突与融合中，中国固有的法律终于向着西方近代资本主义法律转型，从而揭开了中国法律近代化新的一页。这是一个渐进的、具有历史必然性的发展过程。

中国固有的法律曾经经历了汉唐宋明的辉煌时代，但其发展轨迹只有陈陈相因的纵向传承，缺乏横向地比较吸收与实质性的变革，因此，至 19 世纪中叶，已经处于变亦变、不变亦变的严峻形势。以农为本、重农抑商的国策及其法律化，严重束缚了中国社会经济的发展。鸦片战争后在西方商品大潮的冲击下，一些开明的官僚和思想家以及大商人纷纷提出以商战对抗西方的经济侵略，并要求清政府制定法律恤商、护商，以致晚清法律变革以商法为第一章。

除此之外，清朝的专制法律也严重束缚了人们的手脚，动辄触犯法禁。龚自珍曾说："天下无巨细，一束之于不可破之例"，如同使患有"疥癣"或"疮痏"之人，使之"卧之以独木，缚之以长绳，俾四肢不可以屈伸，则虽甚痒且甚痛，而亦冥心息虑以置之耳"。冯桂芬也指出："天下有亿万不齐之事端，古今无范围，不过之法律，观于今日则例猥琐，案牍繁多，而始知圣人不铸刑书之法之善也。"只有改制更法才是出路，这是来自士大夫阶层的呼喊。但作为保守派的统治者依然奉行"天不变，道亦不变"，

“祖宗之法不可变也”的陈腐观念。因此,即使没有鸦片战争,中国法律迟早也会走上近代化的途径,鸦片战争的发生从某种意义说来只是起了触媒的作用。

中国法制的近代化经历了以下几个阶段:

1. 由“师夷之长技以制夷”到“稍变成法”

中国古代从大汉族主义的立场出发,严“夷夏之防”,坚持“夷狄入中国则中国之”的理念。然而,鸦片战争后,清朝天朝大国的尊严已被西方列强凌夷殆尽。为了救亡图存,先进的思想家提出“师夷之长技以制夷”,即学习西方现代工业技术,以求富国强兵。稍后,主张中体西用的洋务派官僚提出:“稍变成法”,引进西法,反对默守成法的保守风气。当美国传教士(后任美国驻华公使译员)丁韪良,完整地翻译了美国人惠顿所著的国际法,呈送给总理衙门时,恭亲王奕䜣欣喜地说:“此乃吾所急需者也”,随即组织人员对译书进行修改润色,定名为《万国公法》,刊印三百本,发给各通商口岸,供其对外交涉使用。事实上清朝被迫开放之后,如何与世界列强办理种种交涉,也是推动中国法律转型的动因之一。

2. 由改良君主政体到建立仿西方的法律体系

19世纪70年代至19世纪末的改良派思想家们,已经认识到“其(西方国家)治乱之源,富强之本,不尽在船坚炮利,而在议院,上下同心,教养得法”。因而他们把目光投向改良君主专制政体上,鼓吹设立议院以通上下之情。1898年康有为、梁启超发动戊戌变法时,不仅提出设议院、开国会、定宪法、实行三权分立,而且提出了建立仿西方的新的法律体系。康有为在《上清帝第六书》中强调:“今宜采罗马及英、美、德、法、日本之律,重定施行……”“其民法、民律、商法、市则、舶则、讼律、军律、国际公法,西人皆极详明,既不能闭关绝市,则通商交际,势不能不概予通行。然既无律法,吏民无所率从,必致更滋百弊。且各种新法,皆我所夙无,而事势所宜,可补我所未备。故宜有专司,采定各律以定率从”。然而康有为的主张由于戊戌变法的失败而流产。

3. 由预备立宪到全面修律

经过义和团运动和辛丑条约的签订以后，清朝政府已经不能再照旧统治下去了，因而宣布改弦更张，实行新政。1905年日俄战争以后，在“日以立宪而胜、俄以专制而败”的舆论压力下，清朝政府宣布预备立宪。在此期间委派沈家本、伍廷芳为修订法律大臣，进行全面修律。在短短的几年间完成了仿大陆法系的各部门法的修订，迈出了中国法律近代化的重要一步。虽然清亡在即，许多法律未及施行，但它们或者由民国政府加以实施，或者为民国政府制定新法提供了重要基础。总之，晚清修律宣告了中国固有法律历史的终结，中华法系让位给西方的法制文明。

中国近代法律的转型是沿着西方法制的路径行进的，这既不是某个权威的设计，也不是来自政治权力的强制，而是特定历史条件下的必然选择。虽然不可避免地存在简单的拿来主义，以及形式与内容、思想与实际之间的矛盾，但它所激发的不仅是制度层面的变化，而且有着丰富的思想内涵，围绕着救亡图存、恢复主权的历史主线，产生了极大的号召力，振奋着人们的改革精神，显示了中华民族的新文化素质和新法律意识的提高。统治了268年的清朝政府，终究为民主共和国的中华民国所取代。

如果说晚清修律是中国法律近代转型的重要开端，此后经过中华民国，至中华人民共和国成立，再到今天的改革开放，则是中国法律向着现代化的目标前进所经历的几个历史阶段。由于社会的发展是永不停止的，因此法律的现代化也只有阶段性而没有终结。

由于中国近代法律的转型是在民族危机四伏的背景下进行的，是以全盘西化为价值取向的，因此，在转型过程中既缺乏对中国法律传统中跨越时空的民主性因素的理性对待，同时也缺乏对西方法制与中国国情的适应性的理性分析。以致中国法律虽然走向了近代化，却丧失了中华法系的自主性与创新性。如果说前人无暇进行必要的反省，那么如今这个历史性的任务就落在了我们的肩上。在日益频繁的世界法文化交流的今天,中国法律如何走自己的路,将传统与创新、历史与现实、中国与世界巧妙地结合起来,是构建具有中国特色的社会主义法律体系,需要认真反思与总结的。

本书于1997年由法律出版社出版。2005年出版第二版时曾进行较大修改,现在根据近年来的研究体会,又作了第三次修改,仍须读者批评指正。

张晋藩

2008年6月于洛杉矶

第一部分　中国法律的传统

一、德法互补，共同为治

（一）“徒善不足以为政”，只凭德化不能治国

在中国古代，德是教化的手段，也是教化的标准。《周礼·地官·大司徒》提出以“知、仁、圣、义、忠、和”六德教万民。[①]《管子·心术》说：“化育万物谓之德。”东汉许慎在《说文·心部》中说：“悳，外得于人，内得于己也。从直，从心。”意为对人对己都要把心思放正，如同《易经·坤卦》所说“直其正也”。只有“直在心上”才能“外得于人，内得于己”。[②] 明初，宋濂等人在所编《正韵》中说：“凡言德者，善美、正大、光明、纯懿之称也。”

由于德之功在于潜移默化的“化”上，并不具备国家的强制力，而国家是一个复杂的机器，为了推动国家机器的运转，需要具有强制性的各种机构，如政府、军队、官吏、法庭、监狱等，还需要各种制度的共同推进，才能够保证国家对外对内职能的实施和治国理政的效果。因此只凭德化不足以胜残去杀，打击犯罪，维持国家的统治。从历史上来看，德治论者可谓多矣，但在实践中却没有一个朝代只凭

---

① 《周礼·地官·大司徒》。

② 《说文·心部》。

德治能够维持其统治的。德治只有与法治相结合,才能实现其特有的治国功能。孟子所说,“徒善不足以为政”[①]正是针对此而言的。

明末清初思想家王夫之在《读通鉴论》中从总结历史经验的角度,对孟子纯任德化不足以为政进行了阐述。他说:“夫以德而求化民,则不如以政而治民矣。政者,所以治也。立政之志,本期乎治,以是而治之,持券取偿而得,其固然也……”[②]

商末“重刑辟”失德亡国以及秦始皇“乐以刑杀为威”,“赭衣塞路,囹圄成市”终致二世而亡的教训,使德法互补、共治成为历代统治者的共识。

(二)德法互补、共治的历史进程

1. 明德慎罚,德法共治的奠基阶段

公元前 11 世纪,周灭商后,拥有“邦畿千里”和强大军队的商朝,却被“小邦周”瞬间推翻,这个历史的巨变使杰出的政治家、思想家周公深切意识到,商之亡亡于“重刑辟”,失掉了民众的支持,导致亡国亡身。因此,他在立国之始,一改商末以天为威、以刑制民的做法,把国家的基点建立在重民的基础上。他告诫说,“民情大可见”,[③]“人无于水监,当于民监”,[④]强调“民之所欲,天必从之”,[⑤]以警醒周朝统治者重民、保民。

正是在重民的思想基础上,周公提出“礼乐政刑,综合为治”的重大决策。史书说:“周公摄政,一年救乱,二年克殷,三年践奄,四年建侯卫,五年营成周,六年制礼作乐,七年致政成王。”[⑥]周公在制礼作乐的同时,还立政,作九刑,使“礼乐政刑”成为综合为治的一个整体。如同《史记·乐书》所说,“礼以导其志,乐以和其声,政以一其行,刑以防其奸。礼乐刑政,其极一也,所以同民心而出治道也”。[⑦]

---

① 《孟子·离娄上》。
② (清)王夫之:《读通鉴论·隋文帝》。
③ 《尚书·康诰》。
④ 《尚书·酒诰》。
⑤ 《尚书·泰誓上》。
⑥ 《尚书大传》。
⑦ 《史记·乐书》。

作为“礼乐政刑”治国大计的重要一环，周公提出了“克明德慎罚”。“明德慎罚”是对商朝亡国之失的总结，也是德法互补、共治的伟大创新。它开辟了中国古代德法共治的先路。所谓明德，就是尚德、敬德、成德，彰明德治；并把明德与天意相连接，所谓“以德配天”，借以增强德的威力。至于慎罚，就是刑罚得中，不“乱杀无罪、杀无辜”，以免“怨有同，是丛于厥身”。[①] 只有明德才能做到慎罚，才能保民，由此，民的地位上升了，“民之所欲”受到了重视，而神意则被贬低。

在明德慎罚治国方略的影响下，周朝不仅纠正了商末刑罚的乱用，也使周朝法制发生了一系列的变革。

首先，以流、赎、鞭、扑四种刑罚续于墨、劓、剕、宫、大辟五刑之后，避免动辄用肉刑伤残人的肢体或生命。

其次，根据情节区别用刑。周公在《康诰》中说，“人有小罪、非眚，乃惟终……乃不可不杀”，“乃有大罪，非终，乃惟眚灾……时乃不可杀”。[②] 意为过失、偶犯，从轻；故意、一贯，从重。这种区别用刑的原则也渗入了对犯罪动机的考量，这在三千多年以前的周朝，是难能可贵的。与此同时，周朝还提出了“罪疑从罚、罚疑从赦”[③]的原则。这个原则是后世无罪推定原则的最早形态，反映了中国古代法制的先进性。

再次，周公告诫康叔，要用中罚，并以司寇苏公为例，说“司寇苏公式敬尔由狱，以长我王国。兹式有慎，以列用中罚”。[④] 所谓中罚，就是刑罚得中，宽严适度，使受刑者无怨，有助于社会的稳定。

最后，为了准确地司法断罪，实行“三刺”之法，以倾听各方面的意见。所谓“以三刺断庶民狱讼之中：一曰讯群臣，二曰讯群吏，三曰讯万民，听民之所刺宥，以施上服下服之刑”。[⑤]

经过周公德法互补、共治，不仅稳定了周朝的统治，还造就了成

---

① 《尚书·无逸》。

② 《尚书·康诰》。

③ 参见《尚书·吕刑》。

④ 《尚书·立政》。

⑤ 《周礼·秋官·小司寇》。

康之治的盛世。史书说“民和睦,颂声兴”,“天下安宁,刑错四十余年不用”。[1]

2. 德主刑辅,德法共治的发展阶段

秦国经过商鞅变法以后,实行法治,国家富强,吞并六国,统一天下。但是,秦始皇称帝以后,便以意为法,破坏法制,以致“赭衣塞路,囹圄成市”,天下受肉刑者不可胜数。至二世即位,尤甚于始皇,终于二世而亡。如果说秦之兴源于行法治,改革旧制,那么,秦之亡则亡于纯任刑罚,毁法暴政,以致一个最强大的帝国成为一个最短命的王朝。这个剧烈的反差留给汉初的政治家、思想家以无尽的思考和总结。其中以儒生陆贾和贾谊的总结最为深刻。

陆贾说:“太公自布衣升三公之位,累世享千乘之爵;知伯仗威任力,兼三晋而亡。是以君子握道而治,据德而行,席仁而坐,杖义而强……齐桓公尚德以霸,秦二世尚刑而亡。故虐行则怨积,德布则功兴。”[2]在这里,陆贾批评秦只重视实施法制极力发挥法消极惩恶的暴虐的一面,而没有积极的导民劝善的一面。也就是单独任法而忽视德治的价值。以德劝善是预防犯罪于未然之先,齐之以刑是惩治犯罪于已然之后。只关注已然之后而漠视未然之先,是秦法制重要的缺失。

贾谊在《过秦论》中提出,亡秦之失在于“秦王怀贪鄙之心,行自奋之智,不信功臣,不亲士民,废王道而立私爱,焚文书而酷刑法,先诈力而后仁义,以暴虐为天下始”。[3] 正是鉴于秦朝任法任刑之弊,他提出只有礼才是“固国家,定社稷,使君无失其民也”[4]的根本。然而也不应废弃法律而不用,因为“缘法循理谓之轨”,[5]否则治国理政将无轨可循。但礼与法应各有侧重,他说:“夫礼者禁于将然之前,而法者禁于已然之后,是故法之所用易见,而礼之所为生难知也。”[6]需要指出,贾谊所倡导的礼治与德治不仅具有一致性,而

---

① 《史记·周本纪》。
② 《新语·道基》。
③ (汉)贾谊:《过秦论》。
④ (汉)贾谊:《新书·礼》。
⑤ (汉)贾谊:《新书·道术》。
⑥ 《汉书·贾谊传》。

且德还是礼之本。宋人朱熹说："愚谓政者，为治之具；刑者，辅治之法。德礼则所以出治之本，而德又礼之本也。"[①]由于礼是调整尊卑贵贱等级秩序的一种规范，而德是人们普遍所具有的内在的人性，人性合于德，便具备了遵守礼的基础，而人性悖于德，则有礼而不能行。所以唐人谈到德礼与刑罚关系时，以德冠于礼之上。

陆贾和贾谊的总结，为武帝接受儒家的思想打下了基础。雄才大略的汉武帝以建立统一大帝国为抱负，他很欣赏儒家春秋大一统的学说，其可以为他的政治抱负提供理论的和历史的依据，因而，他把视线由黄老之学移至儒学。

作为儒家代表人物的董仲舒提出以德法互补互用之说，希望成为汉朝治国的方略。他在《天人三策》中倡导儒学，主张"罢黜百家，独尊儒术"。他还传承周人明德慎罚和战国时期荀子隆礼重法的学说，发展成一整套德刑关系的理论，为德主刑辅的国家治理方略奠定了理论基础。他以"天人感应"的思想和阴阳五行相辅相成的学说来论证德刑互补符合天道运行的规律："天道之大者在阴阳，阳为德，阴为刑，刑主杀而德主生。是故阳常居大夏而以生育养长为事，阴常居大冬而积于空虚不用之处，以此见天之任德不任刑也。……王者承天意以从事，故任德教而不任刑。刑者不可任以治世，犹阴之不可任以成岁也。为政而任刑，不顺于天，故先王莫之肯为也。"又说："圣人法天而立道。"[②]"故圣人多其爱而少其严，厚其德而简其刑。"[③]董仲舒在论证"任德不任刑"[④]"大德而小刑""务德而不务刑"[⑤]的同时，也阐述了刑的地位和作用，认为"刑者，德之辅；阴者，阳之助也"。[⑥] 实施以德教为主、以刑杀为辅的施政方针可以使百姓自觉遵守礼仪制度，出现"不令而行，不禁而止，从上之意，不待使之，若自然矣"的局面。但只用德教而不施刑罚也不足以

---

① （宋）朱熹：《论语集注 · 为政》。

② 《汉书 · 董仲舒传》。

③ （汉）董仲舒：《春秋繁露 · 基义》。

④ 同上。

⑤ （汉）董仲舒：《春秋繁露 · 阳尊阴卑》。

⑥ （汉）董仲舒：《春秋繁露 · 天辨在人》。

巩固统治秩序,只有在进行德教的基础上辅之以刑罚,才是治理国家的理想方案。

汉武帝鉴于重德轻刑、德刑互补有助于汉朝的长治久安,因而采纳了董仲舒的主张。此后,儒家思想逐渐成为统治思想,儒家推崇的“三纲五常”成为立法的基本内涵。

武帝之后,宣帝由于长期生活在民间,比较注重实际,不过多考量意识形态,多以法吏执政。宣帝的做法受到太子(后来的元帝)的质疑。太子自幼熟读四书五经,“柔仁好儒”。史载,太子看到宣帝“所用多文法吏,以刑名绳下”,因而建言曰:“陛下持刑太深,宜用儒生。”宣帝作色曰:“汉家自有制度,本以霸王道杂之,奈何纯任德教,用周政乎?”[①]所谓“霸王道杂之”,就是用儒家的仁政德礼之说饰于外,而以法家的刑名法术之学藏于内,实行外儒内法的国家治理方略。这个方略的设计是在总结秦亡的教训和汉朝建立以来施政实践经验的基础上完成的,反映了对德法两手并用、各尽其用的高度政治智慧。

刘向在《说苑》中对于“霸王道杂之”作了精辟的注解:“治国有二机,刑德是也。王者尚其德而希其刑,霸者刑德并凑,强国先其刑而后德。夫刑德者,化之所由兴也。德者,养善而进阙者也;刑者,惩恶而禁后者也。故德化之崇者至于赏,刑法之甚者至于诛。”[②]可见,外儒内法就是德主刑辅,是礼乐政刑治国方略的历史发展,也反映了儒法合流最后定于儒家一尊的政治现实。

东汉时期的儒家不仅摆脱了董仲舒以阴阳五行之说论证德法关系,还根据社会的发展丰富了德的内容。除正直、坚毅、和顺之外,诚信、忠孝、博爱、与人为善、光明正大等,也都构成了德的新的内容,从而扩大了德的覆盖面。王符在《潜夫论》中说:“人君之治,莫大于道,莫盛于德,莫美于教,莫神于化。道者所以持之也,德者所以苞之也,教者所以知之也,化者所以致之也。民有性,有情,有化,有俗。情性者,心也,本也。化俗者,行也,末也。末生于本,行

---

① 《汉书·元帝纪》。

② (汉)刘向:《说苑·政理》。

起于心。是以上君抚世，先其本而后其末，顺其心而理其行。心精苟正，则奸慝无所生，邪意无所载矣。”又说：“是以圣帝明王，皆敦德化而薄威刑。德者所以修己也，威者所以治人也。上智与下愚之民少，而中庸之民多。中民之生世也，犹铄金之在炉也，从笃变化，惟冶所为，方圆薄厚，随镕制尔。”①

王充在《论衡・非韩》中说：“治国之道，所养有二：一曰养德，二曰养力。养德者，养名高之人，以示能敬贤；养力者，养气力之士，以明能用兵。此所谓文武张设，德力具足者也，事或可以德怀，或可以力摧。外以德自立，内以力自备。慕德者不战而服，犯德者畏兵而却。徐偃王修行仁义，陆地朝者三十二国，强楚闻之，举兵而灭之。此有德守，无力备者也。夫德不可独任以治国，力不可直任以御敌也。韩子之术不养德，偃王之操不任力。二者偏驳，各有不足。偃王有无力之祸，知韩子必有无德之患。凡人禀性也，清浊贪廉，各有操行，犹草木异质，不可复变易也。狂谲、华士不仕于齐，犹段干木不仕于魏矣。性行清廉，不贪富贵，非时疾世，义不苟仕，虽不诛此人，此人行不可随也。太公诛之，韩子是之，是谓人无性行，草木无质也。太公诛二子，使齐有二子之类，必不为二子见诛之故，不清其身；使无二子之类，虽养之，终无其化。尧不诛许由，唐民不皆樔处；武王不诛伯夷，周民不皆隐饿；魏文侯式段干木之闾，魏国不皆阖门。由此言之，太公不诛二子，齐国亦不皆不仕。何则？清廉之行，人所不能为也。夫人所不能为，养使为之，不能使劝；人所能为，诛以禁之，不能使止。然则太公诛二子，无益于化，空杀无辜之民。赏无功，杀无辜，韩子所非也。太公杀无辜，韩子是之，以韩子之术杀无辜也。夫执不仕者，未必有正罪也，太公诛之。如出仕未有功，太公肯赏之乎？赏须功而加，罚待罪而施。使太公不赏出仕未有功之人，则其诛不仕未有罪之民，非也；而韩子是之，失误之言也。”②

仲长统说：“德教者，人君之常任也，而刑罚为之佐助焉。古之圣帝明王所以能亲百姓、训五品、和万邦、蕃黎民，召天地之嘉应，降

---

① （汉）王符：《潜夫论・德化》。

② （汉）王充：《论衡・非韩》。

鬼神之吉灵者,实德是为,而非刑之攸致也。"①

汉朝德主刑辅的治国方略,沿袭了周初明德慎罚的主张,而且是亡秦教训的总结,表现了德法共治进入了一个新的阶段。德主刑辅符合国家稳定的发展要求,有利于缓和社会矛盾,推动社会经济的发展。

德主刑辅的治国方略使立法沿着以德为主宰的轨道运行,对司法制度的设计和建构,也都渗透了明刑弼教的理念,特别是百姓遵守道德的义务与遵守法律的义务相统一,既有利于法律的稳定,同时也减少了适用法律的阻力。

德主刑辅的治国方略形成了二元的社会控制手段,使国家治理走上了一个新理念、新路径,因此,汉以后,一直延续到整个封建社会。

3. 德礼为政教之本、刑罚为政教之用,德法共治的定型阶段

由汉至唐,有关德主刑辅综合治国的论者不绝如缕。《晋书·四夷列传》曰:"经国者,德礼也;济世者,刑法也。二者或差,则纲维失绪。"②唐人颜师古在为《汉书·酷吏传》作注时说:"论语载孔子之言也。格,至也。谓御以政刑,则人思苟免,不耻于恶;化以德礼,则下知愧辱,而至于治也。"③正是沿袭汉以来的德法互补学说的潮流,使唐朝有可能把它推进到一个新的阶段,并使德刑之说进一步丰富。

《贞观政要》记载了太宗时期君臣论政所得出的结论:"盖政者为治之具,刑者辅治之法。德礼者,出治之本,而德又礼之本也。后世之为治者,德礼有愧,教化不先,非惟德礼不能使民有耻且格,而政刑亦不能使民免而无耻矣,甚而至于罪丽于十恶尚忍言之哉。"④

特别是高宗时期制定的中国古代最具代表性的法典《唐律疏议》开宗名义便在"名例"篇的序言中宣布:"德礼为政教之本,刑罚

① (汉)仲长统:《昌言》。
② 《晋书·四夷列传》。
③ 《汉书·酷吏传》。
④ 《贞观政要·刑法》。

为政教之用。”[1]这是汉以来德主刑辅的重大发展。

“德礼为政教之本”比起单纯的“德主”，突出显示了德礼在政教中的本体地位。至于“刑罚为政教之用”，比起单纯的“刑辅”，更明白晓示了刑罚在政教中的作用。唐律还将德礼、刑罚的本用互补关系比喻为自然现象的“昏晓阳秋”，以示二者的内在联系、永恒不变，所谓“犹昏晓阳秋，相须而成者也”。唐人设计的治国方略一直影响到后世。

德礼与法律都产生于中华民族的文化土壤，都以维护国家的稳定富强为目标，因此二者相向而行，具有一致性。德礼既是国家立法的思想指导，也是国家司法的重要准则。由此，道德的地位日益凸显，并受到国家法律的保护。在司法实践中，司法官宁可不依律，也不可不循公认的德。不依律所责者是职务，不循德所责者是人格。

但是由于德与法各有其侧重点，因而在实践（特别是司法实践）中也会产生矛盾。针对此项矛盾，或为了维护法律的权威按法办理，或为了弘扬德的价值按德施行，最终均以国家利益为依归，如孔子倡导的“子为父隐，父为子隐”，并认为“直在其中矣”。对此汉宣帝时不仅认可，而且下诏说：“父子之亲，夫妇之道，天性也。虽有患祸，犹蒙死而存之。诚爱结于心，仁厚之至也，岂能违之哉！自今子首匿父母，妻匿夫，孙匿大父母，皆勿坐。其父母匿子，夫匿妻，大父母匿孙，罪殊死，皆上请廷尉以闻。”[2]根据宣帝诏制定为法律，并长久适用。但是此项以德为宗旨的法律，在适用上以非重大犯罪为条件，如系重大犯罪，则不适用容隐立法，以示国家法律的严肃性。法律在这里扮演了解决矛盾的角色。

再如，按律，杀人者死，但有时出于道德考量又免于死罪，唐律中留养承祀是一例。“诸犯死罪非十恶，而祖父母、父母老疾应侍，家无期亲成丁者，上请。”即由皇帝裁决免死。明、清律中仿唐律制定有存留养亲的律文。《大清律例》规定：“凡犯死罪，非常赦所不

---

① 《唐律疏议·名例》。

② 《汉书·宣帝纪》。

原者,而祖父母(高、曾同)、父母老(七十以上)、疾(笃、废)应侍(或老或疾),家无以次成丁(十六以上)者(与独子无异,有司推问明白),开具所犯罪名(并应侍缘由),奏闻,取自上裁。若犯徒流(而祖父母、父母老疾,无人侍养)者,止杖一百,余罪收赎,存留养亲(军犯准此)。"但是前提条件是"非常赦所不原"的大罪,即一般性犯罪而非重大的或政治性的犯罪;存留养亲的最后决定权"取自上裁",即取决于圣意。在中国古代杀人偿命是严格的国法,而留养承祀或存留养亲,则是一种使罪犯曲尽孝道的道德上的措施。当然,存留养亲除上述非"常赦所不原"的大罪外,也还有许多限制性的规定,如兄弟二人俱犯死罪,存留一人养亲;罪犯之母守节逾二十年,并年在五十岁以上;救亲情切杀人或擅杀有罪之人(若被杀者也属"亲老丁单",则不准留养),等等。清朝每年举行的秋审大典,按"情实""缓决""可矜""留养承祀"四类奏请上裁。《大清会典》规定,秋审官"将情实、缓决、可矜、留养承祀各犯,详加参酌,平情定拟"。留养承祀与存留养亲,只是文字表达上的不同,其内容是一致的。这项法律规定表现了法与德的矛盾经过调整后达到的统一。

以上二例,说明德与法的矛盾,其最终调解都是以国家利益为依归,这是德法互补互用,共同治国的基础。

除此之外,作为九五之尊的皇帝有时也以最高的权威屈法伸情,借以弘扬德化。例如,以重典治乱世的明太祖也曾一而再、再而三地为孝子屈法伸情,企图借此弘风阐化,以形成良好的社会风气。例如,"民父以诬逮,其子诉于刑部,法司坐以越诉。太祖曰:子诉父枉,出于至情,不可罪。"再如,"有子犯法,父贿求免者,御史欲并论父。太祖曰:子论死,父救之,情也。但论其子,赦其父。"①又如,洪武八年(1375 年)正月癸丑,淮安府山阳县民有父得罪当杖,请以身代。上谓刑部臣曰"父子之亲,天性也。然不亲不逊之徒,亲遭患难,有坐视而不顾者。今此人以身代父,出于至情,朕为孝子屈法,以劝励天下,其释之"。②

① 《明史·刑法志》。

② 《明太祖实录》卷九六。

宋时,被理学家朱熹称赞为“无书不读”“无物不格”的陈淳,对德礼政刑综合治理的价值作了充分的论证。他说:“政者,为治之具,若法制禁令凡听断约束之类是也。刑者,辅治之法,若墨劓刖宫大辟鞭扑之类是也。以政先示之,则民有所振厉而敛戢矣。其或未能一于从吾政者,则用刑以齐一之,俾强梗者不得以贼善良,而奸慝者不得以败伦理。故民亦畏威革面,不敢为恶,以苟免于刑罚。然无所羞愧,则其为恶之心未亡也。德礼者,所以出治之本。而德又礼之本,乃吾躬行之所实得者,若孝悌忠信之类是也。礼则制度品节,若冠昏丧祭之仪是也。以己德先率之,则民有所观感而兴起矣。而其浅深厚薄之不一,则明礼以齐一之,俾之周旋浃洽,良心日萌,自将愧耻于不善,而又有以格至于善也。是四者功用之不同,而皆不可以偏废。若专务德礼,而不用政刑,则徒善不足以为政;专用政刑,而不务德礼,则又徒法不能以自行。”①

朱熹对此也有所论证,他说:“谓政刑但使之远罪而已。若是格其非心,非德礼不可。圣人为天下何曾废刑政来?”“不可专恃刑政,然有德礼而无刑政又做不得。”②“圣人亦不曾徒用政刑。到德礼既行,天下既治,亦不曾不用政刑。故书说刑期于无刑,只是存心期于无,而刑初非可废。”③“愚谓政者,为治之具;刑者,辅治之法;德礼则所以出治之本,而德又礼之本也。此其相为始终。虽不可以偏废,然政刑能使民远罪而已,德礼之效,则有以使民日迁善而不自知。故治民者不可徒恃其末,又当深探其本也。”④

总括上述,德法互补、共同治国是中国古代国家治理的成功经验。历代由于历史条件的不同,德法互补的内涵也不断地丰富,显示了德法互补既有阶段性,也有连续性和一惯性,是先哲们充满理性的伟大创造,反映了中国古代具有鲜明特色的道德观、法律观,也彰显了独树一帜的法律传统。凡是德法互补、共同治国成功的朝代,均为盛世,因此,从史鉴的角度来考察中国古代德法互补治国方

---

① (宋)陈淳:《北溪大全集》卷十八。

② 《朱子语类》卷二三。

③ 《朱子语类》卷七八。

④ (宋)朱熹:《论语集注·为政》。

略的设计与实施及其历史经验,很有现实意义。当前的中国正在实行依法治国和以德治国相结合的治国大计,党的十九大报告再次强调“坚持依法治国和以德治国相结合”。这里“坚持”和“结合”四字是铿锵有力的,是不可动摇的。党的十九大报告还指出:“文化自信是一个国家、一个民族发展中更基本、更深沉、更持久的力量。”“要坚守中华文化立场,推动中华优秀传统文化创造性转化、创新性发展。”中华法文化是中华优秀传统文化的重要组成部分,是文化自信的智慧来源。本书试图将德法互补、互用,共同为治的法律传统融入新时代中国特色社会主义法治建设的实践之中,以充分发挥历史的镜鉴价值。

二、引礼入法,礼法结合

(一)礼的产生

礼,是古老中国的一种社会现象。礼不仅起源早,而且贯穿于整个中国古代社会。有关礼的观念与学说是中国传统文化的核心,它影响社会生活的各个领域,调整着人与人、人与家庭、人与国家、甚至人与天地宇宙的关系。礼与法的相互渗透与结合,又构成了中华法系最本质的特征和特有的中华法文化。

古籍中说“礼事起于燧皇,礼名起于黄帝”,表明礼最初是原始社会祭神祈福的一种宗教仪式。所谓“礼,履也,所以事神致福也”。甲骨文中“礼”字写成“豐”,象征在祭器豆盘中盛玉,以祭祀祖先神灵,这是传统礼在殷代文化中的反映。由于殷人尊神敬祖,力图通过频繁而又庄严的祭祀仪式,得到上天的赐福与祖宗的庇护,因此“礼”字在甲骨文中屡屡出现。《礼记·礼运》对于礼产生于祭祀有以下具体描述:“夫礼之初,始诸饮食,其燔黍捭豚,污尊而抔饮,蒉而土鼓,犹若可以致其敬于鬼神。”①这种充满宗教性的原始习俗,就是礼的原型。

近人王国维在《静安文集》中也对礼的产生作过考证,他说:“盛玉以奉神人之器,谓之若丰,推之而奉神人酒醴亦谓之礼。又推

---

① 《礼记·礼运》。

之而奉神人之事,通谓之礼。”

在原始社会末期,生产力水平与科技文化极端低下的条件下,人们对于自然界的各种现象和生老病死都充满了敬畏与神秘感,因此最早的礼与天地鬼神相通是很自然的。特别是它所具有的迫使人人遵奉的普遍强制性,为进入阶级社会以后,礼被改造成为人们普遍遵守的行为规范,提供了思想的和历史的基础,尽管这两种强制性的性质是完全不同的。

由于礼具有因俗制宜的功能和精神威慑力量,因此进入阶级社会以后便受到了统治者的重视。以“服天命”自诩的夏商统治者,极力通过“致孝乎鬼神”,把礼改造成为代表其阶级意志,符合国家统治需要的行为规范,于是礼由祀神进而“引申为凡礼仪之称”,并把祭祀天地祖宗鬼神的“祀”,与对外征掠的“戎”,都看作国家最重要的活动,所谓“国之大事,惟祀与戎”。不仅如此,殷人还制造了上帝与祖宗神合二而一的宗教政治观,从而将天上与地下,现在与未来,国王与上帝沟通起来,使礼与神权政治紧密结合,为专制王权与贵族政治服务,这就使“起诸饮食”“祀神祈福”的礼发生了质变。礼的内容也由单纯的习俗仪式,发展成规范婚姻、血统、亲续、等级、君臣的行为规则,并逐渐制度化、法律化。

礼作为一种社会现象和文化内涵,在其发展中不断地改造旧习俗,适应新秩序,因而是一个充满新旧斗争的过程,也是一个文化渐进、因袭变革的过程。孔子曾说:“殷因于夏礼,所损益可知也;周因于殷礼,所损益可知也。”传说中的夏礼,是以“上事天,下事地,尊先祖而隆君师”为主要内容的,体现了神权、族权与君权的统一性。但夏礼的具体内容早已淹没失传,孔子便坦称他虽能言夏殷之礼,却不能“征之”,以“文献不足故也”。①

礼的系统化、规范化,始于西周初期的周公制礼。《左传·文公十八年》所载“先君周公制周礼”为这一重大的历史性活动提供了难得的史证。周公姬旦是中国三千多年前最杰出的政治家、思想家,他鉴于周取代商以后社会关系的复杂化,政治变动与改革的激

① 《论语·八佾》。

烈,以及文化上的尖锐冲突,使固有的国家观念形态不足以适应周人以德治国的方略和宗法等级分封制度的建置,也难以调整新的权利义务关系和统一广大疆域内各族各部的思想与行为,因此,他继承了已有的尊礼传统,着手将分散零乱的礼,进行整理、补充、修订,并给予充分的论证,使之礼典化。经过周公制礼,礼的规范进一步系统化、规范化、制度化,成为“法度之通名”。据《尚书大传》,“周公摄政,一年救乱,二年克殷,三年践奄,四年建侯卫,五年成周,六年制礼作乐,七年致政成王”。[①] 可见制礼是周公摄政初期精心筹划的具有政治与文化双重意义的重大活动,其影响不限于周,更及于久远。

周公制礼的出发点和归宿点是“尊尊”和“亲亲”,“尊尊”为忠,“亲亲”为孝,前者旨在维护君权,所谓“国无二君”;后者旨在维护父权,所谓“家无二尊”,这种政治与伦理相统一的理论,就是新形势下礼的思想基础。

周公制礼涉及的范围相当广泛,简言之,包括国家的典章制度,以及吉、凶、军、宾、嘉五礼的礼仪和制度。

周公制礼的实质,是确立贵贱尊卑的等级秩序和制度。《史记·礼书》明白地表述了礼所追求的就是上自“君臣朝廷尊卑贵贱之序,下及黎庶车舆衣服宫室饮食嫁娶丧祭之分”,[②]并须严格遵守,不得逾越,否则即为违礼,要受到制裁。对于以礼为表现形式的差别性行为规范,古人是作过充分论述的。荀子说:“礼者,贵贱有等,长幼有差,贫富轻重皆有称者也。”《礼记》说:“礼者,所以定亲疏,决嫌疑,别同异,明是非也。”[③]在以礼区别尊卑贵贱这一点上,儒法两家是殊途同归的。韩非说:“礼者……君臣父子之交也,贵贱贤不肖之所以别也。”[④]总之,经过周公制礼,使君臣有位、尊卑有等、贵贱有别、长幼有序,一整套的等级制度法律化、制度化了,因此,周内史说:“礼,国之干也……礼不行,则上下昏,何以长世”,孔

① 《尚书大传》。

② 《史记·礼书》。

③ 《礼记·曲礼》。

④ 《韩非子·解老》。

子也说:“为政先礼,礼其政之本欤。”周朝成康之治的出现,未尝不是礼所推动的结果。

正是由于礼的主要功能在于“别贵贱”“序尊卑”,确定“尊尊、亲亲、长长、男女有别”的宗法等级制度,因此在中国的传统观点中,大都用定分止争来解释礼的起源。荀子说:“礼起于何也?曰:人生而有欲,欲而不得,则不能无求,求而无度量分界,则不能不争。争则乱,乱则穷,先王恶其乱也,故制礼义以分之,以养人之欲,给人之求,使欲必不穷乎物,物必不屈于欲,两者相持而长,是礼之所起也。”又说:“人道莫不有辨,辨莫大于分,分莫大于礼”,“故先王亲为之制礼义以分之,使贵贱之等,长幼之差,知贤愚能不能之分,皆使人载其事而各得其宜”。荀子在《富国》篇中还表达了礼的特权性,他说:“由士以上则必以礼乐节之,众庶百姓则必以法数制之。”《礼记·曲礼》也说:“名位不同,礼亦异数。”显然这是对“礼不下庶人,刑不上大夫”的原则作出的具体注解。

在宗法等级制占统治地位的古代中国,亲与贵合一,家与国相通,宗法上的等级和政治上的等级是一致的,无论是命官、封邦建国,都依宗法血缘为标准。周公制礼的动机和主要成就,就是以礼典的形式全面确立了宗法等级制度,使国家的各种主要活动都受到礼的规范,所谓“君子无物而不在礼矣”,并将人与人之间的关系与各种行为纳入礼所调整的轨道,不得越礼、悖礼,这就是“礼者……以为民坊者也”的真意所在。正因如此,礼得到了国家与法律的支持和强制性的保障。

为了渲染礼的神秘色彩,以增加礼的威慑作用,儒家还把礼与深不可测的天地相联系,以天来解释礼的发生的超社会性,以天来辩护以礼治国、整民的符合天道。《礼记·礼运》篇中多次提到“夫礼,必本于天,动而之地……”“夫礼,先王承天之道,以治人之道”,“礼者,天地之常也”。孔颖达在《礼记·正义》序中也指出:“夫礼者,经天纬地。”不仅如此,儒家还把礼推崇为天地万物运行法则的具体化。《礼记·丧服四制编》说:“凡礼之大体,体天地,法四时,则阴阳,顺人情,故谓之礼”,“礼者,则天地之体,因人情而为之节文也”。班固说:“故曰,先王立礼,则天之明,因地之性也。”特别是

《左传·昭公二十五年》关于“则天行礼”的议论最为充实:“夫礼,天之经也,地之义也,民之行也。天地之经,民实则之。则天之明,因地之性,生其六气,用其五行……淫则昏乱,民失其性,是故为礼以奉之。……为君臣上下,以则地义……为刑罚威狱,使民畏忌,以类其震曜杀戮,为温慈惠和,以效天之生殖长育……哀乐不失,乃能协于天地之性,是以长久。”①

由于天是不变的,因此,为天地所生成,则天地以行之礼,也是永恒的,违礼即违天,违天即应受到国法的制裁,这种制裁可称为天之罚,可见礼的学说是有鲜明的政治目的的。

至宋明理学、心学兴起,又将礼与“天理”“心性”“良知”联系在一起,以性来解释礼的产生。程颐说:“礼经三百,威仪三千,皆出于性。”朱熹和王阳明进而将性、理,与礼等同起来。朱熹说:“性,即理也。”王阳明说:“礼也者,理也;理也者,性也……而其在于人也,谓之性,其粲然而条理也,谓之礼。”经过理学家和心学家对礼的理论抒发,一方面,赋予礼以强烈的思辨哲学的色彩;另一方面,更使礼的作用深入人心之隐微,使人们经过内省而安贫、知命,在思想行动上都无违于礼的规矩,从而把礼变成戕害生命与心灵的毒素。清中叶反理学大师戴震曾尖锐地抨击说:“酷吏以法杀人,后儒以理杀人,浸浸然舍法而论理,死矣,更无可救矣”;“人死于法,犹有怜之者,死于礼,其谁怜之”。由此可见,为什么明礼、行礼会成为贯通中国古代三千多年的治国方针;为什么每当变乱兴起之时,或变乱平息以后,统治者都要大肆宣扬“隆礼”的原因所在。

综括上述,礼由体现原始社会习俗的带有宗教性质的仪式,发展成为以国家权力为后盾的、由法律强制实施的行为规范,是氏族原始民主制解体、阶级社会形成的产物,它反映了人类社会文明的进步。老子所说:“大道废,有仁义”是符合历史的真实进程的。儒家关于礼起源于“节欲”“定分”的种种理论,也反映了纯为祭祀仪式的礼向着“法度之通名”的礼的演变。随着礼的政治作用的不断强化,礼的原始含义已经湮灭。后人论礼的思路不外乎“经国家,定

① 《左传·昭公二十五年》。

社稷”，“明贵贱，序尊卑”。

作为体现氏族社会习俗与宗教观的原始的礼，也带有某种强制性，不容亵渎轻慢，但这种强制性不是国家的强制。礼由“祀神”被改造成“奉人”，并赋予它以国家的强制，归根结底是私有制形成与农业生产发展的结果。汉代思想家王充说：“谷足食多，礼义之心生。”王符也说：“礼义生于富足。”这些是朴素唯物主义的科学总结。

此外，礼的产生又是和父权制的一夫一妻制家庭的建立攸关的。家庭形态的变化，影响着亲族关系乃至社会关系的变化。宗法血缘纽带在古代中国，起着维系社会、组建国家的重要作用。宗法与农业经济结构的结合，是中国古代社会稳固的基础。专制主义的统治制度矗立于其上，以礼为核心的传统文化笼罩于其中，它们之间互相促进，互相渗透，成为一个十分协调的、“永恒不变”的整体。清人龚自珍说：“礼莫初于宗，惟农为初有宗……农之始，仁孝悌义之极；礼之备，皆智之所自出，宗之为也。”①按照龚自珍的说法，礼是在农业生产发展的基础上维护宗法制度的手段，这是接近于历史的真实的。

原始的礼是为氏族社会所接纳，并为氏族民主制服务的。进入阶级社会以后，统治者把过去的习俗统治变为“礼义以为纪”，以致长期实行的选贤与能也为“大人世及以为礼”所代替。这一切都体现了社会在前进中的质的飞跃。夏商周三代集中制的王朝的建立，为统一推行阶级社会的礼制提供了不可缺少的条件，从此，礼逐渐取得了作为国家意志的重要价值。

（二）礼的作用

阶级社会的礼，经过夏商至西周始获得大发展，不是偶然的，是和天道观、政治观的变化分不开的。夏商两朝的统治者自以上帝子孙的身份君临天下，因而积极宣扬天命鬼神。尤其是商朝奉行神权政治，笃信天命。古籍中说：“殷人尊神，率民以事神。”由于推重神权，势必限制了礼的发展。周武王灭商以后，殷人的天命说和他们推行的神权政治，都发生了动摇。以“监于有夏”，“监于有殷”自

---

① （清）龚自珍：《农宗》。

警、自励的周朝统治者,从历史的反思中,认识到“天命靡常”,“民之所欲,天必从之”。因此,他们虽然继受了“昊天有命”的传统观念,但侧重点却放在“皇天无亲,惟德是辅”上。他们高举敬德、明德的大旗,把注意力由天上转向人间,由凛仰天庭转而面对社会,这就推动了礼向社会生活各个领域扩展。而德的政治概念的提出,也为礼的发展注入了新思想、新内容。郭沫若说:“礼是由德的客观方面的节文所蜕化下来的,古代有德者的一切正当行为的方式汇集了下来,便成为后代的礼。”周公制礼就是在这样的历史背景下进行的。从此,礼的社会价值和政治功用得到人们的公认,它的规范力一天天加强,成为一个神圣的笼罩一切的网罗,所谓“礼义以为纪,以正君臣,以笃父子,以睦兄弟,以和夫妇”①。“以(礼)奉宗庙则敬,以入朝庭则贵贱有位,以处室家则父子亲,兄弟和,以处乡里则长幼有序……故朝觐之礼,所以明君臣之义也;聘问之礼,所以使诸侯相尊敬也;丧祭之礼,所以明臣子之恩也;乡饮酒之礼,所以明长幼之序也;婚姻之礼,所以明男女之别也……故婚姻之礼废,则夫妇之道苦而淫辟之罪多矣;乡饮酒之礼废,则长幼之序失而争斗之狱繁矣;丧祭之礼废,则臣子之恩薄而倍死忘生者众矣;聘觐之礼废,则君臣之位失,诸侯之行恶,而倍畔侵陵之败起矣。故礼之教化也微,其止邪也于未形,使人日徙善远罪而不自知也。”②

从以上的阐述中,可以看出,首先礼所调整的范围从个人到家庭,从乡里到朝堂,无所不包。其次,违礼则入罪,礼是防民的长堤,可以止邪于未形。最后,礼的教化如同“润物细无声”的春雨,于潜移默化之中,使人徙善远罪。

关于礼的作用,综括古人的论述与历史的实际,可以归纳为以下几点:

1. 人与禽兽,文明与野蛮的分异点

古人认为,人之所以为人而与禽兽相区别,就在于人知礼义。

① 《礼记·礼运》。

② 《礼记·经解》。

管子说:“辨明礼义,人之所长,而蝚猿之所短也。”[①]孔子也说:“今之孝者,是谓能养,至于犬马,皆能有养,不敬,何以别乎。”[②]正是由于人接受礼,才有尊卑之辨,父子之亲,长幼之序,夫妇之别。所以荀子特别重视“有辨”,把它看作“人之所以为人者”的主要特征。禽兽“由于不知辨”,所以虽有父子,但无父子之亲,虽有牝牡,而无男女之别。人之所以有辨的关键是礼,如同《礼记·曲礼》所说,“鹦鹉能言,不离飞鸟,猩猩能言,不离禽兽。今人而无礼,虽能言,不亦禽兽之心乎?夫呕禽兽无礼,故父子聚麀,是故圣人作,为礼以教人,使人以有礼,知自别于禽兽”。正因为“辨明礼义”是人之道也,所以礼又被看作“人之干也,无礼无以立”。[③]

礼作为人与禽兽的分异点,随着法文化的进步,也在法律规定上得到体现。按汉律:常人通奸,“耐为鬼薪”,即三年徒刑,但亲属相奸,特别是以卑犯尊,则为“禽兽行”,处重刑。汉时,琅邪王刘泽之孙“定国,与父康王姬奸,生子男一人。……诏下公卿,皆议曰:‘定国禽兽行,乱人伦,逆天,当诛’,上许之”[④]。北齐以后,凡属紊乱人伦、捐弃礼义、亏损名教的行为,均属“十恶”中的“恶逆”“不孝”“不义”“不睦”“内乱”,列为“常赦所不原”的大罪,从而表现了“礼之所去,刑之所取,失礼则入刑”的中华法系的特点。

此外,礼也是区别文明与野蛮,华夏与“夷狄”的重要标志。华夏族是以“郁郁乎文哉”的礼义之邦而自傲于世的。对于不遵礼义的“夷狄”,则贬为“若禽兽焉”。春秋战国之际,霸于西戎的强秦,只是由于居处无度,内外无别,不事礼义,而受到“天下卑之”的待遇。在中国历史的长河中,不同的王朝曾经出现过的“以夏变夷”或“以夷变夏”的不同政策,主要就在于是否以礼义为出发点和着眼点。1644年满洲贵族入关以后,汉族士大夫之所以积极投身于抗清斗争,就在于他们不仅伤悼朱明社稷的沦亡,还更震惊于衣冠扫地,把这视为“天崩地解”。可见抗清斗争的目的不限于重建朱

---

① 《管子·形势解》。
② 《论语·为政》。
③ 《左传·昭公七年》。
④ 《史记·荆燕世家》。

明社稷,而在于匡复汉家的礼制,如同顾炎武所说,“意在拨乱涤污,法古用夏”。[①] 有的思想家,把攘夷狄救中国一事看得重于君臣纲纪之上。吕用晦说:“君臣之义固重,而更有大于此者……以其攘夷狄救中国于被发左衽也。”[②]

晚清时期,面对西方文化的冲击,清朝统治者也祭起“夷夏之辨”的旗帜进行抵御,表示恪守数千年相传之国粹,维持传统的礼教纲常。有趣的是资产阶级民主革命派,在开展推翻清朝的革命斗争中,也以“驱逐鞑虏”为号召。在清朝既倒,孙中山就任南京临时政府大总统以后所发布的禁止刑讯文中,也还使用“前清起自草昧之族”等语,可见夷夏之辨,亦即礼与非礼影响的深远。

由此可见,礼不仅是华夏族的精神支柱,而且也是整个中华民族文明与进步的象征。

2. 别贵贱,序尊卑

如前所述,礼与天地通,是天之经,地之义的社会化、人伦化。礼所具有的别贵贱,序尊卑的功能,也是源于天,以天为解释的。《礼记·乐记》说:“礼者,天地之序也……序,故群物皆别。”又说:“天地尊卑,君臣定矣,卑高以陈,贵贱位矣。动静有常,大小殊矣,方以类聚,物以群分,则性命不同矣。在天成象,在天成形,如此则礼者天地之别矣。”[③]荀子也认为“贱事贵,不肖事贤”是“天下之通义”。[④]

奉周礼为理想王国的孔子,则从等级名分制度上论证礼的价值。他强调:“必也正名乎……名不正则言不顺,言不顺则事不成。”正名的具体要求和标准就是“君君,臣臣,父父,子子”。坚持严格的名分,人类社会才可能运行有序,国家制度与父系家庭才得以建立。

由于礼所强调的是“别”“异”“差等”,因此,“名位不同,礼亦异数”。在周朝,自天子、诸侯、大夫、士以至庶人,各有与其等级身份

① (清)顾炎武:《与杨雪臣》。

② 萧一山著:《清代通史》,中华书局1986年版,第924页。

③ 《礼记·乐记》。

④ 《荀子·仲尼》。

相对应的礼。不仅仅是权利义务关系上的不同,也表现为服饰器用上的差异,而且必须严格遵守,不许越,越者治罪。鲁大夫季氏不依周礼规定,用八佾乐舞并封禅泰山,尽管当时已经是礼崩乐坏的大动荡时代,孔子仍然发出"是可忍,孰不可忍"的抨击。

根据礼的要求,在国,则君臣贵贱等级森严,上下有节;在家,则父子兄弟夫妇尊卑有序。《礼记·礼运》篇所说"礼义以为纪",不仅表现为"以正君臣",也表现为"以笃父子,以睦兄弟,以和夫妇",[①]借以树立父权与夫权的统治地位。中国古代重人伦,重血缘,提倡"君子笃于亲",但在这温情脉脉的面纱背后,却是使伦理等级与政治等级相通,宗法名分与政治名分相合,入则父子有亲,出则君臣有义,形成有利于统治阶级的社会秩序。孟子说:"人人亲其亲,长其长,而天下平",[②]反映了中国古代重人伦的政治意义。同时也给修身、齐家、治国、平天下作了具体的说明。由此,不难看出《礼记》所说"凡治人之道莫急于礼"[③]的真谛。

为了使社会各阶级、阶层安于遵礼、奉礼、行礼,各尽其应尽的权利与义务,不作非分之想,不行非分之事,还用礼来节制人欲的贪求,所谓"礼节民心","礼者,因人之情而为之节文,以为民坊者也,故圣人之制富贵也,使民富不足以骄,贫不至于约,贵不慊于上,故乱益亡"。[④] 显然,这是礼的又一功能。

荀子从性恶论出发,认为上古之时"欲多而物寡",为了消弭由此而发生的争斗,使"两者相持而长,是礼之所起也",也就是说以礼来确定各人所应分得的物质利益,即所谓"度量分界",以使各有所养。因此,礼又被说成"礼者,养也"。但礼所认定的养,绝不是平均主义的,而是以"别"作为实际操作的指导原则。荀子说得非常清楚:"曷谓别?曰:贵贱有等,长幼有差,贫富轻重皆有称者也。"[⑤]由此可见,节民也好,养民也好,归根结底,都是为了建筑"尊

① 《礼记·礼运》。
② 《孟子·离娄上》。
③ 《礼记·祭统》。
④ 《礼记·坊记》。
⑤ 《荀子·礼论》。

尊”的金字塔式的政治结构。

综上所述,礼是区分贵贱、尊卑、亲疏的标准,它是以因人而异的等差性,或特权性为特征的,它的作用就是论证等差的秩序和结构的合理性,并使之固定化、永久化,于是礼的政治哲学的色彩更加浓厚了。不仅如此,源于宗法伦理关系的礼,又促进了新的伦理道德观念的形成和新的父子、夫妻关系的建立。礼所肯定的伦理纲常,体现了中华民族的心理状态与思维方式,成为中国古代一种理想的价值取向,但也不可避免地桎梏了人们的自然本性,以致心甘情愿地为礼而牺牲。

3. 经国家,定社稷

礼的作用除正人伦、明尊卑、辨是非外,最为重要的是经国家,定社稷。由于礼是安上治民、体国立政的根本指导原则,是调整社会关系和国家生活的思想基础,也是维护王权专制的理论教条,因此从周公制礼以后,礼便被视为“国之干也”“国之常也”“王之大经也”。在中国古代的思想家、政治家看来,礼是国家施政的标准,有礼则国家政治有正轨可循,无礼则施政无准,势将导致昏乱。以“吾从周”自誓的孔子便力求“为国以礼”,认为“礼之所兴,众之所治也;礼之所废,众之所乱也”。[①] 汉时,贾谊在所著《新书》中对于以礼施政作了全面的描述:“道德仁义,非礼不成;教训正俗,非礼不备;分争辨讼,非礼不决;君臣上下,父子兄弟,非礼不定;宦学事师,非礼不亲;班朝治军,莅官行法,非礼威严不行;祷祠祭祀,供给鬼神,非礼不诚不庄。”[②]

礼既是国家施政的原则,也是国无失其民,王无失其臣,贵无失其贱,尊无失之卑的强大精神支柱,从而显示了礼是经国家,定社稷,长治久安的根本。由于以礼治民,可以使民安分、自爱、无怨,逆来顺受,所以孔子说:“上好礼,则民易使也。”中国古代的历史雄辩地证明了国家的治乱、社会的兴衰,都与礼的实施有着密切的关系。

---

① 《礼记·仲尼燕居》。

② (汉)贾谊:《新书·礼》。

周公制礼,就当时而言,对西周贵族统治的建立和等级分封体制的形成,都发挥了巨大的作用。在周以后的整个古代中国,礼同样起着十分重要的作用,这不仅是受中国的国情所决定,而且还须看到周礼所建立的体系是包括礼乐政刑在内的一整套严密的制度,是在礼的统帅下互相依存,互相推动,紧密联系在一起的国家上层建筑。就礼与乐的关系而言,如果说礼的辨异,旨在区分贵贱,那么乐则求同,即通过乐达到内在的和顺,以缓和上下的矛盾,实现和谐。礼与乐配合,可以厚父子之亲,明长幼之序,定贵贱之别;可以使"暴民不作,诸侯宾服,兵革不试,五刑不用,百姓无患,天子不怒……"①

至于礼与刑是统治阶级实现统治的两种手段。周公制礼,强调明德慎罚,把礼的教化的功能与刑的强制的效果巧妙地结合起来。礼是积极的规矩,"禁于将然之前";刑是消极的惩罚,"禁于已然之后"。礼教为本,刑罚为用,互为表里,相辅相成,这是中国古代经国家,定社稷的基本国策。

在礼与政的关系上,如前所述,礼是"政之本欤"。从最早的周公立政到末代的封建王朝——清朝的典章制度,都以礼为指导思想。有些礼典,就是国家的大经大法。此外,历代政权的构建和君位的承袭,都依礼定之。凡是以礼行政的朝代,被称颂为盛世,反之,以刑为治,则被贬斥为衰世。因此,礼被视为正国的客观标准。《礼记·经解》说:"礼之于正国也,犹衡之于轻重也,绳墨之于曲直也,规矩之于方圆也。故衡诚县,不可欺以轻重;绳墨诚陈,不可欺以曲直,规矩诚设,不可欺以方圆,君子审礼,不可诬以奸诈。是故隆礼,由礼谓之有方之士,不隆礼不由礼,谓之无方之民……"②

综上所述,礼的功能的发挥,不限于礼的规范本身,还在于它同各种统治手段,如乐——精神文明建设,刑——法律,政——政权的互相联系,综合为治。《礼记·乐记》篇说得好:"礼以道其志,乐以和其声,政以一其行,刑以防其奸,礼、乐、刑、政,其极一也,所以同

① 《礼记·乐记》。

② 《礼记·经解》。

民心而出治道也。”[1]这就是周公所建立的周礼的体系与内涵,这就是周礼延续几千年的基本原因。后世的礼主刑辅,明礼隆礼,都导源于此。由此可见,周公是伟大的,周礼是杰出的。

4. 规范行为的指南,评判是非的准绳

礼不仅设定了父子有亲,君臣有义,贵贱有等,长幼有序的最高行为标准和道德标准,也为社会各阶级、阶层规制了一般的行为规范和是非观念。例如,为尊者讳,父子相隐,于法是有悖的,但于礼却是允许的,甚至被赞颂为美德。春秋战国之际,孔子奔走呼号“克己复礼”,并且坦诚地表示“如有用我者,吾其为东周乎”。所谓复礼,就是要恢复周礼的制度。他要求人们不违礼获取富贵,不违礼舍弃贫贱,真正做到“非礼勿视,非礼勿听,非礼勿言,非礼勿动”。《左传·昭公二十九年》晋铸刑鼎公布成文法,对此,孔子极为反对,理由就是破坏了“贵贱不愆”的所谓“度”,也就是破坏了传统的礼,使“贵贱无序”,这是孔子所深恶痛绝的。由此也可窥见礼的实质之一斑。

在礼的生生不息的漫长演进过程中,已经内化为民族的精神,支配着人们的视听言行,以致礼训之事,非但不能为,而且惮于想。梁启超曾经评论说:“若对于经文之一字一句稍涉拟议,便自觉陷于非圣无法,蹙然不安于良心,非特畏法网惮清议而已。”

由礼所培育起来的中国古代的道德政治观,常常把一个王朝的兴衰存亡,归结为道德的是否净化以及人心的是否浇漓。从周公提出“惟德是辅”以后,明德、敬德、成德的声浪越高,它的政治色彩也越浓厚。孔子便说:“为政以德,譬如北辰,居其所而众星共之。”孟子更把德教与仁政相结合,并以此区分暴君与贤君。正是由于对道德教化的过分推崇,导致了对于法律的某种轻视。孔子所说“道之以政,齐之以刑,民免而无耻;道之以德,齐之以礼,有耻且格”可以为代表。历代奉行的“德主刑辅”“大德小刑”的国策,其源头就在于传统的道德政治观。

至于以礼节欲之说,经过宋儒的异化,发展成人欲与天理的对

---

① 《礼记·乐记》。

抗论,否定了人们物欲追求的合理性,鼓吹“革尽人欲”才能“复于礼”“尽复天理”。由此而加强了重义轻利的义利观,视工商为俗务,以“罕言利”为高雅,这对古代中国工商业的长期停滞和经济的封闭状态有着一定的影响。

此外,礼的长期统治造成了中华民族崇古尚祖的保守心态,使得礼制文化成为巨大的历史惰性,严重阻碍了社会改革,即使是勇敢的有作为的改革家,也被迫借祖宗先王之名,以减少改革的阻力。晚清康有为便借托古改制为变法维新作掩护。晚清修律时,还曾出现将儒家纲常名教视为中国几千年“相传之国粹,立国之大本”的礼治派,对抗接受西方法律价值观念,积极从事变法修律的法治派的论战。

总之,礼孕育了中国古代文明,形成了在世界文明史上少有的文化传统。礼的影响不限于古代社会,也向着现代社会和现代生活辐射。礼的内容既蕴有民主性的精华,也杂以封建性的糟粕。礼是属于历史的,但某些部分也属于中国的今天和未来。

(三)引礼入法

礼与法虽然各自独立,但礼所具有的规范人们行为规则、调整社会秩序的特殊功能,使礼入于法不仅是必要的,也是可能的,但这是一个历史发展的过程,不是一蹴而就的。

首先,从儒法对立到儒法合流。

先秦儒家以孔丘、孟轲、荀况为代表,他们崇尚礼治与明德慎罚的为政之道。虽然孔子面对的是礼崩乐坏的大动荡、大变革的时代,但他仍倡导“为国以礼”,“为政以德”,并以“复礼”为奋斗目标。由于礼是以别贵贱,序尊卑为特征的,因此孔子主张“正名”,即严格遵守君君、臣臣、父父、子子的等级名分,不得犯上僭越。孟轲也以君臣父子为“人之大伦也”,绝不可以背离。荀况更把贵贱尊卑差等视为“与天地同理,与万世同久”的永恒现象。先秦儒家既然重礼治、德治、人治,因而必然轻视法治,他们认为“为政在人”,“有治人,无治法”。他们批评与礼治对立的“不别亲疏,不殊贵贱,一断于法”的法治理论“严而少恩”,使“亲亲尊尊之恩绝矣”,只“可以行一时之计,而不可长用也”。

以上可见,儒法两家的对立,是明礼差等与奉法齐一的对立。经过战国、秦至两汉,作为差别性行为规范的礼,逐渐与公允性行为规则的法交融渗透,以致合流。礼法合流有其深刻的社会原因。其一,封建大一统国家的需要。强盛的专制主义中央集权的两汉建立以后,需要一种统一的学说作为国家的指导思想,以纳全国民众的思想行为于一轨,不允许战国时期百家并起,诸说纷呈的状态再继续下去,因此汉武帝罢黜百家,独尊儒术,表现了驾驭历史潮流的高超见解和伟大的魄力。其二,经过一千多年的统治,使统治者有可能立足现实,认真总结历史的经验,"外儒内法"就是汉初统治者综合儒法两家之长的精彩概括。如前所述,儒家以礼、德、仁政、爱人为其学说的支撑点。法家以一断于法,君主独治,术势并重为其学说的特征。外儒即以儒家学说作为外饰,这是因为儒家的理论符合中国的传统国情,有着极深厚的文化底蕴,可以赢得民心,粉饰仁政,稳定社会,利于统治。以法家学说为内涵,有利于皇帝的专制统治和发挥法律的治世功能,可以收到急功近利之效。外儒佯宽,内法实猛,外儒内法就是宽猛相济的一种表现形式。其三,儒法两家学说不仅同源,在为现存政权服务的政治目的上也是相通的。例如,儒家讲"尊尊",旨在确立君主、皇帝的最高权威。法家不仅同样讲"尊尊",而且是极端专制主义的鼓吹者,主张皇帝的谋略权机应该深不可测,不仅不为百姓所知,也不应为群臣所悉。司马迁在《史记·太史公自序》中说:"儒者……然其序君臣父子之礼、列夫妇长幼之别,不可易也。"又说:"法家……然其正君臣上下之分,不可改矣……若尊主卑臣,明分职不得相逾越,虽百家弗能改也。"①从太史公对儒法两家的分析中,可以看出在维护君臣上下长幼的等级制度上,二者是完全一致的。儒家虽然重视礼制,但也同样主张以法惩乱止恶。管子所说"法出于礼"的着眼点,就是在二者作用的相合上。

以上可见,从儒法对立到儒法合流具有历史的必然性和主客观的基础。当儒法对立的障碍被排除以后,引礼入法的门户便自然洞

---

① 《史记·太史公自序》。

开了。

其次，引礼入法的途径。

引礼入法作为一个过程，是逐渐深化的。从以儒家经典学说指导立法，解释法律起，到春秋决狱，直接以儒家经典作为司法的根据，在这个过程中礼不断法律化，法也不断道德化，特别是“三纲”的确立使礼跃上一个新阶次，也赋予法以最基本的内容。

第一，从总结秦亡的教训中为引礼入法制造舆论。

汉初，著名思想家贾谊鉴于秦朝任法任刑之弊，认为只有礼才是“固国家，定社稷，使君无失其民也”的根本，然而也不应废弃法律，因为“缘法循理谓之轨”，否则治国、理政、驭民都无轨可循。但礼与法应各有侧重，他说：“夫礼者禁于将然之前，而法者禁于已然之后，是故法之所用易见，而礼之所为至难知也。若夫庆赏以劝善，刑罚以惩恶。”只有礼与法的结合才是维持国家长治久安的“经制”。贾谊的主张，是在徒法为治，蔑礼用强的秦朝灭亡以后，提出以礼为治之本、以法为治之用的第一人，从而为引礼入法制造了最初的舆论。

刘向在《说苑》中对于德化的地位以及德与刑的关系也进行了论述。他说：“治国有二机，刑德是也。王者尚其德而布其刑，霸者刑德并凑，强国先其刑而后德。夫刑德者，化之所由兴也。德者，养善而进阙者也；刑者，惩恶而禁后者也。故德化之崇者至于赏，刑法之甚者至于诛。”董仲舒还用阴阳五行之说来论证“刑者，德之辅也”，“大德而小刑”，“厚其德而简其刑”。

上述理论是针对如何建立长治久安的新王朝而提出的，这只有在汉高祖听从儒生陆贾关于“居马上得之（天下——作者注），宁可以马上治之乎”的建议以后，转变了态度，儒家才可能受到重视。特别是董仲舒提出“春秋大一统”论，鼓吹“唯天子受命于天，天下受命于天子”，适应了汉武帝建立大一统的专制主义王朝的政治抱负，使他认识到儒家学说的价值，因而提出一项震古烁今的“罢黜百家，独尊儒术”的政策。这是以国家的最高权威确认了儒家思想为统治思想，法家由显学而逐渐沦为附庸。

关于三纲之说董仲舒用天尊地卑，阳尊阴卑的观点，论证了君臣父子夫妇的主从关系,并提出“王道之三纲可求于天”,使三纲神圣化、神秘化。既然三纲可求于天,因此,违背三纲必将受到天的谴责。从此,以维护君权为核心的三纲便成了礼的最本质的概括和国家立法必须遵循的原则。《白虎通义·三纲六纪》进一步明白表述:“三纲者,何谓也?君臣,父子,夫妇也。”[①]孔颖达在为《礼记·乐记》“然后圣人作为父子君臣以为纪纲”作疏时,曾引《礼纬·含文嘉》所说“君为臣纲,父为子纲,夫为妻纲”是为三纲。

第二,通过参与立法和注释现行法律,输入儒家礼的精神。

汉初,丞相萧何“摭秦法,取其宜于时者,作律九章”。九章律虽然兼蓄诸法,但基本上是以惩奸为目的的刑法典。随着国家事务的增加与皇权的膨胀,需要制定关于行政与礼仪的法律,于是汉高祖刘邦命儒生叔孙通制定有关朝仪的专律——傍章律十八篇。《晋书·刑法志》载:“叔孙通益律所不及,‘傍章’十八篇。‘傍章’即汉仪也。”《汉书·礼乐志》载:“叔孙通所撰礼仪,与律令同录,藏于理官,故曰‘傍章’。”惠帝时,叔孙通再次受命制定宗庙礼仪的法规。叔孙通受命制定傍章律是为了确立“正君臣之位”的礼仪制度,由于儒家是以礼自奉的,所以命叔孙通为起草人,可以想见经他制定的礼仪之法,必然贯穿了儒家礼的精神。傍章律是礼典,也是行之于朝堂之上的行政法典,是汉代早期引礼入法的产物。

汉武帝确立儒家思想为国家统治思想以后,经学迅速发展,同时本着外儒内法的国策,也重视立法。特别是律学在打破了“学在官府,以吏为师”以后,取得了长足的进步,以致父子相承,聚徒传授,一时称盛。例如,杜周出身于刀笔小吏,因通晓律令,位至三公。其子杜延年,也以精通律令著称于世,人称大小杜。东汉时、颍川郭氏三代明法习律。沛国陈氏,河南吴氏也都是三代传习法律。律学已成为一门专门的学问。

在汉代,一个值得注意的现象就是经学与律学互相渗透,有些经学家同时又是律学家,一身而二任。例如,郑弘与郑昌兄弟“皆明经,通法律政事”。尤其东汉时,一些经学大师,也注释现行法律,形

---

① (汉)班固:《白虎通义·三纲六纪》。

成了具有法律效力的大量著作。据《晋书·刑法志》所载,“若此之比,错糅无常,后人生意,各为章句。叔孙宣,郭令卿,马融,郑玄诸儒章句,十有余家,家数十万言。凡断罪所当由用者,合二万六千二百七十二条,七百七十三万二千二百余言”。《唐六典》卷六注也说:“至后汉马融、郑玄诸儒十有余家,律令章句,数十万言,定断罪所用者合二万六千余条。”后因“言数益繁,览者益难”,于是由天子下诏:“但用郑氏章句,不得杂用余家。”所谓章句就是成文的现行法律的解释。诸家章句并存,说明私家注律的盛行和章句的法律价值。由经学大师撰写章句,必然地输入礼的精神与原则。汉代国家承认章句的合法性及其实际效力,无疑是对儒家学说的认定和引礼入法的鼓励。例如,郑玄根据《周礼》对“自诉”的含义注释如下:“若今时辞讼有券书者为治之。”汉律很可能据此划分公诉与私诉两种方式。

第三,春秋决狱。

汉代断狱不仅以律、令、科、比、章句为根据,而且还盛行春秋决狱。《春秋》一书,蕴含遏制礼崩乐坏,维护君臣之道、父子之道、夫妇之道的微言大义。根据《春秋》的精神,解释现行法律,指导断罪量刑,始自董仲舒。由于《春秋》的精神符合国家认可的法律意识,体现了维护三纲的要求,因而得到皇帝的肯定和倡导,成为事实上的审判根据。于是春秋决狱之风甚嚣尘上。董仲舒撰写的《春秋决事》受到当时执法者的普遍欢迎,以致董仲舒老病致仕,朝廷还“数遣廷尉张汤亲至陋巷,问其得失,于是作春秋决狱二百三十二事,动以经对,言之详矣”。[①] 在董仲舒的影响下,宽、隽不疑等人,也“以古法义决疑狱”。汉昭帝曾就隽不疑根据《春秋》决一大狱赞叹说:“公卿大臣,当用经术,明于大谊。”[②]

《春秋决事》早已失传,从现存的三四例中,可以看出礼对于法的突出影响。譬如,根据《春秋》所认定的“原情定过,赦事诛意”,而确立了“论心定罪”的法律原则,凡“志善而违于法者,免;志恶而

---

① 《后汉书·应劭传》。

② 《汉书·隽不疑传》。

合于法者,诛”,[1]以致断罪时有出入于律之外者。

又如,根据尊尊亲亲的礼制精神,法律允许“为尊者讳”,“为亲者讳”,非重大反逆案一律不为罪。

春秋决狱将礼的精神与原则引入司法领域,成为断罪的根据,不仅仅是引礼入法,而且是以礼代法,使儒家经典法典化了。引经决狱从两汉始,经过七百余年,至唐朝才逐渐衰落。引经决狱是在儒家思想被确认为统治思想,而法制又不完备的情况下,才是可能的,它反映了引礼入法的深化。在实践中,法无明文规定者,以礼为准绳;法与礼抵触者,依礼处断。但是随着法制的不断完备和礼的规范的全面法律化,春秋决狱之风才最后终止。

(四)礼法结合

两汉所开辟的引礼入法的多种渠道,为礼入于法,礼法结合创造了有利的条件。魏晋至唐沿着这条路线终于完成历史性的礼法结合,将中国法律史推向一个具有划时代意义的阶段。

魏晋南北朝,处于分裂割据的形势,统治者为了自存和进取,都加强了立法活动,注意发挥法律的治国之具的作用。从保留下来的片断的律学著作中,可以看出当时一些律学家的着眼点在于研究立法技术、刑名原理概念与科罪量刑的原则。但就指导思想而言,依然坚持礼德为主,刑罚为辅,并不断推进儒家化的进程。例如,魏律的制定者陈群、刘劭都是以儒学为宗,提倡礼治的,他们在起草新律时,自觉地渗入儒家礼的精神。譬如根据尊尊亲亲之义而在新律中规定“谋反大逆,临时捕之,或潴,或枭菹,夷其三族,不在律令,所以严绝恶迹也”。又“除异子之科,使父子无异财也。殴兄姊加至五岁刑,以明教化也”。此外,还将《周礼》中的“八辟”,分别纳于律条,使礼所强调的等级特权法律化。为了使法律解释统一,以便司法援引,魏文帝下诏:“但用郑玄章句,不得杂用余家。”[2]

晋朝是由东汉末年儒学大族司马氏创建的,因此在法制建设上尤其致力于儒家化。晋律的起草者和解释者杜预、张斐,都是兼通

---

① 《盐铁论·刑德》。

② 《晋书·刑法志》。

经法的大家。杜预在上《律本》的奏章中以“格之以名分”为晋律的基本精神，强调“远遵古礼，近同时制”。张斐针对《晋律》以“刑名”始、“诸侯”终的篇章体例，解释说：“王政布于上，诸侯奉于下，礼乐抚于中。”对于晋律中的有些概念如“谩”“不敬”“不道”“恶逆”等都给予了礼的解释。

晋律所体现的礼法结合还表现为“准五服以制罪”，即根据服制明血缘亲疏，定罪行轻重，以“峻礼教之防”。准五服制罪，始于晋律，直到晚清修律才予以废除。此外，改周之“八辟”为“八议”，直接入律，“诸侯应八议以上，请得减收留赎，勿髡钳笞”。有些行为不见于律，则以礼为据断之，如“异姓相养，礼律所不许”。“凡断正臧否，宜先稽之礼、律。”

北朝政权虽以少数民族为主体，但进入中原以后，接受汉族先进文化的熏陶，在法制上也体现了礼法结合的潮流。例如，北魏律的“留养”，便是将儒家的孝养观念入律；北齐律更以不孝为重罪十条之一。

经过魏晋南北朝至唐，中国封建社会进入兴盛时期。唐律无论结构、内容均已蔚为大观，礼与法的结合也臻于成熟和定型。可以说一整套体现封建宗法等级思想与制度的礼，基本上法律化了，以致“一准乎礼”成为对唐律的基本评价。通过唐律可以发现礼与法的内在联系，可以体验礼是怎样融汇于法的，可以印证礼是唐律的灵魂，唐律是礼的法律表现，二者互补而不可分的关系。正如《唐律疏议·名例》中所说，“德礼为政教之本，刑罚为政教之用，犹昏晓阳秋相须而成者也”。唐律是中国古代礼法结合的典范，剖析唐律是有助于鉴古明今的。

唐律所反映的礼法结合的鲜明特征，连同它对周边国家立法的影响，成为中华法系得以确立的重要因素。

综括唐律所表现的礼法关系概述如下：

(1)礼指导着法律的制定。譬如，纲常之礼便是唐律最基本的内容。十恶大罪之所以“为常赦所不原”，也就在于它的行为触犯了君为臣纲，父为子纲，夫为妻纲。唐律的制定从武德朝起，历经贞观、永徽、开元诸朝始最后定型。在这个过程中，以礼改律之处甚多。例如,贞观前《贼盗律》“谋反大逆”条规定,谋反大逆人父子、兄弟皆处死,祖孙配没。贞观修律时改为谋反大逆人父子处绞,祖孙、兄弟皆配没。这个改动主要是依祖孙兄弟的血缘亲疏关系而调整处死的范围。按《礼记·祭统》:“孙为王父尸”,祭祖可以孙列,说明了祖孙关系重于兄弟关系,如果祖孙配没,兄弟处死,显然于亲情不合,因此贞观修律时房玄龄据礼作如上改动。

又如,户婚律“同姓不得为婚”条,只禁止同姓及外姻有服属尊卑为婚,对外姻无服是否属尊卑为婚没有规定。永徽修律时,增补了“父母之姑舅两姨姊妹及姨若堂姨、母之姑,堂姑,己之堂姨及再从姨、堂外甥女、女婿姊妹,并不得为婚姻。违者杖一百,并离之”。按礼,堂姑、堂姨等为父党母党,且有尊卑名分,如许为婚,岂非亏损名教,蔑弃人伦?所以据礼加以禁止。魏征曾经指出:“礼义以为纲纪……明刑以为助。”既然明刑是为了助礼,因此唐律的制定与修撰,自然要以礼为指导。

清朝在关外时期,存在同族间不同辈分的婚姻关系。至皇太极即位,下令严禁:“自今以后,凡人不许娶庶母及族中伯母、婶母、嫂子、媳妇……若不遵法,族中相娶者,与奸淫之事,一律问罪。”另据朱璘《明纪辑略》:天聪三年下令,“凡娶继母、伯母、弟妇、侄媳永行禁止……同族婚娶,男女以奸论”。这段记载充分说明了礼对于以满洲族为主体的清朝立法的重大影响。

(2)礼典、礼文直接入律。唐律的制定除总体上接受礼的指导外,有些律文几乎是礼典的翻版。譬如,《名例律》“八议”是《周礼·秋官·小司寇》“八辟”的照搬。《户婚律》“七出三不去”是《大戴礼记·本命》“七去三不去”的移植。也有的律文是礼的原则的演绎。譬如,《名例律》关于“矜老小及疾”的具体规定如下:“诸年七十以上、十五以下及废疾,犯流罪以下收赎;八十以上、十岁以下及笃疾,犯反逆、杀人应死者上请;盗及伤人者亦收赎;九十以上、七岁以下,虽有死罪,不加刑。”显而易见,这是从《周礼》“三赦之法”——“一赦曰幼弱,二赦曰老耄,三赦曰蠢愚”[1]和《礼

① 《周礼·秋官·司刺》。

记》“悼耄不刑”——“八十、九十曰耄，七年曰悼。悼与耄虽有罪，不加刑焉”①演绎而来的。

此外，唐律关于不孝罪之一的“诸祖父母父母在，而子孙别籍、异财者，徒三年”，“诸子孙违犯教令及供养有缺者，徒二年”是《礼记·内则》“孝子之养老也，乐其心，不违其志，乐其耳目，安其寝处，以其饮食忠养之”和《礼记·曲礼》“父母存，不有私财”的法律化。类似的例子在唐律中是随处可见的。

(3)定罪量刑“于礼以为出入”。这是唐以后，人们评价唐律的主要着眼点。而从唐律的规定和审判实践是可以得到证实的。以斗殴为例，一般“斗殴人者笞四十”。但“诸殴缌麻兄姊，杖一百。小功、大功，各递加一等。尊属者，又各加一等。诸殴兄姊者，徒二年半。伯叔父母、姑、外祖父母，各加一等。诸殴祖父母父母者，斩。”由于亲属之间亲疏有别，长幼有序，所以以卑犯尊根据亲等，虽同罪处以不同刑罚，正是礼所要求的。

从审判实践中，也可发现以礼折狱、弃律从礼的案例。例如，长庆年间，某姑鞭打其媳至死，京兆府断以偿死，刑部尚书柳公绰以礼改判。《册府元龟》记载其事如下：“柳公绰，长庆中为刑部尚书。京兆人有姑以小过鞭其妇至死，府上其狱，郎中窦某断以偿死，公绰曰：‘尊殴卑，非斗也；且其子在，以妻而戮其母，非教也。’竟从公绰所议。”②

又如，敦煌卷子伯2593号记载冯甲在亲丧期间“朝祥暮歌”，司法官以礼科断，其判词如下：“父母之丧，三年服制；孝子之志，万古增悲。朝祥暮歌，是亵于礼，以哭止乐，斯慰所怀。诉词既款服终，言讼情依科断。”③

以上可见，凡是违礼之罪都要加重处刑。由于“于礼以为出入”是公认的道德高于法律的司法原则，并受到国家的保护，因此司法官宁可不依律，也不可以不循礼。不依律所责者是职务，不循礼

---

① 《礼记·曲礼》。

② 《册府元龟·刑法部·奏谳三》。

③ 陈重业辑注：《古代判词三百篇》，上海古籍出版社2009年版，第12页。

所责者是人格。由于唐代科举取士的重要内容是儒家经典,因此唐代官员明礼者多于明法,以礼断案对他们来说是并不陌生的。

(4)礼法互补,共同维护社会的稳定和国家的长治久安。其具体表现如下:第一,礼侧重于预防犯罪,即导民向善,所谓“禁于将然之前”;法侧重于惩罚犯罪,即禁人为非,所谓“禁于已然之后”。第二,以礼的规范弥补法律条文的不足。除前述已经例举者外,还须指出律疏对补充律文、指导司法的作用。在唐代凡是律无明文的行为,可以参考律疏处理。律疏是以礼为理论基础的,律疏代律,实际是以礼代律。律疏在疏解律意时,或“依礼”,或“援礼”,使礼进一步渗透于律文当中。律疏是中国古代法理学、刑法学和诉讼法学的集大成者,也是礼法结合的重要结晶。第三,礼主刑辅,综合为治。礼与法具有共同的社会根源,本质上又都是统治阶级意志与利益的体现,但礼所包括的内容更广泛,对社会的调整作用更深入,对群众的精神束缚更严格,并且被赋予礼教、德化的外貌,又与重宗法伦理的国情相合,因此易于被接受。历代凡专任刑罚者被视为致乱之源,而推行“礼主刑辅”者被誉为“治世之端”。明初,朱元璋以严法酷刑治天下,虽收到一时之效,却并未能杜绝犯罪。至洪武三十年大明律成,他积三十年的统治经验总结出“朕有天下,仿古为治,明礼以导民,定律以绳顽”的道理,[①]强调“礼乐者治平之膏粱,刑政者救弊之药石”,唯有“以德化天下”,兼“明刑制具以齐之”,才能使国家长治久安。

综上所述,可见礼的等差性与法的特权性是一致的,礼法互补,以礼为主导,以法为准绳;以礼为内涵,以法为外貌;以礼移民心于隐微,以法彰善恶于明显;以礼夸张恤民的仁政,以法渲染治世的公平;以礼行法减少推行法律的阻力,以法明礼使礼具有凛人的权威;以礼入法,使法律道德化,法由止恶而兼劝善;以法附礼使道德法律化,出礼而入于刑。凡此种种,都说明礼法互补可以推动国家机器有效地运转,是中国古代法律最主要的传统,也是中华法系最鲜明的特征。

---

① 《大明律·序》。

三、立足实际，体现国情

古代中国是一个以农立国、疆域辽阔、统一多民族的国家，这个固有的国情决定和制约着法律的形成、发展以及它的传统。

（一）以农为本的农业立法

由于中国所处的内陆性的环境，原始农业很早便取得了发展，且经历数千年之久一直保持稳定的经济形态，从而决定了与农业相关的土地、畜牧、水利等方面的立法成为古代法律体系中的重要组成部分。据史书记载，西周时已有田律，现存最早的田律是《青川木牍》所载田律。1975 年出土的睡虎地秦墓竹简中田律的内容涉及农田、水利以及作物的管理，农业赋税的征收，有关种子的保管与播种，自然灾害的预防等。隋唐以后，颁布的《均田令》《农桑课令》《垦荒令》《种植农桑法度》《农桑条画》等，使农业立法大为充实。

农田立法及其实施直接关系到百姓的生活水平、社会的稳定与国家的富强，唐贞观之治、开元之治都是和《均田令》的实施分不开的。农民有了稳定的谋生手段——土地，能够从事简单的或扩大的再生产，提高了生产的积极性，促进了社会经济的繁荣。

与农业生产相关联的历法也受到历代统治者的重视，成为饶有特色的立法形式。早在夏朝已经制定了我国最早的适合农业生产需要的历法——“夏正”。古书中说“行夏之时”，[①]表明夏朝历法对后世的影响。商朝制定了比夏历先进的阴阳历，有了明确的春夏秋冬之分，并设专官掌管历法。秦时，第一次颁行了全国统一的历法《颛顼历》。汉朝在历法上的杰出成就是制定了《太初历》。其后，南北朝著名的科学家祖冲之制定了《大明历》；唐朝有《戊寅元历》和《大衍历》；元朝有《授时历》；明朝有《大统历》；清朝康熙年间聘请西方传教士制定《康熙永年历》，并由著名历算家梅文鼎著成《古今历法通考》。综上所述，可见我国古代历法不仅发源早，更具有相当的科学性，在世界天文立法史上居于先进的行列。这跟农业起源早，并以农为立国之本的国情是分不开的。正因如此，私造时宪历

① 《论语·卫灵公》。

者处以死刑。

(二)中央立法与地方立法相辅相成

除农本主义的国情外,辽阔的疆域使中国古代的政治、经济、文化发展极不平衡,以致统一的朝廷立法不可能涵盖差别极大的广大疆域,因而需要中央立法与地方立法相辅相成、互为补充。限于文献记载,清以前的地方政权立法多已不可考,只有清朝保留下来了以省为单位的地方立法——省例。省例仅限通行于一省,而且须详明朝廷两院,或咨准部覆,方许颁行。因此有清一代省例之类的地方立法并未遍及全国,只有江苏、广东、福建、湖南、河南、直隶、四川、山东、山西、安徽、浙江、江西等省制定了省例或其他形式的地方法规。凡涉及一省行政、民事、刑事、经济、文教、司法、风俗者,为综合性省例,如《江苏省例》《江苏省例续编》《江苏省例三编》《江苏省例四编》《福建省例》《福建省例·续·再续》《治浙成规》《直隶通饬章程》《广东省例》《粤东省例》《粤东省例新纂》《湖南省例成案》《湖南省例》《豫省省例》《西江政要》等。凡涉及工程、诉讼、科考、任职、交代等本省单一事项者,为专业性省例,如《豫东稽核帮价章程》《直隶清讼章程》《河南文闱章程》《江西州县委署章程》《山东交代章程》等。

省例中,有关行政管理事务者居多,涉及公式、交代、官员任职、考核与俸禄等。例如,《福建省例》有关公文使用的规定:"嗣后地方雨水关系民隐及紧要事件并不便形之公牍者仍用禀帖,其余应用祥文候批存案者一概用详。不关紧要,无论吏治之事,不得用禀搪塞。"①《粤东省例》有关官吏任职与考核的规定:"各项候补知县与进士即用知县通归候补班轮补,选缺时应以各员到省月日分别先后挨补,至进士即用知县轮补到班,仍按各员科分甲第序补(军营出力之员向系压班先补,历办有案)。"②"各衙门役满吏攒每年七月内由抚院考试,除例定一切事宜照例遵行外,藩司于奉行试期之前开送应考吏役姓名清册同供给送院查核,并委现任佐杂二员

---

① 《福建省例》,"公式例·用详用禀章程"。

② 《粤东省例新纂》,"吏例卷之一·候补与即用知县轮补次序"。

巡绰搜检(中军官委千把会同文员巡绰)。仍于南番二县内派委一员点名,由司照开各吏役年貌册发交点名官查对。点进听候抚院衙门考试(试卷由吏役自备呈司用印汇缴)。应需桌凳檄行广州府办送。"①

各地省例中还多有整顿风俗的内容。例如,《江苏省例》明确查禁《红楼梦》《水浒》等"淫词"小说,②禁止开设戏馆,③严禁妇女入馆饮茶。④ 其后,又禁止妇女入庙烧香,⑤禁止青浦金泽等镇迎神赛会。⑥

由于各省地方立法散漫,援用不便,因此乾隆初年而有编纂刻印省例之举。

(三)体现统一多民族国家的民族立法

还须指出,中国从秦朝起便形成了统一多民族的国家。汉唐时期,朝廷为了调整边疆民族关系便已进行了必要的民族立法,但史书记载语焉不详,只有清朝保留了大量的民族立法。

清朝是以满洲族为主体的政权,早在关外肇基时期,便关注对蒙古族的立法。统一中国以后,进而积极开展边疆地区的民族立法。康熙《大清会典》有云:"国家之待外藩,立制分条,期其宽简,以靖边檄。"⑦乾隆《大清会典》亦云:"国家控驭藩服,仁尽义至。爰按蒙古风俗,酌定律例。"⑧有清一代制定了数量众多的调整民族关系与管理少数民族地区事务的专门法律,如《理藩院则例》《回疆则例》《西藏章程》《青海西宁番夷成例》以及苗疆立法等,覆盖了蒙古、新疆、西藏、青海、东北以及西南苗疆少数民族地区。民族立法的内容繁简不一,但总体来说不外行政、民事、刑事、经济、军事、司

---

① 《粤东省例新纂》,"吏例卷之一 · 考役满吏役"。

② 《江苏省例》,"藩政 · 查禁淫词小说""藩政 · 续查应禁淫书"。

③ 同上书,"藩政 · 禁止开设戏馆"。

④ 同上书,"臬政 · 严禁妇女入馆饮茶"。

⑤ 《江苏省例三编》,"藩例 · 禁止妇女入庙烧香告示"。

⑥ 同上书,"藩例 · 禁斋菩萨""藩例 · 示禁震泽双阳会""藩例 · 示禁青浦金泽等镇迎神赛会"。

⑦ 康熙《大清会典》卷一四四。

⑧ 乾隆《大清会典》卷八十《理藩院 · 理刑清吏司》。

法、宗教等内容,形成了比较完备的民族法律体系。其中,以《理藩院则例》为代表。《理藩院则例》是以《蒙古律例》为基础,以蒙古族为主要对象的立法。早在乾隆二十年(1755 年)已经制定了《理藩院则例》,但非定本。乾隆五十四年(1789 年),由于统一准噶尔部以及土尔扈特部回归,整个厄鲁特蒙古编旗建制,原有律例已不适用,故而重加修订。乾隆五十八年(1793 年)《理藩院则例》体系庞大、律条繁多,适用地区更广。嘉庆、道光年间,多次纂修,使《理藩院则例》不断充实。晚清官制改革时,理藩院改为理藩部,编定《理藩部则例》,直到民国时期仍部分适用。

特别值得提出的是清朝民族立法采取"因俗而治"的原则,"修其教不易其俗,齐其政不易其宜,旷然更始而不惊,靡然向风而自化"。[①] 因这项原则充分体现在各项民族立法的具体规定中,深受少数民族的欢迎。

例如,在蒙古立法中实行盟旗制度。按照满洲八旗制度的组织原则,结合蒙古原有的旧制,以旗作为基本行政单位,具有一定的自治权,旗长扎萨克一般兼有贵族身份。旗上为盟,盟为监督机构。各级蒙古王公贵族依据身份享有不等的特权。盟旗制度得到蒙古贵族的拥护,有助于巩固满蒙之间的政治联盟。

为保护蒙古地区奉行的宗教——喇嘛教,《蒙古律例》中专设《喇嘛例》。

蒙古地区除死刑外,以罚代刑,根据犯罪情节罚以不等牲畜,如证据不足者令入誓断决,"入誓后别经发觉,加等治罪"。[②]

在回疆立法中由于乾隆二十四年(1759 年),平定大小和卓叛乱,"各部归一"。回疆地区纳入清朝的直接统辖,"自应遵我朝之律",[③]但回疆地区民族、宗教、历史、文化与中原迥异,因此乾隆帝颁谕正式认可回疆地区传统的伯克制度。

嘉庆十九年(1814 年)完成《回疆则例》,确认回疆地区仍实行

---

① 《皇朝藩部要略》序。
② 《理藩院则例·入誓》。
③ 《西域地理图说法》卷二,"官职制度"。

固有的伯克制度，并详定职官设置、职掌、品秩、承袭、任用、休致等各种规定。清朝前期，伊斯兰教法在南疆地区已广泛施行。清统一南疆后，坚持政教分离原则，承认伊斯兰教法在一定范围内的适用，凡涉及婚姻、继承、家庭、债务等民事案件和轻微刑事案件，允许清真寺的阿訇审理，但不得染指刑事案件的司法权和维持治安的警察权。

平定阿古柏叛乱后，清政府对原有回疆立法作出重大修改。光绪九年(1883 年)废除伯克制度，建立行省，设立巡抚，废除参赞大臣、办事大臣、领队大臣等机构，将回疆各城区改为朝廷直接控制的厅、州、县，所谓“裁伯克之权，一统于州县”。[①]《大清律例》及其他相关法律在回疆统一适用。清政府明确规定：“嗣后新疆命盗等案应照定例拟罪名，专折奏明请旨，俟奉准部覆，将应行立决人犯再行处决。应入情实、缓急各犯归，入秋审办理，其遣、军、流各犯，即于南北互相调发。”[②]

经过上述改革，使新疆牢固地成为中国领土不可分割的一部分。

清朝在西藏地区的立法，主要是根据该地区形势的变化，颁布了一系列章程，其中最为著名的是乾隆五十六年(1791 年)制定的《藏内善后章程二十九条》。该章程严申政教分离的制度与驻藏大臣的各种权限，特别是确定了灵童转世的“金奔巴瓶”制度，受到达赖喇嘛的拥护：“今蒙大皇帝振兴黄教，唯恐吹忠等降神作法，指认未真，致有流弊。特颁金本巴瓶，卫护佛门，实已无微不至，我实感戴难名。嗣后惟有钦尊圣训，指认呼毕勒罕时，虔诵经于大众前秉公拈定，庶使化身真确，宣扬正法，远近信心，阖藏僧俗顶戴天恩，无不感激。”[③]此制度延至今日依然执行。

清朝在苗疆地区的立法，主要见于《大清律例》后附条例，规定：“其一切苗人与苗人自相争讼之事，俱照苗例归结，不必绳以官

---

① (清)袁大化：《新疆图志》卷八，东方学会 1923 年铅印本。

② (清)朱寿朋编：《光绪朝东华录》，中华书局 1985 年版，总第 2098 页。

③ 《卫藏通志》卷五。

法,以滋扰累。”①

乾隆七年(1742年),废除此前禁止苗民出入带刀之例。据《清高宗实录》记载:“查佩刀本苗人之夙好,而跳月亦自仍其土风,原无碍于政教。”②

以上所述清朝民族立法,具体反映了因族因俗制宜立法原则的适用。但在因族因俗制宜的前提下,既承认某些习惯法的效力,同时又坚持分析的态度,并不一概袭取。例如,在承认民族的宗教信仰的同时,又控制宗教权的滥用。尤其强调加强国家的集中统一,立法权与重大案件的司法权均由中央政府掌握,使民族的特殊利益与国家的整体利益相一致,从而巩固了统一多民族的国家统治。

在根据民族习俗作为立法考量的同时,并不阻止由于民族地区经济、政治、文化的发展而出现的法制“内地化”的趋向。相反,清朝政府还及时立法予以引导,以促进民族地区法制的发展。例如,办理蒙古案例,蒙古例所未备者,准照大清律办理。蒙古处分例无专条,准咨取吏、兵、刑等部则例比照引用,“体察蒙古情形定拟,毋庸会办”。又如,在刑罚制度上,除继续实行“罚九”习惯法外,同时适用《大清律例》中笞、杖、徒、流、死、充军、凌迟、罚俸等刑罚规定,“凡蒙古戏杀、过失杀伤人,俱查照刑例,分别定拟”。③

在清朝统治期间,并没有专门的立法机关,民族立法由民族事务最高管理机关理藩院负责纂修,一则熟悉该法的纂修演变过程,了然应删应补之处,二则更能体现妥善管理民族事务的要求,而且多由皇帝“指陈方略”、亲自掌握,充分显示了清朝最高统治者对于民族立法的重视。民族立法是清朝法律体系中重要的组成部分,在实践中有效地调整了民族关系、巩固了统一的多民族国家。

总括上述,因应国情的立法传统,由于符合国情的实际,犹如有源之水,有本之木,而生生不息,其经验值得当前的立法者研究和借鉴。

---

① 《大清律例·刑律·断狱下》,“断罪不当”附例。

② 《清高宗实录》卷七七三。

③ 《理藩院则例》第607条。

四、纵向比较，因时定制

在中国四千余年从未间断的法制历史中，可以清楚地看到它的内在联系与沿革关系。历代新建王朝的统治者，在立法之初，一般均能认真地考察前朝法制的得失利弊，从中吸取经验教训，并形成新的立法思想和立法原则，或进行必要的法制改革，这几乎成为通例。历代法典尽管在基本性质上保持一致，但内容上之所以在大同中有小异，制度上袭旧又有所创新，就是在总结过去、立足现实的基础上，经过纵向比较而成的。因此，可以说，中国古代法制史就是一部纵向比较法制史。这一传统从大约公元前1600年的商朝便开始了。孔子说："殷因于夏礼，所损益，可知也；周因于殷礼，所损益，可知也。"①中国古代的礼涉及的范围很广，包括国家的典章法度，而不纯属礼制、礼仪。孔子的论断非常有见地，也符合中国法制历史的实际，他不仅揭示了夏商周三代礼的发展联系性，还指出了三代之礼的损益发展是在比较中进行和完成的，同时，也只有从比较的角度才能把握其损益之所在。从某种意义上说来，孔子是比较法制史的最早的鼓吹者、支持者和实践者。

（一）以前朝为鉴，确定新的法制建设重点

史书说，夏朝灭亡之际，太史令终古曾经"出其图法……出奔如商"，为此，商族的领袖汤"喜而告诸侯曰，夏王无道，暴虐百姓……守法之臣，自归于商"。② 可见，商朝法制是在夏朝法制的基础上发展起来的。商初立法的主要成就除《汤刑》外，还制定了官刑，而官刑正是总结夏朝之失的产物。

夏朝从孔甲起，"好方鬼神事，淫乱"，招致败亡。商初统治者记取这一教训，为整肃官纪，督励公卿、大夫、诸侯忠于职守，并谏诤国君的失误，制定了官刑。《尚书·伊训》说："汤制官刑，儆于有位"，对此，《孔传》作了以下注解："汤制治官之刑，以儆戒百官。"它的主要内容是："敢有恒舞于宫，酣歌于室，时谓巫风；敢有殉于货

① 《论语·为政》。

② 《吕氏春秋·先识》。

色,恒于游畋,时谓淫风;敢有侮圣言,逆忠直,远耆德,比顽童,时谓乱风。惟兹三风十愆,卿士有一于身,家必丧;邦君有一于身,国必亡。臣下不匡,其刑墨,具训于蒙士。”官刑按贾公彦疏:“非寻常五刑,谓官中之刑,以纠察邦治。”这是商朝法制的新创造,成为后世治官之法的渊薮。

周朝建立以后,著名的政治家、思想家周公姬旦,对商朝法律十分熟悉,因而提出了有条件地适用商律。他在告诫康叔如何巩固封国的统治时,便提到“外事,汝陈时臬司师,兹殷罚有伦”,“罚蔽殷彝,用其义刑义杀”。

比较商周两代的法制,可以看出周人的突出贡献是提出了“明德慎罚”的指导思想,以及由此而形成的一系列法律原则与司法制度。很显然,这是从商末法制之失中总结出来的。

周初,统治者鉴于商末“重刑辟”之害,以“明德慎罚”为治国方略。《尚书·康诰》说:“惟乃丕显考文王,克明德慎罚。”[①]明德是慎罚的主宰,慎罚是明德的具体贯彻,所谓“告汝德之说,于罚之行”。周初实行的区别“眚”与“非眚”、“非终”与“惟终”,“罪疑有赦”“罚疑有赦”,罚弗及嗣,“刑罚止于一身”等刑法原则,以及为了使刑当其罪而实行的“要囚服念五六日至于旬时,丕蔽要囚”的制度,和对司法官“敬明乃罚”“惟敬五刑”的要求等,都是明德慎罚思想的法律化、制度化。如果说商末“重刑辟”断送了商祚,那么周初明德慎罚却带来了“天下安宁,刑措四十余年不用”的成康之治。两者的对比是非常鲜明的。

周朝以降,历代于暴政之后建立的新王朝,大多实行宽减刑罚的政策。例如,汉初一反秦末专任狱吏、刑戮妄加、招致二世而亡的苛法暴政,确立了删繁就简、去苛从宽的立法思想与立法原则。例如,高帝刘邦“与父老约法三章耳,杀人者死,伤人及盗抵罪,余悉除去秦法”。[②] 惠帝四年,除挟书律。高后元年正月,除三族罪与妖言令。文帝继位以后,又废除收孥诸相坐律和诽谤妖言罪,并于十三

① 《尚书·康诰》。

② 《汉书·高帝纪》。

年发布废肉刑令。在司法上，允许疑狱上呈有司，直到移送中央廷尉。

汉初统治者接受了儒家倡导的礼法结合、德主刑辅的学说，并以上下守法是务，注意与民休息，不仅经济得到恢复，而且收到了移风易俗之效。史书说，文帝时一年“断狱数百，几致刑措”。汉初的法制状况与秦的法条繁密，动辄得罪，形成鲜明的对比。由于不可一世的强秦转瞬覆亡，使汉初的思想家、政治家纷纷探讨秦亡的教训。贾谊关于秦时任法任刑之弊的论断，对汉初统治者是很有影响的。可以说，没有关于秦失的总结，也就不会有汉初的法制改革。

唐初，以唐太宗李世民为首的统治集团，也很重视从法制上总结前朝的得失，并在自己的立法中择善弃恶，以为鉴戒。贞观初期君臣论证的热门话题，就是探讨隋朝覆亡的原因，并且得出了隋朝“宪章遐弃”，“不以官人违法为意”，造成了“人不堪命，遂至于亡”的结论。因而强调立法宽缓，明礼慎刑，人有所犯，一断于律。著名的贞观之治就是以法制的完善作为动力和外在标志的。

明初，参加过反元大起义的明太祖朱元璋，鉴于元朝“条格繁冗，吏得因缘，出入为奸，其害不胜”的教训，以及官逼民反的严酷现实，因此，在统一的明朝建立以后，一方面提出“法贵简”的立法原则和“明礼以导民，定律以绳顽”的指导思想；另一方面以重典严刑整饬吏治，打击贪官污吏。与此同时，朱元璋还非常重视对于犯罪的预防和法制的宣传。洪武三十年(1397 年)《大明律诰》成，他颁发上谕昭示臣民说：“法在有司，民不周知，故命刑官取大诰条目，撮其要略，附载于律……刊布中外，令天下知所遵守。”朱元璋的法律思想，对于建设有明一代的法制起了重要的作用。

清朝还在关外时期，太祖努尔哈赤便指出明朝的腐败衰微，就在于“谋事不公信，法度不严明所致”。因此，他强调“公正信守法度”，“以训国人”。至皇太极，从总结历史的经验中加强了对法制重要性的理解，他曾说：“尝观前代，励精图治，法制详明者，国祚必永；怠忽政事，废弛纪纲者，国势必危。”所以，他把“宣布法纪，修明典常”看作“保邦致治之计”。

综上所述，历代王朝肇建之始，开明的政治家、思想家都认真地总结前代法制的得失,及其对国家兴衰的影响,从而形成新的立法思想与立法原则,在新的认识基点上建设新的法制。

(二)律典的篇目结构经过比较而不断调整

中国古代不同的王朝各有代表性的法典,其篇章体例相沿而不相同,虽基本上以前代为基础,但从比较中不断改革、不断调整。譬如,《法经》就是战国时期集各国立法之大成。《唐律疏议》说:“周衰刑重,战国异制。魏文侯师于李悝,集诸国刑典,造《法经》六篇。”至于《法经》的篇章结构,《晋书·刑法志》有以下阐述:“悝撰次诸国法,著法经。以为王者之政,莫急于盗贼,故其律始于盗贼;盗贼须劾捕,故著网捕二篇;其轻狡越城、博戏、借假不廉、淫侈、逾制以为杂律一篇;又以其律具其加减,是故所著六篇而已。”

商鞅变法,所奉行的基本法律就是《法经》,所谓“商鞅传授,改法为律”。云梦秦简的出土,使商鞅变法以后至秦始皇统一这个重要历史时期的秦律的篇目,大白于天下。根据云梦秦简,秦律十八种所载律目如下:田律、厩苑律、仓律、金布律、关市律、工律、工人程律、均工律、徭律、司空律、军爵律、置吏律、效律、传食律、行书律、内史杂律、尉杂律、属邦律。这些律目对后世都有不同的影响。例如,田律、金布律均见于汉律。至于律目稍异,而内容相近的,可谓多矣。

汉初,“汉相萧何,更加悝所造户、兴、厩三篇,谓九章之律”。汉高祖刘邦在建立统一王朝以前虽以三章之法为号召,但他深知“四夷未附,兵革未息,三章之法,不足以御奸”,因而在汉朝建立以后,便命丞相萧何“摭秦法,取其宜于时者,作律九章”。所谓“摭秦法,取其宜于时者”,就是选摘秦法中可以适用于汉代历史背景的部分,作为创建新法制的基础,此即所谓之“汉承秦制”。《晋书·刑法志》说:“萧何定律,除参夷连坐之罪,增部主见知之条,益事律兴、厩、户三篇,合为九篇。”①

新增户律的内容为婚姻、赋税;兴律的内容为擅兴徭役;厩律的内容为畜牧马牛之事。《九章律》早已佚失,从《晋书·刑法志》中

---

①《晋书·刑法志》。

可以知其律目的大概。

除《九章律》外，为了全面确立皇帝的专制主义权威，由叔孙通“益律所不及”作《傍章》十八篇，张汤作《越宫律》二十七篇，赵禹作《朝律》六篇。1983 年以来，湖北江陵张家山出土汉律竹简五百余支，在已清理出的二十八种律名中，与睡虎地竹简秦律相同的，如金布律、徭律、置吏律、效律、传食律、行书律、田律等。不同的如杂律、关市律、均输律、史律、告律、钱律、赐律等。张家山汉简的出土，进一步证明了秦汉律之间的继受关系；其篇目的繁杂与内容的丰富，既超出了云梦秦简，更非《九章律》所能涵盖的。

汉代还有“令”，如《宫卫令》《狱令》《赎刑令》等。山东银雀山出土的汉简《守法守令十三篇》中涉及土地、赋税、市廛、库藏、守城、守令等许多方面，可见“令”是两汉的重要法律形式。汉代的“科”也是法规的名称。“比”则类似案例选编，如《决事比》《死罪决事比》《辞讼比》等，亦可作为断狱的根据。可见，汉代已经形成严密的法网，以致“文书盈于几阁，典者不解遍睹”。[①] 在各种法律形式中，律是基本的、最稳定的法律形式。

东汉时期著名大儒马融、郑玄，一方面通过说经解律，引礼入法；另一方面运用比较的方法考证了三代以来的法律制度，为东汉的法制建设作出了重大贡献。史书说：“郑玄囊括大典，网罗众家，删裁繁诬，刊改漏失，自是学者略知所归。”郑玄所采取的沿波探源的纵向比较法，对《唐律疏议》的制定和清代注释律学的发展都有深远的影响。

汉律经过数百年的实施，至东汉末已然积弊甚重，所谓“篇少则文荒，文荒则事寡，事寡则罪漏”，因此亟待改革。魏明帝曹叡在“傍采汉律”的基础上，力革汉律的繁而不约，制作《新律》十八篇，史称魏律。《晋书·刑法志》保留的具有很高史料价值的魏律序略中，记述了魏律十八篇是怎样经过比较损益而成篇的。

“今制新律，宜都总事类，多其篇条。旧律因秦法经，就增三篇，而具律不移，因在第六。罪条例既不在始，又不在终，非篇章之义，

---

① 《汉书·刑法志》。

故集罪例以为刑名,冠于律首。盗律有劫略、恐吓、和卖买人,科有持质,皆非盗事,故分以为劫略律。贼律有欺谩、诈伪、逾封、矫制;囚律有诈伪生死,令丙有诈自复免,事类众多,故分为诈律。贼律有贼伐树木、杀伤人畜产及诸亡印;金布律有毁伤亡失县官财物,故分为毁亡律。囚律有告劾、传覆;厩律有告反逮受,科有登闻道辞,故分为告劾律。囚律有系囚、鞫狱、断狱之法;兴律有上狱之事,科有考事报谳,宜别为篇,故分为系讯、断狱律。盗律有受所监受财枉法;杂律有假借不廉;令乙有呵人受钱;科有使者验赂,其事相类,故分为请赇律。盗律有勃辱强贼;兴律有擅兴徭役;具律有出卖呈;科有擅作修舍事,故分为兴擅律。兴律有乏徭稽留;贼律有储峙不办;厩律有乏军之兴,及旧典有奉诏不谨、不承用诏书,汉氏施行有小愆之反不如令,辄劾以不承用诏书,乏军要斩,又减以'丁酉诏书'。'丁酉诏书',汉文所下,不宜复以为法,故别为之留律。秦世旧有厩置、乘传、付车、食厨,汉初承秦不改,后以费广稍省,故后汉但设骑置而无车马,而律犹著其文,则为虚设,故除厩律,取其可用合科者,以为邮驿令。其告反逮验、别入告劾律。上言变事,以为变事令,以惊事告急,与兴律烽燧及科令者,以为惊事律。盗律有还赃畀主;金布律有罚赎入责,以呈黄金为价;科有平庸坐赃事,以为偿赃律。"①

综上可见,魏律与汉九章正律相比,增加九篇,以救篇少之弊;与汉傍章科令相比,则大为简省,以符合明帝"删约旧科"的宗旨。尤其魏律开创的以刑名列于律首的体例,一直为后世援用。

晋初,在汉魏律的基础上以"蠲其苛秽,存其清约,事从中典,归于益时"为宗旨,并且采取"接三统之微,酌千年之范"的纵向比较法,详细探讨了夏、商、周三代以来的法制之得失,制定了著名的《泰始律》。

《泰始律》共二十篇,其中,删去魏律中的劫略、惊事、偿赃、免坐四篇,增加法例、卫宫、水火、关市、违制、诸侯六篇。在新增的六篇中,"卫宫"是为护卫宫殿以适应君主专制制度发展的需要。"违

---

① 《晋书·刑法志》。

制”是通过惩治官吏不按规章制度办事，以提高行政效率。这都是汉魏律所不载，而又为隋唐律之所宗。此外，恢复了汉律中的厩律。晋律的创制是一项带有总结性的巨大工程，受到古今学者推崇。章太炎说它“则有损上益下之美”。晋律影响了南朝二百余年之久。

晋时，著名的律学家杜预，也是一名杰出的比较法学家。他从比较汉魏律的得失中，概括出了以下非常有见地的结论：“故文约而例直，听省而禁简，例直易见，禁简难犯，易见则人知所避，难犯则几于刑措。”①他在所著《春秋左氏经传集解》中，也同样运用比较的方法以阐明先秦的典章制度。尤其是杜预提出的“律以正罪名，令以存事制”，第一次澄清了秦汉以来含混不清的律与令的界定问题。其后，《唐六典》为律令所下的定义“律以正刑定罪，令以设范立制”，②其所本正是杜说。

北朝进入中原以前，“决辞讼，以言语约束，刻契记事，无囹圄考讯之法，诸犯罪者，皆临时决遣”。进入中原以后，为了稳定秩序和适应统治广大汉民族的需要，积极吸收先进的汉文化，其中也包括法文化，并在此基础上展开了卓有成效的立法活动。

北朝立法以“斟酌今古，参考变通，益国利民，便时适制”为原则，注意吸收汉魏晋以来法文化的精华和成功的法制建设经验。近人陈寅恪在《隋唐制度渊源考略》一书中，准确地论述了北魏律发展的因源：

元魏刑律实综汇中原士族仅传之汉学及永嘉乱后河西流寓儒者所保持或发展之汉魏晋文化，并加以江左所承西晋以来之律学，此诚可谓集当日之大成者。若就南朝承用之晋律论之，大体似较汉律为进化，然江左士大夫多不屑研求刑律，故其学无大发展。且汉律学自亦有精湛之义旨，为江东所坠失者，而河西区域所保存汉以来之学术，别自发展，与北魏初期中原所遗留者亦稍不同，故北魏前后定律能综合比较，取精用宏，所以成此伟业，实有其广收博取之

① 《晋书·杜预传》。
② 《唐六典·尚书·刑部》。

功,并非偶然所致也。[①]

北朝立法的最高成就,首推《北齐律》。《北齐律》十二篇,其篇目是:名例、禁卫、户婚、擅兴、违制、诈伪、斗讼、贼盗、捕断、毁损、厩牧、杂律。显而易见是从集约魏晋律而成的。《齐书·崔昂传》说:北齐律"校正古今,所增损十有八九"。所谓校正古今是与比较古今同义的,十有八九的增损就是在此基础上完成的。《北齐律》对于隋唐律有着直接的渊源意义,仅就律目而言,虽有分合,却未能超出十二律的框架。

唐朝是中国封建社会的盛世,唐律也是中国封建法律的成熟与定型的形态。它的出现说明了修律者在比较研究历代法制之得失与经验的总结上,付出的巨大功力。如同《永徽律疏·序》所说,"爰造律疏,大明典式。远则皇王妙旨,近则萧贾遗文,沿波讨源,自枝穷叶,甄表宽大,裁成简久。譬权衡之知轻重,若规矩之得方圆,迈彼三章,同符画一者矣"。[②] 唐律十二篇同于北齐律的是名例、户婚、擅兴、诈伪、贼盗、杂律,不同的是改禁卫为卫禁,厩牧为厩库,捕断为捕亡、断狱,并删去毁损、违制,增加职制。

唐律条文简约,刑罚宽减,与隋律相比,"减大辟者九十二条,减流入徒者七十一条……凡削烦去蠹,变重为轻者,不可胜纪"。

永徽三年,鉴于"律学未有定疏,每年所举明法,遂无凭准",高宗下诏:"宜广召解律人条疏奏闻。"遂由长孙无忌、李、于志宁等人根据"网罗训诰,研核丘坟"的原则,对《永徽律》进行注解,称为"律疏",具有与律文同等的法律效力。律疏不仅对司法官断案具有重要指导意义,"自是断狱者皆引疏析之",而且极大地推动了封建法学的发展。律疏就其历史的原型,则来自秦简的法律答问。法律答问的重要作用就是阐明律义,解释律文适用中的一些问题。

唐朝的法律形式以律为主,此外还有令、格、式、典、敕、例。令源于秦汉,汉代编有令甲、令乙;格出现于后魏,如麟趾格,是从魏晋

---

① 陈寅恪:《隋唐制度渊源略论稿》,中华书局 1963 年版,第 112 页。

② 《唐律疏议·名例》。

的科发展来的；式源于晋代，有户调之式；典源于《周官》，唐六典即按《周官》分为理典、教典、礼典、政典、刑典、事典六个部分；敕是皇帝颁发的行政命令和有关法律规范的决定；例源于汉代的比。总之，唐代的法律形式，各有其形成的历史渊源，经过比较删定，组成了一个相当完备的法律体系，调整着日益复杂的社会关系。

宋朝的基本法典是《宋刑统》。《宋刑统》是秦汉以来传统律典体例的重要演变。这个演变的历史渊源可以追溯到唐末编定的《大中刑律统类》。唐朝中期虽然经过若干次立法，但不外删修"格、敕"，实际是编敕。因为敕已是唐后期最权威的法律形式，其效力和适用范围均超过了律令格式。《宋刑统·断狱律》所载长庆三年十二月二十三日敕文说："御史台奏，伏缘后敕，合破前格。自今以后，两司检详文法，一切取最后敕为定。"敕的地位的提高，反映了在社会动荡的状态下，及时、灵活地立法的紧迫性。至大中七年，左卫率府仓曹参军张将唐律按不同的调整对象分为 121 门，然后将"条件相类"的令、格、式、敕附于律文之后，所谓"以刑律分类为门，附以格、敕"，共 1250 条，号为《刑律统类》，并奉宣宗诏由刑部颁行。刑律后附格敕，使常法与特定立法相结合，有利于提高法律适用的效率，也便于司法官灵活审断。这种将特定立法提高到与常法同等的地位，正是中国封建社会后期法制的重要发展趋势。

宋朝建立以后之所以沿用唐后期刑统的形式，而舍弃唐初的律疏形式，说明宋朝统治者清醒地认识到宋所处的环境已大大不同于唐前期。宋朝基于土地的自由买卖和商品经济的发展所引发的社会关系的变动与犯罪现象的增多，都要求法律及时予以调整并加大司法力度。因此，宋朝建立以后，毫不犹豫地选取《刑统》作为国家最基本的法律形式。

由于宋朝是专制主义的强化时代，皇帝颁发的敕所调整的范围不断扩大，敕的数量也不断增多，因此需要加以分类整理，删芜存菁。从宋初起，便实行不定期的编敕，以致有宋一代编敕成了最经常的立法活动。《宋史·刑法志》载："宋法制因唐律、令、格、式，而随时损益则有编敕。"

明清是中国封建社会最后的两个王朝，在法制建设上也是饶有特色的两个王朝。还在明统一王朝建立以前,左丞相李善长等便受命编制法律。李善长向明太祖朱元璋建言:“历代之律,皆以汉九章为宗,至唐始集其成。今制宜遵唐旧。”①准此,洪武元年颁布的《明律》基本仿自唐律。统一的明朝建立以后,为了制定“百世通行”的大明律,朱元璋命儒臣四人偕同刑官日讲唐律20条,作为起草新律的准备。洪武七年颁行《大明律》,篇目一准于唐,共36卷,606条。洪武二十二年(1389年),根据明初的统治经验更定大明律。二十二年律在体例篇目上发生了重大变化,一改唐律12篇的体例而为7篇,即名例律、吏律、户律、礼律、兵律、刑律、工律。明律的改革是以废退丞相行政体制的改革为基础的,具有鲜明的时代特色。

洪武十三年(1380年),朱元璋废除中书省,以皇权的最后胜利结束了一千多年的皇权与相权之间的权力之争。此后,提高了六部的地位,使之成为直属于皇帝的职掌行政、财政、军事、司法、教化、工程建设的中枢机关。

明朝中枢管理体制的改革,以加强中央的集中统一和发展皇权为目的,使皇权的行使更加无所窒碍。由六部分理国家政事,不仅涵盖了国家事务的基本方面,而且各有专司,有利于明责观成,提高行政管理效率。因此,遂以六部来划分大明律的篇目,以使各律的调整范围更加明晰,并与相应的各部衔接。从此改变了沿袭八百余年的唐律12篇的体例,开创了新的六律体例。由此可见,古今纵向比较总是立足于现实的需要,或取或舍,或分或并,都不是盲目的因袭。即使在舍中也常有所取,而不是盲目地抛弃。譬如,《大明律集解附例》之“例”,就是以宋末审判用“例”为史鉴而加以传承的。《明史·刑法志》对明律的形成过程作了如下的概括:“盖太祖之于律令也,草创于吴元年,更定于洪武元年,整齐于二十二年,至三十年始颁示天下,日久而虑精,一代法始定,中外决狱,一准三十年所颁。”②这里所说的“日久而虑精”便包含比较古今、综名实的内容在内。洪武三十年(1397年)大明律成,朱元璋宣谕群臣时强调:“朕

---

① 《明史·刑法志》。

② 同上。

仿古为治,明礼以导民,定律以绳顽。”这是朱元璋总结了唐宋以来的法制建设经验和明初一味严法峻刑而收效不大的教训,而在指导思想上的一次升华。

清朝的基本法典是《大清律例》,它以《大明律集解附例》为基础,在体例上又有所发展。还在关外“肇基”时期,清太宗皇太极所确立的“参汉酌金”的立法指导思想,便是从满洲旧律与明律的比较中选定的最佳立法方案,这是符合当时的实际情况的。一个法文化十分落后的满洲族,在进取中原的过程中,所立之法只能是参汉酌金。1644 年入关以后,提出的“详译明律,参以国制”的立法原则,实际是“参汉酌金”在新形势下的具体化。正因如此,顺治五年(1648 年)颁行的《大清律集解附例》所变动者只是删去“漏用钞印”“钞法”“伪造宝钞”三条,此外,将“公式”门的“信牌”移入“职制”门,“泄漏军情”移入“军政”门,其他无异于大明律的翻版。

顺治以后,经过康熙、雍正两朝的修订,至乾隆五年(1740 年)颁行《大清律例》,历时已近百年,始得以最后完成。如果说《大明律集解附例》之“例”还处于“附”的地位,那么《大清律例》之“例”则与律并列,这不是偶然的。正像明太祖于洪武三十年(1397 年)大明律成时,严诫子孙不许擅改一样,乾隆帝也于大清律例成书后,宣布为子孙世守之成法,不再修改,而以增加例来补充律文的不足。由此提高了例的地位,“有例则置其律,例有新者则置其故者”。清朝仿效宋时编敕,于乾隆十一年(1746 年)定制:条例 5 年一小修,10 年一大修,每次修例,续增和删改者多,删除和修并者少。因此,条例数量从乾隆五年的 1049 条,增至同治九年(1870 年)的 1892 条。

《大清律例》的小注也以大明律的小注为基础,经过比较而有所改动。例如,大明律“奴婢骂家长”“骂尊长”“骂祖父母、父母”三条各有小注:“并须亲告乃坐。”《大清律例》则将此小注变为律文,以明示此小注的价值。不仅如此,《大清律例》的小注还吸收了明代注律的范本——《明律纂注》的成果。例如,“别籍异财”律文规定:“……若居父母丧而兄弟别立户籍分异财产者,杖八十。”明小注为“须期亲以上尊长亲告乃坐”。对此,《明律纂注》解释说:“须期亲以上尊长亲告乃坐者,恐或奉遗命,非外人所知,此义制律之微意也。”《大清律例》根据《明律纂注》的解释,在“须期亲以上尊长亲告乃坐”之后,加小注:“或奉遗命,不在此律。”

《大清律例》的条例,也以明原例为基础,其增删大体与上述小注类似。

(三)立法的内容经过比较更加轻重有分和贴近生活

中国四千多年的法律发展,虽然基本上陈陈相因,但从纵向比较的角度考查,仍然可以发现后立之法不仅有轻重的取向不同,而且更加贴近生活。明清律就是最具有说服力的证明。

《大明律》是“遵唐律之旧”制定的,但唐明律由于产生的历史条件不同,在内容上确有“彼此参差,轻重互异”之处,两相比较更可以看出明律“轻其轻罪,重其重罪”的时代烙印。具体说来,凡是危及封建国家统治的“贼盗及有关帑项钱粮等事”,明律均较唐律为重。而“典礼及风俗教化之事”,明律则轻于唐律。以谋反大逆罪为例,按明律“但共谋者,不分首从,皆凌迟处死。祖父、父、子、孙、兄弟及同居之人,不分异姓,及伯叔父、兄弟之子,不限籍之同异,年十六以上,不论笃疾、废疾,皆斩”。[①] 唐律则谋反及大逆者本人不分首从皆斩,连带处死范围除父、子年十六以上者外,其他人可不处死。如参与谋反者“词理不能动众,威力不足率人”,本人虽斩,但父子可不处死,笃疾、废疾者亦免。又如,强盗罪,按明律已行而不得财者,杖一百,流三千里,得财者不分首从皆斩。唐律则不得财者徒二年,得财者十匹以上及伤人者绞,杀人者斩。再如,收粮违限,按明律,“其提调部粮官、吏典,分催里长、欠粮人户,各以十分为率,一分不足者,杖六十,每一分,加一等,罪止杖一百。……若违限,一年之上不足者,人户、里长,杖一百,迁徙。提调部粮官、吏典,处绞”。[②] 唐律则“诸部内疏课税之物违期不充者,以十分论,一分笞四十,多一分加一等,户主不充者,笞四十”。

以上诸罪显然明重于唐,尤其是明律新增的奸党诸条,率皆论死,更是唐律所未有。封建社会发展至明代,专制主义越强化,人民

---

① 《大明律·刑律》,“谋反大逆”。
② 《大明律·户律》,“收粮违限”。

群众的生活越艰难，反抗也越激烈。过去的典礼、教化的欺骗作用已经无助于缓和现实的尖锐斗争，因此统治者才更多地求助于法律上的镇压。

如以明律与元代法律相比较，凡属十恶、贼盗等重大犯罪的处刑，大致相同。但有关祭项、钱粮、风俗、教化等方面的犯罪，元律所定的刑罚远较明律宽弛。譬如，亵渎祀典，明律杖八十，元律虽禁止，但无科罪规定。又如，良贱为婚，明律或杖八十，或杖九十，并强制离异。元律则不仅允许，而且良男娶女婢所生之子仍为良人，只有良女与奴为婚，则降其身份为奴婢。至于同姓为婚，按明律，杖六十离异，元律则无此规定。其他如"父母在别居异财""弟收继嫂"这些被明律视为"不孝""不道"概予处刑的行为，元代法律却是相对许可的。这些都是和元朝统治的历史条件分不开的。元朝是以蒙古族为主体的政权，传统的习惯法仍具有一定的规范作用，而儒家传统的纲常伦理观念，则缺乏较强的束缚力，因而才出现了特定的与封建传统不相吻合的法律规定。

通过以上比较，可以看出明律在新的历史背景下，加重了严刑治民的趋势。《明史 · 刑法志》说，明律"宽厚不如宋"，"有乖中典"，是符合实际的评价。

至于《大清律例》是脱胎于明律的，清袭明制是清代文献中的通论，也是历史的事实。但《大清律例》关于罪与罚的所轻所重，以及新增加的小注、新编制的条例，更能反映出时代的烙印和更加贴近生活。

在刑事法律方面，以反逆大罪为例，清朝处于民族矛盾和阶级矛盾十分尖锐的时期，为了加强专制主义的统治，对于威胁国家安全的反逆大罪较大明律更加重其刑。按清律，谋反罪的小注是"不利于国，谓谋危社稷"；谋大逆的小注是"不利于君，谓谋毁宗庙、山陵及宫阙"。其中"不利于国""不利于君"都是清律新加的小注，而不见于明律原注。显而易见，清律新加的小注，突出了国与君的地位与不容侵犯性，用语简洁，使人易知。《大清律例》对于反逆罪的处刑是：凡谋反、谋大逆，但共谋者，不分首从，皆凌迟处死，并株连其父子、祖孙、兄弟及同居之人，不分异姓及伯叔父、兄弟之子，不限籍之同异,年十六以上,无论笃疾废疾皆斩。其男十五以下及母、女、妻、妾、姊妹,若子之妻妾,给付功臣之家为奴。财产入官,即使子孙确不知情,年十一以上,也要阉割发往新疆给官为奴。本来明律对反逆大罪的处罚已经非常严酷,大清律例更有甚之。按清律内新加小注:但共谋者"不分已行、未行,皆凌迟处死",这实际上是惩罚思想。在乾隆三十四年(1769 年)定例中更规定:"兴立邪教名目""编造邪说煽惑人心",比照反逆罪定案。犯人之父尽管"实不知情,并不同居,无从觉察",也要流三千里安置。

对于谋叛罪的处刑是:"凡谋叛,但共谋者,不分首从皆斩,妻妾、子女,给付功臣之家为奴;财产并入官……若逃避山泽,不服追唤者,以谋叛未行论。其拒敌官兵者,以谋叛已行论。"①特别是乾隆四十三年(1778 年)定例,将谋叛罪扩大到民间结拜兄弟:"凡异姓人,但有歃血定盟焚表,结拜兄弟者,照谋叛未行律,为首者,拟绞监候,为从,减一等。若聚众至二十人以上,为首者,拟绞立决。为从者,发云贵、两广极边烟瘴充军。其无歃血盟誓焚表情事,止序齿结拜兄弟,聚众至四十人以上,为首者,拟绞监候;四十人以下,二十人以上,为首者,杖一百,流三千里;不及二十人,为首者,杖一百,枷号两个月。为从,各减一等。"②

如果说凡威胁、触犯国家统治的严重犯罪,明律处刑均较唐律为重,而违犯典礼风俗教化的犯罪,明律处刑较之唐律为轻,是由于封建社会后期阶级矛盾的尖锐化和强调司法镇压的打击重点所决定的,那么《大清律例》对于危及国家的严重犯罪的处刑远较明律为苛酷,则是由于在尖锐的阶级矛盾之外,还掺有一重复杂的民族矛盾的缘故。

再以奸党罪为例,明初,统治者鉴于历代臣下结党,削弱皇权,因此严禁臣下结党。在《大明律》中特别增设了汉唐宋元刑法中所未有的"奸党"罪,规定:"若在朝官员,交结朋党,紊乱朝政者,皆斩。妻子为奴,财产入官。""若犯罪,律该处死,其大臣小官巧言谏

---

① 《大清律例·刑律》,"谋叛"。

② 同上书,"谋叛"附例。

免、暗邀人心者,亦斩。”“若有上言宰执大臣美政才德者,即是奸党,务要鞫问,穷究来历明白,犯人处斩、妻子为奴、财产入官。”明初,胡惟庸与蓝玉两案发生以后,“当时公、侯诸宿将坐奸党,先后丽法,稀得免者”。清人孙星衍在《重刻故唐律疏议·序》中说:“自永徽定律已后,宋元皆因其故。惟明代多有更改,又增奸党一章,以陷正士,而轻其轻罪,重其重罪。或言轻罪愈轻则易犯,重罪加重则多冤,非善政也。”薛允升在比较唐、明律的异同时指出,奸党等条“皆洪武年间增定者也。明祖猜忌臣下无弊不防,所定之律亦苛刻显著,迥不相同”,“凡所以防臣下之揽权专擅,交结党援者,固已不遗余力矣。然猜忌过甚,则刚克消亡,朝多沓沓之流,士保容容之福;遇重大事件,则唯诺盈廷,无所可否,于国事究何裨乎”。

此外,还严禁内外官交结,“凡诸衙门官吏,若与内官(宦官)及近侍人员互相交结,漏泄事情,夤缘作弊,而符同奏启者,皆斩,妻子流二千里安置”。这项规定被宣布为子孙世守的禁令。

《大清律例》完全继承了大明律中关于奸党罪和交结内侍官员罪的条款,而且根据清朝政权的特点,在附例中还增加了新的规定。例如,乾隆三十四年(1769 年)新增交结近侍官员的例文如下:“各旗王公所属人员,除服官在京者,如遇年节生辰,仍准其向各门往来外,其现居外任因事来京者,概不许于本管王公处谒见通问。违者,本人从重治罪,该管王公亦一体惩治。”这条例文的目的在于防止八旗王公与属下居外官者串联勾结,不利于皇权的集中统治。清朝在关外时期和入关以后的一段时间,八旗王公各掌军政实权,是一种严重的离心势力。为了削弱八旗王公势力,康雍乾三朝都采取了坚决的措施。《大清律例》的上述规定,正是服务于这一政治目的的。

在户婚田土等民事法律方面,《大清律例》的某些小注或附例,较之唐明律更贴近于生活。例如,“别籍异财”的律文规定:“凡祖父母、父母在,子孙别立户籍,分异财产者,杖一百。若居父母丧而兄弟别立户籍,分异财产者,杖八十。”但顺治时加入小注:“或奉遗命,不在此律。”这八字小注是立足于生活实际的,因为明清之际以遗嘱的形式,分异财产给子孙已经普遍流行,通过小注使僵化的律文有了回旋余地。

又如,“尊卑为婚”的律文规定:“若娶己之姑舅、两姨姊妹者,杖八十,并离异。”然而,民间姑舅、两姨姊妹为婚已成习俗,禁而不止。因此,雍正八年(1730年)定例:“外姻亲属为婚,除尊卑相犯者,仍照例临时斟酌拟奏外,其姑舅两姨姊妹,听从民便。”这条定例在乾隆修律时重新加以肯定。

在“外番色目人婚姻”律文中,按明律:“不愿为婚姻者,听从本类自相嫁娶,不在禁限。”清律特别增加小注如下:“饮食居处,各有本俗,不能相同,故婚姻上听其自便”,使不愿与外番色目人为婚的理由更加具体和富有人情味。

为了强制主人及时将婢女婚配,在“嫁娶违律主婚媒人罪”的附例中规定:“凡绅衿、庶民之家,如有将婢女不行婚配,致令孤寡者,照不应重律,杖八十。系民的决,绅衿依律纳赎,令其择配。”此例定于雍正十三年(1735年),至乾隆五年(1740年)馆修入律。在清朝,官民之家盛行蓄婢,婢女是作为“物”从人市上买得的,听凭主人任意指使,婚姻权也由主人掌握。此条例强制主人将婢女婚配,不使其因孤寡而酿成社会问题,既是着眼于社会的安定,也体现了某种人道主义精神。

乾隆时期,鉴于民间典买产业缺乏期限的规定,以致经常发生争议,为此定例如下:“嗣后民间置买产业,如系典契,务于契内注明‘回赎’字样;如系卖契,亦于契内注明‘绝卖永不回赎’字样。其自乾隆十八年定例以前,典卖契载未明之产,如在三十年以内,契无‘绝卖’字样者,听其照例分别找赎。若远在三十年以外,契内虽无‘绝卖’字样,但未注明回赎者,即以绝产论,概不许找赎。如有混行争告者,均照不应重律治罪。”①此条例系乾隆十八年(1753年)定例,在解决典卖买因期限不明发生的争执中,起了重要的作用。

在诉讼方面,《大清律例》主要反映了末代封建王朝对于民事诉讼的重视及其在制度上的发展。首先,确立了于事犯地方告理的原则。《大清律例·越诉》的附例规定:“户婚、田土、钱债、斗殴、赌博等细事,即于事犯地方告理,不得于原告所住之州县呈告。原籍

① 《大清律例·户律》,“典买田宅”附例。

之官亦不得滥准行关,彼处之官亦不得据关拘发,违者分别议处。其于事犯之地方官处告准关提质审,而彼处地方官匿犯不解者,照例参处。”此条系雍正六年(1728 年)定例,乾隆五年馆修入律。

其次,规定州县官须亲加剖断。《大清律例·告状不受理》附例:“民间词讼细事,如田亩之界址沟洫、亲属之远近亲疏,许令乡保查明呈报,该州县官务即亲加剖断,不得批令乡、地处理完结。如有不经亲审批发结案者,该管上司即行查参,照例议处。”此例系乾隆三十年(1765 年)二月,河南布政使佛德条奏定例,并于同年馆修入律。对于民间“细事”要求州县官亲加剖断,反映了清朝统治者对于细事也可能引发社会问题的认识,因而严格司法官的相关责任。

最后,建立循环簿的监督形式。《大清律例·告状不受理》附例:“州县自行审理一切户婚、田土等项,照在京衙门按月注销之例,设立循环簿。将一月内事件填注簿内,开明已、未结缘由,其有应行展限及覆审者,亦即于册内注明。于每月底送该管知府、直隶州、知州查核,循环轮流注销。其有迟延不结、朦混遗漏者,详报督抚咨参,各照例分别议处。”这是为了防止州县官籍故拖延,或主观擅断,损害当事人的利益而建立的必要的监督制度。

综括上述,可见纵向比较、继往开来是中国法律发展中的悠久传统,从历代基本法典的变革中,可以清楚地看到纵向比较的痕迹。纵向比较,承认法律发展的连续性,是对于传统的尊重。尊重传统不仅仅是法律的传统、法文化的传统,而是对整个文化传统的尊重与继承,综合文化是法文化发展的源头,法文化是综合文化的一个组成部分;没有专制主义的政治文化,没有纲常名教的伦理文化,没有天人交通的特殊“宗教”文化,就不会有古代的法文化。

纵向比较是与总结经验与教训结合在一起的。无比较则不知优劣利钝,无比较也无从借鉴总结,因此,纵向比较是法律进步的基础。历代律学家对此都有所阐述,有的还撰著了专门的比较法律史的著作,如清咸丰朝刑部尚书薛允升所撰写的《唐明律合编》。薛允升是著名律学家,他主张研究律例应考其源流,相互比较,凡彼此歧异和畸轻畸重之处,均应加以疏证,以使人明了其所以然。他的名著《唐明律合编》是中国古代少有的比较法律史之作,他在书中对于中国封建时代两部具有代表性的法典——唐律和明律进行了比较研究。剖析其异同,衡平其宽猛,论证其得失,鉴别其优劣,寓褒贬于比较之中。他指出:明律"意欲求胜于唐律,而不知其相去远甚也",尤其是"只知尊君而不知礼臣","于不应宽者而故意从宽,则不应从严者而恣意从严"。薛允升对于明律的贬斥,意在言外,实际是针对清律而发的,因为清律无论从形式到内容,基本上率依明制。

20世纪初,主持晚清修订法律的沈家本是运用比较方法研究中国传统旧律的提倡者。他严肃地提出:"律与律之同异,例与例之同异,律与例之同异,亦尝参稽而明辨之乎?律轻例重之故,律重例轻之故,古律与今律重轻之故,此律与彼律重轻之故,亦尝博综而审定之乎?"①这是一种比较思维逻辑和研究方法。他撰写的《历代刑法考》可以说是中国法律纵向比较的最高成就。沈家本不仅洞悉中国传统的律例,而且潜心于研究西方法学,明了西法的大略。他认为当时的中国已经不可能再孤立于世界各国之外,不可能在飞速发展的历史潮流中抱残守缺,因此他受命修订法律之后,便设定了博取中外、会通中西的修律方针,在广泛收集整理中国古代法律资料以及流行于民间的习惯法的同时,广译西法,积极引进西方的法律文化。他主张用"彼法之善"来弥补"己法之不善","撷其英华,弃其糟粕","取人之长,补吾之短"。在他主持下制定的一系列新法,都是运用横向比较的方法研究中西法律的结晶。沈家本与中国传统的比较法制史学者不同,他已经突破了纵向比较的窠臼,开创了横向比较的新时代,从中寻求中国法制改革的途径,从此以后才有了现代意义上的比较法学和比较法律史学,才打破了中国法律与法学孤立发展的封闭状态,而与世界先进法律的发展开始接轨。

五、中华法系,各族缔造

(一)中华法系与世界

自1884年日本著名法学家穗积陈重提出世界法系分为印度法族、中国法族、回回法族、英国法族、罗马法族以后,法系问题开始引

---

① 《寄簃文存》卷六《大清律例讲义序》。

起世界法学界的关注。1923 年,美国学者韦格穆尔又将世界法系划分为十六法系,内含中华法系,其说影响深广,成为当时中国学者研究法系问题的重要依据。

中国最早提出和研究中华法系的是戊戌政变以后,流亡日本的梁启超。他在《中国法理学发达史论》和《论中国成文法编制之沿革得失》两篇长文中,都论及了中华法系问题,并以自豪的口吻宣称:“近世法学者称世界四法系,而吾国与居一焉,其余诸法系,或发生蚤于我,而久已中绝;或今方盛行,而导源甚近。然则我之法系,其最足以自豪于世界也。夫深山大泽,龙蛇生焉,我以数万万神圣之国民,建数千年绵延之帝国,其能有独立伟大之法系,宜也。”①“我国之法系,其中一部分,殆可谓继受苗族之法系而来。”②“故高丽日本安南诸国,皆以彼时代继受我之法系。”③

中华法系是唯一本土的法系,具有独树一帜的特点。它体现了中国文化的博大精深,是中华民族理性与智慧的结晶和中华法制文明的集中代表。中华法系不仅源远流长,而且具有强大的生命力。世界上曾经出现过许多种法系,但在漫长的发展过程或者因汇入其他法系而慢慢地消弭,或者因国家的灭亡而灭亡,或者因许多复杂的原因而中断。只有中华法系,经过数千年的发展,始终不曾中断。这种悠久性、完整性、系统性、典型性,是世界上其他法系所不具备的。

中华法系在漫长的形成与发展的过程中,不仅积淀下深厚的法文化底蕴,而且从唐朝起,便深刻影响着周边的国家。高丽、越南、日本等国的法律制度、社会风气乃至生活习惯,都带有中华法系的烙印,形成了一个以儒家学说为主导的法文化圈。

由于唐朝是当时世界法制文明的高峰,因此高丽、日本、越南等国派出遣唐使和留学生到中国学习法律文化。日本从 7 世纪下半叶开始,相继制定和颁布了一系列以唐律为法源的法律。天智又年

---

① 范忠信选编:《梁启超法学文选》,中国政法大学出版社 2002 年版,第 69 页。
② 同上书,第 124 页。
③ 同上书,第 147 页。

(668年)由遣唐学生高向玄理、僧旻等人主持制定了《近江令》二十二卷,这是日本历史上第一部成文法典。据日本法制史学者中田熏《唐令与日本令之比较》一文的论断,《近江令》是根据唐武德、贞观、永徽、麟德、乾封、仪凤、垂拱七令制定的。《近江令》在奈良时代已经失传。①

文武天皇大宝元年(701年),日本制定了其历史上划时代的法典《大宝律》六卷和《大宝令》十一卷。参与撰写大宝律、令的既有遣唐留学生伊吉博德、土部生男,也有大陆移民的后代黄文备、段大角等。据佐藤诚实所著《律令考》:"大宝令当出自近江令,其所本者为武德、贞观、永徽三令,恐以永徽为多。"黄遵宪在其所著《日本国史·刑法志》中亦有以下记载:"孝德朝依仿唐制,始设刑部省,省中分二司,曰赃赎司,曰囚狱司,于是始有刑律。律分十二,一曰名例,二曰卫禁,三曰职制,四曰户婚,五曰厩库,六曰擅兴,七曰贼盗,八曰斗讼,九曰诈伪,十曰杂律,十一曰捕亡,十二曰断狱。亦用五刑,别有八虐、六议等条,大概同唐律。其时遣唐学生颇有习律者,归以教人,而法制颇详明矣。"日本学者桑原隲藏在其所著《中国法制史论丛》一书中指出:"我国《大宝律》大体上是采用《唐律》,只不过再考虑我国国情稍加斟酌而已。"②例如,将《唐律》中的"八议"省为"六议",删去"议勤""议宾";将"十恶"改为"八虐",删去"不睦""内乱"。刑名之制,《大宝律》仍沿《唐律》笞、杖、徒、流、死五刑。唯流刑不计里数,而分为近流、中流、远流三等。其罪名之制,如阑入宫殿、犯跸、指斥乘舆、私渡关等,皆与《唐律》相同。《大宝律令》是"大化改新"的产物,它虽已散失,但在日本却影响深远。

元正天皇灵龟四年(718年),日本制定了历史上最完备的法典《养老律》十卷和《养老令》十卷。养老律、令是对大宝律、令的修订,它以《永徽律疏》为蓝本,并参酌了《开元律令》,由"留学受业,研览经史,该涉众艺"③的遣唐使吉备真备奉敕修撰,其篇数、篇名、

---

① 参见[日]中田薰:《法制史论集》,附录二《唐令与日本令之比较》,岩波书店1970年版。

② [日]桑原隲藏:《中国法制史论丛》,弘文堂1935年版,第363页。

③ 《续日本记》天平七年条。

内容与唐律基本相同，只是条文少于唐律。

《高丽律》也以《唐律》为蓝本，高丽世宗朝史臣郑麟趾所著《高丽史·刑法志》说："高丽一代之制，大抵皆仿于唐，至于刑法，亦采唐律，参酌时宜而用之，曰狱官令二条，名例十二条，卫禁四条，职制十四条，户婚四条，厩库三条，擅兴三条，盗贼六条，斗讼七条，诈伪二条，杂律二条，捕亡八条，断狱四条，总七十一条，删繁取简，行之一时，亦不可谓无据。"高丽律不仅在篇目体例上与唐律相同，在内容上，无论就刑名的规定，或特权者的优待条款，以及其他方面的规范，也都极为相似。

越南李朝、陈朝的法律也深受唐律的影响。据《历朝宪章类志·刑法志》，李太尊明道元年（1042 年）颁布的《刑书》三卷，陈太尊建中六年（1230 年）颁布的《国朝刑律》，大多依循唐律。所谓"当初核定律格，想亦遵用唐宋旧制，但其宽简之间，时加斟酌"。至黎朝统治初年（1401 年）编纂的《鸿（洪）德刑律》，也"参用隋唐断治，有画一之条，有上下之准，历代遵行，用为成宪"。就内容而言，不仅有十恶、八议之条，其他如卫禁、军政、户婚、盗贼、奸淫、殴讼、诈伪、违制、杂犯、捕亡、断狱等，均源于唐律。

作为一个独立的法系，不仅本身需要具有独特的特点，而且还需要被一些国家和地区接受和采用，否则不足以称为独立的法系。唐律、令对周边国家广泛而深刻的影响，说明中华法系已经傲然自立于世界。除唐律、令外，大明律、令对日本、朝鲜也有着直接的影响。正因如此，中华法系不仅具有民族性，也具有世界性。

（二）中华法系由中华各族共同缔造

中国很早便形成了统一多民族国家，中国的疆域、历史和文化，是各民族共同开发、共同形成的。"中华民族"作为一个整体，不仅有着同源的文化，而且在漫长的发展过程中，不同程度地进行着交流与融合。自上古迄于先秦，是中国各民族融合与统一基业的发端，以华夏族为主干，融入了古史所称东夷、南蛮、西戎、北狄等部族，形成了一个颇具规模的民族共同体。正是由于民族融合的成功，才出现了秦汉时代统一强盛的封建帝国。在法律方面，同样体现了民族的融合。史载上古时期，华夏族以外的苗民，便已开始制定法律,所谓“苗民弗用灵,制以刑,爰始淫为劓、刵、椓、黥,越兹利刑并制,罔差有辞”。[①] 其后黄帝灭其族而用其刑,使苗民的刑制发展成为整个夏商周三代通行的奴隶制五刑:墨、劓、刖、宫、辟,并沿用至汉初。

自秦汉以迄于南北朝,在中华民族的大家庭中,又融入匈奴、鲜卑、氐、羌、羯等诸民族。在鲜卑族统治的北魏时期,自道武帝拓跋珪至孝文帝拓跋宏,都较为注重法制建设,经历了从习惯法过渡到成文法,再发展到引礼入法的几个阶段,并在汉族思想家和律学家的帮助下,以“齐之以法,示之以礼”[②]为指导思想,终于在太和五年(231 年)颁布了著名的《太和律》。这部律典既融汇了汉魏晋以来儒家的法律思想与立法成就,同时也保留了某些元魏旧制,可以说是这个时期游牧民族与农耕民族大融合的产物。至鲜卑后裔建立的北齐王朝,其在法制上的贡献具有承前启后的历史地位。《北齐律》创立的体例、刑制与主要罪名与隋唐律的传承关系十分明晰:“盖唐律与齐律,篇目虽有分合,而沿其十二篇之旧;刑名虽有增损,而沿其五等之旧;十恶名称,虽有歧出,而沿其重罪十条之旧。”[③]正是由于各民族坚持不懈地进行法制的创造和法文化的交流,才有隋唐时期中华法系的确立。

唐朝建立以后,对边疆少数民族实行“恩惠抚和”的政策,使众多的少数民族相继内附,各民族关系更为和谐。唐太宗曾郑重宣布“夷狄亦人耳,其情与中夏不殊。人主患德泽不加,不必猜忌异类。盖德泽洽,四海可使如一家,”[④]以致有唐一代,在内附的民族区域建立的羁縻府州县多达 856 个,“羁縻,犹言维系也”。[⑤] 在这些羁縻府县中,政权事务由当地少数民族首领经过册封世袭管理,原有风俗一概保留,中央政府不加过问,仅在军事上“奉征调”和赋税上纳贡而已。

---

① 《尚书·吕刑》。

② 《魏书·刑罚志》。

③ 程树德:《九朝律考》卷六,《北魏律考》序,中华书局 2003 年版,第 391 页。

④ 《资治通鉴》卷一九八,贞观二十一年五月。

⑤ 《纲鉴易知录·唐纪·贞观四本》。

唐朝统治者对少数民族的法律和习俗持认同态度。《唐律疏议》在化外人有犯条律文中规定："诸化外人，同类相犯者，各依本俗法，异类相犯者，以法律论。"在此条律文的疏议中特别提到："'化外人'谓蕃夷之国，别立君长者，各有风俗，制法不同。其有同类自相犯者，须问本国之制，依其俗法断之。"①由此开创了在统一多民族国家中，不同的民族在特定条件下可以适用本民族法律的先河，其影响极为深远。清朝制定的《理藩院则例》，便根据《唐律疏议》化外人有犯的属地法原则规定："蒙古等在内地犯事，照依刑例定拟。民人在蒙古地方犯事，照依蒙古例定拟。"在山西大同府与察哈尔正黄、正红旗连界，朔平府与察哈尔镶红、镶蓝旗连界地方，"蒙古与民人交涉命盗等案……俱按失事地方令该通判会同察哈尔四旗官员审定"。但如俱系蒙古人，专用蒙古例；俱系民人，专用刑律。伙同犯罪者适用重法，如蒙古例重于刑律者，蒙古与民人俱照蒙古例问拟；刑律重于蒙古例者，蒙古与民人俱照刑例问拟。

唐朝统治期间，建立在祖国边陲的吐蕃、突厥、南诏等地方民族政权，各自形成一套行之有效的法律体系。尽管这些法律带有浓厚的地域色彩，并杂有民族习俗和宗教规条，但是不可否认，它们都包容在中华法文化的大法苑中，都是中华法制文明的重要组成部分，都体现了当时这些少数民族对法制的重视、思考和创制。

宋朝是面临民族问题最多的朝代，统治者非常重视运用法律的手段调整与西北蕃族的关系，制定了《番官法》《番兵法》《番丁法》《茶马法》等法规。在宋朝统治期间，契丹族、党项族、女真族先后崛起，建立了辽、西夏、金等国，分别制定了既吸收中原地区传统法律文化，又具有各民族特色的辽《重熙新定条例》、金《泰和律义》、西夏《天盛改旧新定律令》等。辽金律已佚，只有西夏国天盛年间制定的《改旧新定律令》保存完好。②《天盛改旧新定律令》"是中国

① 《唐律疏议·名例》。

② 《天盛改旧新定律令》（史金波、聂鸿音、白滨译注，法律出版社2000年版），原文献藏于俄国科学院东方研究所圣彼得堡分所写本部。

历史上第一部用少数民族文字印行的法典……其详细程度为现存中古法律之最。法典总计二十余万,没有注释和案例,全部是律令条文,其内容包括刑法、诉讼法、民法、经济法、军事法,多方位地反映了西夏社会生活的各个方面"。①

至元代,疆域空前辽阔,其法制的民族性、创造性更加明显,譬如,独具特色的刑罚体系、平反律目的创立、民事诉讼的程序化、行政法律规范的细化等。目前存留的《大元通制条格》既是中华民族法制史上重要的一部法典,又是蒙古族法制文化所达到的高度的代表。②

发源于白山黑水的满洲族在关外开国肇基时期,便采用"参汉酌金"的立法路线,创造了民族特色鲜明而又迅速封建化的关外法制。入关以后,更将"参汉酌金"的路线推向全国。顺治三年(1646年)制定的《大清律集解附例》其实是大明律的翻版。随着汉满法文化交流的深化,至乾隆五年(1740年)修订的《大清律例》,除某些确认满族权益的特殊规定外,实质上已经成为与唐明律相同的正统封建法典。严格说来已不属于少数民族法制之列。

清朝统治期间所进行的民族立法,是超越前代最足以反映其立法成宪的部分。清政府采取因俗、因地制宜的原则先后制定了《蒙古律例》《理藩院则例》《西宁青海番夷成例》《西藏通则》《回疆则例》等。在此之前,还确认蒙藏原有的成文习惯法和习俗的法律效力,如蒙古地方政府订立的《阿勒坦汗法典》《蒙古卫拉特法典》及西藏地方政府制定的《十六法》《十三法》。

以上可见,自从中华民族进入文明时起,在中华大地上便孕育了包括汉族在内的众多的民族。尽管它们在不同的时代,由于文化、经济、政治发展的差别而处于不同的历史地位,对于缔造中华法系所起的作用也有所不同,但无论如何,中华法系是各族人民共同

---

① 《天盛改旧新定律令》(史金波、聂鸿音、白滨译注,法律出版社2000年版),原文献藏于俄国科学院东方研究所圣彼得堡分所写本部。

② 《大元通制条格》是有元一代典章《大元通制》的主要部分,另外的《断例》《指挥》已佚,但仅仅看条格部分,即可知元代法制的完善与独创性。目前比较好的点校本有方龄贵校注的《通制条格校注》(中华书局2001年版)。

缔造的,凝聚了各族人民的法律智慧,是各民族的法律文化与法制经验相互交流与吸收的结果。

少数民族习惯法与民间法的数量是庞大的,形式是多种多样的,不仅历史悠久,特色鲜明,而且密切联系社会生活,服务于社会生活,具有深厚的群众基础和较高的权威,在各族中实际起着相当有效的调整作用。它们的存在有其必要性与合理性。深入挖掘整理民族法律遗产,研究少数民族法制历史的发展规律,将会极大地丰富中华民族的法律文化宝库,同时也会增强我们对中华法系更深入地理解,使隐藏在历史烟尘中的明珠能够在世界法制舞台上熠熠生辉!

六、诸法并存,民刑有分

(一)法典体例上的沿袭与保守

从进入阶级社会,揭开法制文明的历史起,中国法就以刑为基本表现形式。《尔雅·释诂》载:"刑,常也,法也。"《易》云:"井(刑),法也。"见于典籍的三代法典,也主要是刑典,如《禹刑》《汤刑》《九刑》《吕刑》《刑书》《刑鼎》。至战国,适应改革的时代需要和法律趋于规范化、法典化的潮流,魏国司寇李悝"集诸国刑典"作《法经》六篇。《法经》是中国法制史上第一部初具体系的封建性法典,它体现了"不别亲疏,不殊贵贱""重刑轻罪"等法家主张,贯穿了维护专制主义中央集权的精神。在《法经》的编制体例上,既以刑法为主,又包含了诉讼法、行政法的内容,可以说开后世"诸法合体、民刑不分"的法典体例的先河。

至秦商鞅变法,改法为律,以示对法的统一适用的重视,从此律遂作为法的主要表现形式,但律典的编纂体例不变,这从出土的秦律中,得到了实证。

经过秦汉魏晋,至唐代制定《永徽律》,使"诸法合体,民刑不分"的体例臻于定型,内涵也更为充实。除仍以刑法为主体外,杂有诉讼法、行政法、民法、经济法、军事法、监狱法等部门法规范,确实是融会诸法于一部法典之中,而且只对少数违法行为采用行政的或民事的处罚办法,其余基本上适用刑罚手段。

唐以后,无论是《宋刑统》还是《大明律》《大清律例》,都沿袭了纳诸法于一典的编纂体例,历一千二百余年而未变。直到19世纪下半叶资产阶级法文化输入以后,在认识上才发生了前所未有的变化。有些接受西方法律影响的开明的思想家,建议清廷制定专门的商法、民法。特别是20世纪初,沈家本主持变法修律,仿照大陆法系分别制定了刑律、民律、商律、民刑事诉讼律、法院组织法等,最终打破了"诸法合体,民刑不分"的传统法典体例,使中国的法制与世界先进的法制开始了某种程度的接轨。

综观世界的法制发展史,在进入法制文明社会初期的法典,大都是诸法合体的。例如,著名的罗马十二铜表法便包括刑法、民法、民事诉讼法及若干行政法规。日耳曼的蛮族法典也表现为民刑不分。在古东方巴比伦王国最具有代表性的《汉谟拉比法典》,既有犯罪与司法的内容,也有较多的关于商品交换和保护动产所有权的规定。至于古代印度的《摩奴法典》,虽然涉及宗教戒条、道德与通行习惯等许多方面,但就法律规范而言,既有确定种姓世袭的行政法,和所有权、债权、婚姻家庭方面的民事法律,也有刑法与诉讼法的具体规定。可见,诸法合体,民刑不分是世界法制发展初期带有共性的,所不同的是民、刑事法律规范所占的比重以及诸法分野的时间有所差异。例如,在罗马《十二铜表法》中,民法便占有主导地位,而且逐渐摆脱了用刑法手段来调整民事法律关系。至11世纪,随着西地中海沿岸海上贸易的复兴和自治城市的出现,西欧的商法逐渐发展起来。至13世纪,西欧已制定了大量的贸易法令、航海法规和海商法典,如《阿马尔菲表》《海事法汇编》《奥莱龙法集》《维斯比法集》,这说明西方在中世纪时期诸法合体的法典体例的内在构成已经解体。至1532年,神圣罗马帝国皇帝查理五世制定的《加洛林纳刑法典》,已经是一部封建刑法和诉讼法典。

但在中国,从公元前5世纪至20世纪初,诸法合体、民刑不分的法典体例,历经二千五百余年基本上沿承不变,这种保守性是世界上少有的。不可否认在这个漫长的过程中,《唐六典》与唐令、格、式的出现,以及明清会典、清各部院则例的制定,反映了中国封建行政法的法典化趋向,因而与刑法形成二水分流之势。但是,无论是《唐律》还是《大明律》《大清律例》,仍然包含关于行政管理、官员职守、职官管理、文书制度以及行政犯罪等重要内容，而且明清六律中均以吏律居首，说明以刑典涵盖诸法的体例的继续存在。

在民事立法上，宋朝商品经济的发展与土地的自由买卖和海外贸易的兴起，推动了调整民事法律关系的法令、诏敕的增多，民事法律逐渐在法律体系中占有一定的比重。清朝制定的《户部则例》就某些内容而言，已经具有民事法规的性质。此外，地方上制定的《省例》和《章程》中，也有民事法律的内容，这是清朝超越于前代的。尽管如此，在20世纪初期晚清修律之前，中国并没有一部单一的民法典，依然维持着固有的民刑不分的法典体例。

为什么古老的中国长期保持"诸法合体、民刑不分"的法典体例？这不是偶然的，而是和中国古代的国情分不开的。

第一，中国古代的自然经济直到19世纪中叶海禁大开以前，始终占统治地位，商品经济虽然在某个时期如宋朝取得了一定程度的发展，但总的说来是薄弱的。作为生产单位的家长制家庭，彼此孤立，只能从事简单的再生产，很难进行扩大再生产。广大劳动群众的日常生活所需，基本上从男耕女织中自给自足，而不依赖于市场，以致商品经济缺少前进的动力。这种状态必然拘囿了民事法律的发展。如果说罗马法是私法的发达形态，"对简单商品所有者的一切本质的法的关系（如买主和卖主，债权人和债务人，契约，债务等等）所作的无比明确的规定"，[①]那么在中国则缺乏产生罗马私法的社会物质基础。

第二，封建国家推行的重农抑商与禁海政策，从政治上束缚了商品经济的发展。延续两千余年的封建专制制度，它所需要的是封闭的经济形态，因而与自然经济有着内在的亲和力，厌恶和反对动摇其借以矗立的商品交流与对外开放。从商鞅变法时起，便推行以农为本的重农抑末政策，对商人的活动多方限制，秦以后在很长一段时间内商人享受不到平等的法律权利。重农抑商是中国封建国家既定的国策，明末清初黄宗羲、唐甄等人一度提出"工商皆本""农商皆本"的主张，但由于它是逆潮流而动的思想浪花，在随即到

① 《马克思恩格斯选集》（第4卷），人民出版社1995年版，第206页。

来的清朝的政治与文化的高压下,很快便销声匿迹了。

与重农抑商相联系的对外贸易,也在封建国家的严格控制下时放时收,得不到健康的发展。特别是明清两代实行的禁海政策,阻断了国内外商品的交换与市场的衔接,不利于商品经济的发展。至于官府经营的官商业、官手工业和专利专卖的禁榷制度,不啻为民间商品经济雪上加霜。在这种情况下,商人也转而经营土地,以地租剥削为可靠的财富来源,并取得商人兼地主的社会身份。但是,商业资本的利润转化为地租,妨碍了商业资本投向扩大再生产,必然桎梏了商品经济的发展,这是中国封建时代民事法律关系得不到充分发展的基本原因之一。

第三,超经济的人身依附长期存在,不能广泛提供法律上的权利与义务关系的"私人的平等"。在等级制度森严的中国古代,分属不同等级的成员,各有与其身份相称的法定的权利与义务,并不得逾越,否则治以重罪。作为社会构成主体的广大劳动者,他们不同程度地依附于地主、贵族和官府,听任其经济的与超经济的剥削。法律则强制维护不同形式的人身隶属关系。例如,南宋以前地主买卖土地,佃农要随同土地转移,甚至佃农妻女的再婚权、婚姻权也掌握于地主之手。明清以前,债务人无力还债时,债权人可以依法强迫债务人"役身折酬",而且不限于债务人本人,也包括其妻女在内。

自唐以来,列于贱籍的广大阶层,他们的民事权利是受限制的,至于科举出仕等政治权利更是横遭剥夺。尤其是处在社会最底层的奴婢,其法律地位"律比畜产",是民事法律关系中的客体,任凭主人转赠或买卖,即使是生存权也处于经常受威胁之中。因此,在中国古代只有少数贵族、官僚、地主、大商人享有平等地参与民事法律活动的权利。就整个社会而言,缺乏广泛的法律上的"私人平等",这不利于民事法律关系的发展,也阻碍了单一的、集中的民法典的制定。从西方的法制历史来看,罗马私法发展的前提条件,就是存在广泛的"私人的平等"。

第四,重公权益,轻私权益,对庶民个人的利益缺乏严格的保护和依法调整的观念。在封建专制主义的中国,国家利益是地主、官僚、贵族利益的集中体现,是至高无上的。又由于"朕即国家",皇帝是国家的唯一代表和化身，因此侵犯皇帝与侵犯国家同义，都属于不可饶恕的大罪，可见，重公权益是专制制度的本质所决定的。从中国进入文明时起，专制统治便在这块神州大地上肆虐，从来没有出现过古罗马、古希腊式的民主，因此重公权益即国家利益，被看作天经地义，而私权益即庶民个人的利益，却受到了不应有的漠视。譬如，民间发生的财产纠纷，法律认定为“细事”“细故”，一般采取调处解决，而无须告官，即使经官也缺乏严密的法律调整，经常是援引习惯、礼制进行判决，而且州县的判决即为终审，如坚持上诉则以刁民缠讼为由，先行杖责，然后再听其告诉。

在专制制度下，既然重公权益，轻私权益，由此必然产生重刑法，轻民法的倾向。综观中国历朝的立法，大多是刑事立法，民事法律渊源虽以法律为主，但同时也适用习惯法、乡保条约、儒家礼教等。民事法律渊源的多样，恰恰说明了民事立法的薄弱与国家对私权益的某种漠视。

第五，家法、族规对族内民事法律关系起着实际的调整作用。中国是沿着由家而国的途径进入文明的，因此家与国相通，亲与贵合一，宗法制度不仅是家族间的继统制度，而且也直接表现为国家的组织原则，或者与政治等级结构合二而一。随着社会的发展，宗法制度的政治色彩有所衰减，但宗法精神一直广泛深入地影响着国家、社会与家庭，以致统治族内成员的族权和调整族内权利义务关系的家法族规，都得到了国家的认可和保障实施。

宗法制度是以“亲亲、尊尊、长长、男女有别”为指导原则和理论基础的，它也是制定家法族规所遵行的依据。家法、族规是适用于宗族内部的成文的习惯法，对于族内的宗谱、宗籍、继承、婚姻、财产、轻微的刑事纠纷等具有实际的调整作用。这个传统自三代以来绵延不绝，其作用的范围与程度是和宗族的政治影响联系在一起的，总的看来随着士族的没落和庶族的兴起而呈现收缩的趋势。两宋以后，庶族广泛兴起，长江南北出现了众多收族而居的大家族，家法族规也随之大量涌现。由于国家承认家法族规的治家效力，违者要受到家法与国法的双重制裁，家法族规成了国家制定法的重要补充。

需要指出,家法族规所调整的对象主要是族内成员的细故,亦即民事法律纠纷,至于侵犯国家利益,影响社会稳定的刑事犯罪,则必须由官府审理,以示国重于家。作为族长,既代陈朝廷之法纪,又是族内民事纠纷的权威性的仲裁官,一般争执均由族长亲断,复杂的由族长召集宗族会议解决。家法、族规确实弥补了国家民事立法的不足,这是它存在的价值,但也正因如此,妨碍了立法者对于有关民事立法的思考。

第六,缺乏对于法律体系和法学的研究。中国古代由于以刑为主,因此法学研究也主要是以律学的形式出现的。

律学是中国古代特定发展阶段上的法学,律学的主要内容是对于刑律条文的探源、注解和如何具体适用。至于法理学方面的研讨,基本上限于春秋战国百家争鸣时期。随着秦专制主义中央集权国家的建立,律学也成了"以吏为师"的官学。两汉之际,虽有私家聚徒授律之风,但不外以儒家经典比附现行律文,作出符合大一统的专制王朝所需要的解释,在意志上不是独立的,不能自由发抒。唐代永徽律的疏解,是封建律学的最高成就,如果说它在释律方面是巨人,那么其在法理学方面则是跛足的。

自宋迄清,专制主义不断强化,律学的自由发展空间日渐狭小。以清代注释律学为例,虽然注家层出,形式翻新,但都必须在官方许可的框架内进行,必须以现行律文与传统儒学为依据,合于圣意者为钦定,不合圣意者遭罢废,甚或被治罪。至于律学家的社会地位,除职司其事的大臣外,大半是依附于地方长官的师幕,从来没有出现过类似罗马法学家那样显赫的权威。

(二)法律体系上的"诸法并存,民刑有分"

正是由于中国传统律学很少涉猎法理学范畴,因此对于各个部门法的划分,从来没有进行理论上的概括和实际上的界定,更谈不上对法律体系的研究。这不仅使"诸法合体,民刑不分"的法典体例得以长期延续,并且产生了一种误解,似乎这就是中华法系的基本特点,这就是中国古代法的法律体系。直到20世纪三四十年代,中外学者中持此说者仍不乏人在。英国著名的古代法史学者梅因便武断地说:"中国古代只有刑法,没有民法。"

法律体系是指由本国各个部门法构成的整体,而部门法则是根据它所调整的社会关系和一定的标准和原则划分的同类法律规范的总和。由于社会关系的复杂性和多样性,决定了调整方式的复杂性与多样性,从而形成了不同对象的若干部门法,它们是构成法律体系的各个相对独立的部分。由于形成法律体系的基础是社会关系,因此它是客观的社会发展的结果,而不是任何人主观意志的产物。至于一部法典采取哪种体例与结构形式,是立法者主观决定的,是立法主体的立法思想、立法原则与立法技术的具体运用,是反映当时的立法水平的。因此法典的体例与法律体系是完全不同的概念,二者不能混淆,也不容混淆,否则便会产生以此代彼、以此为彼的误解。那种从中国古代代表性的法典的体例与结构出发,断言中国古代只有刑法,没有民法,无疑是混淆了法律体系与法典体例两个不同概念。因此,必须明确中国古代法律体系是由若干部门法,如刑法、民法、行政法、诉讼法所构成的,是诸法并存的,也是民刑有分的。至于一部法典所采取的体例,或者是混合编纂,即所谓“诸法合体、民刑不分”,或者是单独编纂,那是立法技术问题,是特定时代立法者的选择,当然这种选择也受到法律调整的需要和时代的制约。

“诸法并存、民刑有分”是从法律所调整的社会关系的特殊性和具体性以及由此而形成的法律体系而言的,至于“诸法”是否都发展成独立的部门法,是需要具体分析的。尤其不能以今天的部门法概念机械地衡量古代的法律,而要从中国法制历史的实际出发,恰当地运用现代法学知识,得出正确的结论。下面以行政法和民法为例加以说明:

1. 中国古代行政法的发展及其特点

中国古代为了确认国家机关的组织、权责和管理制度,以保证整个国家机器的运转,同时也为了督励官吏忠于职守,发挥官僚队伍治国驭民的职能,颁行了大量行政法规,而且逐渐自成系统,成为封建法律体系中的重要组成部分。

秦汉时期是中国古代行政法的奠基阶段。公元前 221 年统一的秦政权建立以后,为确立专制主义中央集权制度,加强了行政立法,如建帝制,置郡县,改官制,统一文字、度量衡和币制等。而以律为行政法的法律形式,也反映了处于初期阶段的一种特色。至汉代,随着专制主义中央集权制度的巩固,汉律六十篇中行政法律较秦时有发展,《朝律》就是一部集中的行政法律。为了加强中央集权的经济基础,从汉武帝时起建立了盐铁专卖制度,并将铸币权收归中央,从而丰富了调整财经方面的行政法规。

唐代是中国的封建盛世,无论是国家体制还是法律制度都已达到成熟和定型。玄宗时期历时十六载制定的《唐六典》,是唐代现行国家机关的职责、活动与管理制度的行政法规汇编,又是唐以前行政立法的总结。从此典律分野,在封建法律体系中出现了行政法的独立分支。《唐六典》的制定不仅是唐代立法活动的另一卓越成就,而且对后世行政法的发展也有着深远的影响。除《唐六典》外,在有关的令、格、式中也规定了一系列行政法规范,标志着封建行政法的重大发展。

至明清,随着国家行政管理制度的进一步完备,行政法也达到很高的水准。明清两代仿《唐六典》制定的《会典》在内容上比唐六典丰富,体例也更为严谨,可以说是封建行政立法的总汇。明嘉靖皇帝在《会典》御制序中说:"辑累朝之法令,定一代之章程,鸿纲纤目,灿然具备。"清会典由于所列均为"礼乐刑政大端""经久常行之制",而被称为"清帝国之宪法"。康熙朝名臣魏象枢《寒松堂集》有云:"至若会典,乃当代宪章,与律令相表里。夫会典所载,皆百臣奉行之政令,诸司分列之职掌,即官礼诸制,无不条悉其中。"①乾隆朝制定《乾隆会典》,于《凡例》第一款郑重宣布"会典以典章会要为义,所载必经久常行之制,兹编于国家大经大法,官司所守,朝野所遵,皆总概纲领,勒为完书"。至《嘉庆会典》成,嘉庆帝在御制序中强调《会典》"著奕禩之法程,为亿龄之典则",因此要求"后嗣恪遵勿替,期永勉旃"。②

除《会典》外,清朝中央各部院为构建本衙门的组织机构、指导

---

① 魏象枢:《圣朝大典既行,亟请更定以明职掌,以悬国制事》,《寒松堂集》卷一。

② 《续修嘉庆会典·序》。

本部门、本系统行政事务而编制各种则例，其数量众多。各部院“则例”须经议准、题覆乃至钦准等法定程序，是清朝重要的立法活动，也是清朝行政立法的重大成就。故云：“清以例治天下，一岁汇所治事为四季条例，采条例而为各部署则例。新例行，旧例即废，故则例必五年一小修，十年一大修。采则例以入会典，名为会典则例或事例。”①则例的基本性质为行政法律，但限于立法技术水平，有的则例也含有其他部门法因素，如户部则例便含有民事法律与经济法律的内容。

中国古代行政法具有以下的特点：

(1)规范详密，自成体系

在民刑不分、诸法合体的法典编纂体例下，某些行政法规范也包括在刑法典当中。除此之外，也存在众多的单行的行政法令、法规，至《唐六典》出现，局部地打破了诸法合体、混合编纂的体例。近人章炳麟在《检论汉律考》中说：“周世书籍既广，六典举其凡目，礼与刑书次之而通号以周礼，汉世乃一切著之于律。后世复以官制仪法与律分治，故晋有《新定仪注百官阶次》诸书，而诸书仪杂礼，公私间作。迄唐有《六典》《开元礼》，由此律始专为刑书，不统宪典之纲矣。上稽皇汉则不然也。”日本织田万有在《清国行政法》一书中也说：“支那法制与国民文化同生。……至行政法典起源何时，殊难确定，要其大成，端进唐代。唐作六典载施政之准则，具法典之体裁，为后代之楷模，以视汉以来之所谓律，所谓令，所谓格，所谓式者，大有殊焉。……由是观之，支那古来即有二大法典，一为刑法典，一为行政法典。”②

在中国古代法律体系中，行政法不仅历史悠久，沿革清晰，而且逐渐自成体系，大体上可以分为中央政权行政法、地方政权行政法和民族聚居地区政权行政法。在内容构成上又可分为以下部类：吏、户、食货、礼、教育、科技、民族、宗教、司法行政、监察行政与军事

① 邓之诚：《中华二千年史》卷五，中华书局1958年版，第531页。

② 《清国行政法》，陈舆年译，上海广智书局光绪三十二年(1907年)印行译本，第4页。

行政,其范围之广博、内容之繁复、规范之细密,于此可见。

(2)以职官为纲目编制行政法典

早在《周礼》中就以六官区分六典,开创以典设官明职的体例。《唐六典》沿袭《周礼》六官,“以今朝六典象周官之制”,以三师、三公、五省、六部、九寺、五监、十六卫、东宫、都督府、州、县为纲目,详述其职司,官佐,品秩,行政管理的基本原则、方式和规程,以及各机关之间的关系。由于《唐六典》是以唐代现行的行政机关与行政管理制度为根据,并编入开元年间大量行政法规,因而是唐代立法活动的又一成就。

明《会典》是仿《唐六典》制定的,它以六部官制为纲,按官职分卷,分别叙述各行政机关的职掌和事例,以及相互关系与活动原则。清朝在关外时期奉行“参汉酌金”的路线,于太宗崇德元年议定《崇德会典》,这是一部包括礼制、官制、刑制、婚姻、诉讼、宗教、经济等广泛内容的综合性法典,但行政法规范占有较大的比重。它反映了社会急剧变动时期的各种社会关系和政治上层建筑的发展趋向,以及由习惯法向成文法进一步过渡的历史特点。入关以后,康熙二十三年(1684 年)奉敕纂修会典,于康熙二十九年(1690 年)完成《康熙会典》。其后,相继颁行《雍正会典》《乾隆会典》《嘉庆会典》《光绪会典》。五朝会典首尾相衔,记述了清代从开国至光绪朝有关宗人府,内阁,军机处,中书科,吏、户、礼、兵、刑、工六部,理藩院,内务府以及寺,院,监等机构的职掌、事例和活动原则,是中国最完整的封建性质的行政法典。

中国古代行政法典以职官为纲目的体例,反映了严任官与重治吏的一贯倾向。迄今保留下来的大量的吏典法规,也从一个侧面证明了职官制度在我国古代行政法中的重要地位。

(3)行政法制与礼制结合

中国古代特定的社会历史条件,决定了以礼定名分,别尊卑,严制度,理民情。如果说引礼入法,礼法结合是中华法系的基本特点之一,那么行政法制与礼制的结合也是中国古代行政法的基本特点之一。其主要表现如下:

其一,利用宗法伦理关系把父权引入行政领域,使伦理与行政体制进一步结合，借以加强皇权、吏权和行政权。马克思在《中国革命与欧洲革命》文中所说，“正如皇帝通常被尊为全国的君父一样，皇帝的每一个官吏也都在他所管辖的地区内被看作是这种父权的代表”，[①]是符合中国古代的历史实际的。

其二，采取法律的形式巩固统治阶级所需要的礼制。礼之所以被统治者视为“经国家，定社稷”的“政本”，就在于它严格维护等级（实即阶级）秩序，所谓“名位不同，礼亦异数”。[②] 因此，礼与法都被称作是“大分”。礼是法的指导原则，法是礼的推行力量，礼治与法治二者无论从思想到实践都渐趋于折中融合。古代行政法就是礼法密切结合的产物和重要表现。以《周礼》六官为例，已然是明显的寓礼于法之中。至于《礼记》所说，“礼经三百，威仪三千”，既不是纯粹的礼，也不是纯粹的法，而是礼与法的融合，二者既不分又有分。汉以后儒家奉行的“礼有差等”“严上下贵贱之别”的教条，被进一步灌输到法律中去。有关服饰、房舍、车马、婚丧、祭祀等礼制，都分别纳入不同形式的法典、法规，从而大大巩固了等级制度。正如《新书》所说，“奇服文章，以等上下而差贵贱，是以高下异，则名号异，则权力异，则事势异，则旗章异，则符瑞异，则礼宠异，则秩禄异，则冠履异，则衣带异，则环佩异，则车马异，则妻妾异，则泽厚异，则宫室异，则床席异，则器皿异，则饮食异，则祭祀异，则死丧异”。[③]所有这些“异”正是礼所要求的，又是被法所固定的，违背了便是逾制违式，或受行政处分，或受刑罚制裁。

（4）体现专制主义精神

中国从夏商起就建立了以王为首的奴隶主贵族专政的政体，这是和古代东方各国相同的，尽管形成的条件有异。至公元前 221 年秦并六国，建立统一的专制主义中央集权的国家以后，经过两千余年的发展过程，专制主义越来越强化，皇帝集中一切大权，是名副其实的国家首脑。作为国家重要立法的行政法，必定要体现专制主义

---

① 《马克思恩格斯选集》（第 1 卷），人民出版社 1995 年版，第 691 页。

② 《左传·庄公十八年》。

③ （汉）贾谊：《新书·服疑》。

的精神。

其一,确认“皇帝”为国家的最高行政首脑。“天下之事无大小,皆决于上”,①由皇帝来指挥一大批官僚行使行政大权,并以他为轴心协调国家机关之间的关系,保证国家机器的运转。

其二,确认皇帝的诏令为最基本的行政法渊源,具有最高的权威。汉武帝时,廷尉杜周所说:“三尺法,安在哉,前主所是著为律,后主所是疏为令,当时为是,何古之法乎”②是触及封建法制的本质的,也符合行政立法的实际。在秦汉以来的封建法典中,对于官吏矫诏、矫制、废格诏令、僭越等行为,概属重罪,处重刑。

其三,确认皇帝处理政事的“朝会”制度。朝会之制源于周礼,创立于秦,一直延续到明清。凡属大政、大狱、立法、军事,均为常朝会议的内容,朝会的最后决定权仍操于皇帝之手。

其四,确认地方司法与行政合一的体制。中国自从国家形成以后,便在中央建立了专门的司法机关。但在地方则由行政机关兼理司法。地方行政建制与司法审级基本一致,行政长官也就是司法官,这种体制使行政权凌驾于司法权之上。宋代设置的提点刑狱公事和明清设置的提刑按察使,虽为地方专设的省级司法机关,但实际活动仍受同级行政长官的控制,成为行政机关的附庸。这种行政与司法合一的体制,便于皇帝控制司法。

其五,对于某些手工业和商业实行集中的国家管理。1976 年湖北云梦出土的秦简,清晰地展示了秦对官手工业、官商业、官畜牧业进行管理的一系列行政法规。汉时,对盐、铁、酒实行禁榷制度,以维护封建国家的专利专卖权,巩固和加强专制王朝的经济基础。从唐朝起,茶叶的产销也全由官府垄断。宋元明清实行茶引法、盐引法,经营茶叶与盐的商人均在官府控制之下。宋辽金元时期还于边境开设由官府主持的互市市场,即所谓“榷场”。对于榷场的地点、市易的货物、交易的方法,均有严格的限制与管理制度。封建时代所实行的官手工业、官商业制度,是国家控制的一项重要经济活

① 《史记·秦始皇本纪》。

② 《汉书·杜周传》。

动,也是中国古代行政法所调整的重要对象之一。

(5)通过监察机关对国家行政活动进行广泛的监督

中国很早就在国家机关中设置御史,执掌王宫的例禁和纠举违法的官吏。西汉时,中央监察机关御史台的建立和地方固定监察官部刺史的设置,标志着封建监察制度的重大发展。东汉时,御史台又称"宪台",以示执掌察举非法;同时扩大了部刺史的职权,不仅监督地方官员,也掌管军事,反映了中央集权制度的强化。魏晋南北朝时期,御史台名义上不再隶属于少府,成为皇帝直接掌握的独立的监察机构,御史中丞拥有"震肃百僚"的权威。监察机关职权与机构的扩大,一方面反映了统治者对督励官吏职守,发挥行政机关效能的重视;另一方面也表现了监察机关对于纠弹吏治,实行广泛的行政监督确实起了重要作用。魏晋以后,皇帝允许御史"风闻言事",如百官有罪,御史中丞失纠,则要免官。地方不再设置固定的监察机关,而由中央派出巡御史执掌对地方官的监察。

唐朝中央监察机关御史台之长御史大夫,"掌邦国刑宪典章之政令,以肃正朝列",[1]有权弹劾百官、参与大狱的鞫讯、监督府库的出纳等。为了保证御史行使监察权,允许"独立弹事",即不经御史台直接向皇帝奏弹,御史的任免也不受吏部干预。对于唐代监察官所起的作用,睿宗曾有如下评论:"彰善瘅恶,激浊扬清,御史之职也。政之理乱,实由此焉。"[2]

明清时期,中央监察机关为都察院,"主纠察内外百司之官",并按地方省制增设十三道监察御史分掌地方监察事宜。同时,还建立"巡按御史"制度。巡按御史"大事奏裁,小事立断"。[3]

中国古代不仅监察机关的职权行使、组织建设、具体运作日益制度化,而且有法可依。著名的《风宪弘纲》《钦定台规》《都察院则例》是监察法的代表作,也是行政法律的基本组成部分。封建统治者通过监察机关对中央和地方各级官吏进行广泛的监督

① 《唐六典》卷十三,"御史大夫"。
② 《唐大诏令集》卷一百,"令御史录奏内外官职事诏"。
③ 《明史·职官志》。

和纠举,借以督励百官尽忠于皇帝和国家。由于监察官的权势是附着于皇权的,因此随着专制主义的加强,监察官的职权也不断地扩大。

《钦定台规》由都察院始纂于乾隆八年(1743年),后经嘉庆、道光、光绪三朝修改。光绪朝《钦定台规》共分训典、宪纲、六科、五城、各道、稽查、巡察和通例等八类,每类又分若干目。《钦定台规》在结构上已有总则、分则之分。《训典》和《宪纲》应为总则,其他则为分则。《钦定台规》不仅从制度层面作出了一系列的规定,还从程序方面详加规范,以保证制度规范的落实。《钦定台规》肯定了监察机构的特殊地位和功能,使其能够发挥"彰善瘅邪、整纲饬纪、铁面霜威、纠慝绳诡、私惠勿酬、私仇勿毁、敢谏不阿、忠贞常矢、言出如山、心清似水、勉尽丹忱、非图誉美、民隐敷陈、治隆患弭"的作用,[①]同时也为监察机关广泛行使监察权提供了法律依据,使之深入行政、经济、司法、军事、礼仪、教育、社会等各个领域。《钦定台规》是中国封建时代一部最为完整的监察法规。

(6)行政处分与刑罚制裁交互为用

法家关于"明主治吏不治民"的主张,由于体现了治理国家的一般规律,因而对整个封建时代都是有影响的,历来的开明之世,都"奉法治吏,严任官之责,定期考课"。唐以后的律文中,大都规定了"应贡举而不贡举",及"贡举非人"者,一律治罪。至于考课,从战国时的"上计",到明清时的京察、大计,凡无政绩或犯有轻微违法失职者,给予降级、革职、留任、罚俸,强制休致、申斥等行政处分,严重的则按刑律治罪。但有些行为虽属行政过失,后果也不严重,却仍处以刑罚。例如,唐律职制律规定:"诸官有员数而署置过限及不应置而置,一人杖一百,三人加一等,十人徒二年","诸在官应直不直,应宿不宿,通昼夜者,笞三十","诸祭祀及有事于园陵,若朝会、侍卫、行事失错及违失仪式者,笞四十",等等。对于违法失职的官吏,或予行政处分,或以刑罚惩戒,不仅表现了专制制度下行政法与刑法的互相渗透,也反映了治吏的严酷。

---

① 《钦定台规》卷二《训典二》。

总之，由于中国古代注意行政管理的规范性、系统性和效率，因此制定了形式多样、调整内容广泛的行政法规。历史证明，健全行政法制与开明之治的关系极为密切，中国历史上的成康之治、文景之治、贞观之治、康乾之治都是和严密行政管理制度、健全行政法制分不开的。反之，行政管理紊乱，吏治败坏，法纪不行，常常招致一个王朝的败灭。

2. 中国古代民法的发展及其特点

中国古代民法经历了由简单到复杂、由附庸于刑法典到趋于单一化的发展过程。构成中国古代国情的诸因素如自然经济长期占统治地位，社会结构上的良贱对立，专制制度的不断强化，家族主义的深远影响，儒家思想的广泛渗透等，制约着古代民法的发展，并且给古代民法打上了深深的烙印。

中国古代民法在不同的历史阶段都留下了前进的痕迹，而且饶有各自的特色。

(1)先秦——民事法律的始创阶段

随着私有财产的形成以及财产的流转和商品交换的进行，逐渐产生了民事法律规范，有些还刻在铜器上，即所谓“书于宗彝”。[①]先秦时期，鼎是国家权力的象征，称为“重器”，将民事法律规范铭刻在鼎之上，说明了国家的态度。“惟名(铭)与器不可假人”是统治者不可动摇的信条。由于铭文在中国古代民法史中具有突出的重要地位，因此常以“两周金文民法”来概括先秦时代的民法。不仅如此，官府还介入民间的民事法律行为，以致缔结有关财产转让的契约，除双方各执一半外，官府也保留一份，并设专官监督契约的订立和履行。同时，还借助神权来辩护国王最高所有权的来源，所谓“皇天既付中国民，越厥疆土于先王肆”。[②] 此外，也以对天盟誓的方式，表示订立契约关系的严肃性和信守不渝，反映了先秦民事行为中的神权思想的遗痕。

先秦时期，宗法制度对于民事法律关系有着强烈的影响。周天

① 《周礼·秋官·司约》。

② 《尚书·梓材》。

子是周族的大宗,又是政治上的共主,他有权授民授疆土和仲裁诸侯间的民事纠纷。根据宗法原则而确立的父权家长制度以及嫡长子继承制,都对后世婚姻家庭与继承法有着深远的影响。

随着经济形态的变化,出现了物权转移的各种契约形式。西周初期,受封赐者只享有不动产的占有权和用益权,其所有权仍在周王。中期以后地方经济的繁荣和周天子权力的衰落,受封诸侯实际获得了土地的所有权,因而不断出现以土地为交换和转让对象的铭文记载。

在私有财产的交换和流转中,产生了各种契约形式的债,发生财产争讼以契约为凭。《周礼·秋官·士师》说:"凡以财狱讼者,正之以傅别约剂。"在私有权观念日益确立的条件下,发生侵权必须赔偿。著名的《曶鼎》铭文,便记载了由于侵权而引起的民事诉讼,以及侵权者应负的赔偿责任。如果说先秦时期由于土地基本上维持国有的形式,而影响了物权法的发展,那么动产由于较广泛地进入流通领域,而使债权法较为发达,并且形成了约定契约的法律程序。这是应予以重视的。

(2)秦汉——唐民事法律的发展阶段

自秦至唐是中国封建社会由确立趋向于发展的时期,民事法律也随着财产关系的日益复杂化而得到充实。这个时期的民事立法多见于户婚律和杂律,同时也颁布了一些单行的法令。

首先,土地的私有权得到国家的普遍承认。

公元前594年鲁国"初税亩",标志着土地私有权的确立,其后各国陆续实行类似的政策,与此相联系的土地买卖也成为常见的现象。《史记·廉颇蔺相如列传》:"今括一旦为将……王所赐金帛,归藏于家,而日视便利田宅,可买者买之。"《汉书·食货志》所说,"至秦则不然,用商鞅之法,改帝王之制,除井田,民得买卖",表明土地私有权已得到法律的保障。至秦统一以后,"令黔首自实田",在全国范围内普遍承认土地的私有权,由此而产生了侵犯所有权的法律观念和法律制裁。孟子说:"非其有而取之者,盗也。"[①]《云梦

① 《孟子·万章下》。

秦简》也有“盗徙封，赎耐”的法律条款。

在这个阶段，土地所有权的取得和政治特权密切联系。汉时，以皇帝为代表的国家土地所有权高于一切，神圣而不可侵犯。发展至晋代“占田”和唐代“均田”，进一步用法律确认了按等级差别占田、受田，从而使政治特权与经济特权一体化。在“均给天下民田”的外貌掩盖下的却是士族高官通过占有职务田和公廨田，以及他们所拥有的“依良丁受田”的大量奴婢，而使土地的实际占有量远远超过一般农民。在这个阶段保护所有权的法律也逐渐细密。例如，南北朝时期北方流徙之民还乡后，发生了大量的土地纠纷，以致“争讼迁延，连纪不判。良畴委而不开，柔桑枯而不采，侥幸之徒兴，繁多之狱作”。[①] 为此，北魏孝文帝提出“所争之田，宜限年限，事久难明，悉属今主”，[②]确立了民事法律关系中的“时效”原则，以保护田土的实际占有人。

唐初，承隋末战乱之后，无主荒田“并许认识，各还本主”，但严禁妄认公私田为己田，以及官员侵夺私人田地。根据唐律，占田过限：一亩笞十，十亩加一等，过杖六十，三十亩加一等，罪止徒一年。盗耕种公私田：一亩以下笞三十，五亩加一等，过杖一百，十亩加一等，罪止徒一年半。妄认盗卖公私田：一亩以下笞五十，五亩加一等，过杖一百，十亩加一等，罪止徒二年。在官侵夺私田：一亩以下杖六十，三亩加一等，过杖一百，五亩加一等，罪止徒二年半，园圃加一等。盗耕人田：笞五十，盗耕人墓田，加一等，杖一百。卖口分田：一亩笞十，二十亩加一等，罪止杖一百，地还本主，财没不追。

除此之外，唐律还对无主物先占有者的所有权予以保护；它如于他人地内得宿藏物可与地主均分；拾遗物及漂流物的获得者，也在一定条件下取得部分所有权。唐代由于出现典卖、质押借贷、典当等行为而形成了民法上的典权和质权。典卖和质押是附有赎回条件的，在一定的时间内债权人享有典物权和质物权。

其次，以契约为形式的债权债务关系明显发展。

---

① 《魏书·李安世传》。

② 同上。

随着商品经济的一定程度的发展,债的契约形式日益复杂化,出现了买卖、租佃、债务租赁、雇佣契约以及有关债务担保、时效、损害赔偿等一系列规定。

汉时,土地“卖买由己”,但要订立契约,发生争讼以卷书为凭,“讼则按卷以正之”。[①] 出土的“买地卷”和汉简,再现了买卖契约所包括的立契时间、当事人姓名、标的物的价格与给付、地界、房舍四至、证人等内容。官府承认民间契约的法律效力,所谓“民有私约如律令”。在居延简中还发现了买卖布袍、长裤也要订立契约的记录,说明买卖契约的发展。但汉律禁止一物两卖,否则无效,并按窃盗论罪。

唐时,在买卖契约中,卖主的担保责任进一步法律化。早在南北朝时期便开始出现瑕疵担保,唐律杂律中明确规定:“(买奴婢、马牛、驼骡驴)立卷之后,有旧病者,三日内听悔,无病欺者,市如法,违者笞四十。”此外,还有违约担保,唐文书契纸中明书:“若先悔者,出绢五疋。”

租佃契约虽不如买卖契约发展,但仍见于文献记载和实物凭证。汉代的租佃关系除“或耕豪民之田,见税什伍”[②]的民间租约外,官府的公田和山林池泽也假于民而收取租税。隋唐五代时期的租佃契约文书,在敦煌、吐鲁番地区已有许多发现。如隋大业年间的租佃契约,以及唐太宗贞观时期、高宗龙朔时期与武则天天授时期的租佃契约,其中规定了年限和交租办法,表明尽管在隋唐均田制下,民间仍然存在租佃关系。

借贷契约在汉代的简册中尚未发现原件,但据文献记载可以证明借贷契约的存在。例如,《后汉书·樊宏传》说,南阳豪富樊重曾“假贷人间数百万,遗令焚削文契”。这里所说的文契,显然是指借贷契约。

唐时,借贷契约见于敦煌文书,其中规定月利息率不得过六分,“积日虽多,不得过一倍”。取息过律被认为是“为政之弊,莫过于

---

① 《周礼·秋官·士师》注。

② 《汉书·食货志》。

此”,因此从汉代起便列为一种犯罪。如债务人家资耗尽,无力偿债,可以“役身折酬”;负债者逃亡,则保人代偿。“公私债负违契不偿,应牵掣者,皆告官司听断。若不告官司而强牵掣财物,若奴婢、畜产,过本契者坐赃论。”①

综括上述,从债法的发展中反映了社会经济生活的日益复杂和多样,特别是“民间私约如律令”的规定,显示了契约在民事法律关系中的重要地位和作用。

最后,全面确立封建的婚姻家庭制度。

自汉武帝罢黜百家,独尊儒术以后,儒家三纲五常的伦理学说,不仅构成了汉律的思想基础,而且在实践中起着调整婚姻家庭关系的民事法律的作用。由汉迄唐,婚姻家庭法律以确保父权和夫权为基点,贯穿封建宗法制度的原则和精神,严格维护尊卑的伦常秩序。唐律中详列婚姻的订立、婚姻的限制以及离婚等各项条款。例如,婚姻关系的成立以尊长同意为最重要的条件,并强调婚书和聘财。至于婚姻的限制,仍以门第匹配为主,所谓“人各有偶,色类须同,良贱既殊,何宜配合”。② 同时禁止同姓及中表亲为偶。更严禁与逃亡妇女结婚,犯之者不仅与之同罪,且强迫离异。

在离婚方面,汉律规定了“七出”——不顺父母、无子、淫、妒、有恶疾、多言、窃盗,与“三不去”——有所取无所归、与更三年丧、前贫贱后富贵。但如属“义绝”,即夫妻杀对方直系、旁系尊亲属,或“违律结婚”,则由官府强制离异,并给予刑罚制裁。唐律中也规定了“若夫妻不相安谐而和离者,不坐”的条款。

此外,在封建时代,纳妾是合法的。唐律规定:“婢女为主所幸,因而有子,听为妾”;妻年五十以上无子者,以妾为妻。由于法律严格维护男尊女卑的夫权统治,因此夫妻在家庭中的地位是不平等的。

唐律也以法律的形式确认封建家长制家庭,“凡是同居之内,必有尊长”。家长被赋予家内财产的支配权,对卑幼的主婚权和教令

---

① 《唐律疏议·杂律》,“负债强牵财物”。

② 《唐律疏议·户婚》,“奴娶良人为妻”。

权。在“导民以孝,则天下顺”①的思想支配下,卑幼对尊长只有应尽的义务,至于权利则受到漠视。

在继承方面,严格维护嫡长子继承制,如嫡长子去世由嫡长孙继承宗祧,“立嫡违法”者治罪。一般财产继承则诸子平分,为了防止财产流失,严禁收养异姓男子或杂户、部曲为子孙,更不得涉足继承之列。

以上可见,有关婚姻家庭方面的立法,是以尊、卑和男、女在法律上的不平等为特征的。这种不平等是封建时代人身隶属关系在家庭领域的具体反映。以法律的强制力全面维护这种不平等关系,无疑有利于维护封建的统治秩序。从汉代引礼入法起,到唐代礼法结合,已然贯穿于整个法律体系,但以婚姻家庭领域最为突出。

(3)宋、明、清——民事法律相对完备阶段

宋、明、清是封建经济发展时期的三个王朝。地方豪强占有大量庄园的大土地所有制,在农民起义的沉重打击下没落了。中小地主的数量随着封建地主经济的发展而得到显著增加,获得少量土地的自耕农民也有所增多。由于土地买卖完全合法化,因此土地的转移加快,佃耕制成为农业的基本经营方式。在农业生产发展的基础上,手工业和商业也活跃起来,城市日渐兴起。商品货币经济的发展也引起了人们义利观念的变化,秦汉以来“贵义贱利”“讳言财利”的传统观念受到了冲击。李觏首先提出:“贤圣之君,经济之士,必先实其国焉。”②而后逐渐形成了“功利之学”,至南宋,叶适则是这派学说的集大成者。不仅如此,传统的重农抑商政策也受到了挑战,明末清初黄宗羲、唐甄便针锋相对地提出“工商皆本”“农商皆本”的主张。所有这一切使民事法律规范进一步充实和发展起来。

第一,随着封建商品经济的发展,民事法律规范在某些方面已达到比较完备的程度。

宋代的民事法律规范,除见于《宋刑统》《庆元条法事类》外,

---

① 《汉书·宣帝纪》。

② 《李觏集·富国策》。

《名公书判清明集》也辑佚了许多条款,摘引如下:

父母服阕,合用析户,轮差役色,合从烟爨。

充役人户物力,比未役白脚之家,如增及一倍,歇役十年,理为白脚。

品官限田,合照原立限田条格减半,与免差役,其死亡之后,承荫人许用生前曾任官品格与减半置田。如子孙分析,不以户数多寡,通计不许过减半之数。

应交易田宅,过三年而论有利债负准折,官司并不得受理。

应交易田宅,并要离业,虽割零典买,亦不得自佃赁。

诸已绝之家而立继绝子孙,谓近亲尊长命继者。于绝家财产,若无在室、归宗、出嫁诸女,以全户三分给一分,余将没官。

诸祖父母、父母已亡,而典卖众分田宅私辄费用者,准分法追还,令元典卖人还价。即典卖满十年者免追,止偿其价,过十年典卖人死,或已二十年,各不在论理之限。

契要不明,过二十年,钱主或业主亡者,不得受理。

分财产满三年而诉不平,又遗嘱满十年而诉者,不得受理。

诸僧、道犯罪还俗,而本家已分者,止据祖父财产众分见在者均分。

妇人财产,并同夫为主。

寡妇无子,孙年十六以下,并不许典卖田宅。

交易诸盗及重叠之类,钱主知情者,钱没官,自首及不知情者,理还。犯人偿不足,知情牙保均备。

又诸典卖田宅投印收税者,即当官推割,开收税租。

诸典卖田地满三年,而诉以准折债负,并不得受理。

诸无子孙,听养同宗昭穆相当者。

立嗣合从祖父母、父母之命,若一家尽绝,则从亲族尊长之意。

户绝命继,从房族尊长之命。

夫亡妻在,则从其妻。

诸无子孙,许乞昭穆相当者。

诸义子孙所养祖父母、父母俱亡,或本身虽存,而生前所养祖父母、父母俱亡,被论诉及自陈者,官司不得受理。

异姓三岁以下,并听收养,即从其姓,听养子之家申官附籍,依亲子孙法。

男年十五,女年十三以上,并听婚嫁。

诸养子孙,而所养祖父、父亡,其祖母、母不许非理遣还。

诸户绝财产尽给在室诸女。

诸已绝而立继绝子孙,于绝户财产,若止有在室诸女,即以全户四分之一给之。

父母已亡,儿女分产,女合得男之半。

诸以己田宅重叠典卖者,杖一百。

诸寡妇无子孙,擅典卖田宅者杖一百,业还主,钱主、牙保知情与同罪。

诸典田宅者,皆为合同契,钱、业主各收其一。

诸理诉田宅,而契要不明,过二十年,钱、业主死者,不得受理。

诸典卖田产,年限已满,业主于务限前收赎,而典主故作迁延占据者,杖一百。

诸背先约,与他人为婚,追归前夫。

已成婚而移乡编管,其妻愿离者听。夫出外三年不归,亦听改嫁,等等。

至清代,见于《大清律例·户律》和《户部则例》中的单纯民事法律规范摘要如下:

分家析产立“分书”已定,不许重分,告词立案不行。

卖产立有绝卖文契,不准找赎;文契未载绝卖,可以回赎。

父母健在,许令子孙析产者(但不得别籍),听。

凡民人争告坟山,应以印契、山地字号亩数等为凭证。

无子者,可以选同宗昭穆相当之侄儿继承。

定婚应两家情愿,写立婚书,依礼聘嫁;男娶女嫁皆应由父母主婚。

从以上摘引和辑佚宋、清二代的民事法律中可以看出,宋以后封建经济的发展,将民事立法推向了一个新的阶段,某些方面的规定是颇为完备的。如果将由宋迄清的民事法律加以汇编,将是一部具有中国特色的封建民法典,何况流行的家法族规中也还有许多民事习惯,所以从历史发展的观点来看,即使没有19世纪中叶外来因素的刺激,中国的民事立法也将走向独立的发展轨道。

第二,关于产权的确认。

宋初为了稳定经济秩序,宋太祖下诏:"垦田即为永业","满五年,田主无自陈者,给佃者为永业。"①为了保护业主产权,买卖田宅,均须立契,以取得官府承认。《宋刑统》卷26记载:"及卖田宅……皆得本司文牒,然后听之。"在契约上加盖官印的称为红契,是官府承认业主所有权的凭证,遇有争讼以红契为凭,"凡人论诉田业,只凭契照为之定夺。"②经过战乱之后,原田主仍握有契卷,如果土地"界至分明,所在州县屯官随即归还,其有违戾,许民越诉,重罪之"。③ 这条规定是和汉唐有所不同的,表现了对私有权的严格保护。但如"是何年月契要不明,已更五十年以上",则以"见佃为主","如再有词,从杖八十科断",以保护土地的实际占有人。为此,宋、明两代都专门编绘了《鱼鳞图册》,登记田宅的坐落与权利人的姓名等。其他如埋藏物的发现、遗失物的取得、漂流物的处理、无主物的占有、生产蕃息的归属,均有相应的法律规定。

至明朝,皇族贵戚宦官虽仍占有大量庄田和名目繁多的官田,但已不存在类似"均田"制那样的国家授田与民的制度,而是"田多田少,一听民自为而已"。④ 因此,法律由唐代的重"占田过限",转向重"欺隐田粮",凡"欺隐田粮"者处笞杖刑,"其田入官,所隐税粮,依数征纳","里长知而不举"与犯人同罪。

清代确认产权除凭印契外,还须进行实地勘查。根据乾隆三十三年(1768年)增例:"凡民人告争坟山,近年者以印契为凭。如系

① 《宋史·食货志》。

② 《名公书判清明集》。

③ 《宋史·食货志》。

④ (清)薛允升:《唐明律合编》,法律出版社1999年版,第303页。

远年之业,须将山地字号、亩数及库贮鳞册并完粮印串,逐一丈勘查对,果相符合即断令管业。若勘查不符,又无完粮印串,其所执远年旧契及碑谱均不得执为凭据,即将滥控侵占之人,按例治罪。"①

第三,关于典权的保护。

所谓典权是典权人支付典价,占有出典人的不动产而加以使用收益的权利。出典人在典期届满时,交付典价可以赎回原物,典权人如因故意或过失使典产亏损,要负赔偿之责。《大明律》对于典和卖作了如下解释:"盖以田宅质人,而取其财曰典,以田宅与人,而取其财曰卖。典可赎也,而卖不可以赎也。"对于田宅的典卖始于唐中叶。《旧唐书·卢群列传》有"典质良田"的事例,至宋代始普遍化。宋代有关典权的法律主要之点在于保护典主的利益。例如,规定典契"证验显然者"方许收赎,"并无文契及虽执文契难辨真伪者,不在论理收赎之限"。同时严禁一物两典,否则业主、中人、邻人并契上署名人"各计所欺入己钱数,并准盗论,不分受钱者减一等,仍征钱,还被欺之人"。② 如无力偿还,勒令典契上署名之中人、邻人共同赔偿,典当物仍归第一典权人。典卖物业时,房亲、四邻享有优先权,但如房亲、四邻"着价不尽,亦任就得价高处交易"。③ 业主出典物业后,欲买者"先须问见典之人承当……别写绝产断文契一道……更不须问亲邻"。

明代典买卖田宅以"税契过割"为条件,"凡典买田宅不税契者,笞五十","凡典卖田宅,当税契过割……不过割者,一亩至五亩笞四十,每五亩加一等,罪止杖一百,其田入官"。④ 所谓税契就是"以文契投税有司而纳课也"。大明律明确规定典卖的标的物是物而不是人,"凡将妻妾受财,典雇与人为妻妾者,杖八十,典雇女者杖六十,妇女不坐"。⑤

清朝为了保护典权人的利益,进一步规定了典卖的手续。雍正

① 《大清律例·户律》,"盗卖田宅"附例。

② 《宋刑统》,"典卖指当论竞物业"。

③ 同上。

④ 《大明律集解附例·户律》,"典卖田宅"。

⑤ 同上书,"典雇妻女"。

八年(1730年)定例:“卖产立有绝卖文契,并未注有找贴字样者,概不准贴赎。如契未载绝卖字样,或注定年限回赎者,并听回赎。若卖主无力回赎……另立绝卖契纸。”乾隆二十一年(1756年)定例:“远在三十年以外,契内虽无绝卖字样,但未注明回赎者,即以绝产论,概不许找赎。”并要求典契须注明回赎字样,卖契须注明永不回赎字样。《户部则例》还规定双方须“亲赴州县,对册,推收过割,一契两幅,编号,详书姓名、银两,当面骑字裁开,前幅给业主收执,后幅送市政司查核”。《大清律例》为保证典买卖双方履行各自的权利义务,严禁业主一物重典,违者准盗论,追价还后典之主。典主拖故不放赎者,笞四十;典买田宅不税契者笞五十,追价银一半入官。

第四,债权法的新发展。

宋代,由于租佃制已成为主要的剥削形式,因此租佃契约是最主要的契约形式,地主依约向佃户收取定额地租或分成租。太平兴国七年(982年)诏中明确指出:“明立要契……依契约分。”①佃户欠租,官府负责催索,“十月初一以后,正月三十日以前,皆知县受理田主词诉,取索佃户欠租之日”。②

除租佃契约外,债务契约也是社会上广为流行的债的形式。在宋代,为了强制履行债务契约,《宋刑统》规定:“诸负债违契不偿,匹以上满二十日,笞二十……各令赔偿。”元丰二年(1079年)诏:“过期不赎,息外每月更罚钱百分之二。”③在《庆元条法事类》中还规定:“诸负债违契不偿,官为理索,欠者逃亡,保人代偿,各不得留禁……其收质者,过期不赎,听从私约。”以上可以看出官府对债权人的保护。不仅如此,在债的担保方面,还有“三人相保”“保人代偿”的规定,但债务人“被强盗者不偿……以理死者不合赔偿”。④“有私债,经十年以上,本主及原保人死亡,又无资产可征理者,并宜放免。”⑤这些条款的出现是和宋朝所处的历史背景分不开的,宋代

① 《宋会要辑稿·食货》卷一之一六。

② 《黄氏日钞》卷七十。

③ 《文献通考》卷二十,“市籴考之均输市易和买”。

④ 《宋刑统·杂律·受寄财物辄费用》。

⑤ 《文苑英华》卷四二。

连年不绝的农民起义的诱因之一,就是对于债务人的多方榨取,激烈的阶级反抗迫使宋朝统治者不得不依法略作放宽。至于时效期限的缩短,恰恰反映了财产流转的加快与民事法律关系的发展。

明清时期,随着超经济的人身奴役的削弱,在债务关系中禁止“役身折酬”,债主不得强制债务人或其妻妾子女用劳动代偿债务,即使债务人同意将其妻妾子女役身折酬也要杖一百。强制折酬者杖七十,徒一年半;因而奸占妇女者,绞。

第五,禁止旗民交产。

清朝是以满洲贵族为主体的封建政权,民族色彩也反映在民事立法上。例如,为了维护旗人在经济上的优势,法律严禁汉人典买旗地。但由于入关以后多数旗人不事生计,生活贫困,因而不断发生向汉人典卖土地的现象,康熙朝曾几次出内帑赎回旗人典卖的土地。至乾隆十九年(1754 年)定例,禁止民人典买旗地;乾隆二十八年(1763 年)又定例,禁止旗下家奴人等典买旗地;乾隆三十四年(1769 年)再定例,禁止盛京民人典买旗地,并对已经发生的旗民交产状况进行清查。凡“自行首明者,官为给价回赎,召佃输租,为入官旗地。隐匿不报及例禁以后典卖者,俱将地亩撤出入官”。乾隆十五年(1750 年)二月,宫廷画师意大利人郎世宁私典旗地,本应治罪,乾隆皇帝加惠远人,免其回赎,不予治罪。

对旗房的典卖,乾隆四十五年(1780 年)以前限而不禁,乾隆四十五年以后定例:京内外旗房概不准典卖,否则房产入官并治罪。然而旗民之间的经济往来是客观需要,是禁而不止的。至咸丰二年(1852 年),户部提出:“私相授受若仍照旧例禁止,纯属有名无实,准互相买卖,照例税契升科。”[①]同治四年(1865 年),进一步规定顺天直隶所属旗地,“俱准旗民互相买卖,照例税契升科”。[②] 同时,还规定“民人契典旗地,以二十年为限(一般为十年),限内准回赎,无力者许绝卖”。[③]

---

① 《户部则例·田赋》。

② 同上。

③ 同上。

第六，关于兼祧继承。

明清时期，兼祧继承之制开始盛行。俞樾在《俞楼杂纂》卷十一中说："一子两祧为国朝乾隆间特别之条……道光间议定服制，大宗子兼祧小宗，则为所生父母斩衰三年，而为兼祧父母齐衰不杖期。小宗子兼祧大宗，则为所生父母齐衰不杖期，而为兼祧父母斩衰三年。礼重大宗，故宜尔也。"兼祧制度是宗法继承制度的进一步发展。

综上所述，可见"诸法合体，民刑不分"的法典体例，虽然基于中国的国情辗转相承、历久不变，充满了保守性，但是"诸法并存，民刑有分"的法律体系，却随着社会的发展而不断地充实，作为它的构成部分的部门法，也日趋独立化。就其发展趋势看，即使没有1840年的鸦片战争，中国的法制也会冲破祖宗的成法，走上现代化的道路。

七、法尚公平，重刑轻民

（一）古代思想家关于法律公平的论述

在中国，法字的古体是"灋"。据东汉许慎《说文解字》解释："灋，刑也，平之如水；廌，所以触不直者去之，从去。"法字从"水"，象征法的公平，所谓法平如水，这是对法的期望和法所追求的价值目标，也是古代官吏司法自律的标准。西汉桓谭便提出"治狱如水"，以示公平执法。[①] 法字从"廌"，从"去"，则又显示了法的正直与正义。可见从中国的古字源上已经表现出了法所具有的公平与正义的内涵。

在古文献中常以刑罚得中、中罚来表示执法的公平、公正。《中庸》对"中"的解释即"不偏谓之中"。《尚书·立政》中，周公提出司寇苏公，作为刑罚得中的榜样："司寇苏公，式敬尔由狱，以长我王国，兹式有慎，以列用中罚。"孔子说："礼乐不兴，则刑罚不中，刑罚不中，则民无所措手足。"[②]汉时，董仲舒还运用阴阳五行之说阐明刑罚不中带来的后果："刑罚不中，则生邪气，邪气积于下，怨恶蓄于

---

① 《桓子·新论》。
② 《论语·子路》。

上,上下不和,则阴阳缪盭而妖孽生矣,此灾异所缘而起也。"[1]由此凸显公平执法的重要意义。

春秋战国时期,在社会大变动的潮流冲击下,出现了百家争鸣的局面,作为新兴地主阶级代言人的法家学派,为了论证以法治取代礼治的必然性和优越性,对于法的概念、特性、任务、作用等,都进行了探讨,从而掀起了中国法制史上少有的法理学研究的高潮。在他们的学说中以公平作为评价法律的第一位标准和法律得以发挥作用的重要前提。慎子说:"法者,所以齐天下之动,至公大定之制也。故智者不得越法而肆谋,辩者不得越法而肆议,士不得背法而有名,臣不得背法而有功,我喜可抑,我忿可窒,我法不可离也。骨肉可刑,亲戚可灭,至法不可阙也。"[2]韩非也认为只有"去私曲,就公法",才可以收到"民安而国治"[3]之效。

先秦诸子在解释法的作用时,常以度量衡为比喻,借以昭示法的公平。管子说:"尺寸也、绳墨也、规矩也、衡石也、斗斛也、角量也,谓之法。"[4]"法律政令者,吏民规矩绳墨也。"[5]慎子说:"有权衡者,不可欺以轻重,有尺寸者,不可差以长短,有法度者,不可巧以诈伪。"[6]韩非子说:"释法术而心治,尧不能正一国,去规矩而妄意度,奚仲不能成一轮。"[7]作为度量衡器是法定的计量重轻、长短的标准。《尚书·舜典》载有"同律度量衡",按郑玄注:"度,丈尺也;量,斗、斛也;衡,称也。"《周礼·夏官·合方式》也有"同其数器,壹其度量"的内容。由于度量衡器具有公正性、客观性和准确性,因此以之比喻法律,意在说明法律也如度量衡器之计量长短轻重一样公平地、客观地、准确地衡量某种行为,检验其是否违法、犯罪,使任何诈伪都不得以相欺。这种法观念与重等级差别的礼治观念,显然有着原则的区别。由于法是国家制定的,是治国的重要手段,因此商鞅

---

① 《汉书·董仲舒传》。
② 《慎子·佚文》。
③ 《韩非子·有度》。
④ 《管子·七法》。
⑤ 《管子·七臣七主》。
⑥ 《慎子·佚文》。
⑦ 《韩非子·用人》。

视法为“国之权衡”,[①]以法来判断国人行为的是非、曲直。法所具有的“治国之具”的作用就在于此。

中国古代度量衡的发展与应用是和社会经济的发展密切联系着的,是商品经济发展的结果,因此以度量衡器比喻法律也只有在战国地主经济兴起的时代才是可能的。自春秋末叶以来,新兴地主阶级的力量不断壮大,为了争取政治上的权力和发展新的经济关系,他们反对奴隶制时代“刑不可知,则威不可测”的法定特权传统,要求公布成文法和公平地执法,以保障新兴地主阶级的政治、经济利益。为适应这种要求,地主阶级的代言人大造法律公平的舆论,极力鼓吹公平是法律的本质属性和价值所在。然而在他们的法律公平观的背后,依然不可避免的是狭窄的极少数人的公平。

在中国封建时代,为了维护专制主义国家的长治久安,保持地主阶级的总体利益,不仅强迫农民服从法律的规定,接受少数人的支配,同时也适当地约束统治阶级内部成员的行为不得逾越法定权力的限度,以获取社会与国家的某种稳定性。如同董仲舒所说,“大富则骄,大贫则忧,忧则为盗,骄则为暴,此众人之情也。圣者则于众人之情,见乱之所从生,故其制人道而差上下也,使富者足以示贵而不至于骄,贫者足以养生而不至于忧。以此为度,而调均之,是以财不匮而上下相安,故易治也”。[②] 中国古代思想家所宣扬的“法不阿贵”“刑无等级”的公平原则,实质上就是把一种新时代的上下差等的权利制度法律化、固定化,以使上下相安,各守其分。因此开明的政治家和有政治见识的皇帝,也往往以天下之法相标榜,而不敢以一家之法、一人之法自称。西汉张释之说:“法者,天子所与天下共也。”[③]唐太宗李世民说:“法者,非朕一人之法,乃天下之法。”[④]又说:“法者,人君所受于天,不可以私而失信。”[⑤]在他治国期间,值得

---

① 《商君书·修权》。
② 《春秋繁露·度制》。
③ 《汉书·张释之传》。
④ 《贞观政要·公平》。
⑤ 《资治通鉴·唐纪十二》。

大书一笔的就是“志存公道,人有所犯,一一于法”。[①] 在历史上,汉文帝、隋文帝、金世宗都曾依法惩戒自己的亲属,以维护法律的公道。宋朝真德秀在《谕州县官僚》文中,也明确指出:“公事在官,是非有理,轻重有法,不可以己私而拂公理,亦不可骫公法以徇人情。诸葛公有言:吾心有秤,不能为人作轻重。此有位之士所当视以为法也。”[②]明末清初,顾炎武在总结历史经验的基础上,强调说:“法者,公天下而为之者也。”[③]

公平的法律不仅体现在规范的内容上,也体现在执法的实践中,是以法与吏的结合作为保障的。只有公平法律化和执法公平化,法律才具有权威,才可以激励人们从外在强制的被动守法,到内心自觉地奉法尊法。汉唐明清诸朝,在立国后一段时间里之所以缔造和维持了相对稳定的法治秩序,是和社会大多数人的权利得到公平保护分不开的。

(二)体现公平的法律原则

1.“一断于法”,“刑不二门”

战国时期,法家针对三代“礼不下庶人,刑不上大夫”的传统,鲜明地提出“援法而治”,“一断于法”的主张。例如,秦商鞅变法时,高举的旗帜就是“刑无等级,自卿相将军以至大夫庶人,有不从王令、犯国禁、乱上制者,罪死不赦”,[④]借以打击抗拒改革的旧贵族势力,争取新兴地主阶级的法律地位,宣扬新法的公平。他还以斩钉截铁的语言宣布:“言不中法者,不听也;行不中法者,不高也;事不中法者,不为也”,[⑤]以此来树立新法的权威。韩非接受了商鞅“刑无等级”的思想,并从不同的角度提出了“法不阿贵”[⑥]“刑过不避大臣,赏善不遗匹夫”[⑦]的主张。在战国时成书的《管子》中还把

① 《贞观政要·公平》。
② 《名公书判清明集》卷一。
③ 《日知录》卷八。
④ 《商君书·赏刑》。
⑤ 《商君书·君臣》。
⑥ 《韩非子·有度》。
⑦ 同上。

“君臣上下贵贱皆从法”,“以法制断”看作“大治”的标志。[①]

至东汉,桓谭针对“法令决事,轻重不齐,或一事殊法,同罪异论……是为刑开二门也”[②]的弊端,主张“校定科比,一其法度”,使“法度明正”,然后“百官修治,威令流行”,“天下知方而狱无怨滥矣”。[③]

三国时,曹操在《孙子》“法令孰行”之后特别加注:“设而不犯、犯而必诛”,以示他以法治军、以法治国、一断于法的决心。《曹瞒传》记载:“尝出军,行经麦中,令‘士卒无败麦,犯者死’! 骑士皆下马,扶麦以相持。于是太祖马腾入麦中,敕主簿议罪,主簿对以《春秋》之义,罚不加于尊。太祖曰:‘制法而自犯之,何以帅下;然孤为军帅,不可自杀,请自刑。’固援剑割发以置地。”

以“科教严明”“上下有节”著称的蜀汉诸葛亮,常以“吾心为秤,不能为人作轻重”[④]自律,“若有作奸犯科及为忠善者”,无论宫中、府中,都“宜付有司论其刑赏”。他自己也因街亭用人之失而上疏“自贬三等”。[⑤] 正是由于诸葛亮“使法量功”,依法断罪,使蜀国内政清明,军纪整肃,即使对强魏也能够保持进攻的态势。

唐初,魏征强调:“刑赏之本,在乎劝善而惩恶,帝王之所以与天下为画一,不以贵贱亲疏而轻重者也。”[⑥]宋时,赵冬曦还从总结历史经验的角度提出:“苟有犯者,虽贵必坐,则宇宙之内肃然咸服矣。”[⑦]司马光也认为“振举纲纪”的首要条件是“一遵正法”,他说:“王者所以治天下,惟在法令,凡杀人者死,自有刑法以来,百世莫之成改,若杀人者不死,伤人者不刑,虽尧舜不能以致治也。”[⑧]

特别值得提出的是女真族皇帝金世宗,为了建立和维护封建法制,严格统一法度,强调不因“八议”中列有议亲而破坏法度。他

---

① 《管子·任法》。

② 《后汉书·桓谭传》。

③ 同上。

④ 《三国志·蜀书·诸葛亮传》。

⑤ 同上。

⑥ 《贞观政要·刑法》。

⑦ 《通典·刑五·杂议下》。

⑧ 《司马温公文集·乞不贷故斗杀杞子》。

说:“法者,公天下持平之器,若亲者犯而从减,是使之恃此而横恣也。”并于大定二十六年(1186年)规定:“太子妃大功以上亲及与皇家无服者、及贤而犯私罪者,皆不入议。”①史书说他“于亲属旧知未尝欺心有循”。与此相类似的元朝蒙古族著名政治家耶律楚材在《陈时务十策》中,也以秉公执法为治国所必需,反对因亲属之情而违法。他说:“睦亲之义,但当资以金帛。若使从政而违法,吾不能徇私恩也。”②

明时,丘濬曾以“坚如金石,信如四时”来比喻法律所应有的严肃性和稳定性。他欣赏晋刘颂关于“以律从事,然后法信于下,吏不容奸,可以言政矣”的见解,推崇为“可以为后世议处刑狱之法”。③

综上所述,战国以降两千余年的封建法制虽然实质上均为特权者的法制,但是任何一个王朝的统治者,都不敢公然放弃对于违法者一断于法的原则,否则就等于自认其统治无法无天,而那是不可能长治久安的。

2. 立公弃私,民安国治

法既然以公平为价值取向,以度量衡器比喻其公平,因此在立法时也以立公弃私为指导原则。慎子说:“法制礼籍,所以立公义也,凡立公,所以弃私也。”④又说:“立法而行私,是私与法争,其乱甚于无法。”⑤在慎子看来公与私二者不可以并存,立公必然要弃私,弃私才能使公道行。荀子也说:“公道达而私门塞矣,公义明而私事息矣”,⑥如此才能使法成为“公天下持平之器”,民由此而安,国由此而治。正如韩非所说,“能去私曲就公法者,民安而国治”。⑦这在中国古代是有史例可寻的。例如,贞观时期,由于立法者“志存公道”,特别是以九五之尊的皇帝公开表示“法者……不可以私而失信”,并对其因私而曲法的行为谢罪于天下,因而有力地维持了法

---

① 《金史·刑法志》。

② 《元史·耶律楚材传》。

③ 《大学衍义补》卷九《慎刑宪》。

④ 《慎子·威德》。

⑤ 《慎子·佚文》。

⑥ 《荀子·君道》。

⑦ 《韩非子·有度》。

治秩序,使法律具有很高的权威。史书说:当时“官吏多自清谨,制驭王公、妃主之家,大姓豪猾之伍,皆畏威屏迹,无敢侵欺细人”。[①]

南宋时,陈亮从两宋民商法律的复杂化和义利之辩的新认识出发,提出:“圣人之立法,本以公天下”[②]的命题,强调“勿私刑以亏国律”,[③]“法不得自议其私”。[④] 陈亮的法律公私观,是随着两宋商品经济的发展而形成的一种新观念。至明末清初,黄宗羲关于“天下之法”与“一家之法”的论断,更具有时代意义。黄宗羲从抨击专制主义的恶性发展招致亡国(指明朝)之祸出发,从法制上阐述了公与私的对立及其不同的后果。他说:三代之法,立法为公,是“藏天下于天下者也”,不是为“一己而立”,因此这种法是“天下之法”。天下之法“愈疏,而乱愈不作”,可以说是“无法之法”。三代以降,立法为私,“何曾有一毫为天下之心哉”,因此这种法是皇帝为其子孙计的“一家之法”。一家之法“愈密,天下愈乱”,可以说是“非法之法”,结论就是还“天下之法”,去“一家之法”。[⑤] 黄宗羲立“公法”,弃“私法”的主张,是针对明末皇帝任意毁法,宦官揽权践踏司法的痼疾而发的呐喊,也是对立法为公的法治秩序的渴望。他所说的“贵不在朝廷也,贱不在草莽也”,同受法律的约束,表现了某种自然法的思想。尽管黄宗羲“天下之法”的改革蓝图,在随即建立的清朝的立法创制中,没有也不可能产生实际的影响,但它却给晚清反专制主义的斗争提供了宝贵的思想资料。

3. 赏当其功、刑当其罪

明定赏罚,做到赏当其功、刑当其罪,是法律公平的具体体现。历代的思想家、立法者、司法官对此多有论述。早在春秋时期墨子便提出:“赏贤罚暴勿有亲戚弟兄之所阿。”[⑥]“赏当贤,罚当暴,不杀不辜,不失有罪。”[⑦]早期法家的代表李悝在魏国进行改革的重要内

---

① 《贞观政要·政体》。

② 《陈亮集·回答上》。

③ 《陈亮集·上光宗皇帝鉴成箴》。

④ 《陈亮集·戊申再上孝宗皇帝书》。

⑤ 黄宗羲的言论均见《明夷待访录》。

⑥ 《墨子·兼爱下》。

⑦ 《墨子·尚同中》。

容之一,就是"为国之道,食有劳而禄有功,使有能而赏必行,罚必当"。[①] 商鞅变法也以公平赏罚而为史书所称道。《战国策·秦策一》说:"商君治秦,法令至行,公平无私,罚不讳强大,赏不私亲近。"作为法家思想集大成的韩非所提出的"刑过不避大臣,赏善不遗匹夫","诚有功则虽疏贱必赏,诚有过则虽近爱必诛",[②]进一步表达了对于奴隶制等级特权与宗法血缘特权的否定。《吕氏春秋》一书不仅提出"当功以受赏,当罪以受罚",而且尖锐地警告说,"赏罚不信,则民易犯法",[③]民易犯法则势必影响社会的正常秩序和国家的安定。

三国时,诸葛亮治蜀所奉行的法治原则,就具体表现为"尽忠益时者虽仇必赏,犯法怠慢者虽亲必罚",[④]结果造就了蜀国的法治秩序,虽然偏于西南一隅,却可以和强大的魏国相抗衡。晋时,葛洪以"明赏必罚,有犯无赦"[⑤]为"直道守法"的标准模式。唐初,君臣论政的重要话题之一就是"明正赏罚"。《贞观政要·求谏》说:"自古帝王多任情喜怒,喜则滥赏无功,怒则滥杀无罪,是以天下丧乱,莫不由此。"《贞观政要·封建》说:"国家大事,惟赏与罚,赏当其劳,无功者自退;罚当其罪,为恶者咸惧,则知赏罚不可轻行也。"正因如此,唐太宗李世民把"赏不避仇雠,罚不阿亲戚",看作"天下至公之道"。[⑥] 推动贞观之治的重臣魏征也认为如果"以公平为规矩",就应该做到"赏不遗疏远,罚不阿亲贵"。[⑦]

宋时,包拯与司马光都有关于公平赏罚的建言。包拯说:"赏者必当其功,不可以恩进;罚者必当其罪,不可以幸免。"[⑧]司马光说:"赏不以喜,罚不以怒,赏不厚于所爱,罚不重于所憎。"[⑨]至明朝,主

---

① 《说苑·政理》。
② 《韩非子·主道》。
③ 《吕氏春秋·贵信》。
④ 《三国志·蜀书·诸葛亮传》。
⑤ 《抱朴子外篇·良规》。
⑥ 《资治通鉴·唐纪十三》。
⑦ 《贞观政要·择官》。
⑧ 《包拯集·上殿札子》。
⑨ 《司马温公文集·进修心治国之要札子》。

张“以法绳天下”的张居正，从总结经验的角度强调“法所当加，虽贵近不宥；事有所枉，虽疏贱必申”。[①]

清朝还在关外肇基时期，清太祖努尔哈赤便强调“国家当以赏示信，以罚示威”，[②]他认为明朝衰微的根源就在于“为国之道，以何为贵？在于谋事公信，法度严明也”。[③] 因此他号召“无论贵贱大小，皆当公正存心”，[④]效法金大定帝“严守法度，信赏必罚”。[⑤] 他说：“贤者不尊之显之，则贤者何由而劝？不肖者不诛之黜之，则不肖者何由而惩？”[⑥]为了贯彻赏罚分明的原则，使之更具有普遍约束力，他着重指出即使是掌管国政的诸贝勒犯法也要被“绳之以法”，[⑦]从而形成了关外时期特有的罚贵于上的传统。努尔哈赤也非常欣赏诸葛亮严明赏罚，励行法治的政绩，赞美说：“昔诸葛亮身佐幼主，摄行国政，有罪必诛，虽亲不庇，有功必举，虽仇不遗。罪虽轻，而不引咎者，重治之。罪虽重，而引咎者，轻罚之。其公其明，载诸史册，至今称述焉。”[⑧]

针对满洲人当时存在的严重的迷信心理，努尔哈赤还利用“天道”观来渲染公正执法的重要性。他说：“夫天之于地，相距虽远，惟因信守禁约，四时不违，故风雨调和，日月轮转，其道永恒也。”[⑨]如果不能“心存公正”，[⑩]必将“获罪于天，或遘恶疾以死，或触刑戮以死”。[⑪] 在严明赏罚、公平执法上，努尔哈赤既是言者，也是行者，确实做到了“有罪者，虽亲不贳，必置之法；有功者，虽仇不遗，必加之赏”。[⑫] 正因如此，他才团结了内部各种力量，振奋了为数不多的

---

① 《张文忠公全集·陈六事疏》。
② 《满洲实录》卷八，中华书局 1986 年版，第 415 页。
③ 《满文老档·太祖》卷三，癸丑年十二月，中华书局 1990 年版。
④ 《清太祖高皇帝实录》卷四，中华书局 1986 年版，第 59 页。
⑤ 《满洲实录》卷八。
⑥ 《满文老档·太祖》二册，癸丑年十二月。
⑦ 《满文老档·太祖》五十一册，天命八年五月初九日。
⑧ 《清太祖高皇帝实录》卷十，中华书局 1986 年版，第 139 页。
⑨ 《满文老档·太祖》十六册，天命五年七月十一日。
⑩ 《清太祖高皇帝实录》卷四，中华书局 1986 年版，第 59 页。
⑪ 同上书，第 59 页。
⑫ 同上书，第 62 页。

八旗官民,开创了影响深远的政治局面,巩固了夺取明朝天下的基地。

综括上述,明赏信罚是法律公平的要求,也是正确适用法律的标志,它有助于维护封建法制的尊严和整饬吏治。因此能否赏罚得当是关系到人心向逆、国家安危和社会稳定的大事。严明赏罚又是以"刑当其罪"作为补充的。荀子说:"刑当罪则威,不当罪则侮。"[①]墨子说:"赏当贤,罚当暴,不杀不辜,不失有罪。"[②]只有刑当其罪,"轻重各服其诛",才称得上是"刑罚中",才能使"民不怨"。[③] 刑当其罪的原则在中国古代的法典中规定得非常具体,以显示刑的适用的严肃性和法的公平性。但在封建的中国,刑当其罪不仅常常被同罪异罚的法律规定所破坏,有时也会受到"恤刑"原则所左右,但前者的破坏是由于权,后者的实行是源于情。

4. 执法必信,司法必平

法律规范上的公平规定,还需要司法程序上的公平与官吏的执法公正作为保证,这已为法制发展的历史所证实。中国古代的思想家对于执法者的要求是"执法必信""司法必平"。韩非说:"法不信,则君行危矣。"[④]西晋刘颂强调"法轨既定则行之,行之信如四时,执之坚如金石"。[⑤] 如此,法才具有信誉,才能凸显法律的价值。

西汉,张释之身为廷尉(最高司法官),深感天下司法官能否公平执法,系于他一身之是否公正无私。他说:"廷尉天下之平也,一倾,天下用法皆为之轻重,民安所措其手足。"[⑥]可见他是以"平"作为司法的最高标准。三国时魏国的高柔与王肃,也都阐发了与此相类似的观点。《三国志·魏志·高柔传》记载:"柔曰,廷尉天下之平也,安得以至尊喜怒而毁法乎。"另据《三国志·魏志·王肃传》,王肃说:"苟有犯者,虽贵必坐,则宇宙之内肃然咸服矣。"

---

① 《荀子·君子》。
② 《墨子·尚同中》。
③ 《盐铁论·周秦》。
④ 《韩非子·有度》。
⑤ 《晋书·刑法志》。
⑥ 《汉书·张释之传》。

为了做到执法必信、司法必平，开明统治者十分重视选吏、治吏，把良法与廉吏看作实现法律公平的重要条件。唐时，白居易说："虽有贞观之法，苟无贞观之吏，欲其刑善，无乃难乎。"[①]宋时，王安石说："理天下之财者法，守天下之法者吏也，吏不良则有法而莫守；法不善则有财而莫理。"[②]被人誉为"平生以法绳天下"的明张居正，从多年从政的实践中体会到"盖天下之事，不难于立法，而难于法之必行"。[③] 法之所以难于必行，关键在于最高统治者皇帝是否尊法，官吏是否守法，如同管子所说："守法者，臣也。"[④]在中国历史上凡是皇帝尊法的朝代，都带来了执法的信与平，"法行而当，人心乃服"[⑤]的社会效果。如果"智者有私词，贤者有私意，上有私惠，下有私欲"，[⑥]必然造成执法而不信、司法而不平的弊端。

晚清时期，海禁大开，提倡"师夷之长技以制夷"的改革派魏源，面对官吏昏聩、玩法行私的严重，发出了"不难于立法，而难得行法之人"的长叹。李大钊在"五四"运动以前撰写的《民彝与政治》一文中，也阐明了执法者的素质对于发挥法律功能的意义。他说："国之存也，存于法……国而一日离于法，则丧厥权威"，但"法律死物也，倘无人以持之，不能以自行"，故"宜取自用其才而能适法之人"。

为了做到公平司法，除谨慎选官、勤于治吏之外，还需要从制度上加以保证。例如，为防止司法官出入人罪而建立的审讯回避，在唐代已经制度化。《唐六典·刑部》规定："凡鞫狱官与被鞫人有亲属仇嫌者，皆听更之。"唐以后审讯回避的规定尤为具体。《大清律例·听讼回避》条规定："凡官吏于诉讼人内关有朋亲及婚姻之家，若受业师（或旧为上司与本籍官长有司）及素有仇隙之人，并听移文回避。违者（虽罪无增减）笞四十。若罪有增减者，以故出入人

---

① 《长庆集》卷四八，"论刑法之弊"。
② 《临川先生文集》卷八二《度之副使厅壁提名记》。
③ 《张文忠公全集·奏疏三》。
④ 《管子·任法》。
⑤ 《张文忠公文集·书牍十二》。
⑥ 《韩非子·诡使》。

罪论。”

在证据制度方面也严格规定,犯罪者的家属(长幼及相容隐者)不得举证,如证人伪证则治罪。《唐律·诈伪》规定:“诸证不言情……致罪有出入者,证人减二等。”以上无论是听讼回避,还是对举证的要求,都意在防止司法官偏袒,有违公平。

自唐迄清,行之已久的死刑复审制度,也含有审查断狱是否刑当其罪、是否有违司法公平。例如,雍正二年四月上谕中说:“临御以来,一切章奏无不留心细览,于刑谳一事,尤加详慎,恐法司未能平允,情罪未能悉当,朕心深用恻然。故凡京城及各直省题奏谳狱,但少有可矜者,无不法外施仁,量加末减。”[①]康熙四十年在诏书中严厉谴责大臣对秋审复核的轻忽,他说:“朕详阅秋审重案,字句多误,廷臣竟未察出一二,刑部尤为不慎,其议罚之。”[②]乾隆三十年湖南官犯饶佺,以回护己过被判处死刑,但浙江省知府黄象震也以承审回护判处军台效力,二者同罪异罚,对此乾隆皇帝“急谕湖南巡抚将饶佺暂停处决,令刑部查明两案情节不同,始行明谕处分”。嘉庆七年秋审时拟将广东斗殴杀人犯姚得辉,由“缓决”改判“情实”,援引乾隆十八年“一命必有一抵之旨”为据。对此嘉庆帝批朱如下:“一命一抵原指械斗等案而言,至寻常斗殴,各毙各命,自当酌情理之平,分别实缓,若拘泥‘一命必有一抵’之语,则是秋谳囚徒,凡杀伤毙命之案,将尽行问拟情实,可不必有缓决一项,有是理乎,命仍照原拟入缓。”[③]以上说明了清朝皇帝通过秋审对司法官执法状况进行考察监督。在中国封建时代,清官之所以受到赞美,最基本的就是他们执法无私,不畏权贵,并以操守自恃,因而才被誉为“青天”。

5. 民事行为诚信为准

中国古代以自给自足的自然经济为主体,不具备古罗马那样发达的商品经济,因此也不存在罗马法那样发达的私法。但是,中国

---

① 《大清律例通考校注》,中国政法大学出版社 1992 年版,第 200 页。

② 《清史稿·圣祖本纪》。

③ 《清史稿·刑法志》。

从进入文明时起便发生了民事法律关系，也出现了民事法律规范，只是分散地见于刑法典，或其他法律渊源中，而没有形成集中的民法典。早在西周时期已有物权与债权的若干法律规定和民事诉讼案例。至唐宋，民事法律规范不断充实，并贯穿诚信的要求。例如，唐初面对隋末战乱之后出现的大量无主荒田，法律“并许认识，各还本主”，但严禁妄认公田及他人私田，如妄认侵权要受到刑法的制裁。对于无主物实行先占权——“诸山野之物，已加功力，刈划积聚”即为所有，不许妄认，如“辄取者，各以盗论”。唐律对妄认的惩罚，是从不同的方面对诚信原则的倡导与维护。

唐时，债法也取得了明显的发展，契约关系日渐复杂化，法律对缔约双方均以诚信相要求。例如，在买卖契约中，强调卖主的担保责任。唐律杂律对瑕疵担保规定如下：买奴婢、马、牛、驼、骡、驴立卷之后，“有旧病者，三日内听悔，无病欺者，市如法，违者笞四十”。在买卖交易中，如果买卖双方共为奸计，“自卖物者以贱为贵，买物者以贵为贱”，或者“人有所买卖，在傍高下其价，以相惑乱”，均处杖八十。如“已得利物，计赃重于八十者，计利，准盗论”。为推行违约担保，要求在契纸上明书“若先悔者，出绢五疋”，违契不偿也要受到惩罚。

唐律在受寄财物的规定中，严申保管者的责任，如“受寄财物而辄费用者，坐赃论，减一等”，“诈言死失者，以诈欺财物论，减一等”。如确被强盗抢走，或管理人已尽到义务而受托家畜死亡者，不负赔偿之责。

现存的敦煌唐文书中所收雇佣契约，事先均约定双方的权利义务关系。例如，被雇人接受雇主的报酬，以钱为主，也有衣服、谷米等。初工时先付一部分，契约履行完毕再付清剩余部分。契约期限长则一年，短则数月。受雇人怠惰则罚钱；若损坏或丢失雇主农具家畜，须负责赔偿；若逃亡，则保人负赔偿之责。当事人任何一方违约，均受处罚，通常是罚羊一只。此外，还收存有雇牛、雇驴、雇驼等契券，其中载明雇价、期限、违约惩处、牲畜发生病死时的处置与担保等。

宋律除继承了唐律关于民事法律行为的诚信规定外，对重叠倚当者的惩罚更为具体。《宋刑统》规定如下：

应有将物业重叠倚当者，本主、牙人、邻人并契上署名人，各计所欺入己钱数，并准盗论。不分受钱者，减三等，仍征钱还被欺之人。如业主填纳罄尽不足者，勒同署契牙保、邻人等，同共陪填，其物业归初倚当之主。①

宋真宗乾兴元年(1022年)六月，针对商品交易中的赊买卖所产生的欺诈现象，特别下诏：

诏在京都商税院并南河北市告示客旅等，自今后如将到行货物色，并须只以一色见钱买卖，交相分付。如有大段行货，须至赊卖与人者，即买主量行货多少，召有家活物力人户三五人以上递相委保，写立期限文字交还。如违限，别无抵当，只委保人同共填还。若或客旅不切依禀，只令赊买人写立欠钱文字，别无有家业人委保，官中今后更不行理会。若是内有连保人别无家活，虚作有物力，与店户、牙人等通同蒙昧客旅，诳赚保买物色，不还价钱，并乞严行决配。②

《庆元条法事类》卷三二，对违背诚信原则的"违契不偿"作出如下规定：

诸负债违契不偿，官为理索。欠者逃亡，保人代偿，各不得留禁。

在典买卖关系中，如典期已满，出典人要求赎回田产，典权人故作迁延占据，也要受到法律的惩罚。《名公书判清明集》卷九《典主迁延入务》条，载律文如下：

---

① 《宋刑统》卷十三，"典卖指当论竞物业"条之"臣等参详"。

② 《宋会要辑稿·食货》，卷三七之九。

在法：诸典卖田产，年限已满，业主于务限前收赎，而典主故作迁延占据者，杖一百。

《名公书判清明集》卷一一《治牙侩父子欺瞒之罪》，即为宋代地方司法官员对于诈欺行为予以严惩的案例。

故曰莫难于商贾，莫易于牙侩。为牙侩者，当念其勤劳，念其险阻，公平其心，与之交易可也。乃又从而欺瞒之，其不仁亦甚矣。颜文龙不远千里，兴贩货物，投托李四之父子，前后赢余其牙钱，亦必不少，颜文龙意其可托，遂以银会寄于其家，取守会以为证，自谓他日必可执券取偿。岂料李四父子全无信行，遽欲从而乾没之。及至到官，乃谓保正立双头文字，系是寻常富室欺凌愚民之所为。李四父子既为牙侩，乃世间狡猾人也，岂肯甘心立此等文字与远乡客人乎！此盖万无是理。李四为此言，不特以颜文龙为可欺，是以太守为亦可欺！欺商且不可，况欺太守乎？为牙人至于敢欺太守，则前后之被欺者，不知几人矣。欠负之罪轻，欺瞒之罪大，李七五、李四杖一百，押出府界，仍监还所欠钱、银。

（三）重刑轻民

中国古代法律虽然不像西方学者所断言的那样“只有刑法，而无民法”，但重刑轻民的确是历史的事实，是中国古代的法律传统之一。

1. 刑与法同义，其基本功能是“禁暴止邪”

在中国古代，法即是刑，刑即是法，二者不仅在概念上同义，在内涵上也有相通之处。《尔雅·释诂》：“刑，常也，法也。”《易》：“井《刑》，法也。”根据古籍记载，在尧舜以前的上古时代，已开始出现了“象刑”。“象刑”一词来自《尚书·舜典》“象以典型”。所谓“象刑”，按后儒的说法就是对有“罪”者施以某种象征性惩罚：“上刑赭衣不纯，中刑杂履，下刑墨幪。”[1]采用这种“画衣冠、异章服”的方法来标明“犯罪”者的身份，目的在于示以惩戒，使之知耻。

---

① 《尚书大传》。

关于刑(法)的功能,早在《尚书·吕刑》中便提出了“士制百姓于刑之中”的思想,显示了刑法的锋芒所向。先秦的各派思想家对此也多有论述,尤其是法家从以法治国的需要出发,对法的功能和作用进行了较为充分的论证。管子从历史进化论的角度阐述了法之所以出现,就在于“法者,所以兴功惧暴也;律者,所以定分止争也”。[①] 商鞅也认为,当社会发生了“以强胜弱,以众暴寡”[②]之时,就需要“立禁”(法)、“立官”、“立君”,为之定“分”止“乱”。法不仅可以确立“君臣上下之义,父子兄弟之礼,夫妇妃匹之合”,[③]而且还发挥着“内行刀锯,外用甲兵”[④]的强制惩罚作用。韩非在论述古代刑法的作用时说:“矫上之失,诘下之邪,治乱决缪,绌羡齐非,一民之轨,莫如法;属官威民,退淫殆,止诈伪,莫如刑。”[⑤]以法“禁暴止奸”的观点,对整个古代社会都有着深远的影响。封建末世的清世宗在遗诏中便说:“国家刑罚禁令之设,所以诘奸除暴,惩贪黜邪,以端风俗,以肃官方者也。”[⑥]直到主持晚清修律的沈家本也仍然认为“夫法,所以兴功惧暴也”,立法的目的不外乎“典民”。[⑦]

在法家的法律思想中,一个突出的特点就是重刑主义,认为“禁奸止过,莫若重刑”。[⑧] “行罚,重其轻者,轻其重者轻者不至,重者不来,此谓以刑去刑”;[⑨]“重刑连其罪,则民不敢试……故无刑也。”[⑩]重刑思想是构筑在人性恶的认识论基础上的逻辑结论,在法家看来,趋利避害、见利忘义是人的自然本性,也是驱使人犯罪的根源,为此需要坚持重刑,以期“刑去事成”。[⑪] 法家所说的“德生于

① 《管子·七臣七主》。
② 《商君书·画策》。
③ 同上。
④ 同上。
⑤ 《韩非子·有度》。
⑥ 《清史稿·刑法志》。
⑦ 《寄簃文存》卷一《旗人遣军流徒各罪照民人实行发配折》。
⑧ 《商君书·赏刑》。
⑨ 《商君书·靳令》。
⑩ 《商君书·赏刑》。
⑪ 《商君书·靳令》。

刑”,[1]实际是以刑去刑的另一种解释。与此同时,法家还主张“信赏必罚”。商鞅说:“民信其赏,则事功成;信其罚,则奸无端。”[2]他在秦国变法时,便力求做到“一赏一罚”。韩非也认为:“凡治天下,必因人情。人情者有好恶,故赏罚可用,赏罚可用则禁令可立,而治道具矣。”[3]因此,他把赏罚看作君主治国的“二柄”,“二柄者,刑德也。何谓刑、德,曰:杀戮之谓刑,庆赏之谓德”。[4]

在赏与罚的应用上,法家主张赏少而罚多,“故善治者,刑不善而不赏善,故不刑而民善”。[5] 可见法家的刑赏观与重刑论,完全是一种出于功利主义目的的刑法理论。

根据法家思想建立的秦朝,形成了严密而又残酷的刑罚体系,但是严刑峻法却导致了秦二世而亡。后人在总结这一历史教训时,认为“秦之盛也,繁法严刑而天下振;及其衰也,百姓怨望而海内畔矣”。[6] 这一后果,是法家在构筑“重刑”思想体系时所料想不及的。于是,汉兴以后主张“仁政”“礼治”的儒家受到重视。儒家虽然尊礼,但并不排斥对于“暴恶”之人,“重刑以禁之”,而只是主张宽猛相济,外礼内刑而已。以推行法治著称的桑弘羊,便强调“法者,止奸之禁”。[7] 奉行德教的贤良文学,则指出单纯用法,忽视德礼之不足。“法能刑人而不能使人廉,能杀人而不能使人仁。”[8]宋人杨万里通过阐述“法不用则为法,法用之则为刑;民不犯则为法,民犯之则为刑”,表达了他的刑法观。[9] 明人丘濬更以简明的语言指出法与罚的统一关系:“法者罚之体,罚者法之用,其实一而已矣。”[10]由于儒法两家在法即刑的问题上具有共识,因此,存在合流的内在必

---

① 《商君书·说民》。
② 《商君书·修权》。
③ 《韩非子·八经》。
④ 《韩非子·二柄》。
⑤ 《商君书·画策》。
⑥ 《史记·秦始皇本纪》。
⑦ 《盐铁论·申韩》。
⑧ 同上。
⑨ 《诚斋集·刑法论》。
⑩ 《大学衍义补》卷一百。

然性,从汉朝起便开始了儒法合流的过程。自此,“霸王道杂之”贯穿于整个封建社会。

2. 历代主要法典是刑法典

中国奴隶制社会,历经夏、商、周三个朝代。据史书记载:“夏有乱政,而作禹刑;商有乱政,而作汤刑;周有乱政,而作九刑。”①周穆王统治时期又命吕侯制定《吕刑》。上述《禹刑》《汤刑》《九刑》《吕刑》,一脉相承,都是把治“乱政”作为制定刑法的动因,这说明中国古代最先出现的国家制定法是刑法。

由于中国古代长期处于相对封闭的环境,人们的法观念也停留在法即是刑,刑即是法的认识水平,以此为指导思想的立法必然遵循以刑为主的脉络。

中国封建时代的法典,当以《法经》为发轫。《法经》较之以“刑”为名的三代之法,从结构上看刑罚的色彩已经减弱,但就内容而言,不过是春秋中叶以来各国刑法之大成。古籍所说,“李悝集诸国刑典,造《法经》六篇”,是符合历史实际的。《法经》六篇的内在关系及其性质,《晋书·刑法志》中阐述得十分清楚:“是时承用秦、汉旧律,其文起自魏文侯师李悝。悝撰次诸国法,著《法经》,以为王者之政,莫急于盗贼,故其律始于《盗》《贼》。盗贼须劾捕,故著《网》、《捕》二篇。其轻狡、越城、博戏、借假不廉、淫侈、逾制以为《杂律》一篇,又以《具律》具其加减。是故所著六篇而已,然皆罪名之制也,商君受之以相秦。”《唐律疏议》也有类似记载,可见《法经》在中国法制史上具有重要的地位,它初步确立了封建法制的基本原则和“以刑为主,诸法合体”的法典编纂体例,因而成为封建法典的历史之源。后世相继制定的《秦律》《九章律》《新律》《晋律》《北齐律》《唐律疏议》《宋刑统》《大明律集解附例》直至集中国封建法典之大成的《大清律例》,尽管名称、结构有所变化,内容不断充实,但基本上都是“以刑为主”的法典。正如《唐律疏议·名例篇》所说:“律之与法,文虽有殊,其义一也。”

中国古代由刑演变至法,再演变至律,虽然反映的社会关系与

① 《左传·昭公六年》。

法所调整和适用的侧重点不同,但都保持了内在的一致性,所以《唐律疏议·名例》特别宣称:"法,亦律也",其核心仍归结为一个"刑"字。

除律作为最正式最权威的法律形式以外,各代其他法律形式,诸如令、科、比、格、式、典、例等,不仅无悖于以刑为主的主旨,有些就是单行的刑法,可以说中国悠久的立法史最基本的是刑事立法史;历代具有代表性的法典,基本上是刑法典,并且一直保持着"诸法合体,民刑不分"的法典体例。

诸法合体是古今中外各民族早期法律编纂的共同特征。例如,与《法经》大致同时的罗马《十二铜表法》就是如此。但不同的是:其一,《十二铜表法》以私法为主要内容,民事法律规范居多。在十二表中,一至三表为程序法;四至七表为民事法律,包括债务法、父权法、监护法、获得物权法、占有权法、房屋及土地权利法;八至九表为刑法,包括伤害法和公共法;第十表为宗教法;后二表为各项补充条例。

其二,伴随社会文明的进步,最迟至公元 6 世纪东罗马帝国查士丁尼统治时期,罗马已出现了独立的部门法法典。公元 12 世纪,"罗马法复兴"时,被总称为《查士丁尼民法大全》实为独立的民法。而在中国直至清末修律,引进西方法律体系,才打破了"以刑为主,诸法合体"的传统体例。日本著名法学家滋贺秀三在论及中国传统法文化的特点时指出:"在中国,虽然拥有从古代就相当发达的文明的漫长历史,却始终没有从自己的传统中生长出私法的体系来。中国的所谓法,一方面就是刑法,另一方面则是由官僚统治机构的组织法,由行政的执法规则以及针对违反规则行为的罚则所构成的。"①

需要指出,在漫长的封建社会,由于自然经济结构占统治地位,适用于不同领域、不同地方的习惯法,发挥着调整民事法律关系的作用,加上专制王朝重公权轻私权,没有倾注心力于制定民事法律。

---

① [日]滋贺秀三:《中国法文化的考察——以诉讼的形态为素材》,载《比较法研究》1988 年第 3 期。

因此,终封建之世没有出现一部集中的民法典。但这并不等于在封建的法律体系中完全没有民事法律规范。统治阶级对于与其切身利益相关的财产关系与人身关系,不可能漠不关心。事实上从唐律以来的刑法典中有关户婚、田土、钱债等部分,都含有纯粹的民事法律条文,否则便不能称之为“诸法合体”了。由于各种各样的习惯法、礼俗、家法族规与国家制定法相配合,形成了一个实际起作用的民法调整体系。随着商品经济的发展,自宋以后单纯的民事法律条文不断增多,而且具有不断发展的趋势,即使没有西学东渐,输入西方的民法文化,中国本土的民法也会迎来自己的时代。

3. 刑罚体系的严密与刑罚手段的残酷

与中国古代立法“重刑轻民”的特点相对应的,中国古代的刑罚体系既发达又严密。

中国古代刑罚的产生是和战争联系在一起的。原始社会末期,氏族酋长为了驱使氏族成员勇敢作战以夺取胜利,首先制定了军法。《韩非子·饰邪》所载“禹会诸侯之君于会稽之上,防风之君后至,而禹斩之”,就是后世“后至者斩”军令的起源。《汉书·刑法志》对于兵刑同源,也有明确的表述:“故圣人因天秩而制五礼,因天讨而作五刑。大刑用甲兵,其次用斧钺;中刑用刀锯,其次用钻凿;薄刑用鞭扑。大者陈诸原野,小者致之市朝,其所繇来者上矣。”兵刑同源,刑起于兵,说明了为什么中国古代的刑罚,从一开始就是野蛮而又残酷的。

奴隶制是人类刚刚摆脱野蛮步入文明的第一个社会形态。因此,在奴隶社会里不可避免地残留着野蛮时期的刑罚手段。恩格斯曾经说过:“人类是从野兽开始的,因此,为了摆脱野蛮状况,他们必须使用野蛮的,几乎是野兽般的手段,这毕竟是事实。”①中国奴隶制五刑——墨、劓、刵、宫、大辟,就是“野蛮的、几乎是野兽般的手段”。五刑的惩罚方法以剥夺人的生命和残害人的肢体为特征,五刑之外诸如醢、脯、焚、刳、剔、剖心等,不仅刑杀方法残酷,而且轻罪重罚,以至“弃灰于公道”者,也要处以斩手之刑。

---

①《马克思恩格斯选集》(第3卷),人民出版社1995年版,第524页。

奴隶制的常用刑罚除墨刑、劓刑、刖、宫刑、大辟之外，还有馘刑。据《尔雅·释诂》："馘，获也"，注："今以获贼耳为馘"。《诗·鲁颂·泮水》："在泮献馘"，注："馘，所格者之左耳"。馘刑广泛适用于商周时代。

刵刑：《尚书·唐诰》——"又曰劓刵无或劓刵人。"

鞭扑刑：《尚书·舜典》——"鞭作官刑""扑作教刑"。根据地下文物《亻朕匜》铭文，鞭刑是作为墨刑和赎刑的附加刑而存在的，以惩戒忽于职守和干犯法纪的职官。至于扑刑，按孔安国注："不勤道业者，挞之"，是对废学者的惩治。

流刑：《尚书·舜典》——"流宥五刑"，即以流为五刑的减刑。与流刑类似的还有放、迁、窜等。

徒刑：《周礼·秋官·大司寇》——"凡害人者置之圜土（监狱）……其能改过；反于中国（故乡里）。""能改者，上罪三年而舍，中罪二年而舍，下罪一年而舍。"①

拘役：《周礼·秋官·大司寇》——"桎梏而坐诸嘉石，役诸司空，重罪，旬有三日坐，期役；其次九日坐，九月役；其次七日坐，七月役；其次五日坐，五月役；其下罪三日坐，三月役。"

综上所述，中国奴隶制时代的刑罚具有以下特点：

（1）神意报应主义

与低下的生产力水平和人的认识水平相适应，存在神意报应主义的刑罚观念，认为犯罪是违反神意的，因而要受到天罚，所谓"天讨有罪，五刑五用哉"。② 统治者有意识地宣扬"天罚"，给现实的刑罚披上"替天行罚"的外衣，以强化刑罚的威慑力量。

（2）死刑的执行方法繁多，肉刑占据主要地位

死刑称为大辟，在执行方法上手段纷繁，充满了野蛮与狂暴的特色。此外，残害罪人肢体、肌肤与机能的肉刑，占据主要地位，借以最大限度地发挥刑法的恫吓与惩戒作用。由于肉刑以毁损身体为目的，故又称身体刑。

---

① 《周礼·秋官·司圜》。

② 《尚书·皋陶谟》。

(3)同罪异罚

对不同身份的人实行同罪异罚,周朝统治者曾经明确宣布:"用刑以治野人。"对于特权者可以享受"八辟"的减刑和免刑的优待,即使诸侯、大夫的宗亲有罪,也不处宫刑,所谓"公族无宫刑,不翦其类也"。[①] 如需处死,也有指定的行刑地点,所谓"大夫死于朝,士死于市"。还可以"入财而免其罪",但赎刑不是一个独立的刑种,因而与罚金刑不能混同。赎刑适用于疑罪,五刑皆可以赎。在刑罚中也还保留了原始复仇的遗痕,如"罪人以族"。

进入封建社会以后,经过刑制的不断改革,最终确立了法定的五刑制度,但这是一个漫长的过程。

战国和秦,全部继承了奴隶制的五刑,其主要发展是徒刑的制度化。如黥劓以为城旦为五岁刑,城旦为四岁刑,鬼薪白粲为三岁刑,司寇为二岁刑,罚作为一岁刑。

汉初,文帝改革刑制,黥、劓、斩左趾改为徒刑和笞刑,表现了刑罚由重改轻的趋势。但由于斩右趾者入于死刑,斩左趾者又因笞数多,往往致人于死,因此遭到当时的非议。景帝时,继续刑制改革,减少笞数,限定了笞杖的长度、厚度和加笞的部位,遂改变了"率多死"的局面。汉初的刑制改革是社会经济与文化发展的结果,它为封建法定五刑制度的确立奠定了基础。这次改革使刑罚由苛重趋向于"轻薄",改善了与封建经济基础不相适应的上层建筑中的某些环节,因而具有历史进步意义,符合法制文明的发展潮流,所以汉以后虽有恢复肉刑之说,却终究未能实现。

魏晋南北朝时期逐渐排除了肉刑。魏律于死刑之外,只有髡刑、完刑、作刑、赎刑、罚金五种。西晋,进一步改革刑制,定为死刑、徒刑、笞刑、罚金、赎刑五种。《北齐律》中的法定刑罚为死、流、徒、鞭、杖。至隋《开皇律》成,正式确立笞、杖、徒、流、死五种刑罚。唐沿此制,从法律上废除了肉刑,并把徒流罪的处刑幅度大为减轻。

五代时期增加了凌迟刑,作为法外极刑。至明清两朝为加强刑罚的威吓作用以巩固专制主义的统治,竟将凌迟入律。明律适用凌

---

① 《礼记·文王世子》。

迟处死的罪名有十三个，清律除全部沿用外，又增加了劫囚、发塚、谋杀人等十三个罪名，充分暴露了死刑执行手段的残酷性。此外，明清时期还有充军、发遣、枷号、刺字等刑罚。

中国封建时代的刑罚制度具有以下特点：

其一，刑罚体系完整，刑名简单清晰。以唐律为例，刑种及其等级由轻至重，排列严整，等级之间跨度较小。

其二，同罪同罚与同罪异罚。在刑法中，罪名与刑名是紧密联系的，一般说来贯彻了同罪同罚的原则。但在严格的等级制度下，刑法也表现出等级特权性，贵族高官可以根据议、请、减、赎、官当、免等规定，而获得同罪异罚的法定优待。

其三，有赎刑而无罚金刑。赎刑仍然广泛适用，以使官僚贵族在犯罪后可以逃脱刑法的制裁，但是终封建之世没有规定罚金刑。刑法中虽有财产没官之罚，但只是作为附加刑适用的，而且没官的财产一般是指家庭财产，而非犯罪者个人的财产，这是和特有的家族制度分不开的。

其四，有关纲常伦理的犯罪行为，处以重刑。自儒法合流，礼入于法以后，原本求之于内心的道德要求，变成了外在的强制性规范，有关纲常伦理的犯罪，概处以重刑。

其五，肉刑在正刑中虽被废除，但作为附加刑仍长期存在于刑制当中，并有大量的法外酷刑。

其六，行政、民事法律责任，往往施以刑事制裁。例如，《唐律疏议》规定，官署编制过限，超过一人，要对主管官吏杖一百，超过三人则加一等，十人徒三年。凡负债违契不偿，“一匹以上，违二十日笞二十，二十日加一等，罪止杖六十；三十匹加二等；百匹，又加三等。各令备偿”。

4.“重刑轻民”在司法中的体现

综观中国古代司法制度，不难看出无论司法机关的设置、诉讼原则的确立、审判制度的完善，无不以保证刑法的实施为重心。尽管早在西周时，诉讼已有民事与刑事之分，但受实体法“重刑轻民”的影响，民事诉讼制度并没有得到应有的发展。譬如，民事案件由基层审理、判决，而无须逐级审转，甚至不进入司法程序，而由乡邻、亲族“调处息讼”。《后汉书·吴祐传》载,吴祐任胶东侯相时,“民有争诉者,辄闭阁自责,然后断其讼,以道譬之。如身到闾里,重相和解”。这种重调处的传统,直至民事审判程序已颇具规模的清代依然适用,从而表明古代中国民事诉讼制度与程序的发展程度是有限的。相反,为保障刑法的实施,刑事诉讼与审判制度却得到了相应的发展。譬如,对案件的管辖、诉讼的提起、堂审的技术、刑讯的限制、证据的效力、上诉的程序,以及重大案件的复核等,都有明细规定。具体如下:

(1)建立了以执掌刑法为主要职责的司法机关

早在三代时期,国王便拥有最高的诉讼裁判权。《礼记·王制》:“大司寇以狱(指刑事诉讼)之成告于王,王命三公参听之;三公以狱之成告于王,王三宥然后制刑。”《周礼·秋官·掌囚》:“及刑杀,告刑于王,奉而适朝士。”这些记载表明,刑事案件从受理、审理到判决、执行,都由国王定夺,可见其对刑事案件之重视。西周时期,中央司法机关为“大司寇”和“小司寇”。“司寇”被称为“秋官”,取“秋风萧瑟、草木凋零”之义,象征执掌刑戮的严肃性。“大司寇”的主要职责是:“掌建邦之三典,以佐王刑邦国,诘四方”,并负责“以五刑纠万民”。[①] 大司寇下设小司寇,其主要职责是以“五听”问案,掌握“八辟”原则,对疑难大案实行“三刺三宥”。司寇以下设士师“掌国之五禁之法,以左右刑罚”,并负责将法禁“书而悬于门闾”,[②]使民知晓,以期达到预防犯罪的目的。此外,还设有司刑、司刺等具体分掌司法事务的属吏,以及负责审理地方民、刑案件的基层司法机关。可见,西周从中央到地方都设置了各级司法官吏,初步形成了体系。

秦汉时,中央司法机关为“廷尉”。“尉”本是军官的称谓,古时兵刑不分,因而秦时对司法官也称之为“尉”。廷尉主要负责刑事案件的审判,并管理监狱。地方则行政与司法合一,重大案件报送廷尉审理。三国两晋南北朝基本沿袭秦汉司法机关体系,至隋唐创

① 《周礼·秋官·大司寇》。

② 《周礼·秋官·士师》。

立了“三法司”，由大理寺“掌邦国折狱详刑之事”，①是专职的审判机关，负责京师徒罪以上、地方流罪以上案件的审理。刑部“掌律令、刑法、徒隶、按覆谳禁之政”。②“按覆”即对大理寺上报拟处流刑、死刑的大案进行复核，可见刑部权力大于大理寺，拥有审判权和对重大案件的复核权。御史台“掌邦国行宪典章之政令”，主要负责监督中央和地方官吏，但也被授权参与某些案件的审判活动。隋唐确立的“三法司”体制，为后世历朝所沿袭，直至明清。不同的是，明清将“御史台”改名为“都察院”，刑部、都察院和大理寺的职权也有所变化：“刑部受天下刑名，都察院纠察，大理寺驳正。”③至于地方的司法权限，则越来越小。

（2）确立以“慎刑”为中心的司法原则

慎刑的基本要求是罪刑相当、刑罚中正、轻重适宜。围绕“慎刑”确立了一系列司法原则，早在周朝便形成了原情定罪、疑狱众议、罪疑从赦、无简不听、咸庶中正等司法原则。

所谓“原情定罪”，指在定罪量刑时，不但要考虑犯罪行为所造成的社会危害，而且要分析其犯罪动机。《礼记·王制》：“凡听五刑之讼……意论轻重之序，慎测浅深之量以别之。”

所谓“疑狱众议”，指司法官在处理案件有疑时，须广泛征询众庶的意见，如众庶有疑则赦免。《礼记·王制》：“疑狱，与众共之，众疑赦之。”

所谓“罪疑从赦”，即对于存疑的案件，予以赦免，以体现审慎用刑之义。《尚书·大禹谟》：“与其杀不辜，宁失不经。”《尚书·吕刑》：“五刑之疑有赦，五罚之疑有赦，其审克之。”

所谓“无简不听”，即刑书无明文规定的行为，既不听讼，也不论罪处刑。《尚书·吕刑》：“无简不听，具严天威。”

所谓：“咸庶中正”，指定罪量刑不偏不倚，轻重适宜，以示公平。《尚书·吕刑》：“非佞折狱，惟良折狱，罔非在中。”“哀敬折

① 《旧唐书·职官制》。

② 《新唐书·百官志》。

③ 《明史·刑法志》。

狱……咸庶中正。”总之,司法官一定要折狱中正,不得故意出入人罪,否则“其罪惟均”,即以“出入之罪”追究司法官的法律责任。

上述原则及其体现的精神,辗转传承进一步发展为“具引律条正文断罪”“众证定罪”“疑罪听赎”“不得于状外别求他罪”等制度。

所谓“具引律条正文断罪”,就是定罪量刑必须以律文为依据,并将律文写入判决书中,目的在于防止司法官员任意断罪,维护法律的统一适用与尊严。《唐律疏议・断狱》规定:“诸断罪皆须是引律、令、格、式正文;违者笞三十。”

所谓据众证定罪,是指“三人以上,明证其事,始合定罪”。[①]《唐律疏议・断狱》规定:“诸应议、请、减,若年七十以上,十五以下,及废疾者,并不合拷讯,皆据众证定罪,违者以故失论。”

所谓“疑罪听赎”,即事有疑似,处断难明,则依所疑之罪,用赎法收赎。《唐律疏议・断狱》规定:“诸疑罪,各依所犯,以赎论。”

所谓“不得于状外别求他罪”,是指审案时,只就所控告的罪行进行推问,不许在诉状以外寻求其他罪名,否则,以故入人罪论处,以禁止司法官滥用职权,加罪于被告人。《唐律疏议・断狱》将故意出入人罪,作为司法官吏最严重的渎职罪,给予严厉的惩罚:“诸官司入人罪者,若入全罪,以全罪论;从轻入重,以所剩论;刑名易者,从笞入杖、从徒入流,亦以所剩论,从笞杖入徒流,从徒流入死罪,亦以全罪论。其出罪者各如之。”唐律对于司法官的渎职行为虽处罚严厉,但是注意区分故意与过失,凡“断罪失于入者,各减三等;失于出者,各减五等”。

以上所列司法原则,反映了中国古代统治者对于案件审理的慎重。之所以如此,是因为只有“罪当”,才能保证刑法实施的中正,才能“民从”,否则就会引起社会的动荡。诚如沈家本所说,“律者,民命之所系也,其用甚重而其义至精也。根极于天理民彝,称量于人情事故,非穷理无以察情伪之端,非清心无以祛意见之妄。设使手操三尺,不知深切究明,而但取办于临时之检按,一案之误,动累数人;一例之差,贻害数世,岂不大可慎哉!是今之君子所当深求其

---

① 《唐律疏议・断狱》。

源而精思其理矣”。①

(3)完善处理刑事案件的诉讼程序与审判制度

中国古代统治者,在不断总结司法实践经验的基础上,使刑事诉讼程序与审判制度不断规范化、制度化。诸如告诉制度、审级制度、证据制度、刑讯制度、会审制度、复核制度、录囚制度等,无不反映统治者对刑法实施的重视。

就告诉制度而言,西周时,一般实行自诉。秦以后,由于实行什伍连坐制,除自述外,告诉分为两种:一是官员纠举犯罪,二是乡邻检举犯罪,二者相互补充,使犯罪活动得到及时控告。就审级制度而言,实行逐级审转复核制,基层只处理轻微案件,重案则逐级具状录案,呈报上级官府审理,流刑以上则“皆上刑部,复于中书门下”。对地方司法权的严格限制,也表明了对刑案处理的重视。

关于证据制度。由于古代基本上采取“罪从供定”,因此被告人的口供是定罪的主要证据。但在实际诉讼过程中,刑事被告人的自供并不是定罪科刑的最后根据,还要求有人证、物证,因此又有“据众证定罪”和查验伤情、现场勘验等规定。由于“罪从供定”,引发了刑讯逼供的合法化。《礼记·月令》和《云梦秦简》都有“肆掠”即刑讯的记载。魏晋南北朝时刑讯逐渐制度化,自唐以降,在律文中均有明细的规定。《唐律》虽然实行有限度、有节制的拷讯,但并未能禁止滥施刑讯。正如马克思所说,“和中世纪刑律的内容连在一起的诉讼形式一定是拷问。”②

关于会审制。会审起源于西周的“三公参议”,至唐代三法司会审已成定制,凡死刑案件和皇帝交办的某些特殊重大案件,由刑部、大理寺、御史台三司共议会审。至明清,除三司会审外,还有“九卿会审”。在封建时代实行集议、会审制,是有利于加强监督与制约的一种机制,在一定程度上减少了冤滥,体现了审慎用刑的精神。由于经会审后的死刑案件要由皇帝覆准,因此,又形成了死刑复核制度。这一制度在魏晋南北朝已成定制,唐时,更为严格,死刑的执

① 《寄簃文存》卷六《重刻唐律疏议序》。

② 《马克思恩格斯全集》(第1卷),人民出版社1995年版,第178页。

行必须复奏皇帝,京师地区“五复奏”,地方“三复奏”,不待复奏下达而行刑者,主审官流二千里,以示“人命至重,一死不可再生”[①]的“慎刑”之意。此外,汉以来还实行录囚,即皇帝或司法监察官定期审录囚徒,纠正冤假错案。录囚至唐时,正式入律。

5. 小结

总括上述,重刑轻民的法律传统的形成,是有多种原因的,其中最重要的是专制主义政体所造成的。中国自进入阶级社会以后,便建立了专制主义的政治体制,而且沿着螺旋式的轨迹不断强化。在专制主义的政治体制下,以维护君权和国家统治为首要任务,对于民间的财产纠纷则视为“细事”“细故”。因此着重思考的是制定打击危害君权和国家统治的刑法,以消各种犯罪;至于民事法律,除国家制定必要的条款外,更多的是赋予形式多样、流行宽广且具有一定权威性的习惯法以实际的民事调整功能,借以保证社会的有序、国家的安定。由于重刑轻民的传统是在一定的历史条件下形成的,随着历史条件的变化,终于在20世纪初期晚清修律的进程中宣告终结。

八、以人为本,明德慎刑

(一)中国古代人本主义思想的形成与发展

人本主义,或人文主义,是中国古代法制与法文化的哲学基础。

早在夏商时代,占统治地位的主流意识是以信奉“天帝”为主要内涵的天道观,天命被视为权力的来源,所谓“有殷受天命”。[②]商纣王在灭亡之前,不思自省,反而愤懑地发出“我生不有命在天”[③]的呼喊。在这种天道观的影响下,殷人以尊事鬼神作为祈求天佑、获知天命的途径,所谓“殷人尊神,率民以事神,先鬼而后礼”。[④] 然而天帝的庇护和天命的认许,并没有能延续商朝的统治,

---

① 《旧唐书·刑法志》。

② 《尚书·召诰》。

③ 《尚书·西伯戡黎》。

④ 《礼记·表记》。

相反，终因残酷压榨，使民众叛逃，阵前倒戈，而被小邦周所推翻。这一历史事实使继起的以周公为代表的西周统治者，在认识上发生了重大的转向。他们既感到“天命靡常”，[①]“天不可信”，[②]更发现了“天畏棐忱，民情大可见”，[③]“人无于水监，当于民监”，[④]即民心的向背、民众的离合对于维持政权统治的重要作用，因而提出了“以德配天”“敬德”“保民”的指导思想，用以改造完全捉摸不定的天命论，希图借此永保周人的统治。

由于周统治者将天命与民心连在一起，宣传“民之所欲，天必从之”，[⑤]从而将获知天命的途径从殷商时代的鬼神，转移到了民心的向背上。天命由神秘玄冥的主宰者角色，转换成为能够体察民情、尊重人民意愿的、具有理性的现实政治力量。于是人的地位提高了，天的地位下降了；民心的价值得到了重视，神鬼的价值遭到了贬低。中国古代人本主义思想就是从西周对人事、民心的重视开始有的，并在对人的作用与价值的不断肯定的过程中逐渐成熟，可以说源远流长。

春秋战国时期“礼崩乐坏”的社会大变动，进一步彰显了民心向背对于国家兴衰所起的决定性作用。“国将兴，听于民；将亡，听于神”，[⑥]神的地位进一步下降。公元前706年，随国季梁谈祀神事时说：“夫民，神之主也，言鬼神之情，依民而行，是以圣王先成民而后致力于神。”[⑦]可见，在民与神的关系上，他以民为主而神为从，民为先而神为后，民是神的凭借与寄托，神的意志是民的愿望的延伸和扩大，这种观点在当时是颇具代表性的。至子产执政时，已经把人道与天道截然分开，提出“天道远，人道迩，非所及也，何以知之”的著名论断，[⑧]进一步把人从“以德配天”的思维方式中解脱出来，

---

① 《诗经·大雅·文王》。
② 《尚书·君奭》。
③ 《尚书·康诰》。
④ 《尚书·酒诰》。
⑤ 《尚书·泰誓》。
⑥ 《左传·庄公三十二年》。
⑦ 《左传·桓公六年》。
⑧ 《左传·昭公十八年》。

激发了人的理性的自觉和主观能动性。

先秦时期的重民思想,经过儒家的提炼和升华,终于演绎成以人为本的价值理论,其成熟的形态和标志就是儒家思想体系中"仁学"的创立,它是中国传统文化由神本位向人本位过渡的里程碑,也是中华法制文明早熟的重要表征。

汉代以后,儒家思想成为中国古代文化的主流,儒家人本主义的理论经过历代思想家的发展和弘扬,终于形成了具有中国特色的、铸造中华民族性格的人本主义传统。

首先,以人为中心,重视人的价值和尊严。儒家认为,在自然界的万物之中,人是最尊贵的,"惟人万物之灵",[①]"天地之性,人为贵"。[②] 尤其是孔子传承和发展了周初萌发的人本思潮,创立了"仁者,爱人"的学说,充分肯定了人的地位、价值和尊严,并以"仁"作为调整人际关系的基本准则。孔子的仁学不仅是具有特殊历史意义的人本哲学,也为理政、司法、治世提供了人道主义的基本原则。孔子的仁学被孟子全面继承和发展。孟子在"性本善"的认识论基础上,将"爱人"具体化为"亲亲而仁民,仁民而爱物"[③]的现实政治主张,把人本思想演绎成系统的"仁政"学说。其核心是"重民",宣扬"天视自我民视,天听自我民听",[④]"民为贵,社稷次之,君为轻"。[⑤]

西汉董仲舒从家国相通的认识出发,强调巩固伦常关系的重要性,由此进一步提升了人的地位。他说:"人受命于天,固超然异于群生。入有父子兄弟之亲,出有君臣上下之谊;会聚相遇,则有耆老长幼之施,粲然有文以相接,欢然有恩以相爱,此人之贵也。"[⑥]宋代理学家鉴于人的状态对于稳定社会秩序的重要性,一方面倡导"存天理、灭人欲",另一方面又从哲学上论证了人高于万物的价值。周

---

① 《尚书·泰誓》。
② 《孝经·圣治》。
③ 《孟子·尽心上》。
④ 《孟子》引《泰誓》。
⑤ 《孟子·尽心下》。
⑥ 《汉书·董仲舒传》。

敦颐说:“二气交感,化生万物,万物生生,而变化无穷焉,惟人也得其秀而最灵。”①

其次,立足现世,以积极务实的态度关注人生。由于中国古代的人本主义思想强调人的重要性,先人而后神,因民情而知天命,因此立足现世,对于社会采取入世的态度,而对鬼神则多采取回避与怀疑的立场。孔子不仅“不语怪力乱神”,②而且明确表示“敬鬼神而远之”③“未知生,焉知死”④“未能事人,焉能事鬼”。⑤ 墨子也认为天神不过是“轮人之有规,匠人之有矩”,⑥是人手中的工具。这说明了在春秋战国兼并战争盛行的时代,凸显了人的作用,以致各派思想家大都重视现实的社会生活,以务实的态度关注世事、人生,而对彼岸世界的神秘主义则存而不论。由此促进了人本主义思潮的发展,成为百家争鸣的一个亮点。

儒家人本主义者认为人与动物的最大区别,就在于人是有道德理性的高级动物。孔子所说“仁者,人也”,揭示了人所具有的仁的道德本性。因此,只有关注人自身的道德修养,才能充分体现人的价值。孟子发展了孔子的思想路线,提出仁、义、礼、智是区别人与禽兽的“四端”。而仁、义、礼、智是植根于人心之中,从而得出人性善的结论,所谓道德修养就是要发扬人所固有的性善的本质。荀子也有类似的观点,他以明白的语言表述说:“水火有气而无生,草木有生而无知,禽兽有知而无义,人有气、有生、有知亦且有义,故最为天下贵也。”⑦在这里,荀子以“义”来界定人与动物的区别,这也是儒家的共识。孟子说:“行一不义,杀一不辜而得天下,皆不为也。”⑧宋理学家朱熹还从“性即是理”的角度论证说:“天之生此人,

① 《太极图说》。
② 《论语·述而》。
③ 《论语·雍也》。
④ 《论语·先进》。
⑤ 同上。
⑥ 《墨子·天志中》。
⑦ 《荀子·王制》。
⑧ 《孟子·公孙丑上》。

无不与之以仁义礼智之理。”[①]

可见在儒家的思想中仁义礼智是与生俱来的,是人与动物的根本区别。人生的目的就在于实现人之所以为人的道德标准,人生奋斗的主要过程就是通过自我修养成为社会的道德楷模,然后再推己及人,达到“泛爱众”“天下归仁”的理想境界。孔子所说,“己所不欲,勿施于人”,[②]“己欲立而立人,己欲达而达人”,[③]孟子所说,“老吾老,以及人之老,幼吾幼,以及人之幼”,[④]都意在说明不仅需要自我的道德修养,还要推而广之,用来调整人际关系。这既表现了“仁者无不爱”的宗旨,也反映了希望由此而达到“天下归仁”的目的。

最后,在天人合一的关系中,注意发挥人的主观能动性。天人合一的思想起源于先秦时代,至宋儒张载明确提出“天人合一”的概念。他说:“儒者则因明致诚,因诚致明,故天人合一,致学而可以成圣,得天而未始遗人。”[⑤]天与人虽是对立的,但又是密不可分的。作为个体的人,是和生生不息的自然界联系在一起的,是天创造了生命,所谓“天地之大德曰生”,[⑥]天地“以生为道”,[⑦]甚至伦理道德也是“则天之明,因地之性”而成的,所谓“为君臣上下,以则地义,为夫妇外内,以经二物,为父子兄弟姑姊甥舅婚媾姻亚,以象天明”。[⑧]

儒家认为天也具有至善至美的道德价值。孟子说:“诚者,天之道也”,“思诚者,人之道也。”[⑨]张载说:“天人异用,不足以言诚;天人异知,不足以尽明。所谓诚明者,性与天道不见乎小大之别也。”又说:“性与天道合一存乎诚。”[⑩]在这里提出了知天与知人的统一

① (宋)朱熹:《玉山讲义》。
② 《论语·颜渊》。
③ 《论语·雍也》。
④ 《孟子·梁惠王上》。
⑤ 《正蒙·乾称》。
⑥ 《周易·系辞下》。
⑦ 《二程集》,《遗书》卷二上。
⑧ 《左传·昭公二十五年》。
⑨ 《孟子·离娄上》。
⑩ 《正蒙·诚明》。

性,以及天道与人性的同一性,是对孟子所说天道、人道以及“尽其心者,知其性也,知其性则知天矣”[①]的重要发挥。因此,提高自己的心性觉悟与智慧,发扬人的内在道德本质,便可以与天相通,所以知天不必求诸外,而要求诸己,所谓“万物皆备于我矣,反身而诚,乐莫大焉”。[②]

人作为天德的实现者,并不是被动地接受自然界的恩赐,而应积极地、主动地发挥主观能动作用。荀子所说“制天命而用之”、张载所说“究天人之际,穷古今之变”,都是要通过人的积极作为,建立“天人合德”的和谐关系。正是这个意义上,可以说人是天德的实现者,人道即是天道。在人与自然的关系中,人不仅以其人文创造“化成天下”,而且要“赞天地之化育”,“为天地立心”,[③]使自然的生命秩序得以完成,实现人与自然的和谐与平衡。

(二)人本主义思想影响下的中国传统法律

作为中国古代法文化哲学基础的人本主义,对于中国传统法律有着深远的影响。可以说,中国传统法律的各个层面都表现出浓厚的人本主义色彩。

1. 德主刑辅,注重教化

人本主义思想所推崇的重人伦、尚德性,在中国传统法律中的体现,就是自西周以来一以贯之的德主刑辅的法制模式。西周统治者从殷“不敬厥德,乃早坠厥命”[④]的结局中吸取了教训,制定了“克明德慎罚,不敢侮鳏寡”[⑤]的方略。明德就是提倡尚德、敬德、重民;慎罚就是使刑罚得中,不“乱罚无罪,杀无辜”。明德是慎罚的精神主宰,慎罚是明德在法律上的具体化。明德慎罚是周初重视人事与人命的人本主义的体现,由此而形成一系列慎刑、恤刑的法律原则,如区别用刑、罪疑从赦,以及七十以上有罪不加刑等。

西汉统治者在秦“焚文书而酷刑法,先诈力而后仁义,以暴虐为

① 《孟子·尽心上》。
② 同上。
③ 张载:《西铭》。
④ 《尚书·召诰》。
⑤ 《尚书·康诰》。

天下始",[①]二世而亡的悲剧中,得出了"道之以德教者,德教洽而民气乐;驱之以法令者,法令极而民风衰",[②]"刑罚积而民怨背,礼义积而民和亲",以礼义教化治天下,可"累子孙数十世",专任刑罚者,"祸几及身,子孙诛绝"[③]的经验性总结。由此比较完整地确立了"德主刑辅"的法制模式,在刑与德的治国二柄中,德是首要的价值取向。文、景帝时废除肉刑,在客观上也反映了对人的身体与生命的重视,其人道主义精神为史书所称道。

如果说,西周和汉初的统治者对德主刑辅法制模式的推崇,是出于经验性的总结,那么西汉中期董仲舒对德主刑辅的阐述,则完全是一种理论上的论证。

董仲舒以"天人感应"学说和阴阳相辅相成的理论,来论证德主刑辅法制模式符合天道运行的规律。他说:"天道之大者在阴阳,阳为德,阴为刑;刑主杀而德主生。是故阳常居大夏,而以生育养长为事;阴常居大冬,而积于空虚不用之处,以此见天之任德不任刑也……王者承天意以从事,故任德教而不任刑……为政而任刑,不顺于天,故先王莫之肯为也。"[④]董仲舒的理论为后世统治者构建更为完备的德主刑辅的法制模式,提供了理论指导。

至于德刑的互补关系,周公早在告诫康叔时就曾明白指出,"告汝德之说于罚之行",[⑤]也就是要以德施刑,借以减少刑罚实施的阻力。同时通过"义刑义杀",提高刑罚的效果,以加强德的权威。如同周公所说,"惟敬五刑,以成三德";"士制百姓于刑之中,以教祗德"。[⑥] 德刑互补的关系在《唐律疏议·名例》中得到了经典的表达:"德礼为政教之本,刑罚为政教之用,犹昏晓阳秋相须而成者也。"明太祖朱元璋也从"礼乐者治平之膏粱,刑政者救弊之药石"[⑦]的体验中,正式宣布"明礼以导民,定律以绳顽"的治国方略。

---

① 贾谊:《新书·过秦论》。

② 《汉书·贾谊传》。

③ 同上。

④ 《汉书·董仲舒传》。

⑤ 《尚书·康诰》。

⑥ 《尚书·吕刑》。

⑦ 《明太祖实录》卷一六二。

由上可见，德主刑辅的法制模式，得到了古代统治者的高度认同，而在实际运行中，一方面，通过宣传德礼，力图将人们的犯罪意图消灭在萌芽状态，如同北周时苏绰所说，“教之以孝悌，使民慈爱；教之以仁顺，使民和睦；教之以礼义，使民敬让。……三者既备，则王道成矣”。[①] 另一方面，也注意发挥法律自身的教化功能，即所谓明刑弼教。无论是西周时的“嘉石”之制，还是明初颁布的《律令直解》、编订的《大诰》四编、设立的申明亭等，都是明刑弼教的典型表现。明刑弼教与德主刑辅不仅有着内在的联系，而且是德主刑辅的进一步发展。

2. 摆脱神判，重视证据

中国古代由于科学技术不发达和人们认识能力的狭窄，曾经出现过神意裁判。如甲骨卜辞中“贞：王闻不惟辟；贞：王闻惟辟”；[②]“兹人井不？”[③]“贞其刖”“贞刖百”，[④]就是通过占卜的形式，灌输神意，为现实中的立法和司法取得神权的支持。然而至西周时期，随着人本思想的萌发，审判逐渐摆脱了神判法的束缚，开始重视证据对于定罪量刑的作用，形成了“师听五辞”的审判方法。《周礼·秋官·小司寇》载：“以五声听狱讼，求民情：一曰辞听，二曰色听，三曰气听，四曰耳听，五曰目听。”[⑤]尤其是在民事诉讼中，重视物证对于判明法律责任的价值：“凡民讼，以地比正之；地讼，以图正之”；[⑥]“凡以财狱讼者，正之以傅别、约剂。”[⑦]这里所说的“地比”“图”“傅别”“约剂”，就是以书证为形式的物证。随着证据的运用，凡事实未经查实，不得作为定案的依据，所谓“无简不听”。[⑧] 这些规定表现了科学的进步和对人的价值的重视，是中国古代法制文明先进性的重要表现。

---

① 《周书·苏绰传》。
② 《殷墟文字乙编》，4604。
③ 《殷契佚存》，850。
④ 《考古》1973 年第 3 期，第 114 页。
⑤ 《周礼·秋官·小司寇》。
⑥ 《周礼·地官·小司徒》。
⑦ 《周礼·秋官·士师》。
⑧ 《尚书·吕刑》。

春秋战国时期,人本主义思想体系开始建立,在法文化中表现出重视人事、着眼现世的浓厚的世俗化色彩。譬如,法律被看作人定的而不是神意的再现。思想家们用现实的观点来解释法律的起源。商鞅认为:“古者未有君臣、上下之时,民乱而不治。是以圣人列贵贱,制爵位,立名号,以别君臣上下之义。……民众而奸邪生,故立法制,为度量以禁之。”①荀子也说:“物不能澹则必争,争则必乱,乱则穷矣。先王恶其乱也,故制礼义以分之,使有贫富贵贱之等。”②这种将圣人、先王看作法律之源的认识,虽然不具备科学性,但却是力图摆脱神意论束缚的努力,这无疑是历史性的进步。在法律的实际运行过程中,也没有出现过西方司法中所显现的神的主导性作用。

从东汉时起,原生的道教已经发展成全国性的宗教,佛教也经由西域传进中国,然而无论道教还是佛教都不过是巩固专制主义统治的重要工具,一旦宗教势力膨胀,威胁到政权稳定时,便立刻遭到坚决打击。唐敬宗、文宗时,鉴于寺院趁安史之乱大肆扩充庄园,逃避赋税,侵害国家利益,便开始酝酿毁灭佛教,终于在武宗时期“拆寺四千六百余所……拆召提、兰若四万余所,收膏腴上田数千万顷,收奴婢为两税户十五万人”,③佛教由此衰落。

清康熙年间,罗马教皇要求康熙帝下令禁止基督徒祭祀孔子,康熙断然拒绝,并御笔朱批禁止基督教传教活动:“西洋人等小人,如何言得中国之大理?况西洋人等,无一人通汉书者,说言议论,令人可笑者。今见来臣告示,竟是和尚道士,异端小教相同,比比乱言者莫过如此。以后不必西洋人在中国行教,禁止可也,免得多事。”④

总之,道教与佛教虽然在不同时期对统治者的施政思想有过影

① 《商君书·君臣》。

② 《荀子·王制》。

③ 《旧唐书·武宗本纪》。

④ 故宫博物院编:《康熙与罗马使节关系文书》影印本。转引自谢选骏:《基督教与中国文化——有关宗教、科学、政治文化的一个分析》,载杨慧林等主编:《圣经新语·下编》,中国卓越出版公司1989年版。

响,但从未进入法制领域。西方封建时期曾经出现的教会法与宗教法庭,在中国古代是不存在的。中国古代无论立法和司法都表现了人的高度智慧与理性思维。

3. 宽仁慎刑,爱惜人命

孔子创立以“爱人”为核心的仁学体系以后,孟子将“仁”的精神引进政治思想领域,形成了系统的“仁政”理论,成为后世统治者施政的指导原则和理想目标。历代开明的统治者都以“王政本于仁恩,所以爱民厚俗”①相标榜。汉文帝之废除肉刑、北魏孝文帝之废除“门房之诛”,其出发点都是强调“民命尤重”,②借以昭示宽仁慎刑。

唐初名臣魏征提出:“仁义,理之本也;刑罚,理之末也”,因此“圣人甚尊德礼而卑刑罚”。③ 唐太宗也从历史经验中得出结论:“古来帝王以仁义为治者,国祚延长;任法御人者,虽救弊于一时,败亡亦促。”④在以仁义治天下的方略指导下,唐初统治者比较注意恤刑慎杀。以《贞观律》与隋律相比,死罪减少九十二条,改流罪为徒罪七十一条,删去“兄弟连坐俱死”之法。贞观元年,唐太宗还首创“九卿议刑”制,规定:“自今以后,大辟罪皆令中书门下四品以上及尚书九卿议之。”⑤这种推勘、复核的严格程序,影响着唐以后的封建法制达千余年之久。

宋初,为了消除五代以来武人主狱讼、恣意用法的弊端,规定“法吏寖用儒臣,务存仁恕”,⑥同时实行“折杖法”,使“流罪得免远徙,徒罪得免役年,笞杖得减决数”。⑦ 历史的发展表明,以宽仁治国理政有助于缓和社会矛盾,稳定国家统治。

宽仁慎刑、爱惜民命的人道主义原则,还表现在以下方面:

(1)矜恤老幼妇残。西周时期就制定了“八十、九十曰耄,七年

① 《新唐书·刑法志》。
② 《魏书·高祖纪》。
③ 《贞观政要·公平》。
④ 《贞观政要·仁义》。
⑤ 《贞观政要·刑法》。
⑥ 《宋史·刑法志》。
⑦ 沈家本:《刑法分考》。

曰悼。耄与悼,虽有罪,不加刑焉”[①]的刑事政策,并为后世所传承。汉惠帝时曾下诏:“民年七十以上,若不满十岁,有罪当刑者,皆完之”;[②]汉景帝时,“年八十以上,八岁以下,及孕者未乳……当鞫系者,颂系之”;[③]汉宣帝时,“诸年八十以上,非诬告、杀伤人,它皆勿坐”;[④]汉平帝时,“妇女非身犯法,及男子年八十以上,七岁以下,家非坐不道,诏所名捕,它皆无得系”。[⑤]

上述矜恤老幼妇残的法律规定,经由魏晋律学家的归纳总结,至唐朝已经定型。唐律规定:“诸年七十以上,十五以下及废疾……收赎。”“八十以上,十岁以下及笃疾,犯反、逆、杀人应死者,上请。盗及伤人者,亦收赎。”“九十以上,七岁以下,虽有死罪,不加刑。”[⑥]“妇人犯流者,亦留住,流二千里决杖六十,一等加二十,俱役三年。”年七十以上,十五以下及废疾者被判流刑,只流遣到服役之处,而不居作。[⑦]“诸妇人犯死罪,怀孕,当决者,听产后一百日乃行刑。”[⑧]

至于“残”,根据《唐令拾遗》“残”分为三类:“诸一目盲、两耳聋、手无二指、足无三指、手足无大拇指、秃疮无发、久漏下重、大瘿,如此之类,皆为残疾。痴痖、侏儒、腰脊折、一肢废,如此之类,皆为废疾。恶疾、癫狂、两肢废、两目盲,如此之类,皆为笃疾。”[⑨]凡废疾、笃疾犯罪或听收赎,或奏闻取旨。以《大清律例》为例,“凡年七十以上,十五以下,及废疾,犯流罪以下,收赎。八十以上、十岁以下,及笃疾,犯杀人应死者,议拟奏闻,取自上裁。盗及伤人者,亦收赎,余皆勿论。九十以上、七岁以下,虽有死罪,不加刑”。“凡老幼及废疾犯罪,律该收赎者,若例该枷号,一体放免;应得杖罪仍令收

---

① 《礼记·曲礼上》。

② 《汉书·惠帝纪》。

③ 《汉书·刑法志》。

④ 《汉书·宣帝纪》。

⑤ 《汉书·平帝纪》。

⑥ 《唐律疏议·名例》,“老小及疾有犯”。

⑦ 同上。

⑧ 《唐律疏议·断狱》,“妇人怀孕犯死罪”。

⑨ [日]仁井田升:《唐令拾遗》,栗劲等编译,长春出版社1989年版,第136页。

赎。”“凡犯罪时虽未老疾，而事发时老疾者，依老疾论。”[1]

以上可见，对于犯军流罪的废疾、笃疾者一律可以收赎，这是自唐律以来的一项传统规定，而且不断发展完善。中国古代对老幼妇残等社会弱势群体恤刑的法律规定是一贯的、相互传承的，它反映了扶助老幼妇残的民族精神，蕴含着鲜明的人文关怀，体现了国家的仁政和刑法中的人道主义原则。这些传统的、历史悠久的法律规定，是世界法制史上所少有，因而也可以说是中华法系的一个特点。

(2)限制刑讯。中国古代由于侦查技术的落后，在诉讼过程中往往依靠刑讯获取供词，借以定谳。但在标榜重惜生命的人道主义原则的影响下，对刑讯也作出了一些限制性规定。如隋《开皇律》规定：“讯囚不得过二百，枷杖大小，咸为之程品，行杖者不得易人。”[2]唐律进一步规定：“诸应讯囚者，必先以情，审察辞理，反复参验，尤未能决，事须讯问者，立案同判，然后拷讯。”拷囚不得过三次，每次相距二十日，总数不得过二百。年七十以上，十五以下及废疾、孕妇，不得刑讯。贞观四年，唐太宗下诏，对罪犯“不得鞭背”，将受刑部位改背为臀。[3]《大明律·刑律·断狱·老幼不拷讯》规定：“……年七十以上，十五以下，若废疾者，并不合拷讯，皆据众证定罪，违者，以故失入人罪论。”

(3)控制死刑的决定权。隋文帝时鉴于地方州郡县滥用死刑，激化社会矛盾，因此作出规定，“诸州囚有处死，不得驰驿行决”；“诸州死罪不得便决，悉移大理案覆，事尽然后上省奏裁”，“死罪者三奏而后决”，[4]从而将死刑的决定权操于皇帝之手。与此同时，还规定了严格的复奏程序，以示重惜生命。据《唐律疏议·断狱》，死刑“奏画已讫，应行刑者，皆三复奏讫，然始下决”，“不待复奏报下而决者，流二千里”。后唐太宗又改三复奏为五复奏，并下诏：“自今门下复理，有据法合死而情有可宥者，宜录状奏。”由于唐初采取了重民命、慎刑罚、援法治等一系列措施，造就了贞观之治的盛世。

---

① 《大清律例·名例律》，“老小废疾收赎”“犯罪时未老疾”。

② 《隋书·刑法志》。

③ 《旧唐书·太宗本纪》。

④ 《隋书·刑法志》。

唐以后,宋元明清各朝基本沿袭唐朝建立的死刑复核法律制度。尤其是清朝于死刑执行前实行秋审会审制,对于保护人命、纠正错案起到了一定的作用。

(4)罪疑惟轻,律法断罪。早在夏朝便总结出“与其杀不辜,宁失不经”[①]的刑罚原则,这不仅是“罪疑惟轻”慎刑思想的最初体现,也可以说是中国无罪推定刑法原则的原型。由于夏代的历史久远,史料贫乏,对这一原则还难以进行多方面的考证,然而至西周初期这一原则已经具体化了。《尚书·吕刑》规定,“五刑之疑有赦,五罚之疑有赦”,“附从轻,赦从重”,这充分表现了对人命价值的重视。在公元前 11 世纪左右形成类似于近代无罪推定的思想和原则,在世界法律史上是十分罕见的。不仅如此,从晋朝起,还在此基础上发展成律法断罪、罪刑法定的制度。晋时刘颂提出的“律法断罪,皆当以法律令正文……其正文名例所不及,皆不论”获得了认同。唐律则进一步规定:“诸断狱,皆须具引律令格式正文,违者笞三十。”这可以说是中国封建时代罪刑法定的最简明、最典型的概括。但在封建专制时代,引律比附不仅破坏了罪刑法定的法律制度,也在实际上否定了无罪推定的刑法原则。

(5)则天行刑、顺天行赦。为了表示对人、对生命的尊重,主张天人感应的董仲舒也是则天行刑理论的创造者。他说:“天有四时,王有四政……天人所同有也。庆为春,赏为夏,罚为秋,刑为冬。”“春者天之所以生也,仁者君之所以爱也,夏者天之所以长也,德者君之所以养也,霜者天之所以杀也,刑者君之所以罚也。由此言之,天人之征,古今之道也。”[②]董仲舒所阐明的“王者生杀,宜顺时气”[③]的道理,既利用了天的威严,减少生杀的阻力,又表现了对人命的重视,符合人情之所向,所以秋冬行刑得到历代统治者的广泛认同。汉时诸葛丰“以春夏季治人”,被皇帝下诏斥为“不顺四时,修法度,专作苛暴,以获虚威”。[④] 纵是酷吏也不敢违制行刑招致社会的反

---

① 《尚书·大禹谟》。

② 《汉书·董仲舒传》。

③ 《后汉书·章帝纪》。

④ 《汉书·诸葛丰传》。

对。武帝元狩四年九月,广平都尉王温舒调任河内太守,到任后即行捕治郡中豪滑,决狱行刑,“大者至族,小者至死”。但至次年立春,照例停刑,王温舒顿足叹曰:“嗟乎,令冬月益展一月,足吾事矣!”[①]东汉时,为了缓和日益激化的社会矛盾,章帝将执行死刑的时间压缩为十月一个月。诏曰:“《月令》冬至以后,有顺阳助生之文,而无鞠狱断刑之政。朕咨访儒雅,稽之典籍,以为王者生杀,宜顺时气。其定律,无以十一、十二月报囚。”[②]唐代,秋冬行刑的制度已经定型,正式载入法典。据《唐律疏议》:“诸立春以后、秋分以前决死刑者,徒一年。”清代“每年正月、六月及冬至以前十日,夏至以前五日,一应立决人犯及秋、朝审处决重囚,皆停止行刑”。[③]

除“则天行刑”外,从汉代起还实行“顺天行赦”之制。每当出现地震、日食、彗星等自然景观或灾异天气,都被认为是国家失政、刑狱不平、民气违和,所以招致上天示警。为此,需要审录囚徒,顺天行赦。顺天行赦既表示对天象的畏惧和顺天意行事,又可邀仁政的美名,是统治者应付统治危机、稳定人心的一种手段,其实是对封建法制的破坏。

(三)中国传统法律中人本主义思想的反思

中国传统的人本主义思想萌发于公元前一千余年,它是在殷商天道观发生动摇的基础上不断形成的。就时间而言,比起欧洲人文主义的产生,早两千余年。而且在春秋战国时期,经过儒家和其他学派的论证,已经比较全面地确立了人在自然宇宙中的地位和人的社会价值,深入地探讨了人的道德本性和天人关系,并且初步形成了维护人的生命与尊严的一些法律原则。其视野的广阔、内涵的丰富,足以显示中国作为文明古国,在法文化领域的先进性。至汉以后,具有中国特色的人本主义的法文化已经成熟,并体现在立法和司法的许多方面,成为中华法系的标志之一。不仅如此,人本思想还在某种程度上提高了人对于自我价值的认识,激发了他们在生产

---

① 《汉书·王温舒传》。

② 《后汉书·章帝纪》。

③ 《清史稿·刑法志》。

和社会生活中的主动性,从而有助于缓和社会矛盾,改善个人与国家的关系,也是盛世出现的不可忽视的动因之一。

但是,中国传统的人本主义是封建性的人本主义,在重公权轻私权、重国家轻个人、重义务轻权利、重宗法尚家族的历史条件下,它的积极作用是有限的,而儒家关于人本主义的理论中也存在与人本相冲突的消极因素。

其一,儒家虽然以立足现世、拒绝彼岸世界的立场,抑制了宗教和神学在传统中国的生成和发展,使西方式的教会法未能在中国古代社会施展压制性作用。但是儒家没有也不可能完全摆脱"天"的羁绊,相反往往借助天的威慑作用,为现实的政治法律施行服务,尤其是为王权辩护。譬如,儒家鼓吹"君子者,天地之参与,万物之总也,民之父母也",①"圣人作乐以应天,制礼以配地"。② 在儒家的经典里,君子、圣人实际上是君主的同义语。班固便以明确的语言表述说:"王者父天母地,为天之子也。"③至于作为"三纲"核心的"君为臣纲",汉以后一直被夸张为"天理",违犯者即是违天,而要受到重刑惩治。这种舆论巩固和强化了专制主义统治,使君主权力失去了制约的力量,由此不难理解为什么中国难以孕育出近现代所必需的民主政治基础。

其二,儒家鼓吹"天下之本在国,国之本在家",是为家族本位作辩护的。因此,在儒家人本主义思想体系中,人是作为"类"而存在的,是以家族成员的身份来表现其价值的,并不具有个体独立的存在意义。儒家宣称:"出则事公卿,入则事父兄",④就是中国古代做人的基本要求。表现在法律领域,家族宗法组织或家长是法律关系的主体,家属成员中的个人,是不能作为独立的主体参与各种法律关系的。如《宋刑统》规定:"诸家长在,而子孙弟侄等不得……卖田宅。"可见,以家族为本位的中国传统社会,个人鲜有独立的法律地位。

---

① 《荀子·王制》。
② 《礼记·乐记》。
③ (汉)班固:《白虎通义·爵》。
④ 《论语·子罕》。

其三，在儒家人本主义的理念中，对人的基本要求是通过修己安人的道德上的内省、克制，消除物质上的欲求，达到人与自然、人与社会的和谐。在浓厚的人本主义的道德氛围中，个人首要的价值取向是维持国家和社会秩序的稳定，以及对君父的忠与孝和对家族所承担的各种义务。至于个人的利益，在尚公去私的社会舆论下得不到应有的尊重。尤其是宋明理学家所鼓吹的“无我”，进一步否定了个人权益的合法性。这使以个人利益为核心的权利观念，很难在“上下有节、尊卑有序”的社会环境中形成。中国古代法律以义务为本位的成因是多方面的，但是儒家人本主义思想的消极影响是不可忽视的。

总括上述，儒家人本主义思想是在以农业立国的封闭的社会形成的，它的合理性与局限性，都与这个传统的国情分不开的。鸦片战争以后，民族资本主义经济的发展和救亡图存的斗争需要，儒家思想遭到了严重的冲击，从维护“三纲”到批判“三纲”、从专制神圣到民主共和、从义务本位到权利本位，传统的以人为本、明德慎罚的人本主义，不可避免地为人权神圣、民主法治的新思潮所代替。

九、权利等差，义务本位

中国古代的传统法律是特权法，是以维护不平等的社会关系为特征的，这是由以等级形式出现的阶级制度所决定的。传统法律的特权性，与法律的公平性要求是矛盾的。公平性的要求是普遍的评价法律的一种价值尺度，但有它的时代的和阶级的局限性。特权性的规定在范围上虽然也是有限的，但却是合法的。这矛盾的双方在一定的条件下又是统一的，传统的法律离不开公平性，而公平性的法律又是靠特权者的权力来维持的。因此，法律一方面是整个社会的调整器，另一方面又是特权者的保障书。

（一）立法等差

中国封建时代的社会关系是由不同的等级所构成的，反映在法律上不同的等级也是公开不平等的，所谓“良贱异制”，同罪不同罚。由此可见，中国传统法律的公平性要求在实践中的适用面是十分狭窄的。以唐朝为例，居于最高等级的皇帝，“上祇宝命，下临率土”，是凌驾于任何法律之上的统治者。他可以根据需要随时制定或更改法律，或直接“以制敕断罪”。为了维护君权独尊，法律严格防范超越君臣名分的行为：臣下必须遵照礼典政令的规定，不得非分逾制，违者杖一百；不得私借僭用皇帝服御之物，违者，徒三年；对于军政事务不得非分擅权，“诸事应奏而不奏，不应奏而奏者，杖八十”；[①]“诸死罪囚，不待覆奏报下而决者，流二千里”；[②]“擅发兵十人以上徒一年，百人徒一年半，百人加一等，千人绞”。[③] 臣下对于皇帝要常怀肃敬之心，不得有失人臣之礼，如上书奏事误犯宗庙讳者，杖八十；不承制命者，处绞刑；侵辱皇帝袒免亲属者，或徒，或斩。在十恶大罪中有四项罪名涉及对皇帝的犯罪。在封建法律中以不孝为重罪，但不臣之罪远远大于不孝。按唐律，子孙不得告祖父母、父母；部曲、奴婢不得告主，否则处以绞刑，但如告发谋反、逆、叛，则无罪，以示君高于亲，国重于家。

皇帝以下，贵族、官僚，组成另一个统治等级，他们享有免纳赋税、免服徭役、传袭官爵、荫及亲属等法定特权。如犯罪，还可以通过议、请、减、赎、官当等各种途径，减免罪责而不科以真刑。

所谓“议”即“八议”，其具体内容是：议亲，即皇亲；议故，皇帝的故旧；议贤，有大德行；议能，有大才干；议功，有大功勋；议贵，三品以上职事官及有一品爵者；议勤，为国家服务勤劳；议宾，前朝贵族等。凡属八议特权优待范围以内的贵族官僚，除“十恶”外，流罪以下减一等，死罪则根据其身份和犯罪情节由官吏集议减罪，报请皇帝批准。“八议”之制源于《周礼》，就法律规定而言，最早见于曹魏律。《唐律疏议》为“八议”作出详细疏解：“今之‘八议’，周之‘八辟’也。礼云：‘刑不上大夫’；犯法则在八议，轻重不在刑书也。其应议之人，或分液天潢，或宿侍旒扆，或多才多艺，或立事立功，简在帝心，勋书王府。若犯死罪，议定奏裁，皆须取决宸衷，曹司不敢与夺。此谓重亲贤、敦故旧、尊宾贵、尚功能也。”[④]

---

① 《唐律疏议·职制》,“事应奏不奏”。

② 《唐律疏议·断狱》,“死囚复奏报决”。

③ 《唐律疏议·擅兴》,“擅发兵”。

④ 《唐律疏议·名例》,“八议”。

至于“请”适用于皇太子妃大功以上亲、应议者期以上亲及孙，以及五品以上官，犯流罪以下可减一等，死罪须上请皇帝裁定。“减”适用于七品以上官，及应请者的亲属，流罪以下可减一等。“赎”适用于九品以上官，及七品以上官的亲属，流罪以下可以钱赎罪。事实上死罪也可以收赎，在唐律中明确规定了各种刑罚的赎罪金额。“官当”，适用于一般官吏，即以其官品的等级抵罪，如五品以上官，一官可抵“私罪”徒刑二年，“公罪”徒刑三年。如有兼官，则先以高者抵罪，再以低者抵罪。如罪小官大，抵罪以后留官收赎；如罪大官小，则余罪收赎。如因“官当”去官者，一年以后仍可降原官一等任用。在唐律中还有“免官”的规定，凡“免官者，比徒二年；免所居官者（现职），比徒一年”。[①] 凡因罪免所居官者，一年后，降原级一等叙用。清人薛允升说：“其（唐律）优礼臣下，可谓无微不至矣。”[②]“议”“请”“减”“赎”“官当”“免官”等规定，清楚地表明了唐律是保护贵族、官僚特权者的法律。在这一系列法律的曲庇下，贵族官僚犯罪一般都可以逃避真死、真配、真流的处罚。

不仅如此，唐律还规定九品以上官犯流罪，虽需“配流如法”，但可免除“居作之役”。七品以上官虽犯罪，但不得拘系拷讯，只能据众证定罪。五品以上官犯非恶逆死罪，“听自尽于家”，而不于刑场执行。由此可见，唐律从各方面周密地维护官的特殊身份和法定权利，严格官民的界限。

在唐律中广大的平民称为良人、凡人、常人、百姓、白丁，他们是社会生产的基本承担者，其主体是自耕农民。农民以外，还有相当数量的手工业工人、小商人。他们具有独立的人格和法定的权利，并对国家负有纳税、服役、征防的义务，但没有任何法律特权。

唐律中称为“贱民”的主要是官私奴婢。“官贱”中除官奴婢外，还包括官户、工乐户、杂户和太常音声人，他们隶属于官府，在诸司供役。“私贱”中除私奴婢外，还有身系于主的部曲。官私奴婢的社会地位最为低下，被法律认定为“列于资财”“比于畜产”的物，

---

① 《唐律疏议·名例》，“除免比徒”。

② （清）薛允升：《唐明律合编》，法律出版社1999年版，第24页。

而不具备独立的人格。官贱中官户、工乐户和私贱中的部曲,地位略高于奴婢,不同于可以任意处理的资财。至于杂户和太常音声人在授田、进丁、老免等方面与百姓无别,是接近良人的。

根据唐律,贱民不能应考出仕,在婚姻关系上只可"当色为婚",即与其层次相当的贱民为婚,不得与良人通婚。良贱之间如有相犯则同罪异罚。如良人犯贱人处刑比常人相犯为轻;贱人犯良人处刑比常人相犯为重。部曲、奴婢即使被放从良,但对旧主仍处于贱人的地位。《唐律·斗讼律》:"部曲、奴婢詈旧主"条规定如下:"诸部曲、奴婢詈旧主者,徒二年;殴者,流二千里;伤者,绞;杀者,皆斩;过失杀伤者,依凡论。但如旧主殴旧部曲、奴婢,折伤以上,部曲减凡人二等,奴婢又减二等;过失杀者,皆勿论。"良贱异罚并不限于主奴之间,也扩及主人缌麻以上亲属,以示良贱在法律地位上的截然不同。至于与人格无关的财产上的良贱相犯,则依凡人之法科断。

再以清朝为例,清朝是专制主义高度发展的时代,清朝皇帝是国家的唯一代表,是君,是父,又是主。国家的典章制度由皇帝"钦定",国家的任何大事、任何成员都必须听从皇帝决断与支配,所谓"乾纲独断"。与皇帝有着血缘关系的贵族阶层,也同样享有法定的特权。根据清律,一般凡人斗殴无伤,笞二十,有伤,笞三十,但如殴贵族宗室,虽无伤也杖六十,徒一年;有伤,则杖八十,徒二年。除法定的权利,外法外的习惯权利,几乎是无所限的。正因如此,贵族们才有恃无恐地"越礼逾闲,干犯宪章","所为之事,竟同市井无赖"。①

《大清律例》中对应议(八议)者犯罪的律文规定,较唐明律更为具体:"凡八议者犯罪(开具所犯事情)实封奏闻取旨,不许擅自勾问。若奉旨推问者,开具所犯(罪名)及应议之状,先奏请议,议定(将议过缘由)奏闻,取自上裁。其犯十恶者(实封奏闻,依律议拟)不用此律(十恶,或专主谋反、叛逆言,非也。盖十恶之人,悖伦

---

① 《大清会典》卷一,《凡王公将军应处者应叙者皆议焉附例》,中华书局 1991 年版,第 6 页。

逆天,蔑礼贼义,乃王法所必诛,故特表之,以严其禁)。”①

至于职官有犯则规定如下:“凡在京、在外大小官员,有犯公、私罪名,所司开具事由,实封奏闻请旨,不许擅自勾问(指所犯事重者言,若事轻传问,不在此限),若许准推问,依律议拟,奏闻区处,仍候覆准,方许判决。”②文武官无论犯公、私罪都可适用罚俸、降级取代刑责。

由于清朝是以满洲贵族为主体的政权,因此旗人犯罪还享有笞杖可换鞭责、军流徒免发遣改换枷号的法定特权。

为了严禁百姓犯上作乱,除以残酷的刑罚惩治反叛大逆罪外,还设重法惩治干犯职官的行为。例如,部民殴本属知府、知州、知县,无伤杖一百、徒三年,有伤杖一百、流二千里,较之常人相犯重十三等。部民骂詈本属知府、知州、知县,杖一百,较之常人相骂重九等,借以维护官民的名分,使官得以肆虐于民。

清朝的良贱之分在法律上已有了明确的概念。根据《大清会典》,“四民为良”,四民是民、军、商、灶,具体说来,民是列入民籍的百姓,军是隶属于军籍的军户,商是商人及其子弟,灶是灶户。至于“贱”,根据《大清会典》,“奴仆及娼优隶卒为贱”,“凡衙门应役之人……其皂隶、马快、步快、小马、禁卒、门子、弓兵、仵作、粮差及巡捕营番役皆为贱役,长随亦与奴仆同”,③其中奴婢是贱民的基本构成。

良贱之间法律地位的不平等,不仅表现为同罪异罚,更严禁通婚,奴娶良人为妻者,杖八十并强制离异,主人代为主婚者罪及主人。此外,贱民及其子孙不得应试或捐监,如更改姓名蒙混应试报捐,革斥之外,“照违制律杖一百”,④有容隐者,连坐;廪保者,黜革治罪。⑤

另据《钦颁服色条例》及《大清会典》的有关规定,贱民还须穿

① 《大清律例·名例》,“应议者犯罪”。

② 《大清律例·名例》,“职官有犯”。

③ 《大清会典》卷十七,《正天下之户籍附例》,中华书局1991年版,第142页。

④ 《读例存疑》卷一,“人户以籍为定”,乾隆五十三年定例。

⑤ 《光绪·大清会典》卷二二。

着与其身份相合的服饰,以示良自为良,贱自为贱,否则即为僭越。

以上可见,清朝在立法中全面规定了不同等级成员的法律地位,以及相互间的权利义务关系和法律适用上的区别。显而易见,立法的差等与法律的公平要求是直接冲突的。但在当时特定的政治、经济条件和文化习俗的历史背景下,竟然得到了社会的某种认同和遵守。当然享有法定特权的和毫无法律权利的只是两个人数较少的层面,他们之间的不公平正是统治阶级所追求的"公平",且为了夸张这种公平的权威性,还把它说成是天意之所予也。民间所说的王子犯法与庶民同罪,只不过是一种天真的向往,在立法和司法的实践中是不存在的。南齐巴东王杀死僚佐,大臣戴僧静为之辩护说:"天子儿过误杀人,有何大罪",[①]这可以作为一般的写照。

(二)司法特权

中国古代的法律在司法上也存在许多特权性规定,而且源远流长,辗转相承。据《周礼·秋官·小司寇》载,"凡命夫命妇不躬坐狱讼",而由其子弟或下属代理。所谓"命夫",郑玄注为"其男子之为大夫者",这项规定的目的是防止"治狱吏亵尊者也",这可以说是中国最早的关于司法特权的规定。另据文献记载,西周时根据诉讼当事人身份的不同而适用不同的法律:"凡诸侯之狱讼,以邦典定之;凡卿大夫之狱讼,以邦法断之;凡庶民之狱讼,以邦成弊之。"[②]所谓典、法、成,也就是三种不同类型的法律。后世封建法典中的"八议"也导源于周之"八辟",所谓"以八辟丽邦法",以开脱贵族卿大夫的罪责。

不仅如此,为了使有产者逃避审判与刑责,还创立了赎刑制度,"使之入金而免其罪"。[③]《吕刑》就是一部以赎刑为主要内容的立法,有关赎刑的具体规定,虽有后人伪造,但它所确立的赎刑原则和施行办法,是符合西周的历史背景的。

贵族如犯死罪,其行刑地点也不同于庶人。据《周礼·秋官·

---

① 《南齐书·戴僧静传》。

② 《周礼·秋官·大司寇》。

③ 《晦庵先生朱文公文集·舜典象刑说》。

掌戮》记载："凡杀人者踣诸市，肆之三日，刑盗于市，凡罪之丽于法者，亦如之。"但"凡王之同族有罪不即市"，孔颖达在《礼记》疏中说："凡有爵者，与王同族，大夫以上适甸师氏，令人不见，是以云'刑不上大夫'。"

由西周创立的司法特权原则和制度，一直影响于后世，而且不断加以充实完备。例如，唐时除谋反、谋大逆、谋叛等罪外，卑幼不得控告尊长，奴婢不得控告主人，如强行控告则处重刑。贞观二年诏中说："自今奴告主者，斩之。"准此，《唐律·斗讼律》具体规定如下："诸部曲、奴婢告主，非谋反叛逆者，皆绞。"随着"八议"制度的定型，而产生了对贵族官僚的特定司法程序，强调实封奏闻取旨，不许擅自勾问。

至宋代，专制主义的强化使皇帝掌握了更多的司法擅断权。不仅上奏案件、宗室罪案，概由皇帝决断，即使已经司法机关判决的罪犯，皇帝也可以"矜贷""赦宥"而减轻其刑罚。

清朝沿承"命夫命妇不躬坐狱讼"的传统，并进一步具体化："凡官吏有争论婚姻、钱债、田土等事，听令家人告官对理，不许公文行移，违者笞四十。"[①]清朝在关外时期对宗室觉罗犯罪，虽多所宽减，但在司法程序上与民人大致相同。入关以后，渐改旧制，并于顺治九年设立宗人府专掌宗室觉罗案件的审判。顺康时期，"王以下及宗室有过犯，或夺所属人丁，或罚金不加鞭责，非叛逆重罪，不拟死刑，不监禁刑部"。[②] 根据《宗人府则例》，涉及宗室觉罗的民刑案件，均由特定的审判机关审理。"户婚田土之讼，系宗室，由府（宗人府——作者注）会户部；系觉罗，由户部会府；人命斗殴之讼，系宗室，由府会刑部；系觉罗，由刑部会府。"但均须"实封奏闻取旨，不许擅自勾问"。嘉庆十三年定例，对此有所变动，只有军流以上案方准随时具奏。徒罪，或"送宗人府，会同刑部审明，照例定拟"，或"归入刑部，按季汇题"。杖、笞罪，"即照例完结，均勿庸具奏"。在嘉庆二十四年以前，审讯宗室无须长跪听审，后因宗室骄横不法，特

---

① 《大清律例·刑律》，"官吏词讼家人诉"。

② 《大清会典事例》卷十，第1页。

增订以下附例:"犯事到案,无论承审者何官,俱先将该宗室摘去顶戴,与平民一体长跪听审,俟结案时,如实系无干,仍奏明给还顶戴。"[1]

清初宗室觉罗犯罪,"轻者折罚,重则责惩,而加圈禁"。[2] 中期以后,"其犯笞杖军流徒等罪,审系不安本分者,分别枷责实发,如有酿成命案者,先行革去宗室,照平人例问拟斩绞,分别实缓"。[3] 可见其司法特权已随同社会关系的发展与政治状况的变化消磨殆尽,而不得不一体科断了。

对于奏闻取旨的宗室觉罗案件,皇帝的裁决一般是依法司所拟议,但有时也予以改动。例如,康熙四十五年,"宗人府为闲散宗室儒富砍杀其家人筐儿,拟枷号三个月,鞭一百,械系拘禁家中"。但康熙皇帝的裁决却在本已宽宥的基础上,又加宽免:"法虽当罪,若以理论之,筐儿者乃儒富家奴,而告陷儒富之父。儒富忿恨,故砍杀之,可谓有丈夫气,着从宽免治罪。"[4]

清代职官犯公私罪,文官道、府以上,武官副将以上,应审讯者,须先照例题参,奏准之后,才可以提讯。其余文武各员,一面具题,一面提讯,而不待奏准。在审理中,如系三品以上大员,不得遽用刑夹,"有不得不刑讯之事,请旨遵行"。[5] 法司审讯完毕依例拟罪,但仍须奏闻,复准之后,方可判决。

由于清朝统治的历史背景,使审理一般旗人案件也有一些特殊规定。譬如,无论各省旗人,还是京师旗人,徒罪以上案件,审结之后,均须奏闻皇帝,由皇帝裁决。

总之,司法是适用法律解决刑民事诉讼的国家活动,通过司法发挥法律的社会调整与维护国家统治的功能,消除影响社会稳定的因素,保持国家的长治久安,因而受到历代统治者的重视,由此而慎

---

① 《大清会典》卷一,《凡王公将军应处者应叙者皆议焉附例》,中华书局 1991 年版,第 7 页。

② 《大清会典》卷一,第 14 页。

③ 《大清会典事例》卷十,第 16 页。

④ 《康熙起居注》,康熙四十五年十二月十五日己亥。

⑤ 《大清律例·名例律》,"应议者犯罪"附例。

选司法之官，使治吏与治法结合并重。为了充分发挥法律的治世作用，开明之君都倡导司法公平，鼓励官员秉公断案，明镜高悬，甚至把司法神圣化，体现了统治者所追求的长远利益和社会效果。但在中国古代以等级为基本构成的社会关系和以皇帝为至上权威的专制制度下，司法公平的要求与实际存在的司法特权有着极其鲜明的反差。封建统治者司法公平的观念与法律面前公开的不平等规定是并行不悖的。公平的程序只适用于某些阶层，而对特权阶层又制定了特殊的程序，后者所拥有的法内特权，对少数人说来或许是公平的，而对整个社会则是不公平的，但二者在封建社会都属于正常的法律程序。这就使人们更清楚地认识到所谓公平是相对的，绝不是超阶级、超历史的。司法上的区别对待，在中国封建社会是合法的，但不是合理的，它反映了封建的社会制度与国家制度的不合理性。

在立法等差的前提下，司法特权是法定的、不可避免的，法律所维护的容忍公平也只能是封建社会的公平，否则也就不是封建法制了。

但是需要指出，在中国古代对某些犯罪，如十恶，因其危害国家的根本利益，法律基本上是平等适用的，而无论社会个体的差异，至于如何执行刑罚仍会受到当事人身份的影响。

此外，在司法实践中既维护特权者法定的权利，也限制其习惯的权利，以约束特权者肆意违法残民的行为，而使平民获得某种生存和发展的机会，因而在不公平的司法当中又含有某种公平的因素，这正是封建国家长治久安所需要的。明太祖朱元璋曾经告诫说："今朕为尔王，立法定制，使富者得以保其富，贫者得以全其生，尔等当循分守法，能守法则能保身矣。"①

（三）义务本位

在中国古代法律中，有关庶民的权利和义务的规定是严重失衡的。庶民虽然在法律范围内享有从事生产、经商务工等权利，但比起国家要求庶民应尽的法定义务是微不足道的。

---

① 《明太祖实录》卷四九。

法律从产生之日起,便被视为禁民为非、役民为君的工具。统治者对庶民的要求就是使用民力、使用民能和用民之死命,所谓“强由民力,财由民出”。① 为了达到这个目的,通过立法的手段把它规定为必须履行的法律义务。但对于庶民的法定权利,却不见或少见于法律的规定。以云梦秦简为例,其中详列了庶民对国家应承担的徭役、兵役、遵守法令、力田生产、连坐告奸等义务。这些义务是法定的、具体的,必须履行的,违者将会受到严厉的刑罚制裁。如秦简规定,逃避徭役者,一年后被捕获,仍然予以惩处。至于告奸的义务,更是以严厉的刑罚作为后盾,告奸者与斩敌首同赏,不告奸者与降敌同罚,处以死刑。

至于庶民的权利,见于秦简的不过是从事民事法律活动的某些权利而已。这种权利与义务的严重不平衡,自秦以后一直未变,以致凡涉及庶民的民事纠纷、经济权益,国家均视为“细故”,能调解则调解之,即使涉讼也只一审终结。在中国古代,民事法律不发达的原因之一,就是国家不重视庶民的个人权利,当然也缺乏法律上的“私人平等”。

汉时,确立了儒家思想的统治地位,董仲舒提出的“三纲”,即君为臣纲、父为子纲、夫为妻纲的学说,成为国家的纲纪和立法的最高原则。“三纲”是以严格的封建等级制度为基础的,是君权、父权、夫权的集中体现。它所强调的是君臣、父子、夫妇各自遵守上下尊卑之礼,“使贵贱有等,衣服有制,朝廷有位,乡党有序,则民有所让而不敢争”。② 为了膨胀三纲的权威,董仲舒鼓吹说,“王道之三纲,可求于天”,从而为之涂上一层神秘的色彩。

在汉代,三纲不仅是社会的最高道德标准,也是国家立法的根本原则,它指导了汉律的修订,也体现为汉律的基本内容。例如,汉律中有关“大不敬”“不孝”“不道”“禽兽行”等罪名的确立,以及“亲亲得相首匿”“原心定罪”“议”“请”原则的实行,都是从立法上贯彻三纲原则的具体表现。三纲的法律化,也使义务本位法律化。

---

① 《三国志·吴书·陆逊传》。

② 《春秋繁露·度制》。

庶民首要的是对国家和对君主尽其应尽的义务。在宗法精神与原则的基础上，法律也规定了卑幼在家中应尽的，孝亲、尊上、敬祖、守制等种种义务，如不履行，则要受到刑罚的制裁，所谓出礼入刑。而卑幼的权利，则受到漠视，无论是经济权、婚姻权都应以家长的意志为准，甚至人身权也缺乏法律的保障，父母对子女可以告官呈讼，官府即以父母的意见为准，进行惩治，直至处死。

作为社会重要构成部分的广大妇女，要遵行"三从"——在家从父、出嫁从夫、夫死从子的儒家教条及法律规定。她们除履行相夫教子、孝敬翁姑等种种义务外，所能享受到的继承、立约、教育子女等权利，则是有条件限制的。因此，妇女在法律上的主体地位是不完整的。

至于名列贱籍的奴婢阶层，被看作"律比畜产"的财产，是权利的客体，因而不具备独立的人格和法律地位。他们的生存权常常为主人所剥夺，森严的法条使他们陷于几乎是为主人尽义务而存在的命运。

"义务本位"法律观的形成不是偶然的，首先，决定于专制主义的政治体制。从中国进入阶级社会时起，专制主义政治就开始在中国形成并得以不断发展强化。在这种政治体制下，所宣称的"国以民为本""民为邦本"，实质上就是要求社会上的所有成员向国家尽其应尽的义务，至于主张权利的合法性前提则是不具备的。在封建统治者看来，专制主义国家就是庶民权利的总的体现，所以法律总是在倡导"奉公去私"。正如韩非子所言，"夫立法令者，以废私也，法令行而私道废矣。私者，所以乱法也……"①因此，庶民如向国家主张权利，则属于危害国家统治秩序的行为而要受到惩处。

其次，决定于宗法家族制的社会结构。中国早在氏族社会就开始形成了以血缘为纽带的社会关系。进入阶级社会以后，在保留以血缘关系为纽带的社会条件下进一步演化为宗法制度，宗族成为发挥法律调整功能的重要中介。既然家齐而后国治，家长遂拥有治家之权，他是家内卑幼权利的总代表，卑幼个人要履行对家族的义务，

---

① 《韩非子・诡使》。

家长或族长则履行对国家的义务。如果出现不能及时交纳赋税,或子弟发生不利于国家的行为,则重罪家长,以示家长在家内的权利主体地位。在这样的条件下,个人很难成为拥有法律关系主体资格的可能,甚至以个人利益为核心的权利观念也难以形成。“名分”所定,被认为既合于天理,又顺乎民情,因此,统治者有意识地将宗法原则引进政治领域,君为君父,民为子民,子民只有效命于君父的义务,而不得向君父索取权利。在这样的法文化的笼罩下,庶民只能以尽义务为天职,以争权利为非分,无从产生如西方社会那样的浓厚的个人主义的权利意识。

再次,受儒家思想的强烈影响。儒家是重礼治的,礼的主要作用在于“别贵贱”“序尊卑”,确立“尊尊、亲亲、长长、男女有别”的宗法等级制度。礼的要求,在国,则君臣贵贱,上下有节;在家,则父子兄弟夫妇尊卑有序。可见,礼不仅设定了父子有亲、君臣有义、贵贱有等、长幼有序的最高行为准则和道德标准,也为社会各阶级、阶层规制了一般的行为规范和是非观念。在这种等级体系中,子对父、妻对夫、臣对君、贱对贵、幼对长只能恪尽义务,而不得主张权利。孔子所倡导的“克己复礼”的重要一面,就是贯彻履行“礼”所设立的义务,为此须要压抑个人的权利欲望和需求。至南宋,理学家所主张的“存天理,灭人欲”,更以牺牲个人的合理、合法的利益,来实现社会关系的和谐;以压抑人们追求权利,满足私欲的人的本性,来培植人们无私的曲尽义务的扭曲了的精神品格。随着礼法合一的法制模式的定型,法律从履行义务的角度,而不是从确认权利的角度全面规定了人与人之间的各种关系,强调了个人履行对国、对家应尽义务的一致性。于是以义务为本位的儒家化的法律,取得了相对的稳定性而辗转流传,直至清末修律。

最后,以法律强制庶民履行义务。义务本位的法律以及儒家对此的各种论述,并没有能消除和完全节制个人私欲的合理性要求,以致常常发生争取权利与利益方面的冲突。当这种冲突破坏了儒家利用道德教化的方式,养成人们自觉承担义务的理想主义,甚至危害到执行法定的义务时,国家便运用法律或重刑强制个人承担义务。出礼入刑和“明刑弼教”都是儒家“先教后罚,以罚辅教”思想的体现。当人们自觉地履行各类义务，便是儒家道德所称许的“善”，刑法不过是用来达到“善”的工具。“书云，士制百姓于刑之中，以教祗德；言刑以弼教，使之畏威远罪，导之以善尔。唐虞之治，固不能废刑也，惟礼以防之，有弗及，则刑以辅之而已。”①可见，在督促履行义务这一点上，中国自古以来都是“先礼而后刑”的。

中国古代的法与刑是相通的，其作用就是“诘奸除暴、惩贪黜邪”。人们从法律体系中，所感受到的不外是“禁止做”“必须做”的义务性要求，而不是“可以做”的权利性规定。法律成了压制性的力量，是记载义务的文本，而不是权利的宣言书。

十、法自君出，权尊于法

（一）先秦的专制王权与法制

中国从进入阶级社会，建立国家起，便形成了以国王为中心的专制政体，可以说源远流长。在商周的文献中“予一人”是国王的自称，象征着他所拥有的至高无上的特权地位。有关征伐祭祀等国家活动，都被称作“王事”，以示王即国家，两位一体。在甲骨文中多次出现的“王命”“王令”“王乎”的卜辞记录，说明国家的重大事务都由国王下令决定。国王不仅握有最高的行政权、军事权，还握有最高的立法权与司法权。

夏商二朝借助“天命神授”的天道观来加强王权的权威。至西周，虽在“天命神授”中注入“以德配天”的内容，但“天”仍是王权的支撑力量。东周时期，诸子提出的圣人、君主“参天地”的理论，把君主进一步超人格化了。例如，荀子说：“君子者，天地之参也，万物之总也，民之父母也。无君子，则天地不理，礼义无统。”②诸子学说虽各有侧重，但共同的不外乎为君主专制的政治服务。司马谈在《论六家要旨》文中指出：“阴阳、儒、墨、名、法、道德，此务为治者也，直所从言之异路，有省不省耳。”③而在中华文化土壤上生成的

① 《宋史·刑法志》。
② 《荀子·王制》。
③ 《史记·太史公自序》。

宗法制度,又为王权提供了坚实的社会基础。就法制而言,夏商周三代的法制建设以及实际操作,都是围绕着国王进行的。王权高于法律,法律由王所出,刑罚由王所定。例如,夏朝的法律统称作《禹刑》。《左传·昭公六年》曰:“夏有乱政,而作禹刑。”《汉书·刑法志》也说:“禹承尧舜之后,自以德衰而作肉刑。”可见,夏代的刑(亦即法)被认为是禹根据“乱政”“德衰”的时代变化而制定的,以禹为名,表示法自禹出以及对夏族杰出祖先和开国之君的怀念与崇敬。

商朝的法律统称做汤刑。《左传·昭公六年》:“商有乱政,而作汤刑。”汤是商朝开国之君成汤,刑以汤名,其意与夏刑以禹为名相同。不仅如此,夏商周三代重要的军令、法令大多是以国王的誓、命的形式发布的。例如,《尚书·甘誓》记载夏启在一次出征前发布的军令:“用命,赏于祖;不用命,戮于社,予则孥戮汝。”这道军令说明只有夏王拥有发布军令,亦即法令的权力,并且由他执掌予夺生杀。《尚书·汤誓》记载成汤伐夏所发布的军令,颇与《甘誓》相似:“尔不从誓言,予则孥戮汝。”至于《尚书·盘庚》篇所载盘庚的训诫,更清楚地说明了这一点:“矧予制乃短长之命”,“听予一人之作猷……惟予一人有佚罚”,“我乃劓殄灭之无遗育”。至西周建立,周王发布的诰、誓、命也都是具有最高效力的法律形式。

国王还掌握了最高的司法权,甲骨文中“贞,王闻惟辟”,“贞,王闻不为辟”,“兹人(刑)不”,说明国王拥有司法的最后决定权。西周时期国王又是诸侯国间法律纠纷的最高仲裁人。《周礼·秋官·掌囚》说:“及刑杀,告刑于王,奉而适朝士。”随着周朝国家机构的发展,国王以下已经形成司寇、士师的中央司法机关和乡士、遂士、县士、方士、讶士的地方司法机关,执行着司法事务。

夏、商、周三代的历史雄辩地说明了中国古代权力与法律的关系:权力支配法律,法律服从权力,这是专制制度所决定的,也是由王所掌握的经济的、军事的、宗法的、宗教的等一系列权力所共同维系的。例如,国王垄断了经济大权,最主要的生产资料——土地,以及生产者奴隶,采取国有实际上是王有的形式,所谓“溥天之下,莫非王土；率土之滨，莫非王臣”，[①]由王分配给其他贵族，但所有权并不随之转移。这种亚细亚古代的生产方式，是王权专制的物质基础。

国王也掌握最强大的武装力量。以西周为例，王有六军，诸侯大国三军，次国二军，小国一军。如有不听命者，国王有实力进行征伐。

在宗法等级制度下国王还是周族的大宗，王权与族权相合，贵族之家与国相通，宗法上的等级和政治上的等级是一致的，从而形成了“王臣公，公臣大夫，大夫臣士”，[②]“天子建国，诸侯立家，卿置侧室，大夫有贰宗，士有隶子弟”[③]的金字塔式的政治阶梯。各个贵族宗族分别享有与其等级相对应的权利义务，不得违制僭越。由此可见，族权是王权的重要支柱，周王凭借政治的和宗族的双重权力系统，维持其宝座。

不仅如此，国王的权力还借助神权而得到加强。由于三代时期生产力水平低下，科学技术远不能解释复杂的自然现象，因而充满了敬畏。国王遂趁此有意识地利用神权来辩护国家的重大政治活动并伸张王权。例如，夏启攻打有扈氏发布的军令中便提出：“天用剿绝其命，今予惟恭行天之罚。”[④]成汤在攻打夏桀的军令中也宣布：“有夏多罪，天命殛之……致天之罚。”[⑤]对于刑罚的动用，也以天讨为名，所谓“天讨有罪，五刑五用哉”。[⑥]《尚书·大禹谟》在鼓吹王权天授时，说：“皇天眷命，奄有四海，为天下君。”商王更把对天的崇拜和对王室祖先的崇拜联结起来，把天帝说成是商王的祖宗神，他与商王一为上帝，一为下帝，使神权与王权合二而一，为奴隶制的贵族政治涂上一层神秘的油彩。周朝建立以后，历史条件的剧变，使商朝的天道观破产了，周王不再宣扬王是天帝的子孙，而鼓吹天只赞助有德之人，周之代商就是因为周人“以德配天”。

综上所述，可见专制王权是神权、族权、军权、经济权、司法权的

---

① 《诗经·小雅·北山》。
② 《左传·昭公七年》。
③ 《左传·桓公二年》。
④ 《尚书·甘誓》。
⑤ 《尚书·汤誓》。
⑥ 《尚书·皋陶谟》。

综合体现,是国家的最高权力,王只服从天而不受任何约束。法律是以王为代表的贵族阶层的意志,是遵王命治国的工具,而不是约束王权的手段,这与古希腊、古罗马不同,是古东方另一种类型的暴君专制。中国奴隶制时代虽然制定了成文法,但并不向全社会公布,极力保持“刑不可知,威不可测,则民畏上也”[①]的秘密状态,以便于贵族们特别是国王“议事以制”,随意引用,维护贵族的利益和国家的统治。由于夏商周三代亲贵合一,家国相通,为调整复杂的社会关系,既适用国法,也适用家法,二者具有一致性,互相补充。例如,“立嫡以长不以贤,立子以贵不以长”,[②]既是家法,也是国法,王位继承和各宗支继承都要遵守。对于严重违反国家利益的宗族成员,既要由国法制裁,有时也要受到家法处置,即“戮于宗”。[③] 家族内部的习惯法的广泛适用,是氏族制的遗痕,这在商品经济发达,氏族制遭到彻底破坏的古希腊、古罗马是不曾有的。

(二)皇权的制度化与法律化

进入秦汉以后,为皇权辩护的理论更加充实。如秦时,以“溥天之下,莫非王土;率土之滨,莫非王臣”[④]为基础,宣称“六合之内,皇帝之土;人迹所至,无不臣者”,[⑤]一言以蔽之,世上最主要的物——土地和人,都归属于皇帝所有,从而构成了皇帝富有四海的内涵。汉高祖即皇帝位以后,以秋后算账的口吻对他父亲说:“始大人常以臣无赖,不能治产业,不如仲力,今某之业所就,孰与仲多?”[⑥]这无异于宣布天下财富皆为皇帝个人的私产。与皇帝拥有最高所有权思想相对应的,是恩赐思想的盛行。臣民所拥有的一切,甚至处死大臣都称之为“赐死”,被刑者还要向皇帝“谢恩”。这在古人的思维逻辑中是不足为怪的,皇帝既拥有了对臣民一切的最高所有权,也就拥有了任意处置权,这就把君主置于绝对地位,为君主擅作威

---

① 《左传·昭公六年》,孔颖达疏。
② 《公羊传·隐公元年》。
③ 《左传·成公三年》。
④ 《诗经·小雅·北山》。
⑤ 《史记·秦始皇本纪》。
⑥ 《史记·汉高祖本纪》。

福提供了又一理论工具。

汉时,董仲舒提出天人感应论,说:“天生民……为之立君以善之,此天意也”,“王者承天意以从事”,[①]“天子受命于天,天下受命于天子”。[②] 只有皇帝体现着自然与社会的必然性,人们要遵从规律和必然性,就必须遵从皇帝。从此,“天命神授”“奉天承运”之说贯穿于整个封建社会,用以辩护皇权的神圣性与合理性。

董仲舒还通过“三纲五常”的理论构建了一个完整的政治与伦理的网罗,每个人都无所逃于这个网罗。在这个网罗中,个人的独立价值受到漠视,是作为从属物而存在的。宋儒更从天理的高度肯定了专制集权的封建秩序,所谓“父子君臣,天下之定理,无所逃于天地之间”,[③]并通过“存天理,灭人欲”的伦理道德观,营造了君主专制所需要的思想环境。

1. 皇权的制度化

秦王吞并六国,统一天下以后,自号“始皇帝”,建立皇帝制度,使皇权专制制度化法律化。

为了显示皇帝至高无上的特殊地位,从秦始皇起创立了一系列专用的称谓:皇帝命为“制”,令为“诏”,自称为“朕”,臣民称皇帝为“陛下”,皇帝驾临曰“幸”,所在曰“行在所”,所居曰“禁中”。这些为皇帝垄断的称谓,基本上适用于整个封建社会。例如,汉时“汉天子正号曰皇帝,自称曰朕,臣民称之曰陛下,其言曰制诏,史官记事曰上,车马衣服器械百物曰乘舆,所在曰行在,所进曰御。其命令一曰策书,二曰制书,三曰诏书,四曰戒书”。[④] 另据开元《仪制令》,唐时对皇帝无论夷夏统称之为皇帝、天子,臣下内外通称之为至尊,上表则称之为陛下,行幸则称为车驾等。[⑤] “诸皇太子已下,率土之内,于皇帝皆称‘臣’。皇后已下,率土之内,于皇帝、太皇太后、皇太后皆称‘妾’。六宫已下,率土妇人,于皇后皆称‘妾’。百官上疏

---

① 《汉书·董仲舒传》。

② 《春秋繁露·为人者天》。

③ 《二程集》,《遗书》卷五。

④ (汉)蔡邕:《独断》卷一。

⑤ [日]仁井田升:《唐令拾遗》,栗劲等编译,长春出版社1989年版,第400页。

于太皇太后,皇太后,皇后称‘殿下’,自称皆曰‘臣’。百官及东宫官于皇太子皆称‘殿下’(上启、表同),百官自称名,宫宦自称‘臣’。”①

为了尊崇皇权,在官文书中建立了抬头、避讳制度。凡文书中有皇帝字样要“顶格书”,臣民在语言文字中涉及皇帝名字要避讳。开元《公式令》规定:“诸写经史群书及撰录旧事,其文有犯国讳者,皆为字不成。”②另据《唐律疏议》,“诸上书若奏事,误犯宗庙讳者,杖八十;口误及余文书误犯者,笞五十。即为名字触犯者,徒三年。若嫌名及二名偏犯者,不坐”。③ 所谓“嫌名”是指音同字不同,“二名偏犯”是指复姓二字中,一字触讳,均不治罪。唐太宗李世民在避讳问题上较为开明,他说:“今宜依据礼典,务从简约,仰效先哲,垂法将来。其官号人名,及公私文籍,有‘世’及‘民’两字不连接,并不须避。”④

皇帝处理国事的方式,主要是临朝听政,为此建立了朝议和朝会制度。

朝议制度,是从氏族议事会发展而来的,是不定期地令有经验、学识者和官僚联合集议,以求得决策的正确。秦始皇建立皇帝制度后,虽然“天下事无大小皆决于上”,但遇有军国大事,仍“下其议”于群臣。朝议制度为秦以后历代封建王朝所继承。朝议的召集权属于皇帝,没有皇帝的指示,任何大臣不得擅自召集朝议。朝议的特点是由皇帝“兼听独断”,兼听以防臣下蒙蔽,求其最符合统治利益的意见;独断则显示皇权独尊与至高无上的权威。例如,秦初丞相王绾等请封诸王子为燕、齐、楚王,朝议时“群臣皆以为便”,唯有廷尉李斯独持异议。秦始皇认为“廷尉议是”,遂没有实行分封制度。⑤ 可见朝议并不是限制皇权的民主性会议,而是遂行皇帝独裁

① [日]仁井田升:《唐令拾遗》,栗劲等编译,长春出版社1989年版,第401~402页。

② 同上书,第504页。

③ 《唐律疏议·职制》,“上书奏事犯讳”。

④ 《贞观政要·礼乐》。

⑤ 《史记·秦始皇本纪》。

的一种方式。

至于朝会制度是有关皇帝临朝与定期朝会的制度。

皇帝行使权力的凭证是玺符,皇帝表达意志、指导国事的下行文书是诏、敕、令。制敕文书如有误,则须严格按法律规定处理。开元《公式令》规定如下:"诸制敕宣行,文字脱误,于事理无改动者,勘检本案,分明可知,即改从正,不须复奏。其官文书脱误者,咨长官改正。"[①]但如知制书有误,"不即奏闻,辄改定者,杖八十"。官文书有误,"不请官司而改定者,笞四十。知误,不奏请而行者,亦如之"。如故意修饰改动内容者,"各加二等"。[②] 以上规定重在维护皇权,但也有助于文书的正确执行和时效。

为确保皇位万世一系而建立了太子继承制度。汉初,叔孙通以秦为鉴向高祖刘邦进言建立皇位继承制度,他说,"秦以不早定扶苏,胡亥诈立,自使灭祀,此陛下所亲见",[③]由此使汉代统治者认识到"太子,天下本,本一摇,天下震动"。[④] 在中国封建的政治与法制史中,皇位继承始终是一件涉及皇家与封建王朝的头等大事,并且充满了权力的倾轧与争夺。从秦代的胡亥诈立,到唐代的玄武门之变,到康熙末年的传位之争,重出叠见,不一而足。

作为皇帝制度重要内容的还有法定的后宫制度、宗庙制度和陵寝制度。它的每一项内容都是为了渲染皇帝的至尊地位和加强专制统治。

从秦始皇首创皇帝制度起,直到1911年辛亥革命推翻帝制止,延续长达两千余年,这在世界史上是绝无仅有的。皇帝制度对中国社会的发展,以及政治、经济、文化各方面都有深刻的、悠久的影响。在皇帝制度初建时期,其对于多民族国家的统一和巩固,以及抵御外来的侵略和发展封建的经济、文化起过积极的作用。但是,皇帝制度所造成的无限的专制权力,必然带来极端的腐败,桎梏了社会的进步,束缚了民众的聪明才智,甚至陷广大民众于水火之中。就

---

① [日]仁井田升:《唐令拾遗》,栗劲等编译,长春出版社1989年版,第534页。

② 《唐律疏议·职制律》,"制书官文书误辄改定"。

③ 《汉书·叔孙通传》。

④ 同上。

在秦统一后不久,已然是“海内之士力耕不足粮饷,女子纺绩不足衣服”,“竭天下之资财以奉其上”,[1]终于激发了秦末农民大起义。

明末清初,启蒙思想家黄宗羲在《明夷待访录》一书中对于专制皇权进行了猛烈的抨击,他说,君主“以天下之利尽归于己,以天下之害尽归于人”,视国家为“私产”,在“为子孙创业”的利己主义的目标下,不惜“屠毒天下之肝脑,离散天下之子女”。既得国家之后,又“敲剥天下之骨髓,离散天下之子女”,供君主一己之淫乐,视为“产业之花息”。因此,天下人视君主为“寇仇”,“为天下之大害者,君而已矣”。[2]

2. 皇权的法律化

皇权专制不仅通过建立各种制度,使皇帝“乾纲独断”,而且还借助各种立法,使之法律化。

其一,以法律的形式,确定君臣名分,维护君尊臣卑的等级,严密防范非法逾制。

以唐代为例,唐律明确规定凡“营造舍宅车服器物及坟茔石兽之属于令有违者,杖一百。虽会赦,皆令改去之”。“主司私借乘舆服御物若借人及借之者,徒三年;非服而御之物,徒一年,在司服用者,各减一等。”对于皇帝的使节,要尊使承命,不得抗拒。如“对使拒捍,不依人臣之礼,既不承制命,又有拒捍之言者,合绞”。

臣下处理军、政、司法要务,凡依法应奏报者必须奏报,不得非分擅权。唐律规定:“诸事应奏而不奏,不应奏而奏者,杖八十。”官吏随驾祭祀,参予朝会、侍卫,如“行事失错及违失仪式者,笞四十”。“诸官人从驾稽违及从而先还者,笞四十,三日加一等;过杖一百,十日加一等,罪止徒二年,侍臣加一等。”秦时曾创立“漏泄省中语”罪,唐律也仿此规定凡与皇帝宫人接近,“共宫人语言”,或“亲为通传书信及衣物者”,处绞刑。

其二,严厉制裁侵犯皇权统治,威胁皇帝人身安全的犯罪。

按《唐律》,在“十恶”大罪中,涉及皇帝的一曰谋反(谓谋危社

---

① 《史记·平淮书》。

② 《明夷待访录·原君》。

稷）；二曰谋大逆（谓谋毁宗庙、山陵及宫阙）；三曰谋叛（谓谋背国从伪）……六曰大不敬（谓盗大祀神御之物、乘舆服御物，盗及伪造御宝，合和御药误不如本方及封题误，若造御膳误犯食禁，御幸舟船误不牢固，指斥乘舆情理切害及捍制使而无人臣之礼）。所谓“谋”，按《律疏》解释，仅仅是“将有逆心”“而有无君之心”“遂起恶心”，并没有见诸言论和行动。至于大不敬中的某些行为也是由“误”引发的，只是因为臣子对皇帝不应有误，也不许有误，所以都列入十恶。由于谋反、谋大逆最危及皇帝的统治，因此处刑最严，并且缘坐，以便“除恶务尽”。“诸谋反及大逆者皆斩；子年十六已上皆绞，十五以下及母女、妻妾、祖孙、兄弟、姐妹若部曲、资财、田宅并没官。男夫年八十及笃疾，妇人年六十及废疾者，并免。伯叔父、兄弟之子皆流三千里，不限籍之同异。即虽谋反，词理不能动众，威力不足率人者，亦皆斩，父子、母女、妻妾并流三千里，资财不在没限。其谋大逆者，绞。”明清律关于谋反罪的处刑较之唐律尤为加重。

按唐律，子孙一般不得告发祖父母、父母，部曲、奴婢不得告主，否则处绞。但如子孙和部曲、奴婢所告为谋反、逆、叛时，不仅许告，而且予以保护，对此，《律疏》解释说：“谋反、大逆及谋叛以上，皆为不臣，故子孙告亦无罪。日月所照，莫匪王臣，奴婢、部曲虽属于主，其主若犯谋反、逆、叛，即是不臣之人，故许论告。”即使是侵犯了皇帝的亲属，也较常人加重处刑，如“诸皇家祖免亲而殴之者，徒一年；伤者，徒二年；伤重者，加凡斗二等。缌麻以上，各递加一等。死者，斩”。

综观中国古代社会，不仅建立了一整套周详备至的强化君主专制统治的皇帝制度，而且还制定了各种法律，以使专制皇权“合法”地君临天下，并确保“主独制于天下，而无所制也”。①

其三，确认皇帝握有国家最高权力。

（1）皇帝可以以意为法。中国古代立法一般分为两类：一是编纂法典，这是历朝历代的基本法律，有较强的稳定性；二是编纂皇帝的诏敕、条例及案例，作为追加法，这种立法不仅灵活性强，而且更

① 《史记·李斯列传》。

能充分体现皇帝的意志。例如,汉代律为基本法,令、比、例为追加法。其中令,是天子之言,所谓“天子诏所增损,不在律上者为令”。[①] 皇帝的诏令可以左右法律,也可以创制和取消法律,因此汉武帝时廷尉杜周在答复“不循三尺法,专以人主意指为狱”的指责时,毫不含糊地说:“三尺(法)安出哉?前主所是著为律,后主所是疏为令。当时为是,何古之法乎”,[②]这确实道出了整个封建法制的真实情况。随着封建专制主义中央集权制度趋于极端化,在诸种法律形式中,皇帝的敕令和“钦定例”,越来越占据突出的地位。唐令、宋敕、明诰、清例无不如此。既然皇帝实际操纵着最高立法权,通过法律的形式,体现其意志,因此这样的法律,必然以维护至高无上的皇权为其主旨和核心内容。既然皇帝以意为法,即使国家的制定法也须冠以“钦定”,以示法自君出,这就使皇帝的特权凌驾于一切法律之上,支配着法律,而不受法律的限制。在浩如烟海的法律典籍中,从来没有约束皇帝权力的治君之法,直到晚清立宪,制定的《钦定宪法大纲》中仍然规定“君上神圣尊严不可侵犯”。在中国漫长的封建时代,法律不过是为了控制臣民而制定的,其主要锋芒是治民,为了治民也需要治吏,以发挥官僚机构的职能。如果说先秦时期,家法与国法混同,那么直到晚清国法仍然被视为“祖宗家法”,所以黄宗羲抨击专制国家的法律是“一家之法”,而非“天下之法”。

由于法律是皇帝手中安民立政、禁暴惩奸的治世之具,因此有作为的皇帝是重视甚至亲自主持立法的。以明太祖朱元璋为例,还在取得全国政权之前的吴元年十月,便命李善长等议拟律令,提出“法贵简当”,“夫网密则水无大鱼,法密则国无全民”的指导思想,要求李善长等“日具刑名条目以上”,“吾亲酌议焉”。[③] 洪武三十年大明律成,负责修律的刘惟谦在《进明律表》中说,大明律是由朱元璋亲自笔削裁定的:“每一篇成,辄缮书上奏揭于西庑之壁,亲御翰

① 《汉书·宣帝纪》,文颖注。
② 《汉书·杜周传》。
③ 《明史·刑法志》。

墨为之裁定……圣虑渊深，上稽天理，下揆人情，成此百代准绳。”不仅如此，朱元璋还手订官民过犯的案例，编成《御制大诰》《御制大诰续编》《御制大诰三编》《大诰武臣》，总计二百三十六个条目，目的在于“警戒愚顽”，使臣民得知“趋吉避凶”之道。明大诰在明初的法律体系中占有重要的地位。

清朝于乾隆五年制定的《大清律例》，无论条例，还是总注，小注都经高宗亲自审定。正是由于明太祖和清高宗分别在制定《大明律》和《大清律例》时，花费了心血，思虑周详，因此他们才宣布成法，不再修订，而以增例补充条文的不足。

(2)皇帝控制最高的行政权。在封建专制制度下，皇帝是国家的元首，控制着最高的行政权力。

首先，以诏、令、制、敕指挥国家的行政活动。从秦始皇起，“命”为“制”，“令”为“诏”，秦以后又有敕、格等形式。它们是指挥国家行政活动的最具有权威性的文书，无论中央和地方都据此开展行政活动。同时它又是具有最高效力的法律形式，商鞅曾经指出：“故有明主忠臣产于今世，而散领其国者，不可以须臾忘于法”，①所以历代皇帝都通过颁发诏、令、制、敕来补充国家制定法的不足。正因为皇帝的诏、令、制、敕是皇帝意志的直接体现，因此秦朝规定有“伪听命书”罪。据秦简《法律杂抄》记载：“伪听命书，废弗行，耐为候……废。”就是说表面上听从皇帝命书，实际废置不予执行者，处以耐为候的刑罚，并撤职永不叙用。秦律还规定了送达命书的时限，凡“急者，辄行之”，须立即送达；“不急者，日毕”，即当天送达，如果延搁积压，“以律论之”。在唐律中还制定了“制书有误”的条文，要求官吏发现制书有误，应立即奏闻，不得擅自改动，否则治罪。

其次，召集百官朝议，决定军国大事。秦汉时期，皇帝召集的百官朝议是具有决策意义的，对于立君、储嗣、宗庙、郊祀、典礼、封建、功赏、法制、边事、大臣罪狱等重大事务进行议论，最后由皇帝裁决，并以诏、制、敕、令等形式交有关机关执行。

隋唐时期，由皇帝主持的御前会议是决策性机构，称为“常

---

① 《商君书·慎法》。

参”。每日或隔日举行,参加者一般为五品以上文官,举凡军国大事、百官奏议,均可在会议中提出、议论决策。唐中叶以后,皇帝于延英殿召集的由中书门下与诸司尚书参加的会议,是最重要的御前决策会议。延英殿会议的议案由宰相提出,先经皇帝口头批准,再根据宰相拟定的实施办法,由皇帝书面批准,交有关机关执行。

明朝遇有重要军政大事,由皇帝召集并主持廷议,最后由皇帝裁决。正统以后,根据所议事项的内容,分别由各该管部长官主持,并将议论结果奏请皇帝裁断,如皇帝认为所议不合,可以发回再议。

清朝在入关前,由满洲贵族参加的议政王大臣会议,是决策军国大事的重要机构。入关以后,随着皇权的加强和推行削弱八旗贵族的政策,取消了王大臣会议,改由皇帝召开九卿会议。九卿会议无论组成、性质、作用都与王大臣会议无法相比。

总括上述,由皇帝召集或主持的朝议,是研究与决策国家重要行政事务的机构。但朝议对于皇帝没有约束力,相反无论朝议的召开、议论的事项内容和最后的决定,都由皇帝主宰,它为皇帝兼听与独断提供了必要的条件。朝议是皇帝指挥行政的重要方式,它比起皇帝巡幸考察更为经常和固定。

再次,任命与考课官吏,发挥行政管理机关的职能。官吏是实现国家职能的具有人格的重要工具,官僚机构又是支撑封建专制制度的重要支柱,因此历代皇帝都任命大批官吏分掌兵、刑、钱、谷,并且注意整饬和修明吏治,使铨选与考课相结合,以发挥官吏应有的作用。

秦汉时期,官吏的重要来源是由下而上的推选。秦法规定,“审民能,以任吏”,但“任人而所任不善者,各以其罪罪之”。汉代选官主要是察举,形成了一整套有关任用方式、任用法规和任用期限的规定。为了保证中央集权,文帝时,规定凡二千石王国官吏必须由中央任命。景帝时,又把王国所有官吏的任免权收归中央。武帝时,实行任官回避制度,刺史郡守、国相回避本州;县令长、丞、尉回避本县。东汉时期,对宗室、外戚的任所与品级都有所限制,以防止威胁皇权。但至东汉末,随着中央集权的衰落,大多陷于废弛。

隋唐时期,创立了科举选官制,使封建官僚政治得到了重要的支撑,因而为唐以后历朝所沿用。科举考试分乡试、会试、殿试。殿试是由皇帝亲策于殿廷,又称廷试。由于皇帝亲策考生,所以考中者称为天子门生。通过殿试,皇帝进一步控制了官吏的任用权。皇帝还可以通过荐举、恩荫等途径扩大对官吏的选用。

为了保持吏治,发挥官僚的作用,以确保行政机关的运转,历代都建立了官吏考课制度。无论是秦汉时期的大计,还是明清的八法察吏,最后的黜陟奖惩都取自上裁。

此外,皇帝亲自掌握的监察机关,也执行着行政监察的任务,并与考课、察吏相配合,只是前者是定期的,后者是临时的。

复次,禁止官僚阿附结党、威胁皇权。为了防止君权旁落,从秦汉到明清对于臣下阿附结党都严加防范,峻惩不贷。秦始皇在处理嫪毐、吕不韦两案时,株连数千余家,其范围之广是惊人的。汉初,推行强干弱枝的政策,明定阿党与外附诸侯罪,犯者处以严刑。官吏之间互相"荐誉",朋比为奸,轻者废为庶人,重者弃市。明清两代,吸取了唐宋末期官僚结党造成皇权旁落的教训,在法典中专列奸党罪:"若在朝官员,交结朋党,紊乱朝政者,皆斩,妻子为奴,财产入官",[①]各旗王公所属人员,现居外官因事来京者,也不许谒见本管王公,违者一体治罪。[②] 为了防止大臣私人荐引,结成朋党,严格规定国家官吏的选用权,专属皇帝,"若大臣专擅选者,斩"。[③] "若大臣亲戚非奉特旨,不许除授官职",违者亦斩。同时,还规定:"凡诸衙门官吏,若与内官(宦官)及近侍人员互相交结,漏泄事情,夤缘作弊,而符同奏启者,皆斩,妻子流二千里安置。"[④]

最后,由控制相权到废除相制。丞相一职出现于战国时期,历经秦、汉、隋、唐至明初太祖朱元璋废除丞相制已有一千余年的历史。丞相是中央政府的最高行政长官和百官之首,是皇帝的重要辅弼,同时对皇权的行使起着一定的掣肘作用。因此皇帝既依靠宰相主持行政,协调各机构之间的关系,又打击他对皇权的干扰,甚至给

① 《大明律集解附例·吏律》,"奸党"。
② 《大清律例·吏律》,"交结近侍官员"附例。
③ 《大明律集解附例·吏律》,"大臣专擅选官"。
④ 《大明律集解附例·吏律》,"交结近侍官员"。

予制裁。汉武帝在位五十四年,用丞相十三人,李蔡、严青翟"有罪自杀",赵周、公孙贺、刘屈氂"下狱死",卫绾、窦婴、许昌、薛泽以过免相,婴免相后论罪弃市。车千秋为相时,霍光为辅政大将军,丞相备位而已。唯田蚡以舅氏,公孙弘以"不庭辩","顺上旨",石庆以"文深审谨,无他大略"得"卒于相位"。从总的发展趋势来看,相权不断被分割、被削弱。至唐朝,实行群相制,凡参加政事堂会议的大臣皆为丞相,最多时达十余人。明初,丞相参与国家要务的决策,有权发号施令,直接指挥六部及其他部门的工作,在一定程度上制约着皇权的行使。因此,朱元璋必欲废除相制而后快。他先造舆论,说:"历代丞相多擅权",把秦、汉、唐、宋、元各朝的覆亡,统统归咎于丞相"专权乱政"所致,①继而采取各种步骤,削弱丞相的职权。洪武十三年(1380年),终于借口左丞相胡惟庸谋反,诛杀胡党并趁机罢除丞相官职,丞相所属权力收归皇帝独揽。长期存在的皇权同相权的矛盾,终于以皇帝的胜利作了历史的总结。

(3)皇帝控制最高的军事权。军队不仅是封建国家机构的重要组成部分,也是专制制度的重要支柱和政权稳定的重要因素。在中国封建的政治史上,军权的分散是中央集权削弱的重要原因,而军队组织的瓦解,则是一个王朝即将败灭的征兆。因此历代统治者既殚心竭虑地组织一支执行国家内外职能的军队,又严格集中军权,置于皇帝的控制之下,这被看作加强专制主义中央集权的首要步骤。

秦汉时期,皇帝是军队的最高统帅,军队中的高级将领为国尉、太尉、将军、卫尉、中尉、郡尉等,均由皇帝亲自任免。军队的调动必须出于皇帝的命令,并以合符为证。

唐律严格规定调发军队满十人便须皇帝批准:"诸差兵十人以上,并须铜鱼、敕书勘同,始合差发。若急须兵处,准程不得奏闻者,听便差发。"②擅自发兵者,根据人数的多少,定罪刑的轻重,"诸擅

---

① 《明史纪事本末》卷一三。

② [日]仁井田升:《唐令拾遗》,栗劲等编译,长春出版社1989年版,第284页。

发兵，十人以上徒一年，百人徒一年半，百人加一等，千人绞”。[1] 虽有兵部发兵文书，掌兵者也须报请皇帝批准而后给兵，否则按所给兵人数，减擅发兵一等论罪。如遇有紧急情况虽可以调发，但须及时上奏，“其寇贼卒来，欲有攻袭，即城屯反叛，若贼有内应，急须兵者，得便调发……若不即调发及不即给与者，准所须人数，并与擅发罪同；其不即言上者，亦准所发人数，减罪一等”。[2]

宋太祖赵匡胤从切身的经历中体会到“兵权所在，则随之以兴；兵权所去，则随之以亡”。[3] 因此，他将握兵权、调兵权、统兵权分而为三，由三衙——殿前司、侍卫马军司、侍卫步军司握兵，枢密院调兵，临时遣将统兵，三者均向皇帝负责。任何一方不能拥兵自重，割据自为，从而保证了军权严格从属于皇帝。由于皇帝牢固地控制了职业化的军队，排除了武人参政的干扰，使政权机构得以正常运转。

明朝虽然也加强了军权的集中，但由于宦官参与控制军队，表现了专制政治极端腐败的时代特点。

清朝无论是八旗、绿营、蒙古旗兵，还是土兵、番兵，其最高领导权均属于皇帝。

(4)皇帝控制最高的司法权。早在秦统一以后，秦始皇便躬操文墨，亲自断狱，任情赏罚。两汉时，皇帝也经常参与审判，如汉宣帝“常幸宣室，斋居而决事”。[4] 汉哀帝为了审理大案，下诏组成临时审判机构进行审讯，称为“杂治”。例如，“廷尉梁相与丞相长史、御史中丞及五二千石杂治东平王云狱”。[5] 杂治的案件直接秉承帝命行事，审讯只不过是形式。三国两晋南北朝时期，皇帝直接进行审判活动更是史不绝书。魏明帝太和三年改平望观为听讼观，经常在此观临听讼。南朝宋武帝仅在永初二年一年间，便于华林园、廷贤堂等处进行五次审判活动。大明七年，他还亲自到建康秣陵县、

---

① 《唐律疏议·擅兴律》，“擅发兵”。

② 同上。

③ （宋）范浚：《香溪集》卷四，“五代论”。

④ 《汉书·刑法志》。

⑤ 《汉书·王嘉传》。

南豫州、江宁等地听讼讯囚。北周建德年间,武帝常“听讼于正武殿”,“自旦及夜,继之以烛”。①

唐时,遇有重大疑案和上诉要案,由皇帝下诏组织大理寺卿会同刑部尚书、御史中丞共同审理,称作“三司推事”。根据唐律凡疑案、要案、贵族官僚之案及死刑案须由皇帝定夺。皇帝通过“议”“请”“减”“赎”“官当”“免”“会审”“三复奏”“五复奏”以及录囚、大赦、恤刑等法定的司法程序,将司法权置于掌股之间。皇帝还可以针对某个特殊案件以制敕定罪量刑,左右司法。这种非常程序是皇帝司法特权的具体体现,官吏们则无权擅引制敕,判决结案。唐律规定:“诸制敕断罪,临时处分,不为永格者,不得引为后比。若辄引,致罪有出入者,以故失论。”②

死刑案在履行三复奏、五复奏程序之后,虽接到皇帝准予执行的命令,仍须于三日之后方能行刑,否则治罪:“诸死罪囚,不待复奏报下而决者,流二千里。即奏报应决者,听三日乃行刑。若限未满而行刑者,徒一年。即过限,违一日杖一百,二日加一等。”③

北宋初期,为了加强皇帝对司法权的控制,曾设审刑院于宫中,凡大理寺审判的案件,经刑部复核后,须送至审刑院详议,再奏请皇帝批准。神宗改制时以机构重叠撤销审刑院。皇帝作为最高司法官,不仅亲自审判京城的某些疑案,还委官审理各地奏报皇帝裁决的一些特别重大案件,谓之“诏狱”。其审讯机构称为“制勘院”。至宋徽宗时,竟然发展为御笔断案,以“御笔手诏,变乱旧章”,充分体现了杀伐之权在君,“重轻予夺在上”的“人主之威福”。凡是御笔所断之案,如果借“常法”为由阻止不行,以大不敬罪论处;如果去尚书省陈诉,以“违御笔”罪论处。对于“承受御笔官府,稽滞一时杖一百,一日徒二年,二日加一等……三日以大不恭论”。④

宋朝还盛行赦宥制度。赦宥的名目繁多,如大赦,曲赦、德音、疏决等,有宋一代共二百三十余年,却进行了301次赦宥。频繁的

① 《周书·武帝纪》。

② 《唐律疏议·断狱》,“辄引制敕断罪”。

③ 《唐律疏议·断狱》,“死囚复奏报决”。

④ 《宋史·刑法志》。

赦宥与宋朝的重司法是矛盾的,是对法治的一种干扰和破坏,只是反映了宋代皇帝所握有的专制主义的生杀予夺大权而已。

明太祖朱元璋既审理中央机关的大案要案,还越俎代庖,亲自审问地方的民事、刑事案件,任凭个人的好恶作出裁决,以致"无几时无变之法","或朝赏而暮戮,或忽罪而忽赦"。这说明皇帝既有权订立任何法令,也有权撤销任何法令。

清朝继承了明朝的"圆审"制度,发展为"秋审"制度,亦称"九卿会审",是最高审级,负责审理死刑复核的地方大案。经过秋审的案件,分为"情实""缓决""可矜""留养承祀"四类,然后奏报皇帝定谳,经御笔勾出者,方能正法。秋审被渲染为钦恤民命,依法断罪的大典,实则进一步加强了皇帝对司法权的控制。从康熙以降的清朝皇帝对秋审的朱砒,证实了这一点。例如,康熙四十年在诏书中表明他对秋审的重视与控制:"朕详阅秋审重案,字句多误,廷臣竟未察出一二,刑部尤为不慎,其议罚之。"①雍正三年五月二十七日在上谕中自称:"临御以来,钦恤刑狱,每遇法司奏谳,必再三复核,惟恐稍有未协。"②乾隆于十四年下谕:"朕每当勾决之年置招册于旁反复省览,常至五六遍,必令毫无疑义。至临勾时,犹必与大学士等斟酌再四,然后予勾,岂啻三复已哉。"③

皇帝除控制立法、行政、军事、司法等最高权力外,还通过"耳目之司"——监察机关掌握了最高监察权。无论中央官吏还是地方官吏,都纳入监察机关的视野。监察官一般品级不高,但由于他们的权力附着于皇权,因而具有极大的权威,所谓"大事奏裁,小事立断"。至于国家的财经权,不仅由皇帝操纵,而且视天下为一己"莫大之产业"。登子融曾说:"天下一家,何非君土,中外之财,皆陛下府库。"④由此可见:"天下之事无大小皆决于上",⑤是符合专制制度

---

① 《清史稿·圣祖本纪》。

② 《大清律例通考校注》,"世宗宪皇帝上谕",中国政法大学出版社 1992 年版,第 3 页。

③ 《钦定台规》卷十四。

④ 《旧唐书·归崇敬传附登子融传》。

⑤ 《史记·秦始皇本纪》。

下中国历史的实际的。

(三)皇权与法制的冲突

封建时代的法律,既是实现国家统治的工具,也维护着皇帝的权威,以便在民众中树立皇帝的形象,使民心归一,服从君命。在“朕即国家”的时代,忠于皇帝就是忠于国家,为君效死,就是为国效忠。皇权的强化过程也就是高度统一的专制主义国家集权的上升过程。

由于皇帝“口含天宪”是法律之所出,而且处于“寄之国命”的崇高地位,当然不会受法律的约束,这就使国家法制秩序的兴废,都取决于君主个人的品德与才干。皇帝开明,封建法制在一定程度上得以维持,由此带来社会的安定与经济的发展。但在中国封建时代开明皇帝不常有,昏庸荒淫之君却比比皆是。有唐一代二十一帝,真正称得上明君圣主的仅唐太宗一人而已,绝大多数是“以谀佞为爱己,谓忠谏为妖言”,“贤良贬窜,凶竖当国”的昏君。在他们的统治下,法制秩序必然被践踏,谈不上守文定罪了。

当国家的财力、物力、人力高度集中于皇帝之手时,便蕴藏着巨大的能量,可以用来兴邦建治,也可能给社会造成巨大的灾难。例如,秦始皇统一中国以后,运天下于股掌,驱人民如奴仆,无休止地修筑宫殿、陵墓,使“丁男被甲、丁女转输,苦不聊生,自经于道树,死者相望”。[①] 又如,隋炀帝大兴徭役,无尽需索,“使得天下死于役而家伤于财”。[②] 在脆弱的小农经济时代,这既是对社会生产力的极大摧残,也必然造成统治的危机。

由于绝对的权力产生绝对的腐败,以致历代的皇帝多陷入亲小人、远贤人的政治旋涡,“贤者苦于掣肘而不得尽其长,不肖者便于推诿而藉以分其谤,事之举者转少”。[③]

孟德斯鸠曾说:“一切有权力的人都容易滥用权力,这是万古不易的一条经验。”[④]专制皇权的极端化发展,正是在克服了与皇权制

---

① 《汉书·严安传》。

② 《隋书·食货志》。

③ 《清朝续文献通考·职官一》。

④ [法]孟德斯鸠:《论法的精神》(上册),张雁深译,商务印书馆1993年版,第154页。

衡的机制与法律之后才达到的。宰相制度的存废,就是例证之一。

但是法律是国家意志的体现,是国家长久利益的保障书,它所具有的抑制冲突建立秩序的功能,也适用于约束皇权的滥用。但一者需要敢于奉法无私的良吏,一者需要敬法纳谏的贤君。封建时代的思想家们,多数主张"权尊于法",鼓吹"权者,君之所独制也"。①但法家和主张法制的官僚,则主张君主权力应限制在法律允许的范围内。管子说:"令(法)尊于君",②要求君主"行法修制先民服",③即带头守法,以达到"君臣上下贵贱皆从法"的境界。东汉张敏认为"王者承天地,顺四时,法圣人,从经律"。④ 西晋刘颂强调"人君所与天下共者,法也"。⑤ 汉唐时期著名的司法官张释之、戴胄还以自己坚持法治的立场,将皇权与守法之间的矛盾冲突限制在法制的秩序范围以内。如汉文帝时一次出行中渭桥,有人从桥下走出,惊文帝乘马,廷尉张释之以犯跸罪,判该人罚金。文帝要重判,张释之谏曰:"法者,天子与天下公共也,今法如是,更重之,是法不信于民也。"又说:"廷尉,天下之平也,壹倾,天下用法皆为之轻重,民安措其手足?惟陛下察之。"⑥文帝终于表示折服。唐初,太宗李世民针对所选官大都伪造资历,特颁发敕令不自首者处死。不久温州司户参军柳雄诈冒资荫事发,大理寺少卿戴胄"据法断流"。太宗曰:"'朕初下敕,不首者死,今断从流,是示天下以不信矣'。胄曰:'陛下当即杀之,非臣所及,既付所司,臣不敢亏法。'太宗曰:'卿自守法,而令朕失信邪。'胄曰:'法者,国家所以布大信于天下;言者,当时喜怒之所发耳。陛下发一朝之忿而许杀之,既知不可而置之以法,此乃忍小忿而存大信,臣窃为陛下惜之'。"最后还是李世民折服,并表示:"朕法有所失,卿能正之,朕复何忧也。"⑦

以上二例,表明皇帝虽有擅杀、擅刑之权,但一旦案件转入正常

---

① 《商君书·修权》。
② 《管子·法法》。
③ 同上。
④ 《后汉书·张敏传》。
⑤ 《晋书·刑法志》。
⑥ 《汉书·张释之传》。
⑦ 《贞观政要·公平》。

的司法轨道,由无私奉法的执法官员负责审断,在这种情况下法律对君主的权力表现出一定的制约力。汉唐两代一向有盛世之称,究其原因,权力与法律的关系处理适当,不能不说是一个很重要的因素。但这种依法约束皇权的事例,在封建时代如同凤毛麟角,而且也不能改变法自君出、法律是权力的附庸的根本事实。更多的是皇帝凭借无上的权力,任意毁法。曾经主张"法不可违"的隋文帝,要求"六月棒杀人",大理少卿赵绰根据儒家秋冬行刑的理论,谏阻说:"季夏之月,天地长成庶类,不可以此时诛杀",但隋文帝却回答说:"'六月虽曰生长,此时必有雷霆。天道既于炎阳之时,震其威怒,我则天而行,有何不可?'遂杀之。"[①]至隋文帝晚年更是"持法尤峻,喜怒不常,过于杀戮"。[②]

封建时代的言谏制度也是被设计来校正君主之失,限制君权的滥用的。言谏制度盛行于唐,至明清科道合一,丧失了独立性。从总体上看言谏制度无碍于皇权的高于一切,由于"主者,人之所仰而生也;臣下者,主之所用也","为人臣者,仰生于上者也",[③]因此不管臣下进谏抱有怎样的赤诚之心,都是对君权的某种干犯。韩非曾说:"以至智说至圣,未必至而见受。"[④]又说:"度量虽正,未必听也;义理虽全,未必用也。"[⑤]这些现象绝非亡国之君所独有,而是专制帝王的通病,只是程度不同而已。尤其是强谏者难免于悲惨的结局,往往是"谏臣死,而谀臣尊"。[⑥]

综上所述,法自君出,权力支配法律,法律维护君权;君权凌驾于法律之上,是中国古代法律的传统之一。这种传统有着深刻的社会的、历史的和文化的根源,它所具有的保守性,桎梏着社会的发展。历代有识之士曾经尝试着从理论与实践相结合的角度加以解决。例如,黄宗羲尖锐地抨击君主集政治、军事、立法、司法大权于

---

① 《隋书·刑法志》。
② 《隋书·高祖纪》。
③ 《管子·君臣》。
④ 《韩非子·难言》。
⑤ 同上。
⑥ 《管子·八观》。

一身,是专制制度的最大弊病,以致君主一人的好恶,成了天下的功过与是非的标准。他提出,以“天下之法”取代“一家之法”,变集权为分权,变专制为自治的改革设想。黄宗羲在抨击专制制度时,不顾亵渎皇权,但他并非彻底否定君主制度,而是着眼于限制君权,使君主“不以一己之利为利,而使天下受其利,不以一己之害为害,而使天下释其害”。[①] 然而在中国封建专制制度下,黄宗羲的改革设想不可能产生实际效果,反而成了清朝文字狱打击的目标。在清朝极端专制主义统治下,法律完全成了皇权的附庸,直至清末立宪展开的“权尊于法”还是“法尊于权”的争辩中,最后仍以“大权统于朝廷,庶政公诸舆论”[②]而告终结。近代展开的政治法律改革,说到底就是要解决法律与权力的关系问题,亦即法大权大的问题,中国由于专制主义的长期存在,以及它所带来的惰性为解决这个问题增加了难度。但是,“青山遮不住,毕竟东流去”,法治的中国一定会出现在曾经孕育着中华民族的大地上。

十一、家族本位,伦理法治

(一)家法族规是传统法律的重要组成部分

中国古代是沿着由家而国的途径进入阶级社会的,因此宗法血缘关系对于社会的许多方面都有着强烈的影响,尤其是宗法与政治的高度结合,造成了家国一体、亲贵合一的特有体制。家是国的缩微,国是家的放大。国家的组成、政治结构与国家活动,都以血缘与政治的双重原则为依据。进入封建社会以后,家国一体的政治体制虽然转型,但整个封建时代都以家庭为社会的基本构成单位,国家认同族长、家长自主的治家之权。允许他们代行基层行政组织的某些职能,如催办钱粮、维持治安。由于法律维护家庭本位的社会结构及其赖以矗立的经济基础,因此历经两千余年依然保持稳定,成为封建专制制度的又一重要支柱。

家族是作为法律主体而存在的,由此而有族诛之法、灭门之诛。

---

① 《明夷待访录·原君》。

② 《法政浅说报》,宣统三年第17期,第19页。

随着儒家思想被确立为国家的统治思想,便开始了道德法律化与法律道德化的交融发展过程。儒家的纲常学说不仅是指导法制建设的理论基础,也是封建法典的主要内容,从而形成了中国特有的法律与道德密切结合的伦理法。它是中华法系基本的构成因素,也是最足以反映中华法系特征的部分。

在中国封建的法律体系中,调整以父权为核心的家族间权利义务关系的法规,占有十分重要的地位。这类法规的实质和中心任务,在于维护家长、族长的特权,巩固封建家长制家庭。血缘关系上的尊卑亲疏,对于民事上侵权行为的制裁和"亲属相犯"的定罪量刑,有着直接的影响。国家赋予家长、族长调解族内纠纷,处理族内事务和代陈朝廷之法纪的职能。例如,有关立嗣纠纷,如对官府审断不服,则由族长召集合族公议解决。《大清律例》还规定:"妇人夫亡,无子守志者合承夫分,须凭族长择昭穆相当之人继嗣。""独子承继两房应取合族甘结。"所谓合族公议,实际是受族长操纵的宗族会议。由于族长"奉有官法,以纠察族内之子弟",[①]因而俨然是族内的法官。清道光十年诏中明确宣布:"凡遇族姓大小事件,均应族长绅士判断",族众中"如有不法匪徒,许该姓族长绅士捆送州县审办"。[②] 由于得到官府的支持,族长对于宗族成员握有广泛的惩罚权,如强制服礼赔偿、开除族籍屏之远方、处以身体刑,直至处死。

至封建社会后期,阶级矛盾不断尖锐化,国家更需要族长家长管理族众,借以稳定社会、巩固政权。因此,北宋时期鼓励联宗收族,作为封建社会重要一翼的家长制家庭,得到了进一步强化。社会上大量流行的"家训""宗规"之类的族内成文法,使得族长们更加严密地有所恃地钳制和束缚族内成员。理学家朱熹就曾经亲自撰写"家训""家规",他说:"家政不修其可语国与天下之事乎。"他号召"百官君子"都来"修一家之政",[③]以服务于"存天理,灭人欲"的理念,达到维持南宋政权的目的。作为封建政府,深知在社会上

① 《皇朝经世文编》卷五八《选举族正族约檄》。

② 《大清宣宗成皇帝实录》卷一八一,中华书局1986年版,第864页。

③ 《朱子文集》《语类》卷六八。

家族的观念和实际约束力量是相当强固的，因此承认以家长、族长为支撑点的各种形式的家训、族规的法律效力。

综括北宋以来的家法族规，都是以纲常名教为指导思想，以国法和宗法习惯为基础，经过修订加工而成的。它同封建国家的法律本质是一致的，一以治国，一以治家，其重要性不容忽视。所谓“家之有规犹国之有典也，国有典则赏罚以饬臣民，家有规寓劝惩以训子弟，其事殊，其理一也”。[①] 由此而形成了二元的法律网络。家法与国法相比，所不同者只是内容更为苛细和以宗族的外貌出现而已。万历十六年刊行的三江李氏家规中，便包括“敬祖宗”“禁犯上”“睦宗室”“勉孝顺”“重师友”“力本业”“违贱礼”“凛国教”“重继嗣”“安灵墓”“恤患难”“重藏谱”“惩小忿”“重宗长”等内容。如宗法与国法相悖，则将被废止。

至清代，乾隆二十九年，江西一省建有宗祠的家族，竟达8994族。家法的形式也适应管理的需要，日趋多样，调整的范围几乎涉及族内生活的一切领域，如族籍、尊卑秩序、财产关系、婚姻继承、祭祖祀宗、窃资赌博等。家法与国法不仅本质上一致，而且适用时相通，凡属违犯国法的行为必定为家法所严禁；反之，违反家法的行为也必定为国法所不容。由家法与国法共同组成二元的法律体系，是中国所独有的。

由于族长权力的行使符合国家的要求，家法族规的内容也体现了国家的法律规定与法律意识，因此官府承认族长对族内成员的管理权和惩治权。例如，南海《霍氏家训》规定：“凡子侄有过，俱朔望日告于祠堂，鸣鼓罚罪。轻罪初责十板，再犯二十，三犯三十。”合肥地区族长对违犯家法族规的宗族成员“或罚以金钱酒席，或责以杖，重且至于绞死”。

在与家法族规普遍流行的同时，为了约束族众、执行家法而形成的族内组织，也不断扩大。清人刘献庭在《广阳杂记》一书中，记载了镇江赵氏宗族共有二百余丁，“其族有总嗣一人，族长八人佐之。举族人之聪明正直者四人为评事，复有职勾摄行杖之役者，亦

---

① 安徽：《仙原东溪项氏族谱》卷一《祠规引》。

八人。祠有祠长,房有房长”。[①] 显而易见,这套宗族组织与基层政权组织相似,只不过是设于族内而已。

（二）家族伦理法的发展进程

早在奴隶制时代,随着宗法制度的形成,家长权和族权便得到国家的确认,发挥着明显的政治作用。但就伦理法的发展过程而言,尚处于早期阶段。进入封建社会以后,家族本位的伦理法开始了它的形成与发展的历程。

秦汉时期是封建家族本位伦理法的形成时期。秦律规定诉讼形式分为“公室告”和“非公室告”两种。所谓“非公室告”是指家长与家子和卑幼之间的诉讼案件,此类案件属于家族范围内的家罪。因此,卑幼、奴婢不得上告,坚持上告者,将被治以重罪。秦简《封诊式》有两则父亲将子送官府惩治的案例。其中一案是父亲要求官府将其子带上刑具,从陕西迁往四川边远之地;另一案是父亲以其子“不孝”,请求官府杀掉,[②]这可以说是最早的关于送惩权的记录。

汉代随着封建法律儒家化的开始,法律对家长权、族权给予更多的肯定。汉律中关于对不孝罪的惩处以及家长对子女的惩处权、财产与爵位官职的继承权、婚姻关系的缔结、“亲亲得相首匿”的刑罚原则的确认等,都较秦律充实和发展。在汉代,一些注重“家教”、谨守家族法规、遵奉儒家礼义的家族,朝野敬重,乡里闻名。例如,樊宏父名重,“性温厚,有法度,三世共财,子孙朝夕礼敬,常若公家。其营理产业,物无所弃;课役童隶,各得其宜。故能上下戮力,财利岁倍”。[③]

三国两晋南北朝是社会大动荡,民族大融合时期。对峙争雄的各个政权,为了巩固统治,都非常重视以法律来控制作为社会基本单位的家长制家庭。即使入主中原的各少数民族的统治者,也在借鉴汉族统治经验的基础上加强伦理法制建设,以巩固封建化的成果。

---

① (清)刘献廷:《广阳杂记》卷四,中华书局1985年版,第197页。

② 《睡虎地秦墓竹简·封诊式》。

③ 《后汉书·樊宏传》。

西晋在推进法律儒家化的过程中,使家长权和族权日趋法律化、规范化。晋武帝时撰修的《泰始律》,是我国封建社会第一部较为典型的儒家化法典。它以礼为本,严格名分,使宗法伦理原则在国家制定法中得以确立。其表现是:依照服制定罪量刑,凡违犯法定的尊卑关系者处以重刑。反映家庭伦理关系之礼入律直接法律化;不敬、恶逆、反逆等罪名都是以违礼而入律的。[①] 从某种意义来说,晋律是一部以维护宗法礼制为中心的法典。

南朝刘宋律规定:"伤殴父母,枭首;骂詈,弃市;谋杀夫之父母,亦弃市。"[②]宋明帝时实行大赦,"唯子杀父母,孙杀祖父母、弟杀兄……不从赦例"。[③]

鲜卑族拓跋部统一北方,建立北魏王朝以后,由于"礼俗纯朴,刑禁疏简……无囹圄考讯之法,诸犯罪者,皆临时决遣",[④]无法应付中原地区复杂的社会关系和各种矛盾。于是北魏孝文帝迁都洛阳,对部落旧制实行大规模的改革,全面推行汉化政策。与此相适应的家长权与族权也不断法律化。例如,孝文帝修律时,注意将有关家法礼教的内容收入律中,出现了"不道""不孝""不敬"等罪名,[⑤]并将"恶逆""不孝""内乱"等严重违犯封建伦常的犯罪定为"十大罪"。这是家族伦理法发展的重要表现。

北朝统治者还大肆宣扬各地遵奉礼义、和睦共居的家族。《魏书·李几传》记载:"李几,博陵安平人也。七世共居同财,家有二十二房,一百九十八口,长幼济济,风礼著闻,至于作役,卑幼竞进。乡里嗟美,标其门闾。"

此外,在选拔与考课官吏时,以能否严格遵行伦理规范,作为重要的标准。对于严重违犯伦理道德者,不仅永远断绝其仕途,有的还要治罪。例如,"宣德太仆刘郎之,游击将军刘璩之子,坐不赡给

---

① 《晋书·刑法志》。
② 《宋书·孔季恭传》。
③ 《宋书·刑法志》。
④ 《魏书·刑罚志》。
⑤ 同上。

兄子,致使随母他嫁,免官禁锢终身。”①

唐朝在灭陈之后,曾经参与制定《开皇律》的苏威,随军南下,颁行《五教》,即父义、母慈、兄友、弟恭、子孝,并用国家强制力推行于各宗族组织。隋朝还建立了宗法系统与地方行政系统交叉的基层组织,如“五家为保,保有长;保五为闾,闾四为族,皆有正;畿外置里正,比闾正;党长比族正”,②从而使国家政权与家族组织紧密结合在一起,并赋予家长和族长以法定的权力。

隋唐是家族本位伦理法的完备时期。作为中国封建法典典范的《唐律》,继承和发展了秦汉以来伦理法的原则和规定,是中国封建家族本位伦理法走向成熟的标志,凡是涉及家长权和族权的基本方面,几乎完全为国家制定法所确认。以“一准乎礼”著称的《唐律》,无论立法精神、立法原则、法律条文与法律适用等,都表现出了家族本位的特征。

两宋以后是家族本位伦理法的强化时期。从北宋起,随着专制主义统治的加强和阶级矛盾的尖锐化,作为封建秩序重要支柱的家长制家庭,也受到进一步重视。社会上广泛流行“家训”“宗规”之类的族内成文法,使族长们更加严密地钳制和束缚族内成员。理学家朱熹就曾经亲自撰写“家训”“家规”,强调家政不修是不可以谈论国事与天下事的。

至明清,为约束族众,执行家法而形成的族内组织不断扩大。以孔府为例,曲阜孔府拥有“衍圣公”的头衔,并建立起一套完备的独立于一般政府机构以外的组织机构。

中国封建时代,以族长、祠长为首领的家族统治系统既是独立的,又同地方基层官府互相支持、互相依存,体现了族权与政权的密切结合。在清代,家族统治系统设有族长、祠长、房长等;地方基层统治系统则十户为牌,设牌头;十牌为甲,设甲长;十甲为保,设保长。保长失职,族长可以向知县上呈弹劾;乡保决断地方事务也往往需要协同族长一道处理。

---

① 《南史·废帝郁林王纪》。

② 《隋书·食货志》。

(三)伦理法的具体内容与家长权的法律表现

家族伦理法以法律的形式确认宗族内部的尊卑伦常秩序,确立家长、族长的统治地位,调整族内成员的权利义务关系。

1. 确认家长对子女婚姻的决定权

在中国古代社会,父母之命是子女婚姻成立或撤销的决定性条件。父母可以根据自己的选择为子授室,为女择婿,也可以强令其离异。早在《诗经·南山》中便载有:“取妻如之何,必告父母。”由于法律承认父母的主婚权,而所谓婚姻又被认为是结两姓之好,因此只要两姓的家长同意,子女虽反抗也无效。即使子女成年,或仕宦在外,也没有自主权。如子在外订婚,而父母也已在家代为订婚,尽管晚于前者,仍被认为有效。子女如以在外订婚约为辞,不顺父母之命,则依法处杖八十至一百刑。由于主婚权属于家长,因此,发生嫁娶违律的行为,也只罪责家长。

法律还明确规定了主婚人的顺序:“嫁娶皆由祖父母父母主婚,祖父母父母俱无者,从余亲主婚。”余亲当属伯叔父母、姑、兄姊和外祖父母。凡父母之外的名义上的主婚人,已无任意包办的专断之权,而须征得本人同意。如系违法婚姻,责在主婚人者,以主婚人为首犯,婚姻当事人为从犯;责在婚姻当事人双方者,当事人为主犯,主婚人为从犯。

结婚以后,还要在宗庙家祠举行庙见之礼,否则婚姻关系不能算是完全成立。可见,已故的祖先仍然对现实中的卑幼的婚姻具有一定的支配力量。

封建法律还确认翁姑可以对子媳行使父权,如殴骂翁姑即为不孝,其翁杀之无罪。明、清律进一步规定,子媳对翁姑的侵犯与子孙侵犯祖父母父母同。如控告夫之祖父母、父母者,杖一百,徒三年,诬告者绞。骂詈翁姑者绞,殴者斩,杀者凌迟。过失杀者杖一百,流三千里,过失伤者杖一百,徒三年,谋杀者或斩或凌迟。上述案件一律不准收赎。翁姑也可以借口子媳违反教令而请求官府给予制裁。翁姑责打子媳,非伤致残废、笃疾不为伤害罪。按唐律殴子孙之妇令废疾者杖一百,令笃疾者徒一年。明清律非理殴子孙妇令废疾者杖八十,笃疾者杖九十,如不为非理殴则不在此限。非理殴杀子孙妇,唐明清律皆处徒三年刑,故杀,流二千里,过失杀则不论。

封建法律也维护丈夫对妻子的统治。在儒家的经典教义中,妇女必须依附于男子,所谓,“妇人,伏于人也……有三从之道,在家从父,适人从夫,夫死从子”,[①]从而使妇女遭受政权、神权、族权、夫权四条绳索的束缚与压迫。

封建礼教和法律都认定妇女没有充当家长的资格,没有财产的处分权和教育子女权,更不许走出家门参加社会活动,所谓“女不言外”“事在馈酒食之间而已”。[②] 为了确保夫权统治,汉以来的封建法律都规定有“七出”之条,即无子、淫佚、不事舅姑、口舌、盗窃、妒忌、恶疾,丈夫可以此为由而“休妻”。妻子无论处境如何悲惨,也不能提出解除婚姻关系。《白虎通义》说:“夫者,天也”,“地无去天之义也”。[③] 妻子如控告丈夫即使属实,也要判罪,作为对“干名犯义”者的儆戒。

在封建法律与道德礼教的摧残下,广大妇女非死于法,即死于礼,清人方苞说,“尝考正史及天下郡县志,妇人守节死义者,秦周前,可指计。自汉及唐亦寥寥焉。北宋以降,则悉数之不可更仆矣”。[④]

2. 确认家长对财产的支配权

儒家所奉行的礼的规范之一,就是父母在,子女不得私有财产,所谓“不敢私其财”“子妇无私货、无私蓄、无私器,不敢私假、不敢私与”。[⑤] 封建法律将这项礼的规范法律化了,凡是同居卑幼未得家长许可,私自动用家财要给予刑事处分,按动用家财的多少定刑罚的轻重。唐律规定,“卑幼私辄用财”,十匹笞十,每增十加一等,罪止杖一百。宋刑统对“卑幼私用财”的处罚与唐律相同。明清律中“卑幼私擅用财”,二十贯笞二十,每增二十加一等,罪止杖一百。

父母在,子孙私自典卖家财,法律认定为无效。宋刑统明确规

---

① 《大戴礼记·本命》。

② 同上。

③ (汉)班固:《白虎通义·嫁娶》。

④ 《方望溪先生全集》卷四,“岩镇曹氏女妇贞烈传序”。

⑤ 《礼记·内则》。

定,“典卖物业”或“指名质举”,必须是家族尊长会同钱主或钱主亲信人,“当面署押契帖”,否则无效。卑幼如“蒙昧尊长,专擅典卖、质举、倚当、或伪署尊长姓名,其卑幼及牙保引致人等,并当重断,钱、业各还两主”。[①] 即使是家长外出在三百里以内,子孙弟侄仍不得以奴婢、六畜、田宅及其他财物私自出卖或质举,除非家长远在化外,或为兵戎所阻,方可请州县给予文牒,凭以交易,违者物还原主,财没不追。

此外,封建法律还严禁父母在,子孙“别籍异财”,以此种行为有亏侍养之道,大伤亲心,因而列为不孝罪之一,处罚较私擅用财为重。宋律处徒三年刑;明、清律杖一百。即使父母去世,但丧服未满,发生此种行为,也要杖八十。封建法律对家长财产支配权的保护,着眼于巩固家庭的经济基础,使之不因财产的分异而至瓦解。还须指出的是,子孙卑幼不仅没有财产支配权,连他们自身也往往被视为家长的财产听任处分。汉高祖时曾下诏令:“民得卖子。”[②] 故有“民待卖爵、赘子以接衣食”之说。[③] 淳如注曰:“淮南俗卖子与人作奴婢名曰质子,三年不赎,遂为奴婢。”清时“因家无衣食将子女入京贱鬻者,不可胜数”。[④]

3. 家长对子女的惩罚权

在封建统治者看来,家有怒笞与国有刑罚是等同的、不可缺少的。《吕氏春秋》说:“家无怒笞则竖子婴儿之有过也立见。”《颜氏家训》还明白表示:“治家之宽猛,亦犹国焉。”父母对子女的惩罚权,并不限于未成年的竖子。南梁时,大司马王僧辩之母治家极严,“辩年四十余,为三千人将,母少不如意,犹挞之”。

在古代宗法制度盛行之时,父母对子孙有赐死权。秦二世与赵高矫始皇诏赐蒙恬、扶苏死,扶苏接诏后虽明知其伪,但囿于“父而赐子死,尚安复请”[⑤]的法条,而不得不自裁。秦以后,随着专制国

① 《宋刑统》卷十三,“典卖指当论竞物业”。
② 《汉书·食货志》。
③ 《汉书·严助传》。
④ 《清圣祖仁皇帝实录(一)》卷八十二,中华书局 1986 年版,第 1052 页。
⑤ 《史记·李斯列传》。

家的发展,生杀之权开始集中于国、集中于君,家长无权擅杀子,但允许家长对子女实施鞭扑等惩罚。北魏时期,法律规定:"祖父母、父母忿怒以兵刃杀子孙者处五岁刑,殴杀者四岁刑,若心有爱憎而故杀者各加一等。"①

在重视法制秩序的唐代,尊长杀死子孙皆处徒罪,如殴杀徒一年半,刃杀徒二年。违反教令而杀,较故杀减一等。至元、明、清时,鉴于封建社会后期阶级矛盾的不断尖锐,因此国家赋予家长较大的权力,要求家长、族长承担起代替官府监督族众,征调赋税、推行政令的职任。因而法律规定,父母除故杀无过之子孙依法处罚外,子孙如有殴骂不孝行为,父母杀之,或邂逅致死无罪。按元律:"诸父有故殴其子女邂逅致死者免罪。"明清律也有类似规定:"子孙违反教令而依法决罚,邂逅致死者勿论。"如非理殴杀,法律虽认定为有罪,但处罚极轻,按明、清律只杖一百。在封建法律中,"违反教令"涉及的方面十分泛杂,包括不顺父母、赌博、犯奸盗等。对于违反教令的认定以父母的意见为准,从而赋予父母以广泛的惩罚子女权。

明清律中对不顺父母的子女,除父母拥有自行责罚权外,还承认父母的送惩权,即请求官府代为惩处。按明清律对被送惩的子女,一般处杖刑一百,也可以根据父母的意见惩处。所谓"父母控子,即照所控办理,不必审讯"。

此外,清代父母还有呈送发遣之权,即要求官府将其不孝之子发配至云贵或两广。清朝刑部说帖曾就此作如下说明:"如(父母)恳求发遣,即应照实际之例拟军,如不欲发遣,止应照违犯之律拟杖。"既不需要证据,也不必审讯,因为按照封建的道德和法理,这些都属于伦常问题,而不是是非问题。因此处罚的伸缩权完全操之于父母。对于呈送发遣的案件一般不准援赦,除非特旨恩赦始可减等,按亲老留养例枷号一个月释放。如询明父母情愿收回,亦可放归。但如再犯,再呈送则发配新疆为官兵奴仆。

4. 确认侵犯亲权加重的处刑原则

由于封建社会视纲常为"天理",以不孝为重罪,因此,法律对

---

① 《魏书·刑罚志》。

于以卑犯尊采取加重主义。例如,骂詈常人,最高只笞十而已,如骂詈祖父母、父母则处绞刑。至晚清修订刑律始改绞决为绞监候。至于骂詈以上的行为已超出不孝的界限,法律定为“恶逆”罪,汉、宋律皆枭首。唐、明、清律皆斩决。

在封建法律中,只有元律对殴祖父母、父母,以伤论死,其他朝代一概不问有伤无伤,或伤之轻重,皆斩。《大清律例》特别加注:“凡子殴者,不分首从皆斩,不论有伤无伤与伤之轻重。”同时,还附有《条例》:“凡子孙殴祖父母、父母,审无别情,无论伤之轻重,即行奏请斩决。”即使并非有心干犯,实系误伤亦斩。如因殴致父母于死则加重一等处刑,按元明清律处以凌迟刑,即使人犯已自然死亡,仍以尸示众,误伤致死者斩决。晚清修律,废除凌迟刑,改为斩决。殴伤与骂詈祖父母、父母各依次减为绞决和绞监候。

如因过失而伤害祖父母、父母者,徒三年;过失杀者,流三千里。至乾隆时定例,过失杀者绞立决,不得收赎。为此特别作注以昭示统治者的立法精神:“过失虽出无心,而子孙……于祖父母、父母当敬慎不应至于过失,故凡人收赎,而子孙坐流徒,即臣子于君父不得称误之义也。”此外因子孙威逼,或不孝以致祖父母、父母死亡者,斩决。因违反教令而使祖父母、父母轻生者,绞候。

对于直系亲属以外的亲属间的伤害罪的处分,也不同于常人。凡属五服亲或九族范围以内亲属,皆以伦常关系而重于常人。因此明清律将区别血缘亲疏的“服制”列于篇首,成为亲属相犯判刑轻重的标准。按服制,血缘关系越亲者处刑越重,越疏者处刑越轻。虽不在五服之内,但世系可考,仍然受尊卑名分所左右,凡以尊犯卑者减凡人一等,以卑犯尊者加凡人一等。

法律还特别规定卑幼子孙对于直系尊亲属以及期亲、大功、小功、缌麻等尊长,不得适用自卫权利,否则即属情同互殴,按此治罪。晚清修订大清新刑律时,曾经在草案中废除对尊长不适用自卫权的条款,但遭到守旧派的强烈反对,不得不将这项规定作为附款附于大清新刑律之后。民国三年,北洋政府公布的暂行新刑律补充条例中,又恢复了子孙卑幼不得对尊长行使自卫权的律文。

亲属相奸,一般处杖一百、徒三年刑,强奸者斩监候。但如奸父、祖妾,或与父、祖妾通奸即构成“内乱”,属“十恶”罪之一,犯者或绞或斩。

亲属间相窃,其处刑原则与亲属间人身相犯相反,血缘关系越亲判刑越轻,血缘关系越疏判刑越重。按唐律,缌麻、小功亲属相窃减凡人一等,大功减二等,期亲减三等。明清律则规定缌麻亲属间相窃,减凡人二等,小功减三等,大功减四等,期亲减五等。对于一般犯窃盗罪者,按元、明、清律皆须刺字,但亲属间相窃,则免于刺字。

5. 确认“为孝屈法”“为亲屈法”的原则

历代封建统治者都标榜“以孝治天下”,因此提倡“为孝而屈法”“为亲而屈法”。譬如,儒家提倡父为子隐,子为父隐,汉以后历代封建王朝都承认亲属相容隐的原则。汉律称为“亲亲得相首匿”。汉宣帝地节四年诏曰:“父子之亲,夫妇之道,天性也,虽有患祸,犹蒙死而存之,诚爱结于心,仁厚之至也,岂能违之哉。自今子首匿父母,妻匿夫,孙匿大父母,皆勿坐。其父母匿子,夫匿妻,大父母匿孙,罪殊死,皆上请廷尉以闻。”[①]唐以后,容隐的范围扩大,不限于直系血亲和配偶,凡同居亲属,无论有服、无服,皆可容隐,而且兼及家奴。按唐律奴婢、部曲可以为主隐。明清时期,容隐的范围包括妻亲、岳父母、女婿、奴婢、雇工人。不仅隐匿无罪,还可以事先通递消息使之逃亡,但重大犯罪如谋反、谋叛、谋大逆,不在容隐之列。

此外,子孙犯罪,亲老无人侍奉者,唐、元、明、清律都允许具状上请缓免刑。徒、流罪可缓刑,至父母年终后再执行。如兄弟俱犯死罪,留一人养亲,凡合于留养条件者,徒、流罪改杖一百,余罪收赎,父母年终时不再流配,但不孝罪不准请免。

父子兄弟之间还可以“代刑”,法律对此虽然没有明文规定,但由于统治者提倡重伦常、敦孝道,因此在实践中是允许的,而且对代刑者往往给予减刑或赦免。例如,汉明帝时,诏徙边者,父母同产欲相代者,恣听之。明初,山阳民父得罪,当杖,子请代,明太祖特别下诏:“此人身代父母,出于至情,朕为孝子屈法,以激励天下,其释

---

① 《汉书·宣帝纪》。

之。”明宪宗时定制:“凡民八十以上及笃疾有犯,应永戍者,以子孙发遣。”以后代刑遂成为子孙的义务。

在诉讼方面,根据子不言父罪的儒家教条,南朝刘宋时法律规定:“鞫狱不宜令子孙下辞明言父祖之罪,亏教伤情,莫此为大。”唐律凡属相容隐之亲属,皆不得令其为证,违者主审官杖八十,明清律改杖五十。北魏时,子孙卑幼虽控告父母尊长犯重罪,也照例处绞刑。元英宗时,驸马告父谋反,帝曰:人子事亲,有隐无犯,今有过不谏,乃复告讦！命诛之。[①] 明清时,因处于封建社会后期,阶级矛盾日趋尖锐,礼制的约束力有所减弱,因此,对于子孙控告尊长的所谓“干名犯义”罪的处罚,较前朝为轻。除诬告论死外,得实则只杖一百,徒三年。同时,还规定亲属容隐和所谓干名犯义均不适用于谋反、谋大逆、谋叛等严重政治性犯罪。这不仅反映了封建社会后期的时代特点,同时也说明了当家与国、孝与忠发生冲突而不能两全时,则以国为重、以君为重、以忠为重。

总括以上,可以看出封建法律是怎样确认和维护父权和族权的,又是怎样使家长权、族权法律化的。中国封建家长制家庭的长期延续和封建四权——政权、神权、族权、夫权的牢固结合,法律所起的作用是不可忽视的。通过法律的规定,伦理和政治进一步结合,家与国进一步沟通,家长制家庭俨然成为一个主权单位,父权和族权不啻是专制王权的缩影,而家(族)长既是家族内的立法者又是裁判者,他们拥有统治家内成员的广泛的权利,同时也对国家承担着应尽的义务。例如,汉时占租律就以家长为对象,占租不实者罪家长。明清时,“服舍违式”依法罪家长。其他如“居丧之家修斋设醮而男女混杂饮酒食肉者”,家长杖八十,以示国家对家长既有所予,也有所取,目的在于充分发挥家(族)长的职责。封建国家还承认家法、族规是适用于家族内部的法律,以补充国法的不足,体现了家法与国法的一致性。

（四）家族本位伦理法的社会成因

中国古代家族本位的伦理法,形成早,经历久,影响宽,作用大,

---

① 《新元史·刑法志》。

它所调整的血亲伦理关系具有高度的稳定性,就父权和族权而言,几乎和封建专制制度相始终。而且家族本位的伦理法具有其他法律所不具备的特点,易为广大民众所接受,这不是偶然的,有它深刻的社会原因。

1. 占统治地位的自然经济结构是其经济原因

在自然经济占统治地位的封建社会,一家一户就是一个生产单位,在这狭小的生产规模中,农业和手工业紧密结合在一起,"男耕女织"是这种经济结构的典型写照。封建家长制家庭正是适应这种经济结构,而建立的社会细胞组织,也是社会最基本的经济组织。家长所拥有的管理、监督生产和支配家庭财产的权力,恰恰是封建小生产经济存在和发展的要求。可见,封建国家用法律确认家长制家庭,维护家长的特权地位,调整家庭成员之间的权利义务关系,不单纯是出于政治考虑,也有维系个体经济再生产的经济目的。由于封建自然经济的闭塞性和保守性,封建家长制家庭得以长期存在。早在战国商鞅变法时,便利用政权和法律的力量,建立与个体生产相适应的一家一户的家庭:"民有二男以上不分异者,倍其赋。"从此以后,封建的家长制家庭便逐渐发展成稳固的社会共同体,而调整家族关系,维护家长和族长特权的法律,也就成了封建法律体系的重要组成部分。正如李大钊在"五四"运动时期指出的,"中国以农业立国……所以大家族制度在中国特别发达。中国的大家族制度就是中国的农业经济组织,就是中国两千余年来社会的基础构造"。[①]

2. 宗法制度具有深厚的文化土壤和悠久的历史

宗法制度是从以血缘为基础的氏族组织演变而来的。早在商朝末年,王位的继承和宗法关系已经紧密融合在一起,从而赋予宗法关系以明显的政治性质。周朝建立以后,为了在广大疆域区内巩固周朝的统治秩序和适应大规模的封邦建国的需要,建立起一套远比商朝完备的宗法制度。

周朝的宗法制度和等级制度紧密结合在一起,各级宗主既握有

① 李大钊:《由经济上解释中国近代思想变动的原因》,载《新青年》第七卷第二号,上海群益书社1920年版,第48页。

族权,又握有行政权、司法权。所有国家官职都由贵族家族世袭垄断,国家的管理体系和结构形式也都根据宗法系统来缔造。整个国家的统治网是以各个贵族大家族为基点联结起来的。国家的都城既是政治中心,也是祖庙所在之地,而祖庙又是宗主制裁族众的宗族法庭。通过宗法制度使王权和族权直接合二为一,"家"与"国"相通,亲与贵一体,以致祭祀宗庙社稷的"祀",与保卫宗庙社稷的"戎",同属国家最重要的活动,所谓"国之大事,在祀与戎"。[1] 在刑法中,不孝、不友是一切犯罪中最严重的犯罪,所谓"元恶大憝"。其他如"不悌""不睦""不敬祖"等,也都因有悖宗法伦理关系而列为严重犯罪。

进入封建社会以后,在土地的私有权得到承认的经济基础之上形成了官僚制度和郡县制度,使宗法制度的直接政治作用大为削弱。但是宗法制度的基本精神和原则,譬如,君权与族权的结合,家长、族长的法定特权,嫡长子继承制与妇女的无权地位,尊卑之间的权利义务的不平等等,完全被继承下来并得到广泛深入的发展。封建统治者从长期的统治经验中,认识到父权、族权的特殊作用,因而力图把巩固封建国家的任务,落实到社会的细胞组织——家庭,通过千支万系的家族、宗族组织来束缚和压迫广大族众。正是基于这种考虑,封建国家通过各种法律形式确认和维护家长权与族权,积极构建伦理法的体系,不断地丰富伦理法的内容。

3. 儒家思想为封建伦理法提供牢固的理论基础

儒家不仅推崇宗法制度,而且为家长权和家国相通的体制进行论证。所谓:"天无二日,国无二君,家无二尊","天下之本在国,国之本在家","家齐而后国治","修身、齐家、治国、平天下",这是儒家一整套的治国兼治家的方略。至汉武帝时期,由于实行"罢黜百家,独尊儒术"的政策,使儒家学说一跃而为社会的统治思想,指导着封建法制的建设。在汉代,由"尊尊亲亲"进一步发展为三纲:"君为臣纲、父为子纲、夫为妻纲"。"三纲"学说所宣扬的是君权、父权、夫权的神圣不可侵犯性,违者不仅违法而且违天,要受到严刑

---

① 《左传·成公十三年》。

惩治。

儒家学说还论证了君权和父权的统一性,竭力把父权引入行政领域,鼓吹君权是全国父权的化身,借以加强君权。《汉书・鲍宣传》说:“陛下上为皇天子,下为黎庶父母。”同时鼓吹移孝为忠,强调“其为人也孝悌,而好犯上者未之有也。”“君子之事亲孝,故忠可移于君”,“故以孝事君则忠。”不仅如此,封建国家也利用父权来加强地方行政长官的统治权。例如,作为“亲民之官”的州县长官,被渲染为民之父母官。正如马克思曾经指出的,“正如皇帝通常被尊为全国的君父一样,皇帝的官吏也都被认为对他们各自的管区维持着这种父权关系”。[①]

在普遍重视伦常关系的中国古代社会,要发挥家长、族长对家族成员的协调与管理作用,首先依靠伦理道德的权威性说教。另外,封建国家通过制定法律,将以血缘形式出现的、温情脉脉的伦理关系,变成以权利和义务为基本内涵的法律关系。

4. 封建统治者对于父权、族权特殊作用的经验总结

封建统治者从长期的统治经验中,认识到父权、族权对于维护国家统治所具有的特殊作用,因而力图把巩固封建国家的任务落实到社会的细胞组织——家庭上来。基于这种考虑,国家在赋予家长、族长以统治家属成员种种特权的同时,也要求他们对国家承担更多的义务,有些犯罪只罪家长。特别是在政治动乱时期,要求家长对国家的稳定发挥更大的作用。明代王阳明在镇压农民起义时,便明令该地区的家长严格约束子弟,做到“德义相助,过失相规”“小心以奉官法,勤俭以办国课”。[②] 清末曾国藩在镇压太平天国革命运动时,还发给湖南地区大家族的族长们以“钤用关防”的族团执照,允许他们掌握部分地方武装,以随时拘捕、刑讯以至屠杀敢于造反的族人。所谓“以一族之父兄,治一族之子弟”。[③] 可见家长制家庭是封建国家进行经济剥削和政治压迫的纽带,是撑持专制主义

---

① 《马克思恩格斯选集》(第1卷),人民出版社1995年版,第691页。

② 《王文成公全书》卷十六,“十家牌法告谕各府父老子弟”。

③ 《曾国藩批牍》卷一,“批零陵县禀奉发团练告示及致各绅士信函分别分贴送交该县地方现无匪徒拜盟结会仍当随时访查认真拿办由”。

统治的社会基础。由此便不难理解，为什么历代封建统治者都有意识地以法律来调整伦理关系，使伦理关系法律化，以确保父权和族权的统治地位。

作为家长、族长，不仅管理家内、族内的事务，而且还要代陈国家法纪，约束族众，所谓“奉有官法，以纠察族内之子弟”。① 在清道光皇帝诏中曾明确宣布，“凡遇族姓大小事件，均应族长绅士判断”，族众中“如有不法匪徒，许该姓族长绅士捆送州县审办”。②

在由同姓宗亲构成的家族中，亲属关系逐渐演化成为族内一种主要的社会关系，亲情义务也逐渐渗透到人们生活的方方面面。作为家庭成员，他们在严密的伦理关系的束缚下，几乎是作为家长的附属物而存在的，他们缺乏法律的主体意识，因为代表家庭的（法人）是家长。

在古罗马法律中也曾经确立了“家父权”，子孙有接受家长监管与惩戒的义务。家长对家子行使监护权、惩戒权，甚至有权杀死家子。家子无权以自己的身份对外订立契约。但是，一旦涉及国家或团体的政治利益，家子便不再向家父承担基于“家父权”而产生的义务，纯粹的法律关系完全排斥了家庭的亲情关系。随着罗马帝国疆域的扩大和商业的发展，以限制家子的行为方式及民事权利为重要内容的家父权制度，已经不能适应变化中的罗马社会，加上司法权的集中化，遂使法律对于家父权逐步加以限制，亲情义务开始让位于法律义务。至君士坦丁大帝时，家父对家子的生杀权被废除。如果家父杀死家子，即依法将该家父处以极刑。梅因在《古代法》中这样描述家父权的演变过程：

在帝政时期，我们还可以发现所有这些权利的遗迹，但已经缩小在极狭小的范围内。家内惩罚的无限制的权利已变成为把家庭犯罪移归民事高级官吏审判的权利；主宰婚姻的特权已下降为一种有条件的否定权；出卖的自由已在实际上被废止，至于收养在查斯

① 《皇朝经世文编》卷五八，《选举族正族约檄》。

② 《大清宣宗成皇帝实录》卷一八一，中华书局1986年版，第864页。

丁尼安的改良制度中几乎全部失去了它在古代的重要性,如果没有子女的同意,移转给养父母就不能生效。总之,我们已十分接近最后流行于现代世界的各种观念的边缘。①

在日耳曼法中,儿子可以拥有自己独立的财产。对于儿子的财产,父亲享有管理权、收益权以及对动产的处分权,但对于属于儿子的不动产,父亲不得擅自处理,若要处理,则必须征得儿子同意,否则即构成违法。可见,东西方国情的不同、文化背景的差异,在亲情关系与法律关系的冲突与解决的模式上也是不同的。

十二、以法治官,明职课责

在封建专制制度下,君主为了有效地运用权力,控制国家和社会,并将其旨意付诸实施,势必要通过一个权力媒介,这个权力媒介就是官。官是管理国家的群体和实现国家职能的具有人格的工具。中国古代社会所说的人治,其实质就是官治。为了发挥官治的作用,就需要治官。韩非所说“明主治吏不治民”被封建皇帝奉为圭臬,从而形成了人治—官治—治官—吏治—治民的理论体系。正是由于官僚队伍是封建专制制度的支柱,而吏治的状态又关系到国家的治乱兴衰,很早很早便形成了以法治官的传统,以巩固庞大的官僚体系并保证其运作。治官之法的主要内容是:明确官僚的职、权、责;规定官僚的行为方式与自我调整、自我约束的机制;实行考选举荐、考课、监督等一系列制度,以使之奉公守法,为国效力、为君尽责。随着社会文明的进步和国家制度的发展,职官管理法不断充实,使官僚们在组织建设、政治运营、经济和文化策划、治民理事、司法审断等各方面,均有法可依,从而发挥着重要的作用。如果说中国古代的行政法是中华法系的重要构成部分,那么职官管理法就是古代行政法的核心。二者互相促进,有机统一。

(一)职官的设置与编制

《尚书·立政》已经反映了距今三千多年以前周朝设官分职的

① [英]梅因:《古代法》,沈景一译,商务印书馆1959年版,第79页。

概况。战国时成书的《周礼》，不仅是中国古代一部理想的行政法典，也是中国奴隶制国家以法治官的历史文献和职官编制法的雏形。它首先明白晓示了设官的目的："惟王建国，辨正方位，体国经野，设官分职，以为民极。"①按贾公彦疏："言设官分职者以治民，令民得其中正，使不失其所故也。"

其次，象天地四时以为官名，所谓"以作天地、四时之名，谓之六卿"，即天官冢宰、地官司徒、春官宗伯、夏官司马、秋官司寇、冬官司空。由于古代因事命官，因此强调设官要"专"，分职要"清"。"专"指兵农工刑各有专责；"清"指内外大小职官权限不容混淆。所谓"各有所职，而百事举"。②《周礼·天官冢宰》强调据六典治事，反映了官须依据法定权限，治理政务。所谓六典，"一曰治典，以经邦国，以治官府，以纪万民。二曰教典，以安邦国，以教官府，以扰万民。三曰礼典，以和邦国，以统百官，以谐万民。四曰政典，以平邦国，以正百官，以均万民。五曰刑典，以诘邦国，以刑百官，以纠万民。六曰事典，以富邦国，以任百官，以生万民"。③

最后，除六卿长官各有定员外，六卿的属官也有一定的数额。郑玄《周礼》注说："六官官各六十，则含有三百六十官。"属官也有明确的职务分工，"各有所主"。《周礼》关于设官与建制，虽有战国时人理想化的成分，但不无史迹可寻，而且对后世具有深远的影响。

秦时，废除世卿世禄制度，实行由王自由任免官吏的官僚制度。秦统一以后，"明法度，定律令"，以"显著纲纪""经纬天下"，不仅建立起高度集权的行政体制，而且对封建官僚实行有效的控制与管理。在官僚队伍的组建上，不仅任官以法，而且强调程序与任职的能力。在统一六国以后，由于大量裁撤六国冗官，因此，中央集权的国家机构虽然显著扩充，但在编制的总体上却并没有明显增加。秦时纳粟与胜敌虽可以授爵，但并非任官，官与爵是有区别的，只是当有爵者达到一定的水准，才可以为官。

---

① 《周礼·天官冢宰》。

② 《周礼·天官冢宰》郑玄注。

③ 《周礼·天官冢宰·大宰》。

至汉则不然,汉时除察举、征辟的主要任官途径外,还实行任子制度,“大臣任举其子弟为官”。[①] 尤其盛行纳赀为官,遂为职官的冗滥提供了温床。据《通典·职官》记载,哀帝时自丞相至地方州郡胥吏130,285员。至东汉,为了防止官僚队伍继续膨胀,规定边郡人口10万以上岁举孝廉一人,不满10万,二年举一人,5万以下,四年举一人,而且有年龄限制。与此同时,还采取定期考课和年老致仕的办法,力图稳定官员编制,保证官僚队伍的素质。

至唐,职官的设置与编制进一步法律化、制度化。唐时,官员的建置与职守,主要通过“令”的形式发布的。例如,“武德七年定令:以太尉、司徒、司空为三公;尚书、门下、中书、秘书、殿中、内侍为六省;次御史台;次太常、光禄、卫尉、宗正、太仆、大理、鸿胪、司农、太府为九寺;次将作监;次国子学;次天策上将府;次左右卫、左右骁卫、左右领军、左右武侯、左右监门、左右屯、左右领为十四卫府。东宫制三师、三少、詹事府、门下典书两坊;次内坊、次家令、率更、仆三寺;次左右卫率府、左右宗卫率府、左右虞候率府、左右监门率府、左右内率府为十率府。王公以下制府佐国官。公主置邑司已下,并为京职事官;州、县、镇、戍、岳、渎、关、津为外职事官”。[②]

官职的员数也主要是通过令的形式加以明确的。以“三师”“三公”为例,开元《三师三公台省职员令》规定如下:“太师一人,太傅一人,太保一人。右三师,师范一人,仪形四海。太尉一人,司徒一人,司空一人。右三公,经邦论道,燮理阴阳,祭祀则太尉亚献,司徒奉俎,司空行扫除。自三师以下,无其人则阙。”[③]作为盛唐重要行政法典的《唐六典》,同时也是一部完整的职官编制法。《唐六典》“以典统官,以官统事”,“官领其属,事归于职”。在职官编制上,以“量才授职,务省官员”为指导思想。《唐六典》规定:“凡天下官吏各有常员,开元二十三年,敕以为诸色补署,颇多繁冗,停废诸司监署府十余所,减冗散官三百余员,其见在员数,已具此书,各冠

① 《汉书·汲黯传》。
② 《旧唐书·职官志》。
③ [日]仁井田升:《唐令拾遗》,栗劲等编译,长春出版社1989年版,第24页。

列曹之首,或未该者,以其繁细,亦存乎令式。”例如:

《尚书都省》:令一人,左丞相一人,右丞相一人,左丞一人,右丞一人,左司郎中一人,右司郎中一人,都事六人,主事六人,令史十八人,书令史三十六人,亭长六人,掌固十四人。

《御史台》:大夫一人,中丞二人,侍御史四人,主簿一人,录事二人,令史十五人,书令史二十五人,亭长六人,掌固十二人,殿中侍御史六人,令史八人,书令史十人,监察御史十人,令史三十四人。

《州县官吏》:令一人,丞一人,主簿一人,尉一人,录事一人,司户佐二人,史四人、帐史一人;司法佐二人,史四人;典狱六人;问事四人;白直八人;市令一人,史一人,帅二人;博士一人,助教一人,学生二十人。

从《唐六典》所规定的官员定额看,是比较精简的。作为国家中枢执行机关的尚书省,所属六部二十四司,从六部尚书到小吏掌固共1292人。中书省和门下省的编制,合计不过665人。这既可以节省行政开支,少付官吏俸禄,又能提高行政效率。但在封建社会不可能长期维持这种精简的局面。从高宗时起,官僚机构便开始膨胀起来。但总体来说,唐朝用令的形式,将从中央到地方各级、各部门的官员额数作了严格的限定。唐令共33篇,其中职员令占六篇,是各种令中篇幅最大的部分,它详细规定了各个部门直到流外佐、史的人员配置、品秩,并要求严格执行。对于违反职员令,擅自超员设官者,按《唐律》规定,处以杖一百至徒二年的刑罚。

唐朝职官编制的精简,反而带来了较高的行政效率,使国家事务可以在法定时间即所谓“限程”内完成。宋人洪迈在《容斋随笔》中称赞唐代的行政效率“为后世所不及”。根据《唐六典》载:“凡内外百司所受之事,皆印其发日,为之程限,一日受,二日报(其事速及送囚徒,随至即付),小事五日(谓不须检复者),中事十日(谓须检复前案,及有所勘问者),大事二十日(谓计算大簿帐,及须咨询者),狱案三十日(谓徒以上辨定须断结者),其急务者不与焉。"[①]如因违反程限而造成严重后果者,处以严刑。例如,驿使稽程,致使"陷败户口、军人、卫士、募人、防人一人以上及诸城戍者",处以绞刑。[②] 从敦煌、吐鲁番发现的大量唐代官文书中,可以看到许多标有时间的公事牒状,其行判时间大都符合规定的程限。

宋朝的职官编制立法,大体沿袭唐旧,但由于扩大了科举取士的名额,而且一经录取便可为官,以致职官数额迅速增加。此外,恩荫为官者,动辄数千人,由此而出现了"官与职殊,名与实分","差遣"掌实权的紊乱官制,以致"居其官不知其职者,十常八九"。[③]

明、清两代中枢机关发生了重大变革:废除了中书省,自战国以来开始设置的宰相官职遭到废黜,而代之以殿阁大学士。同时,改御史台为都察院,设通政使司,并掺和了一系列满洲的官制。在职官编制法上,基于明清会典的修订而进一步规范化。

《明会典》"辑累朝之法令,定一代之章程",是"百司之所遵行,后世以之为据"的大经大法。会典的体例,以"明朝的官职制度为纲",以"事物名数仪文等级为目",较之《唐六典》更为周密。以吏部为例,设尚书一员,左右侍郎各一员,所属四清吏司各设郎中一员,员外郎一员,主事或一员、或二员。由于明初建都南京,成祖即位以后才迁都北京。仁宗时于南京仍设六部官属,称为南京六部,从而必然地增加了职官总额。至于地方官额,以县为例,设知县一员,县丞一员,主簿一员,典史一员,其他所属衙门各官皆有定员。如儒学设教谕一员、训导二员;税课司设大使一员;阴阳学设训术一员;医学设训科一员;僧会司设僧会一员;道会司设道会一员。

《清会典》对于职官的建置、规模、职掌等也都作了明确的规定。

在明清两代的职官编制中,吏员的大量存在,并握有实际的施政功能,是一个显著的特点。例如,洪武十三年定六部官制,官与吏共 548 人,其中吏 443 人,是官数的 4 倍。至明末,"胥吏日以伙,每县殆不止千人矣"。[④] 清时,地方各衙门,除正式职官外,都聘请和任

---

① 《唐六典》卷一《尚书都省》。

② 《唐律疏议·职制》,"驿使稽程"。

③ 《宋史·职官志一》。

④ 《清经世文编》卷二四,侯方域,"额吏胥"。

用一批幕客、胥吏协助处理公务,以致出现“清与胥吏共天下”之说。

综上可见,中国古代的职官编制法,或表现为单行法令,或藏于政典之中,但都是在总结行政机关组织建设经验的基础上制定的,是依法管理职官的第一步,也是中国古代行政法最基本的开篇之作。从历代职官的法定编制上,可以看出管理经济的职官编制优先于其他部门。以清代为例,吏、礼、兵、刑四部职官的编制共 620 人,而户、工二部的职官编制即达 501 人,这是因为管理经济事务所涉及的面宽广,又是国计民生之所系和国家机器赖以存在和运行的基础。可见中国古代职官编制的大小,决定于其职掌的繁简,是颇为科学的。

通过制定职官编制法,除规定员额外,更着眼于明职明责,划定上下之间的隶属关系,以提高行政效率。如同《通典·职官》所说,“设官置吏,中外相维,是以万里之遥,若臂指之相使,兆民之众,若呼吸之可通”。

中国古代的职官编制法也反映了专制皇权的深刻影响。例如,从周朝起便建立了宫廷官;汉时有中朝、外朝之分;唐时“奉君祀神”之职,几占朝廷官职的一半。仅负责皇帝膳食的“主膳”一职,就达七百人之多。至明清,为皇帝服务的宫廷侍从官不断扩大,其额数可由皇帝发布临时的诏令认定,而不受法定额数的限制。直到 1906 年晚清官制改革,为皇帝服务的职官,仍在“五不议”之列。康有为在《官制议》一文中指出:“治国民之职多,而治供奉之官少者强,欧美是也。治国民之职少,而治供奉之官多者,其国弱,突厥、波斯,及吾国是也。”但这个痼疾是封建专制制度所造成的,因而也只能与专制制度相始终。

随着社会关系的复杂化与阶级矛盾的尖锐化,职掌司法的刑部官员不断增加。唐时,刑部辖四司;明朝增至十三清吏司;清代再增至十八清吏司,其分工日趋严密,员额也随之增加,借以强化对社会的控制与法律调整,应付严峻的政治事端。

历代不仅职官编制有法,而且在开明之世都严禁突破法定的额数,违者处以刑责。以唐代为例,唐律规定,“诸官有员数,而署置过限,及不应置而置,一人杖一百,三人加一等,十人徒二年”,

目的在于防止冗官充斥致降低行政效率,这表明了封建统治者对于冗官为害的认识和加以制止的决心。一般来说,职官额数与人口总数应保持一定的比例。例如,唐开元以前官额18,809员;开元二十二年人口16,163,863人,二者的比例为1∶2460。宋朝皇祐前官额24,000员,仁宗皇祐五年人口22,292,861人,二者比例为1∶926。明初官额24,633员,洪武十四年人口59,873,305人,二者的比例为1∶2425。清乾隆十五年编撰《历代职官表》所列官额31,894员,乾隆十八年人口102,750,000人,二者的比例为1∶3221。可见官与民之比应在1∶2000～1∶3000为正常。官额过多,人民承受不起,往往成为致乱之源,因此统治者严禁随意突破。从中国历史的发展来看,开创之世和开明之君,为了发展生产,稳定社会,提高行政效率,都比较重视精简机构,严格执行既定的职官编制法,这虽不能从根本上克服官僚政治的通病——机构膨胀,但的确起了约束的作用。随着一个王朝的腐败,不可避免地出现机构重叠、冗官充斥等现象,职官编制法也往往流于形式,因此职官是精简还是冗滥,是政治清明还是腐败的标志之一。

(二)职官的任免考选

经过春秋战国之际“礼崩乐坏”的社会大变动,以国王任免文武长官的封建官僚制度逐渐形成。为了赢得兼并战争的胜利,“因能授官”成为列国通行的原则。秦简《为吏之道》所载“审民能,以任吏”,说明了这一点。在秦国,凡能“辟地”“胜乱”“力农”者,可以仕进为官。除皇帝掌握对官吏的任免权外,官吏之间也可以荐举,但须负连带责任,以示慎重。《史记·范雎蔡泽列传》记载:“秦之法,任人而所任不善者,各以其罪罪之。”

与封建官僚制度建立的同时,作为官吏行使权力的合法凭证——印玺也已出现。任官授印,免官收印,成为一项法定的制度。据《史记·范雎蔡泽列传》:“秦王乃拜范雎为相,收穰侯之印”“穰侯因谢病,请归相印”。印既然是官的权力与身份的凭证,因此严禁伪造。在秦律中便出现了伪造县丞、县内官啬夫官印的罪名。

从秦律中还可以看到秦时任官的法定程序与要求,如经现任职官保举后由相应的行政机关长官分级任命,但不得任“废官”为吏,否则罚赀二甲。官员只有取得正式任命文书，才能到职视事，否则要“以律论之”。新官不许带旧时属吏至新任所。不仅如此，秦时任免官吏还有明确的时间规定，如“县、都官、十二郡免除吏及佐、群官属，以十二月朔日免除，尽三月而止之”。[①] 但如出现“其有死亡及故有夬(缺)者”，则随时“补之，毋须时”，即不受时间限制。反之，如两月内尚未补足，则罪主官。

汉代采取察举和征辟两途任官。察举是两汉选拔官吏的常设制度，始于高祖十一年(前196年)求贤诏。惠帝、文帝也先后下诏求“孝悌力田”“贤良方正”“直言极谏”。武帝初，令郡国举“孝廉”各一人。

征辟始于西汉而盛行于东汉，除皇帝下诏征辟外，公卿、州郡长官也可以征辟士人为官，但如举非其人，也要负连带责任。此外，博士弟子经过考试为官的，称为“郎选”。二千石以上的高官，任满三年还可以保举子弟一人为郎，称为“任子”，所谓“子弟以父免任为郎”。汉武帝时，为了解决财政困难，实行卖官鬻爵，从而又为“赀选为官”开辟了途径。由于任子与赀选，既不以才举，又不以德选，因而受到当时人的讥评。

西汉铨选官吏很少有籍贯的限制，如朱买臣以会稽人任会稽太守。但有身份限制，商人不得为官(武帝时一度废除)，宗室子弟也不得担任公位高官。两汉官吏皆重久任，无限期，于定国曾任廷尉十七年，冯为郡太守二十七年。

汉初，为了加强皇帝集权，虽百石小吏也由皇帝任命。其后，随着权力关系的演变，丞相也握有高官的调任权。汉代任官的方式有“假”，即代理之意，有“兼”即兼摄，有“领”即兼领，如领尚书事，有“行”是以本官代行缺额官职务，有“试守”即以一年为试用期，称职再正式任命。任官方式的多样，一者表示慎重，力求授官得人，再者防止官僚队伍增长过快，造成财政的危机和百姓的怨怒。至东汉时期，政治腐败，使一度盛行的察举制度，完全流于形式。葛洪在《抱朴子·审举》篇中说：“举秀才不知书，察孝廉父别居，寒素清白浊

---

① 《秦简·置吏律》。

如泥,高第良将怯如鸡。”

魏晋南北朝时期,士族门阀享有法定特权,由此而产生了九品中正的选官制度。其制始于魏文帝时吏部尚书陈群所立九品官人法,即在州设“贤有识鉴”的大中正,郡设中正,由他们按门第将本地人物评定为上上、上中、上下、中上、中中、中下、下上、下中、下下九品,凡出身上品,可以任高官,由此出现“上品无寒门,下品无士族”的现象。

九品中正制经过三百余年,至隋始废。隋文帝废除郡县之辟和乡里之举,建立秀才科,令诸州每年选定三人。炀帝时建立进士科,科举取士制度开始确立。

唐朝适应封建经济与官僚政治的高度发展,改进了科举选官制度,以便于中小地主广泛参加政权。科举考试比起保证门阀特权的九品官人法,具有民主性,是历史的进步,因而扩大了中央集权的统治基础,选拔了一批寒门出身的士人如马周、孙伏伽、张应素等参加政权。唐朝对于文官的铨选权,由吏部统一掌握,武官则归兵部。凡是科举及第取得出身者,须经吏部再试宏词拔萃入等,方可入仕、授官。不应此试者,可由吏部按期召集试以“身”(取其体貌丰伟)、“言”(取其言辞辩证)、“书”(取其楷法遒美)、“判”(取其文理优长),合格者注授适当的官缺。除中央掌握铨选权外,地方州县长官也有任命僚属的权力。一经地方任用,吏部即给予铨选合格的待遇。此外,五品以上的京官和诸州总管、刺史,均有荐举人才的义务,但如“贡举非其人”或“应贡举而不贡举”,则要判处一年至三年徒刑。

为了培养封建官僚的后备力量,中央和地方大兴学校。唐玄宗时期,将国家教育法制与学校体制正式编入《唐六典》中,详定各类学校的教师、学生员额,招生对象以及学习内容、教师和学生待遇等。唐代学校对于官僚预备队伍的教育、培养,起了重要的作用。

对于专业性强的官职,设有特定的选官程序,譬如,技术专业官职由本部门机关铨注委任,而后送吏部备案。司法官的委任,吏部须与刑部尚书共同研究决定,然后注拟。太常博士的委任,须与太常卿商拟决定。

任命官职以“告身”为法定凭据。按唐制，“告身”一般由中书省中书舍人起草，有一定的规格。但中叶以后，官爵冗滥，有权任官者手握空白“告身”，视贿赂多少而随时填写。

宋初，仿唐科举制每岁一举，从英宗起改为三年一举，自后遂成常法。为了加强中央集权，扩大统治基础，积极网罗人才，扩大了科举录取的名额，而且一经录取便可为官，按名次的高下定官品的等级。除科举外，还实行恩荫法，凡皇族宗室和高官的子弟、亲属都可以恩荫授官，数量多而滥。

宋朝对官吏的铨选，开始由中书省、审官院分掌，神宗元丰改制以后，文官的铨选权归吏部，武官归兵部。

明于吴元年（1364 年）定“文武科取士之法”。洪武十五年（1382 年）定制每三年开科取士，考中进士即授予官职。除科举外，荐举和充当吏员，也是任官的途径。文臣有功还可以任子，武官亦可世袭。从明代宗起，捐纳草、粟也可得官。至穆宗，又实行纳银入监，即所谓“例监”，使吏治大坏。明朝对官吏铨选，也按文武职分属吏部和兵部。由皇帝直接任用称为“特简”，吏部铨注称为“听选”。由推官知县补授科道称为“行取”。举、贡、推官、知县考科道称为“考选”。适用于三品以上大臣的还有“廷推”和“部推”。官员任用有资格限制和籍贯限制，郡县守令一般不得在本地为官。任官的方式，除实授外，有署、试、兼、摄、理，兼职者也有俸禄。

清朝仍以科举为选官“正途”。正科之外，有时增加特科，如“博学鸿词科”“经济特科”等。有些官职如詹事府、翰林院、吏部、礼部各司郎官，必须科甲正途出身始能充任。凡由皇帝直接任命的官员称为“特简”，由大臣互推称为“会推”，功臣或殉难官员的子弟可以袭荫得官。贤能廉洁之士也可经荐举入仕，乾隆时曾多次下令命廷臣秘举贤能。

清朝还广泛实行捐官制度。康熙十三年因平“三藩”叛乱，实行捐纳，以补军费之不足，三年内捐纳知县五百余人。为了防止冗官扰民，规定，“捐纳官到任三年，称职者具题升转，不称职者题参”，[1]但

---

① 《清史稿 · 选举志》。

实际上无法贯彻。捐官制度虽然为清政府补充了一项临时财政收入,但却使封建官僚机构恶性膨胀,而且“官不安于末秩,士不安于读书,众志纷然,群趋于利”,①进一步败坏了吏治。

清朝官吏任用的方式有:署职:初任官试署二年(后改三年),称职,再实授。兼职:大学士例兼尚书,总督兼兵部尚书、右都御史。护理:低级官兼高级官。加衔:于本官外另加品级稍高的官衔。额外任用:是皇帝特殊的优遇。清政府不仅禁止本省人在本省为官,即使不同省但距离原籍五百里以内,也须回避。地方官员中不归吏部铨选者,由督抚选拔,报请批准。清代内外官可以相互升转,并有一定的任期。

综上可见,对于职官的任免考选也是以法治官的重要内容之一。从任人唯亲、讲究门第的世卿制和九品中正制,到相对民主的科举制,表现了选官制度的进步。国家重视选拔人才,给以优渥,无疑会调动具有各种专长的士人参加政权,为国效命。如同《汉书·公孙弘卜式儿宽传》中所说,“上(指汉武帝——引者注)方欲用文武,求之如弗及,始以蒲轮迎枚生,见主父而叹息,群士慕向,异人并出:卜式拔于刍牧,弘羊擢于贾竖,卫青奋于奴仆,日磾出于降虏,斯亦曩时版筑饭牛之朋已,汉之得人,于兹为盛”。由此可见,“汉之得人”就在于改变了以往任人唯亲的政策拘囿,而最高统治者又礼贤下士,才使人才得以脱颖而出。

从汉朝的博士弟子入仕,到唐宋明清的教育制度,都把任官入仕和教育联结在一起,从而为封建官僚队伍的补充提供了丰厚的来源。科举考试所创造的弥封、誊录,也是封建时代所能创造的行之有效的考试方法。活跃在两宋政治舞台上的薛居正、吕蒙正、寇准、吕夷简、范仲淹、文彦博、王安石、李纲、文天祥等优秀官员,有力地说明了宋时科举选官制度的建树与价值。但必须指出,封建时代依法任官只是一个方面,凭借恩荫特权入仕则是另一个方面。仅以宋朝为例,膏粱子弟入仕远较科举容易和迅捷。清人赵翼说:“荫子固朝廷惠下之典,然未有如宋代之滥者。……一人入仕,则子孙亲族

---

①《清朝续文献通考》卷九三。

俱可得官，大者并可及于门客、医士，可谓滥矣。……群臣子弟以荫得官，往往未离童龀，即受俸。"[1]又说："宋开国时，设官分职，尚有定数，其后荐辟之广，恩荫之滥，杂流之猥，祠禄之多，日增月益，遂至不可纪极。真宗咸平四年，有司言减天下冗吏十九万五千余人，所减者如此，未减者可知也。"[2]不仅如此，在专制制度下依法任官的推行，也往往受到皇帝个人品德与见识所左右。

（三）职官的考课奖惩

早在《尚书·舜典》中便提出"三载考绩，三考黜陟幽明"，按孔颖达疏，"黜陟幽明"即"退其幽者，升进其明者"，以使职官"纳于百揆"，而不致废弃"事业"。另据《周礼》，周时已有大计、大比的记载："三岁，则大计群吏之治而诛赏之。"[3]"听出入以要会，以听官府之六计，弊群吏之治"，[4]"岁终，则考其属官之治成而诛赏……及大比六乡四郊之吏。"[5]至战国，官僚制度的确立，使考课开始制度化、法律化。从战国起，便以"上计"来考核官吏，即将一年的赋税预算收入写在木券上，剖而为二，国君执右券，臣下执左券，年终时由国君亲自考核。根据考核的优劣决定官职的黜陟。

秦奉行"明主治吏不治民"的法家思想，从巩固地主阶级政权出发，强调对官吏的考绩与奖惩。秦简《为吏之道》规定："五善"（一曰忠信敬上，二曰清廉毋谤，三曰举事审当，四曰喜为善行，五曰恭敬多让）毕至，"必有大赏"。"五失"（一曰夸以迣，二曰贵以泰，三曰擅裂割，四曰犯上弗知害，五曰贱士而贵货贝）犯一，则予重罚。特别是要求官吏奉法守法，如断案不当或有意失轻失重，分别为"失刑"罪、"从囚"罪和"不直罪"，各要"致以律"。秦始皇三十四年（前213年），曾"适治狱吏不直者，筑长城及南越地"。[6] 此外，秦简

---

① 《廿二史札记·宋恩荫之滥》卷二五。
② 《廿二史札记·宋冗官冗费》卷二五。
③ 《周礼·天官冢宰·大宰》。
④ 《周礼·天官冢宰·小宰》。
⑤ 《周礼·地官司徒·小司徒》。
⑥ 《史记·秦始皇本纪》。

所载:“县上食者籍及它费太仓,与计偕”,[①]“入禾稼,刍稿,辄为籍,上内史”,[②]是秦朝考课官吏的“上计”方式。

两汉对官吏的考绩,仍以上计为主,而且颁行了单行法规《上计律》。按汉制,郡国属县,“秋冬集课,上计于所属郡国”。[③] 上计的范围与程序是:“秋冬岁尽,各计县户口垦田、钱谷入出、盗贼多少,上其集(计)簿。丞尉以下,岁诣郡,课校其功,功多尤为最者,于廷尉劳勉之,以劝其后;负多尤为殿者,于后曹别责,以纠怠慢也。”[④]至于郡国,则由郡国上计吏,于年终携上计簿赴京师上计。据《通典·职官十五》记载,郡守“岁尽遣上计掾史各一人条上郡内众事,谓之计偕簿”。考课中没有治绩的官吏,轻者申诫,重则罢降。有治绩者或循序“平升”,或躐等“巨升”。中央官吏多由地方官升任,宰相多由御史大夫升补。

魏晋时期对官吏的考绩,大体因袭汉制,只是改三年为一年,并由尚书、侍中负责。至南朝战乱纷离,士族擅权,考课之法成为虚文。

北魏孝文帝改革,实行“三载考绩……三考黜陟”。六品以下,由尚书负责,五品以上,由孝文帝与公卿论其善恶,“上上者迁之,下下者黜之,中中者守其本任”。[⑤]

唐朝对于官员的考绩,按功过分为九等,流内官考核的标准是“四善”:“一曰德义有闻,二曰清慎明著,三曰公平可称,四曰恪勤匪懈。”“四善”之外还有属于公务方面的“二十七最”,如:“决断不滞,与夺合理,为判事之最”,“部统有方,警守无失,为宿卫之最”,“访察精审,弹举必当,为纠正之最”等。凡属“一最四善为上上;一最三善为上中;一最二善为上下;无最而有二善为中上;无最而有一善为中中;职事粗理,善最不闻,为中下;爱憎任情,处断乖理,为下

① 《睡虎地秦墓竹简》,文物出版社 1978 年版,第 42 页。

② 同上书,第 38 页。

③ 《后汉书·百官志五》。

④ 《后汉书·百官志五》,胡广注。

⑤ 《魏书·高祖孝文帝纪》。

上;背公向私,职务废阙,为下中;居官谄诈,贪浊有状,为下下”。[①]流外官的考核分为四等:“清谨勤公为上,执事无私为中,不勤其职为下,贪浊有状为下下。”[②]依照等级,或进阶加禄,或保留原阶、原禄,或予解任。此外,州县户口的增减,也是进等或降级的根据之一。唐朝负责考绩之官有处分权,但如考校、课试不实,选官不称职者,依“贡举非其人”法减一等论罪。

唐朝考课,每年一小考,四年一大考,由吏部考功司主持,但皇帝每发专敕,委任京官中资望高者为校考官。此外,门下省、中书省也派员充当监考官。唐前期考课制度较为严格,治绩列为上上、上中者极为罕见。天宝以后,战乱不已,社会动荡,考课也难以实施。值得提出的是,唐朝将考课制度纳入法律轨道,使之进一步法律化,对后世很有影响。

宋朝实行每年一小考,三年一大考的考课制度。对于考课的标准与内容,也通过各种法律形式加以规范化。例如,地方官考课以七事考监司:一曰举官当否;二曰劝课农桑、增垦田畴;三曰户口增损;四曰兴利除害;五曰事失案察;六曰较正刑狱;七曰盗贼多寡。以四善四最考守令:德义有闻、清谨明著、公平可称、恪勤匪懈为四善。民籍增益、进丁入老为生齿之最;狱讼无冤、催科不扰为治事之最;农桑垦殖、水利兴修为劝课之最;屏除奸盗、人获安居、振恤困穷,不致流移为养葬之最。与地方官的考课相比,朝官的考课之法略显粗陋。据《宋史·选举志》载:“凡文武官一是以公勤、廉恪为主,而又职事修举,斯为上等;公勤、廉恪各有一长为中等,既无廉声又多缪政者考下等。”[③]

由于宋朝考课重视年资,官员只要在任内不发生过错,就可以升迁。范仲淹曾批评说:“知县两任,例升通判,通判两任,例升知州”,“贤愚同等,清浊一致。”[④]因此,官员大多不求有功,但求无过,以老成持重相标榜,唯恐承担责任,以致腐朽的暮气笼罩整个宋朝

---

① 《新唐书·百官志》。

② 同上。

③ 《宋史·选举六》。

④ (宋)范仲淹:《范文正全集》卷八《天圣五年上执政书》。

上下。

明初,朱元璋鉴于元末官吏贪婪勒掠,激起民变,因此重视吏治。洪武十一年,命吏部课朝觐官,“称职而无过者为上……有过而称职者为中……有过而不称职者为下”。明代考课分“考满”与“考察”,前者三年一考,九年三考,分为称职、平常、不称职三等,以定黜陟。后者按八法:贪、酷、浮躁、不及、老、病、罢、不谨考察内外官吏。京官六年一考为“京察”,外官三年一考,为“外察”。京官四品以上官自陈政之得失,以候上裁。五品以下分别优劣,或降调,或致仕,或闲住为民,具册奏请。

州县外官由布政司考核,每三年具册报吏部,以定去留,谓之“大计”。地方布政司四品以上,按察司、盐运司五品以上,任满黜陟,均由皇帝裁决,因大计而受处分的官员,永不叙用。明朝由吏部尚书、都察院都御史主持考绩,结论不当者,可以辩白;任情毁誉失实者,连坐。

万历时期,张居正积极整顿吏治,制定考察法,将定期考察、随事考察和访察告诫结合起来,强调考察官吏乃天下向背所系。但随着明后期专制政治的腐败,考课不仅名存实亡,甚至“以朝廷甄别之典,为人臣交市之资”。①

清朝“京察”和“大计”均仿明制,但考核的方法略有差别。京官三品以上和地方总督,巡抚自陈政事得失,以下由吏部、都察院考核。考核的标准为四格:守、政、才、年;八法:贪、酷、罢软无为、不谨、年老、有疾、浮躁、才力不及。考核一等加一级,二、三等照旧任职。罢软无为、不谨者革职,年老有疾者勒令休致,浮躁者降三级调用,才力不及者降二级调用。大计则由藩、臬、道、府、州、县逐级查其所属,申报督抚。大计分“卓异”与“供职”两种。卓异者自知县以上,引见候旨;犯八法者或劾或特参,因大计而受处分罢职者不得复职。在考课中冒滥徇私按保举连坐法治罪。清朝对官吏的处分,一般由吏部或都察院拟定,特殊的由皇帝降旨裁决,最重的处分是交刑部治罪,或斩,或遣戍边疆。其次是革职,重者加“永不叙用”

---

① 《明史·邱橓传》。

四字,轻者加“留任”二字。最轻是降职调用,降一级至五级不等。督抚对属员可以随时参劾、调动,但均须奏闻取旨。

综上所述,对官吏的考课是职官管理法的重要内容。“有官必有课”,是古代政治家、思想家的共识,被称为国家大典。继考课之后则是黜陟奖惩,这一切都是依法援制进行的,对于纠正官邪,保持官僚队伍的廉洁与尽忠职守,起了一定的作用。

(四)职官的俸禄与休致

俸禄也是官僚制度的产物,是封建国家对于职官的酬劳,其实质是封建君臣雇佣关系的反映,如同韩非所说,“主卖官爵,臣卖智力”。[①] 战国时期的俸禄是实物,其标准由于六国度量衡不统一,而有担、石、之分。高官享有万担、万之俸,也有“斗石小吏”。俸禄的实施是以对居民的赋敛作为物质保证的,这是官与民矛盾的经济根源。

汉时,以“石”定秩次(官等),以“斛”定俸额。例如,丞相官阶万石,官俸每月350斛。俸禄以粟为主,有时以粟折钱,至东汉则钱谷各半。

唐朝的俸禄,首先是授职分田,其法定标准是:“诸京官文武职事职分田,一品,十二顷;二品,十顷;三品,九顷;四品,七顷;五品,六顷;六品,四顷;七品,三顷五十亩;八品,二顷五十亩;九品,二顷。”[②]职分田可以收取田租。其次是按十八级官品发给年俸禄米,正一品七百石,从九品三十石,外官低于京官一等。再次是按品给役,一品九十六人,九品二人。最后是月俸钱,一品二十四千,九品一千九百。唐朝的法定俸禄并不高,安史之乱以后,财政紧张,国库空虚,以致“京官不能自给,常从外官乞贷”。[③] 由于官俸外不足以奉公忘私,内不足以养亲施惠,于是以权谋私,收受贿赂,遂不可遏制。

宋朝不仅形成了庞大的官僚群体,而且给予优厚的俸禄待遇,既有禄粟、职钱,还有帛料和随身役使的“人”,以及人的衣粮。宋朝商品货币关系的发展,使俸禄中的实物大都折钱。神宗时,王安

---

① 《韩非子·外储说右下》。

② [日]仁井田升:《唐令拾遗》,栗劲等编译,长春出版社1989年版,第575页。

③ 《资治通鉴》卷二二五,唐代宗大历12年。

石执政,实行厚禄,以使官吏自重,但其效果并不明显。

明朝实行薄俸,米钞兼给。七品知县按法定官俸每月银不足二两,俸薄加速了吏治败坏,大官贪污以致富,小官舞弊以救贫,以致法纪荡然。

清朝京官于俸银之外另有禄米,但无养廉银。外官于俸银之外有养廉银而无禄米。但总的说来,沿袭明朝的薄俸制度。

至于职官致仕,作为一项制度于汉代已经形成。据《白虎通义》,汉时官吏年七十致仕,以让贤能。二千石以上的高官致仕后,朝廷给原俸三分之一,“天下吏比二千石以上年老致仕者,三分故禄,以一与之,终其身”。[①] 汉时职官年老致仕不仅有法可循,而且蔚成风气。丞相韦贤、御史大夫杜延年,均以年老告退,受到天子赐黄金、牛酒医药的优渥,并以安车驷马送还故里,传为盛事。

唐朝官吏也是“七十致仕”。《旧唐书·职官志》说:“年七十以上,应致仕,若齿力未衰,亦听厘务。”致仕官五品以上可得半禄,有功的高官,蒙天子恩典也可得全禄。名相房玄龄、宋致仕,均赐予全禄。玄宗时,太子宾客贺知章告老还乡,玄宗亲为饯行,赋诗惜别,表示“岂惟崇德尚齿,抑亦励俗劝人”。中唐以后,宦官专权,党争激烈,致仕制度也遭到破坏。白居易在《秦中吟·不致仕》诗中,尖锐地抨击说:“七十而致仕,礼法有明文。仍乃贪荣者,斯言如不闻?可怜八九十,齿堕双眸昏。朝霞贪名利,夕阳忧子孙。挂冠顾翠緌,悬车惜朱轮。金章腰不胜,伛偻入君门。谁不爱富贵?谁不恋君恩?年高须告老,名遂合退身。少时共嗤消,晚岁多因循。贤哉汉二疏,彼独是何人?寂寞东门路,无人继去尘。”

宋朝,法定的致仕年龄也是70岁,但官吏贪恋利禄,虽逾年龄仍不告退,朝堂之上耄耆充斥。包拯曾建议年逾70岁的文武官吏,不致仕者,“许御史台纠劾以闻”。[②] 宋初,致仕官或半俸,或全禄,由皇帝决定。太宗淳化元年诏定,凡致仕官皆给半俸。真宗祥符五年又诏定,致仕官赐全禄。终宋之世,致仕制度比较混乱。

---

① 《汉书·平帝纪》。
② 《宋史·职官志》。

明初,洪武元年(1368 年)令:“官员年七十者听令致仕,其有特旨选用者,不拘此例。”[①]洪武十三年令:“文武官年六十以上者皆听致仕,给以诰敕。”[②]孝宗弘治四年又规定,凡告疾官员,年 55 岁以上者,冠带致仕,未及 55 岁者冠带闲住。致仕者仍名列官籍,继续享受免徭役特权,但如削籍为民,则不享有。对致仕官的待遇或赐田、给俸,或给役,常因人而异,没有定制。明朝致仕不纯因年龄,亲老亦许归养,但从万历时起,十官九缺,致仕制度陷于废弛。

清袭明制,官吏年 60 致仕,有世职者按品给俸,无世职者,给予半俸。未及 60,因疾病告退者,不给。致仕之官或晋秩,或乘传还乡,或官其子孙,或给原禄,均出自特恩,不为定制。

总之,致仕制度的法律化及其推行,有助于稳定职官的编制,加强官僚队伍的新陈代谢,增强施政的活力,体现了官僚政治经验的积累。

(五)对职官的一般监督和法律约束

为了使职官忠君报国,勤政治事,历代实行严密的监察制度。唐宋以来监察法规不断完善,监察机关渐成网络,这在世界政治与法制史上是很少有的。

从战国时起,御史便握有监督百官的职能,《史记·滑稽列传》记载,齐威王置酒于后宫,召淳于髡并赐之酒,“问曰:‘先生能饮几何而醉?’对曰:‘臣饮一斗亦醉,一石亦醉。’威王曰‘先生饮一斗而醉,恶能饮一石哉!其说可得闻乎?’髡曰:‘赐酒大王之前,执法在旁,御史在后,髡恐惧俯伏而饮,不过一斗径醉矣。’”可见御史的纠察职责对于百官的震慑作用。至秦汉,监督弹劾制度已初具规模,《通典·职官一》说:“秦兼天下,建皇帝之号,立百官之职……又置御史大夫,秦、汉为纠察之任。”汉代由御史中丞(后改为御史大夫)执掌监督弹劾权。同时,还以“御史监郡”。汉武帝划分全国为十三部监察区,派御史监察不利于中央集权的地方豪强势力。京师地区设司隶校尉执掌监察。御史中丞和监察御史由于“专司案劾之

---

① 《大明会典》卷十三,《致仕》,江苏广陵古籍刻印社 1989 年影印版,第 244 页。
② 同上。

奏”,成为“任重职大”的特殊官僚系统。东汉时期,每逢朝会,御史中丞、司隶校尉和相当于宰相的尚书令各据一席,被称为“三独坐”。至唐代,扩大监察机构,以御史台为中央监察机关,御史大夫为长官,下设台院、殿院和察院,分别由侍御史、殿中侍御史和监察御史组成。台院侍御史主要负责弹劾纠举违法的朝内官吏。殿院、殿中侍御史主要负责纠弹朝会违仪及郊祀失礼之官。察院监察御史则“分察巡按郡县”,并可处理地方狱讼事务。唐太宗时张玄素为侍御史,弹劾某县令盗官粮,太宗大怒,特令处斩,后以魏征建言,免其一死。由于御史“临制百司,纠绳不法”,“正朝廷纲纪,举百司紊失”,[①]所以唐睿宗说:“彰善瘅恶,激浊扬清,御史之职也。政之理乱,实由此焉。”[②]

明时,朱元璋以中书总政事,都督掌军旅,御史掌纠察,认为“朝廷纪纲尽系于此,而台察之任尤清要”。[③] 洪武十五年,改御史台为都察院,并设置十二道监察御史。清袭明制,以都察院左都御史“掌察核官常,参维纲纪”。[④]

封建时代对官员进行弹劾的形式主要有面劾、奏劾、复劾、案劾、重劾、共劾、自劾等。如涉及重大事件,允许被弹劾者与弹劾者“于帝前争论之”,[⑤]由皇帝裁决。御史的监察弹劾权是附着于皇权的,它所起的作用大小,取决于皇帝,因而具有极大的局限性。一般说来,政治开明时期御史行使弹劾权的阻力较小,敢于对不法官吏进行弹劾。

中国古代的监察机关,无论设置、隶属关系、活动原则都是相对独立的,直接对君主负责,由皇帝居中驾驭,内外相维,层层监督。对于监察官的任命也由皇帝亲自掌握。专职监察机关的不断扩大和监察官风闻弹事的职权,都表现了作为君主耳目之司的监察官的显赫地位。但如“诸诬告人者,各反坐。即纠弹之官,挟私弹事不实

---

① 《唐会要·御史台》。

② 《唐大诏令集》卷一百,“令御史条奏内外官职事诏”。

③ 《明史·职官志》。

④ 《清史稿·职官志》。

⑤ 《汉书·百官公卿表》。

者……亦如之”。[1]

监察官除对内外职官进行行政监督外,也对司法机关的司法活动进行监督,他们是依法治吏的执行者,有时也参加大狱的审判。

对于职官的活动,除监察机关进行一般监督外,还通过立法严加约束,防止渎职贪婪。

“国家之败,由官邪也”,[2]这是古人对于官之于国的重要性的基本认识,为此历代都注意以法治官,并且颁布了治官之法。《周礼》可以视为中国古代官法的原始形态。《周礼》中的“六典”“八法”“八则”“八柄”都含有对官吏的要求、惩戒、诛赏、驭使等内容。

《尚书·吕刑》所载“五过之疵”,就是对于“惟官、惟反、惟内、惟货、惟来”五种行为的制裁,所谓“其罪惟均,其审克之”。这表明周朝对违法失职的官员是依法惩处的。

进入封建社会以后,经过战国、秦汉,至隋唐,治官之法已经相当严密。以《唐律·职制律》为例,对于官吏违法、失职、犯罪都作出了明细的规定。

首先,分清私罪与公罪。私罪,指不因公事,为个人私利而犯法者;虽因公事,但涉及私利,有意偏袒,歪曲事实,以致触犯法律,也按私罪论。公罪,凡“情不涉私”均可列入“公坐”,即因公事而坐罪。区别公罪与私罪,公罪从轻,私罪从重,目的在于打击官吏徇私,加强责任心,严肃法纪意识。

其次,建立同职连署制度。即将同一部门的官吏分为四等:长官、通判官、判官、主典,借以区分应负的主要责任和次要责任。例如,州县脱漏户口,以长官为首,通判官为第二从,判官为第三从,主典为第四从。如因文簿而脱户,则主典为首,判官、通判官、长官逐级减等。这种同职官吏连署的法律规定,既明确各自的责任与奖罚的关系,又可使官吏互相监督,加强治事理政的效能。

最后,监临主守官犯罪从重。按《唐律疏议》在唐代的四等官

---

① 《唐律·斗讼》,“诬告反坐”。

② 《左传·桓公二年》。

中,判官以上都称“监临”官。至于“主守”,包括“行案典吏,专主掌其事及守当仓库、狱囚、杂物之类”,是具体办事的佐史、小吏等。对于监临主守官采取犯罪从重的原则,如窃盗罪一般没有死刑,盗五十匹,罪止加役流。但若监守自盗,则加凡盗二等,至三十匹绞,而且不在赦限。

在行政公共事务方面,对监临官的要求也严于一般官吏。例如,户口脱漏、田畴荒芜、赋役不均、课税不充、堤防桥梁失修、水火为患、库物受损及部内出盗等,一般皆以长官为首,佐职为从,分别承担责任,从而使权与责紧密联系在一起。

除上述原则外,在唐律中还列有惩治渎职的众多条款,如州县长官和诸道折冲府的军官私自离开辖境超过一夜,杖一百。无故不赴衙,应值宿不值,给假超假不归,赴任限期内未到,均按日分别处笞、杖、徒刑。受制出使的官员不及时复命,或干预其他事务,徒一年半,因而造成损失者徒三年。凡按律令式,应上奏之事而不上奏,或上奏不该上奏之事,或不待批复径自施行与改定者,均杖八十。越权代他人签署文书,杖八十,代判则徒一年。唐代还强调官员保密,对于“谋讨袭及收捕谋叛”等“大事”,泄密者绞。一般性质的泄密,徒一年半,泄密于外国使臣,罪加一等。

在中国古代治官之法中,特别值得提出的是惩治职官贪污受贿的法律,不仅历史悠久,而且规范详密,既是中国刑法史的基本组成部分,也是以法治官的重要表现。

早在夏朝便出现了最初的惩治官吏贪污法。《左传·昭公十四年》引《夏书》说:“昏墨贼杀,皋陶之刑也。”凡“恶而掠美为昏,贪以败官为墨,杀人不忌为贼”,可见墨就是官吏贪污的罪名,犯者处重刑。商初,为整饬官纪而制定的《官刑》中,也有对于“殉于货色”即所谓“淫风”的惩罚。

西周制定的《吕刑》,不仅把官吏贪污当作“五过之疵”给予惩罚,而且还提出了一个很可贵的思想:“狱货非宝,惟府辜功。”据《正义》解释,“治狱受货,非家宝也,惟是聚罪之事”,因此不可不慎。

至战国李悝所著《法经》,提出了“假借不廉”和“受金”等内涵明晰的罪名和惩罚办法："丞相受金，左右伏诛，犀首（将军）以下受金则诛，金自镒（二十四两）以下罚不诛也。"

秦时，以"临材见利，不取苟富"为可称道的"为吏之道"，以"居官善取"为"吏有五失"之一。[①] 秦律还规定私贷公钱"与盗同法"；官匿民用，按"匿田"论罪；"通一钱者，黥为城旦"。所谓"通钱"是贿赂的概称，对"通钱"的惩罚较之盗人财物为重，而且惩罚窝主。秦律规定"知人通钱而为藏"，即使"其主已取钱"，但被发觉后，仍然论罪。

汉代贪污罪已有受所监、受财物、听请、受财枉法、受赇（"以财求事曰赇"）枉法等名目，并区分主守官与监临官，对前者的惩罚重于后者。例如，"主守而盗直十金弃市"，[②]"监临官受其官属所赠饮食计偿费勿论；受财物，夺爵为士伍，免之；无爵，罚金二斤，令没入所受"。[③] 但如"枉法受赇"，"恐受赇"，加重处刑。据《汉书·刑法志》载："吏坐受赇枉法……皆弃市。"汉武帝时，葛魁节侯刘戚，"坐缚家吏，恐受赇，弃市。"[④]汉律除惩罚受赇者外，也兼及行赇者，临汝侯灌贤"坐行赇有罪，国除"。[⑤]

至魏晋南北朝，《魏律》十八篇专列《请赇》《偿赃》二篇，此外还有《呵人受钱》之令、《使者验贿》之科。这一方面标志着惩贪之法趋于细密；另一方面也反映了官吏犯赃现象的普遍。

晋时，注释法律盛行，使贪赃受贿的概念进一步规范化。例如，"货财之利，谓之赃"，"以罪名呵为受赇"，"输入呵受为留难，敛人财物积藏于官为擅赋"。[⑥]《晋律》对于官吏贪污处刑极严，罪不至死者，虽遇赦，仍禁锢终身，轻者二十年。南陈时，增加不枉法受财条，科同"正盗"。北魏，监临官"受羊一只，酒一斛者，罪至大

---

① 《云梦秦简·为吏之道》。

② 《汉书·陈万年传》，"汪如淳引律"。

③ 《汉书·景帝纪》。

④ 《汉书·王子侯表》。

⑤ 《史记·樊郦滕灌列传》。

⑥ 《晋书·刑法志》。

辟”,[1]“枉法无多少,皆死”。[2] 北魏辛雄还提出了贪污定罪的证据理论,他说:“若必须三人对见受财,然后成证,则于理太宽,若传闻即为证,则于理太急。今请以行赇后三人俱见物,及证状显著,准以为验。诏从雄议。”[3]

唐朝是封建法制的成熟与定型时期,惩贪之法也渐趋完备。唐律正式确立“六赃”的概念:“在律、正赃唯有六色:强盗、窃盗、枉法、不枉法、受所监临及坐赃。自外诸条,皆约此六赃为罪。”[4]六赃是历代相关刑事立法成果的归纳、总结和系统化,也是刑事立法技术的一大进步。与此同时,还提出了合理取平的计赃原则,即所谓平赃和以庸折赃的“平功庸”法。

六赃之中除强盗赃、窃盗赃为一般性的侵犯财产罪外,其余的枉法赃、不枉法赃、受所监临赃及坐赃都是专指官吏的犯赃行为。根据唐律,官吏受财要区分枉法与不枉法,而后定刑罚之轻重。“诸监临主司受财而枉法者,一尺杖一百,一匹加一等,十五匹绞;不枉法者,一尺杖九十,二匹加一等,三十匹加役流。”[5]即使是事后受财也要考查是否枉法,“事若枉,准枉法论;事不枉者,以受所监临财物论”。[6] 按唐律,“诸监临之官,受所监临财物者,一尺笞四十,一匹加一等,八匹徒一年,八匹加一等,五十匹流二千里。与者,减五等,罪止杖一百;乞取者,加一等;强乞取者,准枉法论”。[7] 官吏受委派出使,在使所受财,也与受所监临同罪。此外,对借贷所监临财物,私自役使所监临,包括官吏、人夫及借用奴婢、牧畜、车船、邸店、碾硙等,皆计庸为赃。即使官员去任,收受旧僚佐、士庶的馈赠财物,或向旧僚佐、士庶乞取、借贷,也依受所监临赃减三等治罪。

凡因事受财,坐赃致罪者,“一尺笞二十,一匹加一等,十匹徒一

---

① 《魏书·张衮传》。
② 《魏书·刑罚志》。
③ 《魏书·辛雄传》。
④ 《唐律疏议·名例》,“以赃入罪”。
⑤ 《唐律疏议·职制》,“监主受财枉法”。
⑥ 同上。
⑦ 《唐律疏议·职制》,“受所监临财物”。

年，十四加一等，罪止徒三年，与者，减五等”。[①] 坐赃适用的范围较广，如为人请求，即按坐赃论罪。监临主司如利用职权强迫买卖，也要计利，或按乞取监临财物论，或准枉法论。如负债违期不还，过五十日者，以受所监临财物论。[②] 离任官员收受旧属、士庶馈赠，或索取、借贷财物，“各减在官时三等”处罚。家属在监临官辖区内“有受、乞、借贷、役使、卖买有剩余之属，各减官人罪二等”。若监临官知情，同罪；若不知情，“各减家人罪五等”。

以上可见，唐律对于职官犯赃的规定何等详密，然而官吏犯赃是以封建制度为“温床”的，虽有治赃之法也不足以消除贪赃现象，因此在永徽律疏颁行的次年，便颁“制”，严定“州胥吏犯赃一匹以上，先决一百，然后准法”。[③] 法外加杖一百，表示了以法治赃的决心，也反映了官吏贪赃枉法的严重。唐德宗贞元六年再下敕：“自今以后，太守、县令有犯赃者，宜令加常式一等。”而且还规定官与属连坐制度：“丞、簿、尉有犯赃私，连坐县令，其罪减所犯官二等，冀递相管辖，不得为非。”[④]但中唐以后，吏治败坏，已经不是颁布几条法律所能遏制的了。

宋初，以重法治赃吏，太祖、太宗年间官吏坐赃者弃市，以赃论罪之官，虽遇赦不得叙，永为定制。但至真宗时，赃官弃市之法已为杖流所代，仁宗以后杖流之例亦不复见。惩贪之法由严趋宽，吏治也随之江河日下。

元时，成宗很重视吏治，强调“诸牧民官不先洁己，何以治人”？为此下诏：“今后因事受财，依例断罪外，枉法赃者，即不叙用，不枉法赃须殿三年方听告叙，再犯，终身不叙。”[⑤]总体来说，元朝对赃罪的处刑较轻，如枉法赃二百贯以上杖一百零七，不枉法赃减枉法赃三等，但是分类很细，元律中详列取受、侵盗、侵仗、回钱、过钱、首赃、赃罚等罪名与犯罪特征。即使赃官身死，也要向其家属追赃。

---

① 《唐律疏议·杂律》，“坐赃致罪”。

② 《唐律疏议·职制》，“贷所监临财物”。

③ 《唐会要·杂记》。

④ 同上。

⑤ 《元典章四十六·诸赃·取受》。

在元世祖的圣旨中,还规定官吏公差外出不得多吃,不得科敛百姓,这是具有时代的针对性的。

明朝建立以后,统治者总结元蒙时赃官虐民激变的历史教训,强调整饬吏治。朱元璋曾谕天下府、州、县官:“天下初定,百姓财力俱困,如初飞之鸟,不可拔其羽,新植之本,不可摇其根,在安养生息之而已。惟廉者能约己而利人,尔等当深念之。”[①]《明律》将“吏律”置于首章,以示国家治民必先治吏之意。而且专设“受赃”一门,共计十一条:“官吏受财、坐赃致罪、事后受财、有事以财请求、在官求索借贷人财物、家人求索、风宪官犯赃、因公擅科敛、私受公侯财物、克留资赃、官吏听许财物”等,其周详完备超过历代法典。

明律对于官吏犯赃的处刑,较元朝严苛。有禄人枉法赃八十贯绞,无禄人枉法赃一百二十贯绞,风宪官犯赃加重三等处罚。明律还提出了计赃科断的方法,枉法赃通算全科,不枉法赃通算折半。不仅如此,明初在朱元璋手订的《大诰》中,专列贪赃科敛的案例,制裁则超出了大明律的标准,往往施以极刑。

清朝是中国末代的封建王朝,清朝惩治官吏贪污的法律也是中国古代惩贪之法的集大成。早在顺治皇帝的即位诏书中便指出:“国之安危全系官僚之贪廉。”[②]《大清律例》沿袭《唐律》中的“六赃”,但取消了“强盗赃”,增加了“常人盗赃”。同时,仿明律将“六赃图”列于卷首,其中除常人盗、窃盗外,其余各赃的犯罪主体均专指官吏。

《大清律例》加重了对赃罪的处刑,如枉法赃实犯则绞,监守盗三犯亦绞,并且增加了官吏受财的二十余条“附例”。对于枉法赃“通算全科”,不枉法赃“通算折半”,但无禄人(月俸不及一担者)各减一等。对于职司纠正官邪的风宪官,如“求索借贷人财物,若卖买多取价利,及受馈送之类”,罪加二等。[③]

由于清朝统治时期胥吏擅权,依势受财枉法,为害平民,成为清

---

① 《廿二史札记》。

② 《大清世祖章皇帝实录》卷九。

③ 《大清律例·刑律》,“风宪官吏犯赃”。

朝一大积弊,因此《大清律例》在“官吏受财”律后增加的条例中,大部分是针对所谓“衙蠹”(衙门中的差役)的,如有所犯加重处刑:“各衙门书吏差役,如有舞文作弊,藉案生事扰民者。系知法犯法,俱照平人加一等治罪,受财者计赃从重论。”①康熙时期为了整顿吏治,曾规定“以财行求”和“说事过钱”者,与“受财人同科”。但乾隆五年制定的《大清律例》重惩受贿人,轻处行贿人。如因官吏“刁蹬逼迫”不得已出钱者,不坐。这项规定既有很强的针对性,也具有合理性。在清律中还规定了介绍贿赂罪,即所谓“说事过钱”,但其处罚比受钱者减一等或二等,最重至杖一百。

至于“坐赃”,按《大清律集解》解释,“坐赃非实赃,谓因赃致罪也”,即官吏因渎职而对公私财产造成损失,其处罚罪止杖一百,徒三年。

明清二代,凡受财之官除名,受财之吏罢役,而且永不叙用。

综上所述,中国古代惩贪之法是系统的,而且规范详密,饶有时代特色。虽然在实施的程度上各有差别,但对于维持吏治,发挥官僚应有的作用,保证国家机器的正常运行和社会安宁,起了积极作用。有些盛世是和惩贪之法的实施。吏治的改善分不开的。康熙帝曾说:“治国莫大于惩贪”,雍正帝也说:“治天下,首在惩贪治吏”,乾隆帝更强调指出:“劣员多留一日,则民多受一日之残,国多受一日之蠹”,“斧锁一日未加,则侵贪一日不止”。② 康雍乾百余年的盛世,原因之一就是以法治吏、以法惩贪。康熙四十二年曾经下谕说:“大吏廉洁,小吏则自然效法。苟可因保全一人而废国法乎?”③言外之意就是不可为保全一位贪污的大臣而贻废国法。

(六)要求官吏依状鞫讯,以法断罪

司法审判是实现国家职能的重要活动,而且与庶民的切身利益和社会的稳定攸关,因此受到历代统治者的重视。为了约束官吏依法审判,不得玩法行私,历代都立法明确司法官的责任与违法制裁。

---

① 《大清律例·刑律》,“官吏受财”附例。

② 《清朝通志》卷七八《刑法略》。

③ 《大清圣祖仁皇帝实录》卷二二八。

早在西周时期,周公便告诫康叔“敬明乃罚”,即审慎执法用刑,表示对司法的重视。秦时,以“明法律令”“不明法律令”作为区分良吏与恶吏的标准。司法官如用刑不当,按“失刑”罪论处,如系故意则构成“不直”罪,如有意开脱罪犯则为“纵囚”罪。此外,执行业已失效的律令、程籍等,都要“致以律”,即依法处罚。至唐代,比较全面地规定了对官吏依法断案的法律要求,可以说上承秦汉司法之余脉,下启明清断狱之先河,成为中国封建司法制度史上最重要的一页。下文分析皆本唐律。

首先,建立司法管辖系统,明确司法权限。在唐代,“诸有犯罪者,皆从所发州县推而断之。在京诸司,则徒以上送大理,杖以下当司断之。若金吾纠获,皆送大理”。① 至于司法权限则规定如下:“诸犯罪者,杖罪以下县决之,徒以上县断定送州,复审讫,徒罪及流,应决杖笞,若应赎者,即决配征赎。其大理寺及京兆河南府断徒及官人罪,并后有雪减,并申省。省司复审无失,速即下知。如有不当者,随事驳正。若大理寺及诸州断流以上、若除免官当者,皆连写案状,申省。大理寺及京兆,河南府,即封案送,若驾行幸,即准诸州例,案复理尽申奏。若按复事有不尽,在外者遣使就复,在京者追就刑部,复以定之。”②

对于具有一定品位的官员犯罪,要在奏请皇帝之后,才能拘禁和审判,“诸职事官五品以上、散官二品以上,犯罪合禁,在京者皆先奏;若犯死罪及在外者,先禁后奏。其职事官及散官三品以上有罪,敕令禁推者,所推之司皆复奏,然后禁推”。③ 如果“应言上而不言上,应待报而不待报,辄自决断者,各减故失三等”,④以维护皇帝的最高司法权。

其次,受理词讼各项原则。唐代词讼采取“皆从下始,先由本司、本贯”,逐级上告,因此越诉的词状不能受理,如受理,则越诉者与受者,各笞四十。凡以赦前事相告的词讼,也不得受理,否则被看

---

① [日]仁井田升:《唐令拾遗》,栗劲等编译,长春出版社1989年版,第689页。

② 同上。

③ 同上书,第718页。

④ 《唐律疏议·断狱》,“应言上待报而辄自断决”。

作亵渎皇权与扰乱司法秩序的行为，而"以故入人罪论。至死者，各加役流"。[①] 对于案件发生的年月与事实有疑者，也不得受理，否则减所告罪一等处理。至于接受"投匿名书告人罪者"，加二等治罪。此外，如受理在押囚犯，以及年八十以上，十岁以下，非反、逆、叛罪的告举，各减所理罪三等处刑。

但如应受理而故"推抑而不受理者，笞五十，三条加一等，十条杖九十"。阻碍合法的上诉，也笞五十。对于京控案件的"上表诉"，主管者不即行受理，加罪一等。

再次，强调依法审理。唐律明确规定："诸断罪，皆须具引律、令、格、式正文，违者，笞三十。若数事共条，止引所犯罪者，听。"这项规定被中外学者推崇为中国封建时代罪刑法定的典型条款，它要求司法官依法断罪，"具引正文"，以防止"乖谬"。在依法审判中，如旧法与新格不尽一致，则依"轻溯重不溯"的原则，择轻者科断。由于法律不可能无所不包，遇有律无正条时，允许类推适用，"其应出罪者，则举重以明轻，其应入罪者，则举轻以明重"。对于涉及外国人案件的法律适用，其"同类自相犯者，各依本俗法；异类相犯者，以法律论"，这里表现了大唐王朝的司法主权原则，也反映了对外国的法律与习惯法的尊重，因而为唐以后历代立法所援用。

除此之外，要求司法官"皆须依所告状鞫之，若于本状之外，别求他罪者，以故入人罪论"。在判决时，徒罪以上要各呼囚及其家属，具告罪名，并要"取囚服辩"，如果不服，则须要"更为审详"，违者笞五十，如系死罪，则杖一百。在审判中，司法官如故意出入人罪，"若入全罪，以全罪论；从轻入重，以所剩论；刑名易者，从笞入杖、从徒入流亦以所剩论，从笞杖入徒流、从流徒入死罪亦以全罪论。其出罪者，各如之"。[②] 如过失出入人罪，失于入者，各减三等，失于出者，各减五等。

最后，关于审判程限与依法行刑。据《旧唐书·刑法志》，根据大事（一状所犯十人以上，所断罪二十件以上）、中事（所犯六人以

---

① 《唐律疏议·斗讼》，"以赦前事相告言"。

② 《唐律疏议·断狱》，"官司出入人罪"。

上,所断罪十件以上)、小事(所犯五人以下,所断罪十件以下),划定大理寺与刑部的审判程限:“大事,大理寺限三十日详断毕,申刑部,限三十日奏闻;中事,大理寺三十日,刑部二十五日;小事,大理寺二十五日,刑部二十日……违者,罪有差。”确定审判程限的目的,在于提高司法效率,防止“刑部大理寺决断系囚,过为淹迟”。

至于田宅、婚姻、债务等民事案件,从有利农业生产考虑,规定时限:“诸诉田宅、婚姻、债负,起十月一日,至三月三十日检校,以外不合”,但如“先有文案,交相侵夺者,不在此例”。[①]

在封建的司法制度下,刑讯是合法的,为了防止刑讯逼供,也要求依法行刑。譬如,“诸应讯囚者,必先以情,审察辞理,反复参验,犹未能决,事须讯问者,立案同判,然后拷讯。违者,杖六十”。[②]“每讯相去二十日。若讯未毕,更移他司,仍须拷鞫者(囚移他司者,连写本案俱移),则验计前讯,以充三度。即罪非重害及疑似处少,不必皆须满三。若囚因讯致死者,皆俱申牒当处长官,与纠弹官对验。”[③]“诸拷囚不得过三度,数总不得过二百,杖罪以下不得过所犯之数。拷满不承,取保放之。若拷过三度及杖外以他法拷掠者,杖一百;杖数过者,反坐所剩;以故致死者,徒二年。即有疮病,不待差而拷者,亦杖一百,若决杖笞者,笞五十;以故致死者,徒一年半。”[④]

对于享有议、请、减法律优待的特权者,以及年七十以上,十五以下及废疾者,不得拷讯,而据众证定罪,违者以故失论。

综上所述,以法治官是中国古代法制的悠久传统,它涉及职官管理的方方面面。既有正面的要求,也有惩罚性的规定,二者并举,互相补充,以保证实现应有的吏治效应。以法治官的出发点是“人治”,法律只是手段。法家集大成者韩非所鼓吹的“明主治吏不治民”,以及他对商鞅“徒法而无术”的批评,都表现了在法治外衣下,对于人治的赞美。但以法治官,使官的活动皆依法式,不得逾越体

---

① [日]仁井田升:《唐令拾遗》,栗劲等编译,长春出版社1989年版,第788页。

② 《唐律疏议·断狱》,“讯囚察辞理”。

③ [日]仁井田升:《唐令拾遗》,栗劲等编译,长春出版社1989年版,第712页。

④ 《唐律疏议·断狱》,“拷囚不得过三度”。

现国家利益的法律的界限,不仅是封建国家长治久安之所需,对于庶民百姓也是有利的。

十三、立法修律,比附判例

(一)制定法在传统法律中的地位

在世界著名的法系中,历史悠久、影响较大的大陆法系,是以强调国家成文法典的权威性,注重体系的完备和分类的有序,并严格限定法官断案只能援引制定法,不能以判例为依据作为特征的。而英美法系与此相反,它是以判例作为普通法适用于全国的,故又称判例法系。但英美法系也有制定法,特别是 20 世纪以来,刑事审判的主要依据逐渐由制定法取代判例,但英美法系无论民刑实体法,还是程序法,都是由归纳判例而成的,缺乏统一的法典。中华法系在重视国家制定法,以法典为基本法律渊源上颇与大陆法系相似,而在适用判例断案,作为制定法的补充,又与英美法系具有某种共同点。但是中华法系是独树一帜的,有自己的鲜明的特色,这是由中国古代的国情、社会习俗、文化传统、民族的心理状态与思维方式的特殊性所决定的,是在解决中华民族的生存与发展的需要而进行的斗争中逐渐形成的。就制定法与判例的相互补充与结合为用而言,它既是中华法系的特点之一,也是其优点之一。

中国古代并无制定法(成文法)与判例法的概念划分,从中国法的产生过程来看,经由司法之官总结审判经验而形成的案例,逐渐被确认为一般强制性的行为规范,是一个重要的线索。古籍中说"皋陶(舜时的司法官)造律",不能视为传说之辞而忽略它的价值。而法的原始字义竟与断狱神兽"獬豸"联系在一起,也说明了这一点。由此可以推论"法生于例",即由众多的案例经过综合加工,成为一般的法律规范,再指导司法实践。至于司法官则扮演着将存在于日常审判中的典型案例升华为法律规范的重要角色。

随着国家的出现,社会关系日益复杂化和各类纠纷不断增多,迫切需要法律的规范与调整。因此,立法建制便成为一项重要的国家活动。所谓"夏有乱政,而作禹刑""商有乱政,而作汤刑""周有乱政,而作九刑",可以理解为三代成文法的开端,它是国家制定的,是为了适应调整各种关系与解决各种矛盾的需要而产生的。至于春秋时期郑铸刑书、晋铸刑鼎,不过是把国家制定的成文法公开地推向社会的举措而已。

1975年睡虎地出土的云梦秦简,展示了早在公元前4世纪国家制定法已经达到何等细密的程度。它所调整的范围遍及国家、社会、家庭各个领域,可以说从生产到生活,从个人到牛马,从国家到家庭,莫不“皆有法式”。如果说罗马法是奴隶制私法的典型,那么秦律也可以说是早期封建制公法的完备之作。

与国家制定法的发展相联系的,在中国奴隶制时期也已形成了一系列立法原则。譬如:

1. 针对特定对象进行专门立法。商灭夏后,鉴于夏末君臣无道,特“制官刑,儆于有位”,[①]《孔传》说:“汤制治官之刑,以儆戒百官。”商朝的官刑已无从考察,《伊训》的可靠性也颇值得怀疑,但秦简《为吏之道》的出土,证明了中国古代治官之法的确有它悠久的传统。可以想见在形成秦《为吏之道》以前,必然有一个漫长的经验积累与发展的过程。另外,从秦以后历代流传的官箴与职官管理法的不断充实中,也说明了以官为对象的专门立法的发展状态与源流。

2. 因时因地区别立法。《尚书·吕刑》提出的“刑罚世轻世重”是体现区别立法的重要原则。所谓“世轻世重”按孔颖达疏:“当视世所宜,权而行之。”另《正义》云:“刑罚随世轻重,言观世而制刑也。”后世的“法与时转”就是从刑罚世轻世重发展来的,它是符合法律发展的规律的。因为法律本身就是时代的产物,凡与时代同步的法律是行得通的法律,与时代相悖的法律是行不通的法律。此外,《周礼·秋官·大司寇》说:“刑新国用轻典,刑乱国用重典,刑平国用中典”,按郑玄注:“新国者,新辟地立君之国,用轻法者为其民未习于教也。平国承平守成之国,用中典者常行之法也。乱国篡弑叛逆之国,用重典者以其化恶伐灭之也。”三国三典体现了因地立法,因地行法,这种区别是从实际出发的法制建设需要,而且充满了

---

① 《尚书·伊训》。

政策性与策略性。

3. 准礼立法。礼是产生于中华民族土壤上的特殊的行为规范，它起源于宗教性质的祭礼，进入阶级社会以后便被统治者赋予明显的政治属性。经过周初的周公制礼，使礼的规范系统化，而且进一步剔除了宗教的内涵，成为指导国家活动与社会生活的大经大法。礼的原则是“尊尊亲亲”，尊尊为忠，旨在维护王权，亲亲为孝，旨在维护父权。礼的作用就是将君权、父权为核心的行为规范扩展到整个社会，成为“别贵贱、序尊卑”的等级标准。荀子说：“礼者，贵贱有等，长幼有差，贫富轻重皆有称者也。”①如果说礼为确定等级秩序提供了标准，那么法律就是强制维护等级秩序的手段。由于礼被推崇为“上下之纪，天地之经纬也”，②以致在奴隶制的上层建筑礼乐政刑中礼居于首位，凡“事无礼则不成，国家无礼则不宁”。③ 在礼法关系上，二者具有一致性，违礼即违法，违法亦违礼，但礼所调整的对象范围远远大于法，它的精神支配作用更深深渗透于社会，故有礼防于前，法惩于后之说。

在国家制定法上“准礼立法”是一个重要的原则。例如，由尊尊之礼，而有弑君之法、违抗王命之罪与变更等级名分之罚；由亲亲之礼，而有维护宗法制度与继统之法和尊卑之别，从夏朝起，不孝即为重罪。准礼立法的原则从三代开其端，一直适用于整个封建社会。

4. 君命立法。中国从进入阶级社会起，国家便采取专制主义的政体，国王拥有最高的行政权、军事权、立法权和司法权。夏商周三代主要的立法形式是誓、诰、命，都是以国王的名义颁行的，体现了王权在立法中的优越地位。据《尚书·甘誓》所载，夏王大战于甘时颁发军律：“予誓告汝……今予惟恭行天之罚……用命，赏于祖，弗不命，戮于社，予则孥戮汝”，反映了王言为法与生杀予夺之大权。另据《尚书·汤誓》，商汤伐夏，也宣布了以下的军律：“夏氏有罪，

① 《荀子·富国》。
② 《左传·昭公二十五年》。
③ 《荀子·修身》。

予畏上帝不敢不正……尔尚辅予一人致天之罚……尔不从誓言,予则孥戮汝,罔有攸赦。”此外,在《尚书·泰誓》《尚书·牧誓》中也载有周王伐商时颁布的军律。总之,以君命立法虽始于三代,但贯穿于整个封建社会,所谓“法自君出”“律由钦定”。

秦以后,封建的国家制定法进入了漫长的发展时期,历二千年而迄未中断。

汉刘邦在夺取全国政权之前,为了赢得人心,以利于逐鹿中原,曾经宣布废除繁密于秋荼、凝脂的秦法,与民约法三章:“杀人者死,伤人及盗抵罪。”①至统一的汉政权建立以后,“三章之法,不足以御奸”,②因而制定了正律九章、傍章律五十一篇。汉武帝以后,随着国家内外活动的扩大,加紧了立法活动,史书说:“宪令稍增,科条无限。”③

魏晋南北朝时期,虽然有些政权割据一隅,而且递嬗频繁,有些政权还是进入中原的少数民族,但在立定脚跟之后,都及时进行立法活动,制定出多种形式的法律,有的法律如《北齐律》在中国法制史上具有承前启后的地位,为隋唐律之所宗。

作为封建盛世的唐朝,经济、政治、文化、科技的发展,把国家的立法活动推向了最有成就的成熟阶段。唐朝制定法的形式,主要是律、令、格、式、典、敕等。著名的唐律是后世立法的重要渊源。

唐以后,宋、元、明、清各朝在制定法上各有创制、各领风骚,其形式的多样、内容的完备、体系的整齐、用语的简洁,均为世界封建法律史上所少见。

综括上述,中国四千年的法制史是以国家制定法为主干的,源远流长,绵延不绝,而其主要成就,一般都集中于开国初期,反映了开国之君对于制定成文法典的重视及其努力。这不是偶然的。

其一,中国古代实行的是君主专制政体,皇权是至上的,国家与皇帝被视为一体,所谓“朕即国家”,因此国家也是至上的。虽然历

---

① 《汉书·刑法志》。
② 同上。
③ 《后汉书·陈宠传》。

代都宣扬国之本在家，确认族权与家法的合法性，但如与国家利益抵触，与国法相悖，则必须服从国家利益与国法的规定，以示国重于家。既然国家是至上的，那么作为国家意识形态的法律——成文法，也必然受到统治者的高度重视。

其二，从夏朝起，中国便初步形成了统一的部落国家。至秦统一六国，已经建立起统一多民族的中央集权国家。秦以后的著名王朝，都追求大一统的国家目标。特别是汉、唐、明、清所建立的政权，都是强盛的多民族的中央集权国家。为了维护统一的中央集权国家，统治者十分重视法律的统一适用，无论都城还是边陲之地，都要求运用划一的法律进行调整。汉、唐、明、清各朝制定法的发达，与此密切相关，而历史的实践也证明了适用统一的法律，确实有助于国家的稳定与中央集权的强化。因此，历代都把制定成文法典放在国家当务之急的重要位置。

其三，在封建时代皇帝总是期望子承孙继，万世一系，永远维持一姓的家天下，秦始皇自称始皇帝就是幻想二世、三世，以至永远。秦始皇的美梦虽然破灭了，但却为后世的皇帝提供了一个永恒的幻想。正是为后世子孙能够享国长远，因此开创之君，都潜心于制定一部大法，为子孙世守。明初，刘惟谦等在《进明律表》中说："每一篇成"，明太祖朱元璋都要"亲御翰墨为之裁定……圣虑渊深，上稽天理，下揆人情，成此百代之准绳"。至洪武三十年大明律成，朱元璋特别下令："子孙世守之，群臣有稍议更改，即坐以变乱祖制之罪。"[①]由此可见，朱元璋把制定一部满意的大法与子孙后世的统治联系在一起，因此严禁群臣稍议更改，否则即构成变乱祖制的大罪。

清朝入关以后，随即开始了制定大清律的过程，至乾隆五年，经过一百余年终于修成了《大清律例》，遂作为祖宗成法"刊印中外，永远遵行"，不再进行修改。可见，作为国家最重要的法典是为维护皇帝万世一系，永远尊戴的统治而制定的。

其四，由国家制定成文的法典，不仅使国家活动有准，而且象征国家政权的稳定与统治的合法。正因如此，即使是一个短暂的王

---

① 《明史·刑法志》。

朝,也急于制定成文法。尤其是以少数民族为主体的政权,在进入中原以后,也都积极立法,哪怕是简单地援引前朝法律。譬如,顺治初年制定的《大清律集解附例》,就是明律的简单移植。清太宗时虽然地处关外一隅,但却通过向外藩蒙古宣布制定法即所谓盛京定制,来象征他的主权地位与统治中心。

总之,制定成文法虽然程序复杂,旷日费时,而且还有落后于生活的局限性,但历代统治者仍然十分重视,并且力图充实规范内容,提高它的实用性,以致在中国法制史上辗转相承从未中断,构成了中外少见的完整的制定法传统,成为中华法系的主干。

(二)判例法的发展及其作用

中国古代除国家制定法作为中华法系的主干以外,也适用判例以弥补律文的不足。孔颖达在《春秋左传注疏》中,便指出了成文法的局限:“法之设文有限,民之犯罪无穷,为法立文不能网罗诸罪,民之所犯不必正与法同,自然有允疑之理。”可见制定法与判例法二者之间是互为因果、互为补充的关系,中国古人已经认识到了。但中国古人不仅没有前述大陆法系与英美法系关于制定法与判例法划分的对立的意识,也没有成文法与判例法的观念。春秋时期,晋国叔向抨击郑国子产“铸刑书”所说,“昔先王议事以制”的“制”,其内涵可以理解为沿行已久的习俗、故事或成例。议事以制从某种意义上说,就是选择已有的成例比附断案。《左传·昭公六年》疏解所说,“临其时事议其轻重……不豫设定法,告示下民”,反映了以“制”为定例的实际作用及其对制定法发展的制约。

从法制发展的真实过程来看,成文法的规定总是有限的,而人类社会的行为却是无尽的,以有限的律文无以调整无尽的行为,那么在司法实践中比附断案遂不可避免。或者比附条文,或者比附法理,或者比附原则,而更多是以成例作为根据。战国时荀子说:“有法者以法行,无法者以类举,听之尽也。”①类举之“类”是司法中所遵循的法律原则或判例。类举就是在无法律可循的情况下,依判例或法律原则断案。由于法律的粗疏,难以调整复杂的社会关系与日

---

① 《荀子·王制》。

益增加的犯罪种类，因此，早在先秦时期便在审判中适用判例。除前述“议事以制”的记载外，《国语·周语》所说，“赋事行刑，必问于遗训”，也说明了前代判例对于刑事审判的规范作用。而更具有雄辩证明力的是1975年湖北云梦出土秦简中的“廷行事”。

“廷行事”是秦司法审判中具有法律效力的案例。据《汉书·翟方进传》，“时庆有章劾，自道；行事以赎论”，其注引刘敞言：“汉时人言‘行事’‘成事’，皆已行，已成事也。”王念孙《读书杂志》四之十二《行事》说：“行事者，言已行之事，旧例成法也。……汉律中常称为‘故事’。”秦简《法律答问》中多处提到司法官吏可直接引用“廷行事”作为法律依据，定罪量刑。例如，“盗封啬夫何论？廷行事以伪写印”；“求盗追捕罪人，罪人格杀求盗，问杀人者为贼杀人，且斗杀？斗杀人，廷行事为贼”；“告人盗百一十，问盗百，告者可（何）论？当赀二甲。盗百，即端盗驾（加）十钱，问告者可（何）论？当赀一盾。赀一盾应律，虽然，廷行事以不审论，赀二甲”。[①] 从秦简有关廷行事的明确规定中，可以看出它对秦律的补充和在审判实践中的作用与地位，由此还可以推断在各方面发展都极为缓慢的远古时代，依判例断案必然经历了一个行之已久的过程。正因为它在实践中起到了法律的作用，因而才得到不断发展。由此可见，中国古人对判例的创制意识和对判例价值的认识是觉醒得很早的。

汉承秦制，经过朝廷批准而整理的断案成例称为“决事比”。按《礼记·王制》：“必察大小之比以成之”，郑注：“已行故事曰比，比，例也。”另据《汉书·刑法志》，汉高祖七年下诏：“廷尉所不能决，谨具为奏，付所当比律令以闻。”师古注曰：“以例相比况也。”《周礼·秋官·大司寇》贾公颜疏中更加明白地对决事比作出如下解释：“其无条，取比类以决之，故云决事比。”可见，在汉代的法律体系中，“比”是重要的法律形式之一，所谓“律”“令”“科”“比”，它与“律无正条者，比附以为罪”之“比”，含义是不同的。由于汉代“比”的应用范围较为广泛，于是根据“比”的适用性质，而有以下分

① 睡虎地秦墓竹简小组编：《睡虎地秦墓竹简》，文物出版社1978年版，第167页。

类:一般的成例称为"决事比",如《汉书·刑法志》所说,"若今律,其有断事,皆依旧事断之,其无条,取比类以决之,故云决事比";死罪的成例称为"死罪决事比",汉武帝时"招进张汤、赵禹之属,条定法令,死罪决事比达一万三千四百七十二事"。汉宣帝时,廷尉于定国也辑有死罪决事比三千四百七十二条,其中"决诸断罪常用"者二万六千二百七十二条。至东汉,编辑成篇的判例选有《决事比》《辞讼比》《法比都目》《廷尉决事》《廷尉驳事》等。此外,还有董仲舒所撰《春秋决事比》十卷。近年在张家山发现的汉简《奏谳书》中,也载有很多有价值的判例。

以上可见"比"在汉代司法实践中的重要作用,以"比"作为正律的补充和断案的根据,其影响是深远的。可以说汉代是判例法的发展时期,数量既多,应用也广,据《晋书·刑法志》,"决事,集为令甲以下三百余篇,及司徒鲍公撰嫁娶辞讼决为法比都目,凡九百六篇。世有增损,率皆集类为篇,结事为章"。由于"比"的形成,缺乏应有的规则与程序,数量又日益增多,遂在制定法与判例之间发生了矛盾,以致"事类虽同,轻重乖异……错糅无常",最终导致引比破律的后果。

晋时,"贾充等撰律令,兼删定当时制诏之条,为《故事》三十卷,与律令并行"。[①] 从《晋书·刑法志》所载,晋时章帝"谳五十余事,定著于令",说明这时的判例经过归纳、概括和总结,已具有制定法的表现形式,这是中国古代判例法的重要发展。

北魏时,"每有断决,多为故事",[②]说明"故事"也是一种与律令并行的成例。北齐时"大理明法,上下比附,欲出则附轻议,欲入则附从重法……"[③]《旧唐书·刑法志》也说:"旧律多比附断事,乃稍难解,科条极众,数至三千。随日再定,惟留五百,以事类相似者,比附科断。"但自唐以后专制制度的强化,使臣下比附的自由受到了限制,如妄为比附要受到制裁。但与"比"的法律形式衰落相对应的,

---

① 《唐六典》,"卷六注"。

② 《魏书·郭祚传》。

③ 《隋书·刑法志》。

“例”的法律形式却在悄然兴起。“例”不存在比附律文以为轻重的问题，而是直接以判例为准，进行断案。“例”的法律化使中国古代的判例法又前进了一步。

例与法联结，由晋“改旧律为刑名法例”发端，稍后北齐“集罪例以为刑名冠于篇首”，称为名例律。唐宋明清皆援此体例，但名例篇之“例”和判例之“例”是不同的。以例为法律渊源，据例以断案，溯本追源应始自唐代。

唐时典章文物俱已完备，是封建法制成熟与定型的时代，因此在司法实践中，虽允许法律无明文规定时比照成例断案，然而态度比较严肃。例如，高宗时，详刑少卿赵仁本总结隋朝判例法的经验，撰写《法例》三卷，“引以断狱，时议亦为折衷”。[①] 另据《旧唐书·经籍志》，曾任中书侍郎，后迁户部尚书的崔知悌等也撰《法例》二卷，作为断狱的根据。但不久，高宗看到赵仁本所撰《法例》，“以为烦文不便”，并对侍从说：“律令格式，天下通规……条章备举，轨躅昭然，临事遵行，自不能尽，何为更须作例，致使触绪多疑……速宜改辙，不得更然，自是《法例》遂废不用。”[②]唐玄宗开元十四年九月三日，又下敕：“如闻用例破敕及令式，深非道理，自今以后，不得更然。”[③]

不仅如此，唐代还注意以制定法规范判例法，《唐律·名例》“断罪无正条”明确规定以下原则：“诸断罪而无正条，其应出罪者，则举重以明轻；其应入罪者，则举轻以明重。”

以上可见，唐朝最高统治者不重例而重律，尤其反对用例破敕，以损害皇帝的权威。但在唐代，例无疑是法律形式之一。赵仁本所撰《法例》虽然废而不用，但并未因此杜绝司法实践中的援例断案，关键是不要引例破敕，以例害律。

宋初也颇为重律，宋太祖曾严令各级司法官“凡断狱本于律，律所不该，以敕令格式定之”。[④] 然而随着专制皇权的膨胀，作为皇帝

---

① 《旧唐书·刑法志》。

② 同上。

③ 《唐会要·定格令》。

④ 《宋史·职官志》。

颁发的敕遂跃居于律首。神宗即位以后,下诏说:“律不足以周事情,凡律所不载者,一断以敕”,[①]进而又发展成“以敕代律”“律恒存乎敕之外”。在司法实践中适用律的机会,远不如敕,有些律文已是被敕所埋葬了的文字而已。国家的制定法让位给皇帝的敕令,这是专制制度强化的象征,以致编敕成了国家最经常的最具现实意义的立法活动。至于“例”,在尊敕、行敕、重敕的政治潮流下,不仅未被重视,反而受到一定的约束。神宗时,司马光曾经上言:“凡律令敕式或不尽载,则有司引例以决,今斗杀当死,自有正条,而刑部承例,免死决配,是斗杀条律,无所用也。”[②]他特别指出作为宰相对待法与例应有的态度:“宰相以道佐人主,安用例?苟用例,则胥吏矣。”[③]对此,神宗下诏说:“诸州鞫讯强盗,情理无可悯,刑名无疑虑,而辄奏请,许刑部举驳,重行朝典,无得用例破条。”[④]

神宗变法以后,法制纷更,变动频仍,在此期间“例”的作用不断扩大,引例破法的现象日趋严重,以致徽宗崇宁元年,臣僚不得不上言:“有司所守者法,法所不载,然后用例,今引例破法,非理也,乃令各曹取前后所用例,以类编修,与法妨者去之。寻下诏追复元丰法制,凡元条例悉毁之。”[⑤]这种做法正是为了保持法与例、常法与变法之间的平衡关系,显示了中国古代可变与不变的法学思想。

南宋敕的内容不尽然是皇帝的诏令,也含有都省发布的“指挥”,因此敕的权威性受到某种降抑,而例的地位却由于刑典的散佚而趋于重要,法典编纂时以例入敕成为普遍的现象。在司法实践中原为补法之不足的例,却超过了法,成为最重要的法律根据。《宋史·刑法志》说:“当是时(乾道八年——作者注),法令虽具,然吏一切以例从事,法当然而无例,则事皆泥而不行,甚至隐例以坏法,贿赂既行,乃为具例。”司法官引例断狱时,往往视贿赂的多少,而为之轻重。为了解决由于例的数量增多而发生的前后冲突,特别是协调例

---

① 《宋史·刑法志》。
② 同上。
③ 《宋史·司马光传》。
④ 《宋史·刑法志》。
⑤ 同上。

与律的冲突,也进行编例。宋神宗熙宁七年,“差官以熙宁以来得旨改例为断,或自定夺,或因比附辩定结断公案堪为典型者,编为例”。[①] 结果编成《熙宁法寺断例》十二卷。编修断例自此成为宋代立法活动的一个重要内容。元丰三年编成《元丰断例》六卷,哲宗元符年间编有《元符刑名断例》三卷,崇宁元年编纂《崇宁断例》,乾道元年又将绍兴(1131～1162年)以来的断例分类汇编称为《乾道新编特旨断例》。此外,南宋还编有《绍兴刑名疑难断例》《开禧刑名断例》等。

淳熙初,为了限制例的适用范围,维护制定法的地位,克服司法实践中的混乱状态,下诏:“除刑部许用乾道刑名断例,司勋许用获盗推赏例并乾道经置条例事指挥,其余并不得引例。”但流弊已成,收效甚微。

司法官用例断案,虽然扩大了司法官的选择权,但并未由此干犯到皇帝的最高司法权,相反皇帝对某一案件的表示或决断,都是最有权威的“例”。在重刑轻民的制度影响下,适用例最多的是刑事案件,其次是民事诉讼与行政诉讼。在“例”这一特别法与法律相抵触时,尽管要找寻最好的接洽点,但前者具有优于后者的效力,这也反映了皇帝意志的至高无上,以及社会生活、法律关系发展的需要。

从宋初的以律为主,到以敕代律,再到以例破律,反映了宋代法制变化的趋向,它是政治制度日益专制化所决定的。但例的适用,往往限于个案,不影响整个法律的修正,不牵动全局,而适用例的司法官也不是决策的中枢人物,在这一点上不可与敕同日而语。

明清时期,律与例并存,是中国古代判例法最为发展的时期。由于因案生例原则的确立和盛行,明清两代例的数量大增,适用范围也逐渐扩大。

明洪武三十年五月,《大明律》正式颁行,太祖宣布《大明律》“所以斟酌损益之者至纤至悉,令子孙守之,群臣有稍议更改,即坐以变乱祖制之罪”。但是“律举大纲,不足以尽情伪之变,于是因律

---

① 《续资治通鉴长编》卷二五四,熙宁七年六月乙未。

起例,因例生例;例愈纷而弊愈无穷”。[1] 明代的例,主要是刑部针对具体案件作出的判决,并经皇帝以上谕的形式批准,使其具有一般的法律规范的性质。明代因案生例的创制程序,体现了皇帝对于立法权与司法权的垄断,同时也认可了司法官创制法律的一定的作用。

明朝以制定法形式出现的、以案例为基础并最足以反映判例法的价值的,是有明一代的单行条例。以《问刑条例》为例,明孝宗时鉴于条例纷繁,司法实践中常常发生失轻失重现象而下令删定。弘治十三年议上《问刑条例》297 条,作为与律并行的常法,颁行天下。此后,武宗正德年间新增 44 条;世宗嘉靖二十八年重修《问刑条例》249 条。神宗万历十三年再次重修,完成《问刑条例》382 条,之后仍有续修。万历十三年的《问刑条例》附于大明律后,形成《大明律附例》的体例。《问刑条例》的修订是明中后期最重要的立法活动,它将过去的“以例破律”改为“以例辅律”“以例补律”,从而将例提高到与律同等的地位。这有助于明律的统一适用,加强了司法审判的准确性与效率,并对继起的清朝有着直接的影响。

除《问刑条例》外,赎罪条例也占有重要地位。从明太祖起便制定《赎罪事例》,其后各朝因时权宜而有各种赎例,如《京仓纳米赎罪例》《赎钞例》《纳草赎罪例》《输作赎罪例》《运砖赎罪例》《罪囚纳马赎罪例》《罪囚纳牛赎罪例》《妇人犯法赎罪例》等。在众多的赎罪条例中,有的是一时权宜之计,有的则是与律并行的常法。此外,还有《真犯杂犯死罪》条例、《充军》条例及其他众多条例。

有明一代虽然成祖时曾诏令法司问囚应依大明律,不得妄引榜文条例,故入人罪;宪宗时更命尽革所有条例,以凸显大明律为唯一的司法根据,但这是不现实的。皇帝虽然有权禁止改动律文,却不能阻止社会生活的前进,只有凭借条例才能实现对复杂的社会关系的调整,因此条例的制定和以新例取代旧例,是历史的必然。按明代法制,律是正文,例是附注,有效之例与律并行,真正起到了“例以辅律”的作用。律和例在具体案件中的适用,例不仅优于律,而且得

---

① 《明史·刑法志》。

到了法律上的明确认可。《大明律·名例》“断罪依新颁律”规定：“凡律自颁降日为始，若犯在已前者，并依新律拟断。”注云：“如事犯在未经定例之先，仍依律及已行之例定拟。其定例内限年月者，俱以限定年月为断，例应轻者，照新例遵行。”明代律与例关系的调整与演变，反映了法网的严密、司法经验的积累与律学的进步。

清朝建立以后，沿袭明制，顺治初颁行的《大清律集解附例》无异于大明律的翻版，大明律所附之例也基本上为大清律所继受，分别入律。从顺治起，经过康熙、雍正，至乾隆五年制定《大清律例》，经过近百年的时间，作为国家制定法的《大清律例》已经定型，成为祖宗成法不再修订，而以增例来补充律文的不足。就例而言，除援用明朝旧例以外，也针对新关系、新问题，制定新例，以加强法律的调整与制裁作用。康熙十八年，为了解决立法与司法间存在的矛盾，命刑部将新旧条例重新酌定，避免律与例不统一以致律不至死，而新例处死，或情罪原轻，而新例过严的现象。并在上谕中阐明“定律之外，复设条例”的目的，意在使百姓“畏而知警，免罹刑辟”。此后，又令刑部将新增例编入《现行则例》，至康熙四十六年完成《现行则例》，分门并入大清律内，但终康熙朝没有颁行。

雍正即位以后，鉴于“条例繁多……有可援引断狱得以意为轻重，贻误非小”，因此下诏对于现存条例“校订画一……务期斟酌尽善，以付朕慎重刑名之意”。[①] 至雍正五年，颁行《大清律集解》附例815条，其中“原例”主要是明朝旧例，“增例”是康熙年间增入的现行例，“钦定例”是雍正朝特旨或内外大臣奏准之例。清律对明例甚至对唐律的某些条文的继受，说明了某些律例以其调整的广泛的社会性和道德规范的永久性，而超出了时空的限制。至乾隆五年《大清律例》颁行，例已增至一千四百一十二条。由于例的形式灵活，不存在定律时的繁复程序的约束，因而更能适应社会发展变动的需要。同时，还可以及时地把统治阶级的意志提升为法律。因此，清代“有例则不用律”，明确规定了律与例之间在适用上的先后顺序。

---

① 《大清律例通考》，“世宗宪皇帝上谕”。

为了保证例的正确适用,避免因例生例造成的前后矛盾和律例之间的抵牾、招致法制的破坏,明、清两代都十分重视例的编纂,尤其是清代,例的删定、编纂是重要的立法活动。自乾隆元年起,经刑部奏准,三年修例一次。至乾隆十一年正式定制:“条例五年一小修,十年一大修。”至同治九年修例时,已增至一千八百九十二条。清代修例由律例馆负责,修例的主要内容是将具有一般意义的判例,提升为条例,成为一般的法律规范,删除和更正律文与例文、例文与例文之间的重复和矛盾之处等。凡馆修入律之例,事实上已被纳入制定法的范畴,成为《大清律例》的构成部分。

清朝统治者为了推行封建的法治主义,沿袭唐律关于依律拟罪的规定,而且更为严格。《大清律例·断狱》“断罪引律令”律文规定:“凡断罪,皆须具引律例,违者,笞三十。若数事共条,止引所犯者,听。”该条例文还规定:“承问各官审明定案,务须援引一定律例。若先引一例,复云不便照此例治罪,更引重例,及加‘情罪可恶’字样坐人罪者,以故入人罪论。”为防止司法官任意引用未经确认入律之例,以行其私,并维护中央的立法权,“断罪引律令”律文与附例还规定:“其特旨断罪,临时处治不为定律者,不得引比为律。若辄引致罪有出入者,以故失论。”“除正律、正例而外,凡属成案,未经通行著为定例,一概严禁,毋得混行牵引,致罪有出入。如督抚办理案件,果有与旧案相合可为例者,许于本内声明,刑部详加查核附请著为定例。”这些规定保证了律例的正确适用,并按制定法的要求确认了例的形成程序,从而有助于立法的秩序化,是长期以来立法与司法经验的结晶。但是封建社会后期复杂的社会关系与阶级反抗,加重了司法的任务,导致了例在适用范围上的不断扩张和强化,破坏了制定法与判例法之间的协调关系,造成了法制的混乱。如同《清史稿·刑法志》所说,“律既多成虚文,而例遂愈滋繁碎。其间前后抵触,或律外加重,或因例破律,或一事设一例,或一省一地方专一例,甚至因此例而生彼例,不惟与他部则例参差,即一例分载各门者,亦不无歧异。辗转纠纷,易滋高下”。[①]

---

① 《清史稿·刑法志》。

需要指出清代律文所附之例,源于明而稍加修改者占较大比重。例如,明例“无子立嗣”的原文如下:

凡无子立嗣,除依律令外,若继子不得于所后之亲,听其告官别立。其或择立贤能及所亲爱者,若于昭穆伦序不失,不许宗族指以次序告争,并官司受理。若义男、女婿为所后之亲喜悦者,听其相为依倚,不许继子并本生父母用计逼逐,仍依《大明令》分给财产,若无子之人家贫,听其卖产自赡。①

清援用此例,但删去“除依律令”的“令”字;删去“仍依《大明令》分给财产”一句,改为“仍酌分给财产”。这个改动符合清朝统治的历史背景。

又如,明例“杀一家三人”的原文如下:

支解人,如殴杀、故杀人,杀死之后欲求避罪,割碎死尸,弃置埋没,原无支解之心,各以殴故杀论。若初心本欲支解其人,行凶时势力不遂,乃先杀讫,随又支解,恶状昭著者,以支解论。俱奏请定夺。②

清援用此例,仅删去“初心本欲支解其人”的“初心”二字,使文字更为简洁。

再如,明例“殴祖父母、父母”的原文如下:

凡义子过房在十五以下,恩养年久,或十六岁以上,曾分有财产,配有室家,若于义父母及义父之祖父母、父母有犯殴骂、侵盗、恐吓、诈欺、诬告等项,即同子孙取问如律。若义父母及义父之祖父母、父母殴杀故杀者,并以殴杀故杀乞养异姓子孙论。若过房虽在十五以下,恩养未久,或在十六以上,不曾分有财产,配有室家,及于

---

① 《大明律集解附例·户律》,“立嫡子违法”附例。

② 《大明律集解附例·刑律》,“杀一家三人”附例。

义父之期亲,并外祖父有违犯者,并以雇工人论。义子之妇亦依前拟岁数如律科断。其义子后因本宗绝嗣,或应继军伍等项,有故归宗,而义父母与义父之祖父母、父母无义绝之状,原分家产,原配妻室,不曾拘留,遇有违犯,仍以雇工人论。若犯义绝,及夺其财产妻室,与其余亲属,不分义绝与否,并同凡人论。①

清援用此例,但删去"及于义父之期亲并外祖父母""或应继军伍等项"及"与其亲属,不分义绝与否"等字句,并续加以下一款:"义父之期亲尊长并外祖父母,如义子违犯,及伤杀义子者,不论过房年岁,并以雇工人论;义绝者,以凡论。其余亲属,不分义绝与否,并同凡人论。"②增加此款显然更符合法理与人情。

以上说明清例与明例之间具有传承性,同时又有所改进。

由于唐以后强调司法官依律断罪,而且要求罚必当罪,情罪允协,于是根据社会关系的复杂性与变动性,及时采取条例规定加以调整,以致明清两代,在律文不变的情况下,都因时制宜,随时纂例。每届修例,除奏准删除旧例外,并将新纂之例依次编入,附于律后。尽管律文不变,但例是可变的,所以明清两代法律的发展变化,尤其是清代,主要在例,而不在律,律学的发展也同样围绕着释例、注例。在司法实践中舍律用例的趋势,源于明,而盛于清。乾隆四十四年(1779 年)部议明确规定:"既有定例,则用例不用律。"可见在法律体系中,律虽仍居于主干地位、支配地位,但在司法实践中,例却处于优先地位。刑名幕吏之所以可能操纵州县长官,主宰地方司法,就在于他们掌握了处于多变状态下的例,能够以例断案,而这正是以八股制艺进身的地方长官所不具备的先天缺陷。

在律例关系上,例以辅律是明朝中期以后的指导思想,也适用于清朝。在清朝,以例补律是立法中常见的。由于社会关系的复杂性和社会状况的变易性,任何一个时代的制定法,都不可能包罗无

① 《大明律集解附例·刑律》,"殴祖父母、父母"附例。

② 《大清律例通考》卷二八,"殴祖父母、父母"附例。

遗，尽善尽美，都会存在调整对象的空白和法律条文上的漏洞。有些规定在适用上，不可避免地存在困难，这些都需要通过判例法及时加以补充。判例法与制定法的有机结合，可以使法律的调整最大限度地适应复杂多变的社会生活，《明史·刑法志》说："其法外遗奸，列圣因时推广之而有例。"《清史稿·刑法志》也对判例法补充和矫正制定法疏漏的功能，作如下客观的评价：

其立法之善者，如犯罪存留养亲，推及孀妇独子；若殴兄致死，并得准其承祀，恤孤嫠且教孝也。犯死罪非常赦所不原，察有祖父子孙阵亡，准其优免一次，劝忠也。枉法赃有禄人八十两，无禄人及不枉法赃有禄人一百二十两，俱实绞，严贪墨之诛也。衙蠹索诈，验赃加等治罪，惩胥役所以保良懦也。强盗分别法无可贷，情有可原，歼渠魁，赦胁从之义也。复仇以国法得伸与否为断，杜凶残之路也。凡此诸端，或隐合古义，或矫正前失，皆良法也。

对此，再举以下数例作为说明。

例一，明清律无奴及雇工人强奸家长妻女之文，乾隆五十三年定例："凡奴及雇工人强奸家长之母与妻女，审有损伤肤体，毁裂衣服，及邻证见闻确据者，无论已未成奸，将奴及雇工人拟斩立决。若调奸未成，发黑龙江给披甲人为奴。"①

例二，明清律无家长奸奴仆雇工人之条，乾隆八年定例："若家长奸家下人有夫之妇者，笞四十；系官，交部议处。""家长之有服亲属，强奸奴仆雇工人妻女未成，致令羞愤自尽者，杖一百，发近边充军。"②

例三，明清律《尊卑为婚》条规定："娶已之姑舅两姨姊者杖八十，并离异。"但清朝定例："外姻亲属为婚，除尊卑相犯者，仍照例临时斟酌拟奏外，其姑舅两姨姊，听从民便"，③从而使姑舅两姨子

① 《大清律例汇辑便览》卷三三，"奴及雇工人奸家长妻"附例。

② 同上。

③ 《大清律例通考》卷十，"尊卑为婚"附例。

女之间的婚姻成为合法,在事实上废止了原有的律文。

例四,明清律《别籍异财》条规定:“凡祖父母、父母在,子孙别立户籍,分异财产者,杖一百。”但清朝定例:“祖父母、父母在,子孙不许分财异居。其父母许令分析者,听。”[①]自此以后,只要父母许可,分财异居也属合法。

例五,明清律《犯罪存留养亲》条规定:“凡犯死罪,非常赦所不原者,而祖父母、父母老疾应侍,家无以次成丁者,开具所犯罪名奏闻,取自上裁,若犯徒流者,止杖一百,余罪收赎,存留养亲。”[②]在嘉庆六年定例中又增加“及其母系属孀妇守节二十年,家无以次成丁者……军流徒犯照数决杖,徒犯枷号一个月,军流枷号四十日,免死流犯枷号二个月,俱准存留养亲”。[③] 于是孀妇之子也合乎留养的条件,而不限于父母年老废疾。

例六,亲属间杀伤案件,一般按服制定罪,但在特殊情况下,或以凡论,或减等。乾隆四十一年定例:“功服以下尊长谋杀卑幼,如系图谋卑幼财产,杀害卑幼之命,并强盗卑幼赀财,放火杀人,及图奸谋杀等案,悉照平人谋故杀律问拟斩候,不得复依服制宽减。”

以上可见清代的例或因事而立,或因俗而立,或因礼而立,它的实际效力凌驾于律之上。但例对律文的补充、修改,完全遵循清朝的基本国策、传统法律意识以及儒家的名教原则,因而保持着法律的一贯延续性,直到20世纪初期沈家本主持修律,才发生了根本性的变化。

(三)制定法与判例法的相互为用是中华法系的特点和优点

在中国悠久的法制历史中,国家制定法始终处于正统地位,是中华法系的主干,在各种法律渊源中起着支配的指导作用,而且辗转承袭,迄未中断,形成了继受关系十分清楚的系统。中国古代制定法对立法技术的讲求,对规范的详密思考,以及对体系的完整设计,是世界法制史上所少有的,它对周边国家与地区的影响,也是广

---

① 《大清律例通考》卷八,“别籍异财”附例。

② 同上书卷四,“犯罪存留养亲”条。

③ 《大清律例汇辑便览》卷四,“犯罪存留养亲”附例。

泛的、长久的,直到今天还可从日本刑法中找到唐律的遗痕,从韩国刑法中搜索明律的烙印。但在制定法发展的过程中,判例法也与之同步存在,二者同源,例可以辅律之不足,各自发挥着国家所赋予的职能。

古籍中认为舜时司法官“皋陶造律”,由此推断中国成文法的起源是来自司法实践,即在漫长的尚处于原始的审判活动中,由于综合了若干个案的审理经验,逐渐形成了法的观念、法的规范和最初的司法程序。从这个意义来说,律生于例,律是例的升华和固定化,而司法官则扮演了造法的重要角色。

在中国古代的司法活动中强调“罚当其罪”,审慎用刑,这不仅是司法官的责任,也是公认的道德准则。然而可以适用的制定法的条文是有限的,何况历代开明的统治者都以律文简约、明白易知为立法的原则,因此,引律断案不能适应情伪多端的犯罪情节。为解决这一矛盾,选定判例,类推比附,很早便应用于司法实践。从判例法的发展历史看,汉以前是简单援引阶段。由汉讫唐,逐步形成了因案生例的判例形成规则和例优于律的判例适用的认识,是判例法的成熟阶段。至明清,判例法不仅植根于制定法,其本身也纳入制定法的范畴,无论地位与价值均超过历代,是判例法的发展阶段。清代法律化的判例虽多,但仍不足以满足罚当其罪的司法要求。因此,《大清律例·名例》篇规定可以比照某律、某例断结,但须经一定的程序:“其律例内无可引用,援引别条比附者,刑部会同三法司公同议定罪名,于疏内声明:律无正条,今比照某律、某例加一等、减一等科断。”从清朝大量的案例中可以看出,大多数比附案例并未经三法司议定上奏的程序,只有涉及官员犯罪、死罪和重大案件,才上奏皇帝裁决。

如果定律、增例、类推仍有不足,则依赖法典中的概括性禁律,如“不应为”“违制”“违令”来处理法无明文规定的犯罪行为。但更普遍、更经常、更发挥作用的是司法机关援引判例,以致查找“先例”“前案”是司法官审案的第一步骤。例所具有的灵活性、时代性、多样性与实用性,不仅辅律、补律而且还可以纠正律、发展律、创造律,从而推动了法律内容的完善。二者是不可分的,但同时又存在一定的矛盾:成文的制定法常常受制约于判例。例如,汉律曾受制于比,唐律、宋律受制于敕,明清律受制于例。其所以如此,归根结底是专制制度所造成的。作为制定法而言,是国家意识形态,也是君主钦定的"一家"之法,君主为子孙计,严禁臣下借修改成法侵犯皇权独尊,危害其万世一系的基业。但皇帝行使统治权既援法,又不受成法的限制,为了及时处理军国大事和审理重案疑案,皇帝宁愿抛开成法,发布敕令和确认新例。因此,以皇帝为代表的统治集团,一方面重视制定法,视其为立国、治国的纲纪,赋予其极高的权威;但另一方面,君主口含天宪,是最大的立法者和司法官,他对重大案件的判决或裁决是圣意的体现,而且往往以诏、敕、谕的形式加以认定,因此这种判例同样具有极大的权威。特别是当制定法严重脱离社会生活,而成为神圣的具文的时候,判例便在实际上取代制定法,调整着新的法律关系,并给予司法官以应变权断的根据。同时,判例也约束了司法官由于无法可依而恣意妄为。

由于判例对于制定法起着补充、延续、修改、完善的作用,"用例而不用律"的判例意识,就由此而发生,司法官立法的功绩也是由此而得到肯定。明清两代司法官在释律、解律、创制律方面的成就,足以说明这一点。

中国古代在适用例时,常以律无明文规定为前提,以示在理论上法典仍居于主导地位。判例法则始终植根于制定法之中,是制定法的派生物。如果说制定法的调整方式是由一般到个别,那么判例法的调整方式则是由个别到一般,这两种调整方式有机地、和谐地融于一体,使法律的确定性和适用性相统一,二者并存共用,互补互渗,再加上多元的法律渊源,可以有效地调整变化发展中的社会生活,调节着法律的稳定性与可变性的关系,也摆脱了司法官由于处于消极执法者地位的困窘状态。

中国古代国情的特殊性,使中华法系既不同于大陆法系,也不同于英美法系,而是傲然于世、独标异帜的中华法系。如从判例在司法中的作用与创制效力,以及重案要案的会审制度来看,有与英美法系相似之处。而从国家委托立法者制定固定的法典,判例只是成文法的解释与补充而言,也与大陆法系有某些共同点。如果说大陆法系通过固定的法典来维持法律的稳定性，英美法系通过固定性的判例来维持法律的稳定性，那么中国古代则是通过固定的法典与可变的判例共同维持法律的稳定性和社会的稳定性，这是中华法系的特点也是优点。成文法典即使形在神弛，但价值存而不废。判例虽然因事而发，但通过编例，提升为法律规范而不至于乱，两者各有其存在的价值和历史作用，完全适应了统一多民族的中央集权国家的需要。在制定法与判例法相互关系的处理上，突出地反映了中国古代统治者高超的政治艺术与卓越的法律文化素养，其相互为用的传统与经验，是值得总结的。

1911 年辛亥革命以后，由于新旧法制递嬗而出现了空白，存在司法审理中无法可依的情况，此时，中国近代司法判例制度也在逐渐产生与发展。民国时期大理院的判例，是当时法律体系中的最重要的组成部分，不仅对于司法活动有着积极指导意义，也推动了法制的改革与完善。中外历史的经验证明，判例法的优势就在于适时应用。今天世界两大法系的走向趋同，反映了法律密切联系社会生活，服务于社会生活，并由社会生活所推动的发展规律。

十四、统一释法，律学独秀

（一）中国古代律学的发展历程

律学是中国古代法学的集中代表，是中国古代法文化苑中一株奇葩。律学发展的形态及其所取得的成就，是衡量中国古代法制文明的重要尺度。中国古代的律学很早便摆脱了宗教神学观的束缚，其发展方向与程度受到专制国家的严格控制，因而基本上是官学，私家注律只是国家注律的补充。律学的主要任务就是通过阐释国家的立法意图与法律原则，注释法律的概念术语，评介条文的源流得失与演变，揭示律与例及其他法律形式之间的关系等，以便于法律的统一适用，借以维护大一统的国家法制与政治统治。

中国古代律学发轫于商鞅变法，兴起于汉，繁荣于魏晋，成熟于唐，衰微于宋元，复兴于明清。清代私家注律虽盛行一时，但已临近终结。律学的发展是以先驱者留给后人的文化思想材料作为前提的,这中间的继受、因革便是律学发展的真实过程。律学每一发展阶段所取得的成果,都将古代法制文明向前推进一步,都有裨于立法与司法的实际工作。

1. 秦汉律学

在夏商西周时期,统治者强调“刑不可知,则威不可测”,法律处于秘而不宣的状态,定罪量刑完全听凭贵族们自由判断,法律缺乏稳定性和可预测性。在这种形势下,作为解释法律的知识体系的律学,既无产生的可能性,也没有必要性。

春秋时期,“礼崩乐坏”,社会的大变动和社会结构的大调整,使原先被禁锢在贵族内部的法律知识,开始向社会传播。据史籍记载,作为名家创始人的郑国大夫邓析“与民之有狱者约,大狱一衣,小狱襦裤。民之献衣襦裤而学讼者,不可胜数”。[1] 同时,他还将春秋时期盛行的思辨的方法引入法律领域,为律学的形成提供了方法论的基础。但对律学的发端贡献最大的还是战国时期的法家,尤其是商鞅。

公元前361年商鞅变法,改法为律,为律学的产生和发展提供了载体,因此可以说中国传统律学发轫于商鞅变法时期。商鞅改法为律的目的是强调法律的统一适用,以调整急遽变动的社会关系,确认新建立的专制主义的典章制度。法家是主张法律公开化的,所谓“法莫如显”,为了使各种新产生的体现新的“名分”关系的法律,能够为“愚知遍能知之”,[2]并且明白“法令之所谓”,就需要对法律进行解释,于是作为一种知识体系的律学,便应运而生。为了保证法律的统一适用,商鞅“为置法官,置主法之吏,以为天下师”,[3]将律学引向官方形式,开创了秦以后历代“以法为教”“以吏为师”的官方律学之先河。

秦奉行法家学说,“燔诗书而明法令”,不遗余力地推行“缘法而治”“法出于一”的法制模式。同时,还在思想文化领域贯彻专制

---

① 《吕氏春秋·离谓》。

② 《商君书·定分》。

③ 同上。

主义的统治,禁止民间任意学法,“民有欲学法令者以吏为师”,只有国家官吏才有资格研究法律、注释和讲解法律。但他们也只是对律文作忠实的注释,已经不可能像战国时期那样进行争鸣,更不可能像西方法学家那样以正义为核心,对法律作超越政治制度之外的研究。从此中国古代律学便走上了以注释法律为根本特征的道路,而秦简的“法律答问”便是注释律学的滥觞。

先秦律学的成就,集中体现在 1975 年年末在湖北云梦县睡虎地十一号墓出土的秦墓竹简《法律答问》之中。秦时,由于注释法律的职责归于官府,因此一般官吏如对法律不解,或适用时有歧异,均由主守官予以解答,“法律答问”就是这种解释法律的汇编。在一百八十则的《法律答问》中,既有实体法方面的解释,也有程序法方面的解释,主要涉及三个方面,即解释法律概念、确认罪名和确定刑罚。对法律概念的解释,如对“不直”的解释是:“罪当重而端轻之,当轻而端重之,是谓‘不直’”;对“纵囚”的解释是:“当论而端弗论,及惕其狱,端令不致,论出之,是谓‘纵囚’”。对确认罪名的解答,如:“甲诬乙通一钱黥城旦罪,问甲同居、典、老当论不论?不当。”“甲告乙盗牛若贼伤人,今乙不盗牛、不伤人,问甲何论?端为,为诬人;不端,为告不审。”对确定刑罚的解答,如:“完城旦,以黥城旦诬人,何论?当黥。甲贼伤人,吏论以为斗伤人,吏当论不当?当谇。”“当耐为隶臣以耐司寇诬人,何论?当耐为隶臣,以系城旦六岁。”

《法律答问》除以问答的方式解释法律外,还广泛使用成例比照、举例比较等多种解释方法,表现了秦时法律解释的较高水平。尤其是解释的用语简洁、遣词准确、概括力强,明白清晰地阐明了罪与罪的区别,以及法律条文中专有名词的定义,这为后代的法律解释提供了丰富而宝贵的经验,同时也为我国古代律学的发展奠定了坚实的基础。

汉承秦制,在律学上具有延续性和一致性,但同时又有很大的差别。其一,表现在指导思想上,秦时奉行法家思想,汉初先行黄老之学,后确立董仲舒为代表的新儒家理论为统治思想。其二,秦时律学研究者的身份主要是官吏,他们代表国家对法律进行有效解释;汉则除官吏解释外,还有大批儒者以私人身份解律,但他们所作的解律除个别经皇帝认可成为有权解释外,其他多为无效解释。其三,秦专以法家学说解律,汉则以儒家经义解律。

汉初鉴于秦专任法术,二世而亡的教训,实行宽减刑罚、与民休息的黄老之学,同时以刑德并用的“仁政”思想相标榜。但是,随着不断变化的社会关系和新出现的种种犯罪现象,统治者只能通过陆续颁布单行法规来进行调整和给予制裁。这些单行法规大多是因时因事而发,数量繁多,内容庞杂,没有也不可能形成规范严谨、统一的法律体系。《汉书·刑法志》载:“律令凡三百五十七章,大辟四百零九条,一千八百八十二事,死罪决事比一万三千四百七十二事。文书盈于内阁,典者不能遍睹。”由此导致了“罪同而论异,奸吏因缘为市,所欲活则傅生议,所欲陷则予死比,议者咸冤伤之”的结果。为了统一适用法律,解决儒家思想确立为统治思想以后与以秦律为渊源的制定法之间的矛盾,从汉武帝时起,便推行以儒家经义注释制定法。通过引经注律,为引礼入法开辟了捷径,推动了法律的儒家化,使儒家思想逐渐渗透于现行法中。

引经注律,使三纲成为立法的基石和司法的准绳,并将“父子相隐”“君亲无将”“赏及于全家、刑止于一身”等儒家教条入律,凡是违背伦理道德的行为,均被纳入刑法制裁的范畴。这对于确立封建的法制秩序,是非常重要的。尤其是春秋大一统的观点,完全适应了建立统一的专制主义中央集权的国家需要,因此得到两汉统治者的肯定。从此,以经解律,引经折狱遂成为两汉注释律学的主要特点。从效果上看,以经解律、引经决狱对当时的繁法严刑、律令杂乱的现象是一种规范和补救,起着减缓刑法的作用。但是抛开法律原意,不以司法实践中的问题为思考点,只是随意引用儒家经义解律、折狱,不可避免地出现以意附会,与法律适用上的不统一。如同近人章太炎所批评的,“仲舒之折狱二百三十二事……上者得以重秘其术,使民难窥;下者得以因缘为市,然后弃表埻之明,而从縿游之荡,悲夫经之虮虱,法之秕稗也”。[1]

---

① 《检论·原法》。

就律学本身的发展而言，引经解律的结果，使律学成为经学的附庸，丧失了发展的独立性。

西汉时期的律学家，一类是官僚学者，如董仲舒、叔孙通，他们声望显赫深受皇帝器重，虽是私家注律，却经皇帝认可，视为有权解释。另一类是专任司法要职的法吏，如张汤、于定国、路温舒等人，他们既习儒又明法，所关注的重点是使注释符合法意、与法律原则相一致。由于他们的解释多从司法实践中来，且具有一定的法律效力，因此带有官方解释的色彩。

除此之外，从西汉后期开始，社会上出现了以注律为业的注律世家，并由此开创了私家授律的时尚。据史料记载，“汉朝治律有家，子孙并世其业，聚徒讲授至数百人”。[①] 著名的如杜周、杜延年父子，于定国父子、郑弘父子、郭弘父子等，都是世代相传习律。这种现象为传统律学的发展打开了新的局面。由于引经注律成为社会的热点，不仅许多司法之吏热衷于此道，有些侯王也兼习法律，钻研律文，从而形成了私家注律、习律的风气。西汉允许私家注释现行法律，反映了统一的国家已经巩固，而并存的诸家之说又都符合国家的利益和需要，对于断狱也起着不可忽视的作用。

东汉沿袭西汉私家注律的遗风，除继续引用儒家经义解律外，更聚徒授律，形成一种“师受之”、“世守之”、累世相传的世业，并因师门不同而形成不同的流派。当时著名的注律大家如郑玄、马融、郭令卿、吴雄等均为一代大儒，常聚众数百人讲经解律，“郭（躬）吴（雄）陈（宠）三家代以律学鸣”，“律有三家，其说各异”。[②] 由于东汉的统治者继续鼓励私家注律，并将明经、通律视为晋身之阶，所以一时间儒生官吏习律成风，经学大师马融、郑玄也都为注律立说，推动了中国古代律学走向兴盛。

由于东汉律学家将注释律学完全引入儒家思想的轨道，有力地推动了法制的儒家化。其突出表现就是将研究儒家经典的章句学引入解律之中，对汉律进行章句疏证。由于章句“离章辨句，委曲支

---

① （宋）崔祖思：《请择人习律令奏》。

② 《后汉书·陈宠传》。

派,而语多附会,繁而不杀”,[①]以致“叔孙宣、郭令卿、马融、郑玄诸儒章句十有余家,家数十万言,凡断罪所当由用者,合二万六千二百七十二条,七百七十三万二千二百余言”,[②]使本来就已烦琐的法律经过注解后更为庞大、琐碎,“言数益繁,览者益难”,给执法者的实际操作带来极大的困难。为此曹魏明帝时规定:“但用郑氏章句,不得杂用余家”,[③]确立了以郑玄的“章句”释本为权威性的法律释本,私家释律的合法性得到了进一步确认。郑玄的汉律章句“括囊大典,网罗众家,删裁繁诬、刊改漏失,自是学者略知所归”。[④]

律学家们还从训诂学的角度,对一些法律名词、概念进行解释。如汉律规定:“孤儿幼,年未满十岁,无罪而坐率。”注文为:“服虔曰:率,坐刑法也。如淳曰:率,家长也。”[⑤]再如,关于“贼”与“盗”的释义,许慎《说文解字》解释为:“贼,败也;从戈则声;败,毁也,与毁则为贼之义合,乃谐声兼会意字。盗,私刑物也,从次;次,欲皿者,乃会意字。二字之本义如此。”这种逐渐朝向规范化方向的解释,标志着注释方法上的新建树,对后世影响甚大。

2. 魏晋律学

魏晋南北朝时期是我国历史上南北政权对峙,朝代更替频繁时期,这一时期的统治者,从夺取政权,巩固政权的实践中增强了法律为“治世之具”的认识。因此,为了确保政权的相对稳定和争雄于世,都加强了法制的力度。就立法而言,魏、晋律是带有总结性的产物,北齐律则是隋唐律的蓝本。与此相联系,注释法律也更加受到重视,特别是历时二百余年的分裂割据与动乱的历史条件,使政治上的专制主义有所削弱,从而给予律学的发展以较大的空间,推动了注律活动走向繁荣。魏晋南北朝时期是中国传统律学的重要发展阶段,并具有鲜明的特点。

其一,由私家解律复归于官方注释。这一时期的注律大家如魏

---

① 王利器:《风俗通义校注》。

② 《晋书·刑法志》。

③ 同上。

④ 《后汉书·郑玄传》。

⑤ 程树德:《九朝律考·汉律考》。

陈群、刘邵、卫觊、晋贾充、刘颂、张斐、杜预等，在身份上都是国家重臣，他们是法律的制定者，又是执行者，更兼奉命注释律令，解答疑难。由担负国家立法与司法要务的重臣来注释法律，不仅得其要领，洞悉渊源，具有针对性和可操作性，而且容易博得国家的认可，是权威性的官方注律。代表性的如张斐的《汉晋律序注》《律解》，杜预的《律本》，贾充、杜预的《刑法律本》等。尤以张斐、杜预的解律文本为最具权威的解律文本，并由皇帝颁布全国，作为晋律的统一注释文本，与《晋律》具有同一的法律效力，世称《晋律》为张杜律，或杜张律。

其二，开始突破汉代引经解律的局囿，逐渐摆脱了对经学的附庸地位，在注律方法上和注释内容上有了重大创新。突出表现在对法律名词术语和法律适用原则的准确解释以及立法司法理论的阐发上，由此使律学逐渐成为相对独立的一个学科。例如，杜预在《律本》中说："法者，盖绳墨之断例，非穷理尽性之书也，故文约而例直，听省而禁简。例直易见，禁简难犯，易见则人知所避，难犯则几于刑厝……今所注皆网罗法意，格之以名分，使用之者执名例以审趣舍。"①张斐说："夫刑者，司理之官；理者，求情之机。……论罪者务本其心，审其情，精其事。"②在这里，杜预和张斐将"文约例直"和审情援法，作为立法和司法的基本要求，达到了较高的认识水准。

魏晋律学内容广泛，其主要成就是对法典体例的阐释和法律术语的规范性解释。譬如，关于律令的界定，自战国历经秦汉始终不够明确，至晋，杜预解释为："律以正罪名"，即定罪量刑的依据，属于刑法。"令以存事制"，即刑法以外的典章体制。这种区分不仅为晋律的制定者所采纳，而且传承于后世，《唐六典》所载"律以正刑定罪，令以设范立制"即发源于杜注。

张斐还在《律表》中，对一系列重要的罪的概念及其含义，作了扼要而精确的规范化解释。如"其知而犯之谓之故，意以为然谓之失，违忠欺上谓之谩，背信藏巧谓之诈，亏礼废节谓之不敬，两讼相

① 《晋书·杜预传》。

② 《晋书·刑法志》。

趣谓之斗,两和相害谓之戏,无变斩击谓之贼,不意误犯谓之过失,逆节绝理谓之不道,陵上僭贵谓之恶逆。将害未发谓之戕,唱首先言谓之造意,二人对议谓之谋,制众建计谓之率。不和谓之强,攻恶谓之略,三人谓之群,取非其物谓之盗,货财之利谓之赃,凡二十者,律义之较名也”。[①]《律表》区分了故意和过失犯罪的界限;提出了“造意”、“合谋”和“群”的基本要件;明确了由于精心而造成的失职与过失犯罪的区别;剖白了“赃”“戏”“斗”“诈”“强”“略”“戕”“率”等字的含义。这些规范化的解释,体现了中国古代律学所达到的新水平,为其摆脱穿凿附会的引经解律,使律学向着科学发展,作出了开创性的贡献,因而为后世立法者与注律者所推重和沿用。

需要指出的是,魏晋律学虽然逐渐摆脱了对经学的附庸,但是仍然遵循着礼与法相统一的原则。譬如,他们在注律时,一方面提出“网罗法意”,即务求符合法意;另一方面又强调“刑之本在于名分,故必审名分……格之以名分”。[②]

魏晋律学的注律成果,标志着中国古代注释律学已经达到了逻辑化和科学化的程度,具有鲜明的时代特色,表现了中华民族在铸造法制文明上的理性与智慧。魏晋律学为后世唐、宋、元、明、清所继承和发扬。

3. 唐代律学

唐朝是我国封建社会的盛世,典章制度臻于定型,律学研究的目的开始新的转向。律学家们所关注的是解决僵化的律典与日益复杂的社会关系之间的矛盾冲突,而不再是以经学理论解说法律。他们力图阐释国家的立法意图,概括国家的法律原则,注解法律的概念术语,评论条文的源流得失,以提高司法官吏的办案能力和用法的准确性,避免失轻失重。《永徽律》的制定以及长孙无忌等奉旨对它所作的逐条疏解,既显示了立法技术的成熟,也反映了唐代律学的新成就。《唐律疏议》不仅是中国现存最完整的古代律典,也是现存最早而又最为严谨的律学著作。以疏附于律文之后,是唐

① 《晋书·刑法志》。

② 同上。

人在总结魏晋注释律学的基础上的一大创造，它便于执法者领略律意，避免在实施中出现偏颇。如同《旧唐书·刑法志》所说，“（永徽）三年，诏曰：‘律学未有定疏，每年所举明法，遂无凭准。宜广召解律人条义疏奏闻，仍使中书、门下监定’。于是太尉赵国公无忌、司空英国公……参撰律疏，成三十卷，四年十月奏之，颁于天下。自是断狱者皆引疏分析之”。可见《永徽律疏》仍为官方律注，它既有对于法律精神、法律原则与名词术语的规范性解释，也有对实际操作中可能发生的问题的预见和处理。在注释方法上，融合文理、史源于一炉，在文字上也符合明白晓畅的要求。它的完成不仅为断狱者提供了“引疏分析”的依据，还给科举明法提供了统一的标准。

以《唐律疏议》为代表的律学成果，以其综合性、准确性和协调性为特点，在中国古代律学发展史上，显现出极高的价值。所谓综合性，是指解释内容的分类而言，既解释词义，又阐述法理；既有限制性解释，又有扩张性解释；既有对律名历史沿革及排列顺序的阐述，又引用大量律疏以外的法令作为补充和参照，以增强律疏的完备性和周密性。解释的文体也服从于内容的需要，通晓而不呆滞，既有字面阐释，又针对疑难问题，自诘自答。

所谓准确性，是指逻辑谨严、文字精练、用语精密、阐释详明，使律文变得明白易懂，更具可操作性，从而为准确适用法律奠定基础。

所谓协调性，是指法律条文、注文疏议、假设、答疑浑然一体，篇条目次分明，体例编排严谨合理，不仅大大提高了理论性，也大大增强了对司法实践的指导意义。这种律文和释文合于一体的注释体例对明清的注律影响极大，因而可以说唐代律学承先启后达到了一个新的高峰。

唐朝距儒家思想被确立为统治思想已数百年，如果说，汉、晋律是法律儒家化的重要发端，那么唐律的儒家化过程已经基本完成。儒家推崇的礼，由于合于民族心理和大一统的专制统治，因此礼的基本规范入律，取得了法律的形式，礼法关系被确认为本用关系，所谓“德礼为政教之本、刑罚为政教之用”，这二者被比喻为“昏晓阳秋”的自然现象，以示其永恒性。于礼以为出入，既是法律的指导思想，也是注律的基本精神。譬如，《杂律》中“不应得为”条的解释是:“谓律令无条,理不可为者”,理不可为实际上就是“礼不可为。”

唐代律学在注释方法上,采用文理、历史、系统等解释方法,相互融合,使法律条文的意义更趋明确。以笞刑为例,律文为:“笞刑五、笞一十、笞二十、笞三十、笞四十、笞五十。”疏议解释说:“笞者,击也。又训为耻,言人有小愆,法须惩戒,故加捶挞以耻之。……故《书》云:‘朴作教刑’,即其义也。汉文帝十三年,太仓令淳于意女缇萦上书,愿没入为官婢,以赎父刑。帝悲其意,遂改肉刑:当黥者钳为城奴令舂,当劓者笞三百,此即笞、杖之目……从笞十至五十,其数有五,故曰‘笞刑五’,徒仗之数,亦准此。”这里既有对笞的字义解释,又有对笞的适用条件和适用等差的说明,并对笞刑的演变作了历史考证。这种注释风格和注释方法较之晋律注释显然更具合理性和先进性。

又如,关于“化外人”的解释,疏议曰:“化外人,谓蕃夷之国,别立君长者,各有风俗,制法不同。”可见唐律中的化外人是指居住在中国的外国人,而非中国内部的少数民族。特别值得提出的是引律释律,例如:“诸断罪无正条,其应出罪者,则举重以明轻”,[1]疏议曰:“断罪无正条者,一部律内,犯无罪名,‘其应出罪者’,依《贼盗律》:‘夜无故入人家,主人登时杀者,毋论。’假有折伤,灼然不坐。”

综上所述,可见以《律疏》为代表的唐代律学所追求的是更准确地适用法律,这是大一统的中央集权的封建帝国所要求的。律疏所显示的重要成就,说明了它是集汉魏晋律学之大成,所谓“远则皇王妙旨,近则萧贾遗文,沿波讨源,自枝穷叶,甄表宽大,裁成简久”。[2] 同时,它又是唐代律学大家房玄龄、长孙无忌、李勣、宋奭、于志宁等人的集体创作。律学家的社会地位与权威性,使《律疏》的解释也具有权威性,疏与律文具有同等效力。如果说罗马帝国查士丁尼于公元533年颁行的《学说汇纂》五十卷,将历代罗马法学家的著作和法律解答汇编成集,是重点解释民法的宏篇巨著,那么《唐律疏议》则是重点解释刑法的彪炳于世的律学大观。

---

① 《唐律疏议·名例》,“断罪无正条”。

② 《唐律疏议·名例·序》。

4. 宋元律学

宋朝是较为重视法制的朝代,统治者强调“法制立,然后万事有经,而治道可必”。① 宋神宗时,因变法急需专门法律人才,大兴律学教育,开设“明法科”,选拔法律专门人才。但神宗变法失败以后,律学开始衰微。同时,在专制主义不断强化的宋朝,虽然要求官员知法执法,却严禁民间抄写刻印法律,更不准私授律学。

南宋时,理学兴起,学术风气发生了巨大的变化,由讲求实用而转向空疏。由于理学主要是阐释抽象的义理和性命,是一种务虚的“心性之学”,恰与“贵在致用”的注释律学相对立。受这种空疏学风的影响,诸多文人士子专攻理学,并成为一种社会风尚。于是律学由显学而沦为末学,中国古代律学在总体上呈现大滑坡的趋势。

但是由于宋元时期对文化的控制有所弱化,使以官员身份进行的私家注律得到某种发展,出现了一些对后世颇有影响的释律著作,如宋人傅霖的《刑统赋》、孙奭的《律音义》、郗秉原的《刑统赋解》;元人王元亮的《唐律释文》《唐律纂例五刑图》、郑汝翼的《永徽法经》、刘高夫的《刑统赋解》、赵仝的《疑狱集》和元绛的《谳狱集》等。另外,元人郑汝翼所撰的《永徽法经》,将金律与唐律作了比较研究。四库全书总目提要称此书“列唐律于前,而附金律于后,或有或无,或同或异,或增或减,俱详为之注,颇为精密”,因而是一部有价值的比较律学著作。

宋时较为注重司法实践,一些总结司法实践经验的律学著作应时而生,如桂万荣的《棠荫比事》、郑克的《折狱龟鉴》、宋慈的《洗冤集录》等。《折狱龟鉴》是中国第一部汇集历史上有关决狱和司法检验的案例,并作出分析评述与总结的著作,表达了作者“尚德缓刑”“明慎用刑”的主张和对庸官酷吏“深文峻法,务为苛刻”的憎恨,是一本研究中国古代司法的律学著作。《棠荫此事》“凡一百四十四条,皆古来剖析疑狱之事”。该书从执法、断狱、量刑、司法检验等各方面,总结历代司法审判的经验与教训,流传甚广。

宋慈在采撷前人著作中有关法医检验案例的基础上,结合自己

① 《续资治通鉴长编》卷一四三,庆历三年九月丙戌。

的实践经验,编成的《洗冤集录》,对中国古代法医学进行了全面的总结,既是我国最早的一部比较完整的法医学著作,也是世界上第一部法医学专著,不仅成为南宋办理命案官员的必读之书,而且被后世“奉为金科玉律”,先后译成朝鲜、日、法、英、德等多国文字,为世界法制文明的演进作出了卓越的贡献。

5. 明清律学

明朝建立以后,朱元璋即着手立法创制,倡导吏民知法守法,在法典中首创官吏“讲读律令”条,要求百司官吏“务要熟读,讲明律意,剖决事务”,一时之间以读律、讲律为时尚,这为中国古代律学的复兴创造了良好的社会氛围。《律令直解》就是明初最早的官方注律的成果。洪武三十年大明律修成后,朱元璋下令,严禁改动、议论大明律,否则坐以变乱祖制之罪,以致《大明律》除编纂者奉帝命所作的官注外,私家注释者寥寥无几。

但是,社会的发展和法律运用的实际需要,迫切要求对法律进行更深入更细致地注释。自万历时起,社会经济关系日趋复杂,阶级矛盾日趋激烈,社会问题与犯罪现象不断增多,为了进行法律调整,多次编纂条例,由此引起了律例适用上的歧义,原有简单的法律注释,已经不能适应司法实践中新出现的亟待解决的各种各样的问题。所有这一切都要求对《大明律》进行扩大解释,以解决律例之间的矛盾,于是注律问题悄悄地提上了议事日程。然而明中叶以后,政治极端腐败,宦官擅权,皇帝昏庸,政府已无力组织较大规模的官方注律,不得不委之于私家。只要体现国家的立法意图,符合当政者的利益需求,有利于现行法律的贯彻实施,私家注律不仅被认可,而且受到鼓励。

有明一代,律学著述甚多,其中较具代表性的有:张楷撰《律条疏议》,以图表形式罗列律条罪名,每一罪包括罪名、律文和刑罚,排列有序,使人一目了然;何广撰《律解辨疑》,不仅注释翔实,且为清代歌诀、诗赋类注释形式树立了范例,使律学注释方法多样化;王樵积数十年司法实践之经验,并采诸家之长而撰写的《读律笺释》,既详细,又准确,不仅堪称明代中期以后异军突起之私家注律的代表作,且被后世律学家奉为圭臬,对清代律学产生了深远影响。另有王肯堂著《大明律附例笺释》,以家学为渊源,并撮集明人注律的精华,为明代权威性解律之作。此外,彭应弼的《刑书据会》、唐枢的《法缀》,也都是创新之作。他们共同为清朝私家注律的昌盛奠下了重要的基础。

清朝是统治中国二百六十余年的封建专制王朝,清代律学是传统律学之集大成,是中国历史上私家注律的鼎盛阶段。流派纷呈,注家辈出,他们源于传统,而又不简单重复和模仿传统,在共同的倾向性中表现出了多彩多姿的注释内容与千变万化的注释风格。他们各有专长与侧重面,彼此影响,互相推动,造就了清代注释律学超越前人的历史性成就。

清代律学之所以达到鼎盛,是由多种原因共同促成的。其一,清朝统治者不仅重视法律的作用,而且强调任人执法,因此需要通过注律阐明法意,提高读书不读律的官僚队伍素质,更好地实现司法机关的职能。其二,清代统治处于异常广阔的疆域和多民族共存的统一格局中,京畿地区与沿海通商之地和广大内地及少数民族聚居区的政治、经济、文化上的发展极不平衡,为了正确地理解和贯彻中央政府的法律,迫切需要借助律学的注释,做到统一适用法律。其三,清朝立法体制所形成的律例关系以及例的广泛应用所产生的诸多问题,要求律学家们,既要注律,也要注例,后者尤为司法实践所急需。其四,明代律学的发展,使在总结明中叶以后私家注律经验的基础上发展清代的律学成为可能。同时,清代中期兴起的考据之学,也为律学的发展提供了方法论上的支持。

总之,清代注律学家经历了封建社会后期更为复杂尖锐的矛盾和斗争,他们涉及的领域更宽广,占有的材料更丰富,所作出的解释更细致,因此很快便摆脱了依赖明人的倾向,踏上了创新的道路。

(二)清代律学的成就

1. 官私并举,流派纷呈

清代注律学家一部分是司法官员和地方官吏,如王明德、于垠、吴坛、薛允升;另一部分是刑名幕友,如沈之奇、万维翰、沈辛田、蔡嵩年、王又槐。官僚注律是清代注律的主力军,他们的注律活动虽然不是受命于朝廷,但由于其身份的特殊和朝廷的允许,实际上带有官方注律的性质。而由刑名幕友组成的注律私家,则是一个枝蔓相连、世代相传的庞大群体。作为刑名幕友的经历,决定了他们注律的热点集中于如何准确地适用律例。他们的注律成果来之于实践,又复归于实践,对清代的司法工作有着重要的指导价值。清代注律家们如群星灿烂、互相推动,注律成果流传至今者不下百余种。有的以辑注擅长,有的以考证名世,有的标榜司法应用,有的借用图表歌诀而为人所称道,真正是群书竞献,各领风骚。

2. 源于传统,超越传统

清代注释律学继承了中国的传统律学,尤其是对于明代律学有着直接的继受关系。但是,随着清朝政权的稳定、经济基础的巩固和社会关系的发展,清袭明制逐渐为清朝的独立发展所取代。为此清代注律学家不能不适应形势的变化而改变自己的律学研究态度与方法,把立脚点彻底移向现实的基础上来。康熙十三年王明德著《读律佩觿》,标志着清代律学摆脱明人影响的开端。其后,康熙五十四年沈之奇编纂《大清律辑注》,显示了清代律学走上独立发展道路的新风格、新观点与新成就。自此以后,清代律学家所关注的是开拓新领域、总结新经验、创造新价值,而不是重复明人的旧说。

3. 考证详审,阐释细微

清代律学家们对律例进行的“考竞源流”的工作,开阔了执法者的知识领域,便于他们从因果关系中把握清律的发展规律。例如,对“斗殴及故杀人”律文的考释如下:“此条唐律内律目系斗殴误杀伤人,原列斗讼律中。明始改为斗殴及故杀人,将误杀伤人并入戏杀、过失杀两条内,另立专条列后。其律目下并律文内各小注,悉仍顺治初年所集注语。合并声明。”通过上述考证,理清了该条律文变化的脉络。

至于对律文注释的细微,尤其反映清代律学所达到的水平。以窃盗概念为例,《大清律集注》注释如下:“窃盗二节律意甚微,须逐字推勘。曰‘窃盗’,则其所谋所行皆系为窃,未有拒捕杀伤之意也;曰‘临时’,则拒捕杀伤乃临时猝起之事,非预有此谋也。……事主捕之,盗者拒之,峡谷相格斗,谓之拒捕。”

4.改进立法,改善司法

清代注释律学由于针对性强,始终着眼于实际,而且多为司法实践经验的总结,因而在一定程度上改进了立法、改善了司法,促进了清朝法制的发展。

雍正五年,颁布《大清律集解》,在律后总结中开始辑入沈之奇《大清律辑注》和王明德《读律佩觿》的注律成果,从而将私家注律引入法典,说明国家认可其立法解释效力。乾隆五年修律时增加的“纳赎诸图”的适用,明确规定应查照《读律佩觿》的有关解释,“以免畸轻畸重之失”。[①] 作为《大清律例》律母的八字——“以、准、皆、各、其、及、即、若”的释义,也是以《读律佩觿》的注解为权威的解释。

清代的注律成果也对司法起着相当的指导作用。地方司法机关在审判实践中较多参考《大清律辑注》。当《大清律辑注》的观点和本律稍有疑义或相悖时,司法官常常引私注而弃律例。据《刑案汇览》所载,引用《大清律辑注》等私注观点作为审断案件依据的有近四十个案例。尤其是律例无明文规定时,多引私注观点作为定案依据,即使是中央刑部也援用或引证《大清律辑注》作为参考,或以之回复下级司法机关对于有关律例条文含义的疑问。

以上可见,清代注释律学的成果对立法者具有相当大的启迪作用,而以国家立法的形式作出的必要的肯定,更显示了其价值。不仅如此,通过私家注律,使律文更具有可操作性,因而也增强了适用法律的准确性,提高了司法质量。如马腾蛟所说,“阐发律例中之精蕴,而听狱讼者得资以为观指”。[②]

自明中叶至清,律学发展的一个特点就是私家注律不断和持续兴盛。私家注律,实质上是受命于国家,为国家注释法律服务的,是一个庞大的系统工程中的若干分支而已。因此,注律的指导思想必须是服从于专制政治的需要,维护现行法律的正确贯彻实施。正是由于私家注律体现国家的立法意图,符合司法实际的需求,才受到

---

① 《大清律例·部颁凡例》。

② 《大清律例集注·马腾蛟序》。

统治者的认可甚至鼓励,得以维持数百年之久。

综括上述,中国古代律学经过了二千多年的发展过程,承担着阐明立法意图,辨析法意,解释法律术语和原则,力求用有限的法律条文,规范多样的社会关系的责任。在这个过程中,不同历史阶段的社会思潮、政治和经济的变化,都对法律注释产生不同的影响,律学也适应社会需求进行着不停的变革。可以说中国古代律学的发展和传统法律的发展一样,沿革清晰,一脉相承,始终不停地沿着务实致用的道路运动着、发展着。直到传统旧律解体,注释律学才失去载体,而寿终正寝。

(三)中国古代律学的基本特点

纵观中国古代律学的发展历程,可以看出中国传统律学也和其他文化现象一样是源远流长的,而且很早就从宗教神学观的束缚下挣脱出来。它所涉及的法律关系,从个人到家庭,从家庭到国家,从国家到社会,领域十分宽广。它以准确地阐明律意、辨析法律原则、解释名词术语为基本内容,以加强用律执法为最终目的。历代虽有小异,但基本传统辗转相承,成为古东方中国特有的传统律学。

中国传统律学的内涵虽以刑名律学为主,但又不限于刑名律学,也涵盖了一些部门法的内容。由于法学的概念是近代海禁大开以后,西方输入的文化范畴,在古代是没有的,因此传统律学也可以说是中国古代特定历史条件下的法学。传统律学所达到高度,是衡量中国古代法文化发展水平的重要尺度。

中国古代律学在不断走向成熟的历程中,表现出以下的鲜明特点:

1. 反映了专制主义的政治与文化政策。中国专制主义的政治集中反映为大一统的皇权统治,律学所追求的统一适用法律是服务于大一统的皇权统治的。至于专制主义的文化政策,则集中反映为尊儒重经,纳注律者的思想于一轨,禁止自由意志的抒发,这给律学以深深的烙印。

2. 显示了重刑轻民的倾向。在两千多年的封建专制主义的统治下,以惩治危害国家的犯罪行为为首要任务,而对民间的财产纠纷则视为细故,不仅在立法上缺乏应有的比重,在司法上也较为漠视,或听任调处和息,或一审了结。自秦至清,“律”——刑律始终是中国古代最主要的法律形式,在整个法律体系中居于主导地位。由于“律”的特殊重要性,因此,律学成果都是以对各朝律典逐条解释的形式而存在的。具体说来就是解释现行律文,阐明律意,明晰法律术语,明确律条适用范围,区别罪与非罪、此罪与彼罪的界限,勾沉律条历史渊源、汇集各种注释加以比较等,以利于律文的统一适用。由于律学以律文为研究对象,因此基本是刑法学,以及与之密切相关的刑事诉讼法学。在重刑轻民的主导意识影响下,律学家们也只重视“刑律”及“断狱”门内各条,而漠视涉及民事“细故”的条文。

3. 只有纵向的传承,而无横向的吸纳。中国古代自然经济的保守性、闭关锁国的对外政策以及专制国家的政治考虑,造成了古代中国的封闭状态。律学就是在这样的封闭型的国家里发展起来的。因其在发展过程中,从未受过外来法律文化的影响,所以只存在纵向的传承继受,而没有横向的比较吸纳。这种独立性,也是一种孤立性。

4. 贯穿了礼法结合、任法与任礼并举的精神。中国古代国家形成的特殊途径、宗法血缘关系的悠久束缚以及封建王朝独尊儒术的政策影响,使礼具有广泛的规范力量。礼尊于法、德主刑辅是封建统治者经验的积累和国家的基本政策,因此从汉代说经解律到晚清注释律学,必须奉礼而不违礼,违礼的解释是无效的。律学与礼治如同律学与法制一样地密不可分。律学的指导思想是儒学的核心——纲常名教,律学的理论根据是儒学的教条,律学所追求的境界是明礼无讼的儒家理想王国。所以传统律学既释律又尊礼,既释法意又宣德意。律学家们既维护了儒学在中国文化上的统治地位,也维护了专制主义国家的法律权威。

5. 发展方向受国家的宏观控制。律学作为一种意识形态必然受到专制国家的关注。随着专制主义的强化,国家对律学的干预和控制日益加强,以确保其发展方向符合国家的利益。因此,从汉晋隋唐以来,律学一直是官学,即以官府注释为基本形式。明清时期国家对适用法律的要求更为迫切,对律学的期望值也愈益提高,因此鼓励私家注律以补充官府注律的不足。所谓私家,其实是具有官方或半官方身份的人士,他们注律,或受命于朝廷,或被委聘于长官,既总结了从事刑名工作的经验,又抒发了研究律学的体会,形式上是自由的,但不得逾越国家宏观控制的限度,不得违背传统的法律意识和礼的基本规范,不得另立异端思想。他们只能在统治者设定的框架内,注释法律条文的含义,阐明法典的精神实质和立法原意,辨析相关罪名和条文之间的区别等,以使国家法律具有可操作性,便于统一适用。如果超出了这个范围,其所注之律不仅无效,而且要受到惩治,因此私家注律是寓自由于不自由之中的。

6. 以经验主义的特色著称,缺乏抽象思辨的内涵。律学是适应司法实践的要求而发展起来的,是注律者从事刑名断狱经验的积累和总结。综括律学之书,凡问题的提出无不源于经验,注释的根据与心得亦不外于经验。律学的最高成就就是综合新经验并使其条文化,成为国家修律的新内容,因此,律学的应用价值超过了它的学术价值。清代律学的发展是和具有丰富实践经验的律学家队伍的壮大分不开的。清朝从事律学研究的不仅有已仕、致仕的刑部官员与地方大吏,还有从县府省到部院各级政权的刑名幕僚,后者是一支庞大的与官员注律相配合的注律大军。他们不仅熟悉律例,而且饶有操作司法的实际经验、清代注律成果的辉煌,充分反映了这支队伍的实力。

由于律学研究大多未能超出经验性积累和直观性感悟的层次,缺乏应有的抽象思辨和理论升华,律学家们也无从建立某种逻辑化的律学理论体系。所以,中国传统律学始终只是一种直接指导法律实践的学"术",而尚未发展成为一门真正探究法律理论的科学。

7. 以实用为价值取向。传统律学主张"经世致用",以实用为价值取向。这种重实用的风格,一方面表现为强调以法律适用的需要为出发点和最终目的;另一方面对于与现实的法律适用无直接关系的抽象思辨的法哲学领域,几乎从不涉足。注重实用性的注律,对于封建国家的立法活动有着积极的建设性影响,不仅开阔了立法者的视野、丰富了他们的法律意识,更为重要的是,立法者们或者将律学研究成果直接吸收为法律条文,或者直接赋予律学注释成果以法律效力，使之成为国家立法的一部分。自秦以降，这一直是律学影响法制发展的最直接的途径，也是中国古代律学价值的主要体现，如秦代的“法律答问”、晋代张斐和杜预的《律表、律解》、唐代长孙无忌《唐律疏议》等。即使是明清时代的私家注释律学，其成果也常常以“律注”的形式进入法典之中。康熙年间，著名律学家沈之奇撰写的《大清律辑注》，备受朝廷推崇，被冠以“御制”之荣，其中许多观点被吸收为律注，或作为律注的指定参考释文。

律学的实用性不仅表现在立法上，更表现在司法上。清代律学家许多都是长期从事司法实践、经验极为丰富的司法官员或幕僚。他们注律的出发点，多为解决司法实践中出现的各种矛盾和问题。因此优秀的律学著作在司法界具有很高的权威性，各地刑署衙门乃至刑部常常将这些律学著作视为工作指南，或与律例相互参照使用，或引律学观点解释律意、阐发律旨、解答疑难。例如，嘉庆二十二年(1815 年)，在复审“傅德、龚云瞻挟嫌诬告”一案中，刑部就根据沈之奇所著《大清律辑注》对“假以建言为由，挟制官府及将暧昧不明奸赃事情污人名节，报复私仇”例文的解释，作了改判。[①] 尤其是在律例无明文规定时，更是直接引律学观点作为定案依据。例如，嘉庆七年(1802 年)，刑部湖广司在复审刘曾氏案时，便引用万维翰《大清律例集注》和沈之奇《大清律辑注》的两家注释，作为审判依据。[②] 实践证明传统律学通过阐发律意、辨析条文，提高了司法官吏的办案能力，在相当程度上保证了适用法律的准确性，协调了国家法制机器的运转。

8. 摆脱宗教神秘主义和理学教条的影响。律学是随着社会物质生活条件、社会关系与社会存在的改变而改变的，又是以先驱者留给后人的文化思想材料作为前提的，是沿着螺旋上升的轨迹发展的。至明清二代，科学技术的发展和西方天文学、数学、地理学的相继传入，也有助于注律家们摆脱宗教神秘主义和“束书不观，游谈无根”的理学教条的影响，能够用务实的态度和比较科学的方法来观

---

① 《刑案汇览》卷四五，“越诉”，嘉庆二十二年说帖。

② 《刑案汇览》卷三二，“戏杀误杀过失杀伤人”，嘉庆七年说帖。

察国家的法制现象,进行复杂的注律工作。在律学的漫长发展过程中形成了纤细备至的注释方法,如对于法律术语便有规范化解释、互校解释、限制解释、扩大解释、类推解释、经义解释和判例解释等。中国古代的注释律学,是可以与罗马法学等量齐观的,它的每一发展阶段都留下了极具影响的代表之作。它们为学法者提供了教材,为讲读律例的官吏提供了范本,为读书不读律的官员提供了执法断狱的参考,为法制宣传提供了材料,是反映中国古代法学在总体上所达到的高度的标志。

(四)中西法文化的比较

中国古代律学以基本肯定现行律典的合理性为前提,着重研究法律术语如何界定、法律条文如何理解和适用,以期为执法者提供直接而有效的指导,不致因法律语言的古朴深奥和语义的概括而不知所措。此外,还涉及律例之间的关系,条文与法意的内在联系,以及立法与用法、定罪与量刑、司法与社会、法律与道德、释法与尊经、执法与吏治,法源与演变等各个方面,其微、其细、其广、其博、其实、其用,均为世界同时期所少有。

但是发生在封闭的古代中国的传统律学,只讲求纵向的发展沿革与继受关系,完全拒绝外来法律文化的影响。这种狭隘的法律文化,妨碍了人们的视野,拘囿了人们的智慧。从清朝的注释律学与西方的法学相比较中,可以看出中西法律文化之间的巨大差异:

1. 中国古代是家族本位的公法文化,而西方是个人本位的私法文化

中国是东方文明的早熟形态,从中国进入阶级社会时起便以家族为本位,由家而国,家国相通,家是国的基本构成因子,国是家的扩大与延伸。当家族本位与专制政治相结合以后,皇帝也利用父权来加强政治统治,政治伦理化了,法律也变成了这个联合体的附属物。

为了保护家与国的利益不受侵害,以惩恶为目的刑法被特别强调,罪与罚的规定是中国古代法律的中心内容,刑法几乎涵盖了中国法律的基本体系。民事法律由于缺乏法律上的私人平等,加之财产流转上的诸多限制,而处于零散状态,没有形成私法体系。

由于个人从属于家族,法律对他们所要求的是尽其应尽的对国

对家的义务,而不是享受更多的权利。个人的价值决定于他们在伦常秩序中的尊卑和在国家机关中的位置。法律不仅体现这种身份与伦常关系,而且维护这种关系,以示重纲常名教。几千年的中国古代社会,就是遵循着这样的规则运行着,既没有广泛的契约关系的发展,也没有或很少有为身份自由而进行的运动。

西方社会政治与法律的起点也是以家族为本位,但随着罗马发展成世界的商业军事帝国,为了财产流转上的便利,需要人们之间的平权关系,使个人逐渐摆脱了家族的身份限制,获得了较大的独立自由权,家族本位开始向个人本位过渡。至文艺复兴时代,罗马法中关于个人本位的法律原则得到了弘扬,它所强调的是个人为权利主体与法律主体。法律保障个人在个性、精神、道德及其他方面的发展所需要的自由。这种个人本位的学说,奠定了近代资产阶级人权理论的基石。在西方法律体系中,调整平等主体之间的权利义务关系的私法,代表了法律的主流,从总体上看是以个人为本位的私法文化。

2. 中国古代是封闭型的法律体系,而西方是开放型的法律体系

中国是一个内陆国家,自给自足的自然经济结构为其独立生存提供了物质基础。专制政府长期推行的闭关锁国政策,使这种独立性固定化。血缘关系的因袭和地缘关系的维持,又为这种独立生存的封闭性、保守性提供了社会支柱。在这样的国度里建立起来的政治制度,是二千余年不变的专制制度,法律体系是辗转继受、陈陈相因的中华法系。在法律文化上只有输出,没有输入,不存在双向的交流。

就法律体系而言,刑法是最集中的代表。刑法典中包含了行政法律、民事法律、经济法律、诉讼法律等各个部门法的内容,形成了“诸法合体、民刑不分”的传统体例。重刑轻民的指导思想不仅表现在立法的比重上,也表现在以刑罚来处理民事的、经济的法律冲突上。因此法律规范的性质基本是禁止性的、惩罚性的,而且对某些法律主体的独立价值与人格进行公然否定,它表现了中国古代法律的特权性与等级性。

在国家实行一元化的制定法和提倡法律官学的条件下,法律学

说也比较单一,只能为大一统的国家立法辩护,倡行儒家思想指导下的法律伦理化。律学家所起到的作用就是讲求法律的统一适用,而不可能在法理学上进行创造性的研究和构造新的法律体系。

在西方,作为法学渊源的古希腊法与古罗马法,由于它们的载体是海洋性的国家,海外贸易是维持生存的经济命脉,因此在文化上也处于开放条件下广泛交流的状态。古希腊法吸收了东方小亚细亚文化,形成了范围广泛、内容丰富的多元化的法律体系与法学理论。希腊文化又为古罗马法提供了法观念与法原则的基础。至西欧中世纪时期,与罗马法、教会法并存的还有日耳曼法、地方法、城市法、商法、国王敕令,以致互相吸收,诸法杂存。西方法学的相互吸收与广泛交流,推动了法律体系的多元化,公法与私法、基本法与普通法、宪法与部门法、实体法与程序法共同组成了丰富多彩的法律体系。表现在法学理论上,也同样流派纷呈,既有理论法学,又有历史法学和部门法学。经验证明,开放的环境才能使法学研究充满活力,相互的论辩与批判吸收,才能取得认识上的升华。

3. 中国古代是禁锢主义的法文化研究,而西方是自由主义的法文化研究

中国是法制文明起源很早的国家,但发展进程却十分缓慢,其根本原因在于专制政治制度的限制,在文化领域就表现为限制学术与思想的自由发展。尤其是法学更是如此。由于法是国家制定法,是钦定的,因而不容许任何个人非议,律学家只能是注释现行法律,领会立法者的意图,研究法律的适用,而不得自由评价,更不允许批判。

西汉独尊儒术的政策是对战国以来百家争鸣的学术风气的扼杀,是文化禁锢主义在深层次的表现。以儒学为指导思想的律学只能贯彻以王权为中心的纲常名教,只能在设定的范围内去研究礼法结合,一切研究成果都要符合大一统的国家要求和君主至高无上的王权观念,否则就是异端。

宋以后专制主义越强化,学术研究的自由权越受到侵凌,国家经常以法律追究研究主体的刑事责任。明清二代的文字狱,充分体现了对于学术施加的政治高压,它使人畏惧,使人在研究中

失掉了独立性、科学的态度与人格和尊严。没有政治自由的学术研究，不可能产生合乎理性的成果。多年以来中国的律学家所涉猎的范围，不外立法技术、法典内部篇章的编排、法律术语的规范、法医检验学等，尽管在某些方面综合了悠久的经验，达到了较高的水平，但却从未致力于法理学的研究，以致变成了实用上的巨人，理论上的矮子。

在西方，由于政治环境相对地民主开放以及商品经济的发展，为学术的自由研究提供了良好的条件。以罗马法学家为例，他们对于现行的法律制度和法学成果都抱着严格的批判态度，以致在人们的观念上认为一种法律制度不经过批判就不会完善；一种学说不经过批判也不可能充实，只有充满批判精神的法学著作，才被公认为权威性的法学著作，这对于近代西方法学的发展具有深远的影响。

4. 中国古代是附庸地位的律学家队伍，而西方是独立的职业法学家集团

法学的兴盛离不开研究主体的学识、品格及其社会政治地位。综括中国古代律学家，或为官僚律学家，或为经学律学家，或为“幕友”，他们只对皇帝负责，奉行的是国家至上主义、君主至上主义，而漠视社会的公允和私人的利益。他们研究成果的价值决定于是否得到皇帝的认可。在他们的研究成果中，法律的功能单一化了，不外乎禁暴惩奸。律学研究也单一化了，不外乎刑的宽严适用。至于类似律师性质的讼师，不仅受到社会的鄙薄，还为国家所明令禁止。

在西方，由于法律具有极大的权威，与此相联系的，法学家的社会地位备受人们尊敬。他们是独立的职业法学家集团，在研究上也充满了独立性与自由精神，显示了在学术上的个性，这对于真正独立的法律科学的形成具有重要的意义。例如，罗马法学家对罗马法的研究，推动了私法理论的发展；西塞罗系统地提出了自然法学，为罗马法提供了理论基础。

上述以清代注释律学为依据，与西方法学进行粗略的比较，可以看出它们经历了不同的发展道路和具有各自的规律性。凡是存在的都是有条件的，并具有合理性，以今非古、以外非中都是片面

的。中外横向比较,有助于总结过去,创造未来,取人之长,补己之短。中国的过去是今天发展的借鉴,外国的历史同样会启发人们的思路,将其成功的经验运用于中国,使中国永远自立于世界民族之林。如果说西方法学长于法理学方面的抽象与综合,那么中国古代律学在应用法学方面的成就,不仅是对中华法文化苑的突出贡献,也是对人类法文化宝库作出的自己的贡献。

十五、援法定罪,类推裁断

(一)成文法的公布引发了援法定罪与类推擅断的争论

援法定罪与类推擅断从形式看是完全矛盾的,但它却是中国古代法律发展中的实在,而且贯穿于几千年的法制历程,即使在不同的历史阶段其侧重点有所不同。这个矛盾的关系的调整与演变,制约着法制的发展,形成了中国法律特有的传统。

早在公元前536年,郑人铸刑书所引起的一场争论中,便展示了中国古代类推擅断的悠久历史和由公布成文法而引起的与援法定罪的矛盾。《左传・昭公六年》记载:

郑人铸刑书,叔向使诒子产书曰:始吾有虞于子,今则已矣。昔先王议事以制,不为刑辟,惧民之有争心也……民知有辟,则不忌于上,并有争心,以征于书,而侥幸以成之,弗可为矣。夏有乱政,而作禹刑,商有乱政,而作汤刑,周有乱政,而作九刑,三辟之兴,皆叔世也。今吾子相郑国……制参辟,铸刑书,将以靖民,不亦难乎?……民知争端矣,将弃礼而征于书,锥刀之末,将尽争之,乱狱滋丰,贿赂并行,终子之世,郑其败乎。肸闻之,国将亡必多制,其此之谓乎?复书曰,若吾子之言,侨不才,不能及子孙,吾以救世也,既不承命,敢忘大惠。

叔向书中所说“先王议事以制”,是指对某种犯罪行为临时议罪定刑的制度。按《周礼・秋官・司寇》,西周在断狱时,由士师主审,下大夫辅佐,判决之前还要“讯有司”“三刺”,以求罪刑相当。议事以制的主要根据是适合于国家统治的法律,它可能是成文的,如禹刑、汤刑、九刑之类,也可能是不成文的习惯法规范。它们由统治者掌握而不向社会公布,保持这种秘密状态,便于官府在适用时随意擅断轻重,所谓“刑不可知,威不可测,则民畏上也”。[①] 法律既然威不可测具有使人震慑的神秘性,而灵活议处又便于贵族们利用它来维护等级特权,因此代表旧势力的叔向才愤然致书子产,表示谴责。显然子产铸刑书,公布成文法,打破了擅断的旧传统,确立了“以征于书”,即援法定罪的新规矩。这样,民间“锥刀之末”的争端,也要“弃礼而征于书”,即依靠公布的成文法律求得保护或公正解决。这种权利观念与法律意识,无疑是新的时代潮流的产物,给予“议事以制”的旧的特权制度以沉重的一击。对于叔向的非难,子产坚定地不予“承命”,理由就是“吾以救世也”,亦即顺应历史发展的趋势和满足新的背景下统治的需要。由此而把公布成文法,实行援法定罪推上了历史舞台。

子产公布成文法是向三代以来贵族擅断罪与罚的旧传统的挑战,是对国家法制的大胆改革。这项改革是子产在郑国进行政治、经济全面改革的组成部分,也是保证整个改革顺利进行的重要手段。它的成功反映了春秋时期正在形成中的新的生产关系的要求与新兴地主阶级的权利斗争与走向历史舞台的愿望。

无独有偶,继郑国子产铸刑书之后不久,叔向的父母之邦晋国也于鲁昭公二十九年铸刑鼎,载“范宣子所为刑书”。据孔颖达疏,范宣子所著刑书虽为“朝廷承用”,但未曾“宣示下民”。铸刑鼎之后不仅使“宣子之书,可以常为国法”,而且“铸鼎而铭之,以示百姓”,即向全社会公布。对于晋铸刑鼎一事,孔丘也发出了抨击:“仲尼曰,晋其亡乎,失其度矣。夫晋国将守唐叔之所受法度,以经纬其民,卿大夫以序守之,民以是能尊其贵,贵是以能守其业,贵贱不愆,所谓度也……今弃是度也,而为刑鼎,民在鼎矣,何以尊贵,贵何业之守,贵贱无序,何以为国。”[②]孔子之抨击铸刑鼎与叔向之攻讦子产铸刑书,无论立论的出发点与实质都出于一辙。如同《正

① 《左传·昭公六年》,孔颖达疏。
② 《左传·昭公二十九年》。

义》所言,“守其旧法,民不预知,临时制宜,轻重难测,民是以能尊其贵,畏其威……贵是以能守其业,保禄位也。贵者执其权柄,贱者畏其威严,贵贱尊卑不愆,此乃所谓度也”。正是由于贵者执掌使人难测的法律,任意行使擅断之权,才使民畏其威而尊其贵,保证了贵贱尊卑不得逾越的“度”的延续。但在铸刑鼎公布范宣子刑书之后,如发生争端,则“弃礼征书”,即撇弃传统的习惯成规,而寻求已公布的成文法去解决。由此“民知罪之轻重在于鼎矣,贵者断狱不敢加增”,于是贵族们过去垄断的司法擅断权丧失了,贵族们的权威也由法律的权威所代替,所谓“威权在鼎”,自然不再“畏上”“奉上”了。孔丘把这一点提到“何以为国”的高度,可见维护擅断的旧制与改行援法定罪的新法,两种观点与两种行为的斗争的激烈。但是,历史的发展已经进入了呼唤法制文明的新时期,因此尽管出现了这样那样阻挡历史潮流的人物,也只不过是为旧权力的丧失徒发挽歌而已。公布成文法自郑、晋开其端,列国仿行其后,这是新兴地主阶级的一个胜利,它在一定程度上限制了旧贵族的特权,为新的法制秩序的创建,提供了前提。

(二)秦汉时期的皆有法式与类推决狱

中国在夏商周三代时期,罪刑擅断的重要表现形式之一是“上下比罪”,亦即类推适用,这在法制粗疏的条件下是不可避免的。《尚书·吕刑》最早提出“上下比罪”,亦即“上下比方其罪”,其具体原则是:“上刑适轻,下服;下刑适重,上服”。按郑注:“事在上刑,而情适轻,则服下刑,舜之宥过无大,康诰所谓大罪非终者也”;“事在下刑,而情适重,则服上刑,舜之刑过无小,康诰所谓小罪非眚者是也。”至于如何运用,则听之司法之官,所谓“轻重诸罚有权”,权即权宜,“当临时斟酌其状”之意,这也可以视为擅断之别名。至战国,荀子明确提出近似类推的概念,“有法者以法行,无法者以类举”。[①] 类推比附的规定一直贯穿于整个封建刑法典当中,只是随着法律的充实,而不断缩小其适用范围,或在司法实践中改变适用类推比附的形式。

---

① 《荀子·大略》。

春秋战国时期随着成文法的公布，由“议事以制”转向“事断于法”，法观念发生了明显的变化，可以说是中国历史上法治思想萌芽的重要时期。先进思想家不仅鼓吹民众知法的必要性，所谓“和民一众，不知法不可”，而且强调“君臣上下贵贱皆从法”，[①]以示法的公正性和广泛的控制职能。传统的三代礼制没落了，法家之学成为显学，指导着新的法制建设，从而以实际行动批驳了叔向与孔丘的责难。

战国时期，魏国司寇李悝综括春秋战国以来的立法成就，制定《法经》六篇，使罪与刑合一，打破了以刑统罪的格局，并且形成了一定的体系，标志着中国古代由习惯法进一步向成文法的转变。《法经》为封建法制的发展奠下了重要的基石。至秦汉，随着社会的进步，由公布成文法而实行的早期援法定罪的思想与实践，也进入了一个新的发展时期。

秦自商鞅变法至秦始皇建立统一王朝以后，力图实施封建的法治原则。商鞅变法的核心就是援法而治，“自卿相将军以至大夫、庶人，有不从王令，犯国禁，乱上制者，罪死不赦”。[②] 为了树立法律的权威，他下令：“有敢(剬)定法令，损益一字以上，罪死不赦”，[③]“守法守职之吏有不行王法者”，不仅本人“罪死不赦”，而且“刑及三族”。1975 年湖北云梦出土的秦简中，便以“明法律令”为“良吏”，“不明法律令”为“恶吏”。司法之官，如断狱失轻失重，为“失刑”罪，重罪轻判，轻罪重判为“不直”罪，故意减轻情节，放纵罪犯为“纵囚”罪，这些犯罪都是要“致以律”的“大罪”。秦始皇三十四年，便曾“适治狱吏不直者，筑长城及南越地”。[④]

从出土秦简中，可以看出秦时法律规范已经相当细密，确证了史书关于秦“皆有法式”之说的可信度。但是，随着皇帝制度的建立，皇帝专擅司法权也开始制度化、法律化。秦始皇“躬操文墨，昼

---

① 《管子 · 任法》。
② 《商君书 · 赏刑》。
③ 《商君书 · 定分》。
④ 《史记 · 秦始皇本纪》。

断狱,夜理书",[①]"专任刑罚",[②]"乐以刑杀为威",[③]以致"劓鼻成车","所割男子之势高积如山"。[④] 这中间显然存在大量的由擅断而造成的冤狱。由此可见,秦一方面广泛立法,严肃执法;另一方面又实行专制擅断,二者既矛盾又统一,构成了中国封建初期法制的真实图景。

汉初,鉴于秦二世而亡的教训,立国之后以蠲除苛法酷刑,"务使上下守法"作为重建法制秩序的出发点,同时制定汉律六十篇。

汉初,文、景帝均以率先尊法、行法而为史书所称道,由此带来了"文景之治"。但从武帝起,他以至高无上的权威,肯定了儒家经典《春秋》决狱的可行性和合法性,这对于援法定罪不啻是横生的枝节。《春秋》一书的基本精神在于维护大一统的王权和尊尊亲亲的礼制,它适应了雄才大略的汉武帝的治国方略。而以《春秋》决狱,不仅宣扬了国家司法活动符合经典的社会舆论,敞开了引儒家之礼入于法之门,也阻碍了汉朝法制的发展。

《春秋》决狱盛行于汉,除上述原因外,还在于借此弥补了当时法律的疏漏,调整了日益繁复的社会关系,但也造成了儒家任意引经释法的弊端。汉时人批评"论心定罪"必然是"时有出入于律之外者",[⑤]以致"志善而违于法者,免;志恶而合于法者,诛"。近人章炳麟、刘师培也对汉代引经决狱提出总结性的批评。章炳麟说:"独董仲舒为春秋折狱,引经附法,异夫道家儒人所为,则佞之徒也……仲舒之折狱二百三十二事……上者得以重秘其术,使民难窥;下者得以因缘为市,然后弃表埻之明,而从縿游之荡,悲夫经之虮虱,法之秕稗也。"[⑥]刘师培说:"及考其所著书(指董仲舒《春秋决事》),则又援'公羊'以傅今律,名曰引经决狱,实则便于酷吏之舞文。时公孙宏亦治春秋……缘饰儒术,外宽内深,睚眦必报……掇类似之

---

① 《史记·秦始皇本纪》。
② 《汉书·刑法志》。
③ 《史记·秦始皇本纪》。
④ 同上。
⑤ 《盐铁论·刑德》。
⑥ 《检论·原法》。

词,曲相符合,高下在心,便于舞文,吏民益巧,法律以歧,故酷吏由之,易于铸张人罪,以自济其私。"①

不仅如此,汉代类推比附也进一步法律化了,凡律无正条者,可以比附定案。汉初,高祖刘邦便曾下明诏:"廷尉所不能决,谨具为奏,付所当比律令以闻。"②《师古注》曰:"以例相比况也",即以成例类推适用。汉代有决事比、死罪决事比、辞讼比,数量极多,汉武帝时仅死罪决事比就达一万三千四百七十二事。"比"作为法律渊源之一,使断狱的根据充实了,但也造成了司法秩序的混乱,《汉书·刑法志》说:"奸猾巧法,转相比况","所欲活,则傅生议,所欲陷,则予死比"。

(三)科罪具引律文与出罪明轻,入罪明重

至晋代,无论是立法与律学都在汉魏的基础上有了突出的发展,反映了重建统一法制的需要和司法经验的积累。与此同时,还从国情、社情出发,加快了引礼入法的速度。就援法定罪而言,从思想到法条更为明白和具体。惠帝时,三公尚书刘颂在上疏中提出:"律法断罪,皆当以法律令正文,若无正文,依附名例断之,其正文名例所不及,皆不论。法吏以上,所执不同,得为异议。"他还建议:"今限法曹郎令史,意有不同为驳,唯得论释法律,以正所断,不得援求诸外,论随时之宜,以明法官守局之分。"刘颂的建议得到侍中太宰汝南王亮的认同,他奏请惠帝"以为宜如颂所启,为永久之制"。"于是门下属三公曰:昔先王议事以制,自中古以来,执法断事,既以立法,诚不宜复求法外小善也。若常以善夺法,则人逐善而不忌法,其害甚于无法也。"③

晋律的规定以及刘颂等人的法治思想,显然吸收了汉代思想家所提供的法律文化资料,而有其历史的渊源。例如,汉宣帝时,涿郡太守郑昌便提出:"律令一定,愚民知所避,奸吏无所弄矣",他把这

---

① 《儒学法学分歧论》。

② 《汉书·刑法志》。

③ 《晋书·刑法志》。

看作“正本”之举,可以避免司法之官擅断。[①] 东汉,桓谭也鉴于“法令决事轻重不齐,或一事殊法,同罪异论……刑开二门”,因而建议“可令通义理,明习法律者,校定科比(科谓事条,比谓类例),一其法度,班下郡国,蠲除故条,如此天下方知,而狱无冤滥矣”。[②]

在晋律的影响下,北周也实行援法定罪之制,章帝宣下州郡的诏制九条中,“一曰决狱科罪,皆准律文……三曰以杖决罚,悉令依法”。[③] 然而在当时法律尚不完备的条件下,类推仍然适用,晋律便明确规定:“若无正文,依附名例断之。”北魏文献中也有“律无正条,须准傍以定罪,礼阙旧文,宜准类以作宪”的记载。[④]

以晋律为代表的援法定罪的规定,是铸刑书以来的重大成就,标志着中国刑法理论与制度所达到的水平。虽然它与近代西方的罪刑法定主义的理论与实际在性质上、规定上还不能同日而语,但就基本原则即断罪以法律规定为准,则是一致的。中国在3世纪已经形成了鲜明的援法定罪的观点与律文,在时间上,早于西方提出罪行法定一千余年。

需要指出,晋代以刘颂为代表的思想家主张援法定罪,但与此同时也有人主张君权高于国法,可以权宜从事。主簿熊远便在奏疏中明白表示:“若开塞随宜,权道制物,此是人君之所得行,非臣子所宜专用。”[⑤]这是为皇帝擅断辩护的言论,可见由皇帝任情专断在当时已被看作天经地义之事。

历史进入隋唐,封建的经济、政治、文化都达到兴盛阶段,法制也臻于定型。隋初,关于“诸曹决事,皆令具写律文断之”[⑥]的规定,是对晋律援法定罪的新发展,它的制度化对后世有着深远影响。开皇五年,文帝针对一件诬陷反坐案,下诏说:“‘人命之重,悬在律文,刊定科条,俾令易晓。分官命职,恒选循吏,小大之狱,理无疑

① 《汉书·刑法志》。
② 《后汉书·桓谭传》。
③ 《周书·宣帝纪》。
④ 《魏书·刑法志》。
⑤ 《晋书·刑法志》。
⑥ 《隋书·刑法志》。

舛。而因袭往代，别置律官，报判之人，推其为首，杀生之柄，常委小人，刑罚所以未清，威福所以妄作，为政之失，莫大于斯。其大理律博士、尚书刑部曹明法、州县律生，并可停废'，自是诸曹决事，皆令具写律文断之。"[①]明令司法官断狱时具写律文，是对依法定罪量刑的又一重保证。当事人也可以根据律文来验证司法官执法是否公正无私，从而决定是否上诉于高一级司法机关。

唐律在此基础上进一步规定："诸断罪皆须具引律令格式正文，违者笞三十。"[②]这条规定可以说是中国封建时代援法定罪最简明、最典型的概括，它标志着中国封建时代司法活动的规范化，反映了封建法律所具有的权威，并且严肃了司法官的司法责任，维护了封建的法制秩序。虽然《唐律疏议·断狱》也明载"事有时宜，故人主权断"，但是"制敕量条处分，不为永格者，不得引为后比"，这对于人主权断的无限适用，未尝不是一种限制。

唐律五百条调整的范围涉及社会、国家、家庭和个人的诸多方面，但仍然不可能网罗复杂多样的社会关系和千奇百怪的犯罪形态。因此，与援法定罪相对应的是继续允许类推适用。《名例律》中规定："诸断罪而无正条，其应出罪者，则举重以明轻，其应入罪者，则举轻以明重。"显而易见，这项规定远取《尚书·吕刑》的上下比罪，近袭隋律的具体条款，是指导类推适用的基本原则。此外，杂律中还规定："诸不应得为而为之者，笞四十，事例重者杖八十。""诸不应得为而为之者"一款，足以比附许多律令不载的行为，从而又为司法官的擅断大开门户，其结果导致了罪名可以由法定，也可以由人定，人的作用往往超过了僵硬的法条。中宗神龙元年，赵冬曦上书抨击说："遂使生死罔由乎法律，轻重必因乎爱憎，赏罚不知其然，举事者不知其犯……法吏得便，则比附而用之矣，安得无弄法之臣哉。"他建议："律令格式，复更刊定，其科条言罪直书其事，无假饰文，其以准、加、减、比附、原情及举轻以明重，不应为而为之类，皆勿用之。使愚夫愚妇闻之必悟，则相率而远之矣，亦安肯知而故

① 《隋书·刑法志》。
② 《唐律疏议·断狱》，"断罪不具引律令格式"。

犯哉。”[①]为了树立严于执法的社会风气,使“法明而人信,法一则主尊”,他强调“苟有犯者,虽贵必坐,则宇宙之内肃然咸服矣”。[②]

如果说唐律中所列“出入比罪”“不应得为而为”的规定,是从法律制度上对官吏的擅断提供了根据,那么皇帝对司法的权断专擅则是无所限制的。贞观十一年,唐太宗李世民曾就“近日刑网稍密”一事,问及大理寺卿刘德威,刘对曰:“此在主上,不在群臣,人主好宽则宽,好急则急。……今失入无辜,失出更获大罪,是以吏各自免,竟就深文,非有教使之然,畏罪故耳。陛下倘一断以律,则此风立变矣。”[③]从刘德威的应对中,清楚地表达了皇帝的好恶直接影响司法的事实。在封建时代皇权干预司法、支配司法,恰恰是封建法制的本质表现。还在贞观初期李世民倡行法治的背景下,也发生过他自己违法宽宥广州都督党仁弘死罪一事,理由是“哀其老而有功”,尽管他为此虚假的“请罪于天”,但却不得不承认“纵舍任心”,“善善未赏,恶恶不诛”。贞观十一年,魏征曾经尖锐地批评贞观初期的法制秩序已经遭到败坏,而其关键就是皇帝个人的专擅。他说:“今之刑赏未必尽然,或屈伸在乎好恶,或轻重由乎喜怒,遇喜则矜其情于法中,逢怒则求其罪于事外,所好则钻皮出其毛羽,所恶则洗垢求其瘢痕,瘢痕可求,则刑斯滥矣,毛羽可出,则赏因谬矣。刑滥则小人道长,赏谬则君子道消;小人之恶不惩,君子之善不劝,而望治安刑措,非所闻也。”[④]

至贞观后期,封建专制制度使唐太宗李世民最终还是走上了“任情以轻重”的老路,损害了唐初艰难缔造的援法定罪的局面。至唐朝后期,编敕成为主要的立法活动,敕的效力超越于律令格式。《宋刑统·断狱律》所附长庆三年(823年)十二月二十三日敕节文如下:“御史召奏,伏缘后敕,合破前格,自今以后,两司检详文法,一切取最向后敕为定。”敕的调整范围的扩大与效力的提高,反映了唐朝后期社会的急剧动荡,同时也表现了专制主义的强化。

---

① 《通典》卷一六七,《刑五·杂议下》。

② 同上。

③ 《资治通鉴》卷一九四。

④ 《贞观政要·刑法》卷八。

(四)鞫狱分司与援法定罪

宋朝是中国封建法律全面发展的时期。宋统治者鉴于唐中期以后藩镇割据削弱国势之弊,以加强中央集权为立国之本。由此也更为重视发挥法律的作用和对司法的集中管理。宋太祖以法律为“理国之准绳,御世之衔勒”,因而要求“食禄居官之士”,皆为“亲民决狱之人”。[①] 为此在科举中专设书判拔萃科、明法科。神宗时,还于国子监设律学,进士及第以后,“自第一人以下注官,并先试律令大义、断案”,[②]此制直至南宋仍然坚持未废。不仅如此,还在现任或任满的京官和地方官中,实行“试刑法”,以选拔法官。宋朝法律的发展与司法的进步是和勉励官吏、士人明法习律分不开的。“读书不读律,致君尧舜知无术”,是宋代士大夫的共识。

在援法定罪方面宋也较唐朝完善。宋刑统完全继承了唐律援法而治的精神与规定,并根据社会的发展在制度上有所补充。例如,宋朝在刑事审理中实行的鞫谳分司,就是明显的例证。

宋初,设司理院,由司理参军专管狱讼勘鞫,成为“鞫司”。而将原来的职掌鞫狱断刑的司法参军,改为专管“检法断刑”,成为“谳司”。有宋一代始终坚持将鞫狱分司的制度看作一项成功的经验。高宗绍兴二十六年(1156年),吏部郎中汪应辰在奏本中说:“鞫之与谳者,各司其局,初不相关,是非可否,有以相济,无偏听独任之失。”他认为这是“累圣相援”[③]的优良传统。鞫狱分司的目的,如同高宗时周林所言,“狱司推鞫,法司检断,各有司存,所以防奸也”[④]为了坚持这个制度,他奏请:“严立法禁,推司公事,未曾结案之前,不得辄与法司商议。重立赏格,许人告首。”[⑤]

宋朝“鞫狱分司”制度的实施,不仅有助于减少冤狱,防止官吏作弊,而且为援法定罪提供了重要的保证。宋时的法律形式复杂,有敕、令、格、式、例、申明、看详等,而且数量巨大。哲宗初,中书门

---

① 《宋会要·选举》卷十三之十一。

② 《续资治通鉴长编》卷二六六,熙宁八年七月辛巳。

③ 《历代名臣奏议》卷二一七,《论刑部理寺谳决当分职札子》。

④ 同上书,《推司不得与法司议事札子》。

⑤ 同上。

下后省修成的尚书六曹条贯三千六百九十四册,编修诸司敕式所修成的敕令格式一千余卷册,虽有力强勤敏的官吏,也不能遍观而详览,何况还要备记和择而行之。在这种情况下,设专官负责“检法断刑”,提高了适用法律的准确性,使援法定罪获得制度上的保证。而职司其事的官员,也因工作关系而不得不熟习浩如烟海的各种法条,以确保情得其实之后,法当其罪。

宋朝在中央司法机关中也设有专门检法官,负责检详法条,目的都在于准确地适用法律,提高司法效能。

两宋,由于民事法律关系的发展与民事立法的加强,在民事案件的审判中,也要求司法官严格依法作出判决。在发给当事人的“断由”中,便包括适用法律条文的内容,以示断结有据。例如,《名公书判清明集》卷四,“王九诉伯王四占去田产”一案,便载有如下判决:“王九状论王四擅卖本户田产,欺谩卑幼。今索到游旦元买契,系是王九父王昕着押,开禧元年交易,次年投印分明。准法:诸理诉田宅,而契要不明,过二十年,钱主或业主死者,不得受理。今业主已亡,而印契亦经十五年,纵曰交易不明,亦不在受理之数,田照元契为业,余人并放。”①有些判决虽然没有具引法律条文,但也声明“依法为断”。

面对充满人情关系的民事纠纷,除要求依法为断外,也赋予司法官以援法定罪的灵活性,借以兼顾法意与人情。《名公书判清明集》中,胡石壁在审理李边赎田案的判决词中,便明确指出:“殊不知法意、人情,实同一体,徇人情而违法意,不可也;守法意而拂人情,亦不可也。权衡于二者之间,使上不违于法意,下不拂于人情,则通行而无弊矣。”②司法官员在司法实践中,运用自由裁量权可以带来两方面的后果:一者根据案件的特殊情况,灵活运用法律的有关规定,作出兼顾法意与人情的公正判决;二者也便于贪官污吏玩法行私,牟取财利。

宋时,法与礼的关系也沿袭唐代遗风,互相渗透。特别是南宋

---

① 《名公书判清明集》,中华书局1987年版,第106~107页。

② 同上书,“典买田业合照当来交易或见钱或钱会中半收赎”,第311页。

时期，理学盛行，宣扬儒家理念，维护礼所确认的纲常伦理，被看作以儒学进身的司法官的责任。明人盛世选在《清明集后序》中说："今观集中于民详于劝，于吏详于规，大都略法而崇教……"①因此，在民事诉讼中确有略法崇教，以礼断案的现象，但不得置已有的相关律令于不顾。就《名公书判清明集》而言，纯粹依礼断结的案例，为数寥寥。南宋时，范西堂通过一篇书判，阐述了司法活动中的礼法关系问题，反映了当时人的见解：

守令亲民，动当执法，舍法而参用己意，民何所凭？家人一卦，古今不可易之理也。凡人有家，当日置于座侧。然必于天下之家道，尽合乎易之家人，比屋可封矣，岂复有男女之讼更至官府。礼运之说，亦前圣之格言，夫人食味，别声，被色，而生斯世，岂容不知。然断天下之讼，尽于舍法而用礼，是以周公、孔子之道，日与天下磨砻浸灌，为羲皇之世矣。两造具备，岂复有人。敕令格式之文不必传，详定一司之官不必建，条法事类之书不必编，申明指挥之目不必续，文人儒士固愿为之，何待武弁始知有此。圣王垂训，所以经世，祖宗立法，所以治讼，二者须并行而不悖也。②

为了防止皇帝敕令的广泛运用与条例的增多，影响援法定罪的正确实施，真宗景德四年七月依知制诰周起的建议，规定："诸司定夺公事，望令明具格敕律令、条例闻奏。"或事理不明无条可援者，"须件析具事宜从长酌中之道取旨，不得自持两端，逗留行遣。如挟情者，望许人论告，重行朝典；或止是畏避，亦量加责罚"。③ 大中祥符二年十二月，又规定："大理寺自今定夺公事，并具有无冲改律令及前后宣敕，开坐以闻。"④然而，由于司法实践中实行以例为法，援例断罪，这样便扩大了援法而治的依据，也使类推适用的范围无所限制。

---

① 《名公书判清明集》，中华书局 1987 年版，第 564 页。

② 同上书，"因奸射射"，中华书局 1987 年版，第 449 页。

③ 《续资治通鉴长编》卷六六，景德四年七月壬午。

④ 《宋会要·刑法》卷一之三。

宋朝类推比附的原则,虽然沿袭唐律或"举轻以明重",或"举重以明轻",但更多的是援例断罪。《宋会要》说:"夫例者,出格法之所不该,故即其近似者而仿行之。如断罪无正条,则有比附定刑之文;法所不载,则有比类施行指挥,虽名曰例,实不离于法也。"[①]援例断罪,虽然补充了律文的不足,但也便于奸吏任意援引,以行其私,以致虽有本法却舍而用例,造成以例破法的弊端。为此,宋朝实行编例,删除其与现行法牴牾之处。徽宗崇宁元年(1102 年)五月十二日,臣下建言:"欲将前后所用例以类编修,与法妨者去之,庶几可以少革吏奸。"[②]徽宗遂即依奏下诏编例。同时,又依尚书省议令,将例的适用收归朝廷,"自今决事实无正条者,将前后众例列上,一听朝廷裁决"。[③] 这种由朝廷选例断罪,虽然用心于防奸,事实上却难于长期坚持实行。因此,孝宗淳熙四年(1177 年)五月九日,又规定:"刑部以断例委之长贰或郎官封收掌,用则躬自取阅,庶几定罪用刑在官而不在吏。"[④]对于妄自引例破法,或择用优例之官,治罪。光宗绍熙元年(1190 年)下诏:"明示中外,其有法者,止当从法;其合比附比类者,不得更引非法之例,令御史台觉察,必罚无赦。"[⑤]

随着专制主义的强化,使皇帝任意行使最高司法权,而不受法律的限制。援法为治在法自君出的君权面前,是无能为力的,而且通过制度的设施和诏敕的滥用,使皇帝的司法特权更加膨胀,在这一点上比起唐朝后退了一大步。譬如,元丰改制前,设审刑院于宫中,以便于皇帝控制审判权。即使对于已经判决的罪犯,皇帝也可以"矜贷""赦宥",而减免其罪,以示皇权凌驾于法律之上。徽宗崇宁五年,更以诏书的形式昭示天下:"出令制法,重轻予夺在上。比降特旨处分,而三省引用敕令,以为妨碍,沮抑不行,是以有司之常守,格人主之威福,夫擅杀生之谓王,能利害之谓王,何格令之有?臣强之渐,不可不戒。自今应有特旨处分,间有利害,明具论奏,虚

---

① 《宋会要·职官》卷七九之六。

② 《宋会要·刑法》卷一之二一。

③ 同上。

④ 《宋会要·职官》卷一五之二十五。

⑤ 《宋会要·职官》卷七九之六。

心以听；如或以常法沮格不行，以大不恭论。”次年又下诏：“凡御笔断罪，不许诣尚书省陈诉，如违并以违御笔论。”①南渡以后，虽对于御笔断案坏正法者，有所厘正，但并没有改变皇帝独揽最高司法权的实质。

（五）极端专制下的引律与比附

明朝在“断罪引律令”上沿袭唐宋旧律，但“凡律自颁降日为始，若犯在以前者，并依新律拟断”的规定，是不见于唐律的，它表明统治者更注意于法律的统一适用，避免新旧律轻重互异造成执行上的参差。此外，明律关于“凡律令该载不尽事理，若断罪而无正条者，引律比附，应加应减，定拟罪名，转达刑部拟定奏闻，若辄断决，致罪有出入者，以故失论”的规定，也与唐律举重明轻，举轻明重不同。由于明朝的专制统治更强于宋朝，其腐朽性也更甚于宋朝。因此，援法定罪的制度，在皇帝的亲军和内侍参与司法的干扰下，受到严重破坏。历代宦官干政以明朝为最，它们作为皇帝的鹰犬，肆意侦捕、拷略，破坏法制，使过去非法的制度变成合法，黑白颠倒、冤狱丛生。

嘉靖初期，为了收拾因宦官刘瑾擅权坏法，招致的天怨人怒，而在即位诏中强调以律断狱：“今后问刑，务要法当其情，不许深刻”，“凡问囚犯，今后一依《大明律》科断，不许深文妄引参语，滥及无辜……”②但是专制制度造成的权力滥用，是无法抑制的。嘉靖以后，宦官专权较前代尤为横暴，最终导致明朝灭亡。明末思想家黄宗羲在《明夷待访录》一书中，揭露说：“奄宦之祸，历汉、唐、宋而寻无已，然未有若有明之为烈也。汉、唐、宋有干与朝政之奄宦，无奉行奄宦之朝政。今夫宰相六部，朝政所自出也，而奏章之批答，先有口传，后有票拟；天下之财赋，先内库而后太仓；天下之刑狱，先东厂而后法司；其他无不皆然，则是宰相六部，为奄宦奉行之员而已。”“汉、唐、宋之奄宦，乘人主之昏，而后可以得志；有明则格局已定，牵挽相维……其祸未有若是之烈也。”

---

① 《宋史·刑法二》。

② 《皇明诏令》卷十九，《即位诏》。

清朝在依法断狱的法律规定上,援引明律,但增加小注,使律义明晰。同时,由于清代“例”的法律地位特殊而与明律有所不同。《大清律例·断罪引律令》律文具体如下:“凡(官司)断罪,皆须具引律例。违者,(如不具引)笞三十。若(律有)数事共(一)条,(官司)止引所犯(本)罪者,听(所犯之罪止合一事,听其摘引一事以断之)。其特旨断罪,临时处治不为定律者,不得引比为律。若辄引(比)致(断)罪有出入者,以故失论(故行引比者,以故出入人全罪及所增减坐之;失于引比者,以失出入人罪减等坐之)。”按《大明律·断罪引律令条》,首句为“具引律令”,《大清律例》改为“具引律例”,以明示例的法律地位。在清代,例的适用范围广泛,而且多因时因事而立,是律文的重要补充,以致在法律体系中律高于例,而在司法实用价值上则例大于律。特别是在乾隆五年以后,律文已成定型的祖宗成法,不再修订,只用新增例来弥补律文的不足。因此例的数量不断增多,在结构上律例合编的《大清律例》,是清朝最具代表性的法典。

为了调整新例与旧例之间的牴牾,并使例与律意相符,维护法律适用上的统一,乾隆十一年(1746 年)规定,条例五年一小修,十年一大修,每次修例,存新弃旧。修例最足以反映清朝法律的变化,也是清代最主要的立法活动,从《大清律例·断罪引律令条》例附中,可以看出例的实用价值。如《断罪引律令》第一条例文:“督抚审拟案件,务须详核情罪,画一具题,不许轻重两引。承问各官徇私枉法、颠倒是非、故出故入情弊显然,及将死罪人犯错拟军流、军流人犯错拟死罪者,仍行指名参处。至于拟罪稍轻,引律稍有未协、遗错、过失等项,察明果非徇私及军流以下等罪错拟者,免其参究,即行改正。”此例是将原例及康熙时期现行则例改并而成,以强调“法守”为目的,“不许轻重两引”。

《断罪引律令》第二条例文:“承问各官审明定案,务须援引一定律例。若先引一例,复云不便照此例治罪,更引重例,及加‘情罪可恶’字样坐人罪者,以故入人罪论。”此例是雍正三年钦定例,后并入乾隆五年大清律例。此例侧重之点是“务须援引一定律例”,不得先此后彼,否则以故入人罪论。

《断罪引律令》第四条例文："除正律、正例而外，凡属成案，未经通行著为定例，一概严禁，毋得混行牵引，致罪有出入。如督抚办理案件，果有与旧案相合可援为例者，许于本内声明，刑部详加查核，附请著为定例。"此例是乾隆三年定例，乾隆五年馆修入律。此例强调凡未经通行著为定例的成案，一概严禁，以维护立法权的集中统一。

除此之外，清律还沿承明律《决罚不如法》的律文，但增加小注，具体如下："凡官司决人不如法（如应笞而用杖）者，笞四十，因而致死者，杖一百。（当该官吏）均征埋葬银一十两（给付死者之家）。行杖之人，各减一等（不追银）。其行杖之人若决不及肤者，依验所决（不及肤）之数抵罪，（或由主使，或由行杖）并罪坐所由。若受财（而决不如法，决不及肤）者，计赃以枉法从重论。若监临（有司、管军）之官，因公事（主令下手者）于人虚怯去处非法殴打，及亲自以大杖或金刃、手足殴人至折伤以上者，减凡斗伤罪二等。致死者，杖一百、徒三年，追埋葬银一十两。其所使下手之人，各减一等，并罪坐所由。（如由监临坐监临，由下手坐下手，若非公事，以故勘平人论）若（官司决罚人，监临责打人）于人臀、腿受刑去处依法决打，邂逅致死，及（决打之后）自尽者，各勿论。"显而易见，此注文是对断罪引律令原则在执行决罚时的具体适用。不仅如此，《大清律例》关于"断罪不当"的律与例及"赦前断罪不当"的律与例，也都从不同的角度确保依法定罪的贯彻实施。

清朝在类推适用方面，沿袭明律，"凡律令该载不尽事理，若断罪无正条者引律比附，应加应减，定拟罪名，议定奏闻，若辄决断，致罪有出入以故失论"。刑部对此还作出了新的解释："凡五刑之属三千著于律，律不尽者著于例……有例则置其律，例有新者则置其故者，律与例无正条者，得比而科焉，必疏闻以候旨。"①可见比附科断的权力集中于皇帝，这是汉魏以来所未有的。

清朝还创制了一系列比附范例，如遗失京城门钥匙比照遗失印信；考职贡监生假冒顶替，比照诈取官；调戏弟妇比照强奸未遂。

---

① 《大清会典》卷五四。

清朝是封建社会的末代王朝,也是专制主义极端强化的王朝,皇帝总揽国家一切大权,称为“乾纲独断”。乾隆帝曾在诏谕中公开宣称:此“乃本朝家法”。在司法方面,通过秋审使皇帝垄断最高司法权,秋审的最后勾决权必须取自圣裁。

由于清朝地方官多以制艺取官,空疏无学,上任以后,面对千奇百怪的案件和杂沓纷呈的律例,真是瞠目不知所措。而清代法律又要求官吏依律断案,否则治罪,因而不得不依靠精于刑名之学的幕吏,致使幕吏得以乘机招权纳贿,玩法行私,成为败坏清朝司法的一大弊端。

在专制制度下,皇帝以意为法,是最高的立法者,又纵舍随心,是最高的司法官,因此断狱之官往往揣测圣意而为之轻重。汉时张汤为廷尉,其“所治”“所释”,都源于“上意所欲罪”,或“上意所欲释”,而不依常法。[①] 杜周为廷尉时也是“上所欲挤者,因而陷之,上所欲释者,久系待问而微见其冤状”。[②] 以上二例并不是个别的,而是普遍的,它反映了专制制度下援法定罪的局限性。当然在中国历史上也不乏张释之、戴胄一类官员敢于以法律折冲皇权。例如,三国时曹魏高柔为廷尉时,便敢于逆帝意而不妄断人死罪。据《三国志·高柔传》:“柔曰,廷尉天下之平也,安得以至尊喜怒而毁法乎,重复为奏,辞指深切,帝意寤。”唐时柳浑、徐有功也都敢于以法相争,在历史上留下了诤名。

综括上述,从中国法律发展的传统看,援法定罪既悠久而又是饶有价值的部分,不仅标志着刑法的发达程度,也是中华法制文明的象征。中国古代的援法定罪,其出发点是维护法律的适用和对官吏司法权的约束。援法定罪客观上有利于申明冤枉,公平判决,因而是中国法律传统中的民主性因素。它与西方为反对侵害个人权利与自由而提出的罪刑法定主义虽有不同,但在依法审判与定罪量刑的基本原则上,显然是一致的,只是中国早在公元3世纪封建社会前期便已提出,而且贯穿于整个封建社会。正是由于中国提出援

① 《史记·酷吏列传·张汤》。

② 《汉书·杜周传》。

法定罪是在封建时代，因此它必然受到专制制度的影响，以致皇帝擅权和广泛的类推比附成为不可避免。它是与援法定罪矛盾的，但又极不协调地统一在一起，其基础都是统治阶级利益的需要，由此不难理解为什么有时皇帝也接受法律的制约。

总之，援法定罪是正面的法律规定，皇帝擅断是法外的专制制度的使然，由此恰恰说明了中国古代"罪刑法定"的性质及其在实施中的局限性。

十六、恭行天理，执法原情

（一）天理与国法沟通

夏商时期，国法与天相沟通，原始宗教渗入政治领域，并在一定程度上支配国家的活动，形成了中国古代特有的天道观、政治观和法律观。周灭商以后，对商人的天道观有所调整，否定了上帝即祖宗神的观点，而代之以天只赞助有德之人使之为君，所谓"皇天无亲，惟德是辅"。这个调整无疑增加了现实主义的政治色彩，但仍然渲染天的无上权威，把周人的统治权归之为"受之于天"。

周朝统治者总结了商朝末期刑罚无度，杀戮随心，招致众叛亲离，亡国灭族的教训，强调明德、成德、敬德、慎罚。以德为国家安危之所系，以德为衡量君主是非的标准，并强调检验德的依据在于民心，于是把天与民沟通起来，出现了"天视自我民视，天听自我民听"①"天聪明自我民聪明，天明畏自我民明威"②"民之所欲，天必从之"③的种种理论。极力把天命与民命重合起来，在新的形势下建立一种新的天人关系。周人的天道观为汉初天人感应说的形成奠定了重要的基础。

汉初，董仲舒以儒家思想为理论指导，从大一统的政治需要出发，创造了天人感应的理论体系，并且把"天"也伦理纲常化了。他根据儒家"君君臣臣父父子子"的政治伦理，进一步发展为"三纲"

---

① 《尚书·泰誓》。

② 《尚书·皋陶谟》。

③ 《尚书·泰誓》。

学说,即"君为臣纲、父为子纲、夫为妻纲",鼓吹"王道之三纲,可求于天",并用天尊地卑来论证君臣、父子、夫妇之间的主从关系。为了辩护君主的绝对权威,他宣扬"天子受命于天"。为了论证等级制度的合理性,他也以天意为词,说:"差贵贱,本之天。"不仅如此,董仲舒还在《举贤良对策一》中提出了"五常之道"对于君主的重要意义,他说:"夫仁、谊(义)、礼、智、信五常之道,王者所当修饰也。"并以五常配合三纲,形成了维护封建等级制度的道德教条和立法的指导原则。董仲舒还通过各种说教,把三纲五常神秘化了,凡违背三纲五常便是"反天之道"。

汉以后,历经魏晋至唐,纲常教义已经演化成复杂的法律规范,构成封建法典的基本内容,充斥到行政、刑事、民事、诉讼各个部门法领域中去。

发展至宋朝,以朱熹、程颢、程颐为代表的理学家,进一步将三纲五常抽象为"天理"。朱熹说三纲五常是天理的表现,是"天理民彝之大节",[①]"其张之为三纲,其纪之为五常,盖皆此理之流行,无所适而不在。"[②]又说:"天理只是仁义礼智之总名,仁义礼智便是天理件数。"[③]在他看来三纲五常作为"人伦天理之至",是无所不在的,"无所逃于天地之间",[④]也是永恒不变的,"三纲五常,终变不得,君臣依旧是君臣,父子仍旧是父子"。[⑤] 既然纲常是天理,如有违反,便是悖逆天理,而要受到不可逃脱的惩罚。其目的显然是为君权至高无上的等级制度与伦理秩序的永恒性和不可侵犯性辩护。

朱熹面对南宋的社会现实,还发展了天理人欲之说,把天理与人欲对立起来,认为二者不可并存于一身,只能存天理,灭人欲。他说:"天理存则人欲亡,人欲胜则天理灭","未有天理人欲夹杂者"。[⑥]

---

① 《晦庵先生朱文公文集·戊申延和奏扎》。

② 《晦庵先生朱文公文集·读大纪》。

③ 《晦庵先生朱文公文集·语类》卷十三,"答何叔京"。

④ 《晦庵先生朱文公文集·癸未垂拱奏扎》。

⑤ 《朱子语类》卷二十四。

⑥ 《朱子语类》卷十三。

只有在“革尽人欲”之后，方可“复尽天理”。[①] 这种理论完全漠视了人类生存与生活的正当要求，诱使人们安贫顺从，忍受压榨，是以理杀人的说教。

朱熹虽然是以天理为号召的理学家，但在对待法律的问题上却是一个现实主义者。他反对“以宽为本，而以严济之”的政策，主张“以严为本，而以宽济之”。如果需要，可以用重刑，而不必“守先王之正道也”。[②] 尤其是对于“以下犯上，以卑犯尊”，“以地客杀地主”，和侵夺地主豪户财产的行为，主张坚决镇压绝不姑息。他曾建议“（盗）一匹徒三年，二匹加一等，十匹及伤人者绞，杀人者斩。其执杖者虽不及财，流三千里，五匹绞，伤人者斩”。[③] 他还劝谏皇帝要“深于用法”，“果于杀人”，“惩其一以戒百……使之无犯”。[④] 朱熹的上述观点，完全不像是儒门弟子，而酷类以重刑轻罪著称的先秦法家。尤有甚者，朱熹还极力主张恢复肉刑，建议对于再犯盗者“斩其左足，使终身不复陆梁”。[⑤] 这个逆历史潮流的建议，受到同时代的陈亮的坚决批评：“尊道之君子”竟然“于肉刑，何其用心之相反也”。[⑥]

朱熹不仅是重刑的言者，也是行者，他在湖南任上，亲自上阵捉获数千农民打入牢房，而且扣押了宁宗即位颁发的大赦令，直到杀死十八名起义农民领袖之后，才予以公布。这就暴露了奉三纲五常为天理的理学家不只是牧师，也是刽子手，同时也展示了天理不过是现实中严刑镇压的“遮羞布”。

天理不仅支配了广泛的社会活动，作为国家设范立制的立法活动，同样也要遵循天理行事。早在汉初，董仲舒设计的三纲，便影响着法制建设，并不断入律，这个过程就是引礼入法的过程。汉代关于反逆和侵犯皇权的一系列犯罪以及违反伦理等罪，都表现了三纲

---

① 《朱子语类》卷十三。
② 《孟子集注·离娄上》。
③ 《晦庵先生朱文公文集·戊申延和奏札》。
④ 《晦庵先生朱文公文集·论治道》。
⑤ 《朱子文集·答张敬夫》。
⑥ 《陈亮集·问答八》。

的精神渗透于法律,成为定罪量刑的指导原则。汉以后,随着礼法的不断合流,以三纲五常为内涵的天理,不仅指导着立法建制,而且不断法律化。天理体现为国法,国法是天理的化身;天理赋予纲常以神圣的性质,违之即违天,国法又对纲常的统治以刑罚的强制保证,违之则制裁。朱熹便曾说:"废三纲五常这一事,已是极大的罪名。"天理与国法是相通的,重纲常的法制就是天理,二者只有一致性,而无矛盾性。天理与国法相联结后增加了法的权威性,对于违法者具有很强的凛戒与威慑的作用。

南宋时人真德秀对于天理与国法的理解不同于朱熹,他认为:"是非之不可易者,天理也;轻重之不可逾者,国法也。以是为非,以非为是,则逆乎天理矣!以轻为重,以重为轻,则违乎国法矣!居官临民,而逆天理,违国法,于心安乎?雷霆鬼神之诛,金科玉条之禁,其可忽乎?"①显而易见真德秀的天理国法观不具备朱熹那种抽象的思辨色彩,他是务实的,是立足于司法实际的,是对于居官临民的具体要求。坚持是非就是坚持天理,这样的天理非常具体,它同国法的关系也更加相合。一部《名公书判清明集》中类似真德秀的观点并不少见。

明清时期,随着纲常的不断法律化和科学技术文化的进步,充满神秘色彩的天理的权威性逐渐淡化,但体现天理的法律却进一步加强。天理越是法律化,政治与伦理越和谐;君权、父权、族权越强化,个人的法律意识与权利观念越淡薄。四千余年的中国法律历史就是沿着这样的轨迹发展的。

(二)国法与人情相合

关于人情,《礼记·礼运》说:"何谓人情?喜、怒、哀、惧、爱、恶、欲,七者弗学而能。"这说明凡是符合人类七种情感所萌发的共同基础的就是人情,亦即通常所说人之常情。但在古代,人情也反映了国情、世情的特殊性。中国古代的人情是以深厚的血缘伦理亲情为基础的,表现为亲族之间根据伦理原则而形成的权利义务关系。但亲情是有社会性的,是社会关系在家庭(族)间的具体化,因

---

① 《名公书判清明集》卷一《谕州县官僚》,中华书局1987年版,第6~7页。

此人情也要从社会大视野的角度去认识和掌握，要把亲情扩大为世情，不能只拘囿于一家一族。譬如，“亲亲”“尊卑有序”是得到社会公认的血缘伦理关系，在宗法盛行的古代社会，凡符合于此的言论与行为，便符合人情，体现人情。但剥下亲亲、尊卑有序的血缘外衣，它又是一种社会关系，即社会成员之间的相互权利与义务关系，因为家庭成员同时又是社会成员。因此亲亲、尊卑有序又是社会认可的存在于广大社会成员之间的人情。不从血缘伦理亲情着眼去考查人情，便脱离了宗法社会的本体，仅仅是从伦理血缘亲情着眼，又妨碍了揭示人情的社会本质。总之，人情具有伦理性、社会性、时代性，它不是个人的爱恶，或少数人的趋向，而是公认的爱恶和社会绝大多数成员的趋向。人情的标准因时代、因阶级、阶层而异，但也有共性，那就是人性在正常状态下的反映。

关于国法与人情之间的关系，首先，二者具有一致性。如前所述，国法是以纲常即天理为指导原则而制定的，同时又将纲常具体化为国法的基本内容，以致中国古代的传统法律被称作伦理法，它同以血缘、伦理、亲情为内涵的人情是一致的。在中华大伦理圈中，法与情谐，情法同在，你中有我，我中有你。

其次，二者也存在冲突。由于人情所反映的亲情义务，与法律所反映的国家义务之间存在不同的要求，譬如，中国古代虽然宣传国之本在家，但如家族私利影响国家利益，家法干扰国法，家族成员犯上作乱，则一律依法严惩，以示国重于家，君高于父。法律要求所有社会成员，恪守国法，一体承担国家义务，迫使庶民接受赋敛征发，并以强制的制裁为后盾。不仅苛法违背人情，就是在一般情况下国法与人情也存在侧重面不同，要求不同，规范目的不同，制裁方式不同，从而构成了二者冲突的客观基础。譬如，从人情出发希望国法向亲情不断倾斜，尽管事实上已经是尊卑同罪异罚了。然而国法向亲情倾斜，是有其内在限度的，超过此限度，便丧失了作为国法所应具备的维持社会秩序与政治秩序的职能，而不成其为调节器了。例如，法律严禁子孙告发祖父母、父母，否则治罪，但如祖父母、父母犯有反、逆、叛大罪，法律则不仅例外开禁，赋予子孙以常人的告诉权，而且强制告发，使亲情义务让位于法律义务。又如，法律虽然确认亲属得相容隐,但也严格限定其适用的范围,凡触犯国家利益的重大犯罪不得容隐。如果法律不作出上述补充规定,家与国岂不是不分了,国法与家法岂不是泯灭了应有的界限。这种冲突归根结底是在利益上家服从于国,还是国服从于家。当然法律与人情的冲突不仅表现为家族与社会和国家的冲突,也表现为家族内部基于利益的差异而产生的冲突。

最后,为使法情允协,综合为治,历代统治者一方面在立法上使亲情义务更加法律化;另一方面在司法上强调执法原情,准情定谳。

1. 亲情法律化

其一,关于"解官、服丧""弃亲之任"。

为了缓和孝与忠的冲突,按照《礼记 · 王制》:"父母八十者,一子不从政;九十者,其家不从政;废疾非人不养者,一人不从政"的精神,法律规定官员在父母丧期,应解官服丧,"诸丧,斩衰三年,齐衰三年者并解官"。如果"诈言余丧,不解者,徒二年半"。[①] 服丧未满二十五个月即谋取官职者,为不孝,徒三年。即使满二十五个月,但未满二十七个月,仍属"制未除"的服丧期,如预选求仕,则为"冒哀求仕"罪,徒一年。[②] 此外,祖父母、父母年八十以上,或"老疾无侍",而子孙出任官职,即为"委亲之官",徒一年。[③] 明清律中还增加了"弃亲之任"的律文:"凡祖父母、父母年八十以上及笃疾,别无以次侍丁而弃亲之任……并杖八十",[④]以示对贪恋官职、富贵而置亲情义务于不顾的官吏以惩戒。

其二,关于亲属相殴与为亲复仇。

为解决不同亲等之间在亲情义务上的冲突,唐律在"亲属为人杀私和"条中确定以下原则:"其有五服内亲自相杀者,疏杀亲,合告;亲杀疏,不合告;亲疏等者,卑幼杀尊长得告,尊长杀卑幼不得告。其应相隐者,疏杀亲,义服杀正服,卑幼杀尊长,亦得论告;其不

---

① 《唐律疏议 · 诈伪》,"父母死诈言余丧"。

② 《唐律疏议 · 职制》,"府号官称犯父祖名"。

③ 同上。

④ 《大清律例 · 礼律》,"弃亲之任"。

告者,亦无罪。”①具体来说,亲属间相殴,卑幼者能否还殴,唐律明确规定如下:“依律殴之者无罪,止可解救,不得殴之,辄即殴者,自依斗殴常法。”“若夫之祖父母、父母,其妻之祖父母、父母相殴,子孙之妇亦不合即殴夫之祖父母、父母,如当殴者,即依常律。”②

在为亲复仇而杀人的问题上,最能反映亲情与国法的冲突,也是统治者深感棘手的,以致从唐至清历代律典或语焉不详,或保留折中的痕迹。如同韩愈所说,“伏以子复父仇,见于《春秋》,见于《礼记》,又见于《周官》,又见于诸子史,不可胜数,未有非而罪之者也。最宜详于律,而律无其条,非阙文也。盖以为不许复仇,则伤孝子之心,而乖先王之训;许复仇,则人将倚法专杀,无以禁其端矣”。对此韩愈提出的解决方案是:“宜定其制曰:凡有复父仇者,事发具其事由申尚书省,尚书集议奏闻,酌其宜而处之,则经、律无失其指矣。”③所谓“经、律无失其指”,就是折中礼法行事。这个方案并没有在法律上产生后果,按照唐律:“诸祖父母、父母为人所殴击,子孙即殴击之,非折伤者勿论,折伤者,减凡斗折伤三等,至死者,依常律。”明清律关于父祖被殴律文的规定较唐律具体:“凡祖父母、父母为人所殴,子孙即时(少迟,即以斗殴论)救护而还殴(行凶之人),非折伤,勿论;至折伤以上,减凡斗三等(虽笃疾,亦得减三千里,为徒二年),至死者,依常律。若祖父母、父母为人所杀,而子孙(不告官)擅杀行凶人者,杖六十;其即时杀死者,勿论(少迟,即以擅杀论)。(祖父母、父母被有服亲属殴打,止宜解救,不得还殴。若有还殴者,仍依服制科罪。)”④

上述规定,从立法上来看,既未见复仇的字样,也不视为超出普通伤害行为以外的特殊行为,但是却又允许子孙殴击凶手,非折伤,勿论,即使折伤也减三等处刑,而且“即时”杀之,不按擅杀论处。凡此都表现了对于子孙出于亲情复仇的理解和认可。从唐律的律文到明清律的小注,显示了立法者在亲情入律上的良苦

① 《唐律疏议·贼盗》,“亲属为人杀私和”。
② 《唐律疏议·斗讼》,“祖父母为人殴击”。
③ 《旧唐书·刑法志》。
④ 《大清律例·刑律·斗殴》,“父祖被殴”。

用心。

其三,关于移乡避仇。

按唐律规定:“诸杀人应死,会赦免者,移乡千里外。”疏议曰:“杀人应死,会赦免罪,而死家有期以上亲者,移乡千里外为户。”从法理上看,移乡避仇是一种预防犯罪的消极措施,但疏议所言“死家有期以上亲”一语,则点出了除一般预防犯罪外,唯恐死者亲属复仇,酿成恶性循环。法律是禁止杀人的,但为亲复仇而杀人,既没有立法明禁,在实践中又有所体恤,因而是难于防止的。为了解决这种情与法的冲突给官府造成的尴尬境地,制定了避仇移乡之法,这是中国古代特有的刑法规定。它首见于唐律,是和唐代既重礼又讲求严格的法制分不开的。

其四,关于“存留养亲”或“留养承祀”。

唐律中曾规定:“诸犯死罪非十恶,而祖父母、父母老疾应侍,家无期亲成丁者,上请。”[①]明清律中始有“犯罪存留养亲”的律文。《大清律例》:“凡犯死罪,非常赦所不原者,而祖父母(高、曾同)、父母老(七十以上)、疾(笃、废)应侍(或老或疾),家无以次成丁(十六以上)者(与独子无异,有司推问明白),开具所犯罪名(并应侍缘由),奏闻,取自上裁。若犯徒流(而祖父母、父母老疾,无人侍养)者,止杖一百,余罪收赎,存留养亲(军犯准此)。”从上述律文可以看出存留养亲的前提条件是非常赦所不原的死罪,即一般性犯罪而非重大的或政治性犯罪。另外,此项“法外施仁”的最后决定权,取自上裁,即取决于圣意。根据中国古代刑法,杀人偿命是严格的国法,而有些杀人犯却容许存留养亲承祀,则是准依人情。从存留养亲的大量附例中不难发现其可矜的原由。例如:兄弟二人俱犯死罪,存留一人养亲;罪犯之母守节逾二十年,并在五十岁以上,以及救亲情切杀人或擅杀有罪之人等,均可上请留养。但如被杀者也属“亲老丁单”,则不准留养。

清朝每年举行的秋审大典,按“情实”“缓决”“可矜”“留养承祀”四类,奏请上裁。《大清会典》规定,秋审官“将情实、缓决、可

---

① 《唐律疏议·名例》,“犯死罪应侍家无期亲成丁”。

矜、留养承祀各犯，详加参酌、平情定议”。[1] 留养承祀与存留养亲，只是文字表达上的不同，其内容是一致的，这项法律规定表现了重法与原情的统一。

其五，服制入律。

服制是中国封建时代以丧服确定亲属范围，指示亲等的制度。服制原属于礼制，详载于《仪礼》及官私礼书与会典当中，自晋朝“峻礼教之防”起，开始以五服入律。明清时期更以五服图列于律首，图后又有服制一卷，使服制成为明清律的重要组成部分，是刑事犯罪定罪量刑的标准之一。例如，有关亲属间的侵犯与伤害罪，根据服制制定了一系列特殊规定。总的原则是尊长杀伤卑幼，关系越亲处刑越轻。卑幼杀伤尊长，关系越亲处刑越重。财产侵犯罪则与此相反，关系越亲处刑越轻，关系越疏处刑越重。至于非罪，则不论尊卑长幼，关系越亲处刑越重。由此可见，服制对于定罪量刑的重要意义。元人龚端礼在《五服图解》中也指出：“欲正刑名，先明服纪。服纪正则刑罚正，服纪不正，则刑罚不中矣。”明代注律大家王肯堂在《笺释》中说：“律首载丧服者，所以明服制之轻重，使定罪者由此为应加应减之准也。”

以上可见亲情入律之一斑。但亲情入律决非止限于刑事立法，也包括民事立法。譬如，服制便不仅仅是定罪量刑的标准，也是调整亲属间民事法律关系的依据。以立嗣为例，《大清律例》规定：“无子者许令同宗昭穆相当之侄继承，先尽同父周亲，次及大功，小功，缌麻。如俱无，方许择立远房及同姓为嗣。”

除此之外，民间有关婚姻、分产等行为，依亲情入律者，也不乏其例。

例一，关于子女的主婚权。历代法律和民间习惯都承认直系尊亲属的主婚权。明清律规定：“嫁娶皆由祖父母、父母主婚，祖父母、父母俱无者，从余亲主婚。”但余亲主婚的支配权远逊于直系尊亲属，因此从唐至清历代法律都区别祖父母、父母、期亲尊长及大功以下余亲主婚的不同责任，如有违律，处以不同的惩罚。

---

① 《大清会典》卷五七。

例二,关于“妻妾失序”(以妾为妻)、“居丧嫁娶”、“尊卑为婚”、“娶亲属妻妾”。此类行为的有关规定见于唐明清律,均属违犯伦理亲情,与名分秩序的犯罪。于法于情皆为不合,因此按律,处以不等杖刑,并强制离异。

例三,关于与姑舅两姨姊妹为婚。《大清律例》“尊卑为婚”律文规定:“若娶己之姑舅、两姨姊妹者,杖八十,并离异。”但民间此类婚姻,普遍流行,法律禁而不止,已成习俗。因此雍正八年再定例如下:“外姻亲属为婚,除尊卑相犯者,仍照例临时斟酌拟奏外,其姑舅两姨姊妹,听从民便。”雍正八年定例,体现了法顺民情,因此乾隆五年修律时,馆修入律。

例四,关于子孙别籍异财。明清律规定:“凡祖父母、父母在,子孙别立户籍,分异财产者,杖一百。”但在顺治初年便于此律文后增加小注:“或奉遗命,不在此律”,即如有父母遗命许令别籍异财,则不受律文所限。这个小注也体现了民间习俗。至雍正三年修律时增加以下例文:“祖父母、父母在,子孙不许分财异居,其父母许令分析者、听。”顺治小注是父母死后的遗命,雍正增例则是父母生前的许令,法律在此问题上以父母之命为准,以示重伦常、体人情。

2. 执法原情

国法与人情既冲突又统一的关系,不仅表现在立法上,也表现在司法上。封建国家一方面要求官吏援法定罪,不得“舍法用情”“违法徇情”。但另一方面,为了夸张统治者的德化仁政,加强法律与民心的沟通,提高整个社会的凝聚力,在特定的情况下也主张“法顺人情”,甚至“舍法用情”,以至从州县官到皇帝都以“执法原情”“原情定罪”相标榜。原情之“原”具有考察原由之意。《管子·戒第二十六》:“春出原农事之不本者,谓之游。”尹知章注曰:“原察也。”原情之“情”既是以亲情为内涵的人情,也是符合当时社会流行的并被广大民众认可的情理。例如,唐初,广州都督党仁弘犯法当死,太宗李世民“哀其老且有功”,[①]免其死罪。他为自己的“屈法伸情”而下诏罪己,“请罪于天”。他说:“法者……不可以私而失

① 《新唐书·刑法志》。

信。今朕私党仁弘而欲赦之,是乱其法,上负于天,欲……谢罪于天三日。”[①]同时,还承认有三罪:“纵舍任心,以欺众庶罪一也;知人不明,委用贪冒罪二也;善善未赏,恶恶不诛罪三也。”[②]

汉文帝时,齐太仓令淳于公有罪当刑,其少女缇萦随父至长安,上书皇帝,愿没入官婢以赎父刑。文帝为此父女之亲情所感动,因而发布废肉刑令,说:“人有过,教未施而刑加焉,或欲改行为善而道毋由也。”“今法有肉刑三,而奸不止,其咎安在?……刑至断肢体,刻肌肤,终身不息,何其楚痛而不德也……其除肉刑,有以易之。”[③]汉文帝废肉刑是中国古代刑制发展的必然结果,它受到汉初休养生息政策的影响,但其契机则是缇萦上书,文帝因其情而改刑,得到了历史的肯定,尽管易肉刑为笞在当时还不尽如人意。

明初典籍中也记载了太祖朱元璋执法原情的案例。

其一,“民父以诬逮,其子诉于刑部,法司坐以越诉。太祖曰:‘子诉父枉,出于至情,不可罪’。”[④]

其二,“有子犯法,父贿求免之,御史欲并论父。太祖曰:‘子论死,父救之,情也,但论其子,赦其父’。”[⑤]

其三,洪武八年正月癸酉,淮安府山阳县民有父得罪当杖,请以身代,太祖谓刑部臣曰:“父子之亲,天性也。然不亲不逊之徒,亲遭患难,有坐视而不顾者。今此人以身代父,出于至情,朕为孝子屈法,以劝励天下,其释之。”[⑥]

以上案例,显然都是对社会和国家危害性不大的,而且执法由法司,原情由君主,可以起到渲染圣君仁慈的效果,也表现了原情的指导思想是重纲常名教。执法原情正是礼刑相佐、明刑弼教在司法实践中的具体化。法情并重看来是矛盾的,但实际

① 《资治通鉴》卷一九六。
② 《册府元龟》卷一五〇〇。
③ 《史记·孝文本纪》。
④ 《明史·刑法志》。
⑤ 同上。
⑥ 《明太祖宝训》卷二,“厚风俗”。

上法顺人情不仅无害于国法的权威,还可以粉饰统治者所鼓吹的恤刑。

在中国古代也有人以法自恃,反对屈法伸情和以道德压法律。如西晋刘颂便主张依法断狱,罪刑法定,他在《刑法疏》中说:“事求曲当,则例(法)不得直;尽善,故法不得全”,只会造成“法多门,令不一……奸伪者因法之多门,以售其情”的后果。所以他强调“故善用法者,忍违情不厌听之,断轻重,虽不允人心,经于凡览若不可行,法乃得直”。

但更多的法学家、思想家,是执法原情的拥护者,尽管着眼点有所不同。例如,明末清初王夫之便从审判实践的角度,阐述了他对于原情定罪的观点。

王夫之根据《春秋》“刑故无小,赦过无大”的原则,在理论上坚持“论心定罪”,考察动机。他举杀人为例,凡属存心杀人者,“从刑故之杀”;过失杀人者,“慎刑过之典”。因此,作为司法官应该善于“原情定罪,岂可概之而无殊乎”。[①] 从王夫之所主张的“论心定罪”中可以看出他是重道德的儒家一派,但他所论述的原情却超越了亲情的窠臼,而赋予它以区别情节,具体分析的含义。譬如,他说同为杀人,但原因各异,“有积忿深毒,怀贪竞势,乘便利而杀之者;有两相为敌……非我杀彼,则彼杀我,偶胜而杀之者;有一朝之忿,虽无杀心,拳勇有余,要害偶中,而遂成乎杀者”。[②] 因此,需要论罪酌理,而后才能准确用刑(法)。如同他所说,“原情定罪,而罪有差等;饬法明伦,而法有轻重”,无论是“当罪”,还是“曲宥”,都应于情理有依据,于法律有准绳。他还举“问刑官故出入人罪”为例,强调分析情节,不应“律以概论”,指出:“故出、故入,有受赃、不受赃之别,不受赃者自应以轻”,“其故入,则虽不受赃,自应与受赃者等”。[③] 故出入所造成的后果,也各不相同,“其致死者,倍宜加等”。[④]

① 《读通鉴论》卷六。

② 同上。

③ (明)王夫之:《噩梦》。

④ 同上。

至于,“枉与不枉”,“枉之轻重”也须剖明,[1]这样做无论处刑,还是“付吏部记过”,[2]都会罚当其罪。

以上可见,王夫之关于执法原情的论述,渗透着一种求实的精神,他不是抽象地讲原情,而是针对实际案例进行实实在在地分析,因而具有较强的实践价值。历代清官在司法实践中都兼顾情与法,尽管情有其特定的阶级标准和利益要求,但所积累的经验,是有借鉴意义的。

(三)天理、国法、人情三者协调统一

从董仲舒到程朱理学家不仅沟通了天理与国法,而且还从天人感应出发,将天理、国法、人情三者联系起来,以国法为中枢使三者协调统一,以确保社会有序、国家稳定。这不仅反映了中国古代政治与伦理、政治与法制的密切关系与相互为用,而且也显示了它们所具有的共同的社会基础和目的。天理体现为国法,从而赋予国法以不可抗拒的神秘性。执法以顺民情,又使国法增添了伦理色彩,使得国法在政权的保证推行之外,还获得了族权与社会舆论的支撑,因而更能发挥其作用,这正是天理、国法、人情三者统一的出发点和归宿。

在封建的州县大堂上,通常悬挂着“天理国法人情”的匾额,以警醒诉讼当事人明了国法是天理的化身,国法也是人情的集中反映,自当凛遵无违。《名公书判清明集》所载判词中,多有“酌以人情参以法意”“情法两尽”“非惟法意之所碍,亦于人情为不安”之语。特别是胡石壁明确指出:“法意、人情实同一体,徇人情而违法意,不可也,守法意而拂人情,亦不可也。权衡于二者之间,使上不违于法意,下不拂于人情,则通行而无弊矣。”明初,刘惟谦在《进明律表》中说:大明律“上稽天理,下揆人情”,是应天顺民的产物,所以可以成为“百代之准绳”。[3] 明人薛瑄也说:“法者,因

① (明)王夫之:《噩梦》。
② 同上。
③ 《大明律集解附例》,“进明律表”。

天理、顺人情,而为之防范设制。"[①]他把法律的防范设制功能,及其种种禁暴止奸的惩罚性规范,都说成是天理人情所使然,其逻辑的结论就是,实施法律即为明天理,顺人情,违背法律则是逆天理,悖人情。

天理、国法、人情三者的协调一致,互补互用,构成了中国古代法律的传统之一。这不是偶然的,它是由于中国古代宗法社会结构与长久的文化积淀、民族心态、政治法律意识所决定的。法源出于天,是古籍中关于法律起源的通论,经过封建统治者有意识地宣传,可以说深入社会与人心。历来谈法者总要与天相连,以"奉天承运"来辩护其政权与法制的合法。封建社会封闭的环境、狭隘的小生产地位、落后的科技文化,使人们只能听信法上有天,天下有法,法与天通,天与法合。由于对天充满了敬畏,自然对国法也充满了敬畏。

在中国古代还有一些思想家反对法源出于天,主张法源于人间。如慎子所说,"法,非从天下,非从地生,发于人间,合于人心而已,"[②]管子则主张"令顺民心",[③]商鞅也说"法不察民之情而立之,则不成",[④]尹文子更把天道看作"因人之情也"。[⑤] 他们的观点为国法与人情相合奠定了理论基础。

由于民情、人情具有社会性,是法之所以立的基础,因此脱离民情,法的生命也将终结。从法制发展的历史看,法合人情则兴,法逆人情则竭。情入于法,使法与伦理结合,易于为人所接受;法顺人情,冲淡了法的僵硬与冷酷的外貌,更易于推行。法与情两全,使亲情义务与法律义务统一,是良吏追求的目标。他们宁可舍法取情,以调整法与情的某种冲突,避免以法伤情,从而增强宗法社会成员的亲和力,发挥寓教于刑的法律功能。

天理、国法、人情三者的和谐一致,以及它所体现的天理人情的

---

① (明)薛瑄:《要语》。
② 《慎子·佚文》。
③ 《管子·牧民》。
④ 《商君书·壹言》。
⑤ 《慎子·因循》。

交融、道德与法律的结合、亲情义务与法律义务的统一等，不仅对中国古代法律的发展产生深远的影响，而且也对同在儒家文化圈内的东方各国如古代朝鲜、日本、越南有着十分宽广的影响。

十七、无讼是求，调处息争

（一）“无讼”是儒家的理想境界

作为儒家创始人的孔子，是“无讼”论的奠基人和鼓吹者。他曾郑重地宣布：“听讼，吾犹人也，必也使无讼乎”。[①] 孔子的弟子有子也说：“礼之用，和为贵，先王之道斯为美。”[②]说明儒家所追求的是一个没有纷争的和谐的社会。在儒家思想的支配下，贵和持中、贵和尚中，成为几千年来中国传统文化的特征，而“无讼”则一直是执政者追求的目标。儒家典籍中所讴歌的尧舜之世，便是一个无讼的世界，而舜本人就是一位息讼止争的能手。据《史记·五帝本纪》，舜时“历山之农者侵畔，河滨之渔者争坻”，为此舜亲耕于历山，亲渔于雷泽，以自己的言教身教，使“历山之人皆让畔”，“雷泽之人皆让居”。由是而得到了在位的君主尧的赏识，并禅让王位给舜。另据《史记·周本纪》，周文王治理周国，“笃仁、敬老、慈少、礼下贤者”，流风所及，境内“耕者皆让畔，民俗皆让长”“民和睦，颂声兴”，诸侯有争执，都来周国“决平”。[③] 例如，虞国与芮国人因争讼而到周国请求裁决，他们在周境内被让畔、让长之风所熏陶，深感“吾所争，周人所耻，何往为、祇取辱耳，遂还，俱让而去”。[④] 成康之治之所以被史书溢美，主要就是“天下安宁，刑措四十年不用”。儒家经典除正面赞美无讼的理想境界外，还从另一面制造为讼之害的舆论。例如，《周易·讼卦》说：“讼，终凶”“讼不可妄兴”“讼不可长”。总之，讼是不吉祥的，应适可而止，健讼者必有凶象。

《周礼·大司徒》把兴讼之因归结为“不服教”所致：“凡万民之

---

① 《论语·颜渊》。
② 《史记·仲尼弟子列传》。
③ 《史记·周本纪》。
④ 同上。

不服教,而有狱讼者,与有地位者听而断之,其附于刑者归于士。”由此孔子认为“道之以政,齐之以刑,民免而无耻”,不如“道之以德,齐之以礼,有耻且格”。[①] 如果每个人都能有耻且格,自然也就无争无讼了。可见“无讼”产生于“明德”“循礼”,作为官府只有厉行以德化民,正风俗、端人心,使人产生以讼为耻的内省心理,才能达到无讼的目的。董仲舒说:“古者修教训之官,务以德善化民,民已大化之后,天下常亡(无)一人之狱。”[②]因此,在中国传统的法文化中,诉讼被认为是官吏德化不足和缺乏政绩的表现。东汉陈宠便把诉讼的增多看作吏治败坏的表现,他说:“西州豪右并兼,吏多奸贪,诉讼日百数。”[③]在明教化、息讼端方面,孔子不仅是言者,也是行者。据《荀子·宥坐》记载,孔子为鲁国司寇,有父子相讼,孔子拘之,三月不问,反恭自省,认为“不教民而听其狱,杀不辜也。……罪不在民也”,终于使其父受感化请止讼而去。

西汉韩廷寿为冯翊太守时,“有昆弟相与讼田自言”,廷寿认为这是他“不能宣明教化,至令民有骨肉争讼,既伤风化,重使贤长吏、啬夫、三老、孝弟受其耻”,遂“入卧传舍,闭阁思过……令丞啬夫、三老亦皆自系待罪,于是讼者宗族传相责让,此两昆弟,深自悔,皆自髡肉袒谢,愿以田相移,终死不敢复争”。[④] 自此以后,属下“遍二十四县莫复以辞讼自言者”。[⑤]《后汉书·鲁恭传》记载:“中牟令恭,专以德化为理,不任刑罚,讼人许伯等争田累,守令不能决,恭为平理曲直,皆退而自责,辍耕相让。”

东汉吴祐为胶东相时,“民有争诉者,辄闭合自责,然后断其讼,以道譬之,或身到闾里重相和解,自是之后,争隙省息,吏人怀而不欺”。[⑥]

以上是地方长吏以自身的楷模行动,宣传教化、和息争讼的典

---

① 《论语·为政》。
② 《汉书·董仲舒传》。
③ 《后汉书·陈宠传》。
④ 《汉书·韩廷寿传》。
⑤ 同上。
⑥ 《后汉书·吴祐传》。

型事例。此外,州县官还通过裁决文书的形式,“寓教于判”,使境内百姓重伦理道德,止讼、息讼,所谓“决今日讼以止明日讼”。现举,《吴中判牍》所载兄弟析产为例:一家有七子,其母死后长子将遗产独占,余子告至官府。按律应判七子均分,但知府蒯子范为了照顾二、三房寡嫂守志,遂将遗产先分为七分,长房分得七分之一,其余并为二分,一分由四、五、六、七房兄弟均分,一分归二、三房寡嫂。并判曰:“阿兄不道,难应将伯之呼;群季皆贤,尚有援嫂之意,本县用是嘉尚,而于权(四子名)等有厚望矣。”①在这里,情重于法,司法判决与道德裁判,合二而一,虽然这份判决没有引用任何法律条文,但它的教化作用更入微,更感人,所起的社会效果超过了简单的依法判决。

在宋代的判词中,多有息讼的劝告,如《名公书判清明集》第十卷“叔侄争业令禀听学职教诲”判词如下:“‘听讼,吾犹人也,必也使无讼乎!’当职德薄望浅,不足以宣明德化,表率士风,而使乖争陵犯之习见于吾党,有愧于古人多矣!否则威之,挞以记之,正惧有所不容但已者,而诸友乃能举责善之谊,以启其良心,使其叔侄之情不远而复,岂非区区所望于学校之士者与?示周德成叔侄,仰即日禀听明朋友教诲,遂为叔侄如初。若或不悛,则玉汝于成者,将不得不从事于教刑矣!”②

清代陆陇其任知县时,有兄弟二人为争财产讼于县衙。陆陇其不用正常的诉讼程序,“不言其产之如何分配,及谁曲谁直,但令兄弟互呼”,“此唤弟弟,彼唤哥哥”,“未及五十声,已各泪下沾襟,自愿息讼”。③ 陆陇其在判词中写道:“夫同气同声,莫如兄弟,而乃竟以身外之财产,伤骨肉之至情,其愚真不可及也……所有产业,统归兄长管理,弟则助其不及,扶其不足……从此旧怨已消,新基共创,勉之,勉之。”④这份判词与前述异曲同工,也是一份重伦理、释教义、宣教化的文告,被称颂为“妙判”。

---

① 《清朝名吏判牍》。

② 《名公书判清明集》,中华书局1987年版,第391页。

③ 《陆稼书判牍·兄弟争产之妙判》。

④ 同上。

清代知县蓝鼎元对陈氏兄弟争讼父遗田宅一案的审理,也贯穿了以道德教化平息纷争的精神,而被收入《鹿州公案》之中。陈氏兄弟为争父遗田产七亩,相诉于县。蓝鼎元先令将兄弟二人拘押一室。开始二人相背而坐,三四日后相对叹息。蓝鼎元又将其兄弟二人各所生二子拘来,令各送一子去养济院,以防将来争产。至此二人叩头嚎哭,请求息讼,表示愿让田与对方。鉴于"为兄则让弟,为弟则让兄",蓝鼎元判决如下:"今以此田为汝父祭产,汝弟兄轮年收租备祭。"兄弟"悉欢欣感激,当堂七八拜致谢而去"。[①]

由此可见,中国古代的地方官,同时也是执掌纲常伦理教义的宣传者,他们运用道德教化解决法律纠纷,收到了和息纷争的效果。正因如此,明德息讼被看作德主刑辅的具体实施和以礼断案的实证。

由于崇尚无讼,随之而来的必然是厌讼、贱讼,以致讼师一类的职业在中国古代是为人们所鄙弃的。春秋时期邓析——中国最早的"律师",因教人诉讼,并收取费用,被批评为"不法先王,不是礼义,而好治怪说……"[②]"以非为是,以是为非",[③]最后竟因此而被当权者杀害。唐以后,历代法典都严惩讼棍滋讼的行为。唐律列有"为人作辞牒加状"及"教令人告事虚"两条律文。明、清律合并为"教唆辞讼"一条,尤其是《大清律例》更突出了打击的锋芒所向。按《大清律例》"教唆辞讼"律文规定:"凡教唆词讼,及为人作词状增减情罪诬告人者,与犯人同罪。"附例如下:"代人捏写本状,教唆或扛帮赴京及赴督抚并按察司官处,各奏告强盗、人命重罪不实,并全诬十人以上者,俱问发近边充军","讼师教唆词讼为害扰民,该地方官不能查拿禁缉者,如只系失于觉察,照例严处。若明知不报,经上司访拿,将该地方官照奸棍不行查拿例,交部议处""坊肆所刊讼师秘本,如《惊天雷》《相角》《法家新书》《刑台秦镜》等一切构讼之书,尽行查禁销毁,不许售卖。有仍行撰造刻印者,照淫词小说

---

① 《鹿州公案》。

② 《荀子·非十二子》。

③ 《吕氏春秋·离谓》。

例,杖一百、流三千里。将旧书复行印刻及贩卖者,杖一百,徒三年,买者,杖一百。藏匿旧版不行销毁,减印刻一等治罪。藏匿其书,照违制律治罪。其该管失察各官,分别次数,交部议处。""凡钦差驰审重案,如果审出虚诬,除赴京捏控之人照诬告例治罪外;其有无讼师唆使扛帮情节,原审大臣即就案严行跟究,按例分别问拟。失察之地方官,从重议处。"

讼师之所以受到官府的严厉监视和究治,归根结底是对诉讼的态度所致。在古人眼里,兴讼是道德败坏的表现,是社会稳定的威胁,是陷人心于不古的权利之争和使人格与族望扫地的恶行。因此讼师难免被列入严打之列。

然而厌讼与贱讼所带来的严重后果,就是人们不明法律,不知运用法律维护自己的适当权益。晚清沈家本在奉旨修律过程中,曾以深沉的笔触揭示了这种现象。他说:"举凡法家言,非名隶秋曹者,无人问津。名公巨卿,方且以为无足轻重之书,屏弃勿录,甚至有目为不祥之物,远而避之者,大可怪也。"[①]"中国法律之学不绝如缕,非官此官者,莫肯一寓目焉,遑云穷究其源流而讨论其得失哉",[②]"自来势要寡识之人,大抵不知法学为何事,欲其守法,或反破坏之,此法之所以难行,而学之所以衰也"。[③]

(二)以调处息争,实现无讼

如果说无讼是中国古代政治与法制建设的价值取向,那么调处则是实现息讼、无讼的重要手段。这在中国古代是由来已久的,不仅积累了丰富的经验,而且形成了一整套的制度,是世界法制史上所少有的。

中国古代,经过调处而平息诉讼称为"和息""和对"。早在西周的铜器铭文中,已有调处的记载。秦汉以降,司法官多奉行调处息讼的原则。至两宋,随着民事纠纷的增多,调处呈现制度化的趋势,明清时期,调处已臻于完备阶段。调处适用的对象是民事案件

---

① 《寄簃文存》卷六《法学会杂志序》。

② 《天一阁书目跋》。

③ 《寄簃文存》卷三《法学盛衰说》。

与轻微的刑事案件;调处的主持者,包括地方州县官、基层小吏和宗族之长。由于诉讼的繁简是考核官吏政绩的标准之一,所以州县官都注意贯彻“调处息讼”的原则。

1. 州县官府调处

官府调处又称诉讼内调处,是由州县官主持和参与的调处息讼。官府调处在宋代已较为流行,《名公书判清明集》中载有若干案例。如“傅良绍与沈百二争地界”一案经官府调处结论如下:“事既到官,惟以道理处断……然所争之地不过数尺,邻里之间贵乎和睦,若沈百二仍欲借赁,在傅良亦当以睦邻为念。即仰明立文约,小心情告,取无词状申。”又如“兄弟侵夺之争”案,官府调处如下:“在前如果有侵夺,私下各相偿还,自今以后,辑睦如初,不宜再又纷争,以伤风教。如或不悛,定当重,无所逃罪矣!”①

官府调处并不是见于法律规定的固定程序,但宋以后迄至明清,一直盛行不衰。综括历代官府调处具有以下的共同点:

其一,民事案件审判中,调处与责惩相结合,调处更处于优先考虑的地位。

在封建时代,考察官吏政绩的重要标准就是讼清狱结,而无稽延拖累,这就使州县官力求息讼于公堂审讯之前。在实践中,不经调处直接判决的案件是很少的,只有调处不成,才令公堂对簿,剖明曲直。调处与责惩相结合,使教与罚、法律与道德紧密联系,是处理民事案件行之有效的经验。

其二,官府调处带有一定的强制性。

按照现代法理,民事案件的调解必须在双方完全自愿的条件下进行,法官只能促成双方当事人谅解,而不得强迫。但在中国古代专制主义体制下,州县长官就是州县境内的独裁者,他只对上级机关和皇帝负责,而不对百姓负责。他处理案件的出发点,虽不能说完全无视百姓的利益,但更注重的是自己的官声政绩。因此,官府调处是带有一定强制性的,往往迫使当事人屈从于州县官的意志,以致损害当事人的利益。所以在当事人出具的息讼“甘结”、“和议

---

① 《名公书判清明集》,第199页、第371页。

状”或“无争状”中，都要申明“依奉结得”“遵命和息”，还须保证不再滋事。这种强制性正是封建调处的本质所在。现举清代甘结材料如下。“甘结。具甘结人胡瑞今于与甘结事。依奉结得：武宽禀身赖伊耕毁豆子争吵一案，蒙恩审讯完结，身回家安分度日，再不敢争吵滋事，所具甘结是实。”——嘉庆十六年六月二十四日胡瑞（画押）批：“准结”。[1]

其三，官与民、堂上与堂下相结合。

在州县官受理的案件中，“词讼之应审者什无四五。其里邻口角，骨肉参商细故，不过一时意气，冒昧启讼……果能审理平情明切譬晓，其人类能悔悟，皆可随时消释，间有准理后亲邻调处吁请息销者，两造既归辑睦，官府当予矜全，可息便息”。[2] 由此可见，案件的性质及其发生的原因，决定了调处的可能性。至于官调还是民调，则视案情细节为之转移。有时堂上与堂下结合进行，譬如，当堂和解不成，则令亲族乡邻堂下调解，而后再到堂上具结。通过堂上堂下相结合，调动了一切可能的社会力量，为调处息讼服务，而且易于查明真情。如同《牧令书》卷十七所说，“乡党耳目之下，必得其情，州县案牍之间未必尽得实情，是以在民所处较在官所断为更允矣”。

其四，注重息事宁人，淡视是非曲直。

由于官府以息讼是求，而不完全考量如何保护当事人的合法利益，因此，只求息事宁人，往往忽视是非曲直，现存的许多案例都说明了这一点。例如，清同治年间，长州知州蒯子范为调处民间纠纷，竟然“不惜已囊，平此两造”，而不去剖白孰是孰非。清时名幕汪辉祖在《学治臆说》中说：“勤于听断善矣，然有不必过分皂白，可归和睦者，则莫如亲友之调处。盖听断以法，而调处以情，法则泾渭不可不分，情则是非不妨稍借。……或自矜明察，不准息销，似非安人之道。”[3]所谓“是非不妨稍借”，实际就是“难得糊涂”。

官府调处虽具有一定的强制力，但不等于判决，不能强制当事

① 《宝坻县全宗》（档案）。
② （清）汪辉祖：《佐治药言》。
③ （清）汪辉祖：《学治臆说·断案不如息案》。

人接受。官府调处虽以正名分,厚风俗的儒家思想为指导,但也不得公然违背事实与法律,否则无法达到"务要两平","不得偏党"的目的。

2. 民间调处

明清时期,民间争讼一般是先找亲邻、族长调处解决,而不去官府申告,所以称作"私和"或"诉讼外调处"。

中国封建社会民间发生的争讼,主要是田土户婚等事,这在统治者看来是"细故""细事",对于国家不具有危险性。因此,民间争讼如能调处排解,绝不认为是对国家权力的侵害。

在儒家思想的指导下,失礼入刑是封建立法的指导原则和刑事立案的根据。但并非每一非礼的行为都必然要受到刑事制裁,礼刑结合还不可能达到这样的程度。因此,凡属轻微的刑事纠纷不一定按国家司法管辖去告官审理,而听由民间调处解决。由于百姓畏官,又害怕讼累,因此调处常常被滥用,以致命案也有时私了,尽管这是国家法律所不允许的。例如,大明律"尊长为人私和"条规定:"凡祖父母、父母及夫,若家长为人所杀,而子孙、妻妾、奴婢工人私和者,杖一百,徒三年……其卑幼被杀,而尊长私和者各减一等。若妻亲子孙及子孙之妇,奴婢、雇工被杀,而祖父母、父母家长私和者杖八十。受财者,计赃,准窃盗论,从重科断。常人私和人命者,杖六十。""凡私和公事者,减犯人罪二等,罪止笞五十。"所谓"公事",据《致君奇术》一书解释:"民间凡有忿斗争殴,不告官司而私和者,均包括在内"。[①] 大明律不仅作出原则规定,而且还严申犯徒流以上罪刑及犯奸罪均不得私和。但是,随着民间民事刑事纠纷的急剧增加,私和现象日益普遍,为此不得不明确规定私和的范围。例如,嘉靖年间(1522~1567年)订立的乡甲约规定应和事件有九:婚姻不明;土地不明;骂詈斗殴;牲畜食践田禾;放债三年以上,本利交还不与者;钱到取赎房地力不能回者;买卖货物不公,亏损人者;地界不明者;收留走失人口牲畜,具令各还本主者。

民间调处是中国古代较为常见的一种社会现象,其形式多样、

---

① 《致君奇术》卷十,第27页。

适应性强,既没有法定的程序,也没有差役的勒索,因而受到民众的欢迎,至宋代已经普遍化了。司法官对于民间争讼,一般均采取先行调处,无论堂上堂下调处,以争取息讼。《名公书判清明集》有以下记载:"遇亲戚骨肉之讼,多是以面加开谕,往往幡然而改,各从和会而去。""如卑幼诉分产不平,固当以法断,亦须先谕尊长,自行从公均分。"①

宋代调处,以官府调处为主,民间调处的案例见于《名公书判清明集》者,如"下殇无立继之理"一案中,提到当事人"朱司户在苫块之中,不欲争至讼庭,竟从族人和义"。"竟从族人和义"显然是族长所进行的民间调处。另见"谋诈屋业"一案,司法官对于由乡里亲戚所进行的调处表示不满,在判决中特别提到"乡曲亲戚,略无公论","阳与和对,阴行倾陷"。②

元朝司法机关鉴于"民诉之繁,婚田为甚",为了减轻承受力,缓解社会矛盾,广泛适用调处。《至元新格》规定:"诸论诉婚姻、家财、田宅、债负,若不系违法重事,并听社长以理谕解,免使荒废农务,烦挠官司。"③法律允许当事人双方在案件审理过程中,自愿和解撤诉,即所谓"告拦"。但经过告拦的案件,如无合法原因不得再诉,所在官司也不得轻易受理。《元典章》规定如下:"凡告婚姻、地土、家财、债负不违法者,若已拦告,所在官司不许轻易再接诉状归问,如违,从廉访司照刷究治","今后凡告婚姻、地土、家财、债负,如原告被论人等自愿告拦休和者,准告之后,再兴讼端,照勘得别无违错事理,不许受状","今后凡告婚姻、田宅、家财、债负,若有愿告拦,详审别无违枉,准告以后,不许妄生词讼,违者治罪"。④

至明朝,洪武二十七年(1394 年)四月:"命有司择高年人公正可任事者,理其乡之词讼。若户婚、田宅、斗殴则会里胥决之,事涉

---

① 《名公书判清明集》卷一《官吏门》,"劝谕事件于后",第 10 页。
② 《名公书判清明集》,中华书局 1987 年版,第 193 页、第 213 页。
③ 《新元史 · 刑法志》。
④ 《元典章五十三 · 诉讼 · 告拦》。

重者,始白于官,若不由里老处分径诉县官,此之谓越诉。”[①]这道诏谕,认定了调处的程序化和乡审为事实上的第一审,凡不经里老而径诉于县者,便是越诉。户部教民榜文更明确规定:“民间户婚、田土、斗殴,相争一切小事,不许轻便告官,务要经本管里甲老人理断。若不经由者,不问虚实,先将告人杖断六十,仍发里甲老人理断。”[②]所谓年高公正之人和里老之辈,绝大多数是地方上的豪绅和族长,他们之间的会决,充分显示了政权和族权的紧密结合。

不仅如此,明朝还于各州县及乡之里社设立申明亭,“凡民间应有词状,许耆老里长准受于本亭剖理”。[③]申明亭以调解民间纠纷及民事争执为主,凡户婚案件皆须经过申明亭,因而具有基层司法组织的性质。由于申明亭是剖理与调处民间词讼之所和劝善惩恶、兴利除害之地,因此大明律专列严惩“拆毁申明亭”之条:“凡拆毁申明亭房屋及毁板榜者,杖一百,流三千里。”

清康熙朝修订《圣谕十六条》,明确规定了“和乡党以息争讼”的内容。说明统治者在总结历史经验的基础上,深知利用民间势力调解息讼,有助于排除衙门的威、衙役的勒索、刑具的恐吓、程序的费时与文书的困扰,更易使争讼双方接受。此外,里老们的道德名望,也使争讼双方相信他们会以理调处,公平剖断。

在清代,盛行民间自行调处。例如,嘉庆年间,顺天府宝坻县孀妇孙张氏投状县衙,诉故夫堂兄孙文降霸占土地。在知县审理前,原被告双方的亲友已经主动出面调停评理,并查明有争议的八亩地原系孀妇故夫典与堂兄孙文降而无力赎回之地。孙张氏自知亏理,甘愿息讼。调处人又劝被告量力资助孤儿寡母,使被告聆悟,“念系一脉,骨肉相关”,情愿将此出典地由原告无偿收回为业,重立契据,“俟后各守各业,永无争执,均敦族好”。之后参与调处的亲友联名上书知县,请求“仁天老父台太老爷俯念事经讲解,施恩免讯,以全骨肉”,并得到了知县“准销案”的批示。可

---

① (明)顾炎武:《日知录》卷八。

② 《皇明制书》上,引成化十一年九月七日例。

③ 《大明律集解附例》卷二六《刑律·杂犯》。

见私和纷争的双方是在特定的情况下,为实现某种更为现实的目标而各自放弃一部分利益所完成的。私和不得违背现行的国家法律,但在实践中更多的是依从传统的习惯法或家族法规、乡规民约等。私和虽然不经法庭,但却是在国家允许的前提下,把纠纷的解决交给地方基层组织,或宗族组织。如调处无效,仍可告官审理。

明清时期广泛流行的乡规民约和宗法族规,为民间调处提供了广泛的依据,特别是随着宗族势力的扩大和族权的加强,宗族调处成了民间调处最重要的环节。“凡劝道风化,以及户婚田土争竞之事,其长(族长)与副先听之,而事之大者,方许之官。”[①]在某些家法族规中还明确规定:“有不平先鸣户长,再投乡保,复论情实,众公劝释。”[②]“和乡里以息争讼,居家戒争讼,‘讼则终凶,诚笃言也,如族中有因口角细故及财帛田产至起争端,妄欲涉讼者,家法必先禀明本房房长理处,或理处不明方许伊赴祠禀告祖先,公议其是非,令其和息。”[③]即使官府业已受理的案件,只要族长申明已经“责以家法”,官府也可以批准销案。宗族调处权之所以受到重视,首先,是国家支持宗法族权在族内的行使;其次,宗族作为宗法性社会的共同体,它的稳定对于整个社会的稳定起着重要的作用;再次,族长既负有统辖管理宗族之权,也对国家承担更多的义务,他的调处一般会兼顾家与国的双重利益;最后,宗族法是国法的重要补充,是国家认可的适用于宗族这个特殊领域的法律。

除此之外,按明清时期的地方政权体系,州县为最低一级行政机关,州县官既是地方上的行政长官,又是司法长官,其管辖的范围宽广,事务繁多,因此常常把“细故”的民事纠纷推给当事人的族长处理,何况地方上的大族之长又多兼基层里老一类的乡官。如同凌铸在《西江视臬纪事》中所说,“……查江右风俗聚族而多居,保正、里长即系族人”。福建一带的宗族,“有族长、有房长、有家长,有事

① 《皇朝经世文编》卷五八《礼政五·宗法上》。

② 安徽潜阳《李氏族谱》卷一。

③ 浙江萧山《朱氏宗谱》卷十一。

则推族长为之主,有司有所摧择征索亦往往责成族长”。[1] 在这些地区,族长是官府承认的代理人,委托族长调处,可以收到族与基层乡官双重调处之效。事实上州县官接到诉状后,如认为情节轻微,事关亲族,多不予传讯,而只在呈状上批令乡保、族长、亲友调处,“毋使滋讼”。乡保、族长调处后,要在呈状上说明事情的原委及处理意见,请求批准销案。明代户部教民榜文明文规定:“民间户婚、田土、斗殴、相争一切小事,不许轻便告官,务要经本管里甲老人理断,若不经由者,不问虚实,先将告人杖断六十,仍由里甲老人理断。”[2]

清代律例,虽无亲属争讼州县官得批令家族调处的条文,但在实践中鼓励家族调息族内纠纷。特别是在家族势盛的地区,族中民事纠纷,必须经房长族众调处,不得擅自告官,否则要受到家规惩治。安徽桐城《祝氏宗谱》规定:“族众有竞争者,必先鸣户尊、户长理处,不得遽兴讼端,倘有倚分逼挟恃符欺弱及遇事挑唆者,除户长禀首外,家规惩治。”

清代州县以下的基层组织是保甲,负责稽查盗贼,查核户籍。对于保甲处理民间纠纷,《大清律例》是有限制的:“一切田土户婚不得问及保甲。”但禁而不止,形同具文,州县官经常将案件批令保甲处理。根据《顺天府全宗》档案 107 号,光绪十五年宝坻县知县便在一件土地纠纷的呈状上批令乡保介入:“伤微事细,即自招乡保,首事妥了,毋轻涉讼。”

从实际情况来看,大量的民间纠纷在审理之前已经在家族、乡里内部调处息讼,真正呈诉到官,审理结案的是很少一部分。这种民间调处,有其便民的一面,但由于原被告所处的族内地位、社会地位不同,调处的偏袒性和强制性都是不可避免的。

综括上述,可见调处具有一定的社会基础,如果用历史的眼光来审视,应该说中国古代的调处息讼是与其所处的社会状况相适应的,有它存在的合理性,而且它有利于社会秩序的稳定,有助于特定

---

① (清)陈寿祺:《左海文集》卷六。

② 《皇明制书》上,引成化十一年九月七日例。

领域内人们相互关系的和谐,防止了胥吏的侵渔,减轻了诉讼当事人的讼累,传播了封建的纲常观念与法律意识。

但是另一方面,对于生活在专制权力下从事自然经济的民众说来,调处息讼培养的不是"法律意识",而是传统的道德伦理观念。调处息讼始终贯穿着的"息事宁人"的思想因素,不利于发扬民众为自己的权益而斗争的精神。[①]

调处息讼适应封闭的小农经济基础和深厚的血缘地缘关系;依赖的是宗族势力和基层国家权力;凭借的是礼与法相结合的多种法律渊源;维护的是三纲五常的伦理秩序,贯穿调处过程中的主要是族长、保甲长、州县官吏的意志。因此,调处的结果往往与当事人的意志相悖,有时简直是一种伤害。

(三)无讼作为中国古代法律传统的根源

无讼,作为中国古代法律文化的价值取向和影响悠久的法律传统,有它的社会的、文化的和政治的根源。

1. 社会根源

中国古代社会结构的显著特点是家与国的一体化。这种独特的社会结构起源于国家的形成时代,随着宗法农业生产方式的确立而得到加强。由于"国政"的原型实际上是"家务",因此家长父权制也被引入行政领域,君是君父,官为父母官。在这种情况下,如发生诉讼便如同日本法制史学者滋贺秀三所说,"探索中国诉讼的原型,也许可以从父母申斥子女的不良行为,调停兄弟姐妹间的争执这种家庭的作为中来寻求。为政者如父母,人民是赤子,这样的譬喻从古以来就存在于中国的传统中。事实上,知州、知县就被呼为'父母官'、'亲民官',意味着他是照顾一个地方秩序和福利的'家主人'。知州、知县担负的司法业务就是作为这种照顾的一个部分的一个方面而对人民施与的,想给个名称的话,可称之为'父母官诉讼'"。[②]

---

① 《学治臆说·断案不如息案》。

② [日]滋贺秀三:《中国法文化的考察——以诉讼的形态为素材》,载《比较法研究》1988年第3期。

不仅如此,宗法时代所提倡的以血缘为纽带的聚族而居,和世代毗邻,安土重迁的地缘关系,特别是农业社会的经济结构,使社会成员如同生活在一个大家庭中,枝蔓相连,很少流动。再加上儒家伦理道德学说的渗透与潜移默化,形成了和睦共处、和谐无争的生活准则,以致发生纷争很少诉诸法律和求助于官府,而是寄希望于纲常礼教的德化作用和族长邻右的调解功能。如同法国勒内·达维德在《当代世界主要法律体系》一书中所说,“他们处理与别人的关系以是否合乎情理为准则,他们不要求什么权利,要的只是和睦相处与和谐”。[①] 在这种思想的笼罩下产生了“以讼为耻”的心理状态。当代美国学者德尔克·波德在研究了中国法律的传统后指出:“传统认为,兴讼是道德败坏的标志,而这些人(讼师)就明显地被视为社会稳定的敌人。”[②]可见,中国古人是由重情而厌讼贱讼,由畏舆论谴责而厌讼贱讼。

此外,“法者刑也”的法律观,以及由诉讼而带来的无穷的讼累,也使人们视讼为畏途。这就使“父母官”以求得和谐为目的的调处,自然受到欢迎。可以说无讼的价值取向,是传统中国的自然农业经济与社会结构以及现实政治的需求相契合的结果。

2. 思想文化根源

无讼的价值取向是以追求和谐的中国传统文化深厚的积淀为基础的。“和”古乐器名。《尔雅·释乐》:“大笙谓之巢,小者谓之和。”“谐”指调和,《尚书·舜典》:“八音克谐,无相夺伦”。“和”“谐”联用,指音调和谐配合适当。古代思想家和政治家们常以和谐比喻社会的祥和、稳定和有序,并以建立和谐社会为奋斗目标。中国古代的文化崇尚和谐,如同儒家所说,“礼之用,和为贵”。老子的著名论断“人法地,地法天,天法道,道法自然”,[③]也是赞美和谐的。而无讼不过是和谐的家族、和谐的社会、在司法上的要求和

---

① [法]勒内·达维德:《当代主要法律体系》,漆竹生译,上海译文出版社 1984 年版,第 487 页。

② “清律中的老小废疾”in *Essay on China's Legal Fradition*, Princeton University Press, 1980, p. 149。

③ 《老子》第二十五章。

反映。在一个农业经济社会里成长起来的中国人,一方面表现为对自然的依赖;另一方面也形成了重视群体力量,借以同自然抗争的观念,由此而产生了中国人重和谐的内在要求。

就法律文化而言,中国古代的法律虽以刑为主,但刑罚并不是终极目标。《周礼》所标榜的是"刑期无刑,辟以止辟"。法家所主张的"以刑去刑",无非是借助刑的手段去实现和谐的无讼的世界。特别是孔子所宣扬的"仁者爱人""己欲立而立人,己欲达而达人""己所不欲,勿施于人"的忠恕之道,既反对又鄙视为争而讼。他所主张的"无讼",是以"贱讼"为前提的,这是儒家理论体系的内涵。伴随着中国封建法律儒家化过程的完成,统治者深知普遍的和谐与稳定,不单是依靠法律与权利义务关系的平衡所能取得的,还需要借助崇礼重德的厚重的中国文化。因此大力提倡兴教化、重人伦、厚风俗、明礼义,在实际的执法施政中积极主张息讼、止讼,以致诉讼在中国古代人的心目中成了为礼所不容,为贤者所不肖的卑猥行为,出现了大量劝诫人们勿轻于涉讼的文章和判词。例如,宋人胡石璧在"妄诉田业"一案的判词中指出:"词讼之兴,初非美事,荒废本业,破坏家财,胥吏诛求,卒徒斥辱,道涂奔走,犴狱拘囚。与宗族讼,则伤宗族之恩;与乡党讼,则损乡党之谊。幸而获胜,所损已多;不幸而输,虽悔何及。故必须果报冤抑,或贫而为富所兼,或弱而为强所害,或愚而为智所败,横逆之来,逼人已甚,不容不一鸣其不平,如此而后与之为讼,则曲不在我矣。"①宋人在《戒讼录》中还以歌谣的形式,劝诫人们勿轻于涉讼:"些小言辞莫若休,不须经县与经州,衙头府底陪茶酒,赢得猫儿卖了牛。"②

明时,著名思想家王守仁在《禁省词讼告谕》中说:"近据南昌等府州县人等,诉告各项情词到院,看得中间多系户婚田土等事,虽有一二地方重情,又多繁琐牵扯,不干己事,在状除情可矜疑者,亦量轻重准理,其余不行外……一应小事,各宜含忍,不得辄兴词讼。不思一朝之忿,锱铢之利,遂致丧身亡家,始谋不臧,后悔何

---

① 《名公书判清明集》卷四,"妄诉田业",中华书局1987年版,第123页。
② (宋)范公偁:《过庭录》。

及。……若剖断不公,或有亏枉,方许申诉。敢有故违,仍前告扰者,定行痛责,仍照例枷号问发,决不轻贷。”①清康熙帝亲撰“圣谕十六条”,以最高的权威告诫国人:“……和乡党以息争讼,明礼让以厚风俗……讲法律以警愚顽……息诬告以全良善……解仇忿以重身命。”②

以上可见,无讼是有其文化上的根源的。

3. 政治根源

在封建专制国家的统治下,对秩序和稳定的追求永远是根本目标之一,以无讼为法制建设的价值取向,突出地体现了这一点。由于诉讼所涉及的绝不只是双方当事人个人,而常常是一家一族,甚至更多的人都被卷入。胜诉者固然得遂己愿,败诉者也绝不甘心,以致有的诉讼几代未结。这就造成了社会关系的紧张和社会秩序的动荡,因此统治者宁愿将“细事”之类的争讼,化解在公堂之外。

由于诉讼必然要耽误生产,影响生活,甚而造成家破人亡,流离失所,既影响了国家的赋税收入,而且还极有可能增加流民,这是封建统治者所深忌的。为避免讼累所造成的社会不安定因素,因此奖励息讼、无讼,以囹圄清减为治世,以狱讼繁兴为衰世。

有些诉讼,由于执法官贪赃枉法,玩法行私,严重损害了当事人的利益,造成了官与民的尖锐冲突,使固有的矛盾更加激化,成为一场大动乱的诱因。封建时代的农民起义常常是从劫牢反狱开始,不是没有来由的。

或云中国古代是由卑法而厌讼,这是不符合古人的认识水平的。法在古时人的心目中是有权威的所谓王法,他们不是昧法,而是昧法、疑法。在漫长的古代社会中,真正明法于众的王朝是屈指可数的,大多数的统治者宁愿百姓蒙昧于法,以便于他们的统治。以任法著称的宋朝,虽然采取各种形式的法律考试,以提高官员的法律知识和运用法律的能力,但对于百姓,则严禁抄写或刻印法典,更不准私授律学。元祐元年,曾制定“立聚集生徒教授辞讼文书编

① 《王文成公全书》卷三一。

② 《清圣祖实录》康熙九年冬十月乙酉朔。

配法及告获赏格”。[①] 在《绍兴敕》中进一步规定:“诸聚集生徒教辞讼文书杖一百,许人告。……从学者各杖八十。”[②]在严法的威逼下,百姓多为法盲。正由于百姓不知法,才疑法,进而导致畏讼、厌讼。

为了减少诉讼,封建统治者除制造无讼的舆论外,还从制度上限制民众的自诉权。譬如,卑幼不得告尊长、卑贱不得告尊贵,妇女、残疾、废疾人的诉讼权,或者是有限的,或者完全被剥夺。正是从稳定社会、巩固国家的政治利益着眼,封建政权支持一切形式的调处息讼,尽管它并不见于国家制定法的条文。有的诉讼当事人,拒绝州县的判决,执意上诉,则被视为“刁民妄滋兴讼成习”,先予杖责之后再行审判。至于上诉的结果,在官官相护、官无悔判的传统习俗的支配下,是不言自明的。

(四)无讼是以逃避讼累为代价

无讼之所以在司法中有广泛的影响,百姓之所以厌讼、贱讼,除上述社会的、文化的、政治的原因外,还有一个极为现实而又十分具体的原因,那就是不堪为讼所累。在封建时代,一经立案,便会遭到讼师、差役、幕吏的种种勒索,面临因讼累而破产的威胁。宋代著名司法官胡石璧曾经指出,由于词讼而“荒废本业,破坏家财”者,比比皆是。“幸而获胜,所损已多,不幸而输,虽悔何及。”[③]清代名幕汪辉祖也叙述了农民因讼累而破产的情景。他说:“如乡民有田十亩,夫耕妇织,可给数口。一讼之累,费钱三千文,便须假子钱以济,不二年必至鬻田,鬻田一亩则少一亩之入,辗转借贷不七八年而无以为生。其贫在七八年之后,而致贫之故,实在准词之初。”[④]江苏晋陵《奚氏宗谱》特别规定:“或因小愤而涉讼,渐至破家,或因争产而涉讼,反至失业,‘讼则终凶’。”山东曲阜孔庙碑刻“忍讼歌”中的描述,更为生动:

---

① 《宋会要·刑法》一之一三。

② 《宋会要·刑法》三之二六。

③ 《名公书判清明集》卷四,“妄诉田业”,中华书局1987年版,第123页。

④ (清)汪辉祖:《佐治药言·省事》。

世宜忍耐莫经官,人也安然己也安然。
听人挑唆到衙前,告也要钱诉也要钱。
差人奉票又奉签,锁也要钱开也要钱。
行到州县细盘旋,走也要钱睡也要钱。
约邻中证日三餐,茶也要钱烟也要钱。
三班人役最难言,审也要钱和也要钱。
自古官廉吏不廉,打也要钱枷也要钱。
唆讼本来是奸贪,赢也要钱输也要钱。
听人诉讼官司缠,田也卖完屋也卖完。
食不充足衣不全,妻也艰难子也艰难。
始知讼害非浅鲜,骂也枉然悔也枉然。

“忍讼歌”虽有麻醉人民安于盘剥压榨的一面,但它所揭露的讼累后果却是社会真实的写照。晚清张之洞、刘坤一在改革司法的意见中,“禁讼累”是重要内容之一,可见其为害之严重。

综括上述,无讼的理论产生于三千年前,无讼的实践贯穿于三千年当中,说明它确实有着深刻的社会历史根源。由提倡无讼而发展起来的调处息讼,把国家权力与社会力量紧密地结合在一起,是在自然经济条件下,解决民事纠纷较好的方法,其制度的完备、经验之丰富、实施之广泛,在世界古代法制史上是仅有的。

但是,无讼作为一种价值取向和理想,是建立在非科学的认识之上的。从先秦诸子到汉唐诸儒,关于无讼的理论和追求无讼的途径与模式,基本上是相同的,没有伴随时代的前进而发展进步。追求无讼的根本立足点,是贵和持中和稳定秩序,不可否认秩序的稳定是社会发展的保障,但是过分强调秩序与稳定,必然妨碍了富有创见的自由探索。无讼世界尽管寄托着设计者高尚的道德情操,但这个世界是不现实的,也违背了历史的发展规律。

不仅如此,在无讼的价值观的影响下,法律体系的发展艰难,法律的权威下降,公民的权利意识与法律意识淡薄,其负面影响之大、之久,是不容忽视的。直到今天我们仍面临着由传统的息讼、贱讼、无讼的法观念向着现代的诉讼权利的法观念转型的任务。

由于社会是复杂的，在一种倾向的掩盖下也会有另一种倾向。从总体上看，封建时代的官府是以无讼为价值取向的，百姓中间占主导的是畏讼、厌讼、贱讼。但也不排除在特定历史发展阶段出现过"兴讼""嚣讼"的现象。以宋代为例，宋朝统治者一方面继续高举尚教化、重人伦、厚风俗、息讼宁人的旗帜；另一方面又肯定了由于利益多元化而产生的法律争讼的合理性。

宋代，土地私有制的发展与商品经济的繁荣，使经济利益呈现多元化的趋势，为私有权利益而发生的争讼日渐增多。面对外部强敌的频繁内侵，内部又因财政紧张、肆行赋敛激起不断的农民起义，为了安定社会秩序，巩固国家统治，宋朝统治者比较重视恤民。北宋时吕大防说："为国之计，莫急于保民，保民之要，在于存恤主户，又招诱客户。"①南宋高宗特别强调："治道以民事为急。"②在这种背景下，民间的民事争讼被看作与国相关的急务，而加以认真对待的。法律对私权利的保护不仅为宋以前所未有，也为宋以后所少见。例如，自汉以来法律严禁以卑幼告尊长，但在宋代的民事诉讼中却不受此限制。载入《名公书判清明集》的案例中既有叔侄之讼、兄弟之讼，也有子诉其母之讼，司法官不仅受理，而且在判决中明白表示："母子兄弟之讼当平心处断"，③表现了财产观念对伦常的冲击，以及法律对私有权的保护，这是宋代经济发展加给法制的时代烙印。以致为维护个人的私权利而诉诸官府、诉诸法律的行为，被看作正常行为，并没有引起物议。

与诉讼行为的日益增多相联系的，社会上出现了一批"讼师""建讼之人""珥笔之人"，他们以"讼学"相标榜，以助人诉讼为专业，成为一个特殊的群体。他们的存在与活动，没有受到类似明清时期那样的法律禁止，这反映了为维护私权而萌发的某种诉讼权利意识。宋人的法律价值观，又是和士大夫中间功利思想的抬头分不开的。例如，北宋李觏说："人非利不生，曷为不可言？……欲者，人

---

① 《皇朝文鉴》卷一〇六《民议》。

② 《宋季三朝政要》卷一。

③ 《名公书判清明集》卷十，"母子兄弟之讼当平心处断"，中华书局1987年版，第361~362页。

之情,曷为不可言?”[①]至南宋,以陈亮、叶适为代表的事功学派,批判了重本抑末的传统观点和重义轻利的教条,主张功利、义利并重。陈亮的功利思想的集中表现就是:“功到成处,便是有德;事到济处,便是有理。”[②]叶适则公然为工商辩护,他说:“夫四民交致其用,而后教化兴,抑末原本,非正论也。”[③]

总之,宋代不仅以民事立法、财经立法、民事诉讼程序的发达,赢得了中国法制史上的位置,而且也显示了中国传统法律文化内容的多样性与丰富性。一个由士大夫组成的文化群体,对于传统的秋冬行刑、纵囚等观点,进行了理性的批判。他们从北方少数民族的内侵而产生的忧患意识出发,更关切社会的安定与民瘼,因而也更注重对民事争执的法律调整。宋朝从皇帝(当然不是全部)到官僚,到士大夫,一般都明法习律。著名的阿云之狱,把神宗皇帝和王安石、司马光等众多官僚,都卷进了对《宋刑统》有关条款如何认定的争论中去。而苏东坡在赠其弟《戏子由书》中所说,“读书万卷不读律,致君尧舜之无术”,无疑反映了当时士大夫阶层比较普遍的认识。

近年发现的陕西紫阳县、四川省冕宁县的清代档案中,民事诉讼案例占较大的比重。这说明至封建社会后期,民众为自己的合法权益而诉诸官府、诉诸王法的意识的提高,同时,也反映了州县官府对民间“细故”“细事”的重视与依法解决。因为细事不了断也可能酿成大事,这是封建末代王朝所承受不起的。

十八、吏民习法,明刑弼教

中国古代法律的作用在于禁暴惩奸,惩贪触邪。为了发挥法律的作用,要让官吏和百姓知法、畏法、守法,历代都重视法律宣传。

(一)木铎宣法、悬法象魏

木铎宣法是面向民间社会的法律传播方式,在法律公布之后,

---

① 《李觏集》。

② 《止斋文集》卷三六《答陈同甫》。

③ 《习学记言序目》卷十九《史记一》。

夏商周时期往往还要通过木铎宣传的形式将法令广播四方，使民众知悉法律的内容，不致误触刑网。《尚书·胤征》："惟仲康肇位四海，胤侯命掌六师。羲和废厥职，酒荒于厥邑，胤后承王命徂征。告于众曰：嗟予有众，圣有谟训，明征定保，先王克谨天戒，臣人克有常宪，百官修辅，厥后惟明明，每岁孟春，遒人以木铎徇于路，官师相规，工执艺事以谏，其或不恭，邦有常刑。"《左传·襄公十四年》："故《夏书》曰：遒人以木铎徇于路。官师相规，工执艺事以谏。正月孟春，于是乎有之，谏失常也。天之爱民甚矣。岂其使一人肆于民上，以从其淫，而弃天地之性？必不然矣。"《周礼·秋官·小司寇》："正岁，帅其属而观刑象，令以木铎曰：不用法者，国用常刑。"郑玄注曰："正岁，谓夏之正月。得四时之正，以出教令者，审也。古者将有新令，必奋木铎以警众，使明听也。木铎，木舌也。文事奋木铎，武事奋金铎。"丘濬《大学衍义补》卷一百七"顺天时之令"：令之木铎，使有耳者所共闻，欲其入于耳而警于心。

除以木铎宣传法令，使民知而敬畏以外，还悬刑象魏，也是这一时期法律宣传的形式。

悬法象魏，是指将法令悬挂在王宫门口之外的高台之上，公示于民，使国人了解刑（法）之可畏。《周礼·秋官·大司寇》："大司寇之职，掌建邦之三典，以佐王刑邦国，诘四方。……正月之吉，始和，布刑于邦国、都鄙乃县刑象之法于象魏，使万民观刑象。挟日，而敛之。"《周礼·秋官·布宪》也有类似记载："布宪掌宪邦之刑禁。正月之吉，执旌节以宣布于四方。而宪邦之刑禁，以诘四方邦国，及其都鄙，达于四海。凡邦之大事合众庶，则以刑禁号令。"丘濬《大学衍义补》卷一百七："正月既布于象魏，县于门闾、都鄙、邦国，然恐其奉行之者不必谨，或有废格而懈弛者，于是设布宪之官，每岁自正月始遍巡天下，自内而至于外、由近而至于远，内而方国，外而海隅，无不至焉。"

木铎宣法、悬法象魏都是这一时期比较简单和直观的法律宣传形式。这一时期的法律宣传形式虽然比较简单、直观，但说明统治者对此的重视，并且设有专官执行。但是，这时的宣传只是让百姓了解刑之可畏，以有利于遵令守法，因而并未涉及如何具体施刑和根据何种具体规定施刑。

(二)铸刑书,使百姓知法

春秋初期,各诸侯国基本上沿用西周的礼法体制。至春秋中叶,代表地主阶级的新兴政治势力的兴起,反对旧贵族垄断法律的权力知识,以便任意地设法执刑,因而,要求公布成文法,迫使当政者不得不公布成文法,将刑书铸于鼎上,向百姓公布法律。

《左传》昭公六年记载“郑人铸刑书”,杜预注曰:“铸刑书于鼎,以为国之常法。”由于郑国执政者子产“铸刑书于鼎”,打破了“临事制刑,不豫设法”,“刑不可知,则威不可测”①的旧传统,对贵族们任意化无罪为有罪,变有罪为无罪的擅断权是一种剥夺,因而引起了极大的震撼,遭到晋国以叔向为代表的旧贵族势力的激烈反对。叔向致书子产大加责难,说:“昔先王议事以制,不为刑辟,惧民之有争心也……民知有辟,则不忌于上,并有争心,以征于书,而徼幸以成之,弗可为矣……今吾子相郑国,作封洫,立谤政,制参辟,铸刑书,将以靖民,不亦难乎……民知争端矣,将弃礼而征于书,锥刀之末,将尽争之,乱狱滋丰,贿赂并行,终子之世,郑其败乎,闻之,国将亡必多制,其此之谓乎?”②所谓“议事以制”的“制”,类似于后世的“故事”“成例”,由贵族们掌握,秘而不宣,以便于擅断罪罚,这既加强了法律的神秘性,也显示了贵族们的权力价值。正因如此,他们对于公布成文法所打破的擅断特权,所确立的按法断罪的规矩,表示了谴责。对叔向的谴责,子产坚定地不予“承命”,理由就是“吾以救世也”。所谓“救世”就是随着社会的变化而改变不合时宜的权力观念与法律制度。通过公布成文法维护了新兴地主官僚的权力,得到了百姓的拥护,推动了社会改革,给郑国带来了新气象。

继子产铸刑书之后,郑国大夫邓析于公元前502年自行修订郑国的法律,刻于竹简之上,名为《竹刑》。邓析提倡“事断于法”,并向民众传授法律知识,因而遭到郑国当政者的忌恨。公元前501

① 《春秋左传正义》昭公六年。

② 《左传》昭公六年。

年,“郑驷杀邓析而用其竹刑”,[①]说明竹刑在当时已得到百姓的某种认同。

正如历史的发展不以个别人物的意志为转移一样,曾经反对郑铸刑书的晋国,却于二十三年以后也不得不“铸刑鼎”,公布了“刑书”。《左传》昭公二十九年记载如下:“冬,晋赵鞅、荀寅帅师城汝滨,遂赋晋国一鼓铁,以铸刑鼎,著范宣子所为刑书焉。”据杜预《春秋左传集解》昭公二十九年注:“范宣子所用刑,乃夷蒐之法也。夷蒐在文六年……”孔子也说:“宣子之刑,夷之蒐也。”[②]可见铸刑鼎所公布的刑书,是范宣子执政时“朝廷承用”,但却未“宣示下民”的“夷蒐之法”,亦即赵盾所立之法。直至昭公二十九年(前513年),才“铸鼎而铭之,以示百姓”。[③]

如果说郑铸刑书是子产进行改革的产物,那么晋铸刑鼎也不是偶然的。晋国在春秋时期,经济较为发达,改革最有成效,贵族的家族组织和宗法等级制度都遭受了不同程度的破坏,从而为法制改革提供了有利的客观条件。此外,为了控制新的社会秩序、压制敌对势力以及争取兼并战争的胜利,都需要公布成文法,以执法的程序化取代断罪量刑的随意性。

孔子也反对晋铸刑鼎,对公布成文法的活动发出了尖锐抨击:“仲尼曰,晋其亡乎,失其度矣。夫晋国将守唐叔之所受法度,以经纬其民,卿大夫以序守之,民以是能尊其贵,贵是以能守其业,贵贱不愆,所谓度也。……今弃是度也,而为刑鼎,民在鼎矣,何以尊贵?弃礼征书,故不尊贵。贵何业之守?民不奉上,则上失业。贵贱无序,何以为国。”[④]孔子所说“民在鼎矣,何以尊贵”,同叔向“民之有辟,则不忌于上”如出一辙。但孔子把这个问题提到了“何以为国”的高度,表现了斗争的激烈。对于这一点,可以从孔颖达《正义》中得到证实。《正义》说:“守其旧法,民不豫知,临时制宜,轻重难测,民是以能尊其贵,畏其威,刑也,官有正法,民常畏威,贵是以能守其

---

① 《左传》定公九年。

② 《春秋左传正义》昭公二十九年。

③ 同上。

④ 同上。

业,保禄位也。贵者执其权柄,贱者畏其威严,贵贱尊卑不愆,此乃所谓度也。言所谓法度,正如此是也。"但在铸刑鼎公布刑书之后,如发生争端,则"弃礼征书","民知罪之轻重在于鼎矣,贵者断狱不敢加增"。[①] 由于"威权在鼎",百姓也就不再"畏上""奉上",[②]原有的体制自然难以维持了。

春秋时期,以公布成文法的形式宣传法律,反映出新的时代特点。第一,公布成文法是新兴地主阶级斗争的结果,新兴地主阶级为了维护不断发展的私有财产权,确认变动中的社会关系,调整由于宗法等级制度的松弛而形成的政治结构,巩固新势力已经获取但尚不巩固的权力,要求法律公开。代表新兴地主阶级的政治家以极大的勇气和魄力公布了成文法,反映了正在形成中的封建生产关系的要求和新兴地主阶级的意志。第二,公布法律以后,百姓不仅知道刑之象,而且知道因何用刑及如何用刑,因而较之先秦的悬刑象于象魏的法律宣传前进了一大步。第三,打破了"议事以制,不为刑辟"的法律秘密运行状态,曾经被垄断的权力知识也扩及百姓。正是这种时代的要求,推动了成文法的发展。公布成文法自郑、晋开其端,其他各国也群起仿效。至战国李悝著《法经》,为春秋各国公布成文法作了完美总结。

(三)法莫如显的法家主张

战国时期,法家主张以法治国,不仅主张制定成文法,而且要求贵贱上下,一断于法。如同韩非所说,"法者,编著之图籍,设之于官府,而布之于百姓者也。……故法莫如显……是以明主言法,则境内卑贱莫不闻知也",[③]"法者,宪令著于官府,赏罚必于民心,赏存乎慎法,而罚加乎奸令者也,此臣之所以师也"。[④] 既然"法莫如显"而且公布于众,所以法应该统一和稳定,使吏民有所遵循,不至于无所措手足。因此韩非又说:"法莫如一而固,使民知之",[⑤]"言无二贵,法不两适,故

---

① 《春秋左传正义》昭公二十九年。

② 同上。

③ 《韩非子·难》(三)。

④ 《韩非子·定法》。

⑤ 《韩非子·五蠹》。

言行不轨于法令者必禁”。[1] 他举韩国申不害“不一其宪令”所造成的弊端，作为史鉴：“晋之故法未息，而韩之新法又生，先君之令未收，而后君之令又下。申不害不擅其法，不一其宪令，则奸多故。”[2]为使民知法，强调法莫如“一而故”，这样的法才有权威，才赢得民心。

商鞅变法时强调通过法制宣传，使民知法、守法，史书说：“妇人婴儿皆言商君之法”，[3]这样，“吏不敢以非法遇民。民不敢犯法以干法官”，[4]“于是法大用，秦人治”。[5] 这说明广泛的法律宣传所起到的积极作用。

商鞅还特别提出立法要察民情，他说：“法不察民之情而立之，则不成治。”[6]法家的重民是和儒家的民本思想是殊途同归的。

(四)刻石记法，使民知法

秦始皇在统一六国以后，继续奉行以法治国的方略，借以建立和巩固专制主义中央集权的统一国家。秦始皇面对“天下统一，海内为郡县”的新局面，为了保证法律的统一适用，废除了六国各自的法律，使“法令归于一”。秦始皇为了使民知法，不仅在原有秦律的基础上进行了“明法度，定律令”的大量工作，还在巡视天下时宣进行刻石记法。如二十八年(前 219 年)泰山刻石记法，广泛宣传法律：“皇帝临位，作制明法，臣下修饬。……治道运行，诸产得宜，皆有法式。”同年琅岈刻石：“端平法度，万物之纪……除疑定法，咸知所辟。……驩欣奉教，尽知法式。”二十九年(前 218 年)芝罘刻石：“大圣作治，建定法度，显著纲纪……普施明法，经纬天下，永为仪则。”三十七年(前 280 年)会稽刻石：“秦圣临国，始定刑名，显陈旧章，初平法式，审别职任，以立恒常。”上述刻石表明了秦始皇的立法指导思想，它阐明了作制明法的目的，是使臣下修饬，各知所行，同时也使天下臣民咸知所辟，尽知法式。而更重要的是普施明法，经

---

① 《韩非子·问辩》。
② 《韩非子·定法》。
③ 《战国策·秦策一》。
④ 《商君书·定分》。
⑤ 《史记·秦本纪》。
⑥ 《商君书·壹言》。

纬天下,亦即以法治国。根据云梦秦简中的法律规定,结合秦统一后的立法建制,雄辩地说明了秦从社会到国家、从经济到政治、从生产到生活、从家庭到个人莫不“皆有法式”。通过秦始皇刻石的方式制定有关的法律,不仅使之具有极大的权威,而且也是宣传法律的一种新的创造。

(五)两汉法律宣传形式的多样化

第一,汉初约法三章的法律宣传形式。

由于秦末酷刑虐民成为农民起义的重要诱因,因此,汉初以蠲除苛法严刑作为休养生息政策的重要内容。早在汉高祖初入咸阳时,为了扩大政治影响,笼络人心,以利于夺取政权,便在灞上当众公开宣布:“与父老约法三章耳:杀人者死,伤人及盗抵罪。余悉除去秦法。”[①]约法三章的基本精神是删繁就简、去苛从宽,保护人身安全和私有财产权,这在当时的历史背景下无疑是顺应人心的,使苦秦法久矣的“兆民大说”,[②]这对汉高祖战胜项羽、统一全国产生了极有利的影响。

第二,西汉时期外儒内法通过礼的广泛性、规范性宣传法律。

汉承秦制,在新的历史条件下形成了巩固的政治、经济、文化大一统的封建国家。随着国家的稳定、疆域的扩大,特别是社会发展的需要、统治者的治国方略,由初期的以黄老之学为指导思想逐渐转向为大一统辩护的儒学。从武帝时起“罢黜百家,独尊儒术”,从此,儒家以三纲——君为臣纲、父为子纲、夫为妻纲为核心的伦理纲常之说不仅成为正统的意识形态,而且进入法律领域,形成了外儒内法的治国方略。外儒就是以儒家的纲常之说作为外饰,以赢得人心,减少推行法律的阻力。汉儒董仲舒说“以德为国者,甘于饴蜜,固于胶漆,是以圣贤勉而崇本,而不敢失也”,[③]使德主刑辅成为汉朝治国理政的基本方针。汉儒董仲舒还提倡以《春秋》经义决狱,得到了汉武帝的首肯,从而将儒家学说引向了司法领域。由于纲常

① 《汉书·高帝纪》。

② 《汉书·刑法志》。

③ 《春秋繁露·立元神》。

伦理之说更适合中华民族的道德水准和心理状态，因此，通过礼的形式宣传法律，更容易为百姓所接受。

第三，东汉盛行私家注律，广泛宣传法律知识。

东汉时期，为了解释法律渊源之间的关系，减少彼此间的矛盾，力求做到法律的统一适用，于是以儒家为代表的私家注律开始兴起。由于汉儒提倡引经注律，因此通经的大儒往往又是明律的大家。东汉的统治者鼓励私家注律，并将明经、通律视为晋身之阶，所以一时间儒生官吏习律成风推动了中国古代律学走向兴盛。

著名的律学家如颍川郭氏三代、沛国陈氏三代、河南吴氏三代都是祖孙相承，明习律法，位列高官，治绩显著。据《后汉书·郭躬传》载："郭氏自弘后，数世皆传法律，子孙至公者一人，廷尉七人，侯者三人，刺史、二千石、侍中、中郎将者二十余人，侍御史、正、监、平者甚众"，"法家之能庆延于世盖由此也。"尤其是经学大师马融和郑玄，也都为法律注解立说。郑玄所撰《汉律章句》称得上汉代一部完备的律学著作，同他所注释的其他经传同样斐然于世。《晋书·刑法志》说："叔孙宣、郭令卿、马融、郑玄诸儒章句，十有余家，家数十万言。凡断罪所当由用者，合二万六千二百七十二条，七百七十三万二千二百余言。"《唐六典》卷六中也说："至后汉马融、郑玄诸儒十有余家，律令章句，数十万言，定断罪所用者合二万六千余条。"由此可见，东汉律学发展的盛况，通过这样的聚徒传授、子孙相袭的注律活动广泛地将法律知识散布于社会，使更多的百姓了解法律知识。

总之，私家注律不仅丰富了古代的刑法学和诉讼法学，无论是概念的抽象还是律文的注释，都显示了律学家的法学造诣和经验的总结。并且私家注律的兴起有助于解决司法中的困惑，为儒家思想渗透到现行法律开辟了一条蹊径；另外，通过私家注律的群体性、广泛性，宣传了国家的法律知识，使广大百姓受到了教育，注律者也于潜移默化之中提高了法律意识，尤其是东汉私家注律使律学附庸于经学，也就是礼法结合，这为百姓了解法律提供了条件。由于经即礼，而礼的规范不仅流行于上层，也广布于社会底层，通过礼法、礼俗、礼仪宣传法律，是东汉法学家的一个选择。

(六)重为上执法的唐代法律宣传

唐太宗李世民和辅佐他的名臣魏征、王珪、房玄龄、杜如晦、马周、戴胄等人,都亲身经历了隋朝由盛转衰,顷刻覆亡的过程,因而"动静必思隋氏,以为殷鉴"。[①] 他们从总结隋亡的教训中发现"宪章遐弃",[②]"不以官人违法为意"[③],"法令尤峻"[④]是招致"人不堪命,遂至于亡"[⑤]的重要原因。因此唐朝建立以后,十分注意立法建制,恢复法治秩序。魏征曾经向太宗进言说:"且法,国之权衡也,时之准绳也。权衡,所以定轻重,准绳,所以正曲直",作为"万乘之主",如果"任心弃法",无异于"捨准绳以正曲直,弃权衡而定轻重","不亦惑哉?"[⑥]魏征的进言得到太宗的肯定,他多次表示:"法者非朕一人之法,乃天下之法",不可以因私"挠法"。[⑦] 可见以明法作为"安民立政,莫此为先"[⑧]的治国方略,是唐初君臣的共识。通过明法,"禁暴惩奸,弘风阐化",[⑨]稳定社会秩序,防止隋末法纪败坏激起民变的历史重演。

贞观时期法治秩序的建立,是和太宗率先垂范分不开的。例如,贞观初所选官大都伪造资历,太宗曾颁发敕令,限其自首,否则处死。不久,温州司户参军柳雄诈冒资荫事发,大理寺少卿戴胄"据法断流"。"太宗曰:'朕初下敕,不首者死,今断从流,是示天下以不信矣。'胄曰'陛下当即杀之,非臣所及。既付所司,臣不敢亏法。'太宗曰:'卿自守法,而令朕失信邪。'胄曰:'法者,国家所以布大信于天下,言者,当时喜怒之所发耳。陛下发一朝之忿而许杀之,既知不可而置之以法,此乃忍小忿而存大信,臣窃为陛下惜之'。"

---

① 《贞观政要》卷八《刑法》。

② 《隋书·刑法志》。

③ 《魏郑公谏录》卷三。

④ 《旧唐书·刑法志》。

⑤ 同上。

⑥ 《贞观政要》卷五《公平》。

⑦ 同上。

⑧ 《旧唐书·刑法志》。

⑨ 同上。

还是太宗折服,并表示:“朕法有所失,卿能正之,朕复何忧也。”[①]又如,鄃令裴仁轨私自役使门夫,太宗怒“欲斩之”,但按法“诸监临之官,私役使所监临……各计庸赁,以受所监临财物论”,罪不至死。因此,监察御史李乾佑为之力争,指出:“法者,陛下所与天下共也,非陛下所独有也。今仁轨坐轻罪而抵极刑,臣恐人无所措手足。”[②]终于使太宗收回成命,并提升李乾佑为侍御史。特别是广州都督党仁弘犯法当死,太宗“哀其老且有功”,[③]免其死罪。为此特下诏罪己,“请罪于天”,以示不应曲法。他说:“法者……不可以私而失信,今朕私党仁弘而欲赦之,是乱其法,上负于天,欲……谢罪于天三日。”这些例子都说明皇帝与大臣以身作则、率先垂范,上下齐心维护法律的权威,所以官员都不敢以非法御民。因而,为上执法正是唐代最有效的法律宣传。

(七)两宋读书读律,蔚成风气

宋朝重视法律胜于唐朝。宋初皇帝务实求实,非常重视运用法律管理国家。宋太祖曾说:“王者禁人为非,莫先于法令。”[④]太宗也反复告诫臣下:“法律之书,甚资政理,人臣若不知法,举动是过,苟能读之,益人知识。”[⑤]仁宗更将法制作为图治的首要条件,他说:“法制立,然后万事有经,而治道可必。”[⑥]在上述尊法重法的思想影响下,以后的宋朝皇帝也都多“究心庶狱”“临轩虑囚”,积极开展立法活动,加强法制建设。

太宗时期,在“经生明法,法吏通经”[⑦]的思想影响下,创建了“明法科”,使法律进入科考领域。太宗太平兴国八年(983 年),又命“诸科始试律义”,遂使法律成为科举考试的重要内容。神宗改制时,为了进一步改变“近世士大夫,多不习法”的学风,“又立新科

---

① 《贞观政要》卷五《公平》。
② 《资治通鉴》卷一九二。
③ 《新唐书·刑法志》。
④ 《宋大诏令集》卷二百《刑法》(上),《改窃盗赃计钱诏》。
⑤ (宋)李攸:《宋朝事实》卷一六《兵刑》。
⑥ 《续资治通鉴长编》卷一四三,庆历三年九月。
⑦ 《文献通考》卷三二《选举考》(五)。

明法,试律令、《刑统》大义、断案”。[1] 科举试法起着某种导向作用,激发了“士人”学法习法律的积极性。如同神宗时大臣彭汝砺所说,“异时士人未尝知法律也,及陛下以法令进之,而无不言法令”。[2] 苏轼在《戏子由》诗中说:“读书万卷不读律,致君尧舜知无术。”苏轼所说致君尧舜之术,意在说明只有精通法律才能辅佐皇帝治理国家。他在《戏子由》诗中所说的读书读律之议,他自己就是实践者,他对于刑赏之用的总结正是致君为“尧舜”的一种“术”。可见,读书读律已经蔚成风气。这从嘉祐二年(1057 年)苏轼参加科举考试撰写的策论《刑赏忠厚之至论》中说明他是读书读律的。此文受到主考官梅尧臣和欧阳修的赏识,拔擢为第二名。至礼部复试时,他再以《春秋对义》取为第一名。在他的做官经历中,也有纯然为司法官员者,如大理寺平事、知登闻鼓院等。

需要指出,宋朝相对宽松的政治环境,与读书读律的提倡,使法律思想较为活跃,一些著名的法学著作相继问世。例如,律学博士付霖撰写的《刑统赋》将建隆四年颁布的《刑统》以音韵的形式,编成通俗易懂便于记忆的律学读本,并亲自作注,在当时很有影响。金元时期仍有人为《刑统赋》作注,注本近十种之多。仁宗时,曾任国子监直讲的孙奭撰著《律文音义》《律令释义》二书,说明当时国子监中对于教授法学的重视。读书读律蔚然成风,是法律宣传的重要形式。

特别需要指出,讲求理气之书的理学家们,也在他们的诗文中表现出了对法律的重视。例如,著名理学家朱熹主张“存天理,灭人欲”。所谓“天理”即儒家所说的三纲,朱熹将其推崇至“天理”的高度,深受统治者的肯定和宣扬。至清朝康熙时,将朱熹列于孔子十哲之次,说明天理人欲之说对于专制国家统治所起的政治功用。值得提出的是理学家并非终日论道,无视法律之学,朱熹就曾发表了《尧典象刑说》《论治道》二文表达了他的法观点。“象以典刑”出自《尚书·舜典》,历代解释者颇多,《唐律疏议》解释说:(象刑)“画象

---

① 《宋史·选举志三》。

② 《历代名臣奏议》卷一一六《风俗》(二)。

以愧其心”。朱熹的解释仿此,朱熹认为赏与刑都发自圣人之心,他说:“圣人之于天下,其所以为庆赏威刑之具者,莫不各有所由……故其赏也,必察其言,审其功,而后加以车服之赐;其刑也,必曰‘象以典刑’者,画象而示民,使民畏刑。”又说:“上古惟有肉刑,舜之为赎、为扑,乃不忍民之斩戮,而始为轻刑者。”朱熹对于九刑(墨、劓、剕、宫、大辟、鞭、扑、流、赎)的诠释,对后世律学的发展很有影响。

朱熹还在《唐律疏议》中关于“德礼为本,刑罚为用”的儒家传统基础上做了进一步发挥。他说:“愚谓政者,为治之具。刑者,辅治之法。德礼则所以出治之本,而德又礼之本也。此其相为始终,虽不可以偏废,然刑政能使民远罪而已,德礼之政,则有以使民日迁善而不自知。故治民者不可徒恃其末,而又当深探其本也。”[①]然而朱熹面对的政治现实,使他有感而发,“有德礼而无刑政又做不得”。[②]

朱熹在《论治道》的文中则立足于地方官的施政经验,比较切实地阐述了他对法律的认识。首先,他认为立法必有弊端,要在得人,可以弥补法之弊,他说:“大抵立法必有弊,未有无弊之法,其要只在得人。若是其人,则法虽不善,亦占分数多了。若非其人,则有善法,亦何益于事。”[③]同时,他面对现实,反对行古之法,“居今之世,若欲尽除今法,行古之政,则未见其利,而徒有烦扰之弊。……要之因祖宗之法而精择其人,亦足以治”。[④] 其次,他认为当时既有“时弊”,也有“法弊”。他说:“今世有二弊:法弊、时弊。法弊,但一切更改之,却甚易;时弊,则皆在人。人皆以私心为之。如何变得。”此论意在抨击王安石变法。由于“法弊”,“君子欲为其事以拘于法而不得骋,小人却徇其私,敢越于法而不之顾”。再次,他认为法令颁布之后,违法者自当给予刑罚。他说:“号令既明,刑罚亦不可弛。苟不用刑罚,则号令徒挂墙壁尔。”最后,他从孔子论证宽猛出发,强

---

① 《论语集注》卷一。

② 《朱子语类》卷二三。

③ 《论治道》。

④ 同上。

调“古人为政,一本于宽,今必须反之以严。盖必如是矫之而后有以得其当。今人为宽,至于事无统纪,缓急予夺之权,皆不在我,下梢却是奸蒙得志,平民既不蒙其惠,又反受其殃矣”。[①] 以上说明,两宋时期法律宣传的特殊形式和重要的社会影响。

(八)明清律“讲读律令”条重视官民“普法”

明太祖朱元璋虽出身于平民,却十分注意总结封建国家统治的历史经验,尤其是他亲历了元末因政治腐败、法纪荡然而招致农民大起义,清醒地认识到整饬封建统治秩序与法制的重要性。他说:“元氏昏乱,纪纲不立,主荒臣专,威福下移,由是法度不行,人心涣散,遂至天下骚乱”,“卒至于亡。”[②]他强调指出:“夫法度者,朝廷所以治天下也。”[③]

为了使法易为人知,而又便于官吏执行,也为了避免元末“条格烦冗,吏得夤出入为奸,所以其害不胜”[④]的弊病,还在吴元年十月,李善长等议拟律令时,朱元璋便指出:“法贵简当,使人易晓,若条绪繁多,或一事两端,可轻可重,吏得因缘为奸,非法意也。夫网密则水无大鱼,法密则国无全民,卿等悉心参究,日具刑名条目以上,吾亲酌议焉。”[⑤]洪武元年公布大明令时,再次指出:“……古者律令至简,后世渐以繁多,甚至有不能通其义者,何以使人知法意而不犯哉?民既难知,是启吏之奸而陷民于法,朕甚闵之。今所定律令,芟繁就简,使之归一,直言其事,庶几人人易知而难犯。”[⑥]

为了“使人易晓”,不要以身试法,他在洪武三十年(1397年)“故作大诰,以示民,使知趋吉避凶之道”。[⑦] 为了防止条绪繁多,一事两端,于可轻可重之间便于奸吏行私,凡“比例之繁,奸吏可资为出入者,咸痛革之”。[⑧] 吴元年十二月制定的《大明律令》,“凡为令

① 《论治道》。
② 《明太祖实录》卷一四。
③ 《明太祖实录》卷一一六。
④ 《明太祖实录》卷二七。
⑤ 《明史·刑法志》(一)。
⑥ (明)丘浚:《大学衍义补》卷一百三,《定律令之制》(下)。
⑦ 《明史·刑法志》(一)。
⑧ 同上。

一百四十五条,律二百八十五条”,[1]较之唐宋律确为简当易知。统一的明朝建立以后,几次修订大明律,也都注意贯彻简当的思想,如同《明史・刑法志》所说,“大抵明律视唐简覈”。

朱元璋除提出“法贵简当”保持稳定外,还重视“明刑弼教,以礼导民”。明刑弼教是中国由来已久的传统法律思想,也是朱元璋以法治国的理论基础,在他手订的《大诰》中反复强调明刑弼教的重要性。明刑弼教重在明刑,以刑辅教。为了明刑,朱元璋不仅重视立法,尤其重视吏民知法,通过法律宣传,整饬纲纪,预防犯罪。早在吴元年十二月,大明令完成时,朱元璋惟恐“小民不能周知,命大理卿周桢取所定律令,自礼乐、制度、钱粮、选法之外,凡民间所行事宜,类聚成编,训释其义,颁之郡具,名曰《律令直解》”。“太祖览其书而喜曰:‘吾民可以寡过矣。’”[2]《明通纪》也有类似的记载:“吴元年十一月命中书省详定律令。先是上以唐宋以来,皆有成律断狱,惟元不仿古制取一时所行之事为条格,胥吏易为奸弊。自平武昌以来,即议定律,至是台谏已立,各道按察司将巡历郡县,欲颁成法,俾内外遵守。”洪武五年(1372 年)二月,鉴于“田野之民,不知禁令,往往误犯刑宪”,特“命有司于内外府州县及乡之里社皆立申明亭,凡境内之人民有犯者,书其过,名榜于亭上,使人有所惩戒”。洪武十五年(1382 年)八月,就申明亭在实行中的弊病,再谕礼部:“天下郡邑申明亭,书记犯罪者姓名,昭示乡里,以劝善惩恶。今有司概以杂犯小罪书之,使善良一时过误为终身之累,虽欲改过自新,其路无由,尔等详议之。于是礼部议:自今犯十恶、奸盗、诈伪、干犯名义、有伤风俗及犯赃至徒者书于亭,其余杂犯公私过误,非干风化者,悉皆除之,以开良民自新之路……制曰可。”[3]正是由于申明亭是贯彻明刑弼教的一种设于基层的制度,因此《大明律・刑律・杂犯》规定:“凡拆毁申明亭房屋及毁板榜者,杖一百,流三千里。”除申明亭外,还有旌善亭、乡饮酒礼、祭厉、祭社稷等礼制,[4]也都是服

---

① 《明史・刑法志》(一)。

② 同上。

③ (清)沈家本:《历代刑法考・律令九》,“申明亭”。

④ 罗冬阳:《明太祖礼法之治研究》,高等教育出版社 1998 年版,第 102 页。

务于明刑弼教的目的。

最足以反映明刑弼教思想的,是洪武十八年(1385 年)至二十年(1387 年)由朱元璋亲自编制的《大诰》四篇。其主要内容是选编官民过犯的案例,以及律外峻令与有关趋吉避凶的训诫。为了广泛地宣传大诰的内容,以威慑群众,要求“户户有此一本”,“臣民熟观为戒”。① 洪武三十一年(1398 年),还将大诰三编颁之学宫,作为国子监学和科举考试的内容。而在乡里则由塾师教授大诰。每于乡村节日民众集会之处,还有专人讲说大诰。“天下讲读大诰师生来朝者十九万三千四百余人,并赐钞遣还。”②洪武三十年(1397 年),《大明律诰》成,朱元璋亲御午门,面谕群臣,昭示制作律诰的目的:“法在有司,民不周知,故命刑官取大诰条目,撮其要略,附载于律……刊布中外,令天下知所遵守。”③

特别需要指出的是,《大明律》中专门规定了“讲读律令”条:“凡国家律令,参酌事情轻重,定立罪名,颁行天下,永为遵守。百司官吏务要熟读,讲明律意,剖决事务。每遇年终,在内从察院,在外从分巡御史、提刑按察史官,按治去处考校。若有不能讲解,不晓律意者,初犯罚俸钱一月,再犯笞四十附过,三犯于本衙门递降叙用。其百工技艺,诸色人等,有能熟读讲解,通晓律意者,若犯过失及因人连累致罪,不问轻重,并免一次。其事干谋反、谋逆者,不用此律。若官吏人等,挟诈欺公、妄生异议,擅为更改,变乱成法者,斩。”

讲读律令之法首先要求官吏知法,这不是偶然的。由于明朝废除了科举中的明法科、刑法科,而以八股制艺取士,因此入仕之官,多不习法。而作为基层官吏,每天都要面对着各种复杂的诉讼。为了防止官吏由于不习法明法,而不得不依赖于刑名幕吏,造成司法的腐败,因而特别规定此条,强制每年考校官吏的法律知识,并附以奖惩。对此,沈家本认为:“此条唐律无文,盖自元废律博士之官,而讲读律令者,世道无其人,明虽设有此律,亦具文耳。”④但清人吴坛

① 《御制大诰·颁行大诰》。

② 《明太祖实录》卷二五三。

③ 《明史·刑法志》(一)。

④ (清)沈家本:《历代刑法考》,“明律目笺”二。

在《大清律例通考》中对此律条有如下考证：前明成化四年（1468年）旧例内开，“各处有司，每遇朔望诣学行香之时，令师生讲说，俾官吏及合属人等通晓法律伦理，违者治罪”。说明讲读律令条在现实中仍有一定的影响，并非完全具文。

清朝建立以后，仿大明律制定《大清律集解附例》，仍将讲明律令列于“吏律公式”之中。乾隆五年（1740年）《大清律例》成，“吏律·公式·讲读律令”条规定如下：“凡国家律令，参酌事情轻重，定立罪名，颁行天下，永为遵守。百司官吏务要熟读，讲明律意，剖决事务。每遇年终在内、在外，各从上司官考校。若有不能讲解、不晓律意者，官罚俸一月，吏笞四十。其百工技艺诸色人等，有能熟读讲解，通晓律意者，若犯过失及因人连累致罪，不问轻重并免一次。其事干谋反、叛逆不用此律。若官吏人等挟诈欺公，妄生异议，擅为更改，变乱成法（即律令）者，斩（监候）。”

明清律“讲读律令”条，首先针对内外百司官吏。“讲读律令”条中所谓“国家律令”是指“颁行天下，永为遵守”的《大明律》和《大清律例》而言。这两部法典虽以刑法为核心内容，但也是按诸法合体编成的国家大法，其涵盖十分宽广，涉及行政、民事、财经、刑法、诉讼、断狱、监狱以及家庭社会等诸多方面，故而要求百司官吏，“务要熟读，讲明律意，剖决事务”。

“讲读律令”条所规定的考校时间，明、清律都定在每年年终，但负责考校的机关与对不合格者的惩治，明、清律稍有不同。按明律：京内官由察院考校，京外官由分巡御史、提刑按察司官考校。对于“不能讲解，不晓律意者，初犯罚俸钱一月，再犯笞四十附过，三犯于本衙门递降叙用”。按《大清律例》，无论京内京外官均由“上司官考校”。对于“不能讲解、不晓律意”的官吏的制裁“官罚俸一月，吏笞四十”。

明清律中专列“讲读律令”条不是偶然的。明清时期的科举制度已不再设明法科、刑法科，而以制艺即八股文为官吏入仕的敲门砖。因此，明清两朝入仕之官对于法律完全处于愚氓无知的状态。临民之后又面对大量的司法案件，而且《大清律例》明文规定：“凡（官司）断罪，皆须具引律例，违者（如不具引）笞三十。”为避免州县官断狱时瞠目不知所措和避免受制于刑名幕吏的操控,故而专列此条。可见“讲读律令”条的针对性是非常突出的,是对于八股取士选官制度的补偏救过之举。

乾隆初,吏部以内外官员各有本任承办事例,“律例条款繁多,难概责以通晓,奏请删除官员考校律例一条”,乾隆帝“不允”,谕曰:“诚以律例关系重要,非尽人所能通晓,讲读之功不可废也。”①

为适应官员讲读律令的需要,涌现出一批类似参考书之类的律学著作,如《大清律例提纲》《读律心得》《大清律例便览》等简明读本,而图表歌诀类的律学著作也应运而生。

在清朝律学家的队伍中,由州县官至封疆大吏是为重要的组成部分,如康熙时州县官于琨撰《祥刑要览》、知县黄六鸿撰《福惠全书》;雍正时知县蓝鼎元撰《鹿州公案》、河南总督田文镜撰《州县事宜》;乾隆时江苏巡抚徐士林撰《守皖谳词》《巡漳谳词》、江苏巡抚吴坛撰《大清律例通考》;嘉庆时广东提刑按查使陈若林撰《大清律例重订统纂集成》、湖南布政司理问、瞿中溶撰《洗冤录辩证》;道光时四川保宁府知府刘衡撰《读律心得》、州县官穆瀚撰《明刑管见录》;同治时湖广总督李翰章撰《大清律例汇集便览》;光绪时湖北州县官江峰撰《大清律例略记》等。他们从司法实践中体验到讲读律令的应用价值,因而提高了司法的水准,说明了讲读律令条在实践中起到的效果。

从现存清代判词与档案资料中,可以看出对于案件的判决是依法和合法的,而且其中虽不乏出自幕友之手,但有些确为州县府道长官亲自拟定的。现存的明清官箴书中也多有关于读律的阐述,显然是对明清律中“讲读律令”条的回应。

由于《大明律》与《大清律例》是中国封建社会后期最完备的两部法典,涵盖面极为宽广,从总体上体现了国家意志,因此要求内外百官都要熟读、讲明律意、剖决是非。尽管明清二代部院司各有专门律例,尤其清朝则例纷繁,对各部院司权责奖惩规定得十分具体,但仍要求百官在了解本部院则例的同时,须熟读《大清律例》,而且

---

① (清)沈家本:《历代刑法考》,“大清律例讲义序”。

不限于临民司法之官。在讲读律令条中首列官、次列民。官之责在于执法，民之责在于守法。守法者利害仅限于自身，执法者是否援法，其影响及于社会的振荡、国家的安危。因此“讲读律令”首列官次列民，表现了明清统治者对于明主治吏而后治民的传统认识。凡是不明律意考校不及格的官与吏分别予以惩戒，表现了讲读律令条带有一定的强制性。现存的地方官亲自撰写的判词以及官箴书中读律明法的种种议论，以及律学简易读本的广泛印行，都从不同侧面印证了“讲读律令”条的效力和它的引导功能。2001 年 11 月齐鲁出版社出版的《徐公谳词》就是一例。

徐公即徐士林，山东文登人，康熙五十二年进士。曾任内阁中书、刑部主事、礼部主事、礼部员外郎，后外任江南安庆知府、江苏按察使、河南布政使、寻迁汀漳道、卒于江苏巡抚任上。《徐公谳词》由《守皖谳词》与《巡漳谳词》合编而成，是徐士林任安庆知府与汀漳道道员任上审理 102 件案件的判词手稿。

徐士林以善于断狱著称。多年断案的实践经验以及他对大清律例的研习体悟，使他深感“律例犹医书《本草》也，其情事万端，如病者之经络虚实也。不善用药者杀人，不善用律者如之”。正因如此，史书说他“治狱不以刑讯，而以理折；不以迹拘，而以情求”。他能够“握一狱之关键，晰众口之异同，而折以是非之至当。揆之天理而安，推之人情而准，比之国家律法而无毫厘之出笔入”。他反对深文周纳，期在必得以至刑讯逼供，也不许“姑息养奸”，无原则的宽容。“每谳狱定，必先摘大略牌示，始发缮文册，吏不得因缘为奸。”因此，经他审定的案子，从无翻案者。每当士林奉委派会审部驳大案时，他也尽力做到了“听断精敏……析疑疏滞，如见如绘；批隙导窾，无不迎刃而解”。徐士林不仅以不善用律者杀人自警，也据以勉励属下，“每守令来谒，辄具狱命判试其才”。①

乾隆时贵阳兵备道张经田在《励治撮要》一书中阐明了读律的重要：“士人学古入官，读书尤贵读律。律之为书，仁至义尽，词简意赅，一句一字具有精蕴存焉。而律为一定不易之成规，例则为因时

---

① 以上均见《清史稿》列传，卷三百八。

制宜之良法。凡律有未备,藉例以权其大小轻重之衡。纤悉比附,胥归至当,非就其同异之处,宽严之别,参互而考订之。遇有一案到手,且茫然无所适从,善办案者以案就例,兼之以例就案,两相就以准乎,宽严之并济,合乎仁义之至尽。有一成而不可变者,是在平日明习例文,深知其意,庶于审案时中有把握,且亦知所趋避,而操纵自如矣。"①

乾隆时名幕,后任知县的汪辉祖,以其经验强调"律例不可不读":"听讼不协情理,虽两造曲遵,毕竟是孽断,事茫无把握,以覆讯收场,安得不怠。原其故,只是不谙律例所致。官之读律,与幕不同。幕须全部熟贯,官则庶务纷乘势有不暇。凡律例之不关,听讼者原可任之幕友,若田宅、婚姻、钱债、贼盗、人命、斗殴、诉讼、诈伪、犯奸、杂犯、断狱诸条,非了然于心,则两造对簿猝难质诸幕友者,势必游移莫决,为讼师之所窥测。熟之可以因事傅例,讼端百变,不难立时折断,使讼师慑服。诳状自少,即获讼简刑清之益。每遇公余,留心一二条,不过数月可得其要。惮而不为,是谓安于自怠,甘于作孽矣。"②

嘉道时曾任州县官的刘衡提出读律在熟读诉讼、断狱两门:"或问律例浩繁,其要旨安在?有尤要而宜先读者乎?曰:有。伏查现行律例,系道光五年钦定刊颁,计四百三十有六门,凡一千七百六十有六条。言言酌情理之平,字字协中和之轨。而其要旨,敢以一言蔽之,曰:保全良民,禁制棍蠹诬扰而已。至诉讼门之十二条,断狱门之二十九条,则其尤要而宜先读者也……律例既熟,胆力以壮,乃能于收呈时,依据刑律诉讼门之十二条,分别准驳。于听断时,则体会设身处地四字,恪遵断狱门之二十九条,分判曲直,乃稍稍能禁制棍蠹之害民者。"③

---

① 官箴书集成编纂委员会编:《官箴书集成》(第6册),黄山书社1997年版,第50页。

② (清)汪辉祖:《学治说赘》,载官箴书集成编纂委员会编:《官箴书集成》(第5册),黄山书社1997年版,第311页。

③ (清)刘衡:《蜀僚问答》,载官箴书集成编纂委员会编:《官箴书集成》(第6册),黄山书社1997年版,第149页。

“讲读律令”条在要求百司官吏习法并定期考试、酌于奖惩之外，还针对百工技艺诸色人等。如“其百工技艺诸色人等”，犯“过失及因人连累致罪”，如能“熟读讲解，通晓律意者”，可以“不问轻重并免一次”，但“谋反、叛逆不用此律”。通过这样的法律规定，鼓励百姓了解律例，避免犯罪。可见讲读律令之法带有敦促吏民习法、守法的普法性质。除此之外，康熙帝、乾隆帝还通过圣谕的形式，使民众习法、敬法，遵而行之。

综上可见，明清律中专设“讲读律令”条，是针对以八股文入仕之官不明于律令之学，以致临民之后每遇民词往往不辨是非，受制于幕吏的现实而制定的，是补偏救弊的一大措施，反映了统治者对于司法的重视。从现存清代判词与档案资料中，可以看出对于案件的判决是依法和合法的，而且其中虽不乏出自幕友之手，但有些确为州县府道长官亲自拟定的。现存的明清官箴书中也多有关于读律的阐述，显然是对明清律中“讲读律令”条的回应。

总结中国古代的法律宣传有以下特点：第一，法律宣传受到历代统治者的重视，但由于时代不同、形势不同、法文化的水准不同，而有不同的要求和表现形式。第二，首重官，次为民。因为官是执法的主体，是主动者，民是遵法守法的被动者。所以，为官者不可不知法，故普法对象首在于官；官员习法不限于本部门的法规，而当熟悉国家的根本大法；而且不在于一时的轰轰烈烈，而在于年年考校奖优汰劣，形成一定的制度和法律，使“普法”常态化。第三，法律的宣传教育带有一定的强制性，每年考校官吏的法律知识，根据其水准而定有不同的奖惩。第四，法律宣传在于使百姓知法、敬法、畏法，避免犯罪，进而达到明刑弼教的目的。所以，民虽熟知法律，但如犯重大犯罪，仍按刑法处理。

中国古代的法律宣传与教育都带有本土化的国情特色，或与礼俗相关，或受到圣谕的规训，或有法律的强制规定，都带有中华法系的特色。习近平总书记强调：“人民权益要靠法律保障，法律权威要靠人民维护。要充分调动人民群众投身依法治国实践的积极性和主动性，使全体人民都成为社会主义法治的忠实崇尚者、自觉遵守者、坚定捍卫者，使尊法、信法、守法、用法、护法成为全体人民的共同追求。”[1]抚今追昔,通过法律宣传,让官民知法、守法,才能保障法律的作用得到有效发挥;只有官民法律意识的增强,才能促进法律秩序的稳定,有助于依法治国方略的实施。

---

① 习近平:《加快建设社会主义法治国家》,载《求是》2015年第1期。

第二部分　中国法律的近代转型

一、西方法文化的输入

（一）鸦片战争前的中国和世界

1. 闭关锁国的中国

以自然经济为主的中国的农业社会，是封闭保守的。专制主义的政权也有意识地割断中国与世界的联系，以致在很长一段时间中国不了解世界，世界也不了解中国。至16世纪，西方以利玛窦为代表的一批传教士来到中国。他们在传教之余，通过译书和著述，传播了西方的科学技术和人文科学知识，使中国人对数学、物理学、地理学、天文历算学、武器军火制造等近代自然科学有所蒙悟；同时也使中国对欧洲和世界有了最初的了解。在知识界中出现了徐光启、李之藻、王徵、黄宗羲、方以智、刘献庭等接受西方初步影响的思想家。

清朝建立以后，西学东渐之风一直受到卫道者的反对，他们“宁可使中国无好历法，不可使中国有西洋人”。康熙时期，由于罗马教皇禁止中国信徒拜天、祭孔、祀祖，干涉中国社会的内部事务，康熙帝遂下令驱逐西方传教士。康熙以后，清朝继续实行限制和防范外夷的政策，为此制定了一系列法律和章程，如乾隆二十四年(1759 年)《防范外夷条规》、嘉庆十四年(1809 年)《民夷交易章程》、道光十一年(1831 年)《防范夷人章程》,此外还有大量的上谕和官方文书。概括其主要内容如下:外国商人只能在夏秋两季到广州与官方特许的十三行交易;若居住广州,只能住在行商馆内,由行商负责管束稽查,交易完毕,必须随船回国或在澳门居留,不许在广州过冬;不得带兵器进城;不得乘轿及随便出游;不得买中国图书、学习中文;不得呈递禀帖或雇人投递信件至内地;不得在中国划船取乐;不许外国人雇用中国人及中国人向外国人借贷资本;夷妇不得进入城内;外商船如携有炮位,入港时必须卸下,交易完毕驶出时归还。此外,还加强河防,严密监视夷船活动,等等。这些规定有的对一个主权国家说来是必要的,有的则完全是出于无知。

比起中外经济交流的受阻,更为严重的是文化沟通上的隔断。长期以来中国人以天朝大国自居的傲慢心理,使之既不愿了解海外的世界,也缺乏探索的兴趣。直到 19 世纪以前,只有巴琐马、樊守义、谢清高三个中国人到过欧洲。其中樊守义在欧洲游历达十三年之久,于康熙五十九年(1720 年)回国,著有《身见录》,是第一本欧洲游记,但未刊行。谢清高在欧洲十四年,“遍历海中诸国,所在辄习其言语,记其岛屿厄塞、风俗物产,十四年而后返粤,自古浮海者所未有也”。谢清高的见闻,由杨炳南于 1820 年春将记录整理成《海录》一书,林则徐称赞它“所载外国事颇为精审”。①

随着西方资产阶级革命的完成,资本主义生产方式内在的矛盾也一天天显露出来,为此资本主义列强把目光投向了东方市场。清朝闭关自守、妄自尊大的所谓盛世局面,很快就要被打破了。西方资本主义侵略者的舰船已经迫近了中国的海疆,延续了两千多年的中国封建社会即将发生重大的变化。

2. 鸦片战争前夜中国的社会危机和西方的侵略威胁

1644 年入关以后的清朝,经历了康雍乾三代一百余年的所谓盛世,至嘉庆年间开始急遽衰败。封建社会所固有的矛盾越来越尖锐,终于发生了遍及五省、历时九年的白莲教起义。这次起义动摇

---

① 转引自钟叔河:《走向世界》,中华书局 1985 年版,第 46 页。

了清朝的统治基础,暴露了封建制度的各种弊病。虽然这次起义被镇压下去了,但清朝的统治也已进入了“开罢荼蘼花事了”的末世。嘉庆后期,天理教起义竟然攻进了皇城,标志着人民反抗的新高涨。至道光朝,清朝已经陷入了“岌岌乎不可以支日月”的状况。这一切都不是偶然的。

在清朝封建制度下,广大农民没有土地或只占有少量土地,遭受着官府的赋敛和地主阶级的剥削,再加上频频发生的水旱灾害,使大批农民贫困破产,这又给了地主官僚兼并土地的机会,以致土地集中十分迅速。乾隆时期,湖南巡抚杨锡绂在奏疏中说:“近日田之归于富户者,大约十之五六。旧时有田之人,今俱为佃耕之户;每岁所入,难敷一年口食。”[①]而以皇帝所掌握的皇庄土地为例,乾隆末年共四十三万顷,约占全国土地百分之六。至嘉庆十七年(1812年),不过三十余年的时间,皇帝所掌握的土地已增加至八十三万顷,约占全国耕地面积百分之十一。一些大官僚利用手中的权势,疯狂地兼并土地。嘉庆初年,权臣和珅被抄家时,抄出土地八千余顷。嘉庆朝官僚百龄占地也达数千顷。道光朝官僚琦善占地竟多至二万五千余顷。至于地方上的大地主,著名的如“怀柔郝氏,膏腴万顷”,[②]“山右亢某,家钜富,仓庾多至千数”。[③] 一般占地数百顷、数十顷的地主,全国各地比比皆是。清朝土地的集中超过明代,失去土地的农民,补充了流民大军,对清政权构成了严重威胁。

农民除遭受封建地租剥削外,还承担着高利贷资本和封建垄断性商业资本的压榨。在清朝统治下,法律虽限制高利盘剥,但实际上高利贷资本的剥削活动仍很猖獗,不仅存在众多的以经营高利贷为业的当铺,而且一些大官僚、大地主、大商人也向农民和手工业者放债。高利贷剥削与地租剥削相互推动,是造成土地集中的重要原因。魏际瑞在《四此堂稿》卷二《因灾禁逼债》一文中,作了深刻的揭露:“有为富不仁之人,肉视穷民,重利盘剥。或折数折色,少放多

---

① (清)杨锡绂:《陈明米贵之由疏》,载贺长龄编:《皇朝经世文编》(第39卷),文海出版社1972年版,第1398页。

② (清)昭梿:《啸亭续录》卷一。

③ (清)马国翰:《竹如意》卷下。

收;或抵物抵衣,虚银实契;或垂涎其妻女;或觊觎其田庐;又或贪其畜产,图其工器,预先放债,临时倍征。甚者串指旗丁,倚借豪势,偿不还契,索取无餍。乘其危急难还之时,合并盘算屡年之负,逼准妻子,勒献家私。穷民衔冤而莫伸,天心赫怒而降祸。"

清朝垄断性的商业资本,继续实行传统的专营专利的禁榷制度,而且涉及的工商业领域较之明代尤为宽广,对民间小工商业者的掠夺,也更加肆无忌惮。例如,清朝设立的"官铜店",以低价收购云南各矿所生产的百分之九十以上的铜,以满足铸钱的需要,其结果摧残了云南铜业的生产。李绂在《与云南李参政谈铜务书》中说:"自滇省设立官铜站而滇铜遂不出矣。"

以上充分说明了封建的生产关系已经成为生产力发展的严重桎梏,封建社会已经进入了不可挽回的衰颓之势。

与经济状况相适应的,清朝的政治也更加腐败。封建专制制度的极端发展,使皇权的行使更加没有限制。君臣关系竟然变成主奴关系,这是清以前历代所不曾有的。皇权的滥用也助长了官僚政治的没落,大臣们以"多磕头少说话"为信条,以阿谀逢迎、因循苟且为能事。如同龚自珍所揭露的,"官益久,则气愈媮;望愈崇,则谄愈固;地益近,则媚亦益工"。[①] 吏治的败坏,还表现为临民之官的更加贪婪和残暴,他们"贪以朘民之脂膏,酷以干天之愤怒"。[②] 晚清,陕西巡抚刘蓉在《养晦堂文集》卷三《致某官书》中揭露说:"今天下之吏亦众矣,未闻有以安民为事者,而赋敛之横,刑罚之滥,朘民膏而殃民命者,天下皆是……国家设官分职,本以为民,而任事者匪惟不恤,又从而鱼肉之,使斯民之性命膏血,日呼号宛转于豺狼之吻而莫之救以死……又有甚者,府吏胥徒之属,不名一艺,而坐食于州县之间者以千计,而各家之中,不耕织而享鲜美者,不下万焉……今之大吏,以苞苴之多寡,为课绩之重轻,而黜陟之典乱;今之小吏,以货贿之盈虚,决讼事之曲直,而刑赏之权乖……"

---

① (清)龚自珍:《明良论》(二),载(清)龚自珍:《龚自珍全集》(上册),王佩净校,中华书局1959年版,第32页。

② 《张亨甫全集》,"黄英树斋鸿胪书"。

清朝政治的腐败,在司法方面的表现尤为突出。由于最高司法权由皇帝掌握,因此生杀予夺全凭圣意,皇权凌驾于法律之上,可以改法毁法。执掌司法的官员虽然缺乏律例之学,但却精通婪索敛财之道,他们只重贿赂的轻重,不问案情的是非。而刑名幕吏助纣为虐,玩法行私,操纵狱讼,造成了大量冤狱。

在鸦片战争前夜,清朝的封建法律已无法调整在对外贸易中出现的新的法律关系,导致了对外贸易秩序的混乱。譬如,清朝法律禁止中国人向外商借贷,但事实上禁而不止,有的中国行商积欠外商银数百万两,十余年不还。由于缺乏对外商应有的法律保护,以致1793年乾隆帝在致英王的信中说:"前次广东商人吴照平的拖欠洋船价值,银两者,俱饬令该管总督由官库内先行动支帑项,代为清还,并将拖欠商人重治其罪。"①从乾隆帝致英王信中可以看出,这位天资聪颖不可一世的皇帝,对于现代法律关系与法律知识是何等的贫乏。

清朝专制主义的强化以及政治的腐败,也表现在文化政策上。为了压制民族民主的思想,杜绝一切可能的反清意识,清朝严格执行文化专制政策。从康熙朝起,便兴起文字狱,尤其雍正、乾隆两朝,竟然发动文字狱一百余起。这种以严刑惩罚思想的结果,一方面加速了粉饰太平、苟且偷安风气的发展;另一方面也造成了知识界不问世事、埋头考据、皓首穷经、脱离实际的学风。清朝考据之学之所以得到发展,就是士人们为了逃避文字狱的威胁,而去钻故纸堆的结果。

不仅如此,为了把士人的思想纳入统治者所惬意的轨道,清朝大力提倡程朱理学,以朱熹的《四书集注》作为科举考试命题和立论的根据。不按朱注解释四书,常常是发动文字狱的借口,这就严重地窒息了学术上的自由探讨,束缚了人们的思想,使整个知识界沉闷窒息,万马齐喑。事实正像龚自珍诗句所描写的那样,"避席畏闻文字狱,读书只为稻粱谋"。

正当清朝急遽衰落的时候,西方资本主义国家已经完成了产业

---

① 《清高宗实录》卷一四三五,乾隆五十八年八月己卯,中华书局1986年版,第184~185页。

革命,进而把扩张政策推向世界。首当其冲的是东方的印度和中国。

从1640年开始的英国资产阶级革命,一直延续到1660年。革命后的英国工业迅速发展,至18世纪,英国已成为世界上拥有雄厚资本、广大殖民地和海外市场的最强大的经济大国。特别是产业革命,进一步推动了资本主义经济发展。为了抢占海外市场,英法二国进行了七年战争,获得胜利的英国便成为海上霸主,把侵略的矛头指向了东方。

法国革命是从1789年7月14日巴黎人民打开象征封建专制制度的巴士底狱开始的,至1794年最后完成。法国革命的胜利,不仅为法国资本主义的发展开辟了道路,同时,在拿破仑统治时代还对外发动了长期的侵略战争。

19世纪前半期,为了避免资本主义周期性的经济危机,英国发动了一系列掠夺殖民地的战争,东方的印度变成了英国的殖民地,同时,还以鸦片贸易作为侵略中国的手段。至19世纪30年代,大量的鸦片输入,毒品泛滥已经成为中国严重的社会问题,无论经济、财政、军事、民族健康都受到了严重威胁。如同林则徐所说,“若犹泄泄视之,是使数十年后,中原几无可以御敌之兵,且无可以充饷之银”。[①] 比较清醒的官僚士大夫纷纷要求杜绝鸦片输入。迫于舆论的压力和维护清朝的统治利益,道光皇帝决定禁烟,派林则徐赴广东办理禁烟事务。由于鸦片贸易关系到西方殖民主义者的切身利益,以英国为首的殖民势力决心用武力来保护这种可耻的贸易,并企图借此机会用坚船利炮打开侵入中国的通道。于是,第一次鸦片战争爆发了。在这次战争中,清朝统治者腐败无能,遭到失败,被迫签订了《南京条约》。接着在英、美、法等国侵略者的胁迫下,又签订了《虎门条约》《望厦条约》《黄埔条约》。根据这些不平等条约,除赔款、割让香港外,西方列强还攫取了协定关税、领事裁判权、沿海自由航行权、片面最惠国等特权,破坏了中国的主权独立和领土完整,中国的社会和国家都发生了前所未有的巨变。

---

① (清)林则徐:《钱票无甚关碍宜重禁吃烟以杜弊源片》,载中国史学会编:《鸦片战争》卷二,神州国光社1954年版,第142页。

(二)西方法文化的输入打破了传统法文化的封闭状态

1. 中国人开始“睁眼看世界”

中国是一个地处东北亚大陆、资源丰富的国家。自给自足的经济长期占据统治地位,经济上的封闭性,决定了古代中国是一个封闭型的保守国家。这种封闭和保守是中国专制主义存在两千余年,并且愈演愈烈的重要条件。中国古代的法律也同整个文化一样,很少受到外来因素的影响,而有一种独立性,而这种独立性也可以说是孤立性。就这样,法制文明发达很早的中国,却与世界上先进的国家日益拉开了距离。当西欧和北美已经完成了文艺复兴和资产阶级革命,建立起一套全新的近代法律制度时,中国的法制却仍旧在中世纪的苑囿中踌躇不前。直到 19 世纪中叶发生了中英鸦片战争,西方侵略者用炮火轰开中国闭关自守的大门以后,中国法文化的封闭状态才开始被打破。

在中国近代史上,第一个提倡“睁眼看世界”,了解和引进西方文化的封疆大吏是林则徐。他虽然出身官僚地主家庭,接受传统的封建教育,但主张为学要“实事求是,不涉时趋……尽识先朝掌故及兵刑诸大政,益以经世自励”。[①] 他在鸦片战争前就比较冷静地观察西方世界,试图在中西对比中寻求启迪和出路。他在广州查禁鸦片期间,为了知己知彼,百战不殆,“日日使人刺探西事,翻译西书,又购其新闻报”。[②] 1836 年慕洛著《世界地理大全》刚刚在伦敦出版,林则徐即委人译成汉文,并以此为基础编成《四洲志》。他又将《澳门新闻稿》译成《澳门日报》,翻译瑞士人瓦特尔编的《万国公法》,还将德庇时·地尔洼等人撰写的《中国人》和《在中国做贸易罪过论》二书编译为《华事夷言》。林则徐深知“剿夷而不谋船炮水军,是自取败也”,[③]鸦片战争后当他被发往伊犁“效力赎罪”的途中,还委托好友魏源完成《海国图志》的编纂。林则徐虽然不是一

---

① (清)金安清:《林文忠公传》,载缪荃孙编:《续碑传集》卷二四。

② (清)魏源:《道光洋艘征抚记》,载中国史学会编:《鸦片战争》卷六,神州国光社 1954 年版,第 142 页。

③ 《林少穆制府遣戍伊犁行次兰州致姚春木王冬寿书》,载中国史学会编:《鸦片战争》卷二,神州国光社 1954 年版,第 567 页。

个文化人,但他在文化方面的实际作为,表明他已经突破封建的“用夷变夏”“师事夷狄”的羁绊,成为站在历史潮流前面的先驱者。但是,他了解西方、引进西方文化的活动,却受到了清朝顽固守旧势力的嘲讽和轻蔑,甚至抗击英国侵略者、以身殉职的闽浙总督裕谦,也曾发布过“见有传抄夷书夷事者,即行销毁,不准传播”[①]的命令。

2. 输入西方法文化的媒体——传教士、商人、洋幕宾

打破中国法文化封闭状态的先锋队,是近代来华的西方传教士。早在7世纪西方传教士便同中国保持着一定的联系。至1840年鸦片战争以后,西方传教士大量涌至中国。1876年在中国的新教传教士有473人。1889年增至1296人。到1910年已超过了5000人。[②] 这些传教士以西方文化的代表者与传播者自诩,他们要使中国人从专制主义的思想禁锢中获得某种“自由”。1834年传教士伯驾在来华的轮船上便咏吟这样的诗句:“天堂轻风欢畅,伴君横渡大洋。肩负上帝重托,志在中国解放。”[③]

传教士们不仅在中国传播宗教,也传播欧洲的古典科学技术。他们还创办报刊,翻译西方书籍,介绍西方法律思想家的著作,在传播西方近代法律文化与启发中国维新思想方面,起了不容忽视的作用。西方传教士在中国从事的非宗教出版事业,并非自鸦片战争以后开始,相反,可以追溯到鸦片战争以前的一段时期。从1810年至1867年,新教教徒在中国出版的非宗教著作总数达108种,[④]至19世纪末,共翻译出版了几百种范围广泛的非宗教性质的书籍。

在西方传教士创办的文化出版机构中,广学会规模最大,出书最多,影响最广,也是最具有代表性的。广学会于1887年由英国苏格兰长老会教士韦廉臣创立于上海。在广学会翻译出版的世俗刊物中,以社会科学的内容为多。传教士们自称要“把中国人的思想

---

① (清)裕谦:《裕忠节公遗书》卷二十。

② [加]许美德等:《中外比较教育史》,朱维铮等译,上海人民出版社1990年版,第65页。

③ [美]乔纳森·斯潘塞:《改变中国》,曹德骏等译,三联书店1990年版,第39页。

④ [美]费正清、刘广京编:《剑桥中国晚清史》(上卷),中国社会科学院历史研究所编译室译,中国社会科学出版社1985年版,第622页。

开放起来”，[1]认为“他们所带来的信息，不仅可以解决中国道德和精神方面的问题，还能解决政治和经济方面的问题”。[2] 他们的译著在中国的传播，客观上有利于唤醒中国人的改革意识，加快中国政治法律改革的进程。

当时，光绪皇帝也订阅广学会的杂志，还向广学会订购了89种书籍。[3] 梁启超在戊戌维新时期曾列举过一些西学书刊，其中广学会的书籍就有十几种。[4]

广学会十分注重争取读者群，它从中国的士大夫入手，把中央和地方的高级文武官员、举人以上的在职和在野的士大夫，以及全国的应考秀才，都作为他们的“学生”，因而其传播范围是十分广泛的。例如，广学会翻译出版的《泰西新史揽要》和《中东战纪本末》，因为旗帜鲜明地宣传变法思想而成为1896年长沙乡试举子的必备读物。据统计，《泰西新史揽要》大约有一百万册盗印本在中国流传，仅在杭州就能同时找到六种不同的盗印版本。[5]

西方传教士通过广学会的翻译出版工作，介绍了伏尔泰、卢梭、孟德斯鸠、狄德罗等人的学说以及法律改革思想，宣传了人权观念、平等观念、法制观念，这在中国要求进步、要求认识外部世界和向西方寻求救国真理的知识分子中间，产生了很大的共鸣，起到了思想启蒙的作用，为中国的变法维新运动提供了理论先导。梁启超于1890年路过上海时，“得有机会检阅了由傅兰雅、林乐知和江南制造局其他人译成中文的西方书籍”，他认为这一年是“伟大的世界开始对他说话的一年”。[6] 康有为也曾向香港《中国邮报》的编辑说过：“我信仰维新，主要归功于两位传教士，李提摩太牧师与林乐知

---

① 《同文书会章程》，载《出版史料》1988年第2期。

② 《广学会五十周年纪念特刊》序言。

③ 《广学会年报》1889年，附录中有书目，载《出版史料》1988年第2期。

④ 梁启超：《西学书目表》，载中国史学会主编：《戊戌变法》（一），上海人民出版社1957年版，第452～455页。

⑤ ［加］许美德等：《中外比较教育史》，朱维铮等译，上海人民出版社1990年版，第62页。

⑥ ［美］杰西·格·卢茨：《中国教会大学史（1850—1950）》，曾钜生译，浙江教育出版社1987年版，第39页。

牧师的著作。”①

除传教士外,西方商人在打破中国法文化的封闭状态、积极输入私法文化所起的作用,也是不可忽视的。鸦片战争以后,中国近代的商业活动和对外贸易急速扩展,“增强了中国的商业革命”。②在商品背后,支撑着商业行为的西方近代民商法文化以及人权观念,也随着商品大潮一起涌进了中国。由于中国的法律落后,无法调整新出现的法律关系,如公司关系、金融信用关系以及宣布破产等,因而受到了西方商人的指责。与此同时,一些新的观念也在频繁的近代商业活动中开始萌生。譬如,近代合同观念,中国人就是在日常的商业活动中,逐渐理解了它的法律意义与价值的。据记载,“义记洋行同有利银行的买办周金贵打过一场官司”,“该洋行从该买办那里买进汇票,并声称商定的期限为四天,该买办否认了,因为合同上并没有载明时间的规定,买办胜诉了”。③ 涉外的商业行为和商业纠纷,成了西方近代民商法文化向中国工商界进行传播的重要机会,而西方商人则是其重要媒体。

在晚清官场上曾经出现过一些“洋幕宾”,他们是作为晚清权臣的私人雇员而进入中国官场的。由于他们受到幕主的重视和信任,使他们有可能自觉或不自觉地把近代思想传递给幕主,充当他们的启蒙老师。19 世纪 60 年代前后,中国洋务派的产生及其思想渊源,就是和洋幕宾的影响分不开的。譬如,李鸿章在论述其洋务主张时,便经常提到“泰西通例”“中西通例”。④ 他对西方的专利制度、股份公司制度、关税制度等,已经有相当程度的了解。显然这是得力于洋幕宾的传授,因为在 19 世纪 60 年代,西方法文化的出版物还没有在中国大量刊行,因此可以说中国洋务派的洋务思想的产生是以洋幕宾为重要媒介的。

---

① [美]杰西·格·卢茨:《中国教会大学史(1850—1950)》,曾钜生译,浙江教育出版社 1987 年版,第 39 页。

② [美]郝延平:《中国近代商业革命》,陈潮译,上海人民出版社 1991 年版,第 183 页。

③ [美]郝延平:《十九世纪的中国买办:东西间的桥梁》,李荣昌等译,上海社会科学院出版社 1988 年版,第 248 页。

④ (清)李鸿章:《试办织布局折》,载(清)吴汝纶编录:《李文忠公全集·奏稿》卷四三,清光绪三十四年(1908 年)刻本。

3. 与领事裁判权而来的西方法文化影响

鸦片战争后，清朝政府在被迫签订的不平等条约中，承认了外国领事裁判权，于是在中国司法领域出现了从不曾有过的“让夷人管夷人”的现象。自唐迄清，中国政府在处理涉外案件的原则，就是“诸化外人，同类自相犯者，各依本俗法；异类相犯者，以法律论”，[①] 严格维护独立的司法主权。清朝在鸦片战争前处理广州涉外案件和发生在澳门的案件，都坚持了以上原则。例如，1689 年英国商船“防卫号”（Defence）的水手杀死一名中国人，为此，“防卫号”“留下一位大班、七个水手在中国人手下做囚犯，另外还有一位垂死或已死的医生”。[②] 又如，1749 年一些中国犯人逃到澳门葡萄牙修建的安巴罗修道院（Nossa Senbora do Amparo）避难，在中国官员的交涉下，葡萄牙人将逃犯交了出来，并且葡方承认中国方面“承皇帝之旨管理该城”。[③] 以上两案的处理，说明了清政府坚持依照本国的法律行使对发生在中国的罪犯的审判权。

对于中国人侵害外国人的案件，特别是中国人杀害外国人的要案，中国官府也是严肃公正地处理的。审判时一般都让受害人所在国的代表参加，并在代表和受害者亲属的参加下执行死刑。当时，东印度公司的日志中曾有这样的记载：“中国政府在对这些罪犯进行惩罚的过程中所表现出的积极性和热情，引起了极大的震惊，并受到高度称赞。他们（清政府）希望使外国人非常满意的愿望已表现在诉讼过程中的每一个阶段，皇帝的命令，允许我们自由地进入正在进行审判的法庭，证明了中国政府希望在这个案件的审判过程中给予极大的公开性……就目前的案件说，无论困难多大，他常将对犯罪的本国人行使审判权。”[④]

尽管清政府在执行法律上力求中外一体，公正不倚，但是西方资本主义国家对中国法律存有藐视之心，力图逃避制裁。英国在

---

① 《唐律疏议·名例》，第 48 条“化外人相犯”，中华书局 1983 年版，第 133 页。

② ［美］马士：《东印度公司对华贸易编年史》（第 1 卷），区宗华译，中山大学出版社 1991 年版，第 83 页。

③ 周景濂编著：《中葡外交史》，商务印书馆 1991 年版，第 154 页。

④ 《史料旬刊》第 12 期。

1785年,许士夫人的轮船(Lady Hughes)炮手以过失杀人被判死刑一事,对中国法律做出如下评价:“顺从屈服这种观念对我们来说,似乎是与欧洲人所相信的人道或公正相违背的。假如我们自动屈服,结果就是我们把全部有关道德上及人性上的原则抛弃——我们相信董事部即使冒丧失他们的贸易的危险,也必然赞助我们尽我们的权力来避免这样做。”[①]因此决定“不再服从中国的刑事管辖权”。[②] 由于中西法律在基本观念与价值上的对立,使西方人很难理解为什么“许士夫人号”轮船一案,中国方面因查不出肇事者而竟扣留无辜船员?为什么乾隆皇帝可以个人身份决定司法机关的判决。他们向清政府要求“当事人的犯罪行为未经公开明确的证明之前,中国当局不得对任何外国人加以惩处”。[③]

当西方人批评“中国法律,不仅是极为专断的和极为腐败地实施的”,而且大肆指责“它(指中国法律)的体系在许多方面与欧洲人公平或正义的观念不相容”[④]的时候,隐藏在背后的动机却是如何逃避中国法律的制裁。他们曾企图在华设立法院,攫取领事裁判权,但这种图谋在鸦片战争前未能得逞。例如,道光十九年(1839年)春,林则徐到任广东不久,就援引了历次外人服法的案例,奏请“犯者照天朝新例治罪,货物没官”,[⑤]并照会英吉利国王:“弼教明刑,古今通义,譬如,别国人到英国贸易,尚需遵英国法度,况天朝乎?”[⑥]因此,当林维喜被英国人酒醉殴毙,林则徐就严令义律交出凶手,英人不遵从,林则徐便下令断其粮食,撤其雇员,甚至不惜冒

---

① 转引自[美]马士:《东印度公司对华贸易编年史》(第2卷),区宗华译,中山大学出版社1991年版,第427页。

② [美]爱德华:《清朝对外国人的司法管辖》,载高道蕴等编:《美国学者论中国法律传统》,中国政法大学出版社1994年版,第444页。

③ 美国第26届国会第1次会议文件、众院40号。转引自吴孟雪:《美国在华领事裁判权百年史》,社会科学文献出版社1992年版,第38页。

④ H. B. Morse,Chronicles of the East India Company to China,(Oxford).转引自高道蕴等编:《美国学者论中国法律传统》,中国政法大学出版社1994年版,第450页。

⑤ (清)林则徐等:《奏报英趸船呈缴鸦片情形折》,载文庆等编:《筹办夷务始末》(道光朝)(第1册),中华书局1964年版,第155页。

⑥ (清)林则徐:《拟谕咭国王檄》,载中国史学会编:《鸦片战争》卷二,神州国光社1954年版,第171页。

导致战争的危险。如同林则徐所言,“人命至重,若因英夷而废法律,则不但无以驭他国,更何以治华民?”①

综括上述,自1689年“防卫号”事件到1839年“林维喜”案件,在这期间发生了数以百计的中外民、刑案件。中国和西方在法律价值、观念与适用上的冲突,一直是存在的。鸦片战争前中国确实以天朝大国自居,但在涉外案件的处理上,一方面根据中国的法律行使审判权;另一方面也注意到公正与平等。乾隆四十二年(1777年),曾明谕地方大吏:“遇有交涉词讼之争,断不可徇民人以抑外夷。”乾隆帝在致英王的信中说:“凡遇该国等贸易之事,无不照其周备。”西方人对中国法律的蔑视,目的在于摆脱其束缚,而以不平等作为攻击的口实。如前所述,西方国家企图在中国获得领事裁判权,是由来已久的,而这是清朝政府所不能接受的。但在鸦片战争后,英国凭借大炮打开了中国的门户,摧毁了中国皇帝的权威,攫取了领事裁判权,从而践踏了中国的司法主权,使中国和西方各国之间在司法上真正没有平等可言了。

随着清朝国势的日渐衰微,领事裁判权的适用范围也越来越扩大,外国领事取得了观审权、会审权和会审公廨中的司法审判权,以致出现了“外人不受中国之刑章,而华人反就外国之裁判”的怪现象。

在鸦片战争以后,中国与世界发生了密切的联系,居住在中国境内不同国籍的外国人大为增多,发生争讼是不可避免的。在审理的过程中,由于使用各自不同的所属国的法律,遂使西方的刑法、民法、程序法、法院组织法等传播到中国,从而开阔了中国人的视野,也使中国固有的法制文明开始与西方的法制文明接触,并且发生了激烈的碰撞,英国的司脱莱克曾经指出:“东方之国家(如中国)其文明程度与西方的基督教国家迥然不同,尤以家族关系与刑事法规及司法等最为差异。英美人居彼邦自以适用己国法律与法庭管辖为宜。”②如果说过去的封闭是保全封建法制文明的条件,那么领事

---

① (清)林则徐:《拟谕咭国王檄》,载中国史学会编:《鸦片战争》卷二,神州国光社1954年版,第171页。

② 转引自强磊:《论清代涉外案件的司法管辖》,辽宁大学出版社1991年版,第184页。

裁判权确立以后,在两种法制文明碰撞的过程中,保守的中国传统法制文明逐渐让位给先进的西方法制文明。当然,法制文明程度的差异,绝不应该成为攫取领事裁判权的借口。

为了不给西方殖民主义者践踏中国司法主权以口实,尽快废除领事裁判权成了推动晚清制定新律、改革司法制度的动力。1902年,张之洞以兼办通商大臣身份,与各国修订商约。英、日、美、葡四国表示,在清政府改良司法"皆臻完善"以后,可以放弃领事裁判权。为此,清廷下诏:"现在通商交涉事益繁多,著派沈家本、伍廷芳将一切现行律例,按照交涉情形,参酌各国法律,悉心考订,妥为拟议,务期中外通行,有裨治理。"[①]晚清近十年的修律,就是以收回领事裁判权作为契机的。沈家本在《奏刑律草案告成分期缮单呈览并陈修订大旨折》中说:"国家既有独立体统,即有独立法权,法权向随领地以为范围……独对于我国借口司法制度未能完善,予领事以裁判之权。英规于前,德踵于后,日本更大开法院于祖宗发祥之地,主权日削,后患方长。此毖于时局不能不改也。"

1906年清政府模仿西方三权分立的模式改革司法制度,改变了秦汉以来延续两千余年司法与行政合一的体制,建立了近代的司法制度。

由此可见,领事裁判权的确立,破坏了清朝自我封闭的法律环境,迫使清朝统治者不得不面对新的现实,思考着自己的命运和前途,并最终选择了改革与修律的出路。

4. 国际法观念的输入和被接受

中国古代的法律文化是在一种封闭的历史环境中发展的,它曾经取得了辉煌的成就,但又陈陈相因,充满保守性和孤立性。作为古代法制的指导原则和理论基础的儒家法律思想,本身就是一个极其稳定的体系。深受儒学熏陶的中国统治者们,历来是反对改革的,最多也只是限定在若干原则之内的局部改良。他们从不轻易地赏识外来的文化,更谈不上自觉地吸收。他们对于外国,或视为番

---

① (清)沈家本:《删除律例内重法折》,邓经元、骈宇骞点校,载(清)沈家本:《历代刑法考·寄簃文存卷一·删除律》,邓经元、骈宇骞点校,中华书局1985年版,第2023页。

夷之国,或视为属邦,认为中国与外国的关系不过是朝觐、贡纳的关系,因此从来不具备国际法的观念。

1839年林则徐在广州禁烟时,通过幕中译员袁德辉了解到国际法的可用之处,[①]于是给美国医师伯驾(Parker)送去了瑞士人滑达尔(Vattel)著《各国律例》的若干段落,请他翻译。该译文收录在魏源的《海国图志》中。滑达尔的著作虽被称为《万国律例》,[②]但由于译文的准确性不足,而且只是一个孤立的事件,[③]因而并没有引起中国人的足够重视。

近代国际法的知识是在鸦片战争以后正式引入中国的。

鸦片战争后,清朝天朝大国的权威已经不复存在,过去自我封闭的门户已被侵略者的炮火轰开,中国被迫与外国产生了前所未有的联系。譬如,在《南京条约》中规定:“英国驻中国总管大员,与大清大臣无论京内京外者,有文书往来,用照会字样,英国属员往来,必当平行照会。”[④]在《中美望厦条约》和《中法黄埔条约》关于“平行之礼”中,规定得更加详细、明确。至《辛丑条约》的签订,使这个从1792年马戛尔尼来到中国便提出的,并且争论不休的外国使节觐见中国皇帝之礼,终于以违反清朝皇帝自己意愿的方式解决。[⑤]侵略战争的胜利,迫使中国皇帝从妄自尊大、天下共主的神坛上跌了下来,不得不向近代国际法的规范靠拢,渴望以平等的原则对待外国及其君主的不平等要求,而力图使自己成为国际大家庭中的一员。

随着《南京条约》的签订,中国的外交事务逐渐增多。至1860年《北京条约》签订时,中外办理议和、处理善后事宜以及正常的外

---

① 参见王铁崖:《中国与国际法——历史与当代》,载邓正来编:《王铁崖文选》,中国政法大学出版社1993年版,第295页。

② (清)魏源:《滑达尔各国律例》,载魏源全集编辑委员会编校:《魏源全集》之《海国图志》(第83卷),岳麓书社2004年版,第1979页。

③ 参见王维俭:《林则徐翻译西方国际法著作考略》,载《中山大学学报》1985年第1期。

④ 王铁崖编:《中外旧约章汇编》(第1册),三联书店1957年版,第32页。

⑤ 天津社会科学院历史研究所编:《1901年美国对华外交档案》,齐鲁书社1984年版,第5页。

交往来,已经十分频繁,一系列的近代外交制度开始在中国建立。原来兼办某些涉外事务的理藩院已经完全不能适应,因此,恭亲王奕䜣等于 1861 年奏准设立总理各国事务衙门。[①] 此举被西方称赞为"中外各国永敦睦好最妙之良法"。[②] 但由于总理衙门"既臃肿庞大而又无能履行所赋予的职责",[③]迫于西方列强的压力,终于在 1901 年改组为外务部,从此,晚清的外交机构开始正规化。与之相联系的,清朝也开始了职业外交官的设置与训练。中国第一任驻外使臣是光绪元年派往英国的郭嵩焘,第一任驻外领事是光绪三年派往新加坡的胡璇泽。[④] 至光绪三十二年(1906 年),外务部改变了对外交官员实行的"保送考试"的任用方式,专设储才馆作为中国第一个培训职业外交官的学校,开设讲习课、翻译课、评议课、撰拟课、编辑课等,[⑤]进行专门训练。

但是,海禁初开以后的中国官员,不仅不了解外交事务,而且轻视外交事务。薛福成曾经指出:"自中外交涉以来,中国士大夫拘于成见,往往高谈气节,鄙视洋务。"[⑥]而且还把外交与通商混为一谈,譬如,道光二十四年(1844 年)4 月,耆英被任命为办理外交事务的钦差大臣,清廷所加给他的官方任务却是"办理各省通商善后事宜"。咸丰十一年(1861 年),奏请设立总理各国事务衙门时,在批准的上谕中仍然加上了"通商"二字。这种情况说明了当时的清朝政府,还谈不上任何国际法方面的知识。然而进入中国的西方国家,却利用近代国际法在合法外衣的掩盖下,加紧控制中国,进行榨取和掠夺。在不断地同西方各国进行交涉的实践中,清朝政府深感国际法知识的需要和紧迫。1863 年,美国传教士丁韪良翻译了惠顿所著《国际法》,呈送给总理衙门。当时主持总理衙门的恭亲王

---

① 《筹办夷务始末·咸丰朝》(第 72 卷),中华书局 1979 年版,第 2692 页。

② 蒋廷黻编:《筹办夷务始末补遗》,北京大学出版社 1988 年版,第 680 页。

③ 《美国赴华专使柔克义的报告》,载天津社会科学院历史研究所编:《1901 年美国对华外交档案》,齐鲁书社 1984 年版,第 5 ~ 6 页。

④ 故宫博物院明清档案部编:《清季中外使领事表》,中华书局 1985 年版,第 3 页、第 73 页。

⑤ 《大清光绪新法令》(第二类),官制一,复官制,第 18 ~ 19 页。

⑥ (清)薛福成:《庸庵全集》。

奕䜣见到译稿后连说:"此乃吾所急需者也。"[①]随即组织人员进行修改润色,定名为《万国公法》,刊印三百本发给各省供交涉使用。[②]这是近代国际法学说第一次被完整地介绍到中国。

19 世纪 60 年代京师同文馆设立以后,翻译西方国际法著作的活动,在各方人士的鼓励和帮助下,被广泛地提上日程。同文馆所翻译的国际法著作,有《公法会通》《公法便览》《公法千章》《中国古世公法》等。[③] 与此同时,供职于江南制造局的英国传教士傅兰雅(Frayer)也翻译了五种西方法律著作,其中属于国际法方面的著作,有《公法总论》(英国罗柏村原著)、《各国交涉公法》、《各国交涉便法》(英国费利摩、罗巴德原著)。[④] 此外,1898 年译出的国际法著作,还有《公法总论》《法使指南》《欧洲东方交涉记》《中西关系略论》,[⑤]以及《英俄印度交涉书》等。[⑥]

不仅如此,在 19 世纪 60 年代出现的一大批以学习西方文化为目的的新式学堂里,万国公法受到了普遍的重视。京师同文馆、天津中西学堂以及上海南洋公学的章程中,明确将万国公法列为必修课程,[⑦]这为中国接受西方国际法知识开辟了另一条渠道。

总括上述,鸦片战争以后,随着海禁大开,西方的法律文化也如潮水般输入中国,使中国人接触了西方的法文化,也逐渐接受了西方的法文化。在新旧法文化的冲突和比较中,他们在思考如何改变传统的封建法文化,如何建设与西方接轨的新的法制文明。

在世界的法律发展史上,由于战争、征服而带来的、法律文化横向移植的例证,比比皆是。古罗马帝国受到北方日耳曼民族的入侵,日耳曼的"蛮族习惯法"也随之输入,而成为罗马法系的法源之

---

① [美]丁韪良:《花甲忆记》,沈弘等译,广西师范大学出版社 2004 年版。

② 同上。

③ 梁启超:《西学书目表》,载翦伯赞等编:《戊戌变法》(第 1 册),神州国光社 1953 年版。

④ 云岭:《清末西方法律、法学的输入及影响》,载《法律史论丛》(第 3 辑)。

⑤ 参见田涛、李祝环:《清末法学输入及其历史作用》,载《政法论坛》1990 年第 6 期;李贵连:《近代中国法律的变革与日本影响》,载《比较法研究》1994 年第 1 期。

⑥ 熊月之:《江南制造局翻译馆史略》,载《出版史料》1989 年第 1 期。

⑦ 舒新城编:《中国近代教育史料》(上册),人民教育出版社 1981 年版。

一。1806 年,德国这个“肮脏马厩”被拿破仑的军队打扫一番,法国革命的理论成为德国法律近代化的一个基础。日俄战争的结果,证明“实际宪政的效果是极好的”,这使俄国“主张维持现行秩序的势力削弱了”。[①] 孟德斯鸠在论及“被征服民族可以得到的一些好处”时说:“如果政治家们不从征服的权利引申出那样可怕的结论,而只论述一下这种权利有时可能给被征服的人民带来什么好处的话,那就更好了。”[②]

在鸦片战争前的中国,其法律仍然是完整的封建法律,西方人把它比喻为“封建破烂”。[③] 在他们看来,“这些法律在一些重要的方面是残酷的、不合理的”。同时,他们“对中国法庭执法的公平正直是毫不信任的”。[④] 清朝统治集团内部一些具有时代感的开明官僚,也深感清朝法律的陈腐。但是,清朝统治集团总体上的顽固守旧,以及整个国家的衰落腐败,使之不可能主动地进行自我改革。1840 年的鸦片战争对于中国是不幸的,给中华民族带来了长时期的灾难,但是这次战争破坏了万马齐喑的沉闷气氛,把中国推向不变亦变的境地。特别是西方法文化的输入,使中国的法制改革有可能超越旧的窠臼,走向近代化的道路。马克思指出,西方侵略者来到亚洲,他们肩负着双重使命,“一个是破坏的使命,即消灭旧的亚洲式的社会;另一个是重建的使命,即在亚洲为西方式的社会奠定物质基础”。[⑤] 这说明历史的发展总是不以任何个人的意志为转移的。

(三)传播西方法文化的媒介——翻译和出版西学著作

1. 开风气之先的书报

人类社会的历史进入 19 世纪以后,报纸、刊物和书籍已经成为

---

① [美]西黑尔·E. 布莱克等:《日本和俄国的现代化——一份进行比较的研究报告》,周师铭等译,商务印书馆 1992 年版,第 177 页。

② [法]孟德斯鸠:《论法的精神》(上册),张雁深译,商务印书馆 1961 年版,第 140 页。

③ 费成康:《中国租界史》,上海社会科学出版社 1991 年版,第 147 页。

④ [美]威罗俾:《外人在华特权和利益》,王绍坊译,三联书店 1957 年版,第 341 页。

⑤ [德]马克思:《不列颠在印度统治的未来结果》,载《马克思恩格斯选集》(第 1 卷),人民出版社 1995 年版,第 768 页。

效率最高的信息传播方式和手段。西方法律文化就是通过这些传媒向全中国扩散,为社会各阶层人士所认识、了解和接受的。

中国近代报刊的创办,始于南部沿海。第一份中文月刊《察世俗每月统记传》是于1815年8月5日由英国传教士米怜(Milne)在马六甲创办的。第一个在中国本土出版的近代中文刊物是于1857年由普鲁士传教士郭士立(Gutzlah)在广州创办的,这是中国近代新闻业的发端,它在一定程度上打破了东方与西方文明的隔绝状态。由于在封建专制统治下中国人的耳目闭塞,又有诸多的政治禁忌,因此“我国现代报纸之产生,均出自外人之手”。[①] 至于中国人自己创办的报纸,早期的有1874年王韬创办的《循环日报》、1875年黄平甫和伍廷芳等人于香港发行的《中外新报》。其后,又有一些报刊相继问世,其中以《循环日报》最为出色,创办人王韬被誉为中国第一位报刊政论家。

王韬曾经游历英、法、俄等国,又长期在香港担任翻译工作,因此对西方法律文化了解较多。他赞扬英国君主立宪制度,主张收回澳门,废除治外法权、关税协定等强加给中国的不平等条款。他撰写的政治评论与法律文章,经常在他自任主笔的香港《循环日报》上发表,不仅阐述了变法改良的主张,而且也创立了中国报刊政论文章的风格。

有关介绍西方文化的书籍的出版,是在中国最早“睁眼看世界”的先进人物林则徐主持下进行的。他主持翻译了《滑达尔各国律例》,还和他的幕僚们编译了《四洲志》《华事夷言》《在中国做鸦片贸易罪过论》等书籍,传播了西方法律文化的不少信息。

自林则徐开风气之先、编译出版西方书籍以后,不仅外国史地学的研究在中国学术界掀起一股热潮,一些外国史地书籍陆续问世,而且也出版了广泛介绍西方国家各方面情况的书籍。它们从不同的角度,叙述和评论西方近代法律和政治制度,表现了中国人在逐渐改变对西方法文化的看法。以魏源编纂的《海国图志》为例,书中不单是介绍世界史地知识,也涉及对西方法律制度的评介。他

---

① 戈公振:《中国报学史》,中国新闻出版社1988年版,第55页。

认为,西方的议院制度可以收集思广益、制衡君主权力之效:“议事听讼,选官举贤,皆自下始,众可可之,众否否之,众好好之,众恶恶之,三占从二,舍独徇同,即在下预议之人,亦先由公举,可不谓周乎。”他赞美美国总统由选举产生,而且四年一更换,“可不谓公乎”。对于西方司法官由“推选充补”,如有“偏私不公”则“众废之”的体制,也表示欣赏。他特别推崇“不设君位”,只立“官长贵族”来治理国事的瑞士,是“西土之桃花园”。由此可见,西方的政治法律制度也应是他提出的“师夷长技”的范围,而不仅限于坚船利炮等工业技术。为此,他批评那些“徒知侈张中华,未睹寰瀛之大”“竟莫知其方向,莫悉其离合”[①]的昏庸保守人物。

1846 年,博学多识、留心时政、体察外国史事的梁廷枏,把他的四部西方史地志合刊出版,定名为《海国四说》。书中梁廷枏介绍了美国的总统制、选举制、联邦制、三权分立、刑法、税法,英国的国会、刑法、诉讼、监狱等概况,特别介绍了英国的《大宪章》,说它是英国立宪制的历史渊源。[②]

1848 年,曾任清政府官僚的徐继畬编辑出版了《瀛寰志略》。这是一本与魏源《海国图志》类似的较早介绍世界史地的书籍,对于各国风土人情、舆地沿革、社会变迁均有所论述。西方人说:“徐继畬把他的读者引向纷纭的外部世界。”[③]由于书中称赞华盛顿和他所创立的美国民主政治,因此在此书出版 20 年后,蒲安臣代表美国政府向徐继畬赠送了华盛顿的画像。[④] 徐继畬是这样描写美国总统华盛顿和美国的政治制度的:

美利坚合众国以为国,幅员万里,不设王侯之号,不循世及之规,公器付之公论,创古今未有之局,一何奇也;户口十年一编,每二年,于四万七千七百人中,选才识出众者一人,居于京城,参议国政。

---

① (清)魏源:《武事余记》,载(清)魏源:《圣武记》,中华书局 1984 年版,第 444 页。

② (清)梁廷枏:《海国四说》,中华书局 1993 年版,第 50 页、第 72 页、第 78 页、第 79 页。

③ [美]德雷克:《徐继畬及其瀛寰志略》,任复光译,文津出版社 1990 年版,第 57 页。

④ 《纽约时报》1868 年 3 月 29 日。

总统领所居京城，众国设有公会，各选贤士二人，居于公会，参决大政。

每国设刑官六人，主谳狱。亦以推选充补，有偏私不公者，群议废之。

自华盛顿至今，开国六十余年，总统领凡九人，以四年为任满，集部众议之，众皆曰贤，则再留四年，或官吏，或庶民，不拘资格，退位之统领，依然与齐民齿无所异也。

统领虽总财赋，而额俸万圆之外，不得私用分毫。

其士类分三等：曰学问，研究天文地理及耶稣教旨，曰医药，主治病，曰刑名，主讼狱。

徐继畬特别介绍了华盛顿，他说：

华盛顿，异人也，少有大志。

顿既定国，谢兵柄欲归田，众不肯舍，坚推立当国主，顿乃与众议曰，得国而传子孙，是私也。牧民之任，宜择有德者为之。

（顿）既已提三尺剑，开疆万里，乃不僭位号，不传子孙，而创为推举之法，几于天下为公，骎骎乎三代之遗意。

泰西古今人物，能不以华盛顿为称首哉？[①]

徐继畬除对美国民主政治作了肯定的评介外，对于英国的政治体制、权力机制、诉讼制度也表示欣赏，说它是“欧罗巴诸国从同”。[②]

从西方近代法文化在中国的传播轨迹看，19世纪40年代出版的这三部书具有重要的历史价值。如果说魏源的著作开风气之先，那么梁廷枏的认识较之魏源则更清晰，评论也更大胆。如果说魏源在《海国图志》中对于美国的民主共和制，只是略有所述，而梁廷枏则看到了美国宪政制度的运作和选举制对总统的监督与防止权力

---

① （清）徐继畬：《瀛寰志略》第九卷。

② （清）徐继畬：《瀛寰志略》第七卷。

滥用的作用。至于徐继畬,由于他对西方民主的热烈称颂而成为守旧派的攻击对象,并由此断送了他的官僚生涯。

这三部著作对后代的影响是多方面的。戊戌变法时期,维新派常常有意利用外国历史来宣传自己的变法主张。唐才常也认为只有"合中西之古以为鉴",才能使变法图强收到切实的效果。[①]

2. 戊戌变法前后法律书籍的大量编译

自19世纪60年代开始,中国引进西方法文化的中心已由南部沿海转移到了上海。上海以其优越的地理位置,使大众传播业的发展在全国遥遥领先。至晚清修律开始以后,修订法律馆又成为评介西方法律的中心。

(1)江南制造局的翻译馆是中国官方设立的文化机构,也是19世纪中国译书最多、影响最大的出版机构。供职于江南制造局的传教士傅兰雅,因其译书数量之巨而获得了广泛的赞誉。在傅兰雅的77部译著中,法律类的书籍有《佐治刍言》《公法总论》《国政贸易相关书》《各国交涉公法论》《法律医学》《各国交涉便法论》等。

除傅兰雅外,林乐知、舒高第等人,也都翻译了法律政治方面的著作,如《列国岁计政要》《美国宪法纂释》《东方交涉论》《各国交涉公法论》《东方交涉记》《日本东京大学规制》。其中《佐治刍言》和《美国宪法纂释》成了戊戌变法和20世纪立宪运动的必备参考书。《佐治刍言》原名"*Homely Words to Aid Governace*",是英国人钱伯斯兄弟所编丛书中的一种,由傅兰雅翻译,1885年出版。书中以自由、平等为出发点,分别从家室、文教、名位、交涉、国政、法律、劳动、通商等各方面,论述了人人应有天赋的自主之权,国家应以民为本,政治应以得民心合民意为要旨。这是"戊戌以前介绍西方社会政治思想最为系统、篇幅最大的一部书"。[②] 康有为曾评论说:"《佐治刍言》言立国之理及人所当为之事,凡国与国相处,人与人相处之道悉备焉。皆用几何公论,探本穷源,论政治最通之书。其上半部论国

---

① 《湘学报》1897年4月22日。

② 熊月之:《西学东渐与晚清社会》,上海人民出版社1994年版,第517页。

与国相处,多公法家言;下半部论人与人相处,多商学家言。"[①]经江南制造局翻译馆翻译出版的社会科学方面的书籍共有 33 种,[②]它们"把西方书籍中所有的知识,用轻松、免费的方式加以转载"。[③] 接受这些知识的大都是中国的先进知识分子,或上层人士,他们在得到新思想武装以后,积极推动中国的政治改革与法律近代化的进程。

在资产阶级改良派的提倡和努力下,戊戌变法前后,大批译书局、社相继成立,翻译刊行西方资产阶级法律法学著作,如大同译书局、上海新作社、上海南洋公学译书院、新民译书局等。

(2)上海《申报》是这一时期全国最大、最具有代表性的一家报纸,"上海各士绅无不按日买阅"。[④] 它的信息空间十分广阔,在 19 世纪 70 年代,《申报》已经把西方的社会政治时事列为观察评论的第一主题。例如,日本明治维新运动展开以后,《申报》立即对日本仿效西方模式进行法律改革的各种措施作了报道。1882 年 7 ~ 8 月,《申报》平均每天发表两条日本的消息。而在 1882 年 6 月 25 日这一天,《申报》便发表了 11 则日本的消息。《申报》所发表的消息和评论文章,表现出了对日本国力崛起的震惊和对明治天皇的赞誉,特别是突出渲染日本效法西方改革旧制的倾向。[⑤] 此外,《申报》也发表了中西政治与法律比较的一类文章,如《中西刑律异同说》《中西政情之别》《论中西民情不同》。

(3)广学会出版的《万国公报》,也是宣传西方文化极有力的一家报纸。它刊载各国消息、时事述评、科学知识以及涉及西方文化等方面的内容。该报发表的有影响的法律政治方面的文章,有广东宣道子的《华盛顿肇立美国》,金琥、朱逢平的《富国要策》,花之安

---

① 梁启超:《读西学书法》,载梁启超:《中西学门经书七种》,上海大同印书局 1898 年石印本。

② 熊月之:《江南制造局翻译馆史略》,载《出版史料》1989 年第 1 期。

③ [美]乔纳森·斯潘塞:《改变中国》,曹德骏译,三联书店 1990 年版,第 154 页。

④ 张仲礼主编:《近代上海城市研究》,上海人民出版社 1990 年版,第 930 ~ 931 页。

⑤ 乐正:《近代上海人社会心态(1862—1910)》,上海人民出版社 1991 年版,第 180 页。

的《国政要论》,李提摩太的《论生利分利之别》,林乐知的《译民主国与各国章程及公议堂解》,海滨逸民的《论泰西要政》,李提摩太的《三十一国志要》《泰西新史揽要》《大同学》等。20世纪初,该报还登载了一些西方思想家的作品,如英国施本思(斯宾塞)的《自由篇》。广学会还将李提摩太翻译的《回头看纪略》改名为《百年一觉》,以单行本发行。该书出版以后,向中国思想界提供了一个西方人笔下对未来社会的憧憬。谭嗣同在《仁学》中概述此书内容时说:

> 千里万里,一家一人。视其家,逆旅也;视其人,同胞也。父无所用其慈,子无所用其孝,兄弟忘其友恭,夫妇忘其倡随。若西书中百年一觉者,殆仿佛《礼运》大同之象焉。①

梁启超、康有为、光绪皇帝、黄庆澄、孙宝、徐维则等人,都读过此书,并为其中描述的大同理想所感染。康有为所著《大同书》,除中国传统的大同世界的理想熏陶外,也受到了此书的启发。康有为自称:"美国人所著《百年一觉》书,是大同影子。"②

资产阶级改良派还创办了《时务报》《湘学新报》《国闻报》,以及后来的《清议报》《新民丛报》等,大量介绍和翻译西方资产阶级的法律法学著作和文章。另外,在其出版的《质学丛书》(1896年)、《西政丛书》(1896年)、《西学富强丛书》(1896年)、《续西学大成》(1897年),以及后来的《新学大丛书》(1903年)中,也都专设法政或法律一类,收编西方法律法学译书。

(4)上海商务印书馆在戊戌运动失败以后,继续承担着翻译出版法政书籍的任务。当时上海的民间出书机构借助租界这一"自由土壤",再次掀起了法政译书的高潮,其中以商务印书馆为代表。见于《东方杂志》广告的法政译著有:③

---

① (清)谭嗣同:《仁学》,载蔡尚思、方行编:《谭嗣同全集》(增订本下册),中华书局1981年版,第367页。

② 《康南海先生口说》,吴熙钊、邓中好点校,中山大学出版社1985年版,第31页。

③ 以下转引自陈丰祥:《日本对清廷钦定宪法之影响》,台湾师范大学历史研究所硕士学位论文,第36页。

《法学通论》(织田万著,刘崇佑译)
《法律经济通论》(石水宽人著,何炳时译)
《国法学》(笕古参著,陈时夏译)
《比较国法学》(末刚精一著)
《政治学》(小野喜平次郎著,郑译)
《行政法各论》(清水澄著,金泯澜译)
《民法原论》(富井政章著,陈海瀛等译)
《民法要论》(梅谦次郎著)
《国家学原理》(高田早苗著)
《地方行政法》(岛村地三郎著)
《法学通论》(山田三良著)
《刑法通论》(冈田朝太郎著)
《经济原论》(天野为三著)
《日本维新史》(村松贞臣著)
《国法学》(有贺长雄著)
《列强大势》(高田早苗著)
《民法要论》(稀木喜三郎著)
《警察学》(文保田政周著)
《货币论》(河津暹著)
《政法理财讲义》(佚)
《汉译日本法律经济辞典》(佚)
《日本法规大全》(佚)
《日本六法全书》(佚)
《日本法制要旨》(佚)
《日本明治法制史》(清浦奎吾著)
《日本警察法讲义》
《日本监狱法详解》
《日本预备立宪过去事实》(村志钧译)
《日本宪法义解》(伊藤博文著)
《日本议会记事全编》
《日本议令法规》

《自治论》(日本独逸学会著,谢冰译)
《公债论》(田中穗积著,陈兴年等译)
《商法论》(松坡仁一郎著,秦瑞玠译)
《刑法通义》(牧野英一著,陈承泽译)
《民事诉讼法论纲》(高木丰三著)
《刑事诉讼法论》(松室致著,陈时夏译)

从以上目录可以看出它们或是日本的法规汇编,或是日本法学家的著作,这不是偶然的。当时留日的中国学生,主动积极地把西方法律文化影响下的日本法律和日本法学家的法学著作,译成中文,传到国内,再由开明的出版机构以最快的速度、最大的批量推到国内读者面前。由于清廷预备立宪期间,提出言论出版自由所造成的客观环境,加上商务印书馆的元勋张元济的思想指导与坚定态度,使法学译著的出版呈现上升之势。张元济认为,出版事业可以"提携多数国民,似比教育少数英才为尤要"。在他的译书计划中,政治、法律、理财、商业是重要的内容,从1899年到1901年,商务印书馆出版了几十种这样的书。[①] 这些书在国内发行,销量极大,其影响是不可低估的。

(5)晚清为立宪改律而设立的修订法律馆和宪政编查馆,在引进西方法文化著作方面,也起了重要的历史作用。修订法律馆和宪政编查馆是清朝官方的机构,代表着官方的意图。它们的设置使北京又成了引进西方法律文化的中心。

宪政编查馆的前身是考察政治馆,清廷在上谕中要求它"择各国政法之与中国治体相宜者,斟酌损益,纂订成书"。[②] 为此,宪政编查馆专门设立"译书处","凡各国书籍为调查所必需者,应精选译才陆续编译"。[③] 此外,还"另设图书馆一所",专门"收储中外图

① 汪家熔:《大变动时代的建设者——张元济传》,四川人民出版社1985年版,第55页。

② 《设立考察政治馆酌各国政法纂订成书呈进谕》(中国第一历史档案馆军机处录副档案)。

③ 奕劻等:《拟呈宪政编查馆办事章程折》,载故宫博物院明清档案部编:《清末筹备立宪档案史料》(上册),中华书局1979年版,第50页。

籍”。不仅如此，各省设立的调查局，也进行收集和翻译外国的法律、法规、法学著作的工作。在有关立宪问题的群臣奏议中，无论是保守派还是立宪派，在论证他们的观点时，都能征引西方的宪治历史和宪法理论，这说明西方的宪法知识在清廷已有了一定程度的普及，这与宪政编查馆的努力是分不开的。

修订法律馆作为法律起草机关，清廷要求它“将现行一切律例按照交涉情形，参照各国法律，悉心考订，妥为拟议”。[①] 因此，修订法律馆特别重视翻译西方法律法规的工作。在短短几年里，先后译出法兰西刑法、德意志刑法、俄罗斯刑法、荷兰刑法、意大利刑法、法兰西印刷律、德国民事诉讼法、日本刑法、日本改正刑法、日本海军刑法、日本陆军刑法、日本刑法论、普鲁士司法制度、日本裁判构成法、日本监狱访问录、日本新刑法草案、法典论、日本刑法义解、日本监狱法、监狱学、狱事谭、日本刑事诉讼法、日本裁判所编制立法论，共26种。[②] 已经开始而未译完的尚有：德意志民法、德意志旧民事诉讼法、比利时刑法论、比利时监狱则、比利时刑法、美国刑法、美国刑事诉讼法、瑞士刑法、芬兰刑法、刑法之私法观，共10种。[③] 修订法律馆出于立法的实际需要，以西方各国现行的部门法和重要的法学著作作为翻译的对象，它们是直接面向朝廷君臣的，是为立宪修律服务的，因此，具有官方的色彩和良好的传播效果，极大地改变了清廷上下对西方法律文化闭目塞听的状态，并为晚清修律提供了蓝本。

（四）国外归来的中国人对西方法文化的介绍

1. 游历者笔下的西方国家

很久以前便有中国人侨居海外，但在重“华夷之防”的中国统治者眼里，不仅外国人是“化外之人”，就连去外国谋生的中国人也被看成“多系不安本分之人”。[④] 尤其是明清时期厉行海禁，对于私

---

① 《大清光绪新法令》（第1册），上海商务印书馆铅印本1909年版，第7页。

② 沈家本在奏修订法律情形。

③ （清）沈家本：《奏修订法律情形并请归并法部大理院会同办理折》，载故宫博物院明清档案部编：《清末筹备立宪档案史料》（下册），中华书局1979年版，第838页。

④ 《清朝通典》（第80卷），刑典，新兴书局1963年版。

出境外和违禁下海之人,要处以严刑。① 直到鸦片战争以后,中外条约的签订,才迫使清政府废除了海禁,中国人终于获得了去国外游历或居住的机会。在外国游历过的中国人,亲身接触了西方的文化,能够在相当的深度和广度上,去理解这些异质文化的精神和本质,并通过自己的著述,将西方的法文化介绍到中国。例如,1847年春,厦门林缄受美国邀请,在美国从事翻译工作,1848 年返回中国。在短短的一年多时间里,他写成《西海纪游草》和《西海纪游草自序》。在《西海纪游草自序》中,他叙述了美国独立战争和废除奴隶制战争的历史,并且介绍了美国的民主选举和总统制。他写道:"士官多选贤良,多签获荐(凡大小官吏,命士民保举,多人荐拔者得售)。暴强所扰,八载劳师,统领为尊,四年更代(众见华盛顿有功于国,遂立彼为统领,四年复留一任,今率成例)。"

林缄在《救回被骗潮人记》中,还记述了他在美国,为了救助被英国人诱骗到纽约的 26 名华人,而被英人设计陷害,不得不诉诸法院的经历。他雇用了美国律师,在律师的帮助下诉至当地法院。在法庭上他与律师一同进行辩护,"指驳英人,井井有条",结果英国人败诉,法庭将中国人当庭释放,"观者欣声雷动"。这是中国人在西方国家的法院,依照西方近代实体法和程序法,进行刑事诉讼的第一个案例。在这篇记叙文中,林缄以肯定的语气介绍了美国的律师辩护制度和陪审制度,尽管还只是片鳞只角。

又如,1876 年,李圭去美国费城参加世界博览会,行程环地球一周。回国后,著有《环游地球新录》。书中对美国的联邦制、三权分立、民主选举制、总统任期制、修改法律的程序等,都进行了讴歌式的描写:"美国一省即一国,乃合众而为国,各有军权。督抚以下各官,皆民间选举,四年一任……任满,众皆曰贤,再任四年。退位后,依然与齐民齿也……当在位时,遇事倘国人欲建一议,改一例,伯理玺无德可遏止之,众止亦无如何。"

李圭还从比较的角度,考察了西方的监狱制度,注意到了人道主义精神在西方法制中的体现。

---

① 《大清律例》卷二十,"兵律 · 关津"。

1861年,王韬由于上书太平天国遭受清廷的缉拿而逃至香港。1867年至1870年他游历了英、法、俄等国,1879年又游历日本。这段经历对于王韬改良政治与法制思想的形成,具有重要意义。王韬的深刻之处,在于他不仅看到了中西方之间的差距,还进一步思考了西方国家繁荣强盛的真正原因。他的思考也深入到法制领域。由于他主张发展资本主义工商业,因而建议用法律限制专制制度。[①]郭嵩焘也认为必须"循用西洋之法,以求日进于富强"。[②]

1898年9月,戊戌变法失败后,梁启超在日本人的帮助下逃到了东京,开始了他多年的异国之旅。在日本,他研读了国内难以见到的西方著作,加深了对西方文化的理解。1899年,梁启超曾访问过夏威夷,1903年2月,再一次访问美国。在美期间,美国的平民政治、地方自治、分权与两党政治等,都给他留下了深刻的印象。他"自美洲归来后,言论大变",[③]在《新大陆游记》中,对他身历目睹的美国的民主与法制,一一作了阐述和介绍。

2. 留学生对西方法文化的传播

中国人留学西洋的先驱是容闳。他于1847年赴美国留学,1854年回国。1872年又奉曾国藩之命,率第一批留学生30人赴美国留学,并任留学生监督,后兼驻美副使,翌年回国。因参加自立军被推举为上海张园国会会长,为清政府通缉,避居美国,直到去世。他撰写的《西学东渐记》,不仅叙述了他在晚清新思潮冲击下度过的一生,而且也宣传了西方的民主与法制思想。

1874年,伍廷芳以薪俸积蓄自费赴英国留学,入伦敦林肯法律学院专攻法律。两年后通过考试获律师证书,成为第一个系统接受英国法律训练的中国人。由于他通晓西方法律,颇受清廷洋务派官员的重视。李鸿章对他倍加赞赏,认为"此等熟谙西律之人,南北洋

---

① (清)王韬:《与周弢甫征君》,载(清)王韬:《弢园尺牍》,文海出版社1982年版,第30页。

② (清)郭嵩焘:《条议海防事宜》,载杨坚校补:《郭嵩焘奏稿》,岳麓书社1983年版,第345页。

③ 丁文江、赵丰田编:《梁启超年谱长编》,上海人民出版社1983年版,第334页。

须酌用一二,遇有疑难案件,俾与洋人辩论”。[①]

1890年,派往欧洲的留学生是中国留学生的第二代,共88人。其中学习政治与法律专业的虽然只占百分之十几,但是许多非政法专业的留学生,也被西方法律制度所吸引,而开始涉猎近代法律知识。例如,罗丰禄和严复便放弃了航海学专业,改学政治和法律。严复是这批留学生中最为出色的。

中国人留学日本的历史虽然稍晚,但是他们在学习和引进西方法律文化方面作出的贡献,远非前面任何一批留学生可比。

中国向日本派遣官费留学生始于1896年,在1900年还不满百人,但至1906年已达8000人。[②] 而1905年至1911年赴欧美的中国留学生的总和不过142人。[③] 日本的较为自由的环境和较多的法律院校,为中国留学生学习法律和政治提供了方便条件。1902年,《清国留学生会馆第一次报告》中指出,学习法律、政治、军警一类的学生,占一半以上。1904年,法政大学专为中国学生开设了法政速成科,在六年中入学的学生2862人,毕业生1384人。[④] 由于日本在明治维新以后,积极移植西方近代法律制度和文化,并成为日本法文化的主流,从而为中国学生学习西方法律提供了足够的资料。

中国留日学生根据日文版本,积极翻译西方的法学著作,最为著名的是“译书汇编社”的翻译成果。该社于1900年冬在日本成立,戢翼翚为社长。该社出版的《译书汇编》以18、19世纪欧美和日本近代社会政治学说为主,分为政治、法律、经济、历史、哲学、杂纂等栏。译文常常分期刊载,然后再出版单行本。见于创刊号上的译著有:[⑤]

[美]伯盖司:《政治学》

[德]伯伦知理:《国法泛论》

---

① 丁贤俊、喻作凤编:《伍廷芳集》,中华书局1993年版,前言。

② [日]奥藤恩秀:《中国人赴日本留学史》,谭汝兼等译,三联书店1983年版,第451页。

③ 黄福庆:《清末留日学生》,“中央研究院”1975年版,第74页附表。

④ 李喜新:《近代中国留日学生》,人民出版社1987年版。

⑤ 《译书汇编》1900年12月6日创刊号。

[日]鸟谷部铣太郎:《政治学提纲》

[德]海留司烈:《社会行政法论》

[法]孟德斯鸠:《万法精理》

[日]有贺长雄:《近时外交史》

[日]酒井雄三郎:《十九世纪欧洲政治史论》

[法]卢梭:《民约论》

[法]伊耶陵:《权利竞争论》

在第2期上,还有斯宾塞的《政治哲学》和李士德的《理财学》等。可见《译书汇编》所译基本上是西方和日本近代法律政治学名著,有的是第一次译成中文。至于发行的单行本,根据《已译待刊书目录》共有66种,法律和政治类占26种,主要的如英国斯宾塞著《政治进化论》《社会平权论》、德国伯伦知理著《政党论》、法国尼骚著《欧洲文明史》、美国勃拉司著《平民政治》、美国吉精须斯著《社会学》、英国默尔化著《万国国力比较》、福泽瑜吉著《文明之概略》、有贺长雄著《国法学》、陆实著《国际论》等。① 在1903年《译书汇编社出版及发行书目》中,还列有《欧美日本政体通览》《法制新编》《美国独立史》《最近俄罗斯政治史》《菲律宾志士独立传》等。

以上充分说明了戢翼翚主编的《译书汇编》,是中国最早比较系统地介绍日本和欧美近代法律政治学说的刊物。梁启超称赞说:"《译书汇编》至今尚存,能输入文明思想,为吾国放一大光明,良好珍诵。"②

这时,代表民族资产阶级中下层的资产阶级革命派所进行的反清革命活动,其中心尚在海外,他们在日本东京创办十几种刊物,除上述《译书汇编》外,著名的还有《国民报》(1901年)、《游学译编》(1903年)、《湖北学生界》(后易名《汉声》,1903年)、《浙江潮》(1903年)、《江苏》(1903年)、《醒狮》(1905年)、《民报》(1905年)、《复报》(1906年)、《河南》(1907年)、《江西》(1908年)等。在这些报刊中或开辟"法政"专栏,或经常刊载介绍西方的法律和

---

① 《译书汇编》1901年7月30日,第7期。

② 梁启超:《饮冰室文集类编》(上册),帝国印刷株式会社1904年版,第794页。

法学的译文。著名的如卢梭《民约论》、孟德斯鸠《论法的精神》(时译《万法精理》)、斯宾塞《代议政体》(《原政》)的最早中译本或节选本,便是《译书汇编》刊行的。而美国《独立宣言》的第一个中译本(1901年时译为《美国独立之檄文》),则是由《国民报》刊登的。资产阶级革命派翻译西方法律法学的目的是实现资产阶级民主共和国的方案的需要,其在西方法律法学输入中国的历史过程中,起了重要的作用。

3. 驻外使节对晚清民主法制的推动

1862年,清政府向西方派出了最早的使臣,在成员中有一位名为志刚的满洲官员,他记录下了在这个"不平常的际会"中的新鲜感受和深刻印象。诸如,西方国君不忌名讳,西班牙女王因为国人不服而逊位,巴黎的大学生和市民为选举不公正而游行示威,等等。他还记述了在行程中一位西方人曾向他"耸动中国早行西法之意"。[①]

1866年,清政府又派出一批人员赴西方考察,由满洲官员斌春率领。他回国后,在笔记中用赞同的口吻记下了他对英国议会制的观察,并概括地评论了西方国家"一切政事,好处颇多"。[②]

1875年8月,曾任广东巡抚、兵部侍郎的郭嵩焘,被任命为出使英国钦差大臣,成为中国第一位驻外使节。在英国的两年,他接受了西方民主与法制的影响,完成了社会思想的转变,成为资产阶级民主与法制的鼓吹者。他认识到"西洋之所以日致富强也",就在于制度民主,一切系之于"议政院"。执政者"所行或有违忤,议院群起攻之……故无敢有恣意妄为者"。[③] 他主张部分地仿行西方的政教制度,说:"尚学兴艺之方,与其通民情而立国本者,实多可以取法。"[④]对于资产阶级的法制,他也不乏溢美之词:"法者,人已兼治

---

① 志刚:《初使泰西记》,岳麓书社1985年版,第365页。

② 刘真主编:《中国留学教育史料》(第1册),台北编译馆1980年版,第291页。

③ (清)郭嵩焘:《伦敦与巴黎日记》,岳麓书社1984年版。

④ (清)郭嵩焘:《奏参岑英不谙事理酿成戕杀英官重案折》,载(清)郭嵩焘:《郭嵩焘奏稿》,杨坚校补,岳麓书社1983年版,第348页。

者也,故推其法以绳之诸国,其责望常迫。”[①]由于郭嵩焘的思想在当时的中国官僚中实属凤毛麟角,因而曲高和寡。当他撰写的著作“传到北京,把满朝士大夫的公愤都激动起来了,人人唾骂……闹到奉旨毁版,才算完事”。[②] 郭嵩焘也由此蒙受了“媚外”“汉奸”的侮辱,被罢官回里,忧郁而终。

1877 年,黄遵宪被清政府任命为驻日本参赞,他在任职期间编著《日本国志》,详细介绍了日本的历史、政治制度、风土人情,期望清政府能效法日本明治维新。为此,他广泛收集日本的典章史籍,详细了解明治维新期间日本移植西方法律制度的情况,具体考察了根据西方近代行政法制定的官制。他对于日本 19 世纪七八十年代兴起的兴民权、开国会、立宪法的自由民权运动,也进行了研究。此外,他还收集到日本各种团体、学会和政党的资料。

1882 年,黄遵宪调任美国旧金山总领事,进一步接触了西方的政治法律学说和制度,提高了民主意识。他在《新民丛报》著文说:“初闻颇奇怪,既而取卢梭、孟德斯鸠之说读之,心志为之一变,知太平世必在民主。”他在 1884 年的一首诗中表达了他的心态:

红黄黑白种,一律平等观。人人得自由,万物咸遂利。民智益发扬,国家乃倍。泱泱大国风,闻乐叹观止。[③]

1889 年,黄遵宪任驻英公使馆二等参赞。在英国期间,他研究了英国的宪法和宪政,认为英国的君主立宪最宜于中国仿效。

1891 年,黄遵宪又任驻新加坡总领事,这些经历使他逐渐成为中国近代启蒙民主主义者。他所著《日本国志》是一部很有影响的启蒙读物,被誉为“开启道路”之书。[④]

---

① (清)郭嵩焘:《伦敦与巴黎日记》,钟叔河、杨坚整理,岳麓书社 1984 年版,第 627 页。

② 梁启超:《五十年中国进化论概论》,载梁启超:《饮冰室全集》第一册之文集三十九,中华书局 1989 年版,第 43 页。

③ (清)黄遵宪:《纪事》,载钱仲联笺注:《人境庐诗草笺注》,上海古籍出版社 1981 年版,第 376 ~ 377 页。

④ 吴天任:《黄公渡先生传稿》,香港中文大学 1972 年版,第 377 页。

清末预备立宪活动展开以后,清政府派出五大臣出国考察宪政。一路以载泽为首,一路以戴鸿慈为首,虽曰“各赴东西洋”,但都先经日本、美国之后,再分访欧洲诸国。五大臣是奉旨出洋考察的,是清政府派出的官方代表,他们有较高的官衔、足够的经费、大量的随员和充分的准备,因此,尽管是走马观花,其收获仍然可观,他们的考察结果与建议,成为晚清立宪改制的根据。

从考察日记上看,戴鸿慈一路的历程如下:

光绪三十一年十二月二十四日,参观美国监狱;光绪三十二年正月七日,访问美国国会、考察美国的议院制度;光绪三十二年二月四日,访问英国下议院和上议院;十九日,访问普鲁士首都柏林的部分法院和监狱;二十三日,访问普鲁士的议院、警察局;四月三日,访问瑞士下、上议院;二十三日,访问德国最高法院;闰四月二日,与俄国前相维特谈论立宪问题;八日,访问荷兰议院;十六日,访问海牙国际仲裁所;二十日,留员瑞士考察宪法;二十四日,参观意大利议院;二十七日,与意大利上议院议员卜第鄂会谈,等等。[①]

在戴鸿慈的大批随员中,有些是具有改革思想倾向的知识分子,也有一批留学生,如章宗祥、陆宗舆、唐宝锷、钱承志、施肇基、何光建等。[②] 在考察的过程中收集了大量日本、欧美法律政治的图书资料。这批图书资料经过翻译和整理,为晚清立宪提供了重要参考。

载泽一路于光绪三十二年(1906年)正月初一日,在日本与伊藤博文进行了一次长谈;正月初三日,日本法学博士穗积八束为载泽讲解日本宪法;初四日,伊藤博文来谈宪法;三月二日,载泽在英国与李提摩太会见,并听取英国法学教授埃喜来讲解英国宪法;五日、九日、十二日,埃喜来讲解行政法规、税法、地方自治法、英国宪法、诉讼法,介绍英国三权分立状况、警察制度及英国的教育体制;二十六日,在法国由法国法官金雅士讲解法国宪政思想史、法国宪

① (清)戴鸿慈:《出使九国日记》,岳麓书社1986年版。
② (清)端方:《端忠敏公奏稿》卷六。

政制度史；二十七日，访问法国议院；闰四月初三日，访问比利时各级法院，并考察比利时的宪法、宪政、选举、立法、君权、地方自治等方面的情况。[①]

五大臣考察回国以后，对西方各国的宪法进行了比较、分析，认为日本的立宪模式是“大抵日本立国之方，公议共之臣民，政柄操之君上，民无不通之隐，君有独尊之权”，[②]而英国立宪“设官分职，颇有复宗扬执之处，自非中国政体所宜，弃短用长，尚须抉择”，[③]至于美国“以工商立国，纯任民权，与中国政体，本属不能强同”。[④] 结论就是中国立宪应“溯始穷源”只有“以德为借鉴”。[⑤] 可见这些评论并不是浮光掠影，随兴而发，而是有所认识的。

二、传统法观念的转变

中国作为古代东亚文明的中心，早在公元前二千年左右便已形成。就法文化而言，它是中华文明的重要标志，也是华夏文化的基本组成部分。同整个中华文明史一样，中华法文化的历史也是悠久的。其内容之广博，特色之鲜明，机制之复杂，生命力之强大，堪称世界之最。尤其是在漫长的发展过程中辗转相承，迄未中断，既完整而又系统。中华法文化的形成，就其内部而言，各民族各地区之间互相影响，互相吸收，逐渐融合，具有统一性。其对外部而言，是自成一系的，带有由农业经济和专制政治所加给它的保守性和孤立性的特点。直到 19 世纪中叶西方资本主义法文化输入以前，还保留着固有的、完整的封建法律体系和宗法伦理性的法律文化。

1840 年鸦片战争以后，在西方法文化的猛烈冲击下，加上中国的社会经济结构与阶级结构的巨大变化，使传统的法文化支离破碎，很难再继续抱残守缺。这是中国法文化史上的历史性巨变，宣

---

① （清）载泽：《考察政治日记》，岳麓书社 1986 年版。

② （清）载泽等：《奏在日本考察大概情形及赴英日期折》，载故宫博物院明清档案部编：《清末筹备立宪档案史料》（上册），中华书局 1979 年版，第 6 页。

③ （清）载泽等：《奏在英考察大概情形及赴法日期折》，载故宫博物院明清档案部编：《清末筹备立宪档案史料》（上册），中华书局 1979 年版，第 10 页。

④ （清）端方：《端忠敏公奏稿》卷六。

⑤ （清）端方：《端忠敏公奏稿》卷六《到德考察情形折》。

告旧时代的结束和新时期的开始。

(一)由固守成法到师夷变法

中国人长期生活在妄自尊大的封闭环境,形成了一种天生的优越感和拒绝外域文化的惰性心理。他们固执地崇拜祖先留下的辉煌遗产,直到清中叶以后,中国法律已经失去了自我发展的能力,却仍然抗拒着外来文化的冲击。嘉庆皇帝在镇压了天理教起义以后惊魂甫定,立即要求官员们进一步"守法奉职",以强化旧制。他用"祖宗之法"来对抗"嚣然争言改法度"的改革呼声。直到第一次鸦片战争前夜,道光皇帝依旧奉行"天不变,道亦不变"的教条,主张"率由旧章"。至鸦片战争失败,中国发生了天崩地解的变化。开明的官僚、士人们开始思索着为什么不可一世的天朝大国竟然如此不堪一击?他们不仅开始睁眼看世界,而且还要了解这个世界,并从中获得自救的方术,表现在法观念上则由恪守祖宗成法转向批判成法,特别是产生了"师夷变法"的新观念。

1. 对清朝法律与司法制度的批判

鸦片战争前后,以龚自珍、魏源、包世臣为代表的开明思想家,从自救的角度对清朝的律例与司法制度展开勇敢的批判。龚自珍说:"天下无巨细,一束之于不可破之例,则虽以总督之尊,而实不能以行一谋、专一事。"[①]他揭露了由刑名幕吏操纵司法造成的冤狱,指出:"古之书狱也以狱,今之书狱也不以狱。"司法者主观擅断,舍法从钱,其结果,使司法黑幕重重,是非颠倒。至于幕吏擅权的根源,如同包世臣所揭露的,"该幕等根深蒂固,招聚徒从,荐与府县,管理刑钱重务。府县如延其徒从,则公事顺手,并可借为关通,外省吏治之坏,多由于此"。[②] 包世臣以其多年从事刑幕的经验,对于司法的黑暗以及为讼所累的庶民状况,是深有所感的,他说:"署前守候及羁押者,常数百人,废时失业,横贷利债,甚至变产典田,鬻妻卖

---

① (清)龚自珍:《明良论》(四),载(清)龚自珍:《龚自珍全集》(上册),王佩诤校,中华书局1959年版,第35页。

② 《安吴四种》卷三十一上,"庚辰九月为秦侍读条列八事"。

子,疾苦壅蔽,非言可悉。"[①]由此他得出结论:"天下无一不犯法之官",整个清朝司法"无非同有非,无罪同有罪"。[②]

鸦片战争后十年,爆发了太平天国农民运动,其领袖洪秀全在《奉天讨胡檄》中揭露清朝"造为妖魔条律,使我中国之人无能脱其网罗,无所措其手足","凡有起义兴中国者,动诬以谋反大逆,夷其九族,是欲绝我中国英雄之谋也"。

资产阶级革命家孙中山,在组织武装起义推翻清朝政府的斗争中,也抨击了清朝法律与司法对百姓的迫害,他说:"法令益严,罪罟益密。"[③]"惟有兢兢遵守而已。"[④]"其身为官吏者,操有审判之全权,人民身受冤枉,无所吁诉。"官吏之间,"上下相蒙相结,有利则各饱其私囊,有害则各委其责任。贪婪勒索之风,已成习惯。"[⑤]而且在司法中"使用最野蛮的酷刑拷打,逼取口供"。[⑥]

上述对清朝法律与司法的批判,虽然由于批判者的身份与目的不同,而有明显的区别,但对清朝法律的落后与司法的腐败的认识,则是共同的,并在此基础上提出改制变法的主张。

2. 师夷与变法观念的形成

还在鸦片战争前夕,林则徐为了抗敌的需要力主"探访夷情,知其虚实"。继林则徐之后,魏源明确地提出了"师夷长技以制夷"的主张。他认为,"不善师外夷者,外夷制之",[⑦]"欲制外夷者,必先悉夷情始,欲悉夷情者,必先立译馆翻夷书始"。[⑧] 他在《海国图志》序中,鲜明地阐述了著此书的目的:"为以夷攻夷而作,为以夷款夷而

---

① 《安吴四种》卷三十一下,"为胡墨庄给事条陈清厘积案章程折子"。

② 同上。

③ 《大总统谒陵文》,载中国科学院近代史研究所史料组编辑:《辛亥革命资料》,中华书局 1961 年版,第 136 页。

④ 《伦敦被难记》,载《孙中山选集》(上卷),人民出版社 1956 年版,第 22 页。

⑤ 同上。

⑥ 《中国问题的真解决》,《孙中山选集》(上卷),人民出版社 1956 年版,第 60 页。

⑦ (清)魏源:《大西洋欧罗巴洲各国总叙》,载魏源全集编辑委员会编校:《魏源全集》之《海国图志》(第 2 卷),岳麓书社 2004 年版,第 1978 页。

⑧ (清)魏源:《筹海篇》(三),载魏源全集编辑委员会编校:《魏源全集》之《海国图志》(第 2 卷),岳麓书社 2004 年版,第 27 页。

作,为师夷之长技以制夷而作。"[1]

冯桂芬在《校邠庐抗议》一书中,以面对现实的认真态度,比较了中外的优劣之势,他说:"人无弃材不如夷,地无遗利不如夷,君民不隔不如夷,名实不符不如夷",由此他提出:"法苟不善,虽古先吾斥之;法苟善,虽蛮貊吾师之。"这是一个很有胆识的号召。

师夷之说不限于只输入器物文化,也包括政治法律文化,它既表现了中国传统法观念发生的重大变化,也为西方法文化的广泛输入与传播,制造了舆论准备。

西方殖民者的入侵,使中国面临着前所未有的民族危机,社会内部的弊病更加凸显出来,外窘内困使人们开始认识到改革是不可避免的。龚自珍说:"自古及今,法无不改,势无不积,事例无不变迁,风气无不移易。"[2]魏源则更为坚定地表示:"变古愈尽,便民愈甚",[3]"小更革则小效、大更革则大效"。[4] 他还说:"天下无数百年不弊之法,无穷极不变之法,无不除弊而能兴利之法,无不易简而能变通之法。"[5]结论就是,"善治民者不泥法","守陈案者不可与言律"。[6]

19世纪60年代,太平天国后期领导人洪仁玕,他对西方法律文化了解较多,因此,在他主持朝政之后,强调必须适应形势及时"革故鼎新"。他在《资政新篇》中论述道:"事有常变,理有穷通,故事有今不可行而可预定者,为后之福;有今可行而不可永定者,为后之祸。其理在于审时度势,与本末强弱耳。然本末之强弱适均,视乎时势之变通为律。则自今而至后,自小而至大,自省而至国,自国而

---

① (清)魏源:《海国图志·原叙》,载魏源全集编辑委员会编校:《魏源全集》之《海国图志》(第1卷),岳麓书社2004年版,第1页。

② (清)龚自珍:《上大学士书》,载(清)龚自珍:《龚自珍全集》(上册),中华书局1959年版,第319页。

③ (清)魏源:《默觚下·治篇五》,载魏源全集编辑委员会编校:《魏源全集》(第12册),岳麓书社2004年版,第49页。

④ (清)魏源:《御书印心石屋诗文叙录》,载魏源全集编辑委员会编校:《魏源全集》补录,岳麓书社2004年版,第727页。

⑤ (清)魏源:《筹鹾篇》,载魏源全集编辑委员会编校:《魏源全集》(第12册),岳麓书社2004年版,第408页。

⑥ (清)魏源:《默觚下·治篇五》,载魏源全集编辑委员会编校:《魏源全集》(第12册),岳麓书社2004年版,第49页。

至万邦,亦无不可行矣。其要在于因时制宜,审势而行而已。"[①]基于这种认识,他建议太平天国的视野要十分开阔,并以取法西方国家为未来的楷模。他说:英国"于今称为最强之邦,由法善也",俄国学习法国的"邦法","大兴政教,百余年来声威日著,今亦为北方冠冕之邦也",因此,"因时制宜,度势行法,必永远不替也"。[②]

洋务派是晚清各种政治力量中较为开放的一个集团,他们提出的"中体西用"是中西文化碰撞后第一阶段的结合形式,是企图融合二种异质文化的理论。洋务派将吸收西方文化合法化,打开了中国封闭文化系统的缺口。

19 世纪六七十年代,早期改良思想家们,已经把国家的富强与社会制度、政治制度的改革联系起来。郑观应在《易言》中说:"由今之道,变今之俗,宜览往古,法自然,诹远情,师长技,攻其所短,而夺其所恃。"[③]何启也说:"当今之世而不变今之法……亦无以决疑征信,大得于民。"[④]王韬更把中国放到世界的大环境中去观察:"设我中国至此时而不一变,安能博于欧洲诸大国而与之比权量力也哉?"[⑤]

19 世纪末,戊戌变法的领导人康有为、严复、梁启超等人,用进化论的观点阐明了变法的必要性。康有为认为自然界和人类社会都处于变易进化之中,"天以善变而能久""地以善变而能久"。[⑥] 他在上清帝第六书中说:"观万国之势,能变则全、不变则亡、全变则强、小变仍亡。"[⑦]就法律而言,"法既积久,弊必丛生,故无百年不变之法"。[⑧]

---

① (清)洪仁玕:《资政新篇》,载金毓黻、田余庆编辑:《太平天国史料》,中华书局 1955 年版,第 30 页。

② 同上书,第 35 页、第 38 页、第 39 页。

③ (清)郑观应:《易言·自序》,载夏东元编:《郑观应集》,上海人民出版社 1982 年版,第 63 页。

④ 何启、胡礼垣:《新政真诠》初编《曾书论后》。

⑤ (清)王韬:《弢园文录外编》之《变法》,载翦伯赞等编:《戊戌变法》(第 1 册),神州国光社 1953 年版。

⑥ 康有为:《进呈俄罗斯大彼得变政记序》,载翦伯赞等编:《戊戌变法》(第 3 册),神州国光社 1953 年版,第 197 页。

⑦ 康有为:《上清帝第六书》,载翦伯赞等编:《戊戌变法》(第 2 册),神州国光社 1953 年版,第 197 页。

⑧ 同上书,第 198 页。

严复根据达尔文“物竞天择,适者生存”的理论,分析了当时的中国国情,指出:“如今日中国不变法,则必亡是已……早一日变计,早一日转机,若尚因循,行将无及。”①

梁启超则认为,“凡在天地之间者,莫不变”,“变者,古今之公理也”。② “开新者兴,守旧者灭”,就法律而言,“法行十年、或数十年、或百年而必敝,敝而必更求变,天之道也”。③

1901 年,经历了八国联军侵华战争而逃至西安的慈禧太后,“既内恐舆情之反侧,又外惧强邻之责言,乃取戊己两年初举之而复废之政,陆续施行,以表明国家实有维新之意”。④ 她在上谕中表示变法革新,说:“世有万古不易之常经,无一成罔变之治法。大抵法久则弊,法弊则更”,“法令不更,锢习不破,欲求振作,当议更张”。她要求内外百官就“朝章国故、吏治民生、学校科举、军政财政,当因当革、当省当并,或取诸人,或求诸己,如何而国势始兴”,⑤提出建言。就在“朝野上下,争言变法”的声浪中,修订新律也逐渐提上日程,如同《清史稿·刑法志》所说,“于是新律萌芽”。

以慈禧太后为首的顽固集团,曾经严厉斥责维新主张为离经叛道,并且不惜以血腥手段镇压了维新六君子,而今却拾起变法维新的旗帜,这的确是一大转变。过去奉为“万世不变”的“祖宗成法”,现在不仅宣布为可变,竟然号召“京外各大臣各抒己见,凯切敷陈,以待甄择”,⑥并且承认“我朝自开国以来,列圣相承,谟烈昭垂,无不因时损益,著为宪典”。⑦ 由此可见,师夷——向西方学习与变法

---

① 严复:《救亡决论》,载翦伯赞等编:《戊戌变法》(第 3 册),神州国光社 1953 年版,第 60 页、第 70 页。

② 梁启超:《变法通议·自序》,载梁启超:《饮冰室合集》第一册之文集一,中华书局 1989 年版,第 1 页。

③ 梁启超:《论不变法之害》,载梁启超:《饮冰室合集》第一册之文集一,中华书局 1989 年版,第 7~8 页。

④ 《论中国必革政治始能维新》,载《东方杂志》第一章,第一期“社说”。

⑤ “上谕”(光绪二十六年十二月十日),《义和团档案史料》(下册),中华书局 1959 年版,第 915 页。

⑥ 《皇朝掌故汇编·内编卷一·官制》。

⑦ 《宣示预备立宪先行厘定官制谕》,载故宫博物院明清档案部编:《清末筹备立宪档案史料》(上册),中华书局 1979 年版,第 43 页。

是不可阻挡的历史潮流，特别是严峻的救亡图存的斗争，冲破了中国保守的文化网罗，终于出现了法观念上的改变，并进而导致根深蒂固的中华法系的解体。

（二）由维护三纲到批判三纲

自汉以来，三纲——君为臣纲、父为子纲、夫为妻纲一直是国家立法的指导原则和司法实践中定罪量刑的尺度，而不仅仅是伦理问题。因此，批判并反对三纲，从法学上来讲，就是否定了封建法律制度最重要的准则和最核心的内容，有着十分重要的意义。

近代中国从维护三纲到转向批判三纲，是19世纪60年代由早期改良派开始的。但须指出，在早期改良派中大多数人还是站在维护三纲的立场上的，只有少数人将批判的笔锋触及神圣的三纲。例如，何启、胡礼垣在《劝学篇·书后》指出："三纲之说非孔孟之言也"，"大道之颓，世风之坏，即由于此"，"是化中国为蛮貊者，三纲之说也。"陈炽也说："古人立教，男女并重，未尝有偏倚于其间也。"真正高举反纲常、反专制的旗帜的是谭嗣同，他是在纲常问题上体现法观念转变的代表人物。

切身的经历和敏锐的观察，使谭嗣同深深感到封建的纲常伦理，是覆盖着中国大地的黑沉沉的网罗，束缚、压抑着无数的中国人，是造成他们"之愚之弱之贫之一切苦"的根源。他在"仁—通"的思想指导下，发出了"冲决网罗"的呐喊，明确提出要"冲决利禄之网罗""冲决君主之网罗""冲决伦常之网罗"。[①] 这在当时的确是振聋发聩，发人深省的呐喊。

在封建纲常中，首要的是君为臣纲，因此谭嗣同把批判的锋芒集中指向专制君权，他谴责专制帝王"视天下为其囊橐中之私产，而犬马土芥乎天下之民"；"竭天下之身命膏血，供其盘乐怠傲"。[②] 他痛斥专制统治者为了保住自己的皇冠宝座而反对改革，"处事不计是非，而首禁更张"，以致政事废弛，吏治腐败。他揭露专制帝王为

---

① （清）谭嗣同：《仁学》，载蔡尚思、方行编：《谭嗣同全集》（增订本下册），中华书局1981年版，第290页。

② 同上书，第339页、第341页。

了使自己的帝位、私利能传之“世世万代子孙”,千方百计地制定了“一切酷毒不可私议之法”,用来压迫臣民。特别是清朝统治者更挖空心思地制定了各种苛法,大兴文字狱,用这些手段来镇压各族人民的反抗。在这里,谭嗣同不但揭露了君主专制的反动性、腐朽性,而且揭示了封建主义的法律实质上是专制帝王用以维护其私利的手段。

在谭嗣同批判封建专制君权的论述中,还汲取了卢梭的民主思想,阐发了主权在民的观点。他指出:“生民之初”不存在君臣,所有的人都是“民”,但由于人与人之间“不能相治”,“也不暇治”,才共同选举一民为君。既然君是由民“共举”的,所以不是“君择民”,而是“民择君”,是“因有民而后有君”。因此,君是为民办事的,臣是“助办民事”的,君如不能为民办事,则“易其人,亦天下之通义也”。① 谭嗣同否定了长期流传的“君权神授”的观念,有力地冲击了为君主专制辩护的重要理论基础,他所宣传的人民有权易君废君,君权是由民权派生的思想,反映了西学东渐以后的时代特色,因而与清初黄宗羲的反专制君权有所不同。

谭嗣同对父为子纲、夫为妻纲也给予批判。他指出:“君臣之祸亟,而父子夫妇之伦遂各以名势相制为当然矣。此皆三纲之名之为害也。”②他运用资产阶级自由、平等、民主思想来抨击宗法、父权与夫权在法律上的体现。认为父子可以“异居异财”,反对封建法典所规定的父母在,子孙不得私擅用财、别籍异财。对于纲常迫害下的妇女尤其寄予深厚的同情,他说男女“同为天地之菁英”,应有平等的权利,可是生活在纲常枷锁下的妇女,却被人任意“虏役之而已矣,鞭笞之而已矣。至计无复之,辄自引决。村女里妇,见戕于姑恶,何可胜道?”③

谭嗣同认为纲常为害的严重性,不仅是束缚了人们的行为,尤其是毒化了人心,因违反纲常名教而被绳之以法者不可胜数,然而社会舆论不仅不同情受害者,反而群起而谴责之。他愤懑地说:“施者固泰然居之不疑,天下亦从而和之曰:‘得罪名教,法宜

---

① (清)谭嗣同:《仁学》,载蔡尚思、方行编:《谭嗣同全集》(增订本下册),中华书局1981年版,第339页。

② 同上书,第348页。

③ 同上。

如此'。""三纲之慑人,足以破其胆,而杀其灵魂,有如此矣。""故曰:礼者,忠信之薄,而乱之首也。"[①]正由于三纲"能制人之身者,兼能制人之心",[②]因此,"独夫民贼,固甚乐三纲之名,一切刑律制度皆依此为率,取便已故也"。[③]

在谭嗣同看来,纲常名教之所以需要批判,就在于它违反了"仁—通"的精神。实际上就是违背了资产阶级平等、自由的原则。他强调如果不废除纲常,不革除专制制度,就不能变法,国家就无法进步。所以他提出:"今中外皆侈谈变法,而五伦不变,则举凡至理要道,悉无从起点,又况于三纲哉!"[④]

以上可见,谭嗣同反纲常的法观念是鲜明的,是反潮流的,是具有代表性的,其实质在于否定专制君权,否定封建统治秩序和封建法律制度的基础,这在当时是有重要进步意义的。

(三)由盲目排外到中体西用

尽管已进入19世纪中叶,但在清朝统治集团中仍然存在一批顽固的守旧派,他们不顾时代的潮流,不计国家的安危,冥顽不化,一味守旧,拒绝任何改革。他们反对变法维新,固执"率由旧章",认为祖宗成法决不可变,要求一切按"孔孟圣道"行事,指责采西学、用西法是"用夷变夏",甚至叫嚷:"宁可亡国,不可变法。"他们攻击兴民权是"权既下移,国谁与治?民可自主,君亦何为?是率天下而乱也"。[⑤] 他们维护清朝专制主义法律制度,奉纲常名教为金科玉律,不容许稍有触犯。依旧鼓吹:"舍名教纲常,别无立足之地;除忠孝节义,亦岂有教人之方?"[⑥]力图继续用传统的"礼治""人治",来反对资产阶级的"法治"等。

与此同时,在清朝统治集团中也出现了一个以奕䜣、曾国藩等

---

① (清)谭嗣同:《仁学》,载蔡尚思、方行编:《谭嗣同全集》(增订本下册),中华书局1981年版,第348页。

② 同上。

③ 同上书,第349页。

④ 同上书,第351页。

⑤ 《宾凤阳等上王益吾院长书》,载翦伯赞等编:《戊戌变法》(第2册),神州国光社1953年版,第638页。

⑥ 同上。

发其端,李鸿章等继其后,张之洞总其成的政治派别。他们主张在保持孔孟圣道、纲常名教不变的前提下,在练兵、工艺、法制等问题上,可以采西法,以应世变,维持清王朝的统治现状。这一派被称为洋务派,他们是由买办化的官僚所组成,其理论基础是“中体西用”论,其法律思想,主要就是中体西用论在法律领域的体现。他们虽然强调政令法度必须以纲常为本原,但又与顽固派一切固执成法不同。为了“应世变”,即适应中国在鸦片战争后的新情况、新变化,也主张在某些方面可以酌取西法,有所变通。例如,为适应中外交涉谈判的需要,较早地提出学习“公法学”和制定“交涉刑律”;为便于兴办与垄断近代工矿交通等企业,积极建议编订矿律、路律、商律等。

由盲目排外到中体西用,是治国思想的大转变,是传统的法制走向近代化的开端。虽然洋务派对此还是朦胧的、缺乏自觉的意识,但终究是从指导思想与实际措施的结合上,向着夷夏之防的旧观念和故步自封的旧意识发起了挑战。

(四)由专制神圣到君宪共和

中国自秦建立以皇帝为核心的专制主义制度后,一直沿着螺旋上升的轨迹,不断强化。虽然经过了明末清初以黄宗羲为代表的启蒙思想家对专制君权进行的猛烈抨击,但是君权神授、法自君出的观念,依然是不可动摇的。而在实践中由于皇帝掌握了国家全面的至高无上的权力,以致国家的兴衰系于皇帝一身,万民的生杀予夺统由皇帝一人掌握。直到鸦片战争前,皇帝继续保持着神圣不可侵犯的地位。随着西方政治法律文化的袭来,中国人的眼界大开,他们朦胧地意识到西方的富强,根源于议院制度,清朝的衰朽也同样根源于专制制度。君权神圣的观念逐渐转向君主立宪和民主共和,这是主宰着半个多世纪政治运动与革命运动的精神力量。梁启超在回顾这一段思想历史的巨大变化时说:“海禁既开,所谓‘西学’者逐渐输入,始则工艺,次则政制。学者若生息于漆室之中,不知室外更何所有,忽穴一牖外窥,则粲然者皆昔所未睹也,还暗室中,则皆沉黑积秽。于是对外求索之欲日炽,对内厌弃之情日烈,欲破壁以自拔于此黑暗。"①

如果说在19世纪40年代,魏源、徐继畲等人对西方政治法律制度还只是停留在零散的介绍上,那么至六七十年代,早期改良派的代表人物,已经不仅是赞美和宣传西方的议院与民主制度,而是在同中国的比较中探索改革的出路。他们中有的是洋务运动兴起后派往欧洲留学或考察的,有的则是驻欧洲国家的外交使节。他们从亲身经历中,产生了对西方近代民主与法制的倾仰与羡慕,同时,也摇撼了他们心目中君权神圣的宝座。这种思想倾向,通过笔端跃然于他们的著作之中。譬如,马建忠在《适可斋记言记行》中说:"各国吏治异同,或为君主,或为民主,或为君民共主之国,其定法、执法、审议之权分而任之,不责于一身,权不相侵。故其政事纲举目张,粲然可观。"陈炽以英国、德国为例,阐述了这两个国家"合君民为一体,通上下为一心",是"所以强兵富国纵横四海之根源"。② 王韬则以满腔热情讴歌了对于君民共治的向往,他说:"君为主,则必尧舜之君在上,而后可久安长治;民为主,则法制多纷更,心志难专一,究其极不无流弊。唯君民共治,上下相通,民隐得以上达,君惠亦得以下逮,都愈吁咈,犹有中国三代以上之遗意焉。"③不难看出,他们所主张的"君民共主",一方面表现了对于近代民主政治的追求,另一方面也反映了传统的君治对他们思想的束缚,以及他们个人的出身经历的局限,于是就出现了有心改革,却又不敢大跨步地越出传统樊篱的矛盾。

60年代以后,少数的洋务派和改良派成员,在赞赏西方民主政治的同时,开始探索能否和如何将西方的制度移植到中国来。例如,文祥虽然欣赏西方"其国中偶有动作,必由其国主付上议院议之,所谓谋及卿士也;付下议院议之,所谓谋及庶人也。议之可则行,否则止,事必合乎民情而后决然行之"。但他认为议院制度"义

① 梁启超:《清代学术概论》,东方出版社1996年版,第65页。

② (清)陈炽:《庸书·议院》,载翦伯赞等编:《戊戌变法》(第2册),神州国光社1953年版,第245页。

③ (清)王韬:《重民·下》,载(清)王韬:《弢园文录外编》,上海书店出版社2002年版,第19页。

可采取”,[①]却难以在中国实现。郭嵩焘则不仅提出西方之本在“议政院”,[②]而且主张在中国实行西方的政治制度。他说:“尚学兴共之方,与其通民情而立国本者,实多可以取法。”[③]

至19世纪80年代前后,早期改良派代表人物经过对西方政治法律书籍的学习以及自身在国外的体验,在理论与实践的结合上有了新的超越。譬如,王韬著文鼓吹“惟君民共治,上下相通,民隐得以上达,君惠亦得以下逮”,“内可以无乱,外可以无侮,而国有若苞桑磐石焉”。[④] 郑观应进一步发挥说:“君主者权偏于上,民主者权偏于下,君民共主者权得其平”,[⑤]因而最适宜于中国。他特别指出,议院设立以后,“昏暴之君无所施其虐,跋扈之臣无所擅其权,大小官司无所卸其责,草野之民无所积其怨”。[⑥]

从“君民共主”的构想出发,改良派的思路自然地引申到国家权力的分配和运行上来。黄遵宪勇敢地提出:“惟分其权于举国之臣民,君主垂拱仰成,乃可为万世不坠之业。”[⑦]

上述改良派对于西方民主政治制度的认识,尽管仍是肤浅的,甚至是偏颇的,但在那个时代无疑代表了进步的倾向。特别是以西方的民主制度为据,来论证自己的政治诉求,这是前人所不能和不敢的。伴随着民族危机的加深,要求改革的思潮也越加蓬勃发展,对于西方的了解和介绍也更加深入。薛福成在评论英国的多党政治时,注意到了“英国上下议院,有公、保两党,迭为进退,互相维

---

① 赵尔巽等:《清史稿》卷三八六《文祥传》,中华书局1977年版。

② (清)郭嵩焘:《伦敦与巴黎日记》(三),钟叔河、杨坚整理,岳麓书社1984年版,第373页。

③ (清)郭嵩焘:《奏参岑疏英不谙事理酿成戕杀英官重案折》,载(清)郭嵩焘:《郭嵩焘奏稿》,杨坚校点,岳麓书社1983年版,第348页。

④ (清)王韬:《重民·下》,载(清)王韬:《弢园文录外编》,上海书店出版社2002年版,第20页。

⑤ 郑观应:《盛世危言·议院》,载夏东元编:《郑观应集》(上册),上海人民出版社1982年版,第316页。

⑥ 同上书,第312页。

⑦ (清)黄遵宪:《日本国志》,吴振清等点校,天津人民出版社2005年版,第93页。

制”“一出一入、循环无穷，而国政适以剂于平云”。[1] 黄遵宪在《日本国志》中也阐述了西方政党组织的作用与活动：“余观泰西人之行事，类以联合力为之，自国家行政，逮于商贾营业，举凡排山倒海之险，轮舶电线之奇，无不借众人之力以成事。其所以联合之，故有礼以区别之，有法以整齐之，有情以联络之，均能维持众人之力而不涣散。其横行世界之莫能之抗者，恃此术也！尝考其用俗，无一事不立会，无一人不结党。众人习知其利，故众人各和其党。虽然，此亦一会，彼亦一会；此亦一党，彼亦一党；则又各树其联合之力，相激而相争。”[2]

甲午战争以后，民族危机进一步加深，救亡图存成为时代的最强音。在这种氛围中，维新派应运而生，走上了政治历史舞台。他们对西方民主政治不仅进行更广泛地宣传，而且作了一次变法维新的实践。

维新派的领袖人物康有为基于“全变”的思想，要求改革与清朝政体有关的典章法律。他认为中国所以积贫积弱，主要原因就是君权太尊，下情不能上达，君民不能合为一体。因此，中国过去三十年虽然也采西学，设学堂，办矿务，制洋器，但收效并不大。要使国家富强，就必须改革专制政治，实行君主立宪制。康有为是正式向清廷提出设议院、开国会的第一人。

为了推动和组织实施新政，康有为提出了“开制度局”的构想。他建议：“设制度局于廷内，选天下通才十数人，入于其中，王公卿士，仪皆平等。”[3]如果开制度局，“皇上每日亲临商榷，何者宜增，何者宜改，何者当存，何者宜删，损益庶政，重定章程”。[4] 因此，康有为将制度局的能否召开，视为变法成败的关键。他强调说：“制度局不开，措施之散漫乖错延搁，如彼犹泛沧海而无航，经沙漠而无导，

---

① （清）薛福成：《出使英法意比四国日记》，社会科学文献出版社 2007 年版，第 177 页。

② （清）黄遵宪：《礼俗志》卷四，载（清）黄遵宪：《日本国志》（上卷），天津人民出版社 2005 年版，第 916 页。

③ 康有为：《上清帝第一书》，载杨家骆主编：《戊戌变法文献汇编》（第 2 册），鼎文书局 1973 年版，第 199 页。

④ 同上。

冥行乱驶,而当风雨雾雪涛飓之交,而欲涎登彼岸,不致沉溺,岂可得哉?”[①]按照康有为的设计,在制度局之下设法律、度支、学校、农、工、商、铁路、邮政、矿务、游会、陆军、海军等十二局。可见,制度局实际上是一个掌握行政机要、起草法律、筹划变法大权的“维新内阁”。正因如此,他才说“制度局之设,尤为变法之原也”。[②]

此外,康有为对于改变旧法,建立新的法制也很重视,他说:“变法全在定典章宪法。”他要求“采择万国律例,定宪法公私之分”,[③]即制定一部英、日式的资产阶级宪法,使君民同受其治,借以划定君民权限,限制君权,以保证君主立宪制的施行。正如梁启超在《康有为传》中所评论的那样,(康有为)“欲维新中国,必以立宪法、改官制、定权限为第一义”,“若能立宪法、改官制、行真维新,则内乱必不生”。[④] 对于“议院条例,选举章程”等,康有为也认为“东西各国,成规俱存,在一采酌行之耳”。[⑤]

康有为还认为建立君主立宪国家,应实行三权鼎立之制,指出:“近泰西政论,皆言三权,有议政之官,有行政之官,有司法之官,三权立,然后政体备。”[⑥]果真“行三权鼎立之制,则中国之治强,可计日待也”。[⑦] 资产阶级提出的三权分立学说,虽然存在历史的局限性,但康有为等人在19世纪末要求用三权分立之制,取代独揽大权的君主专制,无疑应予肯定。

康有为对于变法与法律的关系也有自己的看法,他认为真正的

---

① 《波兰分灭论》,中国第一历史档案馆藏抄件。

② 康有为:《上清帝第六书》,载翦伯赞等编:《戊戌变法》(第2册),神州国光社1953年版,第200页。

③ 康有为:《上清帝第五书》,载翦伯赞等编:《戊戌变法》(第2册),神州国光社1953年版,第194页。

④ 梁启超:《康有为传》,载翦伯赞等编:《戊戌变法》(第4册),神州国光社1953年版,第34页、第35页。

⑤ 康有为:《请定立宪开国会折》,载翦伯赞等编:《戊戌变法》(第2册),神州国光社1953年版,第237页。

⑥ 康有为:《上清帝第六书》,载翦伯赞等编:《戊戌变法》(第2册),神州国光社1953年版,第199页。

⑦ 康有为:《请定立宪开国会折》,载翦伯赞等编:《戊戌变法》(第2册),神州国光社1953年版,第237页。

变法“须自制度法律先为改定”。[①] 为了“大改法度”，他“译集日本群书”，“割取明治变政之事，编辑成记”，供中国“采法其成效”。[②] 其次，他主张修改旧刑律，因为清朝刑法野蛮残酷，“非人生所忍言也”。西方各国正是借口“我刑律太重”，才强制清政府接受领事裁判权，以“自治其民”，这固然是侵略者的逻辑，但清朝刑律的野蛮残酷，却是事实。他建议：“今宜采罗马及英、美、德、法、日本之律，重订施行”，即使“不能骤行内地，亦当先行于通商各口”。[③] 最后，康有为建议制定民法、商法、诉讼法，尤其重视制定商律，借以护商。

康有为改革法制的主张，是他的宪政思想的组成部分。他认为中国如实施宪政就需要采用西方国家的法律制度，以新法治天下。随着民族资本主义经济的发展和社会关系的日益复杂，中国的确迫切需要制定调整各种新关系的法律。如果康有为的上述立法建议得以实现，就意味着一个以六法为体系的资产阶级法律制度，将取代中国旧有的诸法合一的封建主义法律制度，这比起沈家本改法修律，早十年左右。

综上所述，戊戌变法时期以康、梁、谭、严为代表的维新派，在锐意改革君主专制政体的同时，也主张采用西方的法律体系与制度。他们认真研究与介绍西方法学，作为论证变法的重要理论根据，从而形成了比较鲜明的资产阶级法律观。这说明西方法律文化的影响不断地深化，不断地武装着为救亡图存而奋斗的中国人。百日维新运动虽然由于力量对比的悬殊而失败了，但它却把西方的民主政治与法制的优胜之处，摆到了中国人眼前，使更多的中国人接受了维新思想，从而扩大了“向西方寻求真理”的队伍。

进入20世纪以后，清政府迫于国际形势的压力和日益蜂起的民主革命运动，不得不在政体上实行自上而下的改良，即由君主专

---

① 康有为：《康南海自编年谱》，载翦伯赞等编：《戊戌变法》（第4册），神州国光社1953年版，第145页。

② 康有为：《进呈日本明治变政考》，载杨家骆主编：《戊戌变法文献汇编》（第3册），鼎文书局1973年版，第2页。

③ 康有为：《康南海自编年谱》，载翦伯赞等编：《戊戌变法》（第4册），神州国光社1953年版，第200页。

制制度向君主立宪制度转变。这个转变,应该看作改良主义者在半个多世纪所做的努力的结果。由于改良派对君主立宪的理论作过充分的宣传,因而这个转变,没有引起理论上的争论。但就在这时,关于政体的另一个模式——民主共和,却与君主立宪论者展开了激烈的论辩。

以民主共和国为奋斗目标的资产阶级民主派,作为一支新的政治力量在中国历史舞台上,开始扮演着主要的角色。他们将反对帝制与反对满族集权结合在一起,提出了"驱除鞑虏""创建民国"的口号,主张在中国建立共和政体。资产阶级民主派提出民主共和的理想,早在甲午战争以前,[①]当时并没有与奉行君主立宪模式的改良派发生冲突。两种势力的领导人甚至还在寻求一种合作关系。[②] 根据现有史料,1900 年"自立军"事败,是兴中会与保皇党合作关系的结束。至 1903 年,孙中山公开宣布:"革命、保皇二事决分两途,如黑白之不能混淆:如东西之不能移位",[③]才正式划分了立宪与共和两个阵营的界限。同年,章太炎在《民报》上发表《驳康有为论革命书》,揭开了共和政体与立宪政体二种模式与理论的大争辩的序幕。这时改良派由于坚持通过改良保持清政权,而堕入了保皇的泥淖。与此相反,民主共和的理念却如日中天,赢得了广泛的支持。

推翻帝制,建立共和国,是革命派的基本政治纲领。孙中山认为,这是世界的潮流,是历史的必然,是社会进步的规律。他说:"满清王朝可以比作一座即将倒塌的房屋,整个结构已从根本上彻底地腐朽了","历史表明,在中国,朝代的生命,正像个人的生命一样,有其诞生、长大、成熟、衰老和死亡。当前的满清统治,自 19 世纪初叶即已开始衰微,现在则迅速地走向死亡。""广大的人民群众,也都甘愿接受新秩序,渴望着情况改善,把他们从现在悲

---

① 孙中山称"予自乙酉中法战败之年"便已立下"倾覆朝廷,创建民国之志",孙中山:《建国方略》,载《孙中山选集》(上卷),人民出版社 1956 年版,第 168 页。

② [美]费正清、刘广京编:《剑桥中国晚清史》(下卷),中国社会科学院历史研究所编译室译,中国社会科学出版社 1985 年版,第 540 页。

③ 孙中山:《敬告同乡书》,载《孙中山选集》(上卷),人民出版社 1956 年版,第 232 页。

惨的生活境遇中解救出来。”那时，“我们美丽的国家将会出现新纪元的曙光”。[①] 他着重指出：君主政体“不是平等自由的国民所堪忍受的”，所以“政治革命的根本……政治革命的结果，是建立民主立宪政体”。[②] 至于君主立宪政体，乃是“反夫进化之公理也，是不知文明之真价也”。“中国民主革命之重要”，[③]尤其是章太炎通过他的不朽之作，彻底批驳了保皇派关于“君权变法”的理论，不过是“君权专制也，非立宪也”，“立宪可请，则革命亦可请乎？以一人之诏旨立宪，宪其所宪，非大地万国所谓宪也”。[④]

就资产阶级民主派关于法的观念而言，可以概括如下：

其一，揭露和批判了清朝专制主义封建法律的腐朽性，及其加给人民大众的灾难。

其二，提出资产阶级民主共和国的方案，提倡资产阶级的法制，强调以法治国，反对人治。

其三，主张三权分立，强调行政不得干涉司法，以确保司法独立。

其四，形成了五权宪法的理论和建国方略。

其五，根据法律面前人人平等、保护人权与民主的原则，革除封建法律认可的各种陈规陋习。

其六，坚持在通商口岸制定适用于中外的法律，借以维护国家的司法主权。

总括以上，由专制神圣到君主立宪，再到民主共和，是中国近代法观念最本质的改变，它反映了西方法文化输入中国以后，所引起的政治变革的阶段性，而这种阶段性恰恰是西方法文化与中国实际相结合的不可超越的过程。由专制到君宪是一种突破，但还保留了

---

① 孙中山：《中国问题的真解决》，载《孙中山选集》（上卷），人民出版社1956年版，第67～69页。

② 孙中山：《三民主义与中国前途》，载《孙中山选集》（上卷），人民出版社1956年版，第75页。

③ 孙中山：《中国民主革命之重要》，载《孙中山选集》（上卷），人民出版社1956年版，第66～67页。

④ 章太炎：《驳康有为论革命书》，载朱维锋等编注：《章太炎选集》，上海人民出版社1981年版，第172～173页。

封建皇权的尾巴。由君宪到共和是更深一层的突破,显示了精神力量与物质力量结合以后,所发挥的无坚不摧的作用。这个过程虽以少数人为先驱,但它所带动的却是浩浩荡荡的民众大军,表明了救亡、图存、图强是中华民族的共同意志。民主共和的法观念及其物化的中华民国的政治法律制度,从历史发展的角度看都有其必然性。

(五)由以人治国到以法治国

在漫长的古代中国,是以人治为国家机器运行的杠杆。所谓人治,实质上是君治和君主操纵下的官治,这是专制制度所决定的。西方在资产阶级革命时期,曾经提出了"天赋人权论""社会契约论""人民主权学说"用以反对封建专制、教会特权和民族压迫,实现自由、平等、人权和法治。资产阶级革命胜利以后,法治思想的重点便转向以法治国,潘恩、卢梭、孟德斯鸠、戴雪等,都是以法治国理论的缔造者和鼓吹者。法治思想作为西方法文化的重要内容,也随着西方法文化的输入中国,而为中国的开明官僚和知识界所理解和接受。

在西方法治思想的影响下,严复反对"有治人无治法"的传统观念,认为"人治"有很大偶然性,从中国的历史来看,三代以来,"君为圣明"者,只有汉武帝、汉光武、唐太宗等少数几个人而已;正因如此,在封建中国长期的"人治"之下,昌世少,乱世多。所以严复提出,中国如要富强而久安,就应该重视以法为治,建立一套上下咸遵,"一国人必从"的完备法律制度。而要建立这样的法律制度,则应采用西法。

严复把法律视为保护国民的人权和维持人类社会正常秩序的必要手段,无论国家、人民,"皆待法而后有一日之安",国家的主要任务不外"明刑治兵两大事而已"。他赞同孟德斯鸠的法治学说,认为法律是"治国之经制",君民"上下所为,皆有所束",只有懂得以法治国之人,才算得上"知治之要"。对此,他借历史事例加以发挥,说:汉时"朱博曰:'太守不知经术,知有汉家三尺法而已'。至哉斯言,此汉明法吏之所以众也。王荆公变法欲士大夫读律,此与理财,皆为知治之要者,蜀党群起攻之,皆似是实非之谈,至今千年,犹蒙其害”。[①]

为了使法律能够更好地发挥治国的作用，严复还提出了法制建设中应该注意的一些事项：其一，法律一经制定，必须切实执行。“法之既立，虽天子不可以不循也。”[②]法令如颁而不行，就会造成官吏敢于玩法鬻狱的腐败现象，百姓也敢于抗法为非。其二，立法不违背“人情物理”，才能切实可行。但这不等于“以法媚俗”，迁就社会上的不良风气。其三，要推行法制，必须与教育、生计等各方面的措施相配合，才能取得更好的效果。

梁启超从19世纪末中外的交往中，得出今日中国“非发明法律之学，不足自存矣”[③]的结论。他把“为民定律法”看作“神圣教主，明君贤相”的最大事业。他认为中国要生存，要自强，非加强法制，施行法治不可，因此他强调：“法治主义，为今日救时唯一之主义。”[④]

梁启超虽然倾向于“法治”，但历史经验的总结和现实的体验，使他认识到要使法律真正发挥作用，还需要有道德、教育等与它配合，还需要有议院监督它的施行，否则，单纯依靠法律，也难以实施。

在“法治”和“人治”的问题上，章太炎同样重法而轻人，认为“专重法律，足以为治”，只要上下都不违反固定的法律，即使如商君、武侯之政，也可能出现，何必“过任治人，不任治法”。他强调：“为治固当循绳墨，无所用贤。且有劳者得超除，溺职者受罢黜，材者固无患其沉滞，虽下资亦自见泠汰矣。”[⑤]他从一断于法的原则出发，抨击了作为法治障碍的“刑不上大夫”的特权法原则，指出这是

---

① ［法］孟德斯鸠：《孟德斯鸠法意》（上册），第六卷第十六章按语，严复译，商务印书馆1981年版，第132页。

② ［法］孟德斯鸠：《孟德斯鸠法意》（上册），第二卷第五章按语，严复译，商务印书馆1981年版，第27页。

③ 梁启超：《论中国宜讲求法律之学》，载梁启超：《饮冰室合集》第一册之文集一，中华书局1989年版，第94页。

④ 梁启超：《中国法理学发达史论》，载梁启超：《饮冰室合集》第二册之文集十五，中华书局1989年版，第43页。

⑤ 章太炎：《代议然否论》，载朱维铮等编注：《章太炎选集》，上海人民出版社1981年版，第479页。

“肉食者所以自谋”的法律,[1]如果因为身份不同,“一事而进退于二律”是不可能有益于百姓的。

作为资产阶级民主革命领袖的孙中山,不仅是资产阶级法治的鼓吹者,也是实践家。早在 1878 年 5 月,他抵达檀香山以后,便发现当地“秩序良好,商业发达,人民安居乐业”,其所以如此,就在于“政府有法律,民众得保障所致”。[2] 1906 年,在《民报发刊词》中,他明确提出要在推翻清朝以后,建立一套民主进步的法制,以便“使最宜之治法适应于吾群,吾群之进步适应于世界”。1912 年,在他就任临时大总统之前,便表示要通过实行法治来整顿混乱的局面,巩固共和制度。就任临时大总统以后,立即着手进行立法工作,在《咨参议院法制局职制》文中指出:“窃维临时政府成立,所有一切法律命令,在须行编订,法制局之设,刻不容缓。”[3]孙中山不仅强调:“民刑各律及诉讼法,均关紧要”,[4]尤其敦促迅速制定中华民国临时政府组织法……以固民国之基……”[5]以使民国的国家活动纳入法治的轨道。在孙中山的法治思想指导下,南京临时政府在短短的三个月内,进行了卓有成效的立法活动。如制定《中华民国临时约法》,以根本法的形式确认资产阶级共和制度。同时,也以“人权神圣”为轴心,制定了一系列反映民主精神的单行法律、法令,迈出了以法治国的重要一步。

总括上述,法治是近代资产阶级民主制度的重要内容和治国的主要方法,同时,也是近代资产阶级法理学的基石。人治和法治是两种不同制度的产物,前者是专制制度的产物,后者是民主制度的

---

① 章太炎:《五朝法律索引》,载《章太炎全集》卷四之文录卷一,上海人民出版社 1984 年版,第 83 页。

② 胡去非:《总理事略》,商务印书馆 1937 年版。

③ 《大总统咨参议院法制局职制》,载中国科学院近代史研究所史料组编辑:《辛亥革命资料》,中华书局 1961 年版,第 24 页。

④ 《大总统据司法总长伍廷芳呈请适用民刑法律草案及民刑诉讼法咨参议院议决文》,载中国科学院近代史研究所史料组编辑:《辛亥革命资料》,中华书局 1961 年版,第 353 页。

⑤ 《大总统咨参议院南京府官制草案请议咨复并中华民国临时组织法草案》,载中国科学院近代史研究所史料组编辑:《辛亥革命资料》,中华书局 1961 年版,第 25 页。

产物。人治与法治的对立,实质上是权力与法律谁服从谁的问题。需要指出,中国古代关于人治与法治的争论,与前述资产阶级运用法治反对封建专制主义的人治是不同的。在中国古代并没有人治与法治的概念,更不存在人治主义与法治主义的对立,这是后人以近代资产阶级的概念加给古人的。儒家主张"为政在人""徒法不足以自行""有治人无治法"。法家主张"缘法为治""圣君任法而不任智""法律政令者,吏民规矩绳墨也""不务德而务法"。由此可见,治人与治法的分歧,是两个学派在治国方法上的侧重点不同,而不是不可调和的本质对立。从实际情况看,儒家的人治论是重人执法论,荀子说:"君子者,法之原也",①"故法不能独立,类不能自行,得其人则存,失其人则亡"。② 他主张的"隆礼"而又"重法",已经把治人和治法看作一个有机整体。他说:"故道王者之法,与王者之人为之,则亦王;道霸者之法,与霸者之人为之,则亦霸;道亡国之法,与亡国之人为之,则亦亡。"③为了重人执法,他强调"无德不贵,无能不官,无功不赏,无罪不罚",通过治人达到治法的目的。这个思想对后世有着深远的影响。王安石曾以更明白的语言表述了法与吏的关系,他说:"守天下之法者,吏也,吏不良,则有法而莫守。"晚清沈家本在《刑制总考》中对此作出了历史性的总结:"法之善者仍在有用法之人,苟非其人,徒法而已","有其法尤贵有其人"。

法家虽然重视法律的作用,但也从不忽视治人的价值。以法家集其大成者韩非为例,他一方面"以法为本",强调"明法者强,慢法者弱",④另一方面又极力鼓吹"君治"和"吏治",认为人主必须"擅势",集权于一身,所谓"势重者,人主之渊也",⑤"主之所以尊者,权也"。⑥ 又说:"明主治吏不治民",把治吏看作治民的首要步骤。但

---

① 《荀子·君道》。

② 同上。

③ 《荀子·王霸》。

④ 《韩非子·饰邪》。

⑤ 《韩非子·内储说下》。

⑥ 《韩非子·心度》。

人主必须“抱法处势”,无论治民治吏都要“缘法而治”,这是法家之所以为法家的特征。显然法家也是治法与治人的综合论者,只是重点在于前者。正是由于中国古代关于治人与治法的争论,并不是本质上对立和制度上的截然冲突,因而决定了这两者的结合即所谓“外儒内法”是可能的,而且是必要的、必然的。

随着西方法文化的输入,资产阶级的法治思想逐渐取代了传统的治人与治法的认识,成为开明思想家崭新的法观念和为之奋斗的目标。

(六)由义务本位到权利追求

在中国古代的法典中,虽然详细规定了庶民对于国家应负的纳税、守法、尽忠、服徭役、兵役等种种义务,但却没有关于庶民权利的明确规定。这种义务本位的法文化,产生于单一封闭的小农自然经济结构与严格的专制主义统治相结合的环境。同时,中国古代法律以禁暴惩奸为首要功能,强调“禁于已然之后”的制裁作用,也使人们更多的是考虑遵守法律,趋利避害,缺少依法保护自己权利的观念。随着西方法文化的输入,人们逐渐产生了要求法律上平等与自由的权利意识。

1. 关于人权

龚自珍、包世臣等人对清朝司法不分虚实,严刑拷掠,祸及无辜,扰累平民的揭露与批判,反映了最早的人权意识的觉醒。徐继畲在《瀛环志略》一书中对西方废奴运动的评价,也是对人权的一种赞美。太平天国革命后期,洪仁玕在《资政新篇》中提出的禁止买卖人口为奴,禁止溺婴,“溺者罪之”,反对奴隶劳动和废除人身依附等,也都是在西方人权思想影响下所产生的新思想的火花。

至19世纪六七十年代,洋务派和早期改良派在人权问题上有了进一步论述。马健忠说:西方各国“人人有自立之权,即人人有自爱之意”。[①] 甲午战争以后,天赋人权学说,开始在中国广泛传播。郑观应、何启、胡礼垣、康有为、严复、梁启超、谭嗣同、黄遵宪、樊锥、

① (清)马建忠:《适可斋记言记行》卷二。

皮嘉祐等,在著作中都涉及天赋人权问题。郑观应说:"民受生于天,天赋之以能力,使之博硕丰大,以遂厥生,于是有民权焉。民权者,君不能夺之臣,父不能夺之子,兄不能夺之弟,夫不能夺之妇,是犹水之于鱼,养气之于鸟兽,土壤之于草木。故其在一人,保斯权而不失,是为全天。其在国家,重斯权而不侵,是为顺天。勿能保,于天则为弃,疾视而侵之,于天则为背。全顺者受其福,而背弃者集其殃。"[①]何启、胡礼垣也说:"权者乃天之所为,非人之所立也。天既赋人以性命,则必畀以颁此性命之权;天既备人以百物,则必与以保其身家之权","一切之权皆本于天","天下之权,唯民是主","自主之权,赋之于天,君相无所加,编氓无所损;庸愚非不足,圣智亦非有余","夺人自由之权,比杀戮其人相去一间耳。"[②]

2. 关于自由、平等权

甲午战争以后,维新派把天赋人权的思想具体化为天赋的自由权与平等权。康有为说:"人人既是天生,则直隶于天,人人皆独立平等。"[③]又说:"凡人皆天生,不论男女,人人皆有天与之体,即有自立之权,上隶于天,人尽平等,无形体之异也。"[④]康有为对天赋自由权、平等权的论述,最后落实到对"三纲"道德规范的批判上。他抨击作为最高传统道德的"君为臣纲",只能是"民贼稳操其术以愚制民",[⑤]只能使"其民枯槁屈束,绝无生气"。[⑥] 在"父为子纲"的宗法制家庭里,"一家之人,亦为家长所累,半生压制而终不得自由",其家庭成员"皆失人道独立之义,而损天赋人权之理"。[⑦] 至于"夫为妻纲"、男尊女卑,同样违背了天赋人权的公理,因为"男与女虽异形,其为天民而共受天权一也"。[⑧]

---

① 郑观应:《原君》甲午后续,载夏东元编:《郑观应集》(上册),上海人民出版社1982年版,第334页。

② 何启、胡礼垣:《〈劝学篇〉书后》,载《新政真诠》第五编。

③ 康有为:《孟子微·礼运注·中庸注》,中华书局1987年版,第22页。

④ 康有为:《大同书》,上海古籍出版社2005年版,第129页。

⑤ 康有为:《礼运注》序,中华书局1987年版。

⑥ 康有为:《大同书》,上海古籍出版社2005年版,第44页。

⑦ 同上。

⑧ 同上书,第125页。

在批判三纲、名教的问题上,谭嗣同也从西方天赋人权学说中得到立论上的根据,而成为急先锋。他揭露三纲、名教的社会危害性时说:“名之所在,不惟关其口,使不敢昌言,乃并锢其心,使不敢涉想”,因此历代帝王都以纲常名教作为“愚黔首之术”。[①] 对于“父为子纲”,谭嗣同也认为有违天赋人权。他说:“至于父子之名,则真以为天之所命,卷舌而不敢议。不知天命者,泥于体魄之言也,不见灵魂也。子为天之子,父亦为天之子,父非人所得而垄取也,平等也。”[②]此外,谭嗣同还以男女平等的观念,批判了建立在男尊女卑基础上的夫为妻纲,认为“男女同为天地之菁英,同有无量之盛德大业,平等相均”,[③]“男女相亲”是“发于自然”的,不应该使之隔绝。男女婚姻应“两情相愿”,不应“强合渺不相闻之人,絷之终身,以为夫妇”。[④] 他以冲天的勇气,号召冲决桎梏天赋予人的自由平等权的网罗。

严复通过翻译西方政治、法律学说,介绍了资产阶级自然法学派的天赋人权论、民约论与分权论。并在他所译的西书中,写入了大量很有价值的按语,意在运用西方的理论来剖析中国的法律问题,把具有反封建意义的资产阶级自由、平等观念,引入中国的法律思想领域。

为了反对清朝专制主义的斗争需要,严复积极宣传西方近代自由思想,他说:“彼西人之言曰,惟天生民,各具赋畀,得自由者乃为全受。故人人各得自由,国国各得自由,第务令毋相侵损而已。侵人自由者,斯为逆天理,贼人道。其杀伤人及盗蚀人财物,皆侵人自由之极致也。故侵人自由,虽国君不能。而其刑禁章条要皆为此设耳。”[⑤]严复在比较了中西国情之后,认为中国所缺乏的是西方的自由观念,这不是偶然的,因为“自由一言,真中国历古圣贤之所深畏,

---

① (清)谭嗣同:《仁学》,载蔡尚思、方行编:《谭嗣同全集》(增订本下册),中华书局1981年版,第348页。

② 同上。

③ 同上书,第304页。

④ 同上书,第348～349页。

⑤ 严复:《论世变之亟》,载翦伯赞等编:《戊戌变法》(第3册),神州国光社1953年版,第73页。

而从未尝立以为教者也”。[①] 既然造成中国落后于西方的主要原因在于自由精神的缺乏，因此，他根据“物竞天择，适者生存”的进化理论，激励人民奋起争回自由权。他提出了“身贵自由，国贵自主”的观点，在《原强》一文中阐明了人民的自由、权利和国家的独立、自主的必要性：“知吾身之所生，则知群之所以立矣；知寿命之所以弥永，则知国脉之所以灵长矣，一身之内，形神相资，一群之中，力德相备。”[②]反之，如果人民无自由，国家不独立，则“民固有其生也不如死，其存也不如亡”。[③] 正是根据这样的认识，严复形成了“以自由为体，以民主为用”的著名命题。他论述说：“今之西洋……其为事也，一一皆本诸学术；其为学术也，一一皆本于即物实测，层累阶积，以造于至精至大之途，故蔑一事焉可坐论而不足起行者也。苟求其故，则彼以自由为体，以民主为用。一洲之民，散为七八，争驰并进，以相磨砻，始于相忌，终于相成，各殚智虑，此既日异，彼亦月新，故能用法而不受法之弊，此其所以为可畏也。”[④]

为了发挥法律对于推进民智、民德、民力的作用，严复认为最重要的是立法能真正保护天赋人权，尤其是天赋予人的自由权。他把这看作西法优于中法的秘密，指出在西方各国凡侵犯人的自由权即为“逆天理，贼人道”。所以，虽国君也无权侵犯人的自由权，“刑禁条章”的主要内容，也都是为保护天赋的自由人权而设。正是由于人们的自由有保障，因而激发他们勇于承担法律上的义务，国家遂得以富强。中国恰恰相反，君主专制统治下的法律，不但不保护民众的自由权，反而“毁人身家”，摧残民智、民德、民力，国家怎能不贫且弱。所以严复把拯救中国的要务归结为按天赋人权的道理行事；如果不效，他甘愿承当“莠言乱政”之罪。

以孙中山为首的民主派，为了唤起人民大众的民主共和意识，

---

① 严复：《论世变之亟》，载翦伯赞等编：《戊戌变法》（第3册），神州国光社1953年版，第73页。

② 严复：《原强》，载翦伯赞等编：《戊戌变法》（第3册），神州国光社1953年版，第43页。

③ 同上书，第49页。

④ 同上书，第48～49页。

推翻专制帝国,把中国传统的政治法律制度放到"理性"的法庭上,以西方近代的"天赋人权""自由平等博爱""法律面前人人平等"等新思想、新观点给予批判,并从批判中宣传了民主革命的思想。在当时影响最大的是章太炎的《驳康有为论革命书》、邹容的《革命军》和陈天华的《警世钟》《猛回头》。章太炎在1903年发表的《驳康有为论革命书》中,批驳了康有为"只可立宪,不可革命"的"保皇"主张,指出"近今之世,则合众共和为不可已","以合众共和结人心者,事成之后,必为民主,民主之兴,实由时势迫之",从而揭示了建立民主共和制度是当时中国历史发展的必然。邹容在1903年所著《革命军》中,"模拟美国革命独立主义",制定了在中国建立独立自由的"中华共和国"的25条纲领。主要内容是:

其一,推翻清朝专制政权以后,建立资产阶级民主共和国,"万世不复有专制之君主"。

其二,在中华共和国内,不分男女,"一律平等,无上下贵贱之分"。人人享有言论、思想、出版等自由权利,并负有纳税、服兵役和忠于国家的义务。政府有"保护人民权利"的责任,如有失职,人民有权起来革命,另立新政府。

其三,实行议会制度,各省、府、州、县都选举议员;总统"由各省总议员中投票公举"产生。

其四,以美国的宪法和法律为蓝本,制定本国的宪法和法律。[①]

显而易见,这是一个追求自由平等权利的资产阶级共和国方案。他提出的"中华共和国"口号,如同昭苏大地的春雷,迅速传遍大江南北,使人们向往这个共和国,愿意为她的实现而赴汤蹈火。

随着民主共和思想的广泛传播,在成立的革命团体中,均以建立共和的新国家作为自己的纲领。例如,光复会在《光复军告示》中,提出"誓扫妖氛,重新建国,图共和之幸福,报往日之深仇",[②]把光复、复仇与新共和国连在一起。

在民主共和思潮中,最具代表性的是孙中山的民权思想。早在

---

① 《国民报》1901年第1期。

② 《辛亥革命》资料丛刊第三册,上海人民出版社1957年版,第77页。

1894年兴中会成立时，孙中山便于秘密誓词中提出“驱除鞑虏，恢复中华，创立合众政府”的口号，标志着他的民权思想的确立。在1896年至1897年，孙中山考察了美国、法国、英国、瑞士等资产阶级民主的国家制度，使他更坚定了共和政治的信念，而且要“以革命为先导”加以实现。他指出：“我们推倒满洲政府，从驱除满人那一面说是民族革命，从颠覆君主政体那一面说是政治革命。”“政治革命的结果，是建立民主立宪政体。”①他主张按照“自由、平等、博爱”的精神，给国民以充分的“民权”。在《军政府宣言》中庄严宣布：“今者由平民革命以建国民政府，凡为国民皆平等以参政权，大总统由国民公举。议会以国民公举之议员构成之。制定中华民国宪法，人人共守，敢有帝制自为者，天下共击之！”②

为了保护人民应该享有的自由平等权利，资产阶级民主派主张制定民主的宪法，认为“宪法者，一国之根本法，又人民权利之保障也”。③ 又说：“夫所谓宪法者何？法治国也。法治国者何？以所立之法，为一国最高之主权机关。一国之事皆归法以范围之，一国之人皆归法以统治之，无所谓贵，无所谓贱，无所谓尊，无所谓卑，无所谓君，无所谓臣，皆栖息于法之下。非法之所定者，不能有命令；非法之所定者，不得有服从。凡处一国主权之管辖者，皆同一阶级而无不平等者。”④

总括以上，从19世纪60年代以来，传统的义务本位的法观念，逐渐让位给对权利的追求。西方启蒙思想家关于天赋人权、自由、平等、民主的理论，成为当时人们投身于救亡图存，改革自强的精神动力。随着人们权利意识的觉醒，为共和而奋斗的目标也越加明确，在广大人民群众中形成了用国民革命的方式，推翻桎梏自由与平等的专制制度的共识。这种法观念的变化，不仅表现为辛亥革命

---

① 孙中山：《在东京（民报）创刊周年庆祝大会的演说》，载《孙中山全集》（第1集），中华书局1981年版，第325页。

② 孙中山：《军政府宣言》，载《孙中山选集》，人民出版社1981年版，第78页。

③ 《论宪法上之君主神圣不可侵犯之谬说》，载张枬、王忍之编：《辛亥革命前十年间时论选集》（第三卷），三联书店1977年版，第830页。

④ 田桐：《满政府立宪问题》，载张枬、王忍之编：《辛亥革命前十年间时论选集》（第二卷上册），三联书店1963年版，第547页。

前的群众性的为权力而斗争,也反映在辛亥革命后南京临时政府的一系列立法实践中。作为辛亥革命产物的《中华民国临时约法》,便明确规定:“中华民国人民一律平等”,“人民享有自由权”。不仅如此,南京临时政府还通过单行立法保护人权。例如,1912 年 3 月 2 日,发布《大总统令内务部禁止买卖人口文》,首先,指出:“自法兰西人权宣言书出后,自由博爱平等之义,昭若日星。各国法律,凡属人类一律平等。”其次,揭示了产生买卖人口现象的社会根源,“但自前清入主,政治不纲,民生憔悴,逃死无所,妻女鬻为妾媵,子姓沦于皂隶,不肖奸人,从而利市,流毒播孽,由来已久。尤可痛者,失教同胞,艰于生计,乃有奸徒诱以甘言,转贩外人,牛马同视,终年劳动,不得一饱,如斯惨毒,言之痛心!”最后,根据天赋人权的原理和“民国开国之始,凡属国人咸属平等”之“大义”,特令内务部:“(1)迅即编定暂定条例,通饬所属,嗣后不得再有买卖人口情事,违者罚如令。(2)从前所缔结的买卖契约悉为解除,视为雇主与雇人之关系,不得再有主奴之名分。”

1912 年3 月 19 日,南京临时政府连续发布《大总统令外交部妥筹禁绝贩卖“猪仔”及保护华侨办法文》《大总统令广东都督严行禁止贩卖“猪仔”文》。所谓“猪仔”问题,孙中山早在《南京同盟会会员饯别会的演说》中便提出:“中国各处生产未发达,民人无工可做,即如广东一省,每年约有三十万‘猪仔’输出,为人作牛马。”在南京临时政府发布的禁止贩卖“猪仔”文中,强调指出:“查海疆各省,奸人拐贩‘猪仔’,陷人涂炭,曩在清朝,熟视无睹,致使被难同胞穷而无告。今民国既成,亟应拯救,以尊重人权,保全国体。前曾令内务部编定禁卖人口暂行条例,冀使自由博爱平等之义,实力推行。惟禁止‘猪仔’出口,尤为刻不容缓之事,特分令广东都督严行禁止‘猪仔’出口,并令外交部妥筹杜绝贩卖‘猪仔’办法,务使奸人绝迹,以重人道,而崇国体。”此令表达了反对帝国主义奴役中国人民的正当要求。

1912 年 3 月 17 日,南京临时政府又发布《大总统通令开放蛋户惰民等许其一律享有公权私权文》,宣布:“天赋人权,胥属平等。自专制者设为种种无理之法制,以凌轹斯民,而自张其毒焰。前清沿数千年专制之秕政,变本加厉,抑又甚焉。如闽粤之蛋户,浙之惰民,豫之丐户,及所谓发功臣暨披甲家为奴,即俗称所谓义民者。又如发者并优倡隶卒等,均有特别限制,使不得与平民齿,本人蒙垢,辱及子孙,蹂躏人权,莫此为甚。为此特申令示:(1)凡以上所述各种人民,对于国家社会之一切权利,公权如选举、参政权,私权如居住、言论、出版、集会、信教之自由等,均许一体享有,毋稍歧异,以重人权,而彰公理。(2)内务部接到此令后,即行通饬所属一体遵照,并出示晓谕该省军民人等,咸喻此意。"位列贱籍的贱民,在明清时期是社会的最底层。雍正时,曾经开豁贱民贱籍,但在当时的历史条件下,不可能彻底。经过南京临时政府的立法保障,才最终解决了贱民贱籍这个延续几百年的社会问题,使他们享受到法律上的平等权。

此外,南京临时政府还发文禁止行跪拜礼,废除大人老爷之类的称呼和严禁刑讯。凡此都表现了重人权、重平等的思想观念。特别值得提出的是,孙中山关于五族共和的民族平等思想。还在辛亥革命后不久,他在致喀尔沁亲王的电文中便明确宣布:"实欲合全国人民,无分汉、满、蒙、回、藏,相与共享人类之自由。"[①]在他主持下制定的《中华民国临时约法》,是中国历史上第一个承认各族人民享有平等权利的宪法性文件,它对唤醒各族人民,为争取自由和建立真正的民主制度而斗争方面,具有历史的进步意义。

(七)由司法与行政不分到司法权独立

中国古代在专制制度的统治下,司法与行政是不分的。州县一级的司法机关与行政机关合二而一,州县行政长官同时也是司法长官。省级虽设有专门司法机关,但其判决仍须省行政长官批准。朝廷中的司法机关名义上是最高审级,实际垄断最高司法权的是皇帝,受皇帝指派的行政官员都有权参与司法。例如,参与九卿会审的大部分官员是非司法官员。由于司法与行政不分,助长了行政专横,妨碍了司法官依法审判,损害了百姓的合法利益。因此,在西学

---

① 《电报》(南京去电),载中国科学院近代史研究所史料组编辑:《辛亥革命资料》,中华书局1961年版,第30页。

东渐以后,洛克、孟德斯鸠的分权论,受到了先进的思想家的普遍欢迎。严复认为要采用西法,实行新法制,重要的是使司法机关与行政机关分开,独立地进行审判。他说:“所谓权力分立,而刑权之法庭无上者,法官裁判曲直时,非国中他权所得侵官而已。然刑权所有事者,论断曲直,其罪于国家法典,所当何科,如是而止。”①他明确表示西方这种审判制度优于中国,在中国的专制制度之下,帝王、守宰“一人身而兼刑、宪、政三权”,由于分司不明,难有持平之狱。他指出,英国的立宪之所以能“久行不敝”“上下相安”,其秘密就是采用了权力分立。

实行“三权鼎立之制”也是康有为变法维新的内容之一。他揭露中国所以积贫积弱的主要原因就是君权大尊,为了争取国家富强,必须改革专制政治,实行君主立宪。而要建立君主立宪,则应实行三权鼎立之制。他说:“近泰西政论,皆言三权,有议政之官,有行政之官,有司法之官,三权立,然后政体备。”②“夫国之政体,犹人之身体也。议政者譬若心思,行政者譬如手足,司法者譬如耳目,各守其官,而后体立事成。”③

章太炎反对封建专制制度,他说:“晚世之言治者,三分其立法行政司法而各守以有司,惟刑官权独全,苟傅于辟,虽达尊得行其罚。”④他引古喻今,把明代设布政使主管“理财、掌民、课吏”,设按察使“掌刑名廉劾之事”,说成司法与行政的分异,并夸张为华夏统一二千年来的“五善政之一”。⑤ 在《代议然否论》一文中,章太炎通过论证如何革除印度存在的官吏贼民、宦家武断和宗族统治的“三害”时,进一步阐明了“当专以法律为治,而分行政司法为两途……夫长吏不奸裁判之权,则无由肆其毒”,“总统惟主行政国防,于外

---

① [法]孟德斯鸠:《孟德斯鸠法意》,第十九卷第二十二章按语,严复译,商务印书馆 1981 年版,第 419 页。

② 康有为:《上清帝第六书》,载翦伯赞等编:《戊戌变法》(第 2 册),神州国光社 1953 年版,第 199 页。

③ 康有为:《请讲明国是正定方针折》,载汤志钧编:《康有为政论集》(上册),中华书局 1981 年版,第 262 页。

④ 章太炎:《刑官》,载《章太炎全集》卷三,上海人民出版社 1984 年版,第 558 页。

⑤ 章太炎:《通法》,载《章太炎全集》卷三,上海人民出版社 1984 年版,第 545 页。

交则为代表,他无得与,所以明分局也。司法不为元首陪属,其长官与总统敌体,官府之处分,吏民之狱讼皆主之,虽总统有罪,得逮治罢黜”。

章太炎提出两项措施。其一,法律的制定不由官府和权势豪门,而由明习法律与通达历史、周知民间利弊之士担任。法律既定之后,总统不得擅改,百官不许违越,有不遵守者,人人均可诉于法吏,由“法吏逮而治之”。其二,政府不得任意黜陟司法官吏,并不得从豪门中选任,而应由“明习法令者自相推择为之”,借以保证司法官能够独立行使职权,不受强权者的干扰和出身的影响,这样才可能对行政进行有效的监督。尽管章太炎对资产阶级议会制度有所批评,但关于权力分立的主张是始终坚持,寄予极大的希望和信心的。他的理想就是建立一个没有议会,而由平民直接行使权力的立法、司法、行政分立的总统制共和国。

孙中山不仅接受了资产阶级权力分立的原则,强调“司法为独立机关”,①而且在《中华民国临时约法》中明确规定:“法官独立审判,不受上级官厅之干涉”,“法官在任中不得减俸或转职,非依法律受刑罚宣告,或应免职之惩戒处分,不得解职”,而且强调“所有司法人员,必须应法官考试,合格人员,方能任用”。②

综上所述,从司法与行政不分到司法独立,是近代中国改革政治与司法的重要内容之一。资产阶级改良派与民主派,在政体上虽有君宪与共和之分,但对司法独立则持同一立场。这是因为他们在反对专制制度这一点上是有共同性的。他们在接受孟德斯鸠的分权论以后,逐渐开始了由传统的行政与司法不分的法观念,向着三权分立、司法独立的法观念转变。晚清司法改革就是在这个新的法观念的指导下,沿着分权的方向进行的。

---

① 《大总统咨参议院请议决法制局拟定法官考试委员会职令及法官考试令草案文》,载中国科学院近代史研究所史料组编辑:《辛亥革命资料》,中华书局1961年版,第357页。

② 同上。

(八)由以刑为主到诸法并重

在悠久的中国法制历史中,以刑为主,重刑轻民是其传统之一。由于中国古代重公权、轻私权,所以作为禁暴止奸手段的刑法,是法律体系中最基本的构成部分。刑法典是历代立法的主体,甚至对民事的和行政的违法行为也采取刑罚制裁。而以刑名法例为研究对象的律学,也是中国古代法学最集中的代表。

重刑法的传统,与法家所主张的刑、赏为治国之二柄相关。专制主义的封建国家建立以后,统治者重视运用刑法来维护国家的统治,以致刑事立法摆在国家立法活动的首要地位。而小农经济基础与专制制度相结合所造成的封闭环境,限制了私法发展所必需的客观条件,终使刑法一枝独秀。

但在海禁大开以后,原有的重刑法的历史条件,已经发生了根本的变化,因此,随着西方资本主义的法律制度与法律学说的输入,使得人们开始由以刑为主向着诸法并重的法观念转变,首先被提上日程的是制定为商战服务的商律。

在早期改良派的变法主张中,重商、恤商是一个重要内容。薛福成曾说:"握四民之纲者,商也。"①陈炽进而把"商务盛衰"看作"邦国兴亡之券也"。② 重商思想的提出,是由于海禁大开以后,外国资本主义经济侵略,给民族工商业造成了极为严峻的形势,使思想家们敏锐地感觉到"兵之并吞祸人易觉,商之掊克敝国无形"。③因此,希望清政府扶植工商业,通过制定商律,奖励和保护商业,并建议"宜仿泰西各国,增设商部,管以大臣,并立商律、商情、商平、商税四司,各任其事"。④ 特别是提出翻译西方资产阶级国家的商律,再斟酌中国情况,"酌为删改",制定商律,借以达到护商的目的。在当时的历史条件下,他们的主张和建议,受到清政府一定程度的重视。

---

① (清)薛福成:《庸庵海外文编》卷三《英吉利用商务辟荒地说》。

② (清)陈炽:《庸书》外篇卷上《公司》。

③ 郑观应:《盛世危言》《商战》,载翦伯赞等编:《戊戌变法》(第1册),神州国光社1953年版,第83页。

④ (清)陈炽:《庸书》外篇卷上《商部》。

戊戌变法时期,康有为也提出制定商法。1903 年 4 月 22 日,在清廷颁布的上谕中明确以“通商惠工,为经国之要政”,并派戴震、袁世凯、伍廷芳修订商律。

其次,戊戌变法时期,康有为、梁启超提出制定宪法为变法维新的要义和推行新政的根据。强调只有“宪章草定”,才能“奉行有准,然后变法可成,新政有效也”。康有为在《请告天祖誓群臣以变法定国是折》中,再一次请求光绪皇帝“采万国之良规,行宪法之公议”。梁启超在为康有为作传时,曾作如下表述:“先生以为欲维新中国,必以立宪法,改官制,定权限为第一义。”①

梁启超也是制定宪法的鼓吹者,他指出:“夫政法者,立国之本也……故今日之计,莫急于改宪法。”②“立万民不易之宪典……无论为君主、为官吏、为人民皆共守之者也,为国家一切法度之根源”,③结论就是“无宪法不足以为国”。④ 但是,梁启超根据当时中国的民智状态,认为还需要一个以 20 年为期的从筹备到行宪的步骤。其具体主张不仅为清朝筹备立宪所袭用,也为孙中山的建国三时期提供了先验。

最后,康有为提出仿西方制定各种新法,指出:“其民法、民律、商法、市则、舶则、讼律、军律、国际公法,西皆极详明,既不能闭关绝市,则通商交际,势不能不概予通行。然既无律法,吏民无所率从,必致更滋百弊。且各种新法,皆我所夙无,而事势所宜,可补我所未备。故宜有专司,采定各律以定率从。”⑤在上述诸律中,康有为尤其重视制定商律以护商。在百日维新期间他连上数折,希望能于两月内草定商务局章程,并设“商官商律”,使商人受到政府保护,反

---

① 梁启超:《康南海先生传》,载梁启超:《饮冰室合集》第一册之文集六,中华书局 1989 年版,第 86 页。

② 梁启超:《变法通议 · 论译书》,载梁启超:《饮冰室合集》第一册之文集一,中华书局 1989 年版,第 69 页。

③ 梁启超:《立宪法议》,载梁启超:《饮冰室合集》第一册之文集五,中华书局 1989 年版,第 1 页。

④ 同上。

⑤ 康有为:《上清帝第六书》,载翦伯赞等编:《戊戌变法》(第 2 册),神州国光社 1953 年版,第 200 页。

映了维新派企图在改良清政权的条件下,发展民族资本主义的渴望。

除此之外,康有为也主张修改旧刑律。他建议:“今宜采罗马及英、美、德、法、日本之律,重订施行。”即使“不能骤行内地,亦当先行于通商各口”。

梁启超也主张“必尽取其国律、民律、商律、刑律等书而译之”。①

康有为、梁启超关于制定新律的主张,涉及实体法与程序法、国内法与国际法,反映了经济关系、社会关系与中外关系的发展,迫切需要制定新法律予以调整。戊戌变法的失败,使这个立法蓝图化作泡影,而由稍后的修订法律大臣沈家本在更完整的意义上加以实现。

总括上述,在 19 世纪即将结束,20 世纪即将开始的新旧递嬗之际,中华民族的危机更加深重,救亡图存的呼声不仅一浪高过一浪,而且转化为争取民主的政治运动。当时的维新派和资产阶级民主派在制定未来的国家方案上虽有分歧,但他们都憧憬着在 20 世纪的中国能够独立富强,实现初步的民主与法治。他们为此而展开了热烈的论辩,进行了流血和不流血的斗争。在这个过程中,他们的法观念发生了明显的变化,由传统的一端开始转向近代化的一端,表现了在经济、政治的急剧变革中,也变革了人们自身。法观念的转变,对于政治法律制度改革起了导向作用,为法制的近代化提供了思想动力,并为迎接更大规模的革命实践做了必要的理论准备。

三、转型过程中的法制改革思想与实践

中国法律的近代转型,并不是人们通常论述的,仅仅是从晚清变法修律才开始的,也不只是沈家本等几位修订法律大臣努力的成果。实际上,这一伟大的历史进程是经由林则徐、魏源、李鸿章、康

---

① 梁启超:《变法通议·论译书》,载梁启超:《饮冰室合集》第一册之文集一,中华书局 1989 年版,第 69 页。

有为、孙中山等几代社会精英长期的探索和奋斗，才逐渐走向成熟的。无论是转型的方向，还是转型的道路，都经历了反复的论证和艰苦的斗争，许多仁人志士为此付出了生命。在中国法律向近代转型的启动过程中，洋务派、维新派和资产阶级民主派都作出了自己的贡献。

（一）洋务派的稍变成法，引进西法

在中国近代史上，发生的洋务运动是19世纪60年代至90年代中期，在晚清政府内部所开展的以富国强兵为目的，以学习西方科学技术、引进西方近代文明为内容的一场自救运动，它对中国法律的近代转型有着颇为深远的影响。

洋务运动是在外国资本主义列强疯狂入侵的强大压力下进行的，也是在太平天国农民起义爆发以后危机四伏的背景下进行的。因此，一方面，它是清朝统治集团所实行的对政治、经济、军事、外交、法制进行自我调整的“自强运动”；另一方面，又由于它所带动的近代工业、交通运输业的兴办和西方近代科学技术的引进，引起了中国社会经济结构和政治格局的某些变化，导致了一定程度的知识更新。就法制而言，西方法律文献的翻译、新型法律人才的培养、国际法律知识的输入，都推动了中国由传统的法制文明向近代法制文明转型。

1. 洋务派法制改革的指导思想

作为洋务运动执行者的洋务派，之所以能够在晚清政治舞台上活跃了三十余年，并对中国法制的近代转型产生了推动的作用，重要的原因就在于他们所奉行的指导思想——“中体西用”论符合了近代中国发展的需要。

“中体西用”论的萌芽，早在洋务派之先的先驱者林则徐、魏源等人的思想体系中，已有所萌发。

鸦片战争前后，林则徐和魏源便以实际行动表达了通过“悉夷情”，达到“制夷”的主张，魏源更提出了“师夷之长技以制夷”的著名论断，极大地冲击了“用夏变夷”的传统认识，开创了为拯救中国而向西方学习真理的先河，为中体西用论奠下最初的阶石。

鸦片战争后,西人赫德在《局外旁观论》一文中说:“外国之方便,民均可学而得;中国原有之好处,可留而遵。”[①]李提摩太则表述得更为明确:“如以中国之声名文物为原本,辅以诸国富强之术,不更善之又善哉!”[②]这可以说是西方人对于中体西用论的鼓吹。曾经充当李鸿章幕府的冯桂芬,在1861年撰成的《校邠庐抗议》书中,提出的“以中国之伦常名教为原本,辅以诸国富强之术”,[③]可视为洋务派“中体西用”论的原型。冯桂芬的思想得到后来者的发挥和演绎,如薛福成说:“今诚取西人之气数之学,以为吾尧、舜、禹、汤、文、武、周公之道”;[④]沈毓桂更为明白地提出中体西用的命题:“夫中西学问,本自互有得失,为华国(人)计,宜以中学为体,西学为用”;[⑤]郑观应进而表述说:“中学其体也,西学其末也:主以中学,辅以西学。”[⑥]沈寿康、孙家鼐也都发表了相似的观点。张之洞就是在这些认识的基础上,加以综合和系统化的。张之洞在《两湖、经心两书院改照学堂章程片》中,提出:“两书院分习之大旨,皆以中学为体,西学为用。既免迂陋无用之机,亦杜离经叛道之弊。”[⑦]在他撰著的《劝学篇》中,更对“中体西用”论作了如下的诠释:应“先以中学固其根柢,端其识趣”,不以中学为根底,而单纯追求西学,“其祸更烈于不通西学者”。[⑧] 如能在西学中坚持孔孟“圣道”和纲常名教,再“择西学之可以补我阙者用之,西政之可以起吾疾者取之”。[⑨]“虽孔孟复生,岂有议变法之非者哉?”[⑩]

---

① 《筹办夷务始末·同治朝》卷四十,中华书局1979年版。

② [英]李提摩太:《时事新论》,上海广学会光绪二十四年(1898年)版卷七页三。

③ (清)冯桂芬:《校邠庐抗议·采西学议》,载《采西学议——冯桂芬、马建忠集》,郑大华点校,辽宁人民出版社1994年版,第84页。

④ (清)薛福成:《筹洋刍议》,“变法”。

⑤ (清)沈毓桂:《匡时策》,载《万国公报》,光绪二十一年三月。

⑥ 郑观应:《盛世危言·西学》卷二。

⑦ 《张文襄公全集·奏议》卷四十七,中国书店1990年版,第22页。

⑧ (清)张之洞:《劝学篇·循序》,载苑书义等主编:《张之洞全集》(第12册),河北人民出版社1998年版,第9724页。

⑨ 同上书,第9725页。

⑩ (清)张之洞:《劝学篇·变法》,载苑书义等主编:《张之洞全集》(第12册),河北人民出版社1998年版,第9746页。

可见所谓“中学”就是“伦常礼教”“尧、舜、禹、汤、文、武、周、孔之道”；所谓“西学”就是西方的洋枪大炮等先进技术。“中体西用”就是在中学和西学兼容并蓄的文化结构中，以突出中学的主导地位为条件，确认西学的辅助作用；就是在确保“伦常礼教”的载体——清政权统治秩序不变的前提下，采取西方的近代文明成果以为富强之术。如同张之洞所说，“中学治身心，西学应世事。……如其心圣人之心，行圣人之行，以孝悌忠信为德，以尊主庇民为政，虽朝运汽机，夕驰铁路，无害为圣人之徒也”。[①] 张之洞又说：“夫不可变者伦纪也，非法制也；圣道也，非器械也；心术也，非工艺也。”[②]

洋务派毫不掩饰对中国传统的伦理纲常的虔诚和卫道士的立场，始终把“中学”置于“圣道”的地位，尽管提倡学习西学，但始终不使其突破传统的堤防。李鸿章在光绪二年致友人信中写到：“尝谓自有天地以来，所以弥伦于不敝者，道与器二者而已……中国所尚者道为重，而西方所持者器为多……欲求御外之术，唯有力图自治，修明前圣制度，勿使有名无实；而于外人所长，亦勿设藩篱以自缢，斯乃道器兼备，不难合四海为一家。盖中国人民之众，物产之丰，才力之聪明，礼义纲常之盛，甲于地球诸国。”[③]他认为：“中国文物制度迥异外洋榛狂之俗，所以郅治保国邦，固丕基于勿坏者，固自存在。”他还进一步指出：“中国文武制度，事事远出西人之上，独火器万不能及。”[④]可见在这个洋务派代表人物的思想中，伦常名教是不可替代的。

早期改良派也持有相似的观点，如王韬说：“孔孟之道，自垂天壤，所谓人道也……固阅万世而不变者也，而又何疑焉？”薛福成也认为，中国的伦常道德远在西方之上，西方只是在器艺上超过中国而已，所以应当“取西人器数之学，以卫吾尧、舜、禹、汤、文、武、周、

---

① （清）张之洞：《劝学篇·会通》，载苑书义等主编：《张之洞全集》（第12册），河北人民出版社1998年版，第9764页。

② （清）张之洞：《劝学篇·变法》，载苑书义等主编：《张之洞全集》（第12册），河北人民出版社1998年版，第9746页。

③ （清）李鸿章：《庸庵全集·文编》卷二。

④ 《筹办夷务始末·同治朝》卷二五，中华书局1979年版，第9页。

孔之道,俾西人不敢蔑视中华”。薛福成虽然大胆地推崇西方资本主义国家的议会制度,但却批判西方国家的君臣、父子、夫妇的伦常关系有悖于“圣道”,尤其是“三纲之训,究逊于中国”。[①] 郭嵩焘也说:“中国的‘君臣之义,父子之伦’,自有其宜各尽者”,“泰西之教,其精微之处远不逮中国圣人。”[②]结论就是西学,只可“应世事”,帮助中国富强,但不得损害中国固有的伦常名教。

尤其是张之洞深知纲常名教是维系封建体制与法制秩序的支柱,所以,凡是与封建纲常名教有抵触的改革,都遭到他的强烈反对。例如,针对戊戌变法期间,维新派宣传民权、平等、自由,要求定宪法、设议院、实行君主立宪、改革旧的法律制度,采用西方的法律制度等主张,他大施挞伐,说:“君为臣纲,父为子纲,夫为妻纲……天不变道亦不变之义本之……此其不可得与民变革者也……圣人之所以为圣人,中国之所以为中国,实在于此。故知君臣之纲,则民权之说不可行也;知父子之纲,则父子同罪免丧废祀之说不可行也;知夫妇之纲,则男女平权之说不可行也……近日微闻……有公然创废三纲之议者……怵心骇耳,无过于斯。”[③]

就时代贡献而言,“中体西用”论既是洋务思潮所达到的一定水平的标志,也是洋务派及其思想家们对于社会现实审时度势的结果。它对于传播西方近代文明和促进中国法制的近代化起着标新立异的积极作用。但是,洋务派既要固守封建传统之体,又力图发挥西学之用,不仅拘宥了西用的发挥,也使自救自存的目的落空。随着中国近代社会对西学认识加深和政治经济改革的深入,人们逐渐认识到对于西学只“求其用而遗其体”,[④]并不能自救自强。当向西方学习渐从科技领域向上层建筑领域推进之时,“中体西用”论的局限性便越来越显露出来。即使像马建忠、王韬、郑观应等人,已

---

① (清)薛福成:《出使英法义比四国日记》,社会科学文献出版社 2007 年版,第 220 页。

② (清)郭嵩焘:《郭嵩焘日记》(第 4 册),湖南人民出版社 1983 年版,第 107 页。

③ (清)张之洞:《劝学篇·明纲》,载苑书义等主编:《张之洞全集》(第 12 册),河北人民出版社 1998 年版,第 9715 ~ 9716 页。

④ (清)张树声:《遗折》(光绪十年五月初),载(清)何嗣焜编:《张靖达公奏议》卷八,文海出版社 1973 年版,第 32 ~ 33 页。

对西方君民共主的议院制有所认识，却仍然摆脱不了既要延纳西学，又割舍不掉“中体”的矛盾。正如后来维新派所批评的那样，“故中学有中学之体、用，西学有西学之体、用，分之则并立，合之则两亡。议者必欲合之为一物，且一体而一用之，斯其文义违舛，固已名之不可言矣，乌望言之而行乎？”[①]“故其言曰中学为内学，西学为外学，中学治身心，西学应世事。不知无其内安得有其外，苟能治身心，即能应世事，苟能应世事，即可知其能治身心。身心世事一而二，二而一也。无实学之心焉能为格致，无富国之心焉能为铁路，无自强之心焉能为兵备，无持平之心焉能设陪员。今止言学其外而不学其内，此而名之曰会通，何会之有，何通之云”。[②] 甲午战争的惨败，说明不触动、不改变“中体”，中国就不可能大步向前，更遑论富强。

2. 洋务派法制改革的基本内容

在洋务派主持的以富国强兵为目的的变法自强运动中，西方文化所表现出的优越性，使洋务派形成了以学习西方科学技术、引进和传播西方近代文明的基本思路。但是，按照“中体西用”的理论，西方近代文明只能起到“补我阙者”的作用，而不能动摇“中体”的稳定性，这就使洋务派所倡行的法制改革不可能触动中国传统法律文化的基础。

洋务派所进行的法制改革，主要表现为以下几个方面：

首先，使经济活动法律化。洋务运动初期的目标是军事上的“自强”，为此创办了近代军事工业。

由于开办军事工业所需的原料、经费和经营，都面临着严重困难，使洋务派意识到发展军事工业，依靠的是完整的近代工业体系和雄厚的经济基础。西方国家之所以强大，其原因就在于拥有雄厚的经济实力作后盾。由此而使他们开始了从“求强”到“求富”，再到“寓强于富”的转变。具体说来，就是从仿造枪炮轮船到仿行铁

---

① 严复：《与〈外交报〉主人书》，载牛仰山选注：《天演之声——严复文选》，百花文艺出版社2002年版，第157页。

② 何启、胡礼垣：《劝学篇书后》，载《新政真诠》五编。

路、电报、开矿、纺织,以“使我内江外海之利不致为洋人占尽”,[①]还可以通过兴办民用企业以“分洋商之利”。为此,他们开办了一系列民用企业,并开始仿效和移植西方资本主义国家的经济法律进行调整。

(1)实行股份公司制。以由政府向社会发行股票的方式,吸纳分散的资金,开办“官督商办”的民用企业。以轮船招商局和开平矿务局为例,分别制定了《轮船招商局局规》《开平矿务局招商章程》,在集资办法、股东地位、公司内部管理以及利润分配等方面,都以西方企业为准,使西方资本主义的公司组织、管理和经营方式,逐渐为中国人所认识和接受。

(2)实行融资贷款。为了解决“商股难招”的实际问题,采取西方近代国家在经济活动中通常采用的金融贷款方法,以获得兴办洋务企业所需要的资金。在贷款合同中,为履行债务,抵押担保物的范围较广,如债务人不“履行”合同,债权人可以随意处分债务人财产,“可出卖、可出赁、可出典”,不受任何限制。尽管这些合同的内容很多是不平等的,但却促进了洋务企业活动的法律化,为以后晚清政府的商事立法提供了经验借鉴。

(3)以经济合同保证双方的经济利益。最典型的如轮船招商局与外商怡和、太古轮船公司签订的“齐价合同”。该合同自1878年始签后,经过多次修订,为保证“齐价”,规定了互相审查舱单,以及除双方公司总办或代理人外,其他人无权更改价格等条款。对于违约责任分为“知情”和“不知情”,给予不同的处理。

(4)保护专利。近代中国第一次使用专利权的概念,是1881年郑观应和上海织布局同人为保证织布局生产的顺利发展,上禀李鸿章,要求给予织布局十年专利和减免厘税的优惠待遇,提出:“查西人每立一法,必筹数年,故能处处脚踏实地。……又必使其专利者数年。以故人皆思奋,愈究愈精。”[②]这反映了洋务派人士对专利权

---

① (清)李鸿章:《试办轮船招商折》,载(清)吴汝纶编:《李文忠公全集·奏稿》卷二十,清光绪三十四年(1908年)刻本。

② 郑观应:《上海机器织布局同仁会衔禀复北洋通商大臣李傅相》,载中国史学会编:《洋务运动》(七),上海人民出版社1961年版,第482~483页。

的理解和认识。此后不久，郑观应又向李鸿章提出了第二个专利请求，为此，李鸿章奏上“试办织布局折”，建议：“查泰西通例，凡新创一业为本国未有者，例得畀以若干年限。该局用机器织布，事属创举，自应酌定十年以内，只准华商附股搭伴，不准另行设局”，[①]此折得到朝廷批准。

其次，培养近代法律人才。为了推行洋务政策，洋务派着意培养、选用洋务人才。李鸿章说，“……造就人才，皆不必拘执常规，而尤以人才为亟要，使天下有志之士，无不明于洋务”。[②] 为此，咸丰十一年（1861 年）一月，经恭亲王奕䜣奏请，设立同文馆。

设立同文馆的初衷，是为了培养应付在外交事务中所需要的翻译人才，故设有英文馆、法文馆、俄文馆、德文馆、东文馆等学习语言的各馆。[③] 随着形势的发展，和洋务派“若不从根本上用著实功夫，即学习皮毛，仍无俾于实用”，以及“举凡推算格致之理，制器尚象之法，钩河摘洛之方，倘能专精务实，尽得其利，则中国自强之道在此矣”的认识，又相继开设了天文馆、算学馆、图书馆、印书馆、化学实验室和博物馆、天文台、物理实验室等教学设施，增加了医学、生理学、化学、矿物学、物理学等自然科学的课程，和万国公法（国际法）、富国策、各国史略等社会科学方面的课程。同文馆实际上已由原来的语言教育机构，转变为一所综合性的学堂。

不仅如此，同文馆还以翻译西方法学著作作为了解西方国家情况的重要途径。据傅兰雅《江南制造总局翻译西学事略》记载，在同文馆编译的各种西学书籍中，涉及国际公法的有《公法会通》《公法千章》《中国古世公法》等。

洋务派除建立同文馆培养洋务人才外，还派遣留学生去外国学习。同治十一年八月十一日，30 名中国学童横渡重洋去美国留学。这是中国近代史上第一批向国外派遣的留学生。从此时起至 1885 年，共有 209 名经洋务派奏请，或直接派遣的官费留学生

---

① （清）李鸿章：《试办织布局折》，载（清）吴汝纶编：《李文忠公全集・奏稿》卷四三，清光绪三十四年（1908 年）刻本。

② （清）吴汝纶编：《李文忠公全集・奏稿》，清光绪三十四年（1908 年）刻本。

③ （清）同文馆编：《同文馆题名录》，光绪五年（1879 年）刊本。

接受西方教育。这批受到西方教育熏陶的留学生们,对中国近代经济、政治、法律、文化的发展和思想解放起了重要作用。其中,从英国留学归来的严复就是近代中国完整地介绍西方哲学、社会政治学与科学方法的第一人。他还翻译了赫胥黎的《天演论》、亚当·斯密的《原富》、孟德斯鸠的《法意》、耶芳斯的《名学浅说》等,其译著之精,影响之大,几乎在半个世纪中无人能及。严复凭借其扎实的中文根底和广博的西学知识,对中国传统文化进行了反思,运用进化论和天赋人权理论为武器,尖锐地批判了封建制度。如梁启超所说,"西洋留学生与本国思想界发生关系者,复其首也"。①

再次,学习和运用国际法。洋务派对于法制改革的基本观点是采用西法,稍变成法。在他们看来,不可变者伦纪也,亦即中体,非法制也。在采用西法的问题上,从奕䜣、李鸿章到张之洞都十分重视"公法学",因为这是他们办洋务中经常碰到的一个难题。每当与西方各国谈判交涉时,"恒以意要挟",不按国际法行事。由于中国没有熟悉国际法的人才,无法根据法理进行争辩,因此,强调应讲求"公法之学","以资自强而裨交涉"。张之洞曾把"公法学"列为"洋务五学"之一。在同文馆内,为了培养具有近代国际法知识的涉外人才,便以国际法作为同文馆的一项重要课程。所使用的教科书,以丁韪良翻译的四卷《万国公法》为主,同时使用丁韪良与其学生共同编辑翻译的其他国际法书籍,如美国法学家吴尔玺(T. P. Woolsey)的《国际法导论》(出版时改名为《公法便览》)六卷、德国外交官马尔顿(Martens)所著的《外交指南》(出版时改名为《星轺指掌》)四卷以及《陆地战例新选》和丁韪良撰写的《中国古世公法论略》等。这些国际法书籍,"既令洋文课读,复令译以汉文",②使中国学生在学习语言的同时,了解和掌握了当时欧美最新的国际法专业知识。

1863 年李鸿章在上海开办广方言馆,1887 年湖广总督张之洞

---

① 梁启超:《清代学术概论》,中国古籍出版社 2006 年版,第 159 页。

② 《公法便览》,光绪三年(1877 年)同文馆聚珍版。

设立广东水陆师学堂时，都将“学习外国公理公法”作为一项重要科目，并聘请外国法学家担任教授。

随着国际法知识的传播，国家主权和国家平等观念逐渐受到重视。洋务派一方面运用国际法原则办理对外交涉事务，另一方面也对照国际法准则，重新审视治外法权等法律问题。在实践中，运用国际法知识，处理普丹大沽口事件就是一例。

1864年（同治三年），普鲁士、丹麦两国在欧洲交战时，普公使李福斯（Rehfues）来华，欲由天津入京，但普使在大沽口拦江沙外，突命所乘兵舰将丹麦商船三艘捕去，清政府根据丁韪良所译《万国公法》规定的领海规则提出抗议，要求先释放丹麦商船，再接待普使，经过数次照会来往，终于使普使让步，将两艘丹麦商船释放，另一艘则由普驻天津领事提出用洋银一千五百块作偿。在给普鲁士的照会中，清廷指出：“此次扣留丹麦货船处所，乃系中国专辖之内洋，贵国兵船前来中国，自当入境问禁，不得任意妄为。中国所辖各洋，例有专条，各国和约内，均明此例，贵国和约内，载有中国洋面字样，较各国知之尤切。”[①]从中可以看出近代国际法知识，对于晚清政府决策涉外行动的积极影响。

复次，建立近代外交机构。为了满足外交的需要，清政府对国家机构进行了调整，建立了近代外交机构——总理各国事务衙门。它的成立，标志着传统的对外关系的终结和近代对外关系的确立，并由此引起政治法律制度的一系列变化。

总理衙门是独立的行政系统，分股设官，按科办事，管辖范围和权限非常广泛，除包揽一切对外交涉事务外，在财经方面，分户部之权，有权办理通商税收事务；在军事方面，兼掌兵部事务；在人事方面，建立一套独立于吏部之外的官吏升迁、任免、铨选制度。尤其在司法方面，中外交涉案件一并兼管，“法律本掌于刑部，自各国以公法相持，凡交涉词讼之曲直，悉凭律师以为断，甚或教案一出，教士多方袒护，畸轻畸重，皆向该衙门（总理衙门）理论，而刑部初未与闻也”。

---

① 《筹办夷务始末·同治朝》卷二六，中华书局1979年版，第33页。

总理衙门又是领导洋务运动的中枢机构,总揽军事、外交、财政、文教,其权限甚至超过西方资本主义国家的内阁。①

鉴于"洋人往来中国,于各省一切情形,日臻熟悉,而外国情况中国未能周知,于办理交涉事件,始终虞隔",②总理衙门作出了遣使外国的决定。洋务派重要人物郭嵩焘、薛福成、曾纪泽均出使西方国家,他们向中国介绍了欧美各国的议会民主制度,成为洋务运动中新生力量的代表。

最后,仿西法,整顿中法。随着外国在中国投资的增加,以及民族工商业的发展,涉外的民事和刑事案件不断上升。因此,洋务派官僚深感还需要有国际私法、国际刑法、商法的知识。于是,张之洞借"变法""新政"之机,建议清朝廷聘各国律师,博采各国矿务律、铁路律、商务律、刑律等,为中国编纂简明矿律、路律、商律、交涉刑律,认为制定此四律是"兴利之先资""防害之要著"。根据"择西学之可以补我阙者用之,西政之可以起吾疾者取之"的原则,③张之洞于1902年提出的整顿中法的9条意见中,便参考了西法。例如,"重众证":建议除死罪应有输服供词之外,军流以下各罪,如果众证确凿,又经上司层递亲提复讯无疑,犯人虽无口供,仍可按律定罪,奏咨立案;"改罚锾":建议除盗案命案,应按律治罪,窃贼地痞恶棍伤人诈骗松棍等罪犯,宜量予扑责监禁,不准罚赎外;其他如户婚、田土、家务、钱债等案件,由于发生争讼的"多系绅衿",故可改刑罚为罚锾;"教工艺":建议犯人学习生产技能,"将来释放者可以谋生改行,禁系者亦可自给衣履";"修监羁":建议改善监狱羁所的居住和生活条件,他还聘请了一名学习监狱学的留日学生,仿照日本监狱式样,建造一座监狱,名曰"湖北省城模范监狱"。

作为中体西用论者的张之洞认为"法律本原实与经术相表里",所以可变者是表,即法律本身,而不变者是里,亦即中体。他明

---

① 马士:《中华帝国对外关系史》,上海书店出版社2000年版,第353页。

② 《筹办夷务始末·同治朝》卷三九,中华书局1979年版。

③ (清)张之洞:《劝学篇·循序》,载翦伯赞等主编:《戊戌变法》(第3册),上海人民出版社1957年版,第225页。

确表述说:“亲亲之义,男女之别,天经地义,万古不刊。”“遵旨复议新编刑事民事诉讼法折。”[①]由此出发,他指责在修订法律大臣沈家本、伍廷芳等人的主持下,编定的含有“兄弟析产”“夫妇分资”“父子异财”“命妇到堂供证”的《刑事民事诉讼法(草案)》,“于中法本原似有乖违”,“坏中国名教之防,启男女平等之风,悖圣贤修齐之教”,“悖理甚矣”,“万不可行”。[②] 1908年修订的《大清新刑律》(草案),因没有关于“奸通无夫妇女治罪”的条文,也受到张之洞“蔑视礼法”的指责。

以上就是洋务派奉行的中体西用论,在“整顿中法”“采用西法”上的主要表现。

3. 洋务派法制改革的评价

洋务派所主持的“变法自强”运动,并没有使近代中国走向富强,但这并不意味着洋务运动对于中国社会走向近代化毫无积极意义。相反,就法制改革而言,洋务派所开展的法制改革对于中国法律的近代转型具有深远的影响。

鸦片战争以前,中国还在以“天朝”自诩,沉醉于清朝的“文治武功”“深仁厚泽”的氛围中。统治者和许多封建士大夫还在恪守儒家经典、训条,以及古圣先王的治世之道,对于大洋彼岸所发生的历史性的变化茫然不知。即便是有林则徐“睁眼看世界”的呼喊、龚自珍“但开风气不为师”的鼓吹、魏源“师夷之长技以制夷”的方略,仍然无法从理论上阐述清楚中西文化的关系,也无从找到融合中西文化的契合点,更难以起到开创思想新境界的作用。

只有洋务派提出的“中体西用”,从理论上说明了中国传统文化与外来的西方文化之间的体用关系,并通过法制改革,吸收和借鉴西方法律文化中的某些既有合理性,又为晚清的现实国情所能接受的因素。从此,中国的士大夫开始正视中西法律文化之间的差异,承认中国传统法律文化的不足,同意和支持采撷西方法制文明

---

① (清)张之洞:《遵旨复议新编刑事民事诉讼法折》,载(清)张之洞:《张文襄公全集》卷六九,中国书店1990年版,第152页。

② 同上。

要素以补中国传统法律文化之罅隙。可以说,没有洋务派提出的"中体西用"论以及开展法制改革所进行的一系列工作,中国法律的近代转型是不可能的。

洋务派引进的西方某些先进的法制文明要素,给中国社会经济带来了积极变化,确证了西方法制文明的先进性,促进了中国封建士大夫营垒内部的分化。洋务运动的一个重要成果就是增强了近代中国人的世界意识,尽管是有限的,而且是立足中学,解析西学,但是,正是经历了"中体西用"这一对传统法律文化的自我反省与批判的过程,才使学习西方从"器物文明"深入到政治法律领域。从洋务派中分化出来的资产阶级改良派,便逐渐认识到徒袭西学皮毛的不足。如马建忠在《上李伯相言出洋工课书》中说:"……忠此次来欧,一载有余。初到之时,以为欧洲各国富强,专在制造之精,兵纪之严,及批其律例,考其文事,而知其讲富者以护商会为本,求强者以得民心为要……"表明了他的思想认识的深化。

不仅如此,洋务派在开展法制改革过程中非常重视对新型人才的培养,这为中国法律的近代转型准备了力量支持,扩大了法制改革的社会基础。

总之,洋务派引进西方法律的目的,虽然是维护清朝的专制统治,但客观上的确促进了中国近代法制的发展和法律思想的变化。洋务派移植西法的经验和培养法律人才的措施,都对 20 世纪初期的晚清修律与司法改革有着重要的影响。

但是,奕䜣、李鸿章等人在引进西法时,并不是预先设定好的,而是实用主义地应付眼前的急需。这就使他们所开展的法制改革,只能是零星的和分散的,缺乏主观预见,更缺乏理性的思考。

正因如此,许多改革措施常常走样,甚至失败。例如,洋务派试行的股份公司制,由于没有股东权益的保护机制,使朝廷委派的官员独揽大权,商股代表深感"官权太重""局务或多掣肘",最终导致商人退股。

(二)维新派改良政体与法律的主张

19 世纪 70 年代,从洋务派中分化出一部分官僚士大夫,如薛福成、马建忠、王韬、郑观应、郭嵩焘、陈炽、陈虬、何启、容闳等,他们在更广阔的领域接触了西方世界,对中西文化之间的差异的理解更为深刻,并且将社会改革的侧重点由技术、军事转到政治、经济和法律领域,希望将西方成熟的制度文明引进中国,以期改良中国的政治和法律制度。为此,他们提出了设立议院、实行君民共主、振兴商务、以法护商等仿行西政、倡言变法的主张。但由于他们仍然固守洋务派"中体西用"的思维方法,这就极大地束缚了他们在认识和理解西方法制文明上的广度和深度,加上他们在晚清政府中并没有如洋务派那样的优势地位,致使这些改革主张仍然停留在个人的思考层面,无法影响晚清政府的政治与法制改革。

中日甲午战争以后,世界资本主义走向垄断阶段,帝国主义列强展开了争夺租借地和划分势力范围的激烈角逐,中国正遭遇被帝国主义列强瓜分的危险,从而加剧了中华民族与帝国主义的矛盾。而清朝为了偿付赔款和外债本息,恣意搜刮民财,又加深了广大民众和封建统治势力的矛盾。严峻的民族危机,强烈地促进了中华民族的觉醒,救亡图存、变法自强的呼声,不仅成为时代的最强音,而且使70年代以来的改良变法思想,终于形成了波澜壮阔的社会思潮,并迅速地推动着一场有组织的政治改革运动——戊戌变法的出现。梁启超曾经指出:"唤起吾国四千年之大梦,实自甲午一役始也……鼾睡之声,乃渐惊起。"①又说:"自甲午东事败后,朝野乃知旧法之不足恃,于是言变法者乃纷纷。强学会、时务报大呼于天下,天下人士咸知变法,风气大开矣。"②

如果说19世纪70年代的改良主义者,还受洋务派较多的影响,在他们的改革中还缺乏主体和中心,那么至19世纪末,以康有为、梁启超、严复、谭嗣同等人为代表的维新派,则前进了一大步。维新派的出发点就是挽救民族危亡,其主张的核心是变法改制,即改良君主专制政体为君主立宪政体。维新派,一方面,通过广设学会及向皇帝上书的方式,加强舆论宣传,将其改革主张向全社会传

① 梁启超:《戊戌政变记(外一种)》附录《改革起源》,上海古籍出版社2014年版,第107页。

② 梁启超:《戊戌政变记(外一种)》,上海古籍出版社2014年版,第23页。

播,借以培育支持改革的力量;另一方面,争取光绪皇帝的支持,力图将其变法主张落实到国家的正式决策上。尽管戊戌变法的失败使改革的目标落空,但强大的舆论宣传,使维新派所介绍的西方法制文明和他们演绎出的变法主张,在全社会形成了持久而深远的影响,有力地推动了中国法律的近代转型。

1. 维新派变法改革的指导思想

维新派是在甲午战争后洋务运动宣告破产、民族危机日益深重的背景下兴起的,这就使维新派有可能在吸取洋务运动失败的教训的基础上,进行理论创新和变法改良。

纵观戊戌变法的全过程,维新派用以论证改革合法性和引导改革思路的指导思想,就是康有为等人所阐发的变法论。

首先,通过对顽固派“祖宗之法不能变”“宁可亡国,不可变法”的批判,提出了以进化论为基础的“必变”理论,强调变法的重要性与历史必然性。康有为在《新学伪经考》中,根据公羊三世说,阐明社会将沿着“据乱世”(君主专制),“升平世”(君主立宪),“太平世”(民主共和)三个阶段进化发展,并指出当今之世正由“据乱世”进入“升平世”。他还在《大同书》中,将西方资产阶级的庸俗进化论附会于儒家学说,以解释历史发展的趋势,认定人类社会必将进入“至善至美”的大同世界。既然“世道既变,治道斯移”,“故无百年不变之法”;当今之世只有“变法”,“更新大政”,才能“光宗庙之威灵,图社稷之久安”。

严复则通过介绍赫胥黎等人的著作,阐明“物竞天择”“优胜劣败”的进化论,认为中国若不改弦更张,奋起求存,势必被“优胜劣败”的天演公例所淘汰而亡国灭种。梁启超也大声呼吁:“法何而必变,凡天地之间者,莫不变”,是故“法者,天下之公器也;变者,天下之公理也。”①

其次,通过对洋务派“徒袭皮毛”的批判,提出了“全变”和“变本”的理论。康有为认为,如果不从整体上“全变”和从政治制度上“变本”,就不能叫“变法”,而只能叫“变事”。他反复强调要“统筹

---

① 梁启超:《论不变法之害》,载梁启超:《饮冰室合集》第一册之文集一,中华书局1989年版,第8页。

全局以图变法”,不能像洋务派那样“枝枝节节而为之,逐末偏端而举之,无其本原”。[①] 至于所谓的“本”,康有为明确指出,就是“立行宪法,大开国会,以庶政与国民共之,行三权鼎立之制”。只有“自制度法律先为改定,乃谓之变法”。[②] 全变、变本的理论,有力地促进了维新派变法总体方案的制定。

最后,提倡中西会通与托古改制并举。康、梁等维新派领袖,长期受封建儒学的熏陶,又接受了西学,因此,他们在构建思想体系时,采取了中西文化兼收并蓄的原则,力求在中学与西学的矛盾冲突中,寻求中西文化的共同点和中西会通的途径。例如,他们把儒学中的仁学、“天下为公”、民本思想,与西学中的博爱、民主、自由、平等、民权思想相对应,从多方面会通中西。中西会通论比起洋务派的“中体西用”,显然是重大发展。

与此同时,维新派根据当时守旧势力仍较强大的实际情况,为减轻变法的阻力,提出了“托古改制”的主张。康有为在《孔子改制考》和《皇朝列圣改制考》中,详述了孔子以及清朝各代皇帝如何因时制宜、变法改制的史事。其目的一是“布衣改制,事大骇人,故不如与之先王,既不惊人,自可避祸”。[③] 二是可以使“守旧之徒无所借口以挠我皇上新法”。[④] 将中西会通与托古改制同时并举,是维新派的独创,也是他们的旗帜和武器。

维新派在“必变”“全变”“变本”为核心的变法理论指导下,逐步制定出一个比较全面系统的变法总体方案。这个方案涉及政治、经济、法律、军事、文教、外交等各个方面。虽然维新派的代表们各自的主张,或侧重点略有不同,但总的目标、原则、方法大体是一致的。由康有为提出的以“全变”为指导思想,以“变本”为突破口的

---

① 康有为:《敬谢天恩并统筹全局折》,载汤志钧编:《康有为政论集》(上册),中华书局 1981 年版,第 275 页。

② 康有为:《康南海自编年谱》,载翦伯赞等主编:《戊戌变法·康南海自编年谱》(第 4 册),上海人民出版社 1957 年版,第 145 页。

③ 康有为:《孔子改制考》,中华书局 1958 年版,第 283 页。

④ 康有为:《恭谢天恩,并陈编纂群书,以助变法,请及时发愤,速筹全局,以免胁制而图保存折》,载黄明同等编著:《康有为早期遗稿述评》,中山大学出版社 1988 年版,第 318 页。

变法方案,可以说是集维新派之大成。

就法制改革而言,维新派的思考与实践主要如下:

其一,建立以宪法为核心的新的法律体系。制定新法律是维新派变法维新的重要内容之一。康有为认为,清朝现行的法律已经处于非改不可的落后状态,“当今世而主守旧法者,不独不通古今之治,亦失列圣治世之意也”。① 严复以其观察英国司法的切身经历,得出结论:“彼之法令,所以保民身家者也;我之刑律所以毁人身家者也。”②由是,他提出:“今者事事方为更始,而法典居其最要。”③正因如此,在康有为设计的变法方案中,法律局置于制度局所属分局之首,表明他希望通过设立法律局,制定体现新兴资产阶级意志和利益的新法律,确保变法维新事业的成功。

在康有为新法制的总体构想中,基本点是采用日本明治维新以后确立的资产阶级性质的“法制章程”,建立以宪法为核心的新的法律体系。制定一部英、日式的资产阶级宪法,使君民同受其治,不仅是康有为建立新法制的重点,也是他实行君主立宪政体的依据。他在历次上书中都表述了只有“宪章草定”,才能“奉行有准,然后变法可成,新政有效也”。④ 如“无宪法为之著明”,新政的实施便没有标准,就会出现“恶之者驳诘而不行,决之者仓卒而不尽,依违者狐疑而莫定,从之者条画而不详”的现象。“百日维新”前夕,他在《请告天祖誓群臣以变法定国是折》中,再次请求光绪帝明诏天下:“采万国之良规,行宪法之公议”,凡有措施均应根据宪法公议施行。可见制定宪法一事,在康有为的变法思想中占有十分重要的位置。梁启超在《康有为传》中说:“先生以为欲维新中国,必以立宪法、改官制、定权限为第一议”,“若能立宪法、改官制、行真维新,则

① 康有为:《上清帝第一书》,载汤志钧编:《康有为政论集》(上册),中华书局1981年版,第58页。

② [法]孟德斯鸠:《孟德斯鸠法意》(上册),第十五卷第十二章按语,严复译,商务印书馆1981年版,第335页。

③ [法]孟德斯鸠:《孟德斯鸠法意》(下册),第二十九卷第十六章按语,严复译,商务印书馆1981年版,第740页。

④ 康有为:《上清帝第六书》,载翦伯赞等主编:《戊戌变法·应诏统筹全局折》(第2册),上海人民出版社1957年版,第199~200页。

内乱必不生”。[1] 梁启超自己也认为“宪法者,一国之元气也”,“为国家一切法度之根源”。[2] 为此,他提出“欲维新中国,必以立宪法……为第一义”。[3]

除宪法外,在新的法律体系中,还包括其他部门法。康有为在《上清帝第六书》中明确提出:“今宜采罗马及英、美、德、法、日本之律,重定施行……”“其民法、民律、商法、市则、舶则、讼律、军律、国际公法,西人皆极详明,既不能闭关绝市,则通商交际,势不能不概予通行。然而无律法,吏民无所率从,必致更滋百弊。且各种新法,皆我所夙无,而事势所宜,可补我所未备,故宜有专司,采定各律以定率从。”

所谓法律体系,通常是由一个国家的全部现行法律规范分类组合为不同的法律部门而形成的统一整体。在统一的法律体系中,由于各种法律规范所调整的社会关系的性质不同,而划分为不同的法律部门,如宪法、民法、刑法。由此可见,康有为提出建立新的法律体系,一定有其客观基础,那就是随着民族资本主义经济的发展,新的法律关系不断出现,以及随着西方法律的引介,已经形成了若干部门法。为了更好地发挥法律的调整功能,建立新的法律体系已势在必行。如果康有为建立新法律体系的构想得以实现,那就意味着中国会提前十几年建立起以大陆法系为原型的中国近代法律体系。

其二,实行三权分立,使司法“宜有专司”。维新派,从理论上都赞同孟德斯鸠的分权论,认为“实能得立政之本原”。他们设计的变法蓝图,也是以三权分立作为支撑点的。康有为曾建议光绪帝仿行西方国家三权分立的体制,用以改革中国延续两千多年的君主专制制度。他说:“近泰西政论,皆言三权,有议政之官、有行政之

---

① 梁启超:《康有为传》,载翦伯赞等主编:《戊戌变法·康有为传》(第4册),上海人民出版社1957年版,第34~35页。

② 梁启超:《立宪法议》,载梁启超:《饮冰室合集》第一册之文集五,中华书局1989年版,第1页。

③ 梁启超:《康有为传》,载翦伯赞等主编:《戊戌变法·康有为传》(第4册),上海人民出版社1957年版,第34页。

官、有司法之官,三权立,然后政体备。"[①]又说:"夫国之政体,犹人之身体也。议政者譬若心思,行政者譬如手足,司法者譬如耳目,各守其官,而后体立事成。然心思虽灵,不能兼持行;手足虽强,不能思义理。今万几至繁,天下至重,军机为政府,跪对不过须臾,是仅为出纳喉舌之人,而无论思经邦之实。六部总署为行政守例之官,而一切条陈亦得与议,是以手足代谋思之任,五官乖宜,举动失措。"[②]因此,亟须按照三权分立原则建立君主立宪制,才能既限制君权,又明确国会、政府及司法机构的职司。

百日维新期间,康有为进一步阐明了以三权分立为基本点的君主立宪政体。他说:"盖自三权鼎立之说出,以国会立法,以法官司法,以政府行政,而人主总之","行三权鼎立之制,则中国之治强可计日待也。"[③]又说:"东西各国之所以致强者……立宪法以同受其治,有国会以会合其议,有司法以保护其民,有责任政府以推进其政故也。"[④]然而,对于这样一个涉及改变政体和权力分配的重大改革措施,他却看作皇帝一转念就可定局之事,说:"若圣意既定……则所以考定立宪国会之法,三权鼎立之义,凡司法独立,责任政府之例,议院选举之法,各国通例俱存,但命议官遍采而慎择之,在皇上一转移间耳。"[⑤]

梁启超也是分权论的倡行者,他说:"行政、立法、司法三权鼎立,不相侵轶,以防政府之专恣,以保人民之自由。此说也(指三权分立——作者注),自法国硕学孟德斯鸠倡之,孟氏外察英国政治之情形,内参以学治之公理,故其说遂为后人所莫易。"[⑥]在梁启超有

---

① 康有为:《上清帝第六书》,载翦伯赞等主编:《戊戌变法》(第2册),上海人民出版社1957年版,第199页。

② 康有为:《请讲明国是正定方针折》,载汤志钧编:《康有为政论集》(上册),中华书局1981年版,第262页。

③ 康有为:《请定立宪开国会折》,载翦伯赞等主编:《戊戌变法·应诏统筹全局折》(第2册),上海人民出版社1957年版,第236~237页。

④ 康有为:《请君民合治满汉不分折》,载翦伯赞等主编:《戊戌变法》(第2册),上海人民出版社1957年版,第237~238页。

⑤ 同上书,第240页。

⑥ 梁启超:《各国宪法异同论》,载《饮冰室合集》第一册之文集四,中华书局1989年版,第73页。

关分权的一系列论著中，虽然注重于立法权，但也并不忽视司法权，他从古今吏治与法制的弊害中，阐述了司法权独立的重要性，指出："行政、司法两权，以一机关行之，从事折狱者，往往为他力所左右，为安固其地位起见，而执法力乃不克强。坐是之故，人民生命财产，常厝于不安之地，举国然若不可终日……其影响所及，更使外人不措信于我国家，设领事裁判权于我领土，而内治之困难，益加甚焉。"①

严复以其在英国法院实地考察中得到的体验，论证了西方司法制度优越于中国司法制度的主要之点，就在于中国专制制度下，帝王、守宰"一人身而兼刑、宪、政三权"，分司不明，既难有持平之狱，而且容易发生流弊。

综上所述，从改良派到戊戌维新派，都对西方资产阶级革命时期提出的三权分立学说寄予厚望，以为如能实行于中国，将会给中国带来进步和富强。这不是偶然的。三权分立学说虽然存在阶级的局限性，但它反对封建专制制度的历史意义是不能抹杀的；它在西方国家建设中所形成的机构分工，以及相互间的制衡关系，也有力地维护了资产阶级的民主与法制。因此，在清朝已经不能按照传统体制继续统治下去的时候，维新派要求用三权分立之制，取代君主专制制度，无疑是历史的进步。但是，维新派当时对资产阶级三权分立学说，还缺乏准确的科学的理解，譬如梁启超出于对立法权的高度重视，因而不适当地提高了国会的权力，国会不仅拥有制定宪法和法律的权力，而且还有对政府官吏的监督、弹劾以至最高裁判权，这样的分权势必造成新的失衡。尤其是晚年在《改良司法事》一文中，竟然提出县令兼理司法、盗窃案由军警处理的意见，表明了其思想上的倒退。

其三，主张法治，反对人治。维新派受孟德斯鸠、卢梭的思想影响，具有明显的法治主义的思想倾向。在这方面，梁启超更具有代表性，他说："今世立宪之国家，学者称为法治国者，法治国者，谓以

---

①　梁启超：《政闻社宣言书》，载梁启超：《饮冰室合集》第三册之文集二十，中华书局 1989 年版，第 26 页。

法为治之国也。”[①]“孟氏谓法治之国,以法律施治谓之法治。”[②]面对中华民族危机的加深和西方列强竞相瓜分中国的严酷现实,为了“救时”“存国”,与西方列强相抗衡,他把法治的价值提到富国强兵、自立于世界强国之林的高度,说:“夫以一国处万国竞争之涡中,而长保其位置,毋俾陨越,则舍法治奚以哉”,[③]“故举富国强兵之实,惟法治为能致之。”[④]在他看来,实行法治是时代的要求,是救国治国的不二法门,为此,大声疾呼:“法治主义,为今日救时唯一之主义。”[⑤]

为了实行法治,梁启超强调立法之后,重在施行,以取信于民。他说:“法也者,非将以为装饰品也,而实践之为贵。”[⑥]他赞扬先秦法家“法令不立则已,立则期以必行,而无所假借”。[⑦] 如果立法之后“朝令暮改”,在实行中又“违其七八”,“则此后之法令,愈失其效力矣”。[⑧]

由于社会关系是复杂的,而法律的调整作用不可能包罗无遗,因此,实行法治也要与道德教育结合,互相补充。道德的积极引导功能,它的舆论制裁力,是法律所不及的。对此,梁启超比喻说:“法禁已然,譬则事后治病之医药;礼防未然,譬则事前防病之卫生术。”[⑨]他在《中国法理学发达史·法治主义之发生及其衰灭》一文中,借批评先秦法家独任法律的偏执,比较全面地论证了法律与道

---

① 梁启超:《管子传》,载梁启超:《饮冰室合集》第七册之专集二十八,中华书局1989年版,第12页。

② 梁启超:《法理学大家孟德斯鸠之学说》,载梁启超:《饮冰室合集》第二册之文集十三,中华书局1989年版,第23页。

③ 梁启超:《管子传》,载梁启超:《饮冰室合集》第七册之专集二十八,中华书局1989年版,第18页。

④ 梁启超:《中国法理学发达史》,载梁启超:《饮冰室合集》第二册之专集十五,中华书局1989年版,第92页。

⑤ 同上书,第43页。

⑥ 梁启超:《宪法起草问题答客集》,载梁启超:《饮冰室合集》第四册之文集三十三,中华书局1989年版,第10页。

⑦ 梁启超:《管子传》,载梁启超:《饮冰室合集》第七册之专集二十八,中华书局1989年版,第23页。

⑧ 同上书,第19页。

⑨ 梁启超:《先秦政治思想史》,上海古籍出版社2014年版,第87页。

德的关系。他说:“法律原与道德相互为用,盖社会之制裁力,与国家之强制力,是一非二,故近今法治国之法律,莫不采人道主义,虽谓法律为道德之补助品焉可也。然则谓有法律而可以无道德焉,其不当也明甚,谓有法律而不许复有道德焉,其滋不当也明甚。”法治只有辅之以道德教育,才能养成人们守法的良知,提高国民自治的素质,并在尊崇道德的社会生活中稳定法治秩序。他指出:“政治习惯不养成,政治道德不确立,虽有冠冕世界之良宪法,犹废纸也。”①又说:“苟有新民,何患无新制度,无新政府,无新国家。”②可见,他是把实行法治的希望寄托在全民素质的提高上。为此,发出了只有废科举,兴学校,办学会,育人才,才是“变法之本”的号召。

梁启超从坚持法治主义的立场出发,对于荀子所说:“有治人、无治法”,“法不能独立,类不能自行,得其人则存,失其人则亡”,“君子者,法之原也;故有君子,则法虽省,足以遍矣。无君子,则法虽具,失先后之施,不能应事之变,足以乱矣”③等观点,持鲜明的反对态度。他说:“荀卿有治人无治法一言,误尽天下,遂使吾中华数千年,国为无法之国,民为无法之民。”④

法律的实施如果依人而定,“恃人不恃法”,这样的法律既缺乏稳定性,也不可能有权威性。何况“人治”是一种贤人政治,“遭贤则治,遭愚则乱,是治乱系于贤愚”。⑤ 而法治“则遭贤与遇愚均者也,必遭贤与遇愚均,然后可以厝国于不敝,若此者非法治无以得之”。⑥ 即使“中人亦可以循法而不失为贤……此立宪与专制得失之林也”。⑦ 正是从对人治主义与法治主义的比较中,他得出法治

---

① 梁启超:《先秦法律思想史》,上海古籍出版社2014年版,第166页。

② 梁启超:《新民说》,载梁启超:《饮冰室合集》第四册之专集四,中华书局1989年版,第2页。

③ 《荀子·君道》。

④ 梁启超:《论立法权》,载梁启超:《饮冰室合集》第一册之文集九,中华书局1989年版,第163页。

⑤ 梁启超:《中国法理学发达史》,载梁启超:《饮冰室合集》第二册之专集十五,中华书局1989年版,第73页。

⑥ 同上书,第74页。

⑦ 同上。

优于人治的结论。

辛亥革命以后,梁启超继续主张“法治主义,既为今世所莫能易,虽有治人,固不可以忽于治法”。[①] 但当他看到为革命所产生的法制迭遭摧残的时候,深感好法律并不一定能带来预期的效果,还需要具有良好道德修养的人来用法、司法。他说:“虽有良法,不得人而用之,亦属无效也。”[②]“治国非独恃法也,法虽善,非其人亦不行。”[③]这并不意味着梁启超的法治思想有所转向,而是说明他的法治思想更趋于务实。古今中外的历史都证明了良法还需要贤吏来执行,才能真正发挥法为“治之具”的作用。唐朝白居易说得好:“虽有贞观之法,苟无贞观之吏,欲其刑善,无乃难乎。”[④]

维新派的变法主张和“百日维新”期间光绪皇帝所发布的一系列诏书,使19世纪末的中国,出现了“家家言时务,人人谈西学”[⑤]的一派奋发的气象。据时人笔记所载,“至戊戌春康君入都,变法之事,遂如春雷之起蛰,海上志士欢声雷动,虽谨厚者亦如饮狂药”。[⑥]这反映了人们精神的激昂和改革运动的高涨,其历史意义不可忽视。

2. 维新派法制改革的思想与实践的评价

“戊戌变法”是在19世纪末中国民族危机深重,国内阶级矛盾尖锐激化的形势下,由维新派发动的一场资产阶级改良运动。其直接目的是试图通过光绪帝下诏变法,进行内政外交的全面改革,使中国自立自强于世界,改变民族存亡的严重形势。尽管这场改革运动由于顽固势力的镇压而失败,但它对近代中国社会的发展和法律

---

① 梁启超:《宪法之三大精神》,载梁启超:《饮冰室合集》第二册之文集二十九,中华书局1989年版,第94页。

② 梁启超:《先秦政治思想史》,上海古籍出版社2014年版,第152页。

③ 梁启超:《箴立法家》,载梁启超:《饮冰室合集》第二册之文集二十八,中华书局1989年版,第1页。

④ 《长庆集》卷四八。

⑤ (清)欧榘甲:《论政变为中国不亡之关系》,载翦伯赞等主编:《戊戌变法》(第1册),上海人民出版社1957年版,第156页。

⑥ 罗振玉:《采蓼集·贞松老人遗稿(选录)》,载翦伯赞等主编:《戊戌变法》(第2册),上海人民出版社1957年版,第249～250页。

的转型,都产生了积极的影响。

维新派继承和发展了中国传统的变易思想和早期改良派的政治主张,同时吸收了西方进化论的基本精神,从而形成了以“变”为核心的发展观,并以之作为这场运动的指导思想和基本理论。由此出发,维新派对洋务派“粉饰补漏”“枝枝节节”的改革进行了批判,提出了“尽涤旧制,尽除旧俗,不留毫厘”的“全变”主张,强调中国“非大变、全变、骤变,不能立国”。他们尖锐地阐明了中国贫弱受侮的根源不只在于缺少坚船利炮,更在于落后的封建政治制度。为此,他们对封建专制制度进行了批判,鼓吹建立君主立宪制国家。与此同时,还抨击旧文化、旧道德,倡导新学、新思想,培养新型人才,实现国家富强。因此,可以说,戊戌变法既是伟大的爱国救亡运动,又是伟大的民主启蒙运动。它对促进民族觉醒、提高民主意识、动员和鼓舞人们向封建旧制度、旧观念发起挑战等方面所产生的震撼力量,是从未曾有过的。有关变法的舆论准备并非始于维新派,19 世纪 70 年代,从洋务派分化出来的早期改良派,已经把改革的触角伸向政治体制,从而与洋务派划清了界限。但由于他们的主张多以个人论著的形式出现,对社会的影响不大。而以康有为为代表的维新派,以救亡图存、强国御侮为旗帜,以上书、创学会、办报刊等宣传手段,力陈自己的变法主张,对统治集团某些人的观念转变产生了重要的影响。在此期间,维新派创办的《时务报》《湘报》《直报》等报刊,成为宣传变法的强有力的工具。他们把中学和西学进行全方位的对比,在此基础上充分论证了变法改革方案。他们不仅强调争取士大夫的支持,还十分重视发挥国民自身的力量,力求做到“鼓民力”“开民智”“新民德”,为维新变法奠定社会基础。正是经由维新派所开展的近代思想和理论宣传,给人们灌输了初步的平等自由民主思想,成为中国启蒙思想史上的重要一页,这在长期封建专制的中国,是个了不起的变化。

维新派继承和发展了由洋务派推动的“引进西法,稍变成法”的思潮,但在性质上发生了质的飞跃。维新派关于以制定宪法为中心,建立由部门法构成的近代法律体系的构想,以及主张法治,反对人治;提倡民权,鼓吹自由平等;实行三权分立,扩大立法权等,不是洋务派所不敢涉及,也是改良派所无法企及的,它是较为完整的资产阶级宪政的内容。

维新派的法律思想,通过吸收孟德斯鸠、卢梭等人的法律学说,而表现出一种新的倾向和新的价值。但由于思想源头的复杂性,也使他们的法律思想带有复杂性。此外,历史条件和维新派本人的经历、学术素养等,也使他们的法律思想带有不成熟性,甚至是矛盾性,譬如,他们虽然反对君主专制,却又拥护光绪皇帝,虽然反抗纲常礼教,却又借孔学托古改制,凡此种种,不一而足。

总体来说,由维新派所推动的法文化思潮,是在反对君主专制、救亡图存的历史背景下形成的。他们所追求的是君主立宪、三权分立、议会政治、民权、自由和法治。他们在描述君主立宪的国家蓝图的同时,也奋笔批判了清朝的腐败政治和黑暗的司法。在这些方面与西方近代启蒙思潮颇有相似之处,但是由于中国历史条件的特殊,中国近代法文化的发展有它自己的规律性,这是需要深入研究和把握的。

(三)晚清修律与法律的近代化

1. 立宪与宪法

(1)立宪问题的提出

1904～1905年日俄战争爆发,沙皇俄国竟然被区区岛国日本打败,一时之间,舆论哗然。朝野上下将日俄战争的胜负,同立宪与专制政体的优劣联系起来考察。资产阶级上层主张立宪的张謇,在《致袁世凯书》中说:"日俄之胜负,立宪专制之胜负也,今全球专制之国谁乎？一专制当众立宪,尚可幸乎?"稍后,达寿在《考察日本宪政情形折》中,也明白表述说:"日本以立宪而胜,俄国以专制而败","非小国能战胜于大国,实立宪能战胜于专制。"①

主张立宪的官僚们,还从中国被列强侵略欺凌,每况愈下的现状出发,论证了中国立宪的必要性。湖南巡抚端方在《请定国是以安大计折》中指出,在列强林立、弱肉强食的今天,"不能自存,即将

① 故宫博物院明清档案部编:《清末筹备立宪档案史料》(上册),中华书局1979年版,第29页。

灭亡,不能夺人,即将为人夺,断无苟且偷安而可图生存者。中国今日正处于世界各国竞争之中心点,土地之大,人民之众,天然财产之富,尤各国之所垂涎,视之为商战兵战之场,苟内政不修,专制政体不改,立宪政体不成,则富强之效将永无所望”。[①] 袁世凯在《密陈管见条举十事缮单备采由》中,也认为:“倘各国挟均势之说,谋均沾之利,则我之全局危矣。危殆若此,胡可一日安枕,欲救其祸,另无良策,仍不外赶紧认真预备立宪之一法,若仍悠忽因循,听其自然,则国势日倾,主权日削,疆域日蹙,势不至如今之朝鲜不止。每一念及,动魄惊心。”[②]

不仅如此,他们还震慑于蓬勃发展的民主革命形势,将外患与内忧结合阐述实行立宪的紧迫性。驻法公使孙宝琦在奏折中呼吁:“仿英德日本之制,定为立宪政体,先行宣布中外,于以团结民心,保全邦本……不然则外侮日逼,民心惊惧相顾,自铤而走险,危机一发,恐非宗社之福。”[③]袁世凯和端方更特别强调:“剿除革命党政策,除速施行立宪制度外更无他法”,[④]“宜附从多数希望立宪之人心,以弭少数鼓动排满之乱党”。[⑤]

迫于内外臣工的建议和立宪的舆论压力,清廷接受了袁世凯奏请简派亲贵分赴东西洋各国考察政治的建议,于光绪三十一年(1905 年)六月十四日下诏:“朝廷屡下明诏,力图变法,锐意振兴”,但是“数年以来,规模虽具,实效未彰,总由承办人员向无讲求,未能洞悉原委,似此因循敷衍。何由起衰弱而救颠危……特简载泽、戴鸿慈、端方等,随带人员,分赴东西洋各国考求一切政治,以期择善而从”。上谕要求考察政治大臣“随事则诹询,悉心体察,用备甄采,毋负委任”,并明确表示:“立宪一事……候调查结局后,若果无妨害,则必决意实行”。[⑥]

---

① 《端忠敏公奏稿》卷六《请定国是以安大计折》。

② 第一历史档案馆:《清末宪政史料》,编号一一四。

③ 《东方杂志》1904 年第 7 期。

④ 《神州日报》1907 年 8 月 16 日。

⑤ 故宫博物院明清档案部编:《清末筹备立宪档案史料》(上册),中华书局 1989 年版,第 47 页。

⑥ 陈旭麓主编:《宋教仁集》(上册),中华书局 1981 年版,第 16 页。

出国考察政治的五大臣分两路赴日、美、英、德、法、比、意、奥等国考察。由于帝国主义列强在义和团运动中,深感到"中国群众……尚含有无限蓬勃生气",①"故谓瓜分之说,不啻梦呓也"。② 因而在政策上,主张"总须以华人治华地",③最好的办法,"莫如扶植满清朝廷",④以确保他们在华的利益。为此,积极支持清政府的立宪活动,对五大臣的到来热情迎送,并一再叮嘱"贵国欲变法自强,必以立宪为先务"。⑤ 因此五大臣在考察途中,便根据所见所闻奏请速定立宪。光绪三十二年(1906年)五月,他们从海外考察归来后,向清廷奏请以五年为期,改行立宪政体。在奏折中提出:"救危亡之方,只在立宪。""观于今日,国无强弱,无大小,先后一揆,全出宪法一途,天下大计,居可知矣。""窃维宪法者,所以安宇内,御外侮,固邦基,而保人民者也。……环球大势如彼,宪法可行如此,保邦致治,非此莫由。"⑥他们还举1905年沙俄帝国实行立宪以抵制革命为例,说明:"欲防革命之危机,舍立宪无它道。"如能改行宪政,革命派"虽欲造言,而无词可借,欲倡乱,而人不肯从,无事缉扑搜拿,自然冰销瓦解"。⑦

他们从各国宪政的比较中,得出以下结论:"纯任民权"的美国、法国的共和政体,与中国政体"本属不能强同",而英国政体虽为君主立宪,但对君权又拘执过甚,显然有"妨碍"之虞。只有1871年德意帝国宪法和1889年大日本帝国宪法,所确认的主权在君的典型,"与中国最为相近",所以应该师法德日。

---

① ［德］瓦德西:《瓦德西拳乱笔记》,王光祈译,上海书店出版社2000年版,第107页。

② 王其榘:《有关义和团舆论》,载中国史学会主编:《义和团》(第4册),上海人民出版社1957年版,第246页。

③ 同上书,第250页。

④ ［英］赫德:《中国实测论》。转引自游学译编社编:《游学译编·序》,湖南师范大学出版社2008年版,第10页。

⑤ (清)载泽:《考察政治日记》,岳麓书社1986年版,第579页。

⑥ 故宫博物院明清档案部编:《清末筹备立宪档案史料》(上册),中华书局1979年版,第111页。

⑦ (清)载泽:《奏请宣布立宪密折》,载柴德赓、张鸿翔主编:《辛亥革命》(第4册),上海人民出版社1957年版,第28～29页。

针对慈禧太后唯恐实行立宪，会使大权旁落的隐忧，阐述了立宪政体利君利民，可使“皇权永固”。“各国宪法，皆有君位尊严无对，君统万世不易，君权神圣，不可侵犯诸条。而凡安乐尊荣之典，君得独享其成，艰巨疑难之事，君不必独肩其责……东西诸国，大军大政，更易内阁，解散国会，习为常事，而指视所集，从未及于国君。”他在密折中，还引用日本宪法关于君上大权部分，证明“凡国之内政外交，军备财政，赏罚黜陟，生杀予夺，以及操纵议会，君主皆有权以统治之”。[①] 因此期望“皇太后、皇上宸衷独断、特降纶音，期以五年，改行立宪政体”。关于立宪期限，载泽在《奏请宣布立宪密折》中，迎合上意，奏称：“不知今日宣布立宪，不过明示宗旨为立宪之预备，至于实行之期，原可宽立年限。日本于明治十四年宣布宪政，二十二年始开国会，已然之效，可仿而行也。……惟先宣布立宪明文，树之风声，庶心思可以定一，耳目无或他歧，既有以维系望治之人心，即所以养成受治之人格。”[②]

综上所述，五大臣从考察中看清了世界发展的大趋势，以及中国在激烈的国际斗争环境中所处的劣势，因此唯一的出路“非行宪政不可”。[③] 可以说晚清的预备立宪，是从五大臣考察宪政拉开序幕的。特别值得提出的是，在五大臣出洋考察的随员中，有一些是既年轻而又思想开放的学人，他们经过西方民主政治的洗礼之后，不仅成为晚清预备立宪的支持者、鼓吹者，而且成为民国时期法制的创建人。

慈禧太后反复考虑了载泽、端方等人的奏折，经过七次召见和一系列的御前会议，终于为载泽在《奏请宣布立宪密折》中所说，立宪的三大利“一曰，皇位永固。……一曰，外患渐轻。……一曰，内乱可弭”所打动。于光绪三十二年（1906 年）七月十三日，颁发《宣示预备立宪先行厘定官制谕》，宣布：“时处今日，惟有及时详晰甄

---

① （清）载泽：《奏请宣布立宪密折》，载柴德赓、张鸿翔主编：《辛亥革命》（第 4 册），上海人民出版社 1957 年版，第 28～29 页。

② 同上。

③ 故宫博物院明清档案部编：《清末筹备立宪档案史料》（上册），中华书局 1979 年版，第 29 页。

核,仿行宪政。大权统于朝廷,庶政公诸舆论,以立国家万年有道之基。”上谕中所说“大权统于朝廷,庶政公诸舆论”,是晚清立宪的指导思想,反映了晚清宪政的基本特点。

由于晚清立宪是被迫的,是以应付内外危机,谋求“三大利”为着眼点,因此,预备立宪的期限,要“俟数年后,规模粗具,查看情形,参用各国成法,妥议立宪实行期限,再行宣布天下,视进步之迟速,定期限之远近”。由于预备立宪并无期限规定,因此,从某种意义上说来是一纸不能兑现的空头支票。不仅如此,这道上谕还以强硬的口气宣布:在预备立宪期间,“著各省将军督抚晓谕士庶人等,发愤为学,各明忠君爱国之义,合群进化之理,勿以私见害公益,勿以小忿乱大谋,尊崇秩序,保守和平,以豫储立宪国民之资格,有厚望焉”。[①] 这就为钳制人民的言论与行动,制造了新的根据。

但是,这道上谕承认了中西异势的根源在于制度,认为中国所以“国势不振,实由于上下相睽,内外隔阂,官不知所以保民,民不知所以卫国。而各国之所以富强者,实由于实行宪法,取决公论,君民一体,呼吸相通,博采众长,明定权限,以及筹备财用,经书政务,无不公之于黎庶。又兼各国相师,变通尽利,政通民和有由来矣”。[②]这比起洋务派认为中国文武制度事事在西人之上,唯有火器不如人之类的言论,显然前进了一大步。

由于清廷以明诏的形式宣告“仿行宪政”,确如死水微澜,在政坛上引起了不小的反响。流亡海外的康有为、梁启超不禁高呼“伟哉,此举”,甚至,一厢情愿地愿与清廷合作,不修旧怨,以共同抵制革命。稍后康有为将保皇会改组为国民宪政会,表示愿与清廷合作,推行宪政。梁启超、蒋智由等在东京组织政闻社,提出《政闻社宣言书》,“主张立宪政体”,要求“实行国会制度,建设责任政府”,“确立地方自治”。光绪三十四年(1908 年),政闻社本部迁往上海,联络国内立宪团体,为立宪奔走呼号。尽管他们再三表白:“对于皇

---

① 故宫博物院明清档案部编:《清末筹备立宪档案史料》(上册),中华书局 1979 年版,第 44 页。

② 同上书,第 43 页。

室,绝无干犯尊严之心;其对于国家,绝无扰紊治安之举",①但仍然为清廷所深忌,政闻社遭到封闭。

在此期间,国内的立宪派分子张謇、郑孝胥、汤寿潜、谭延闿等,也为清廷宣布预备立宪所激动,纷纷成立预备立宪公会、宪政筹备会、宪政公会、自治会,通过这些立宪团体,在舆论上宣传君主立宪,而且为随后发动的国会请愿,做了组织上准备。

当时,只有代表资产阶级中下层的民主派,斥责预备立宪是"假颁立宪之文,实行中央集权之策,以削汉人之势力,冀图虏廷万世帝王之业……"②

(2)咨议局和资政院

在清廷明诏宣示预备立宪以后,一些督抚奏请设立资政院和省咨议局,在朝野舆情的推动下,于光绪三十三年八九月间,相继颁谕,设立资政院和咨议局,并次第公布了资政院和咨议局章程及议员选举章程,使资政院和咨议局的筹设全面展开。

咨议局

光绪三十三年(1907 年)九月十三日,发布各省速设咨议局的上谕,提出:"各省亦应有采取舆论之所,俾其指陈通省利病,筹计地方治安,并为资政院储材之阶。著各省督抚均在省会速设咨议局,慎选公正明达官绅创办其事……凡地方应兴应革事宜,议员公同集议,候本省大吏裁夺施行。遇有重大事件由该省督抚奏明办理。将来资政院选举议员,可由该局公推递升。如资政院应需考查询问等事,一面行文该省督抚转饬,一面迳行该局具覆。该局有条议事件,准其一面禀知该省督抚,一面迳禀资政院查覆。其各府州县议事会一并预为筹画,务期取材日宏,进步较速,庶与庶政公诸舆论之实相符,以副朝廷勤求治理之意。"③

---

① 柴德赓、张鸿翔主编:《辛亥革命》(第 4 册),上海人民出版社 1957 年版,第 107 页、第 101 页、第 112 页、第 115 页。

② 陈春生:《丙午萍醴起义记》,柴德赓、张鸿翔主编:载《辛亥革命》(第 2 册),上海人民出版社 1957 年版,第 477 页。

③ 故宫博物院明清档案部编:《清末筹备立宪档案史料》(下册),中华书局 1979 年版,第 667 页。

宪政编查馆于光绪三十四年(1908 年)六月二十四日,奏定“各省咨议局并议员选举章程”,经光绪皇帝批准,通令各省督抚限一年内一律办齐。

《各省咨议局章程》共分十二章,六十二条。《总纲》第一条明确宣布:咨议局为“各省采取舆论之地,以指陈通省利病,筹计地方治安为宗旨”。

咨议局设议长一人,副议长二人,议长、副议长由议员互选产生。闭会期间设常驻议员若干名,亦由议员互选产生。

咨议局的职任权限为:议决本省应兴应革事件;议决本省之预算决算、税法、公债及担任义务之增加,权利之存废事件;议决本省单行章程规则之增删修改;选举资政院议员;申复资政院及督抚咨询事件;收受本省自治会或人民陈请建议事件;公断和解本省自治会之争议事件,等等。

凡咨议局议定事项,交督抚公布施行,若督抚有异议,可交咨议局复议,若“督抚及咨议局各执一见不能解决之事件,督抚应咨送资政院核议决定。督抚侵犯咨议局权限,或其他违法事件,咨议局得呈请资政院核办”。“凡议员于咨议局议事范围内所发言论,不受局外之诘责”,“凡议员除现行犯罪外,于会期内非得咨议局承诺,不得逮捕”。

咨议局会议分常年会和临时会两种,均由督抚召集。常年会每年一次,会期四十日,自九月初一日至十月十一日。“遇有紧要事件”,由督抚之命令,议员三分之一以上之陈请,可随时召开临时会,会期十日。

“各省督抚有监督咨议局选举及会议之权,并于咨议局之议案有裁夺施行之权。”若咨议局议事逾越权限并不受督抚劝告,所议决事项违背法律或议员有狂暴行为者,督抚得令其停会。若咨议局有轻蔑朝廷情形,所议事件妨害国家治安,或不遵停会命令,或议员多数不赴召集,屡经督促仍不到会等,督抚得奏请解散咨议局,并将事由咨明资政院。可见这个所谓的地方议会性质的机构,完全被置于督抚的严密控制之下,体现了清廷严令地方督抚“曲为之防”的意图。

根据《各省咨议局选举章程》，各省咨议局议员由各府、州、县采用复选制选举产生。凡属于本省籍贯，年满二十五岁以上之男子，曾在本省地方办理“事务”及其他“公益事务”，满三年以上卓有成绩者；中等学校毕业或举贡生员以上出身者；曾任实缺职官文七品，武五品以上未被参革者；在本省有五千元以上资产，或外省人在本省有一万元以上之资产者，享有选举咨议局议员的权利。

凡属本省籍贯，或寄居本省满十年以上，年满三十岁以上之男子，得被选为咨议局议员。

凡有下列诸款之一者，不得有选举及被选举权：品行悖谬，营私武断者；曾处监禁以上之刑者；营业不正者；失财产上之信用，被人控实，尚未清结者；吸食鸦片者；有心疾者；身家不清白者；不识文义者。

此外，本省官吏或幕友、常备军人、续备军人、后备军人、巡警官吏、僧道及其他宗教师、各学堂肄业生，一律停止其选举权与被选举权。现充小学堂教员者，停止其被选举权。

经过选举产生的各省咨议局议员中，进士、举人、贡生、生员出身的议员，占议员总数的90.9%。至于议长、副议长则多为立宪派的领袖人物，如江苏议长张謇、浙江副议长沈钧儒、四川议长蒲殿俊、湖北议长汤化龙、湖南议长谭延闿、福建议长刘崇佑、山西议长梁善济等，他们在咨议局中起了主导的作用。

至宣统元年(1909年)八月，各省咨议局除新疆外陆续成立。由于各省经济、政治、文化的发展不平衡，对于民主宪政的理解程度也存在差异，因此所发挥的作用是不同的。但总体说来，咨议局被舆论视为“宪政之萌芽而为中国最新之产物”。①

宣统元年(1909年)九月一日，是各省咨议局第一次常年会开会之期，全国共设立了二十一个咨议局。虽然“咨议局仅代表一省舆论，尚非国家议院之比”，其权限“本非各国地方议会所得比

---

① 廖治：《咨议局经过大事记》，载吴冠英主编：《宪政新志》第一卷第一号，1909年9月。

拟”。[1] 但是,立宪派们仍投以极大的政治热情,他们利用这个合法的平台,通过了大量内容涉及立法、司法、预算、决算、税法、公债、国家主权、实业、教育、禁烟禁赌等的议案。同时,还弹劾贪赃枉法、腐败无能的官吏,产生了广泛的影响。不仅如此,他们还把团体之间的联合推进到咨议局之间的联合。1909 年 10 月,湖南、湖北、江西、江苏、浙江、福建、山西、广西、吉林、黑龙江等十六省咨议局的代表,在上海开会,决定各省咨议局分别派出代表,齐集北京,联合请愿速开国会。

自 1909 年 9 月至 1910 年 10 月,由张謇等人组织发动了三次规模浩大的敦促清廷速开国会、速组责任内阁、迅即颁布宪法的请愿活动,持续了一年之久,参加者数十万众,不仅卷入了社会各界,甚至十八省督抚,资政院议员及部分政府官员,也都为之推波助澜;海外留学生,华侨团体则纷纷通电声援。立宪派组织的三次大请愿,是和当时国内形势的发展密切联系着的。自宣统元年(1909 年)起,国内不断发生反抗捐税、抢米风潮等各种形式的斗争,尤其是资产阶级革命派发动的武装反清起义更加波澜壮阔,清朝统治已经险象环生。立宪派正是敏锐地觉察到这一点,才竭力敦促清廷速行宪政,挽救危机,同时,他们也想乘此时机,谋取更多的政治利益。然而清廷对于请愿活动初以“国民知识不齐”为借口,坚持九年预备期之后再召开国会。后又借口“财政困难,灾情遍地”加以拒绝。直至资政院也通过了《陈请速开国会具奏案》,请求于宣统三年(1911 年)召开国会,清廷才允许缩短立宪预备期,将九年改为五年,定于宣统三年(1911 年)成立责任内阁、宣统五年召开国会。与此同时,下令遣散各地请愿代表。此后,湖北、湖南、四川等地代表,准备组织第四次请愿,遭到清廷的严令禁止。

三次大请愿的结果,虽然是不足道的,但对全国民主宪政意识的传播与推动起了积极的作用,对清朝顽固统治集团也具有一定的震撼力,特别是人们从中体会到,顽固的清朝统治者是不会轻易放

---

① 《宪政编查馆复议咨议局权限折片》,载中国第二历史档案馆编:《中华民国史档案资料汇编》(第 1 辑),江苏人民出版社 1979 年版,第 116 页。

弃手中的权力的。

资政院

光绪三十三年(1907年)八月十三日,清廷发布设立资政院的上谕,宣布:“立宪政体,取决公论,上下议院,实为行政之本。中国上下议院一时未能成立,亟宜设资政院,以立议院基础。”[①]同时委派溥伦、孙家鼐任资政院总裁,会同军机大臣拟定《资政院院章》,于光绪三十四年(1908年)九月初一日颁行。

根据资政院院章:资政院“以取决公论,预立上下议院基础为宗旨”,[②]设总裁二人,总理资政院事务,“以王公大臣著有勋劳通达治体者,由特旨简充”。设副总裁二人,“以三品以上大员著有才望学识者,由特旨简充”。资政院议员由钦选和互选两种方式产生。钦选议员,由皇帝简派宗室王公世爵(16人),满汉世爵(12人),外藩王公世爵(14人),宗室觉罗(6人),各部院官(36人,审判官、检察官、巡警官不在此例),硕学通儒(10人),纳税多者(10人),共计100名。互选议员,由各省咨议局议员互相推举产生,并由各省督抚“复加选定”,共计100人。后因新疆未选,故21省互选议员共计98名,为示对等,钦选议员亦减少2名,为98名。无论钦选议员还是互选议员,在资政院中“应有之权,一律同等,无所轩轾”。

资政院有权议决预算、决算、税法、公债,制定与修改法律(宪法不在此例),以及奉特旨交议的事件。各款议案,“应由军机大臣,或各部行政大臣先期拟定具奏,请旨于开会时交议”。资政院对有关事件议决后,“由总裁、副总裁分别会同军机大臣,或各部行政大臣具奏,请旨裁夺”。为保证议员履行职责,“资政院议员于本院议事范围内所发言论,不受院外之诘责”,“议员除现行犯罪外,于会期内非得本院承诺,不得逮捕”。资政院每年九月起开常年会一次,会期三月,临时会期一月,无论开会、闭会,均须“明降谕旨,刊

① 上海商务印书馆编译所编纂:《大清新法令》谕旨,商务印书馆2010年版,第43页。

② 故宫博物院明清档案部编:《清末筹备立宪档案史料》(下册),中华书局1979年版,第630页。

布官报”。

资政院院章公布后,随之又公布了《资政院议员选举章程》《议事细则》《分股办事细则》《资政院旁听规则》《各部院衙门官互选资议院议员详细规则》等。

资政院于宣统元年(1909 年)八月二十日“举行召集之典”,正式成立。九月初一日,召开第一次常年会,军机大臣奕劻宣读谕旨,表示:“资政院为上下议院之基础,尤为立宪政体之精神”,“上为朝廷竭协赞之忠,下为庶民尽代议之责。”摄政王载沣在“开院训词”中表示:“各议员皆朝廷所信任,庶民所推崇”,必能“扩大立宪之功用,树议院之楷模”。①

资政院开会期间,正值各省咨议局发动的速开国会请愿不断高涨之时,来自海内外的请愿书及电报纷至沓来,遴选议员易宗夔提议:“当此存亡危急之秋,惟国会可以救亡。现在各省咨议局联合会陈请速开国会……请议长改定议事日表,议请速开国会事件。”②此议得到一致通过,在《资政院请速开国会奏折》中,郑重提出:“臣院窃维世界政体渐趋一轨,立宪者昌,不立宪者亡,历史陈迹,昭然可睹,而立宪政体之要义,实以建设国会为第一。”③由此清廷才下诏:改 9 年预备立宪期限为 5 年。

资政院在弹劾军机大臣奕劻违法并请迅即组织内阁案时,虽然获得绝大多数议员赞同通过,但却遭到清帝的严词申斥:“朕维设官制禄及黜陟百司之权,为朝廷大权,载在先朝钦定宪法大纲,是军机大臣负责任与不负责任,暨设立责任内阁事宜,朝廷自有权衡,非该院总裁所得擅预,所请着毋庸议。”④这道《设立责任内阁朝廷自有权衡非资政院所得擅预谕》,在资政院引起轩然大波,议员们指责它违背立宪精神,“是专制政体办法,不是立宪政体办法”,⑤并以接连

---

① 《宣统政纪》卷二七,中华书局 1987 年版,第 1 ~ 2 页。

② 《资政院第一次常年会议场速记录》第二十号,载李启成校订:《资政院议场会议速记录——晚清预备国会论辩实录》,上海三联书店 2011 年版,第 40 页。

③ (清)赵炳麟:《赵柏岩集》(上册),广西人民出版社 2001 年版,第 515 页。

④ 《宣统政纪》卷二九,中华书局 1987 年版,第 10 页。

⑤ 《资政院第一次常年会议场速记录》第二十七号,载李启成校订:《资政院议场会议速记录——晚清预备国会论辩实录》,上海三联书店 2011 年版,第 388 页。

通过两个弹劾军机大臣议案的合法方式,向神圣君权发起了强有力的挑战。皇帝不能再以个人的是非为是非,而应以宪法的是非为是非,这是中国历史上前所未有的。

此外,资政院还通过了内容涉及政治、经济、军事、外交、法律、文化教育、地方事务、风俗民情等二十余项议案。然而事实上,“政府于资政院所议决,殆无一不牟髦视之。以言法律,则资政院可决之法律,政府不施行之如故,资政院否决之法律,政府施行之如故。以言预算,资政院所议之预算案,收支不相偿者数千万,而公然敢以提出,于议决削减者,任意不削减,于议决诸为甲项之用者,任意挪用于乙项。且政府不经院议而拟借一万万元之外债,资政院亦不敢抗议”。①

宣统三年(1911 年)九月初一日,正当革命军崛起之时,召开了资政院第二次常年会。会上迫于形势遽变,危在旦夕,通过了一系列重大议案,如奏请取消内阁暂行章程,不以亲贵充国务大臣;速开党禁,颁布宪法信条宣誓太庙,准革命党人按照法律改组政党并赐擢用,遵照宪法信条公举内阁总理大臣等。这些议案由于清朝迅速被推翻,未能得到实施。

综上可见,晚清统治者设立咨议局和资政院,是为了应付来自资产阶级革命派和立宪派两方面的压力,以及受帝国主义列强的政策驱使。但统治者又极力限制咨议局和资政院的职权,使其成为皇帝和各省督抚控制下的咨询性质的机关。

资政院和咨议局对军国大政进行公开讨论、公开表决,并允许报纸杂志发布报道,选录议员们的辩论演说和允许旁听,打破了专制时代政治决策的秘密性、专断性和神秘性。这不仅提高了国民的民主觉醒和权利意识,而且激发了民众参加国家政治生活的热情。立宪派利用这个合法的平台,作为抨击清朝腐败无能和向民众宣传宪政、争取自由平等的讲坛,力图通过法定的监督和限制政府的权力,将国家的运行纳入宪政的轨道,并扩大自己的参政权。

特别值得提出的是,咨议局通过发起拒债保路运动,表现了坚

---

① 《宣统政纪》卷二九,中华书局 1987 年版,第 10 页。

决维护国家主权,反对列强的政治讹诈和经济掠夺的严正立场和爱国热情,在国内外都产生了强烈的影响,由此而造成了历史新局面。

(3)《钦定宪法大纲》和《重大信条十九条》

《钦定宪法大纲》

光绪三十四年(1908 年),为遍及十七省,声气互通、声势浩大的国会请愿活动所震惊,唯恐在立宪派和资产阶级革命派的夹击中,失去稳定的政局,宣称:"俯从多数希望立宪之人心,以弭少数鼓动排满之乱党。"[①]并于光绪三十四年(1908 年)八月初一日,颁布了中国历史上第一部宪法性文件——《钦定宪法大纲》。

宪政编查馆和资政院在会奏颁布《钦定宪法大纲》的奏折中,指出:"各国制度,宪法则有钦定、民定之别,议会则有一院、两院之殊。"在"甄采列邦之良规,折衷本国之成宪"的圣意指导下,"要当内审国体,下察民情,熟权利害而后出之。大凡立宪自上之国,统治根本,在于朝廷,宜使议院由宪法而生,不宜使宪法由议院而出。中国国体,自必用钦定宪法,此一定不易之理"。接着阐述了《钦定宪法大纲》的基本构成:"夫宪法者,国家之根本法也,为君民所共守,自天子以至于庶人,皆当率循,不容踰越。东西君主立宪各国,国体不同,宪法互异,论其最精之大义,不外数端:一曰君主神圣不可侵犯,二曰君主总揽统治权,按照宪法行之,三曰臣民按照法律,有应得应尽之权利义务而已。"奏折虽然表达了三权分立的宪政构思,但其结论却是:"立法、行政、司法,则皆综揽于君上统治之大权,故一言以蔽之,宪法者,所以巩固君权,兼以保护臣民者也。"这可以说是诠释《钦定宪法大纲》的画龙点睛之笔。基于此所形成的宪法大纲的结构就是:"首列(君上)大权事项,以明君为臣纲之义。次列臣民权利义务事项,以示民为邦本之义,虽君民上下同处于法律范围之内,而大权仍统于朝廷;虽兼采列邦之良规,而仍不悖本国之成宪。"[②]

在以光绪皇帝名义颁发《钦定宪法大纲》的上谕中,肯定了宪政编查馆和资政院"所拟宪法暨议院选举各纲要,条理详密,权限分

---

① (清)朱寿朋编:《光绪朝东华录》,中华书局 1958 年版,第 5722 页。

② 同上书,第 5977～5978 页。

明，兼采列邦之良规，无违中国之礼教”，完全符合“大权统于朝廷、庶政公诸舆论之宗旨”。“将来编纂宪法暨议院选举各法，即以此作为准则，所有权限，悉应固守，勿得稍有侵越。”宣布“开设议院，应以逐年筹备各事办理完峻为期”。在“宪法未颁，议院未开以前，悉遵现行制度，静候朝廷次第筹办，如期施行”。① 上谕最后再次强调“非纪纲整肃不足以保治安”，“如有不靖之徒，附会名义，借端构煽，或躁妄生事，紊乱秩序，朝廷唯有执法惩儆，断不能任其妨害治安”。②

《钦定宪法大纲》包括“君上大权”和“臣民权利义务”两部分。君上大权是“正文”，共十四条；臣民权利义务是“附录”，共九条。这种结构形式，清楚地说明了它的重心在于维护君上大权。譬如第一条、第二条规定：“大清皇帝统治大清帝国万世一系，永永尊戴”，“君上神圣尊严不可侵犯”。这是《钦定宪法大纲》以及后来的《重大信条十九条》不变的基石。而在宪法大纲的其他规定中，皇帝享有颁行法律、发交议案、召集及解散议院、设官制禄、黜陟百司、统率陆海军、编定军制、宣战媾和及订立条约、宣布戒严、发布命令、总揽司法等权力。遇有紧急情况，还可以发布“代法律之诏令”，用“诏令限制臣民之自由”。不仅如此，《钦定宪法大纲》还明确规定：“法律虽经议院议决而未奉诏令批准颁布者，不能见诸实行”；“用人之权操之君上，议院不得干涉”；“凡一切军事”皇帝得以全权执行，“皆非议院所得干预”；“国交之事，由君上亲裁，不付议院议决”。可见议院的立法权和监督权是非常有限的，无论内容和形式，议院都不是最高立法机关。

《钦定宪法大纲》中有关君上大权部分，近取日本 1889 年（明治二十一年）《日本帝国宪法》，远取《普鲁士宪法》，但删去了日本宪法中限制天皇权力的条款，因此，它所规定的君上大权比起日本天皇的权力，更加漫无约束。实际上是利用宪法形式，把传统律典中的皇权，重新加以法定，如同宪政编查馆在奏折中所说，“立法，行

① （清）朱寿朋编：《光绪朝东华录》，中华书局 1958 年版，第 5983～5984 页。

② 同上。

政,司法则皆综揽于君上统治之大权,故一言以蔽之,宪法者,所以巩固君权,兼以保护臣民者也","巩固君权"是"宪法最精之大义"。①

至于臣民之权利义务,《钦定宪法大纲》规定,凡合乎法定"资格"之臣民,"得为文武官员及议员";"臣民非按照法律所定",不受逮捕、监禁和处罚;臣民有呈诉权、财产权、居住权,臣民只受"法律所定审判衙门之审判"。但是"言论、著作、出版、集会、结社等事",均须在法律范围以内,始"准其自由"。可见其着眼点不是保障权利自由,而是依法限制权利自由,特别是"当紧急时,得以诏令限制臣民之自由"。为使臣民的权利自由不超出法律范围,还在《钦定宪法大纲》颁布以前,已经颁行了一些特别法规。例如,《结社集会律》中规定:各种"结社集会,凡与政治及公事无关者",可以"照常设立","若其宗旨不正,违犯规则,或有滋生事端,妨害风俗之虞者,均责成该管衙门,认真稽察,轻则解散,重则罚惩,庶于揭倡舆论之中,不失纳民轨物之意,国家预备立宪,必以是为基础矣"。②

如果说臣民自由权利的规定,非常狭窄,而且强调必须于清朝法律范围之内行使,那么臣民依法应尽的纳税、当兵、遵守国家法律等项义务,则是法律所强制履行的,而且不加任何限语。

由于《钦定宪法大纲》以维护君上大权为重心,因而受到尖锐的谴责。《东方杂志》1908 年第 8 期载文指出,《钦定宪法大纲》"徒饰宪法之外貌,聊备体裁,聊慰民望"。孙中山先生更是激烈地抨击说:清政府不过是借此"谋中央集权,拿宪法作愚民的工具"。③

总括上述,《钦定宪法大纲》是中国特定历史条件下的产物,在中国近代宪法史上是首创的第一章。《钦定宪法大纲》虽然贯穿了"大权统于朝廷"的保守主义精神,但它以根本法的形式规定了种种君上大权,这意味着君上的权力受到了宪法的范围,对于专制制

① (清)朱寿朋编:《光绪朝东华录》,中华书局 1958 年版,第 5578 页。
② 同上书,第 5860 页。
③ 《辛亥革命前十年间时论选集》。

度下口含天宪、出言为法的皇帝立法权，是一种否定。自秦以来，历代封建法典不断趋于细密，但从没有任何一部法典对皇权有所限定，因为皇权凌驾于法律之上，法生于君，然而宪政编查馆和资政院会奏《钦定宪法大纲》的奉折中，竟然提出："宪法为君民所共守，自天子以至庶人，皆当率循，不容逾越。""上自朝廷，下至臣庶，均守钦定宪法，以期永远率循，罔有逾越。"[①]从某种意义说来，这也是对奉行二千年之久的君主专制制度的不自觉的否定。

《钦定宪法大纲》关于审判权由审判机关依法行使，只服从法律，皇帝不得"以诏令随时更改"判决的规定，也是对封建时代皇帝握有最高司法权，任意生杀予夺的专制主义司法制度的否定。

不仅如此，在封建专制时代，广大民众是作为社会义务本位而存在的，但在《钦定宪法大纲》中第一次明确规定了臣民的权利自由，尽管它所规定的范围狭窄，且有诸多限制，但却改变了民众单纯作为义务本位的状态。这对于民众权利意识的觉醒，有着一定的意义。在中国近代宪法史上，公民由义务本位转向权利本位，由重君权转向重民权，是中国人法观念的巨大变化，也是中国近代法制文明的重要标志，当然这是一个漫长的过程，晚清立宪还只是初露端倪。《钦定宪法大纲》的确是"其不能副全国人民之期"，[②]但在当时的历史条件下，民族资本主义还很微弱，民族资产阶级的阶级力量还处于相对的劣势；西方的宪政与宪法观念还远远没有被广大民众所理解和接受；传统的纲常名教的网罗还没有被完全打破；再加上清朝所取法的日本与德国的宪法，也充满着维护君权的保守性，决定了《钦定宪法大纲》所具有的畸形性。但它的历史地位与作用不应完全抹杀。

《重大信条十九条》

晚清从宣布预备立宪到颁布《钦定宪法大纲》等一系列活动，虽然赢得了国内外立宪派的期许，但却没能遏制以孙中山为首的革

---

① （清）朱寿朋编：《光绪朝东华录》，中华书局 1958 年版，第 5978 页。

② 柴德赓、张鸿翔主编：《辛亥革命》（第 4 册），上海人民出版社 1957 年版，第 6 页。

命党人推翻清朝的武装斗争。立宪派也因孜孜以求的责任内阁完全落空,而表现出极大的失望。

宣统二年九月二十三日(1910年10月25日),竟然由东三省总督锡良领衔十七位督抚电奏清廷,力请即设责任内阁,"明年即开国会"。[①] 在朝野立宪派的极力敦促下,清廷被迫同意先设责任内阁,于宣统五年召开国会,颁布宪法,实行宪政。

宣统三年四月初十日(1911年5月8日),颁行《内阁官制》十九条。但由于内阁不对议会负责,议会亦无权决定内阁的去留,内阁总理大臣和国务大臣只是"秉承宸谟,定政治之方针,保持行政之统一","辅弼皇帝,担负责任"。[②] 因此,这种责任内阁是有名无实的,与西方国家的责任内阁完全不同。不仅如此,在同一天颁发的上谕中,任命庆亲王奕劻为内阁总理大臣,那桐、徐世昌为内阁协理大臣,梁敦彦为外务大臣,善耆为民政大臣,载泽为学务大臣,绍昌为司法大臣,荫昌为陆军大臣,载洵为海军大臣,溥伦为农工商大臣,盛宣怀为邮传大臣,寿耆为理藩大臣,[③]从而打破了原有的部院大臣满汉平分的比例,变成了满七汉四,一些重要的部如外务、陆军、海军、度支、农工商部,都操于满洲贵族之手,皇族竟然占了五名,因而被讥讽为"皇族内阁"。经过千呼万唤始出台的内阁,"适与立宪国之原则相反"。[④] 立宪派张謇针对"政府以海陆军政府权及各部主要均任亲贵"一事,警告清廷"勿以国为孤注"。[⑤] 各省咨议局议长,也于宣统三年(1911年)六月初九日联衔上书,指出:"君主不担负责任,皇族不组织内阁,为君主立宪国唯一之原则,世界各国苟号称立宪,即无一不求与此原则相吻合。……今中国之改设内阁,适与立宪国之原理相违反。……仍请皇上明降谕旨,于皇族外

① 《各省督抚合词请设内阁国会奏稿》,载《国风报》1910年第26号。

② 故宫博物院明清档案部编:《清末筹备立宪档案史料》(上册),中华书局1979年版,第561页。

③ 同上书,第566页。

④ 同上书,第577页。

⑤ 张謇:《啬翁自订年谱》,载李明勋等主编:《张謇全集》,上海辞书出版社2012年版,第1026页。

另简大臣组织责任内阁，以符君主立宪之公例，以餍臣民立宪之希望。”[①]否则“为患何堪设想”。但清廷仍然强调，“黜陟百司，系君上大权，载在先朝钦定宪法大纲，并注明议员不得干预”。同时严斥议员：“当遵宪法大纲，不得率行干请，以符君主立宪之本旨。”[②]

“皇族内阁”极大地挫伤了立宪派对清廷的幻想，使人们由失望而转向愤怒，如同张謇所言：“是时举国骚然。朝野上下不啻加离心力百倍，可惧也。”[③]至此清朝覆亡已然是为时不远了。

宣统三年（1911 年）八月十九日，武昌起义爆发，各省纷纷响应，宣布独立。处于土崩瓦解中的清朝，一面派军队镇压；一面召集资政院临时会议，商讨对策。

九月六日，驻滦州新军第二十镇统制张绍曾，和第二混成协统领蓝天蔚，奏请实行立宪。

九月十三日，张绍曾、蓝天蔚、卢永祥等五位军官，联名向清廷提出了类似最后通牒的《政纲十二条》，要求清廷“立决可否，明白宣示……”[④]《政纲十二条》的主要内容是在本年内召开国会，由国会制定宪法、组织责任内阁，内阁总理大臣由国会公举，皇族永远不得充任内阁总理及国务大臣，并准备商组燕晋联军，进攻北京，实行兵谏。

面对南北夹击的严重威胁，摄政王载沣下诏罪己，释放自戊戌变法以来的一切政治犯，承认革命党为正式政党，接受十二条政纲，命令资政院迅速起草和通过了《重大信条十九条》誓告太庙。

《重大信条十九条》，是在清朝大局已去，而且迫于发生在滦州、娘子关的兵谏的胁迫下，抛出的“急切挽救之方”。出于“以固邦本，而维皇室”考虑，《重大信条十九条》第一条、第二条仍然规定：“大清帝国皇统万世不易”，“皇帝神圣不可侵犯”。但是，在辛

---

① 故宫博物院明清档案部编：《清末筹备立宪档案史料》（上册），中华书局 1979 年版，第 577～579 页。

② 同上书，第 579 页。

③ 张謇：《啬翁自订年谱》，载李明勋等主编：《张謇全集》，上海辞书出版社 2012 年版，第 1026 页。

④ 《宣统三年九月十三日陆军第二十镇统制张绍曾会奏折》，载柴德赓、张鸿翔主编：《辛亥革命》（第 4 册），上海人民出版社 1957 年版，第 96 页。

亥革命已然爆发的历史背景下,《重大信条十九条》具有一些新的特点:缩小了皇帝的权力,"皇帝之权以宪法所规定者为限"(第三条);扩大了国会的权力,国会议员均由国民公选产生,皇帝无权钦定;国会有起草宪法,议决宪法之权及宪法改正提案权;有选举内阁总理,弹劾内阁总理之权;议决国际条约的缔结及宣战、媾和事项;议决预算决算、皇室经费及皇帝对内使用军队的特别条件,等等。这就使国会成为真正的权力机关。与此同时,扩大了内阁总理的权力。由国会选举产生的内阁总理,有权推举国务大臣,组织内阁;在受到国会弹劾时,有权解散国会。

但是,《重大信条十九条》对臣民的自由平等权利只字未提,就此而言,其较之宪法大纲又是一个倒退,这是和资政院总裁李家驹在"草拟宪法内重大信条"时,所着眼的"重大"之处是确认皇帝、国会、内阁三者之间新的权力关系分不开的。除此之外,"凡属立宪国宪法共同之规定,则暂从阙略,俟全部起草时,再行拟具"。[①]

综括以上,晚清立宪是中国近代政治文明与法制文明相互作用的产物。它的发生,反映了国际间历史潮流的推动和国内社会矛盾的激化,因而具有某种必然性。即使是奏请徐议立宪的通政使郭曾炘也承认:"夫时势非前人所逆料,使孔孟复生今日,亦不能不研新理谋变法。"[②]作为清朝预备立宪重要成果的《钦定宪法大纲》《重大信条十九条》《资政院、咨议局章程》,虽然还带有专制皇权与等级特权的遗痕,但却表现了以宪法作为法律体系的基石,以民主政治、法治、人权作为基本内涵,以救亡图存、谋求自存、自立、自强作为追求目标的近代法制文明。

历史的发展常常与统治者的主观愿望相反,曾经被视为异端邪说的民主、自由、平等、宪法、三权分立等思想观念,由非法而合法,成为指导仿行宪政的理论依据,并且为立宪派提供了号召民众、抨击政府、推进宪政的合法舞台,彻底打破了清朝视为厉禁的结社之

---

① 故宫博物院明清档案部编:《清末筹备立宪档案史料》(上册),中华书局1979年版,第101~102页。

② 同上书,第208页。

禁，集会之禁。特别是为保存国祚而进行的立宪，没有挽救了清朝的覆亡，只是为继起的民国宪政提供了先验。

2. 行政法律的续纂与增修

晚清时期，沿袭康熙朝以来编纂会典的传统，于光绪十二年（1886 年）八月，以各衙门续修会典之准备“一律告竣”，“著将嘉庆十八年以后增定一切典礼及修改各衙门则例编辑成书，颁行中外”。《光绪会典》，于光绪二十五年（1899 年）修竣，光绪三十年（1904 年）公布，共计《会典》100 卷，《会典事例》1220 卷，图 270 卷。上起嘉庆十八年（1813 年），下迄光绪二十二年（1896 年）止，凡“事之有关典礼者一律纂入，用昭明备”。[①] 在此期间，发生鸦片战争等一系列震古烁今的重大变动，因此《光绪会典》首列总理各国事务衙门总理大臣“掌各国盟约，昭布朝廷德信，凡水陆出入之赋，舟车互市之制，货币聘飨之宜，中外疆界之限，文译传达之事，民教交涉之端，王大臣率属定议，大事上之，小事则行”。[②] 光绪帝御制《续修大清会典》序中，多次提到“圣母皇太后慈训”“圣母皇太后因时诰诫”，反映了慈禧太后垂帘听政的行政体制的重大变革。

除会典外，则例也进行续纂与增修，如《户部则例》于道光二十八年（1848 年）、咸丰元年（1851 年）、同治四年（1865 年）、同治十三年（1874 年）、光绪末年均续加修订。又如，光绪三十二年（1906 年）理藩院改名为理藩部，三十四年（1908 年）颁行《钦定理藩部则例》。而反映时代变化新增修的《则例》，如宣统元年（1909 年），生活在爪哇（荷属）的华侨请求修订法律馆制定近代通行的国籍法。经修订法律馆奏准后，起草《国籍条例》共五章二十四条，于宣统元年实行。

晚清反映法制转型的行政立法，是新官制法与经济、文化行政管理章程及单行法规。

（1）新官制法

光绪三十二年（1906 年）九月，清廷颁布《预备立宪先行厘定官

① 《光绪会典》卷首，《凡例》。

② 《光绪会典》卷九九。

制谕》,十一月再颁《厘定中央官制谕》,遂即展开官制改革。

按新官制,中央官制内阁、军机处、外务部、吏部、学部以及宗人府、翰林院、钦天监、銮仪卫、内务府、太医院、各旗营、侍卫处、步军统衙门、顺天府、仓库衙门等机构,保持不变;巡警部改为民政部,户部改为度支部,兵部改为陆军部,刑部改为法部,理藩院改为理藩部,大理寺改为大理院,都察院改为都御史、副都御史,六科给事中改为给事中;太常、光禄、鸿胪三寺并入礼部,财政处并入度支部,练兵处、太仆寺并入陆军部,工部并入商部,改名为农工商部;增设专管轮船、铁路、电线、邮传的邮传部。

为保证官制改革的进行和确认新官制,于光绪三十二年至宣统三年(1906～1911年),陆续制定和颁布涉及官制、职官考选与惩戒的法律,如《民政部官制章程》《陆军部官制》《法部官制》《大理院官制》。

光绪三十三年(1907年)五月二十七日,总司核定官制大臣奕劻等奏呈《续订各直省官制情形折》并随折附上《各省官制通则》清单一份,共计三十四条。

根据《各省官制通则》,改学政为提学司,按察司为提法司。各省增设劝业道和巡警道。劝业道专管全省农工商及各项交通事务,巡警道专管全省巡警、消防、户籍、营缮、卫生事务。各地酌设盐、粮、关、河各道,原有之守巡各道,一律裁撤。直隶州厅及各州县酌设佐治各官,原各直隶州厅及各州县所设佐贰杂职,一律裁撤。各省分期设立府、州、厅县议事会董事会。各省分期设立高等审判厅、地方审判厅、初级审判厅,分别受理各项诉讼及上控事件。①

根据《各省官制通则》颁布有关职官法,如《各省提法使官制》《视学官章程》《巡警道官制并分科办事细则》《劝业道职掌任用章程》。

此外,还依照西方国家枢密院、参事院的体制,设立弼德院,为皇帝亲临顾问国务之所,并拟订《弼德院官制》。

---

① 故宫博物院明清档案部编:《清末筹备立宪档案史料》(上册),中华书局1979年版,第506～510页。

光绪三十四年(1908 年)奏准施行《钦定宪法大纲》的同时,还颁行《咨议局章程》《资政院章程》,至宣统三年(1911 年)成立责任内阁时奏准施行《新内阁官制》十九条、《内阁属官官制》十五条、《内阁法院官制》九条。

(2)经济与金融立法

适应晚清商业经济与金融的发展,制定相应的行政管理法规,如《商标注册试办章程》《矿政调查局章程》《奖给商勋章程》《华商办理农工商实业爵赏章程》《改订奖励华商公司章程》《农会简明章程》《矿务章程》《铁路简明章程》《各省大小轮船公司注册给照章程》《各省设立电话暂行章程》《印花税则》《试办银行章程》《交通银行章程》《大清银行则例》《银行注册章程》《统一国库章程》。

(3)文教立法

自废科举兴学校以后,近代学堂迅速发展,遂仿日本相关法律,于光绪三十年(1904 年)制定颁布《重订学堂章程》。内含《大学堂章程》《高等学堂章程》《中学堂章程》《高等小学堂章程》《初等小学堂章程》《蒙养院章程及家庭教育法章程》《优级师范章程》《初级师范章程》《艺徒学堂章程》《初等农工商实业学堂章程》《中等农工商实业学堂章程》《高等农工商实业学堂章程》等。

此外尚有《法律学堂章程》《女子师范学堂章程》《女子小学堂章程》《财政学堂章程》《各省巡警学堂章程》《检定小学教员章程》《优待小学教员章程》《简易识字学塾章程》《图书馆通行章程》等。

(4)单行法规

印刷物法

戊戌变法以后,新闻事业迅速兴起,立宪派和革命派借助杂志、报纸宣传各自的政纲。为控制舆论,光绪三十二年(1906 年),清廷令商部、巡警部、学部会同制定《大清印刷物专律》,共六章。规定:凡"发行或销售于皇朝一统版图者",均适用此律;无论承印何种文书图画之印刷人,均须至京师特设之印刷总局注册,否则即以违法论,处以 150 元以下罚款,或 5 个月以下监禁,或罚款监禁并科。凡贩卖或分送未印明印刷人之姓名及印刷所在者,以犯法论,处百元以下罚金,3 个月以下监禁,或二者并科,不问该印刷物可否印刷,一律充公或销毁。印刷物中,如有普通毁谤者,可提起民事诉讼;如有普通讪谤者,可依刑事诉讼审理;如有讪惑愚民,怨恨、侮谩或加暴行于皇帝,或违背典章国制者,不论军民人等,均应向最近的地方官报告,逮捕法办。犯者处5000元以下罚款,10年以下监禁,或二者并科。再犯者加倍处罚。①

《印刷物专律》虽列有时限一章,但因其规定凡“发行或销售于皇朝一统版图者,有律即有治理之权”,实际并无时限。

《印刷物专律》虽旨在控制舆论,但毕竟法有明文,非文字狱之任意比附可比。

《大清报律》

光绪三十三年(1907年),各地纷纷设立报馆,出版新闻报,于是商部起草《大清报律》,交经巡警部修改,于光绪三十三年(1907年)十二月由民政部、法部会奏,并交宪政编查馆议覆之后,奉旨颁布。但各地报馆多不遵行。至宣统二年(1910年)由民政部再加修改,交资政院议覆后,请旨颁布,但未及施行,清亡。

《大清报律》以日本报纸法为蓝本,共四十五条,规定:每日发行之报纸应于发行前一日晚十二时以前送该管巡警官署或地方官署,随时查核。月报、旬报、星期报,均于发行前一日十二时以前送该管巡警官署或地方官署,随时查核。报纸不得揭载禁止旁听之诉讼案件、未公开之判前预审案件,以及未经公开之外交海陆军事件、谕旨、章奏,更不得有诋毁宫廷、扰乱政体、扰害公安、败坏风俗之语,否则处以罚金或监禁,并禁止该报发行。凡违反本律者,不得适用自首减轻之列。

《大清报律》虽未施行,但在民国成立后,各省仍有援用此律以压制舆论之事。直至民国四年(1915年)七月,北洋政府颁布《报纸条例》,《大清报律》才失去效力。

(5)京师城市管理法

晚清时期颁行多种城市管理法规,使京师的城市管理纳入近代

---

① 参见《大清印刷物专律》,载张静庐辑注:《中国近代出版史料初编》卷五,中华书局1957年版,第312~319页。

法制的轨道。

①道路交通法规。内含《管理地排车专则》《管理大车规则》《管理人力车规则》《车辆夜不燃灯处罚章程》《改定清道章程》等。

②医疗卫生法规。内含《豫防疫清洁规则》《厅区救急药品使用法》《卫生处化验所章程》《管理种痘规则》《内外城官医疗章程》等。

③饮食服务行业法规。内含《管理饮食物营业规则》《管理牛乳营业规则》《各种汽水营业管理规则》《管理剃发营业规则》《管理浴堂营业规则》等。

④市场管理法规。内含《内城官立东安市场营业规则》《外城官立广安市场地租规则》《外城官立广安市场管理规则》等。

⑤特种行业管理法规。内含《管理娼妓规则》《管理乐户规则》《戒烟局管理规则》等。

⑥矫正收容法规。内含《外城初级教养工厂章程》《外城中级教养工厂章程》《外城教养女工厂章程》《内城贫民教养院管理规则》等。

上述法规在风雨飘摇的晚清统治期间不可能完全实施,但却为民国时期北平的市政管理提供了重要的法律基础。

(6)《行政纲目》

光绪三十四年(1908 年)颁《钦定宪法大纲》以后,清廷积极进行行政体制改革。宣统二年(1910 年)十月初四日,宪政编查馆《奏酌拟行政事务明定权限办法折》中提出:“纂成行政纲目一编,缮具清本,恭呈御览。俟命下后,即由臣馆咨送各该衙门,逐条核酌,如有尚须量为变通损益及事隶两部或数部者,由各该衙门分别会商详细签注,限两月内咨覆到馆,再由臣馆详加厘定,会同内阁会议政务处覆核具奏,请旨钦定实行。此后筹备事宜,如厘定官制、清理财政等项,悉据此以为准的。其资政院暨咨议局权限亦即以此为范围,庶几纲举目张、有条不紊矣。如蒙俞允,即由臣馆咨行各衙门钦遵办理。谨奏。”“奉旨:著依议,钦此。”①

经过各衙门签注及宪政编查馆厘订,原奏行政纲目国家行政事务分部为十二表,后增入海军各司职掌表,共计十三表。

① 《大清法规大全・吏政部》卷一。

《钦定行政纲目》序言中重申:“谨按宪法大纲,君主立宪政体,君上有统治国家之大权,凡立法行政司法皆归总揽。而以议院协赞立法,以政府辅弼行政,以法院遵律司法等语,是所谓政府者,乃君主行使大权所设机构之一,决非以君主为政府之长,所谓君主无责任也。惟君主无责任,斯必有负责任之政府。又必先将政府事务分配明确,始知责任之何所属也。凡一国之事务大至有二:一曰国家事务,一曰皇室事务。立宪政体必先于此二者分别规定,是为第一要义。中国政治,自昔宫府不分,国朝虽内设内务府,以领御左右诸司,而所司职掌仅当今各国宫内省之一部分。此外特设衙门处所及事之散隶于各部院省尚多,将来固应与皇家大典别为规定,兹谨先就国家行政事务,分别部居,条分而楼析之计为表十有二,各附以说,全国行政纲目略具于是。由是厘定官制、清理财政、编制法令,悉将依此为准,而咨议局资政院议事之权限,亦有一定之范围矣。”

《钦定行政纲目》将国家事务分为“国家事务”与“皇室事务”两种,视为立宪政体的“第一要义”。准此原则,《钦定行政纲目》所载内容“以属于国家行政事务为限”,有关皇室事务均不列入。

《钦定行政纲目》明确规定政府的地位:“所谓政府者,乃君主行使大权所设机关之一,决非以君主为政府之长。”同时,强调政府必须分职明责,“所谓政府,又必先将政府事务分配明确,始知责任之何所属也”。《钦定行政纲目》对各部诸司的职掌列表详叙,并加注按语,以期达到“分别部属,条分缕析之”目的。

另据“融会列国成规,按切我国情事”的原则,将国家行政机关分为四级隶属建制,即直接官治、间接官治、地方官治、地方自治,但仍贯彻中央集权的精神,所谓:“将来终以中央集权为归。”

《钦定行政纲目》未及施行,清朝即覆亡。

3. 晚清修律与司法改革

(1)晚清修律的契机

以慈禧太后为首的晚清统治集团,是中国历史上最腐朽、最保守的政治势力。为了维持极端专制主义的统治,他们借口维护祖宗成法,宁可对外割地赔款,也拒绝任何革新与改良。1898 年,慈禧太后血腥镇压了维新派的变法维新运动,就是雄辩的例证。但是,在1900年席卷全国的义和团运动的沉重打击下,清朝的统治基础从根本上动摇了,固有的"纪纲法度"荡然无存,皇家的尊严扫地以尽。尤其是对帝国主义侵略者的彻底投降,更加暴露了他们是中国面临的亡国灭种的民族危机的根源。因此,义和团运动虽然被镇压下去了,但清朝统治集团也已不可能再照旧统治下去了,他们面对的是前所未有的统治危机。在充满惶惑与恐慌的氛围中,为寻找自救的出路,他们终于极不情愿又无可奈何地接过了戊戌变法的旗帜,宣布革新政治。

慈禧太后在逃亡西安以后,便一反过去所鼓吹的祖宗之法不可改变的说辞,提出"世有万古不易之常经,无一成罔变之治法",宣称:"我朝列祖列宗,因时立制,屡有异同,入关以后,已殊沈阳之时,嘉庆道光以来,岂尽雍正乾隆之旧。"同时,承认"中国之弱,在于习气太深,文法太密,庸俗之吏多,豪杰之士少,文法者庸人,借为藏身之圄,而胥吏倚为牟利之符。公事以文牍相往来,而毫无实际,人才以资格相限制,而日见消磨,误国家者在一私字,困天下者在一例字"。结论就是,"大抵法积则敝,法敝则更","法令不更,锢习不破,欲求振作,当议更张"。而且表示学习西法不能只学皮毛,而要学其本源,要求"军机大臣、大学士、六部九卿、出使各国大臣、各省督抚,各就现在情形,参酌中西政要,举凡朝章国故、吏治民生、学校科举、军政财政,当因当革,当省当并,或取诸人,或求诸己,如何而国势始兴,如何而人才始出,如何而度支始裕,如何而武备始修,各举所知,各抒所见,通限两个月,详悉条议以闻"。①

这道上谕表明,处于危机之中的清朝统治集团仍然在顽强挣扎,力求度过危机。但这道上谕却也为以后10年的变法修律提供了根据。由此而引发了大小臣工的变法奏疏,其中著名的是两广总督刘坤一、湖广总督张之洞会奏的"变法三折"。它所提出的禁讼累、省文法、省刑责、重众证、修监羁、教工艺、恤相验、改罚锾、派专官,制定矿律、路律、商律和交涉刑律等,与慈禧集团的变法宗旨完全合拍,因而被赞誉为"事多可行,即当按照所陈,随时

---

① 《清德宗实录》卷四七六,中华书局1987年版,第274页。

设法、择要举办”。[1]

1902年2月,清廷再下诏:“中国律例,自汉唐以来,代有增改。我朝《大清律例》一书,折衷至当,备极精详。惟是为治之道,尤贵因时制宜,今昔情势不同,非参酌适中,不能推行尽善。况近来地利日兴,商务日广,如矿律、路律、商律等类,皆应妥议专条。著各出使大臣,查取各国通行律例,咨送外务部。并著责成袁世凯、刘坤一、张之洞,慎选熟悉中西律例者,保送数员来京,听候简派,开馆编纂,请旨审定颁发。总期切实平允,中外通行,用示通变宜民之至意。”[2]根据这道谕旨,袁世凯、刘坤一、张之洞连衔上疏奏称,西方各国,“其变法皆从改律入手”,为此,举荐沈家本、伍廷芳主持修律馆,“就目前所亟宜改订者,择要译修”。[3] 不久,清廷颁发上谕:“著派沈家本、伍廷芳,将一切现行律例,按照交涉情形,参酌各国法律,悉心考订,妥为拟议,务期中外通行,有裨治理。”[4]从此晚清修律开始提上日程。

需要指出的是,晚清变法修律是和帝国主义列强的引导、支持分不开的。1900年发生的义和团运动虽然被镇压下去了,但中国人民的力量却令帝国主义感到震惊,迫使他们不得不承认“中国群众……尚含有无限蓬勃生气”,[5]“故谓瓜分之说,不啻梦呓也”。[6] 与此同时,他们也看清了清政府对外的彻底的投降立场,领悟到此后“总须以华人治华地”,[7]而最好的办法“莫如扶植满清朝廷”。[8] 只要清朝这艘破船还能浮起,就要尽力予以扶植,以便通过

---

① 《清德宗实录》卷四八六,中华书局1987年版,第430页。

② 《清德宗实录》卷四九五,中华书局1987年版,第536~537页。

③ 袁世凯:《会保熟悉中西律例人员沈家本等听候简用摺》,载天津社科院历史研究所编:《袁世凯奏议》(上册),天津古籍出版社1987年版,第476页。

④ 《清德宗实录》卷四九八,中华书局1987年版,第577页。

⑤ [德]瓦德西:《瓦德西拳乱笔记》,王光祈译,上海书店出版社2000年版,第107页。

⑥ 王其榘:《有关义和团舆论》,载中国史学会主编:《义和团》(第4册),上海人民出版社1957年版,第246页。

⑦ 同上书,第250页。

⑧ 赫德:《中国实测论》。转引自《游学编译·序》,湖南师范大学出版社2008年版,第10页。

它保持和扩大在华的利益。因此，在光绪二十八年(1902年)八月，清朝工部尚书商约大臣吕海寰、工部侍郎盛宣怀与英国商约大臣马凯，在上海议订通商行船条约十六款时，其第十二款便规定："中国深欲整顿本国律例，以期与各西国律例改同一律，英国允愿尽力协助以成此举，一俟查悉中国律例情形及其审断办法，及一切相关事宜皆臻妥善，英国即允弃其治外法权。"[①]在与美、日、葡等国修订的商约中，也将类似条款列入条约，表明帝国主义列强对清朝修订法律的支持。尽管这个许诺有如镜花水月，可望而不可即，但却刺激了清政府修律的热情积极性，尤其是一些具有爱国思想的官僚们，企图通过改良法律，收回治外法权。修订法律大臣沈家本便表示："中国修订法律，首先收回治外法权，实变法自强之枢纽。"[②]当时只有张之洞从他与帝国主义列强的多年交涉中，体会到治外法权之能否收回，关键是"视国家兵力之强弱，战守之成效以为从违"，[③]不能专恃法律。

(2)沈家本与晚清修律

1903年，修订法律馆奉旨成立，任命沈家本、伍廷芳担任修订法律大臣。由于伍廷芳当时正出使美国，回国后不久又被任命为商部左侍郎，遂不兼修订法律大臣，而由英瑞继任。英瑞旋亦病故，又命俞廉三充任。至1910年，沈家本因守旧派的攻讦改任他职，由刘若曾接任。这时清朝的统治已临近尾声，因此，晚清修律主要是在沈家本主持下完成的。他的思想认识直接影响着新律的制定，晚清修律的成就与沈家本是分不开的。

沈家本(1840～1913年)，字子惇，别号寄簃，浙江省归安(今浙江吴兴)人。他"少读书，好深湛之思"，"髫年毕群经，于周官尤多神悟"。光绪九年成进士，留在刑部补官，从此专攻法律之学。光绪十九年(1893年)，出任天津知府，光绪二十三年(1897年)改任保

---

① 《光绪朝东华录》卷五，中华书局1958年版，第4919页。

② (清)沈家本：《历代刑法考·寄簃文存卷一·删除律例内重法折》，邓经元、骈宇骞点校，中华书局1985年版，第2024页。

③ (清)张之洞：《张文襄公全集》(第2册)，奏议卷六九，中国书店1990年版，第153页。

定知府。此后,历任山西按察使、刑部左侍郎、大理寺正卿、刑部右侍郎、修订法律大臣等职。宣统元年资政院成立,沈家本为副总裁。

沈家本生活在中国由封建社会沦为半殖民地半封建社会的激烈动荡时代。面对列强环逼,江山残破的局面,他怀有强烈的爱国心和维护主权的宿愿。光绪二十六年(1900 年),刚刚擢升为直隶通永道的沈家本,被八国联军的侵略军关押和软禁了 9 个月。其间他保持了国格、人格,曾赋诗怒斥侵略军"铁甲金戈气正嚣",并为国家被凌夷而感到痛心和悲愤。诗中有云:"楚囚相对集新亭,行酒三觞涕泪零。"沈家本,作为一个自幼深受科举之累的宦门子弟,他的爱国思想是和忠君思想联系在一起的,希望为朝廷效力,他在《咏史小乐府三十首》中赋诗言志:"载美临邛返,风流一曲琴,不图高士传,慢士有知音。"在他一生中最为光彩的一段就是主持修订新律,变法自强,他的政治生命是同清朝相终始的。

沈家本长期任职刑部,得以浏览历代法典王章、刑狱档案,系统地研究和考订了中国古代法律发展的源流沿革,是谙悉中国古代法律并在一定程度上给予批判总结的著名法学家和改革清朝法制的执行者。他曾指出:"当此法治时代,若但征之今而不考之古,但推崇西法而不探讨中法,则法学不全,又安能会而通之,以推行于世。"[①]同时,他也热心研究资本主义国家的法律,主张"有志之士当讨究治道之原,旁考各国制度,观其会通,庶几采撷精华,稍有补于当世"。[②] 由于他正视急剧变化的中国现实和世界的发展潮流,所以坚持修律改制必须采取"会通中西"的原则。为此,他积极组织力量翻译资本主义国家的法律;建立法律学堂和派员出国考察;聘请资产阶级法学家参与立法工作。在他主持修律的短短几年里,不仅删改了《大清律例》中的落后与野蛮的部分,还制定出具有资本主义性质的法典法规,起到了联结古今中外法系的桥梁作用。限于历史条件,晚清修律存在不少问题,但毕竟第一次打破了延续两千

① (清)沈家本:《历代刑法考·寄簃文存卷六·薛大司寇遗稿序》,邓经元、骈宇骞点校,中华书局 1985 年版,第 2223 页。

② (清)沈家本:《历代刑法考·寄簃文存卷六·政治类典序》,邓经元、骈宇骞点校,中华书局 1985 年版,第 2242 页。

年的封建法律体系，这对中国法制史的近代化具有重要的意义。

沈家本生活的时代是中国社会大动荡大变革的时代，也是中西法律文化开始接触、碰撞与融合的时代。虽然固有的以纲常名教为核心的封建法律文化具有对外来法律文化的顽强的排他性，但以资产阶级人文主义为核心的资产阶级法律文化，显然具有不可阻挡的优势。因此，中西法律文化碰撞的结果，固有的中国法文化一步步被战胜、被取代。这个时代的特点，给沈家本的法律思想以及修律实践以深刻的烙印。

西法与中法结合

作为“以律鸣于时”的法学家，沈家本通古而不泥于古，认为传统的旧律已经不是治国的善法，如要“国势日张”，就需要把眼光投向西方世界，只有汲取西方法律文化的精华，才能“有补于当世”。但在吸收西法的同时，也力求“不戾乎我国世代相沿之礼教、民情”。在他看来只有“旧不俱废，新亦当参”，才能使新律“融会贯通，一无扞格”。这反映了沈家本在中西法律文化激烈冲突中的矛盾态度和他法律思想中不可克服的封建法律文化的羁绊。正因如此，他才在修律的实践中，执行了清朝最高统治者关于新律中不可变革“义关伦常”的训示。

沈家本“中法”的根基无疑是深厚而宽广的，而他对西法的理解则稍嫌肤浅。他一方面初步划分封建专制之法与资产阶级民主之法的区别，指出“抑知申韩之学，以刻覈为宗旨，恃威相劫，实专制之尤。泰西之学，以保护治安为宗旨，人人有自由之便利，仍人人不得稍越法律之范围。二者相衡，判然各别”。[①] 另一方面，他又热衷于以中法比附西法，说“举泰西之制，而证之于古”，[②]“抑知西法之中，固有与古法相同者”。[③] 他著作中多引《管子》，就在于“其言与

① （清）沈家本：《历代刑法考·寄簃文存卷六·法学名著序》，邓经元、骈宇骞点校，中华书局1985年版，第2240页。

② （清）沈家本：《历代刑法考·寄簃文存卷六·监狱访问录序》，邓经元、骈宇骞点校，中华书局1985年版，第2238页。

③ 同上书，第2235页。

今日西人之学说流派颇相近法治主义”。[1]

在修律过程中,沈家本力求贯彻“参酌各国法律”“务期中外通行”的宗旨,也注意调查中国社会的法制习惯,但总体说来对于中国法文化中合理的、民主性的部分重视不够,以致新修订的法律基本西方化了。沈家本虽然注意到了西法与中法结合,但迫于清廷因预备立宪而急于观成新律,以致出现了片面地移植西方法律的倾向,使中国法律近代化的进程,从一开始就存在移植外国法律如何本土化的问题。

创新与改良结合

谙悉旧律的沈家本,在接受西方法律文化的影响以后,深感旧律的落后与野蛮,已处于非变不可之势。因此,在他主持下制定的新律,无论体系和内容都力求仿效西法,这在当时无疑是大胆的创新。但是,沈家本的政治倾向性决定了他只能是寓创新于改良之中。他在删修旧律时所提出的废除酷刑、死刑唯一、改虚拟死罪为徒流、废除比附等,虽然是针对旧律例中的积弊而发的,但也只限于表层意义上的改良,没有触及封建法律的本质。

沈家本作为清政府的官僚,既未能完全摆脱封建法律文化的羁绊,而主持清朝大政的一批握有实权的代表人物,又动辄以封建的纲常名教为理论武器,抵制中国法律的近代化,攻击沈家本脱离礼教民情。沈家本虽然进行了力所能及的辩解,但不能不有所顾忌,甚至作出无可奈何的妥协。《大清刑律草案》后附《五条章程》就是明显的例证。他曾经说:“创法难、变法尤难”,“变而不善,其弊益滋”,“此不可不慎也”,[2]可以说是沈家本矛盾心境的表露。

修律与立宪相结合

如果说在光绪三十一年(1905 年)清廷宣布仿行宪政之前,修律的主要任务是适应变法新政的需要,以收回治外法权为主旨,那

---

① (清)沈家本:《历代刑法考·寄簃文存卷六·新译法规大全序》,邓经元、骈宇骞点校,中华书局 1985 年版,第 2242 页。

② (清)沈家本:《历代刑法考·刑法分考十二·工役》,邓经元、骈宇骞点校,中华书局 1985 年版,第 315 页。

么在清廷宣布仿行宪政之后，修律便被纳入为宪政服务的轨道。沈家本曾以编纂新法典“实预备立宪之要著”，[①]向清廷陈词，并举日本为例，说明宪政与修律的关系：“日本明治维新，亦以改律为基础……卒至民风丕变，国势骎骎日盛，今且亚东之强国矣。”[②]

在沈家本思想中，修律既是立宪的一个重要方面，又是推动立宪的手段。事实上，修律正是在清朝立宪活动期间推出的一个“新政”项目，沈家本倾注心血于修律一事，也是为清朝的立宪目的服务的。晚清预备立宪与政治改良是和修律互动的，但前者是前提，没有政治改良就不可能发生晚清那样的修律与改革司法。当然，政治改良也要求法律的确认与保证，只有法律化的政治改良，才是切实的、定型的、具有支撑点的。晚清政治改良的最终失败，使修律与司法改革未能达到预期的结果。

立法与立人结合

沈家本认为，中国法制的改良和法学的近代化，最终要落实到对专门人才的培养上。他要立的法是不同于封建旧律的资产阶级性质的法。他要立的人是被资产阶级法律文化所武装的专门法律人才。

他在主持修律的过程中，深感法律人才的缺乏，因此，不吝笔墨用较多篇幅，论证了“法贵得人”“用法在人”“有法而不循法，法虽善，等于无法”[③]的道理，并借用孟子“徒法不能以自行”的古语，强调：“法之善者，仍在有用法之人，苟非其人，徒法而已。”[④]还举唐律为例，尽管这是一部封建时代宽严得体的著名法典，但仍然出现了置法于不顾的“武氏肆虐”，以及李林甫用事以后制造的大量冤案。由此，“益可知有其法者，尤贵有其人矣。大抵用法者得其人，法即严厉亦能施其仁于法之中。用法者失其人，法即宽平亦能逞其暴于

① （清）沈家本：《奏修订法律大概办法折》，载《档·法·律例八十号》。

② （清）沈家本：《历代刑法考·寄簃文存卷一·删除律例内重法折》，邓经元、骈宇骞点校，中华书局1985年版，第2027页。

③ （清）沈家本：《历代刑法考·刑制总考三·隋》，邓经元、骈宇骞点校，中华书局1985年版，第46页。

④ （清）沈家本：《历代刑法考·刑制总考四·唐》，邓经元、骈宇骞点校，中华书局1985年版，第51页。

法之外也。”①

为了培养所需要的新人才,他编译西人之书作为培养新一代法官的教材;开办法律学堂,聘请外国法学家充当教授,“几年内毕业者近千人,一时称盛”,对于推动中国法学研究和司法的近代化起了积极的作用。正如他自己所总结的那样,“近今十年来,始有参用西法之议。余从事斯役,访集明达诸君,多司编辑,并延东方博士,相与讲求。复创设法律学堂,造就司法人才,为他日审判之预备。规模略具,中国法学,于焉萌芽”。②

人道主义与传统仁政结合

沈家本在西方资产阶级法律文化的影响下,接受了孟德斯鸠、卢梭“天赋人权”“权由天畀”的学说,并在他的论著中加以引述,显示了他的以人权为核心的人道主义思想。其主要表现是反对蓄奴与买卖人口,认为蓄奴与买卖人口是蔑视人权与人格的不仁行为。他在《删除奴婢律例议》中指出:“奴亦人也,岂容任意残害?生命固应重,人格尤宜尊,正未可因仍故习,等人类于畜产也。”在完成《现行刑律》奏章中,他尖锐地抨击:“买卖人口,久为环球所指摘,而与立宪政体保护人民权利之旨尤相背驰。”因此,奏请“应将律内有关买卖人口及奴仆、奴婢诸条,一律删改定,以昭仁政”。沈家本所说的仁政,就是孔孟所主张的传统仁政,但他将传统的仁政与西方的人道主义相结合,力主将刑法改重为轻。“故中国之重法,西人每訾为不仁”,“刑法之当改重为轻,固今仁政之要务”。为此,奏请删除《大清律例》中的“凌迟”“枭首”“戮尸”“缘坐”“刺字”等酷刑。

然而,沈家本的人道主义思想,同样有着封建等级制的烙印。例如,他虽提出将奴婢改为雇工,但又主张,汉民家下的奴婢,以25岁为限,限满听归亲属,至于旗下家奴则改为雇工,而且“不必限定年岁”。在汉人世仆开豁为良的问题上,他只主张“酌量开豁”,“俟历三代”后,始“一体开豁为良”。在纳妾的问题上,他虽说“泰西各

---

① (清)沈家本:《历代刑法考·刑制总考四·唐》,邓经元、骈宇骞点校,中华书局1985年版,第51页。

② (清)沈家本:《历代刑法考·寄簃文存卷六·法学会杂志序》,邓经元、骈宇骞点校,中华书局1985年版,第2244页。

国无论何人,不准置妾”,但又认为“中国风俗民情,与东西各国不同,未便遽加禁止”,只是改为“凭媒说合,祗用财礼接取,由妾之母家写立为妾愿书”,而且“妾媵名分,仍当遵守,不许僭越”。

以上可见,处在中国海禁大开、新旧递嬗时代的沈家本,与传统的封建律学家不同,不仅睁眼看世界,而且注意吸收西方的法律文化,认真地贯彻于修律实践。但是,沈家本作为一个封建官僚,无论改革司法与修律都不彻底,在西方法律文化与固有的中国法律文化的冲突中往往妥协,正是他的改良主义立场的反映。

晚清修律所取得的成果与沈家本是分不开的,他不仅是中国引进西方法文化的倡导者,而且也是身体力行者,其历史功绩不可磨灭。但也应该指出,修律的起因与结果并不只是1902年以后的9年。如果从资产阶级改良派提出修订商律算起,已将近40年的时间。而提出以西方法律为模式,修改中国传统的律例,也不限于沈家本一人,如从洪仁玕、冯桂芬算起,差不多是一代人,沈家本不过是后继者,是在实践上总其成而已。

(3)修律的指导思想

根据清廷发布的“总期中外通行”的修律总方针,沈家本确定了以“参考古今,博稽中外”①“汇通中西”为修律的指导思想。他从中西法律的比较中,认识到西方法律较之中国封建旧律文明进步,因此,需要“取人之长,以补吾之短”,“彼法之善者,当取之,当取而不取是之为愚”。② “介于列强之间,迫于交通之势”的中国,万难以守旧而与“世界法典革新时代”相抗衡。因此,在他主持修订新律时“专以折冲樽俎,模范列强为宗旨”,③以使制定的新律“与各国无大悬绝”,④否则“以一中国而与环球之国抗,其优绌之数不待智者

---

① (清)沈家本:《历代刑法考·寄簃文存卷六·重刻明律序》,中华书局1985年版,第2210页。

② (清)沈家本:《历代刑法考·寄簃文存卷六·裁判访问录序》,邓经元、骈宇骞点校,中华书局1985年版,第2236~2237页。

③ (清)沈家本等:《奏请编定现行刑律以立推行新律基础折》,载故宫博物院明清档案部编:《清末筹备立宪档案史料》(第2编),中华书局1979年版,第852页。

④ (清)沈家本:《历代刑法考·寄簃文存卷一·奏虚拟死罪改为流徒折》,邓经元、骈宇骞点校,中华书局1985年版,第2029页。

而知之矣”。[①] 他曾上奏清廷，以日本为修律的模范，说：“日本明治维新，亦以改律为基础”，“卒至民风丕变，国势骎骎日盛，今且为亚东之强国矣”。[②] 要仿效日本明治维新时期对待“西人之学”所采取的“弃其糟粕，而撷其英华”的做法，“改弦而更张之”。[③] 如此，中国的修律与宪政才有希望。

为了贯彻博辑中外、汇通中西的修律思想，沈家本把翻译外国的法律文献与著作提到了重要的议事日程。他说：“参酌各国法律，首重翻译”，“欲明西法之宗旨，必研究西人之学，尤必编译西人之书”。[④] 在沈家本的主持下，直至清朝覆亡，共翻译出几十种外国的法律法规和法学著作。

据统计，光绪三十一年（1905 年）三月，译出的外国法律有《德意志刑法》《德意志裁判法》《俄罗斯刑法》《日本现行刑法》《日本改正刑法》《日本陆军刑法》《日本海军刑法》《日本刑事诉讼法》《日本监狱法》《日本裁判所构成法》。法学著作有《日本刑法义解》等。正在校正的有《法兰西刑法》。[⑤]

至光绪三十三年（1907 年），共译出的各国法律与法学著作有《法兰西刑法》《德意志刑法》《荷兰刑法》《意大利刑法》《法兰西印刷律》《德国民事诉讼法》《日本刑法论》《普鲁士司法制度》《日本监狱访问录》《日本新刑法草案》《法典论》《日本刑法义解》《监狱学》《狱事谭》《日本裁判所编制立法论》等。已译但尚未完成的有：《德意志民法》《德意志旧民事诉讼法》《比利时刑法论》《比利时监狱则》《比利时刑法》《美国刑法》《美国刑事诉讼法》《瑞士刑法》

---

① （清）沈家本：《历代刑法考 · 寄簃文存卷六 · 重刻明律序》，邓经元、骈宇骞点校，中华书局 1985 年版，第 2210 页。

② （清）沈家本：《历代刑法考 · 寄簃文存卷一 · 删除律例内重法折》，邓经元、骈宇骞点校，中华书局 1985 年版，第 2027 页。

③ （清）王式通：《吴兴沈公子惇墓志铭》，载李贵连：《近代中国法制与法学》，北京大学出版社 2002 年版，第 254 页。

④ （清）沈家本：《历代刑法考 · 寄簃文存卷六 · 新译法规大全序》，邓经元、骈宇骞点校，中华书局 1985 年版，第 2242 页。

⑤ （清）沈家本：《修订法律大臣奏请变通现行律例内重法数端折》，载《大清法规大全 · 法律部》卷三，考正出版社 1972 年版，第 1741 页。

《芬兰刑法》《刑法之私法观》等。[①]

宣统元年(1909 年),沈家本对光绪三十三年(1907 年)十一月法律馆离部独立以来的翻译成果,统计如下:共译出《法律名词》(以现拟民诉草案所有名词为标准)、《日本商法》、《德国海商法》、《英国国籍法》、《美国国籍法》、《德国国籍法》、《奥国国籍法》、《葡萄牙国籍法》、《各国人籍法异同考》、《比较归化法》、《日本民法》(未完)、《德国民法》(未完)、《法国民法》(未完)、《奥国民法》(未完)、《西班牙国籍法》、《日本票据法》、《美国破产法》、《美国公司法论》、《英国公司法论》、《亲族法论》、《日本加藤正治破产法论》、《罗马尼亚国籍法》、《意大利民法关于国籍各条》、《德国改正民事诉讼法》(未完)、《日本条约改正后关于外国人之办法》、《德国强制执行及强制竞卖法》(未完)、《日本改正刑事诉讼法》、《日本改正民事诉讼法》、《日本现行刑事诉讼法》、《日本现行民事诉讼法》、《法国刑事诉讼法》(未完)、《奥国法院编制法》、《奥国民事诉讼法》(未完)、《裁判访问录》、《国籍法纲要及调查员志田钾太郎意见书》、《日本民事诉讼法注解》、《日本刑事诉讼法论》、《日本民事诉讼法论纲》、《德国高等文官试验法》、《德国裁判官惩戒法》、《德国行政官惩戒法》、《国际私法》[②]等。

至宣统元年(1909 年)十一月,又译出《德国民法总则条文》《奥国亲属法条文》《法国民法总则条文》《法国民法身份证条文》《法国民法失踪条文》《法国民法亲属条文》《日本奥田义人所著继承法》《奥国民事诉讼律》《德国强制执行法及强制竞卖法》《日本法律辞典》等。未完成者有日本冈松参太郎的《民法理由总则物权债权》《德国改正民事诉讼法》《德国破产法条文》。

外国法律的大量译成,为晚清制定新律提供了可资参考的范本。从所译成果的统计中可以看出,19 世纪末主要翻译英美法律,至 20 世纪初已转向翻译以罗马法系为渊源的日本法律。最终以罗

---

① (清)沈家本:《修订法律情形并请归并法部大理院会同办理折》,载故宫博物馆明清档案部编:《清末筹备立宪档案史料》(下册),中华书局 1979 年版,第 838 页。

② 《东方杂志》1909 年第 6 卷第 3 期。

马法系取代了英美法系,完成了中国近代法律体系的构建。

除译书外,沈家本还聘请外国法学家如日本的冈田朝太郎、松岗义正等,作为修律的顾问,参与起草法律。

沈家本在引进西方法律的同时,也认为"当此法治时代,若但征之今而不考之古,但推崇西法,而不探讨中法,则法学不全,又安能会而通之,以推行于世"。[①] 凡是"我法之不善者当去之,当去而不去是之为悖",[②]既要参酌西法,又"不戾乎我国历世相沿之礼教、民情",[③]只有如此,才能使新订之律"融会贯通,一无扞格"。[④] 他在总结贯彻通行中外修律宗旨的经验时说:"余奉命修律,参用西法,互证参稽,同异相伴,然不深究夫中律之本原,而考其得失,而遽以西法杂揉之,正如枘凿之不相入,安望其会通哉,是中律讲读之功,仍不可废也。"[⑤]

总括上述,晚清修律中西杂沓、新旧并存,既矛盾而又统一,成为一种新时代的法律文化的代表。但总体来说,晚清修律体现了近代中国由封建法制向资本主义法制过渡的历史趋势,所引进的西法对中国法制的近代化,起了重要的借鉴作用,新制定的一系列法律,可以说是中国法律近代化的重要开端,为民国以后北洋政府、国民党政府的立法建制,提供了前进的基础。在这一点上沈家本是获得了某种成功的。但是,沈家本修律的目的是适应西方列强的需要改良法制,改善清朝的统治,使它在四面环逼的革命冲击中,度过危机,在这一点上沈家本又是失败者,[⑥]清朝政府并没有因为沈家本的

① (清)沈家本:《历代刑法考·寄簃文存卷六·薛大司寇遗稿序》,邓经元、骈宇骞点校,中华书局1985年版,第2223页。

② (清)沈家本:《历代刑法考·寄簃文存卷六·裁判访问录序》,邓经元、骈宇骞点校,中华书局1985年版,第2236页。

③ (清)沈家本等:《奏进呈刑律分则草案折》,载《大清法规大全·法律部》卷十一,考正出版社1972年版,第1985页。

④ (清)沈家本:《历代刑法考·寄簃文存卷六·大清律例讲义序》,邓经元、骈宇骞点校,中华书局1985年版,第2233页。

⑤ (清)沈家本等:《奏请编定现行刑律以立推行新律基础折》,载故宫博物院明清档案部编:《清末筹备立宪档案史料》(下册),中华书局1979年版,第853~854页。

⑥ (清)沈家本:《进呈刑律分则草案折》,载《大清法规大全·法律部》卷十二,《法典草案·刑律》,考正出版社1972年版,第1985~1986页。

改良法制而得以续命。

(4)修律的成果

晚清修律是中国法律史上的一件大事,从此中国传统的封建法系解体了,仿照大陆法系的架构,建立了中国近代的法律体系。晚清修律的主要成果,不仅表现为制定了一系列新法,而且还由此引发了全国性的司法制度改革和新式的法律教育的实施。

在沈家本担任修订法律大臣期间,由他直接主持修订的法律主要有:

《大清现行刑律》,1908 年着手编定,1909 年奏进,1910 年颁布施行;

《刑事民事诉讼法》,1906 年奏进,由于部院督抚大臣反对,未施行;

《大清新刑律草案》,1907 年奏进,受到保守派反对,多次修改,1910 年颁行;

《法院编制法》,1907 年奏进,1909 年颁行;

《违警律草案》,1907 年奏进,1908 年颁行;

《大清商律草案》,1908 年着手制定,1909 年奏进;

《刑事诉讼律草案》和《民事诉讼律草案》,1910 年奏进;

《国籍条例》和《禁烟条例》,1909 年奏准颁行。

此外,沈家本还协助制定了其他新律。

总体来说,经过修律已经基本建立起“六法”的体系。

自李悝著《法经》形成的“诸法合体、民刑不分”的传统体例,经过晚清修律引进大陆法系以后,发生了历史性的变化。以六个主要部门法组成的中国近代法律体系开始建立。这是和参与修律的官员绝大多数接受过大陆法系的法学教育及其影响分不开的。主持修律的沈家本,就是按照大陆法系来改造中国传统的法律体系。他强调中国传统的法律体系不合“各国大同之良规,和近世最新之学说”,必须加以改变。他说:“窃维法律之损益,随乎时运之递迁,往昔律书体裁虽专属刑事,而军事、民事、商事以及诉讼等项错综其间。现在兵制即改,则军事已属陆军部之专责,民商及诉讼等律,钦遵明谕特别编纂,则刑律之大凡自应专注于刑事之一部。推诸穷通久变之理,实今昔之不宜相袭也。”①

沈家本不仅积极制定实体法,也十分重视制定程序法。他以刑事诉讼法为例,指出:“大致以刑法为体,以诉讼法为用;体不全,无以标立法之宗旨;用不备,无以收行法之实功。二者相因,不容偏废。”②经过沈家本等人的努力,晚清修律最主要的成果就是与大陆法系接轨,建立起“六法”的体系。

其一,刑法及相关法规。

①《大清现行刑律》

修订法律大臣沈家本认为“各法之中,尤以刑法为切要,乃先从事编辑”,因此,刑律的修订是清末修律的核心部分。

光绪三十四年(1908 年)正月二十九日,沈家本等在《拟请编定现行刑律以立推行新律基础》的奏折中,提出新刑律颁布之前先行修订现行刑律作为过渡,并根据“总目宜删除”“刑名宜厘正”“新章宜节取”“例文宜简易”的原则进行修改。

《现行刑律》于 1910 年 5 月完成,清廷遂即下谕:《现行刑律》经“朕详加批览,尚属妥协,著即刊刻成书,颁行京外,一律遵守”。③

《大清现行刑律》共分 30 门,律文 414 条,例文 1066 条,它是作为新刑律的过渡形态出现的。主要改订之处如下:

删除总目。根据“因时制宜之办法”,“应即仍照今律三十门分隶,而删除六律之名,以昭核实”。

厘正刑名。律例内笞、杖、徒、流、死、外遣、充军等刑名,“叠届变通,渐趋宽简,质言之即死刑、安置、工作、罚金四项而已……兹拟将律例内各项罪名,概从新章厘定,以免纷歧”。

节取新章。其为旧例所无的罪名,“如毁坏电杆,私铸银圆之类,择出纂为定例”。

删并例文。例是因时因事而制定的,“其中与现今情势未符者,或另定新章;例文已成虚设者;或系从前例无关引用者;或彼此互见

---

① (清)沈家本:《奏刑律分则草案告成由》,载《档、法、律例 80 号》。

② (清)沈家本等:《奏进呈诉讼法拟请先行试办折》,载《档、法、律例 80 号》。

③ 故宫博物院明清档案部编:《清末筹备立宪档案史料》(下册),中华书局 1979 年版,第 880 页。

小有出入者、不胜缕举”。因此须酌加删并,“务归简易”。[①]

为删除《大清律例》中各种酷刑,沈家本陈奏《删除律例内重法折》提出:“刑法之当改重为轻”,为“今日仁政之要务”,极应删除凌迟、枭首、戮尸等酷刑,代之以斩决、绞决、监候;同时,援引资本主义各国刑法所采取的“刑罚止及一身”的原则和“罪人不孥”的古训,奏请废除缘坐、刺字各条。“凡不知情者不得缘坐,应刺字者令收所习艺,按罪名轻重定以年限。”根据沈家本的奏折,《现行刑律》删除上述酷刑。

这份《删除律例内重法折》颇为人所称道。杨鸿烈说它“恺切披陈”了中国法律最落后、不合时宜的部分,“可算是对‘中国法系’加以改造的一篇大‘宣言’!”[②]

沈家本根据“宽严之用,必因乎其时……世轻世重,未容墨守成规”,奏请将戏杀、误杀、擅杀三项虚拟死罪,改为徒流。他说,“此数项罪犯,在各国仅处惩役禁锢之刑”,唐律“亦不概问死罪”。“中国现行律例不分戏、误、擅杀,皆照斗杀拟绞监候,秋审缓决一次,即准减流,其重者,缓决三次减流。盖虽名为绞罪,实与流罪无殊,不过虚拟死罪之名,多费秋审一番文牍而已。现当综核名实,并省繁重之际,与其空拟以绞徒事虚文,何如径改为流俾归简易?……拟请嗣后戏杀改为徒罪……误杀、擅杀……现律应拟绞候者,一律改为流罪……总期由重就轻,与各国无大悬绝。”[③]

此外,根据民刑有分的原则将《大清律例》中有关继承、分产、婚姻、典卖、田宅、钱债等纯属民事的法律另行分出,不再科刑,以示民刑区分。在刑制上采用罚金、徒、流、遣、死,取代原有的笞、杖、徒、流、死。凡与“新政”不相符合的条例,如禁民间出海、开矿等一概删除。同时,根据社会经济的变化,增设若干新的罪名,如毁坏电杆、毁坏铁路要件等。

总括上述,《现行刑律》,在体例上删除六部总目;在体系上区

---

① 故宫博物院明清档案部编:《清末筹备立宪档案史料》(下册),中华书局 1979 年版,第 853 页。

② 杨鸿烈:《中国法律思想史》,中国政法大学出版社 2004 年版,第 280 页。

③ (清)沈家本:《历代刑法考·寄簃文存卷一·奏虚拟死罪改为流徒折》,邓经元、骈宇骞点校,中华书局 1985 年版,第 2029 页。

分刑事和民事;在刑制上将笞、杖、徒、流、死以及发遣、充军等刑名,改为罚金、徒刑、流刑、遣刑和死刑五种。死刑只分斩绞两种,废除凌迟、枭首、戮尸、刺字、缘坐等酷刑。应该说这些改变只有在新的历史背景下才是可能的,尽管尚未触及封建刑法的实质。

②《大清刑律》

《大清刑律》又称《大清新刑律》,于1906年开始起草,历时六年,七易其稿,至1911年1月25日正式颁布。其五十三章四百二十一条,另附《暂行章程》五条。

新刑律在体例上分总则与分则,前者为全编之纲领,后者为各项之事例,根据“综覈同异,絜校短长”的原则,作了重大改革:

第一,“更定刑名”。

仿效西法,废除自隋开皇以来一直沿用的笞、杖、徒、流、死法定五刑,更定为主刑五等:死刑、无期徒刑、有期徒刑、拘役和罚金;从刑两种:褫夺公权和没收。

第二,“酌减死罪”。

删除了《大清律例》虚拟死罪的条款,并根据各国通例,酌情减少死罪之条。

第三,“死刑唯一”。

死刑仅用绞刑一种,于特定行刑场所秘密执行。只有谋反、大逆、谋杀祖父母等俱属罪大恶极,另辑“专例”,仍用斩刑。

第四,“删除比附”。

采用西方资产阶级刑法的罪刑法定原则,删除“因律无正条,而任其比附轻重偏畸,转使审判不能统一”的传统,规定律无正条者不予处罚。这是对封建罪刑擅权主义的否定,体现了资产阶级法治主义原则。

第五,“惩治教育”。

仿效西方刑法,“凡幼年犯罪,改用惩治处分,拘置场中”,进行感化教育,以尽“明刑弼教”之意,[1]规定“凡未满十二岁人之行为”

---

① (清)沈家本等:《奏进呈刑律草案折》,载《大清法规大全·法律部》卷十一,《法典草案一·诉讼法》,考正出版社1972年版,第1938~1939页。亦可参见上海商务印书馆编译所编纂:《大清新法令(1901-1911)》第一卷,商务印书馆2010年版,第461页。

和“精神病人之行为”，不为罪，得施以“感化教育”，或监护处分。

《新刑律》采纳西方近代刑法柱石的三大原则——罪刑法定、罪刑适应、人道主义。

罪刑法定主义的基本含义是法无明文规定者不为罪。这个原则最早体现在1215年英国《大宪章》第59条中。在中国，晋朝刘颂便提出了类似罪刑法定的思想，但是中国古代专制主义的国情，决定了罪刑法定思想不可能有长足的发展，而类推原则却在司法实践中根深蒂固，源远流长。晚清修律时沈家本主张采用“法无明文规定不为罪”的资产阶级刑法原则，反对比附断案。他说：“一切犯罪须有正条乃为成立，即刑律不准比附援引。”《大清新刑律》第十条明确规定：“法律无正条者，不问何种行为不为罪。”修订法律馆在说明此项规定的理由时特别表述如下：“本条所列之一切犯罪，须有正条，乃为成立。即刑律不准比附援引之大原则也。”

除此之外，在天赋人权学说的影响下，《大清新刑律》中还体现了前所未有的人权观，如禁革买卖人口与使用奴婢。沈家本在《禁革买卖人口变通旧例议》和《删除奴婢律例议》二文中，对《大清律例》所认可的人口买卖与蓄奴现象，进行了猛烈抨击，强调：“不知奴亦人也，岂容任意残害？生命固重，人格尤宜尊，正未可因仍故习，等人类于畜产也。”①又说：“现在欧美各无买卖人口之事，系用尊重人权之主义，其法实可采取。”②清廷采纳了沈家本的意见，在《大清新刑律》中删除旧律中的人口买卖与使用奴婢。又如，根据人权平等原则，沈家本向着传统旧律中八议的特权收赎，以及良贱同罪异罚的规定发起了攻击。他指出：“八议之条……实在可删之列，存之律中，徒滋疑惑而已。”③又说：“官员打死奴婢，仅予罚俸，旗人故杀奴婢，仅予枷号，较之宰杀牛马，拟罪反轻，亦殊非重视人

---

① （清）沈家本：《历代刑法考·寄簃文存卷一·删除奴婢律例议》，邓经元、骈宇骞点校，中华书局1985年版，第2046页。

② （清）沈家本：《历代刑法考·寄簃文存卷一·禁革买卖人口变通旧例议》，邓经元、骈宇骞点校，中华书局1985年版，第2046页。

③ （清）沈家本：《历代刑法考·明律目笺一·八议》，邓经元、骈宇骞点校，中华书局1985年版，第1791页。

命之义。"[①]经过充分的舆论准备,沈家本终于在他主持修订的《大清新刑律》中,取消了行之已久的"八议"和良贱法律上公开的不平等。再如,沈家本主张旗民犯法一体同科,反对《大清律例》中旗人犯法不归一般司法机关审理,如须处刑,则依例享有"减等""换刑"之权。他在《旗人遣军流徒各罪照民人实行发配折》中提出:"窃维为政之道,首在立法以典民。法不一,则民志疑……法一,则民志自靖……嗣后旗人犯遣军流徒各罪,照民人一体同科,实行发配。现行律例折枷各条,概行删除,以昭统一而化畛域。"[②]稍后,沈家本又上《变通旗民交产旧制折》,反对为保护旗人的经济基础而禁止旗民交产,认为"旗民不准交产,亦显分畛域之一端……嗣后旗人房地准与民人互相买卖"。在《新刑律》中禁旗民交产之法废除,旗人词讼案件,统归各级审判厅审理。

沈家本的人权观也体现在改良监狱上,他从"刑罚与监狱相为表里"的认识出发,在修订新刑律的同时,也把改良监狱提上议事日程。他在《监狱访问录序》一文中,着重阐明了"设狱之宗旨,非以苦人辱人,将以感化人也",不能将"感化之地变而为苦辱之场"。[③]他在《实行改良监狱注意四事折》中,提出改建新式监狱,博采各国新规编定监狱章程,以感化人为设狱的宗旨,反对严酷的威吓主义,对少年犯改用惩治处分等。此后,刑部议准《各省通设罪犯习艺所章程》,以此为"安插军流徒第一良法"。

作为沈家本法律思想闪光部分的人权观,在他主持修订的法律中基本得到体现。但在民律草案中只采用了通用的诚实与信用原则,而没有采用平等原则,这不是一时的疏忽,而是在现实生活中还存在不平等的社会关系所致。

除此之外,《大清新刑律》总则中关于时间效力和空间效力,刑

① (清)沈家本:《历代刑法考·寄簃文存卷一·禁革买卖人口变通旧例议》,邓经元、骈宇骞点校,中华书局1985年版,第2039页。

② (清)沈家本:《历代刑法考·寄簃文存卷一·旗人遣军流徒各罪照民人实行发配折》,邓经元、骈宇骞点校,中华书局1985年版,第2032~2033页。

③ (清)沈家本:《历代刑法考·寄簃文存卷六·监狱访问录》,邓经元、骈宇骞点校,中华书局1985年版,第2237页。

事责任年龄与刑事责任能力，正当防卫与紧急避险；未遂、累犯、共犯；主刑与从刑；提起公诉权和行刑权的时效以及时效的中断；对于数罪俱发，采用“限制加重主义”；对能改过自新的罪犯，采用“缓刑”或“假释”等，均是近代资产阶级刑法的原理和原则的体现。

《大清新刑律》基于社会性质与国情的变化以及经济的迅速发展，出现了一系列新的罪名，如内乱罪、外患罪、妨害国交罪、妨害选举罪、妨害秩序罪、伪造货币罪、妨害卫生罪。

1907年10月3日，沈家本奏《刑律草案告成分期缮单呈览并陈修订大旨折》以后，清廷便将刑律草案交各部院及各省督抚签注意见。批评之声由此迭起，尤其是军机大臣兼掌学部的张之洞，对刑律草案进行全面批驳。基于张之洞的意见，学部请求：将“新律草案与旧有律例逐条比较，其无伤礼教只关罪名轻重者，斟酌至当，择善而从；其有关伦纪之处，应全行改正。总以按切时势而仍不背于礼教为主……庶几收变法之益，而不贻变法之害”。①

由于一些地方督抚及部院大臣的反对，最终导致清廷于宣统元年（1909年）正月二十七日发布《修改新刑律不可变革义关伦常各条谕》，其中强调“凡我旧律义关伦常诸条，不可率行变革，庶以维天理民彝于不敝，该大臣务本此意，以为修改宗旨，是为至要”。②

宣统二年（1910年）十月初四日，宪政编查馆将《修正刑律草案》核议完毕，改名《大清新刑律》，由宪政编查馆大臣奕劻署名，上奏朝廷。

经过修改的新刑律草案，仍然受到礼教派的攻击。大学堂总监督刘廷琛指责新刑律“其不合吾国礼俗者，不胜枚举。而最悖谬者，莫如子孙违反教令及无夫奸不加罪数条”。“礼教可废则新律可行，礼教不可废则新律必不可尽行。”③而反对新刑律最具代表性的是江宁提学使劳乃宣。他针对沈家本《修正刑律草案》按语中的观

---

① 刘锦藻：《清朝续文献通考·刑考六》，商务印书馆1955年版，第9920页。

② 《修改新刑律不可变革义关伦常各条谕》，载故宫博物院明清档案部编：《清末筹备立宪档案史料》（下册），中华书局1979年版，第858页。

③ 《大学堂总督刘廷琛奏新刑律不合礼教条文请严饬删尽折》，载故宫博物院明清档案部编：《清末筹备立宪档案史料》（下册），中华书局1979年版，第888页。

点进行批评,主要是旧律中凡属"亲亲也""尊尊也""长长也""男女有别"等义关伦常诸条,均为"不可变革者"。凡是"干名犯义""犯罪存留养亲""亲属相奸""亲属相盗""亲属相殴""亲属相为容隐""故杀子孙""杀有服卑幼""妻殴夫""夫殴妻""无夫奸""子孙违教令"等一系列条款,"应逐一修入刑律正文"。他攻击沈家本"专摹外国不以伦常为重者,特钮于一时之偏见","不可不亟图补救"。为了制造声势,他将着意撰写的《修正刑律草案说帖》,遍示京内外。

针对劳乃宣攻击最力的"无夫奸"和"子孙违反教令"两条,沈家本强调"此事有关风化,当于教育上别筹办法,不必编入刑律之中"。参与刑律草案起草的日本法学家冈田朝太郎,也对此发表意见说,和奸罪入律"不合法理,及实地上之不便如此之故,人亦非不知之也。而何以主张增入和奸罪之多也,无他,中国重视伦常风化,复惑于处罚和奸,即可以维护伦常风化之空论。于是,明知为无益具文,仍哓哓置辩不已。推原其故,亦不明礼教法律之界限,且欲藉此博旧社会之虚名耳。况违反伦常,侵害社会之行为,苟为刑罚效力所不及,其适用必至困难。人民若知法律为有名无实之具,则刑律之威信扫地,必至因此无益之条项,而蔑视全体之法则。故增和奸之具文,其弊犹小;失刑律全体之威信,其弊何可胜言耶。东西各国,亦认和奸为宗教上道德上之罪恶,且进而认为妨害社会之罪恶,原与中国无异。然其刑律中,概无和奸罪之规定者,岂偶然哉?泥于礼教,不明法理,其法决非完全之法。矧以资政院为中国立法机关,一言一字,皆为世界各国所注视。苟因此无益之问题,致贻笑柄于环球法学界中,是岂仅资政院之耻耶"。[①]

关于"子孙违犯教令"如何制裁,针对劳乃宣增设"凡直系尊亲属正当之教令而故违者处拘役"的提案,冈田朝太郎批驳说:"查现行律,凡子孙违犯父母、祖父母、杖一百。小注谓:教令可以而故违者,祖父母、父母亲告,乃坐。按新律删去此条之理有四:律文所用教令字样范围过广,不能辨识入于罪之行为与出于罪之行为,是其

---

① 《冈田博士论刑律不宜增入和奸罪之罚则》。转引自李贵连:《沈家本传》,法律出版社2000年版,第327页。

一;祖父母、父母教令权限未经明定,若其所命教令彼此不一致时,不能判断子孙之有无犯罪,是其二;若将一切违犯教令之行为科以刑罚,是逾越法刑范围而侵入伦常范围者,若斟酌取舍或罚或不罚,殆将刑律视为具文,理论与实地两未合宜,是其三;祖父母、父母在民法上分别享有亲权以及惩戒权,于其权内本可督责子孙之行为,无须用刑事之制裁,是其四。""总之,祖父母、父母于伦常有教令之力,于人道有慈爱之情,于法律有惩戒之权,不藉刑律之威力也。"①

当时修订法律馆中杨度撰写的《论国家主义与家族主义之区别》、吴廷燮撰写的《用旧说议律辩》二文,也阐发了新刑律的根据,驳斥守旧派的攻击。杨度还在宣统二年(1910 年)九月,资政院正式开会审查《大清新刑律》时,莅会阐明《大清新刑律》的宗旨和实行国家主义取代家族主义的理由。

宣统二年(1911 年)十二月二十五日,清廷下谕:"新刑律尤为宪政重要之端……事关筹备年限,实属不可缓行,著将新刑律总则、分则暨《暂行章程》,先为颁布,以备实行。"②

《暂行章程》共五条,是根据礼教派的坚决要求而增加的,它突显了以重刑惩治纲常伦理犯罪,否定了刑律正文中所确认的某些资产阶级刑法原则。但对礼教派的观点采取暂行章程的形式处理,也反映了礼教派与法理派相互妥协与力量对比上的某种均势。《暂行章程》主要内容如下:凡危害皇帝乘舆车驾者、内乱罪、外患罪,以及杀伤尊亲属须处以死刑者,仍用"斩"刑;凡损坏、遗弃、盗取尸体,发掘尊亲属坟墓等罪,"应处二等徒刑以上者,得因其情节仍处死刑";凡犯强盗罪者,也可"因其情节仍处死刑";与无夫妇女通奸者,双方各处五等有期徒刑、拘役、或一百元以下罚金;"对尊亲属有犯,不得适用正当防卫之例"。

因修订刑律而引发的礼法之争,在当时的历史背景下,几乎是不可避免的,实质上是中西法律文化的冲突的具体反映。如同当时

① [日]冈田朝太郎:《论〈大清新刑律〉重视礼教》,载《法学会杂志》第 1 卷第 1 期。

② 故宫博物院明清档案部编:《清末筹备立宪档案史料》(下册),中华书局 1979 年版,第 891 页。

的《法政浅说报》所言,“新刑律为采取世界最新之学理,与我国旧律统系及所持主义不同,故为我国‘礼教派’所反对”。[①]

以沈家本为首的法理派,在西方资产阶级刑法学说的指导下,以个人为本位,以国家主义为号召,以模范列强为宗旨,力图通过修订刑律与西方国家的刑律“无大悬绝”,借以收回治外法权。19世纪60年代以来,爱国的官僚士大夫,一直以收回治外法权作为救亡图存、图强的目标之一。沈家本相信中国改订律例,可使西方国家放弃领事裁判权,因此,力图按照西方国家法律的模式修订中国的法律。他说:“方今改定商约,英美日葡四国均允中国修订法律,首先收回治外法权,实变法自强之枢纽。”[②]为此他积极“参酌各国刑法,以冀收回治外法权”。[③] 这可以说是法理派修订刑律的真实动力,由此不难理解,对于旧律中反映封建纲常伦理精神的、不符合资产阶级刑法学说的一些条款概从刑律草案中删除,只是在礼教派劳乃宣等人的坚持下,违心地保留了“犯奸”条。

由于法理派在修律的具体实践中,几乎把心力贯注在移植西法上,因而出现了简单的拿来主义的倾向,其结果恰恰是使新订的刑律草案带有某种超前性。如果说制定民商法时沈家本曾经组织对各地民商习惯进行调查,那么在制定刑律的过程中,沈家本忽视了中国近代变动中的经济结构所形成的现实基础以及社会关系的实情与法律的依从关系。

以张之洞、劳乃宣为首的礼教派,虽然身在20世纪初期,但观点却停留在引礼入法、礼法结合上。他们所坚持的不是中国传统法文化中民主性的因素,而恰恰是三纲五常之类的糟粕,实际并没有跳出中体西用的窠臼。无论是法理派还是礼教派都不可能科学地认识西法和国情的关系。法理派“以法治国”的主观努力是不彻底的;礼教派维护祖宗之法的拚杀,终究要被时代所淘汰,但他们都留

---

① 《法政浅说报》1911年第11期。

② (清)沈家本:《历代刑法考・寄簃文存卷一・删除律例内重法折》,邓经元、骈宇骞点校,中华书局1985年版,第2024页。

③ (清)沈家本:《历代刑法考・寄簃文存卷一・奏虚拟死罪改为流徒折》,邓经元、骈宇骞点校,中华书局1985年版,第2028页。

给后人一个继续思考与探索的课题。

除新刑律外，与刑法典相关的有民政部会同法律馆制定的《违警律》，于1908年施行，该律十章四十五条，是我国第一部单行治安法规。此外，还有《私铸银元伪造纸币治罪》《伪造邮票并冒用旧票等治罪章程》《伪造外国银币治罪专条》《贩卖吗啡等治罪专条》等。

其二，民法与相关法律。

19世纪末20世纪初，资本主义性质的民族工商企业，已经在社会经济生活中占有一定的比重。由此而形成的复杂的财产关系，已经不是原有的民法渊源所能调整的。随着西方法文化的输入和中国人法观念的更新，仿大陆法系制定独立的民法典，逐渐提上了议事日程。

光绪三十三年（1907年）五月，民政部大臣善耆奏请速定民律："查东西各国法律，有公法私法之分。公法者，定国家与人民之关系，即刑法之类是也。私法者，定人民与人民之关系，即民法之类是也。二者相因，不可偏废……民法所以防争伪于未然之先，治忽所关，尤为切要。各国民法编制各殊，而要旨闳纲，大略相似。举其荦荦大者，如物权法定财产之主权，债权法坚交际之信义，亲族法明伦类之关系，相续法杜继承之纷争，靡不缕晰条分，著为定律。临事有率由之准，判决无疑似之文，政通民和，职由于此。中国律例，民刑不分，而民法之称，见于尚书孔传。历代律文，户婚诸条，实近民法，然皆缺焉不完……窃以为推行民政，澈究本原，尤必速定民律，而后良法美意，乃得以挈领提纲，不至无所措手。拟请饬下修律大臣斟酌中土人情政俗，参照各国政法，厘定民律。会同臣部奏准颁行，实为图治之要。"①

这个奏折论证了速定民法的理由，介绍了西方各国民法的大略，展示了民法的调整对象，也初步规划了制定民律的步骤，因此圣旨批准："如所议行。"②

光绪三十三年（1907年）五月初一日，大理院正卿张仁黼在《奏

---

① （清）朱寿朋编：《光绪朝东华录》，中华书局1958年版，第5682～5683页。

② 同上书，第5683页。

修订法律请派大臣会订折》中,从法律性质不可不辨的角度,论证了制定民法的重要性。他说:“中国法律,惟刑法一种,而户婚、田土事项,亦列入刑法之中,是法律既不完备,而刑法与民法不分,尤为外人所指摘。故修订法律,必以研究法律性质之区别为第一义。”[①]他认为民法是调整“人与人之关系”,属“私法”范畴,而刑法属“公法”范畴,二者不能混为一编。他提出制定民法“为刑措之原”。他说:“小民争端多起于轻微细故,于此而得其平,则争端可息,不致酿为刑事。现今各国皆注重民法,谓民法之范围愈大,则刑法之范围愈小,良有以也。”[②]他强调“一国之法律,必合乎一国之民情风俗”,并举日本民法为例说:“民法五编,除物权、债权、财产三编,采用西国私法之规定外,其亲族、相续二编,皆从本国旧俗。”因此,修定新法“必以保全国粹为重,而后参以各国之法,补其不足。此则以中国法系为主,而辅之以罗马、日耳曼诸法系之宗旨也”。[③]

光绪三十三年(1907 年)七月二十六日,张之洞在《遵旨核议新编刑事民事诉讼法折》中,也阐述了编定独立民法的主张。他说:“民法一项,尤为法律主要,与刑法并行。盖东西诸国法律,皆分类编定,中国合各项法律为一编,是以参伍错综,委曲繁重。今日修改法律,自应博采东西诸国律法。详加参酌,从速厘订,而仍求合于国家政教大纲,方为妥善办法。”[④]

九月初五日,宪政编查馆大臣奕劻等在《奏议覆修订法律办法折》中,提出:“拟请仿照各国办法,除刑法一门……不日告成外,应以编纂民法、商法、民事诉讼法、刑事诉讼法诸法典及附属法为主,以三年为限,所有上列各项草案,一律告成。”[⑤]

同年十月,修订法律大臣沈家本,为了完成三年内制定民法、商

---

① 故宫博物院明清档案部编:《清末筹备立宪档案史料》(下册),中华书局 1979 年版,第 835 页。

② 同上书,第 836 页。

③ 同上书,第 834 ~ 835 页。

④ 李贵连:《沈家本年谱长编》,山东人民出版社 2010 年版,第 168 页。

⑤ 故宫博物院明清档案部编:《清末筹备立宪档案史料》(下册),中华书局 1979 年版,第 850 页。

法、民事诉讼法、刑事诉讼法的任务，奏请："一面广购各国最新法典及参考各书，多致译材，分任翻译；一面派员确查各国现行法制，并不惜重赀，延聘外国法律专家，随时谘问，调查明澈，再体察中国情形，斟酌编辑，方能融会贯通，一无扞格。"①

同年十一月，沈家本鉴于"民商各法，意在区别凡人之权利义务，而尽纳于轨物之中，本末洪纤，条理至密，非如昔之言立法者，仅设禁以防民，其事尚简也"。因此，于修订法律馆"开馆之初，公同商酌，拟设二科，分任民律、商律、刑事诉讼律、民事诉讼律之调查起草"，②从而表明修订法律馆的主要工作方向。由于修订法律馆"广罗英彦"，不仅调进江庸、王宠惠、丁士源、陈策、朱献文等留学各国的优秀人才，而且聘请了日本法律专家担任顾问，或充当起草人，使修订法律馆不仅完成了修订民律草案的工作，而且成为当时中国民法的研究中心。

除清廷官僚力主制定民法外，社会舆论也广为呼应。光绪三十二年(1906 年)，《时报》发表《论改良法律所应注意之事》一文，提出："我国自昔所谓法律，不过听君主之意旨，为官吏所把持，其于法律之意义，本不完全，是直不可以言法律……故今日之立法，非沿袭也，实创制也。""然大别之，实民法、刑法两项，其余皆从此而生，而法律之精神，实亦即寄于此。"在专制制度下，"人民与人民之交涉，视之殆无足轻重。自民法独立，别与刑法分驰，然后人民之权利，日益尊重"。不仅如此，该文还就立法修律"宜有次第"，阐明了民法与宪法、商法、民诉法的立法次序问题："然民法又原于宪法，宪法未立，又几无民法之可言。故必次第分明，然后下手不至错乱，得收相维之益。""今者民法未立，而商法先颁，民事刑事诉讼法又继出焉"，"本末倒置……不可不首先注意者也"。③

经过朝野吁请，编纂民法典被列入修律计划。1908 年 11 月，修订法律馆聘请日本法学家志田钾太郎和松冈义正为顾问，起草民法

① (清)朱寿朋编：《光绪朝东华录》，中华书局 1958 年版，第 5766 页。

② 同上书，第 5803 页。

③ 《东方杂志》1906 年第 3 卷第 12 期。

总则、债权、物权三编。1909年3月又将民法中的亲属编、继承编交由章宗元、朱献文、陈萧等人会同礼学馆起草。1911年《大清民律草案》完成,然而未及颁行,清朝已覆亡,史称“第一次民律草案”,简称“民律一草”。

民律一草前三编主要以日本明治二十九年(1896年)民法为蓝本,同时,参考了德国和瑞士的民法。后二编虽然杂有封建民法的因素,但基本上采纳了近代民法的有关原则。民律一草以最先进的Pendekten体系为模式,所以起点颇高,如同修订法律大臣俞廉三、刘若曾在《民律前三编草案告成奏折》中所说,“大清民律草案,注重世界最普通之法则,原本后出最精确之法理,求最适合于中国民情之法,期于改进上最有利益之法”。

所谓“注重世界最普通之法则”,其前提是对于当今世界已经成为开放的、“无一非商战之场”的认识。在这个世界上华洋之间“一遇相互之诉讼,彼执大同之成规,我守拘墟之旧习,利害相去,不可以道里计”,所以要在有关买卖契约、利率、时效等方面,采取世界公认的法律,“以均彼我,而保公平”。

所谓“原本后出最精确之法理”,由于“各国法律愈后出者”,愈能体现最新的学术成就、最新的学说和最新的经验,也“最为世人注目”。因此,中国制定民律,只有取法乎上才可以保证通行无碍。民律一草中有关“法人及土地债务”等规定,便采取最新的法理,“义取规随,自殊剽袭”。

所谓“求最适合于中国民情之法”,由于各国民情风俗不同,所以民事立法不能强令一致。“凡亲属、婚姻、继承等事除与立宪相背,酌量变通外,或本诸经义,或参诸道德,或取诸现行法制,务期整饬风纪,以维持数千年民彝于不敝。”可见,民律一草是固有民法与西方民法初步整合的产物。

所谓“期于改进上最有利益之法”,是根据“匡时救弊,贵在转移,拘古牵文,无裨治理”的认识,民律草案特设债权、物权“庶几循序渐进,冀收一道同风之益”。

民律草案在内容上值得提出的:

第一,实行诚实与信用原则,规定“行使权利履行义务依诚实及信用方法”。

第二,关于权利能力,第二章第四条规定:“人于法令限制内得享受权利或承担义务。”在这里,第一次用法律的形式规定了人在法律范围内权利与义务的统一。第五条规定,“权利能力于出生完成时为始”,体现了民事权利能力的形式平等。

第三,关于行为能力,采用日本、瑞士民法以“满二十岁为成年人”,具有完全行为能力,改变了旧律中以丁年为成年的含混规定。但以妻为限制行为能力人,“不属于日常家事之行为须经夫允许”。

第四,关于责任能力,凡“因故意或过失而侵害他人之权利者,于侵权行为须负责任”。但未满 7 岁,或心神丧失者不负侵权行为之责任。

第五,规定中国前所未有的法人制度,凡“社团及财团得依本律及其他法律成为法人”。“法人于法令限制内享受权利担负义务之能力。”对于有经济目的的社团法人的成立,无须经主管衙门的允许,以示民法对推动经济发展的重视。

第六,明确“物”不仅具有自然属性,还必须是能为人们所控制,具有经济、文化、科学价值,如土地、森林、河流、矿产、机器。自唐以来律比畜产的奴婢已不再被视为民法上的物,这是历史性的进步。

第七,保护所有权人的私有财产及土地所有权人的权利。

第八,对债权人的权利作出较详尽的规定,而对债务人的合法利益却没有保护性的条款。

第九,仿德国民法设“不动产质权”,不设典权,脱离了中国社会的实际。

第十,在亲属编中采取家属主义,仍贯穿宗法精神。

第十一,在婚姻关系上实行同姓不婚以及结婚须由父母允许等封建性规定。夫妻共同财产及妻之财产,丈夫有管理、使用、收益之权。

第十二,继续实行宗祧继承制度。

以上可见,民律一草采取资本主义民法的形式与原则,但在亲属、继承编中,表现了传统礼制的影响。在整合中国固有民法与西方民法的过程中,打破了民刑不分的旧律结构,开始和近代资本主义民法接轨,成为中国民法发展史上的重要里程碑。民律一草虽然没有实施,但它却为继起的民国政府制定民法典提供了重要的基础,而且民律制定的过程,也使人们在法观念上受到了良好的启蒙。在封建时代人们缺乏用法律来维护私权的观念,通过制定民律,为广大民众上了生动而又有效的一课。

修订法律馆起草民法的过程,为了立足本土,从国情实际出发,曾经制定了《通行调查民事习惯章程文》十条,分送各省、区,进行了有组织、有目的、有要求的调查工作,为起草民律草案提供了重要的资料。由于清朝统治下的中国是一个政治、经济、文化发展不平衡的大国,因此流行于各地的民事习惯千差万别,多种多样,其中多数与清朝的法律规定相一致,但也有些与法律的规定相悖,甚至带有封建落后性。因此,对调查来的习惯资料如何取舍,是一个复杂艰巨的问题。如果能将引进的西方民法与民间的某些良好习惯相结合,无疑会提高民律草案的价值和实用性。可惜民律起草者过分注意与西方民法的求同,对于调查来的大量民事习惯未能认真地甄别采纳,尤其是在财产法上,完全置民间流行已久的习惯和法律关系于不顾。曾任北洋政府司法总长、法学家江庸提出,《大清民律草案》必须修的理由之一就是:“前案多继受外国法,于本国固有法源,未甚措意。如《民法债权篇》于通行之‘会’,《物权篇》于‘老佃’、‘典’、‘先买’,《商法》于‘铺底’等全无规定,而此等法典之得失,于社会经济消长盈虚,影响极巨,未可置之不顾。”①民国十二年(1923年)杨元洁在为《中国民事习惯大全》所作的“序”中,也指出:“溯自前清变法之初,醉心欧化,步武东瀛,所纂民律草案大半因袭德日,于我国固有的民事习惯考证未详,十余年来不能施行适用。”②从而表现了“求最适于中国民情之法”的原则,未能全面落实。

---

① 谢振民:《中华民国立法史》,正中书局1937年版,第903~904页。

② 胡旭晟、夏新华、李交发点校:《民事习惯调查报告录》,中国政法大学出版社2001年版,第11页。

晚清修律还颁行了与民法相关的民事特别法规，如《票据法》《公司例》《商人通例》。

1908 年 9 月，宪政编查馆延聘日本法学家志田钾太郎起草《票据法》，1911 年完成草案。该草案根据海牙统一票据规则，并参酌德国和日本的票据法，共分三编十三章九十四条，史称《志田案》。

1904 年 1 月，清廷令伍廷芳等人制定《公司例》一百三十一条，这可以说是中国公司制度法律化之嚆矢，体现了晚清政府"慎重商政、力图振兴之至意"。① 与此同时颁行的还有《商人通例》九条和《破产律》等。

特别值得提出的是，宣统二年（1910 年）聘请日本法学家，起草了《著作权律》，共五章五十四条。其第一章为通例，第二章为权利期限，第三章为呈报义务，第四章为权利限制，第五章为附则。

《著作权律》明确了著作权的概念："凡称著作物而专有重制之利益者，曰著作权。"至于著作物的范围则包括文艺、图画、帖本、照片、雕刻、模型等。凡著作物归民政部注册给照，受法律保护。著作权归著作者终身有之，身故后，其承继人可继续至 30 年。凡经呈报注册给照之著作，他人不得翻印、仿制、假冒，以侵损其著作权，违者，准有著作权者，向该管衙门呈诉，由审判机关责令处以罚金，赔偿损失。晚清《著作权律》来源英美资本主义国家的相关法律，是中国传统旧律中所没有的，虽然未及施行，但为以后立法提供了重要的基础。

其三，民事诉讼法与相关法规。

在清政府统治下，国家缺乏集中的诉讼法，以致在日益增多的华洋争讼中处于被动状态，而且"外人以我审判与彼不同，时存歧视"，"每因寻常争讼细故，酿成交涉问题"。因此，必须"变通诉讼之法"，②改革"诉讼断狱附见刑律"的旧律结构。同时，鉴于审判实践中"民事、刑事性质各异，虽同一法庭，而办法要宜有区别"。③ 西

---

① （清）朱寿朋编：《光绪朝东华录》，中华书局 1958 年版，第 5132 页。

② （清）沈家本等：《奏进呈诉讼法拟请先行试办折》，载《大清法规大全 · 法律部》卷十一，《法典草案一 · 诉讼法》，考正出版社 1972 年版，第 1907 页。

③ 同上。

方国家民事刑事诉讼法各辑专书,因而在审判实践中收到了良好的效果,所谓“断弊之制,秩序井然,平理之功,如执符契”,易使各国侨民“归其钤束”。为此沈家本奏请在编定诉讼法时,应该“分别刑事、民事”。①

1906 年 4 月 15 日,在沈家本主持下编成《刑事民事诉讼法》,奏请试行。这是中国第一次在立法中区分实体法和诉讼法。此草案由于吸收了西方国家的陪审制度和律师制度,尽管沈家本强调采用这两个制度,可以弥补司法官知识之不足,防止“贿纵曲庇,任情判断”,做到“裁判悉秉公理,轻重胥协舆评”,是“挽回法权最要之端”。② 但是,各省督抚却依然表示该法与中国现实情况不符,不便执行,请求再行复议,该法遂被搁置。

从 1907 年起,沈家本等人再次开始分别起草刑事与民事诉讼律,1911 年 1 月 27 日,完成大清民事诉讼律草案,提交审议。在《修订法律大臣沈家本等奏民事诉讼律草案编纂告竣缮册呈览折》中,从“保护私权,实关重要”的角度提出:“东西各国法制虽殊,然于人民私权秩序维持至周。既有民律以立其基,更有民事诉讼律以达其用,是以专断之弊绝,而明见之效彰。中国民刑不分由来已久,刑事诉讼虽无专书,然其规程尚互见于刑律,独至民事诉讼因无整齐划一之规,易为百弊丛生之府。若不速定专律,曲防事制,政本讼理未必可期,司法前途不无障碍。臣等从事编纂,博访周资,考列国之成规,采最新之学理,复斟酌中国民俗,逐一研求……谨缮成册恭呈御览。”

大清民事诉讼律草案主要仿自日本和德国的民事诉讼法而成,共四编二十二章八百条,依次为审判衙门、当事人、通常诉讼程序、特别诉讼程序。由于清廷覆亡,未及施行。这部草案内容比较详备,而且采用了近代西方国家民事诉讼通用的“当事人本人主义”、法院不干涉及辩论等原则,表现了对私权的重视。

---

① (清)沈家本等:《奏进呈诉讼法拟请先行试办折》,载《大清法规大全 · 法律部》卷十一,《法典草案一 · 诉讼法》,考正出版社 1972 年版,第 1907 页。

② 伍廷芳等:《大清新编法典》,文海出版社 1987 年版,第 43 页。

《民事诉讼律草案》与清朝旧律中的民事诉讼部分，是截然不同的，这是一部独立的民事诉讼法，是中国立法史上的创举，它标志着中国民事诉讼法近代化的开端。民国时期曾经宣布部分援用该草案，并且经过修正，编成《修正民事诉讼律》三十四编八百条，一直沿用到 1935 年南京国民政府颁行《民事诉讼法》为止。

此外，还颁行了与民事诉讼法相关的《状纸通行格式章程》等法规。

其四，刑事诉讼法与相关法规。

宣统二年十二月二十四日（1911 年 1 月 24 日），沈家本、俞廉三将修成的《大清刑事诉讼律草案》奏呈清廷时，便陈述说：

窃臣等于上年 11 月间奏臣馆筹办事宜折内，曾声明民律、商律、刑事民事诉讼律，俟成书后，次第奏进等因在案。查诸律中，以刑事诉讼律尤为切要。西人有言曰：刑律不善，不足以害良民；刑事诉讼律不备，即良民亦罹其害。盖刑律为体，而刑诉为用，二者相为维系，固不容偏废也。中国第有刑律，而刑事诉讼律向无专名，然其规程，律文中不少概见。李悝《法经》有囚法、捕法；《唐律疏议》谓囚法即断狱律，捕法即捕亡律，此即刑诉之权舆。汉魏以降，篇目迭更，亦暨宋明，代有修改。其中如告劾、传复、系囚、鞠狱、讨捕、斗讼诸律，规定綦详。我朝《钦定大清律例》，亦列诉讼、断狱、捕亡等目，是中国未尝无刑事诉讼律，特散见于刑律之中，未特设专律耳。臣等受命以来，昕夕督率馆员，或司译述，或事编纂，兹拟定《刑事诉讼律》六编，都五百一十五条。仅将修订大旨，为我皇上缕晰陈之：

一曰诉讼用告劾程式。告劾式者，以当事人为诉讼主体，凡诉追由当事人行之，所谓不告不理是也。

二曰检察提起公诉。公诉即实行刑罚权以维持国家之公安者也，故提起之权，应专属于代表国家之检察官。

三曰摘发真实。其义有三。一为自由心证。一为直接审理。一为言辞辩论。

四曰原被告待遇同等。同等云者，非地位相同，指诉讼中关于攻击防御俾以同等便利而言。

五曰审判公开。此本为宪政国之第一要件,盖公开法庭,许无关系之人傍听,具瞻所在,直道自彰,并可杜吏员营私骫法诸弊。

六曰当事人无处分权。刑事诉讼乃依公法上请求权,请求国家科刑权之适用者,其权固属国家,虽检察官不得随意处分,被告更不待言。

七曰用干涉主义。审判官因断定其罪之有无,应干涉调查一切必要事宜,而不为当事人之辩论所拘束。

八曰三审制度。不服第一审,可以提起控告而请求第二审之审判;不服第二审,可以提起上控而请求第三审是也。

以上数端,均系各国通例,足以补我之所未备,敬谨甄择,分列各章。……所有进呈《大清刑事诉讼律草案》缘由,谨恭折具陈。伏乞皇上圣鉴。谨奏。①

《大清刑事诉讼律草案》共六编五百一十五条。就法源而言,远法德国,近取日本,是以日本1890年刑诉法为蓝本,并经日本法学家冈田朝太郎的协助完成的,是一部较为单纯的移植来的刑诉法典,也是程序法典化最重要的成果。它与传统旧律中的诉讼、断狱有着根本的区别,所以它的制定标志着中国古代重实体、轻程序的传统的终结。由于这部草案引进了西方近代的一系列诉讼原则和制度,如民刑分理、审判公开、原被告诉讼地位对等、陪审与辩护制度,说明它与世界先进的刑事诉讼法开始接轨,是中国刑事诉讼法走向近代化的重要开端,具有鲜明的时代性、进步性和可用性。虽然清亡在即,未获颁行,但在1912年5月9日民国的司法部令中,明确宣布部分援用该草案,②直至1922年北洋政府颁行新的《刑事诉讼条例》时为止,从而表现了《大清刑事诉讼律草案》在中国近代刑诉法发展史上的地位和价值。

1910年还制定了由日本监狱学家小河滋次郎起草的《大清监

---

① 李贵连:《沈家本年谱长编》,山东人民出版社2010年版,第367~370页。

② 参见《中华民国政府公报第十九号》转载,载存萃学社编集:《辛亥革命资料汇辑》(第五册),大东图书公司1980年版,第148~157页。

狱律》(草案),分为总则与分则两部分,共十四章二百四十一条,是近代西方国家监狱立法的总体移植。

此外,还制定了与刑诉法相关的法规,如《议恤相验条》《大理院稽察票传人证出入章程》《状纸通行格式章程》等。

其五,《法院编制法》。

沈家本从“审判官制诸多未备,非特辑专例,不足统一事权”的认识出发,组织修订法律馆人员,以日本《裁判所构成法》为蓝本,“考古今之沿革,订中外之异同”,起草《法院编制法》,力求实现政刑分离,司法独立。为此沈家本借古喻今说:“成周时政官与刑官职守便不相侵,故能各尽所长,政平讼理,风俗休美。”“近日欧洲制度,政刑分离颇与周官相合。”[①]同时,还针对一些守旧官僚借口清朝行政《会典》已极详尽,无须再制定法院编制法的论调,着重阐述了清朝《会典》虽然“至详”,但它是“以行政而兼司法,揆诸今制,稍有未符”,不足以“统一事权”。他还从实施宪政的角度论证了司法独立的重要性,指出“东西各国宪政之萌芽,俱本于司法之独立”,[②]因此“宪法精理以裁判独立为要义”,“司法独立,为异日宪政之始基”。[③] 经过沈本的努力,于宣统二年(1910 年 2 月 7 日)颁行《法院编制法》。

《法院编制法》共十六章,一百六十四条。它规定了审判衙门分为初级、地方、高等审判厅和大理院四级,实行四级三审制。各审判厅分别采用独任制或合议制;实行了辩护、陪审、回避、公开审判以及复判等西方国家的审判制度。“凡机体之设备,审级之制度,官吏之职掌,一一赅载。”同时,分设初级、地方、高等检察厅与总检察厅负责对刑事案件实行搜查处分、提起公诉、实行公诉,并监督判决之执行。为了保证审判独立,《法院编制法》具体规定:“其属于最高审判及统一解释法令事务,即由大理院钦遵国家法律办理。所有

---

① (清)沈家本:《历代刑法考 · 刑官考上 · 周》,邓经元、骈宇骞点校,中华书局 1985 年版,第 1962 页。

② 故宫博物院明清档案部编:《清末筹备立宪档案史料》(下册),中华书局 1979 年版,第 843 页。

③ 同上。

该院现审死罪案件,勿庸咨送法部覆核,以重审判独立之权。凡京外已设审判厅地方,无论何项衙门,按照本法无审判权者,概不得违法收受民刑事诉讼案件。”在《法院编制法》颁行后,沈家本等于宣统二年(1910年)三月,又奏准废除清朝固有的三法司会审、九卿会审、秋审、朝审、热审等封建审判制度,以期确保行政不干预司法,这在中国司法制度史上是具有划时代意义的。

《法院编制法》既是晚清司法改革的成果,也是推动改革深化的法律依据,如同清廷颁布《法院编制法》上谕中所说,“自此颁布《法院编制法》后,所有司法之行政事务,著法部认真督理,审判事务著大理院以下审判各衙门各按国家法律审理。以前部院权限未清之处,即著遵照此次奏定各节,切实划分。……嗣后各审判衙门,朝廷既予以独立执法之权,行政各官即不准违法干涉”。[①]

《法院编制法》是晚清制定颁行的一部较为全面、系统的法院组织法。它的颁行使晚清的司法制度基本脱离了传统的轨道。这种改革无疑具有历史进步的意义,并为民国政府所传承。但对于大理院主审,法部复核的案件,仍须圣裁定夺,依然保留着专制主义的遗痕。

其六,司法制度改革。

还在鸦片战争前,龚自珍、魏源、包世臣等便揭露了清朝司法制度的腐朽黑暗,迫切要求改革。鸦片战争后,西方侵略者通过领事裁判权践踏中国司法主权的事实,进一步激发了晚清改革司法的觉醒。修订法律大臣沈家本在《奏刑律草案告成分期缮单呈览并陈修订大旨折》中,痛切陈词,吁请改革司法,他说:“国家既有独立体统,即有独立法权,法权向随领地以为范围……独对于我国藉口司法制度未能完善,予领事以裁判之权。英规于前,德踵于后,日本更大开法庭于祖宗发祥之地,主权日削,后患方长,此毖于时局不能不改也。”[②]浙江巡抚增韫在宣统元年(1909年)六月三十日,《奏浙江筹办各级审判厅情形折》中,也把改革司法制度与收回治外法权联

---

① 《大清法规大全·法律部》卷首“谕旨”。

② 故宫博物院明清档案部编:《清末筹备立宪档案史料》(下册),中华书局1979年版,第846页。

系在一起，他说："沿流至今，外人且藉口司法制度之不善，而领事裁判权遂有迫我不得不许容之势。国权攸系，自宜亟谋挽回，朝廷预备立宪，改良司法制度，俾各级审判厅分年筹备，依限成立，非独明法敕法已也，而巩固国权之道亦在是。"①

清廷宣布预备立宪以后，开明的官僚遂借立宪为动力，吁请改革司法制度，实现司法独立。光绪三十二年十二月二十一日（1907年2月3日），御史吴钫在奏《厘定外省官制将行政司法严定区别折》中，提出："惟司法分立一事，最得预备立宪之本原……窃以为司法分立，关乎时局安危者甚大，而有万不可以再迟者。"②光绪三十三年（1907年）八月初二日，修订法律大臣沈家本在《奏酌拟法院编制法缮单呈览折》中，也着重指出："窃维东西各国宪政之萌芽，俱本于司法之独立。"③光绪三十三年九月初五日，宪政编查馆大臣奕劻等，上呈《奏议覆修订法律办法折》，再次强调"查立宪各国，以立法、行政、司法三项分立为第一要义"。④

由于预备立宪所营造的大环境，以及宪政运动的推进，立宪是改革司法的重要动力，终于在步履维艰的进程中，实现了司法制度的改革。

主持修律的沈家本，对于司法改革，不仅倡言造势，而且通过翻译西方有关的法律作为依据。光绪三十二年（1906年）五月十八日，他在《奏修订法律情形并请归并法部大理院会同办理折》中，⑤说明在已译成的26种法学著作与法典中，与司法审判有关的占5种，即《德国民事诉讼法》《普鲁士司法制度》《日本裁判构成法》《日本刑事诉讼法》《日本裁判所编制立法论》。已译而尚未译完的还有《德意志旧民事诉讼法》《美国刑事诉讼法》。这些译书使改革者们对西方的司法审判制度，有了理性的了解，并且获得了改革司法的参考模式和起草相关法律的依据。

---

① 故宫博物院明清档案部编：《清末筹备立宪档案史料》（下册），中华书局1979年版，第876页。

② 同上书，第821～822页。

③ 同上书，第843页。

④ 同上书，第850页。

⑤ 同上书，第838页。

除翻译相关的法律外,清廷还派遣考察团到西方国家实地考察司法制度。光绪三十二年(1906年)二月,派遣考察团到德国考察,涉及法庭的布局、审判人员的组成,原、被告的地位,辩护律师的参与等诸多方面。

预备立宪期间所进行的官制改革,也为司法改革提供了组织上的准备。光绪三十二年九月二十日颁布上谕:"刑部著改为法部,专任司法;大理寺著改为大理院,专掌审判。"①从此行政与司法分立,中国传统的司法制度开始向近代转型。同年十月四日,作为大理院正卿的沈家本,上奏清廷,详论设置最高审判机构大理院的重要意义:"方今环海交通,强邻逼处……且复藉口于我之裁判法制不能完善,日谋扩张其领事裁判权。主权不伸,何以立国。故欲进文明之治,统中外而纳于大同,则大理院之设,诚为改良裁判,收回治外法权之要政……东西各国皆以大审院为全国最高之裁判所,而另立高等裁判所、地方裁判所,层累递上,以为辅翼,条理完密,秩序整齐。其大审院法庭,规模严肃,制度崇闳;监狱精良,管理有法。……今欲仿而行之,则法庭宜先设也,监狱学宜讲求也,高等裁判及地方裁判所与谳局宜次等分立也,裁判人才宜豫为储备也。"②

十月二十七日,沈家本上奏《审判权限厘订办法折》,认为"中国行政司法二权向合为一,今者仰承明诏,以臣院专司审判,与法部截然分立,自应将裁判之权限、等级,区划分明,次第建设,方合各国宪政之制度"。③ 他提出拟参照日本成法加以变通,成立大理院、高等审判厅、地方审判厅和乡谳局等四级审判机构,并拟会同法部先行设立京师地方厅及城谳各局。该折被清廷认可,谕示:"如所议行。"此后,为规范大理院和京师各级审判厅的组织、权限、职责,沈家本主持编成《大理院审判编制法》,也得到清廷"谕准施行"。

《大理院审判编制法》共五节:总纲、大理院、京师高等审判厅、

① 故宫博物院明清档案部编:《清末筹备立宪档案史料》(上册),中华书局1979年版,第471页。

② (清)朱寿朋编:《光绪朝东华录》,中华书局1958年版,第5586页。

③ 同上书,第5579页。

城内外地方审判厅、城谳局，四十五条。它确认了不同于传统司法审判制度的诸多原则，是中国具有近代意义的第一部法院编制法。

由《大理院审判编制法》所确立的、四级三审制的审级职责与权限，具体如下：大理院“为全国最高之裁判所，凡宗室官犯，及抗拒官府，并特交案件，应归其专管。……其地方审判厅初审之案，又不服高等审判厅判断者，亦准上控至院为终审”。[①]

高等审判厅“凡轻罪案犯，不服乡谳局，并不服地方审判厅判断者，得控至该厅为终审。凡重罪案犯，不服地方审判厅之判断者，得控至该厅为第二审。其由该厅审判之案，内则分报法部及大理院，外则咨执法司以达法部，至死罪案件并分报大理院”。

地方审判厅“自徒流以至死罪、及民事讼案银价值二百两以上者，皆得收审，讯实后拟定罪名；徒流案件，在内则径达法部并分报大理院，在外则详由执法司以达法部；死罪案件，在内在外，俱分报法部及大理院”。

乡谳局审理“笞杖罪名及无关人命之徒罪，并民事讼案银价值二百两以下者，皆得收审，讯实以后，径自拟结，按月造册报告。在内则分报法部及大理院，在外则详执法司，以备考核”。[②]

此外，该法对各级审判机构设置、内部组织、人员配备等，也作了明确规定。

《大理院审判编制法》实际是大理院及京师各级审判厅局的编制法，它以法律的形式明确了民刑分理的体制，强调了司法权独立的原则，规定了不同审级的审判方式，引进了西方审判监督机制，所以它的制定和颁行，标志着晚清司法制度改革进入了一个全方位的阶段，引起了较大的反响。

光绪三十三年(1907年)五月二十七日，地方官制改革方案颁布，规定各省设提法司，管理司法行政，监督各级审判厅，调度检察事务。[③] 提法司与各级审判厅的关系仿照法部与大理院关系的原则

---

① (清)朱寿朋编：《光绪朝东华录》，中华书局1958年版，第5599页。

② 同上书，第5599～5600页。

③ 故宫博物院明清档案部编：《清末筹备立宪档案史料》(上册)，中华书局1979年版，第507页、第510页。

性规定。同日,清廷发布《各直省官制先由东三省开办俟有成效逐渐推广谕》,并择定“风气渐开”的直隶、江苏择地先行试办。时任直隶总督的袁世凯率先在天津成立各级审判厅,颁布了《天津府属试办审判章程》。为了标榜新的司法体制在天津实施的效果,袁世凯在奏折中说:“现经试办数月,积牍一空,民间称便。”又说:“开厅以来,由县府移交以及洋商径自来厅控告者,已断结十余起。外人于过堂时则脱帽致敬,于结案时则照缴讼费,悉遵该厅定章,亦有不先赴该国领事投禀而径赴该厅起诉者。惟司法独立,未易一蹴而畿,但既办有端倪,则此后之进步改良尚非难事。至目前府县虽不专亲审判,而仍兼厅长之职,亦因报案移文既用守令印信,且一切布置建筑,不能使府县不任责成。”①

《天津府属试办审判章程》的制定和实施,为光绪三十三年(1907年)十月二十九日奉旨试行的《京师高等以下各级审判厅试办章程》,提供了先验。

《京师高等以下各级审判厅试办章程》共一百二十条,分为总纲、审判通则、诉讼、各级检察厅通则、附则等五章。其主要内容:①对刑事、民事案件作了新的界定:凡“因诉讼而审定罪之有无者”,为刑事案件,“因诉讼而审定理之曲直者”,为民事案件,这比起中国古代“争罪曰狱”,“争财曰讼”的界定,更为准确。比起沈家本在《刑事民事诉讼法》中所解释的“凡叛逆、谋杀、故杀、伪造货币印信、强劫并他项应遵刑律裁判之案为刑事案件”,“凡因钱债、房屋、地亩、契约及索取赔偿等事涉讼为民事案件”,又较为概括,避免挂一漏万。②明确了各级审判厅的管辖范围。对于管辖不明者,由受理之审判厅申请上级审判厅指定。③扩大了回避的范围,凡是审判官本人为被告或原告、审判官与诉讼人有家族或姻亲关系、审判官对于案件现在或将来有利害关系、审判官曾为该案的证人或鉴定人、审判官是该案的前审官而诉讼人对审判结论不服等,经审判官或检察官或诉讼人声明后,由该管长官核准审判官回避。④规定了刑事案件由检察官公诉,民事案件,“非本人或其代理人不得诉

---

① (清)朱寿朋编:《光绪朝东华录》,中华书局1958年版,第5694~5695页。

讼”。⑤确立了各级检察厅通则,形成较为完备的检察官制度。⑥申明起诉、上诉、证人及鉴定人、管收、保释与讼费等规则。

可见,《京师高等以下各级审判厅试办章程》是一部兼法院组织法和刑事民事诉讼法为一体的简明章程,体现了晚清司法改革从体制到程序的全面启动。它的实施,对各省筹办审判厅起了重要示范作用。但是,该章程也有因袭传统诉讼制度的痕迹。例如,规定职官为原告时可以请人代诉;妇女“不得充当代诉人”;对于律师在诉讼中的法定地位不仅未正面肯定,反而限制其权利。当该章程由清廷下发各省及各部和宪政编查馆核议时,法部为维护贵族特权利益,“又奏请将宗室觉罗民刑诉讼,仍归大理院特别裁判,其步军统领及各衙门奏交之案,暂由大理院审判”。

此后,为使各省省城、商埠等处依法设立审检机构,以“固法权而昭统一”,另行拟定了《各省城商埠各级审判检察厅编制大纲》十二条,以及《各省城商埠各级审判厅筹办事宜》等章程,颁发各省,以供执行。

为督催各直省筹办进程,宣统二年(1910 年)四月,宪政编查馆派馆员陆宗舆等四人,分赴各省,“凡省城、商埠及经过繁盛城镇,一一调查案卷,博采舆论,汇录成册”。调查报告认为,“按照筹备清单,各省会及商埠审判厅,今年应一律成立,除东三省业已次第开办外,直隶则天津早经成立,保定正在筹设,山西则本年四月业经开庭试办。湖北、福建暂就地方官署附设各级审判厅,殊非司法独立本意,现在另行组织,改良办法。而福建因财政困难,关于法庭建筑,司法经费,不能不因陋就简,此则该省特别之情形也。司法研究馆,广东课程最为美善,浙江亦在刻意筹备,力求完全,江苏则不免敷衍矣。其余各省,依次进行,尚可不误期限。至各级审判厅,除奉天、吉林、山西业经建筑完竣外,直隶、山东、河南、湖北、浙江、广东,约计年内均可一律竣工。江苏、福建正在赶办,不免稍后时日。”①

从 1909 年 2 月到 1911 年 3 月,山东、湖北、安徽、四川、新疆、

---

① 故宫博物院明清档案部编:《清末筹备立宪档案史料》(下册),中华书局 1979 年版,第 798 页。

云南、广东、河南、广西、贵州、湖南等14个省,先后奏拟各自的筹办情形,基本上按照“九年筹备清单”,次第展开建设。但实际上,《各级审判厅试办章程》和《法院编制法》,仅在京师、奉天、直隶省天津府等地试行,并没有在全国普遍实行,司法独立原则也没有切实完全地实施。

晚清司法制度的改革,证明了此项改革不是孤立的,是政治体制改革的一部分,晚清预备立宪的进程,决定了司法制度改革的广度和深度。特别是传统司法制度的影响,不可能一时肃清,民众法律意识的提高,也尚须时日。此外,法律教育的普及和近代司法人员的培养,都不可能计日程功,因此,司法制度改革只能是渐进的过程。晚清所建立的司法体系的基本框架,以及所吸纳的西方近代的审判制度,较之传统的司法审判制度,显然是历史性的进步,尽管有些不可避免地带有超前的、形式主义的倾向。

四、民国初建时期法律近代化的继续推进

晚清修律在沈家本等法律精英的努力下,建立了仿大陆法系的新的法律体系,废除了不合时代的五刑、比附、司法行政不分等封建法制,改变了礼法合一、诸法合体、重刑轻民等中国古代法律的传统,引进了标志着西方近代法制文明的罪行法定、刑罚人道主义、司法独立等法律原则和制度,开启了中国法律近代化的重要一步。但是,晚清修律没有也不可能完成中国法律的近代转型,国内外特定的社会氛围和政治动荡环境,加上来自清廷内部保守势力的抵制,使晚清修律步履维艰,充满迟疑和犹豫,一些标志法制近代化的诸如人民主权、法治、法律面前人人平等、私权神圣、无罪推定等法律原则以及人权保障制度,都未能制定和切实建立起来。新修订的法律中仍然存在封建落后的内容,所引进的西方法制文明要素也还存在如何在司法实践中落实的问题。这一切都要求继起的中华民国政府能够沿着晚清修律所开拓的、中国法律近代转型的道路,继续前进。

(一)继续推进的时代背景

早在19世纪末,中国民族资本主义工商业已有一定规模的发

展；至20世纪初，这种发展的势头得到进一步推进。从1905～1911年，新设厂矿320家，资本总额达7700多万元，为前30年的1.4倍。特别是1906～1908年这3年中，新创设的工矿企业178家，投资额5300万元。尽管这些民族资本企业的规模还不大，而且集中于少数城市，但已经具有一定的影响。与此相适应，民族资产阶级中下层的力量也迅速成长，反映在政治上就是资产阶级民主派登上了政治舞台。

1900年义和团运动被镇压以后，帝国主义列强强迫清政府签订了不平等的《辛丑条约》和新的《通商行船条约》，进一步扩大了在中国的经济、政治权利。而清政府为了苟延残喘，竟无耻地宣布"量中华之物力，结与国之欢心"的卖国政策，使帝国主义与中华民族的矛盾、封建主义与人民大众的矛盾进一步激化。在这种形势下，推翻清政府，既是结束封建专制、实现民主共和，解决国内矛盾的必需，同时又是反对帝国主义、追求民族独立，借以解决对外矛盾的关键。因此，资产阶级的民主革命既是一场政治革命，又是一场民族解放运动，无论从哪个角度看，都是中国社会走向近代化的必然和必要的选择。

以孙中山为首的资产阶级民主派，于1911年推翻了晚清政府，宣布封建专制制度在中国的终结，民族独立、民主共和、人权成为这一时期中国各项建设的主旋律。发生在政治、经济和文化领域的积极变化，标志着中国已经进入了近代的社会形态，这为中国法律近代转型的推进和完善，提供了有利的客观条件。即便是以袁世凯为首的北洋军阀，虽然篡夺了辛亥革命的胜利果实，建立起封建势力仍占相当比重的北洋政府——北京政府，但当时中国人对于民主与法制的认可和维护，已成为社会的主流，历史不可能再走回头路。袁世凯和张勋两次复辟帝制失败就是证明。

（二）继续推进的思想基础

以孙中山为首的资产阶级民主派通过武装斗争推翻清政权以后，按照"创立合众政府"的目标和方案，建立了民主共和的南京临时政府。随着君主专制被民主共和所取代，中国封建的法律文化受到了大规模的批判，而先进的西方法制文明也得到了更为广泛和深入的认同,由此中国法律开始了更为全面的近代转型。在这个过程中,孙中山、章太炎、伍廷芳等人关于民主共和、法治与人权的法律思想,对中华民国初期的法制建设起到了引导作用,也适应了法制文明演进的基本方向,还是人们反对封建复辟的动力源泉和方向指南。

中国法律近代化转型继续发展的思想基础主要有以下方面:

1. 关于民主、共和的理念

孙中山作为伟大的民主主义革命家,一直把民族革命与推倒清朝的政治革命联系在一起。他自称:"予自乙酉中法战败之年",便已立下了"倾覆清廷、创建民国之志"。①

1894 年,孙中山创立兴中会,以"创立合众政府"为会员的入会誓词。1903 年,孙中山对檀香山华侨的讲话中,表示"效法美国",废除专制,实行共和,②从而划清了与改良维新、保皇的政治界限。

1904 年,孙中山在美洲手订的"致公党"章程中,提出"驱除鞑虏,恢复中华,创立民国,平均地权",使建立共和国的宗旨更为明确。

1905 年,同盟会成立,在同盟会宣言中,对于"建立民国"的政纲,作了如下的解释:"今者由平民革命以建国民政府,凡为国民皆平等以有参政权。大总统由国民共举,议会以国民公举之议员构成之。制定中华民国宪法,人人共守,敢有帝制自为者,天下共击之。"③尤其是青年革命家邹容在《革命军》中,第一次提出了推翻清朝以后,为革命所建立的国家,应定名为"中华共和国"。中华共和国所有制定宪法与自治法律,以及设官分职,均参照美国办理。中华共和国内的国民,无论男女一律平等,无上下贵贱之分,既享有天赋的自由与权利,也承担对国家的法定义务。中华共和国必须保护个人权利,如有"干犯人民权利之事,人民即可革命,推倒旧日之政

① 孙中山:《建国方略》,载《孙中山选集》(上卷),人民出版社 1956 年版,第 168 页。

② 孟庆鹏编:《孙中山文集》,团结出版社 2016 年版,第 310 页。

③ 孙中山:《同盟会宣言》,载《孙中山选集》(上卷),人民出版社 1956 年版,第 69 页。

府……整顿权利，更立新政府”。在中华共和国中，“所有宣战议和、订盟通商，及独立国一切应为之事，俱有十分权利与各大国平等”。可见，孙中山与邹容关于共和国的认识及来源，具有共同性。

1905 年，孙中山在《民报》发刊词中，提出了“民族”“民权”“民生”的三民主义，构成了孙中山完整的思想体系。其中民权主义是孙中山共和国思想的集中体现，他说：“顺乎世界的潮流，非用民权不可。”为民权而斗争的目标，就是仿欧美建立一个以自由、平等、博爱为其一贯精神的共和政体。他强调“就算汉人为君主，也不能不革命”，[①]从而突破了单纯反满的目标，赋予民族革命以深刻的民主政治内容。

孙中山关于资产阶级民主共和国的思想，是鸦片战争以来，中国先进思想家向西方寻求真理的重要结晶，是带有划世纪意义的伟大思想，它指导了辛亥革命的发动和南京临时政府的建设。

与此同时，章太炎和伍廷芳也设计了他们理想中的共和国方案。

章太炎虽然主张建立共和政府，但对资产阶级议会制度并不盲目崇拜。1908 年 10 月写成《代议然否论》一文，对议会制进行了尖锐的批评，并对议会制度能否实行于中国，持否定的意见。理由是：中国地广人众，与欧美不同，多选议员，则集会不便，少选议员，则势必为富豪把持，“名曰议院，实为奸府”，“徒为有力者缚其羽翼”。不仅如此，中国如实行议会制度，在地方管理上势必分州，从而破坏了多民族国家的统一，“南北美战争将亟见于汉土”。他主张实行总统制的共和国，不设议会为最高权力机关，而以民选的总统为国家元首，执掌行政、军事、外交大权。总统权力的行使，与有关国务长官共同负责。在这个总统制的共和国内，人民不仅享有集会、言论、出版的自由，而且实行直接民权。

伍廷芳认为共和政治的实质“是国民代表执行政事”，“由国民代表取决”，并“肩其责任”；国民应享有平等权与自由权。1912 年

---

① 孙中山：《三民主义与中国前途》，载《孙中山选集》（上卷），人民出版社 1956 年版，第 75 页。

他严正驳斥了帝国主义者对民国的讥评,指出:“夫以美法经营百年多,完善共和之国,望我责我,岂能一蹴而几哉。”[1]何况中国是一个“数千年最大最古之国,一旦鼎新革故,自较欧美为难”。[2] 他还针对清朝遗老遗少发出的“亡清易国”的哀思,在《中华民国图治刍议》书中专门写了《论前清官吏当知民国非易国》一文,指出:“民国者,吾五族同胞之民国,非一人一族可得而私有之,谊本一家,亲同手足,知乎此,则国界族界臆说,全行打破,无复疑之可言。”伍廷芳的论述是十分精彩的,可以说是对孙中山民族民权论的一个具体补充。

2. 关于人权保障思想

资产阶级民主派的人权思想,主要表现在自由、平等、博爱、法治、司法独立等论述中。

就自由而言,孙中山在 1912 年 1 月 5 日的《对外宣言书》中便宣称:“天赋自由,索想已夙,祈悠久之幸福,扫前途之障蔽,怀此微枕,久而莫达”;“今日之日……自由幸福,照耀寰宇,不可谓非千载难得之盛会也”。为了实现这一宏伟理想,南京临时政府的立法建制都是围绕着保障自由的宗旨而展开的。孙中山宣布:“各族人民,对于国家社会之一切权利,公权若选举、参政等,私权若居住、言论、出版、集会、信教之自由等,均许一体享有。”

伍廷芳也认为“凡人于法律界内,不出范围,可以自由行事,无人可为拘制,如有稍涉拘制,而不依法律者,即可执拘制之人,起诉于法官,或官或民,犯者一律惩治……此之所谓自由也”。[3]

就平等而言,其一,确认人民的政治平等权利。孙中山在解释同盟会宣言时便指出:“今者由平民革命以建国民政府,凡为国民皆平等以有参政权。大总统由国民公举,议会以国民公举之议员构成之。制定中华民国宪法,人人共守”;“文明之福祉,国民平等以享之”。其后,他又对国民平等,作了进一步的解释:“四万万人一切

---

① 伍廷芳:《中华民国图治刍议》,载丁贤俊、喻作凤编:《伍廷芳集》(下册),中华书局 1993 年版,第 568 页。

② 同上书,第 570 页。

③ 同上书,第 611 页。

平等。国民之权利义务,无有贵贱之别,贫富之别,轻重厚薄,无有不均。”①

伍廷芳也认为,“国家法律,上下人须一律恪遵,位极长官,亦难枉法。犯者无论上下,一同治罪,此之谓平等也”。②

其二,国内各民族一律平等。1912 年 9 月 11 日,孙中山在“京蒙统一政治改良会欢迎会”的演说中说:“今我共和成立,凡蒙、藏、青海、回疆同胞,在昔之受压制于一部者,今皆得为国家主体。”

其三,男女平等。孙中山批判了传统的男尊女卑思想,指出:“天赋人权,男女本非悬殊,平等大公,心同此理。”因此,要“于法律上、政治上、教育上、社会上确认男女平等之原则,助进女权之发展”。

伍廷芳还将改革封建婚姻制度、严禁早婚及纳妾作为保障人权的一个重要方面。

就博爱而言,孙中山根据博爱的精神,督促南京临时政府发布禁止买卖人口、禁止蓄婢、禁绝贩卖“猪仔”、保护华侨、开放蛋户惰民许其一体享有公权私权、禁止刑讯等一系列的法令,充分体现了尊重人格和人道主义的博爱精神。

3. 关于法治主张

早在 1878 年 5 月,孙中山随其兄孙眉抵达檀香山时,便对西方法治秩序留下了深刻的印象。其后,经过艰苦的探索和实际斗争经验的积累,他认识到法律对于实现国家统治所起的重要作用,逐渐形成了“国家除了官吏之外,次重要的是法律”③的观念。

章太炎则引古喻今,从多侧面论证了实行以法治国的法治原则的价值,强调“以法律为治”,管理国家,国势必张。为了实行法治,基本的要求就是实行法律面前人人平等,统一地适用法律。

---

① 《中华革命党革命方略》,载胡汉民主编:《总理全集》(第 1 集),上海书店出版社 1990 年版,第 319 页。

② 伍廷芳:《中华民国图治刍议》,载丁贤俊、喻作凤编:《伍廷芳集》,中华书局 1993 年版,第 611 页。

③ 孙中山:《三民主义之具体办法》,载胡汉民主编:《总理全集》(第 2 集),上海书店出版社 1990 年版,第 208 页。

由于章太炎以法治相尚,因此在“治法”和“治人”的问题上,作出了重法而轻人的回答,认为“专重法律,足以为治”,[①]“过任治人,不任治法”,适足以招乱。他强调:“为治固当循绳墨,无所用贤,且有劳者得超除,溺职者受罢黜,材者固无患其沉滞,虽下资自见泠汰矣。”[②]

4. 关于司法权独立思想

如果说对于执掌立法权的议院制度,在资产阶级民主派中尚有个别人提出“然”“否”的质疑,那么对于司法权独立问题,则是一致的共识。以知行合一相标榜的孙中山,不仅提出建立独立的司法机关,实行资本主义的诉讼与审判制度,而且在他领导南京临时政府期间,力图把司法独立的主张变成实际。他撰写的《中国之司法改革》一文,是近代中国学者用西方法学理论批判以清朝为代表的传统法制,进而发出“司法独立”呐喊的第一篇法学论文。在他主持下制定的《中华民国临时约法》,明确规定:“法官独立审判,不受上级官厅之干涉”,“法官在任中不得减俸或转职,非依法律受刑罚宣告,或应免职之惩戒处分,不得解职。”为了保证法官谙习法律,胜任称职,他明令:“所有司法人员,必须应法官考试,合格人员,方能任用。”[③]

章太炎虽然对资产阶级议会制度多有批评,对资产阶级共和国的方案也表现过动摇,但对于权力分立的主张则始终坚持,寄予极大的希望和信心。为保证司法独立,章太炎提出两项措施:其一,法律的制定不由官府和权势豪门掌握,而“令明习法律者与通达历史、周知民间利病之士,参伍索之,所以塞附上附下之渐也”。其二,司法官不能由政府任意黜陟,更不得从豪门中选任,而应由“明习法令者自相推择为之”,“司法官不由朝命,亦不自豪民选举,则无所阿

① 汤志钧编:《章太炎政论选集》(上册),中华书局1977年版,第427页。

② 章太炎:《代议然否论》,载《章太炎全集》卷四,上海人民出版社1984年版,第309页。

③ 《大总统咨参议院请议决法制局拟定法官考试委员会职令及法官考试令草案文》,载中国社会科学院近代史研究所史料组编辑:《辛亥革命资料》,中华书局1961年版,第36页。

附以鼽其文，如是而民免于陧杌矣”。[1]

章太炎之所以始终强调司法独立，是因为他发现即令在资产阶级立宪国家，非经民选产生的司法官，也完全不可能与总统抗衡，因此必须要通过独立的司法机关来监督行政。他说：“夫欲恢廓民权，限制元首，亦多术矣，如余所隐度者，略有数端……总统惟主行政国防，于外交则为代表，他无得与，所以明分局也。司法不为元首陪属，其长官与总统敌体，官府之处分，吏民之狱讼皆主之，虽总统有罪，得逮治罢黜。”[2]

孙中山、章太炎等人关于司法权独立的思想，是南京临时政府进行司法改革和制度建设的指导思想。

（三）继续推进的历程与成就

南京临时政府时期，出于对民主、法治、人权等法制文明的追求，开展了卓有成效的立法工作，极大地推进了中国法律的近代转型。为了维护立法权的统一，孙中山发布大总统令，强调：“民国一切法律，皆当由参议院议决宣布，乃为有效。”[3]并就内务部发布《暂行报律》一事，严饬该部取消“未经参议院议决，自无法律之效力”的《暂行报律》，不得以“暂行”或“从权办理”为托词。他还建议组织中外法律专家参加编订法律的工作，强调：“编纂法典，事体重大，非聚中外硕学，积多年之调查研究，不易告成。”[4]由于孙中山的重视和积极组织、督促，南京临时政府在短短的三个月里，进行了涉及行政、经济、教育、社会各方面的立法活动。这些立法，具有革旧立新的性质，是资产阶级法治学说在近代中国的一次伟大实践，它虽然不系统、不成熟，但却展现了近代意义的资产阶级的法制文明。

---

① 章太炎：《代议然否论》，载《章太炎全集》卷四，上海人民出版社 1984 年版，第 309 页。

② 同上。

③ 《大总统令内务院取消暂行报律文》，载中国社会科学院近代史研究所史料组编辑：《辛亥革命资料》，中华书局 1961 年版，第 257 页。

④ 《大总统据司法总长伍廷芳呈请适用民刑法律草案及民刑诉讼法咨参议院议决文》，载中国社会科学院近代史研究所史料组编辑：《辛亥革命资料》，中华书局 1961 年版，第 353 页。

1. 平等与人权立法

(1)革除反映封建官僚特权的称呼。孙中山从“总统官吏皆国民之公仆也”的认识出发,不仅严申反对封建专制制度下,官吏所享有的法定的和法律外的特权,而且还下令内务部通知各官署,革除清朝时期反映官僚等级特权的称呼。他指出:“官厅为治事之机关,职员乃人民之公仆,本非特殊之阶级,何取非分之名称。查前清官厅,视官等之高下,有大人、老爷等名称……嗣后各官厅人员相称,咸以官职。民间普通称呼则曰先生、曰君,不得再沿前清官厅恶称。”[①]与此同时,也明令废除了跪拜礼,代之以鞠躬。改变旧称呼,废除跪拜礼的意义远远超出了形式,它体现了资产阶级所提倡的法律面前人人平等的原则以及对人格的尊重。

(2)严禁买卖人口,保护人民的人身自由权。晚清修订的《大清新刑律草案》,虽然废除了买卖人口与蓄奴的条款,但未及施行,清朝已经覆亡。孙中山从保障人权出发,在《大总统令内务部禁止买卖人口文》中,揭示了这种现象产生的社会根源:“前清入主,政治不纲,民生憔悴,逃死无所,妻女鬻与妾媵,子侄沦为皂隶,不肖奸人从而市利,流毒播孽,由来久矣。尤可痛者,失教同胞艰于生计,乃有奸徒诱以甘言,转贩外人,牛马同视,终年劳动,不得一饱。”并提出,“通饬所属,嗣后不得再有买卖人口情事,违者罚如令,其从前所结买卖契约,悉予解除,视为雇主雇人之关系,并不得再有主奴名分”。[②]

针对鸦片战争以来,帝国主义从中国掠夺廉价劳动力而出现的贩卖“猪仔”(华工)的严重侵犯人权的现象,孙中山在《大总统令广东都督严行禁止贩卖猪仔文》中,以临时大总统的身份,庄严宣布:“查海疆各省,奸人拐贩猪仔,陷人涂炭,曩在清朝,熟轻无睹,致使被难同胞,穷而无告。今民国既成,亟应拯救,以尊重人权,保全国体……除令广东都督严行禁止猪仔出口外,合亟令行该部,妥筹杜

---

① 《大总统令内务部通知各官署革除前清官厅称呼文》,载中国社会科学院近代史研究所史料组编辑:《辛亥革命资料》,中华书局1961年版,第216页。

② 《大总统令内务部禁止买卖人口文》,载中国社会科学院近代史研究所史料组编辑:《辛亥革命资料》,中华书局1961年版,第216页。

绝贩卖及保护侨民办法,务使博爱平等之义,实力推行。"①

(3)彻底开豁贱民贱籍。雍正初年曾经颁发开豁贱民贱籍的上谕,但那是有条件的、极不彻底的。因此,南京临时政府成立以后,孙中山发布《大总统令开放蜑户惰民等许其一体享有公权私权文》,指出:"天赋人权,胥属平等。自专制者设为种种无理之法制,以凌轹斯民,而自张其毒焰……若闽粤之蜑户,浙之惰民,豫之丐户,及所谓发功臣暨披甲为奴,即俗所称义民者,又若薙发者并优倡隶卒等,均有特别限制,使不得与平民齿。一人蒙垢,辱及子孙,蹂躏人权,莫此为甚。当兹共和告成,人道彰明之际,岂容此等苛令久存,为民国玷。为此特申令示,凡以上所述各种人民,对于国家社会之一切权利,公权若选举、参政等,私权若居住、言论、出版、集会、信教之自由等,均许一体享有,毋稍歧异,以重人权,而彰公理。"②这个法令,彻底开豁了被剥夺了一切权利的"贱民"贱籍,使他们享有法律上的平等权。

(4)确保妇女享有与男人平等的法定权利。孙中山根据"天赋人权,男女本非悬殊"的理论,阐述了妇女在革命期间的贡献:"女界多才,其入同盟会,奔走国事、百折不回者,已与各省志士媲美","扫平鞑虏,女界亦与有功焉"。因此,强调共和国成立以后,女子应有参政权,这是"事所必至"的自然之理。

上述平等与人权的立法,是中国近代法制文明的基本内涵,极大地激发了人民群众的革命热情和对于民国政府的拥护。

2. 官制立法

中国古代是一个典型的官本位的国家,缺乏对行政权力进行约束的有效机制。因此,为了实现法治的理想,就需要对行政权力进行控制和规范,制定相应的官制法。南京临时政府成立不久,孙中山便提出:"所有各部局官制通则及各部官制,亟应编定以利推行。"1912 年 2 月初,他将法制局拟就的《各部官制通则》和各部局

---

① 《大总统令广东都督严行禁止贩卖猪仔文》,载中国社会科学院近代史研究所史料组编辑:《辛亥革命资料》,中华书局 1961 年版,第 312 页。

② 《大总统令开放蜑户惰民等许其一体享有公权私权文》,载中国社会科学院近代史研究所史料组编辑:《辛亥革命资料》,中华书局 1961 年版,第 302 页。

(财政、实业、海军、司法等部除外)的官制各一件,咨送参议院议决。此外,还命令法制局审定司法部呈拟的《临时中央裁判所官制令草案》。除中央官制外,3 月 10 日,他以临时大总统名义,公布了《南京府官制》23 条。南京府是民国临时中央政府所在地,《南京府官制》的制定,为地方官制提供了范例。

各部官制法的编订,使政府各机关的组织活动有法可循,既是南京临时政府政权建设上的重大举措,也反映了立法建制的多样性。

不仅如此,为了实现"任官授职,必赖贤能"[①]的原则,孙中山提出了以考试作为选拔官吏的办法。他说:"尚公去私,厥惟考试",[②]"整饬吏治,惟有举行官职试验,以合格人员分发各省,以资任用。"[③]为此,特令法制局"迅将文官试验章程草案,妥为编纂"。[④] 不仅如此,他还提出:"必定诠选之程",以便使官吏的诠选有法有章;设立稽勋局,以杜绝有伤国本的"借官为酬""有功不录"等现象发生。以上可见,孙中山对于改革官制和整饬吏治这些关系到政权建设和巩固的大事,既提出了原则,还组织力量制定相应的法律。它所确立的官制、官规,虽然在当时历史条件下,没有也不可能完全实行,但对以后是很有影响的。

3. 民事立法

在北洋政府统治的十几年间,是中国社会经济与社会组织发生重大变化的时期,原有的尊卑等级的社会秩序以及儒家的伦理观念,受到不断的冲击,传统的价值体系也处于动荡和瓦解之中;人与人的关系,更随着向工商业社会发展而不断地复杂化。社会经济的发展,必然要求法律的调整和保护,从而推动了民事立法的发展。1915 年,完成了民律第二次草案亲属编七章;1926 年,完成了民律

---

① 《大总统咨参议院议决文官考试与外交官及领事官考试令草案文》,载中国社会科学院近代史研究所史料组编辑:《辛亥革命资料》,中华书局 1961 年版,第 193 页。

② 同上。

③ 《大总统令法制局审定官职试验章程草案由》,载中国社会科学院近代史研究所史料组编辑:《辛亥革命资料》,中华书局 1961 年版,第 168 ~ 169 页。

④ 《大总统令法制局迅速编纂文官试验章程草案由》,载中国社会科学院近代史研究所史料组编辑:《辛亥革命资料》,中华书局 1961 年版,第 152 页。

第二次草案总则、债、物权、亲属、继承五编。

《民国民律草案》的突出特点和价值，在于它对中国传统民法与西方近代民法的整合。例如，关于自然人的规定中，对于《大清民律草案》限制独立人格的条款，多加以删除。特别是删除了关于男女不平等的条款，增设"夫妻之权利义务"和"夫妻财产制"，表明对于西方近代民法中的平等自由原则的进一步认同。又如，《大清民律草案》简单袭取德国民法典的"不动产质权""动产质权"，而没有规定在中国久已存在的典权。而《民国民律草案》则将典权制度专列一章，规定了较为完备的近代典权制度，表现了传统民法与西方民法由形式层面的契合，逐渐向着内在的融合发展。

《民国民律草案》编成以后，由于军阀混战不能履行正常的立法程序，只是在 1926 年 11 月，由北京政府司法部通令各级司法机关作为"条理"加以适用，说明它在司法实践中所具有的价值。特别是作为最高审判机关的大理院，在当时的历史条件下，通过判例的形式，行使着某些法律创制的职能。大理院的民事判例要旨，不仅指导着中央和地方的民事司法活动，也体现了传统民法与西方近代民法，以及制定法、民事习惯和"条理"的整合。民国时人胡长清描述民事判例要旨的适用情况时说："《判例要旨汇览》正编三卷，续编二卷，承法之士无不人手一编，每遇讼争，则律师与审判官皆不约而同，而以'查大理院某年某字某号判决如何如何'为讼争定谳之根据。"①

除判例要旨属于司法解释外，大理院刊著的解释例要旨，也属于司法解释。例如，民国四年统字二二八号解释例要旨，对于成年卑幼的财产权与处分权，作出了与传统民法完全不同的认定："卑幼得有私财为现行法律所不禁……已达成年之子均可自由处分。"与此相联系的卑幼可以请求分析家产，而且"法院得以判代为分析"。

至于以民事判决为基础编成的判例，也同样具有法源的性质，某些判例，还体现了传统民法与西方民法的初步整合。例如，限制家长尊长主婚权的滥用，民国九年上字八三一号判决认定"主婚人

---

① 胡长清：《民法总论》，中国政法大学出版社 1998 年版，第 35 ~ 36 页。

之同意非要式行为”。同年,统字一二〇七号判决明确表示:“如父母对于成年子女之婚嫁,并无正当理由,不为主婚,审判衙门得审核事实以裁判代之。”民国十一年上字第一〇〇九号字判决认定,父母代订的婚姻,子女成年后如不同意者,“不能强其履行”,实际上取消了家长、尊长对成年子女婚姻的无理干涉及主婚权。

综上所述,可以看出传统民法与西方民法的整合,对于传统民法中的最具封建色彩的部分,进行了力所能及的改造,使个人在宗族、家庭中,得到了新的定位。这说明立法者对于移植外来法律如何与本土文化相结合的认识的提高,而所作出的司法解释,在民法理论上的进步以及在司法实践中所起的作用,是不容置疑的;它所提供的历史经验与教训,也是值得加以借鉴的。

4. 刑事立法

1915 年 4 月,北京政府以《暂行新刑律》为基础,完成《修正刑法草案》。在《刑法草案修正要旨》中,仍以伦理为号召,宣称:“中国数千年来,以礼教立国,昔人所谓礼之所去,刑之所取,则立法自必依乎礼俗。”以致在总则中增加《亲属加重》一章,并将《暂行新刑律补充条例》中,关于尊亲属相犯、不得实行正当防卫以及“无夫奸”的规定,纳入刑法草案正文。

1918 年 7 月,继袁世凯之后,掌握北京政府大权的皖系军阀段祺瑞,下令设立修订法律馆,重新修订刑法草案,以著名法律家董康、王宠惠为总裁,对《修正刑法草案》作了较大的修改。1919 年草成《刑法第二次修正案》。该案总的特点是:采用近代资产阶级刑事立法的某些原则和内容,减少了封建性质的条款,并对分则各章加以合理地整合,如将《暂行新刑律》中的“杀伤罪”,分为杀人罪与伤害罪,以示杀人与伤害两者轻重悬殊、性质各异。第二次修正案,由于当时的政治形势错综复杂,风云瞬变,也没有颁布施行,但却成为南京国民政府制定刑法的基础。

北京政府除基本适用《暂行新刑律》外,还根据建立军阀专制主义统治的需要,制定了数量繁多的刑事特别法,其适用优于普通法,以发挥特殊的制裁作用。例如,在公布《惩治盗匪法施行法》的命令中,公然提出“刑乱不嫌用重,纵恶适以养奸”;在《戒严法》中,可以借口“非常事变”“战争状态”进行军事镇压。总之,北京政府力图以“重典胁服人心”,镇压民主运动,从而暴露了其刑法的实质。

北洋政府的刑法,除军事镇压的特点外,还表现出了向封建性刑法倒退的倾向。例如,《暂行新刑律补充条例》第15条规定,对于尊亲属不能适用正当防卫。在《刑法修正案》“亲属加重”一章中规定:“对于直系尊亲属犯罪者,加重本刑二等,对于旁系尊亲属犯罪者,加重本刑一等”,“因亲属而加者,许其加至死刑”。

在刑罚制度上,也同样存在向封建刑制倒退的倾向。例如,1914年颁布《徒刑改遣条例》和《易笞条例》,恢复了业已废除的遣刑和笞刑。

由于北京政府统治时期,是群众性反帝爱国斗争和工人运动的高涨时期,因此《修正刑律草案》及刑事特别法的矛头,都指向群众性的爱国反帝言行和工人运动。凡“从事同一业务之工人,同盟罢工者,首谋处四等以下有期徒刑,首魁处无期徒刑,或二等以上有期徒刑”。在北京政府刑法的镇压下,湖南、上海等地工人运动的领袖,不断遭到迫害。

综上可见,北京政府统治时期,工商业的不断发展,导致了民法的持续进步;而在刑事法律领域,基于统治者的特定政治目的而呈现出相反的发展趋势。可以说,这一时期,中国法律的近代转型是在踟蹰中行进的。

5. 司法制度上的持续改革

实现中国法律的转型,立法上的进步只是一个起步的和表面化的变化,还需要进行一系列保证法律执行的司法制度的持续改革,这是中国法律近代转型全面而深入的标志。

南京临时政府时期担任司法总长的伍廷芳,对于改革司法十分重视,在他拟定的维护国民人身权利为核心宪纲大旨中,强调:“凡国人不论何事,若无合格衙门所发之票,不能擅入铺屋等处捕人与搜查。”拘禁人犯要重证据:“所捕之人,必须于24点钟内提案,由法庭当众审讯”,依法定时间公开审理。“受害人有经过起诉要求赔偿之权利”和“上诉之权利”,等等。他认为这是“中国立宪基础”,

如能切实奉行,可使国民安居乐业。[①] 在改革司法的问题上,临时大总统孙中山给予了积极的支持。例如,他积极维护《中国民国临时约法》所肯定的四级三审的审级制度,驳斥了江西南昌地方检察长郭翰提出的"轻案采取二审制度"的建议,指出这是"不知以案情之轻重,定审级之繁简,殊非慎重人民生命财产之道。且上诉权为人民权利之一种,关于权利存废问题,岂可率而解决"。他明确表态说:"四级三审之制,较为完备,不能以前清曾经采用,遽尔鄙弃。"[②]

南京临时政府在采用文明审判方面也作出了范例,首先从废止刑讯入手。根据"人权神圣,岂容弁髦,刑期无刑,古有明训"的认识,孙中山于 1912 年 3 月 2 日发布《大总统令内务、司法两部通饬所属禁止刑讯文》,指出:"刑罚之目的在维护国权、保护公安……国家之所以惩创罪人者,非快私人报复之私,亦非以示惩创,使后来相戒,盖非此不足以保持国家之生存,而成人道之均平也。"他谴责清朝统治下草菅人命,滥施刑讯,郑重声明:"本总统提倡人道,注重民生……对于亡清虐政,曾声其罪状,布告中外人士,而于刑讯一端,尤深恶痛绝,中夜以思,情逾剥肤,为此令仰该部转饬所属,不论行政司法官署,及何种案件,一概不准刑讯……其从前不法刑具,悉令焚毁。"[③]鉴于封建司法审判的"罪从供定",使刑讯合法化,特别宣布:"鞫狱当视证据之充实与否,不当偏重口供。""如有不肖官司,日久故智复萌,重煽亡清遗毒者,除褫夺官职外,付所司法以应得之罪。"[④]

根据孙中山的命令,内务部咨司法部严令所属各官厅、各省府厅州县所有行政司法部门,一律停止刑讯。3 月 8 日,司法部又咨各省都督,传达孙中山关于不准刑讯的命令全文,从此,刑讯逼供成

---

① 伍廷芳:《中华民国图治刍议》,载丁贤俊、喻作凤编:《伍廷芳集》(下册),中华书局 1993 年版,第 598 页。

② 《大总统批法制局局长宋教仁转呈江西地方检察长郭翰所拟各省审检厅暂行大纲请示遵呈》,载中国社会科学院近代史研究所史料组编辑:《辛亥革命资料》,中华书局 1961 年版,第 266 页。

③ 《大总统令内务、司法两部通饬所属禁止刑讯文》,载中国社会科学院近代史研究所史料组编辑:《辛亥革命资料》,中华书局 1961 年版,第 215 ~ 216 页。

④ 同上。

为非法。然而根深蒂固的封建司法刑讯制度,不是一纸法令就能彻底革除的。就在《禁止刑讯文》颁布后数日,上海市裁判所便发生了"犹用戒责,且施之妇女"之事。就此,孙中山于1912年3月11日再次发布《大总统令内务、司法部通饬所属禁止体罚文》,严厉指出:"近世各国刑罚,对于罪人或夺其自由,或绝其生命,从未有滥加刑威,虐及身体,为体罚之甚者。盖民事案件,有赔偿损害、回复原状之条;刑事案件,有罚金、拘留、禁锢、大辟之律,称情以施,方得其平,乃有图宣告之轻便,执行之迅速,逾越法律,擅用职权,漫施治杖之刑,致多枉纵之狱者,甚为有司不取也。夫体罚制度为万国所摒弃,中外所讥评……顷闻上海南市裁判所审讯案件,犹用戒责,且施之妇女。以沪上开通最早,四方视听所系之地,而员司犹踵故习,则其他各省官吏,保无有乘民国初成,法令未具之际,复萌故态者。亟宜申明禁令,迅予革除。为此令仰该部速行通饬所属,不论司法行政各官,审理及判决民刑案件,不准再用笞杖、枷号及他项不法刑具。其罪当笞杖、枷号者,悉改科罚金、拘留,详细规定,俟之他日法典。"①

南京临时政府的司法实践,反映了孙中山法律思想中的民主精神,"孙中山纲领的每一行都渗透了战斗的、真诚的民主主义"。②

在伍廷芳提出的文明审判中,也集中表现为废除刑讯。他批驳了当时仍在流行的、不用刑不能查明案情与杜绝犯罪的传统看法,郑重指出:"试看中国严刑提鞫数百年来,何尝见政简刑轻?"他尤其谴责所谓"华人性质不同,不能依西法判断罪案"的荒谬论调,说:"何不观于出洋华侨,数百万之众,均不闻以刑讯取决。"③

此外,司法实践还表现为由司法部选定陪审员、准许聘请律师到庭辩护和审讯公开,任人旁听等。其中尤以建立律师辩护与公开

① 《大总统令内务、司法部通饬所属禁止体罚文》,载中国社会科学院近代史研究所史料组编辑:《辛亥革命资料》,中华书局1961年版,第270~271页。

② [苏联]列宁:《中国的民主主义和民粹主义》,载《列宁选集》(第2卷),人民出版社1960年版,第424页。

③ 伍廷芳:《中华民国图治刍议》,载丁贤俊、喻作风编:《伍廷芳集》(下册),中华书局1993年版,第599页。

审判制度,受到时人关注。对于建立律师制度一事,孙中山批复如下:“律师制度与司法独立相辅为用,夙为文明各国所通行。现各处既纷纷设立律师公会,尤应亟定法律,俾资依据。合将原呈及草案发交该局,仰即审核呈复,以便咨送参议院议决。切切! 此令。”①

至于公开审判,《中华民国临时约法》第 50 条已规定:“法院之审判,须公开之;但有认为妨害安宁秩序者,得秘密之。”湖北军政府制定的《临时上诉审判所暂行条例》中也规定:“诉讼之辩论及判断之宣告,均公开法庭行之。但有特别事件,可宣示理由,停止公开。”②

辩护制度与公开审判制度,是资产阶级司法制度的重要内容,孙中山力图在南京临时政府权力所及之处,加以实施。总体来看,经过孙中山、伍廷芳等人的努力,南京临时政府时期的司法改革呈现出良好的态势,极大地改变了中国人对于司法文明的认识。

北京政府成立之初,继续沿着南京临时政府司法改革的基本方向,由国务院发布通告,强调“立法、行政、司法分权鼎立,为共和国之精神,凡司法范围以内之事,无论何项机关,均不得侵越干预”。其后,根据《暂行法院编制法》,强调非依法律规定,各级官署不得对推事进行调任、借补、停职、免官、减俸。作为最高审级的大理院,按照“精英司法”的理论进行建构,对于推事的资格要求极严。大理院的推事须具备国内外修习法律 3 年以上,经过两次司法考试合格,并具有 10 年以上的司法实践经验,及良好的司法工作记录,并由司法部推荐,然后才能得到总统的任命。

由于大理院认真实行“法官独立审判,不受上级官厅之干涉”的原则,比较注重司法官的品行操守,因而在履行独立的审判权和统一法律解释权的过程中,赢得了社会舆论普遍的认可,树立了较大司法权威,在中国近代司法史上留下了一段虽短暂但却值得研究和重视的一页。但是,北京政府时期,军阀专政,连年混战,国家财

① 《大总统令法制局审核呈复律师法草案文》,载中国社会科学院近代史研究所史料组编辑:《辛亥革命资料》,中华书局 1961 年版,第 337 页。

② 辛亥革命武昌起义纪念馆、政协湖北省委员会合编:《湖北军政府文献资料汇编》,武汉大学出版社 1986 年版,第 735 ~ 736 页。

政主要用于军费开支,司法经费极为匮乏,司法人才尤为短缺,而当政者又存在抵触情绪,再加上文化和民族习惯及心理上的某种隔阂,使北京政府的司法制度中西杂糅,几度反复。就全国范围而言,司法独立更多地还停留在理想化的阶段。尤其是北洋军阀统治下的特定的历史背景,无论中央,还是地方大小军阀往往利用军法审判,干涉正常的司法审判。《东方杂志》曾经载文说:“军人干政及于司法,以致司法独立为之危害。此种异常举动,常借戒严以为口实,而公然为之。”①可见,在一个历经二千多年的封建专制国家里,实行司法独立的任务是异常艰巨的,这是一个充满斗争的历史的发展过程。它所遭遇的行政权力的干涉、各种势力的阻挠、权力上的争夺等,较之司法经费短缺、司法人才不足,更加难以逾越。

值得一提的是,由于北京政府颁布了《司审判官员考试法》和《司审判官员任免令》,并且进行了严格的选任制度,使司法官员具有较高的素质。曾于1913～1914年任司法总长的梁启超作过以下的评价:“十年来,国家机关之举措,无一不令人气尽,稍足系中外之望者,司法界而已。所以能尔者,则亦由法条方严,程序峻密,不易舞文一也。登庸循格,保障有规,久任谙事二也。职属冷曹,巧宦弗趋,流品较清三也。是故司法界成绩所以稍优于他界,存乎法者半,存乎人者半。”②这是很有借鉴意义的。

五、中国法律近代转型的历史价值及经验借鉴

(一)中国法律近代转型的西方化形态

中国法律在漫长的发展过程中处于与外界隔绝的状态,这是维持中国固有的政治、法律结构的必要条件,使其得以陈陈相因、辗转传承。然而在西方殖民主义国家以炮火轰开闭关锁国的国门以后,在已经无法按传统方式统治下去的形势下,变法改制,启动和推进法律的近代转型,便成为无法回避的选择。它是在引进西方文化的同时,并与传统法文化不断融合的矛盾冲突中逐步推进的。它不是

① 《东方杂志》卷二四,第二号。

② 梁启超:《〈法律评论〉之“题词”》,载《法律评论》1923年第1期。

某个权威的设计,也不是来自政治权力的强制,而是符合社会发展进步要求的历史性运动。晚清政治体制上激烈变革,为中国法制近代化提供了前提。自然经济向近代商品经济的发展,又为中国法制的近代化奠下了物质基础。而传统法律虽有它的辉煌期,但至晚清已经走到了末路,不仅远远落后于西方资本主义法律,而且已经成为桎梏中国社会发展的枷锁。在鸦片战争前,要求改革法律的呼声已经嚣然兴起,即使没有鸦片战争,中国法律也会缓慢地进步,鸦片战争只是给它制造触媒和特殊的动因。

鸦片战争后,西方国家的侵略不断深入,中国面临着历史上"百年未有之变局",中华民族处于亡国灭种的威胁当中。正因如此,中国近代史上一切重大的变革、重大的政治活动都和救亡图存联系在一起,中国法律的近代转型同样是围绕这条主线展开的。抗敌御侮、富国强兵的爱国情操,成为推动中国法律近代化的强大动力。与此相联系的,收回列强攫取的领事裁判权,恢复中国的司法主权,也是爱国的官僚士大夫积极投身于法制改革的重要原因。

中国法律的近代转型是从 19 世纪下半叶开始的,经历了一个较长的发展过程,是整个社会转型的一个组成部分,是社会内部或外部的诱因所导致的。由于不同国家或民族传统的经济、政治和文化发展的水平不尽一致,在国家形态和政治体制上也各有差异,加上地理环境、社会习俗和民族传统等诸多方面存在较大的不同,各个国家或民族的近代转型呈现出不同的、各有特色的模式。即使是在同一个国家或民族发展的不同阶段,由于经济发展水平、政治体制、文明水准,以及社会开放程度的参差不齐,也会表现出不同的特点。任何一个国家或民族在特定阶段所采取的法律近代转型的道路与模式,总是与本国特定时期的社会发展形势紧密关联的,既有民族性,也有阶段性。中国法律的近代转型,从洋务派引进西法、稍变成法开其端倪,中间经过戊戌变法时期维新派的理论论证,至清末预备立宪与修律,又从理论与实践的结合上,把中国法律的转型推向了新的阶段。从此,中国法律开始与世界先进法律接轨。之后又经过了民国时期的继续推进,终于使中国近代的法律得以跻身于世界法律之林。这是符合世界历史发展的潮流和中国民心之所向,有其历史的必然性,因而具有强大的生命力,不是任何顽固集团或个人所能阻挡的。

中国法律的近代转型是以西方先进法文化为理论先导的,他所采取的模式必然是西方化形态。无论是晚清时期的变法修律,还是民国初期的法制建设,都是以西方法律文化为参照物,这使中国法律的近代转型呈现较为浓厚的西方色彩。现代化理论将世界各国的近代化道路划分成两个类别,即内源的近代化和外源的近代化。[①]前者是指社会自身力量产生的内部创新,并经历了漫长的社会变革过程的近代化道路;后者是指在国际环境影响下,社会受外部冲击而引起内部的思想和政治变革,并进而推动经济变革的近代化道路。外源性的近代化主要是指欠发达的国家,其现代的生产力要素都需要从域外移植。[②] 按照这一划分标准,西欧国家的近代化是内源性道路的典型,而中国的社会近代化(包括法律的近代转型)在总体上则表现为外源性的近代化道路。鸦片战争前的中国是一个法律与道德不分的封闭型国家,整个社会的调控机制呈现重公权、轻私权,重人治、轻法治,重国家、轻个人,重伦理、轻是非等特点。这样的法律价值取向与近现代法制的标志性因素——宪政、共和、法治、权利、司法独立、律师制度等,是背道而驰的。因此,要实现中国法律的近代转型,就必须以西方近代法制的基本标准来开展本国的法律改革,积极引入近代法制文明的制度、原则和成功经验,这是中国法律近代化必然在总体上呈现出外源性和一定程度的西方化的根本原因。可以说,没有西方法制文明的样板性作用,不可能在20世纪初的中国建立近代化的法律体系。

承认中国法律近代转型在总体上所呈现的外源性特征,并不意味着否定中国社会内部存在对法律近代转型起推进甚至在某些层面起决定性作用的因素。19世纪下半叶西方资本主义法制文明传入中国之前,中国传统法文化虽然仍以自然经济、专制政体和宗法

① 罗荣渠:《现代化新论》,北京大学出版社1993年版,第123页。有的学者也分别称为内发性的近代化和外发性的近代化。

② 同上书,第123~124页。

关系为其经济、政治和社会基础。但明清以来,随着商品经济的发展,中国社会已经出现了资本主义的萌芽:经济生活日益活跃,各种经济交往主体的平等地位日渐增强。作为封建社会主要财产的土地流转加速,用于交易手段的契约种类日趋复杂;在思想领域出现了如顾炎武、王夫之等对君主专制主义进行批判的启蒙思想家,形成了对传统理学持批判态度的戴震、汪中、阮元等哲学派别;在社会生活中雇工人、贱民的身份开始上升,工商业者的身份自由逐渐加强,这种社会发展形势在晚清时期得到进一步强化。西方资本主义经济势力的入侵使封建自然经济走向解体,使民族资本主义得以在帝国主义和买办资本主义的夹缝中获得生存的机会;西方政治法律思想和制度文明通过外国书籍的翻译和出版进入中国士大夫的视野,极大地改变了封建官僚和爱国士大夫的政治观念。随着晚清时期中央与地方权力格局的调整,一些对西方政治和法制抱有认同态度的官僚如张之洞、沈家本等进入了中央权力的核心。这一切都为晚清开展修律进而启动中国法律的近代转型提供了内在的条件。这些条件在以后的法律近代转型进程中逐渐完备,对法制建设所起的作用也逐步加强和明显。所以,从中国法律近代转型的整个历史进程而言,西方化的色彩必然会表现出逐渐减弱的态势,其根本的原因就在于近代中国社会自身发展所形成的经济商品化、政治文明化和思想开放的趋势,为中国法制近代化提供了越来越显著的推动力。或者说,中国法律的近代转型就是外源性趋于减弱,内源性特征逐步显现的历史进程。中华法律文明不仅在古代世界占有重要的地位,其悠久的人文精神也有与近代法制文明暗合之处,譬如德治与法治互补,以法为教,综合为治,民贵、君轻的民主意识,有教无类的平等精神,对社会弱势群体的法律保护等,不仅是传统的,也是现代的。只有立足于本国的国情和民情,尊重本民族的创造和法律传统,注重发掘其中先进性的因素并将其纳入新建立的法律制度之中,才能超脱中国法律近代转型进程中的西方化的樊篱,实现更加宏伟的、深刻的法制近代化的建设目标。

中国法律的近代转型是由传统法律向近代法律的转型,是在法律领域的一场历史巨变。其在晚清与民国初期的主要标志就是中华法系的解体，与大陆法系在中国的开始确立，从此中国法律的发展摆脱了孤立的状态，融入世界法律发展的潮流当中。

在中国法律近代转型的过程中，由于受到社会经济、政治和思想文化发展的影响，呈现明显的阶段性特点。晚清修律之后，经历了南京临时政府的法制创建、北京政府的法制建设等多个阶段。在不同的阶段，各个政权基于所代表的阶级利益和政治需要，分别采纳了不同的法制方案。其中有的适应了法律近代转型总趋势，因而推进了中国近代法制的发展；有的则背离了中国社会发展的基本方向，因而延缓乃至阻碍了法律近代转型的历程。晚清修律几乎等同于西方化，但是不能因晚清时期表现出的西方化色彩，就将中国法制近代转型的整个过程等同为西方化。从人类社会发展的历史进程来看，任何国家和民族都不可能始终以外来的法文化标准为本国法制发展导向的。特别是近三十年改革开放的例子提示我们，中国法制的未来终究还是要走自己的路。中华法制文明终究会迎来它的伟大复兴。

既然中国法律的近代转型是一个较长时期的发展过程，那么晚清修律所取得的主要成果不仅是十年之功，而是体现了中西法文化经过碰撞与相互吸收的积累；也不仅是沈家本等一二人之力，而是自林则徐、魏源以来几代人的努力。在这个过程中，代表传统法律的旧势力不会甘心于既得利益的丧失，势必予以抵制和抗争，因此法律近代转型的过程是一个新旧势力之间长期的乃至反复的斗争过程。同时影响和制约法律近代化转型因素的多样化，也决定了它必将是一个复杂、迂回曲折的过程。这就意味着必须从社会和法制发展的总体趋势和本质特点出发来描述或勾勒转型的样态，而不能以某个阶段的特点替代整个进程的总体样态。

（二）中国法律近代转型的历史借鉴

无论是从人类法制文明的历史趋势去推演，还是从中国近代社会所面临的内外挑战来考察，中国法制的近代化都是一个不以人的意志为转移的客观历史进程。尽管有晚清政府内部顽固派对变法修律的抵制和北洋政府公开打出“尊孔”和“复古”旗帜的倒行逆施，但中国法制的近代化还是在不断前进。当我们回顾这段历史，

探寻这一不可逆转的法制发展历程中的规律之时,以下几点是值得借鉴的:

第一,中国法律的近代转型只能在开放的社会环境中进行。

如果说作为内源性近代化典范的英美法等国在实现近代化的过程中,经历了光荣革命、独立战争、法国大革命等制度变革才得以最终实现,那么作为总体上属于外源性近代化模式的中国,要想完成近代化的历史进程,所要经历的就不仅是政治领域的变革,还涉及文化的和思想领域的变革。因此,中国法制近代转型的广度和深度,是以往历次变法所不及的。中国古代的变法仅仅是法律领域中的一个或几个制度的调整或改革,而法律的近代转型不仅关系到法律制度的改革和法律思维方式的转换,更涉及法律价值观的改变,甚至关乎法律传统的命运,因此非有强大的推进力是难以启动的。由于中国长期处于一种封闭的文化体系之中,以致中国法律只有纵向的传承,而没有横向的比较吸收;统治者严格遵循"夷夏之防"的传统,对"以夷变夏"保持高度的警觉。尤其是清朝统治者坚持闭关锁国的政策,使统治集团中形成了傲慢自大的民族心理和顽固保守的政治态度。在这样一种政治体制和社会氛围中,清朝法制是不可能从内部超越封建法制的樊篱,主动踏上法律近代转型的历史征程的。

鸦片战争爆发以后,西方资本主义借助坚船利炮强行打开了中华帝国的大门,慑于帝国主义的武力威胁,晚清政府被迫采取了开放的政策,使西方先进的政治法律思想涌入中国,从此中国社会面临着"三千年未有之大变局"。尽管晚清的开放是西方殖民主义者以武力强制的,但却使一个长期封闭的国家接触到了外界的新思潮、新制度,使爱国的仁人志士有可能用新的思维方式去观察、思考和探求救亡图存的强国之路。

从闭关锁国的政策到"博稽中外"[1]修律宗旨的形成,从仿照大陆法系确立六法体系到近代司法体制的建立,中国法律的近代转型

① (清)沈家本:《历代刑法考·寄簃文存卷六·重刻明律序》,邓经元、骈宇骞点校,中华书局1985年版,第2210页。

终于走上了正常的轨道。在这个从无到有、从古到今的发展历程中,开放的社会环境是最为重要的条件。因为法律的近代转型是以横向交流为起点的,为此首先需要输入外来法文化,借以了解外来法文化的总体样态,进而比较和鉴别中外法制文明的差异,为法律的近代转型提供参照物,显然这一切都是以国家的开放为前提的。同样,开放的环境使人们逐渐形成对中外法制文明的平等心态,能够冷静地比较两种法制文明的优劣之处,并以先进性和社会适应性的标准进行选择,实现两种法制文明的融合。以孙中山法制思想的转换为例,早期,孙中山是西方法制文明的崇拜者,他在辛亥革命胜利以后,将源于西方的共和国蓝图付诸实现,颁布了包括《中华民国临时约法》在内的一系列法律文件。但是辛亥革命以后,先有袁世凯的复辟帝制,后有北洋军阀的专制集权,使他不仅看到了西方法文化与中国经济状况、文化观念和社会民情之间的不协调性,①也看到了中国传统法制文明有其合理性的一面。他的五权宪法理论就是融合了西方的三权分立思想和中国传统的科举选官制度和监察制度而形成的。由此可见,没有开放的社会环境,便不会有西方法文化的引进和交流、比较,也就不会理性地思考和选择中国法律近代转型的道路。

第二,中国法律的近代转型与政治体制的改革紧密相关。

如前所述,法律的近代转型不是一个孤立的历史发展现象,它与政治、经济和思想文化改革紧密相连,尤以政治体制的近代化对于法律的近代转型有着重要的意义。任何社会的政治体制对于法律而言,都是第一位的,法律的近代转型离不开政治体制的推进和巩固。无论是英国还是法国,只有当资产阶级革命取得了最终的胜利,资产阶级掌握了政权,确立了君主立宪制,才产生了记载法制现代性成果的诸如《法国民法典》《法国刑法典》,使法律的近代转型得以巩固。对于中国这样一个不发达的国家,要想迅速实现法律的

---

①　比如代议制被西方人看作最先进的宪政制度,但孙中山却看到了其中的流弊,他认为"富人因为有了那样多的财产,便垄断国家大事,无恶不作。穷人因为没有生活,便不得不去做富人的牛马奴隶"[《孙中山全集》(第1卷),中华书局1986年版,第23页。]。由此可见,西方法制文明的先进性也是相对的。

近代转型,就必须具备近代化的政治体制,才能发挥组织和推动的作用,而这个近代化的政治体制在清末新政以前是没有的。

1900 年义和团运动以后,以慈禧太后为首的统治集团,被迫于 1901 年 1 月下诏变法,承认"法久则弊,法弊则更"①的变法思想的合理性。稍后又宣称"时处今日,惟有及时详晰甄核,仿行宪政……以立国家万年有道之基",②从而揭开了变法新政的序幕,开启了政治体制近代化的进程。在预备立宪期间,清政府对中央官制进行了改革,建立了咨议局和资政院,进行了议员的选举,并召开了咨议局和资政院的常年会,颁布了《钦定宪法大纲》和《重大信条十九条》。尽管这种政治体制的改良在广度和深度上还很有限,但它意味着传统的以皇权神圣为理论基础的专制政治体制的开始变革。政治体制上的变革,不仅为晚清修律提供了政治保证,而且也为修律活动提供了合理性论证基础。沈家本就宣称修律为"预备立宪之要著"。③

与此形成鲜明对照的就是 1898 年的戊戌维新,在 103 天的时间里,光绪皇帝颁布了 110 多条法令,其内容涉及政治、经济、军事和文化教育等各个方面,但由于整个政治体制仍旧处于保守顽固势力的控制之中,这些法令随着百日维新的失败一一化作空文。如同西方学者所评论的,"维新运动的失败说明了一个事实,即它不仅仅暴露了中国的政治制度对于全面改革的惊人无能,而且也反映出政治领导是多么没有能力使制度恢复生气和经受中国危机时代所必需的自我改造"。④

政治体制的近代化程度对法律近代转型的影响,在清以后的法制发展进程中也有鲜明的体现。北京政府时期,袁世凯等北洋军阀篡夺了辛亥革命的胜利果实,在民主、共和的旗帜下实行军阀专政。这种逆历史潮流建立起来的政治体制,当然无法承担推进和巩固已

① (清)朱寿朋编:《光绪朝东华录》,中华书局 1958 年版,第 4655 页。

② 同上书,第 5563 页。

③ (清)沈家本:《奏修订法律大概办法折》,载《档·法·律例 80 号》。

④ [美]费正清、刘广京编:《剑桥中国晚清史》(下册),中国社会科学历史研究所编译室译,中国社会科学出版社 1993 年版,第 371 页。

经开始的中国法律近代转型的伟大使命。因此,在北洋军阀统治时期中国法律的近代转型的进程受到阻滞,甚至出现倒退的迹象。例如,调整民事法律关系主要依据清末颁布的《大清现行刑律》中的民事有效部分,这些规范维护尊卑长幼、亲疏嫡庶、男尊女卑的宗法伦理秩序,与近代法制的基本原则多有冲突,与清末制定的《大清民律草案》相比,不能不说是一个退步。

第三,中国法律的近代转型注意新理论的先导。

伟大的实践需要科学理论的指导,这一人类实践活动与科学理论之间关系的经典表述,同样适用于中国法律近代转型的整个过程。由于这场法制变革的根本性和深远性是中国历史上所没有的,其过程的复杂性和涉及范围的广度也是未曾遇到的,因此,要达到既定的目标,必须有科学的理论论证和指导,以便用更小的代价、更短的时间、更准确的导向,实现最佳的效果。以英国为例,虽然其法制发展进程在很大程度上是一种经验建构型的,但是科学理论的指导也起了很大的作用。19 世纪英国的司法体制和诉讼程序的体系化,就是和被称为"法律改革家"①的杰里米·边沁的功利主义法律思想和法律改革理论分不开的。② 另外,法国启蒙思想家的自然法理论和法学家对罗马法的研究,也都对法国的法制近代化产生了导向的作用,由此而产生了法国近代宪法和民法典。③

如果说英法等经由内源性道路推进法律近代转型的国家,尚需理论为之论证及目标定位,那么在中国这样一个以外源性道路开始其法律近代转型的国家,法制理论的作用就尤为突出。英法等国法律的近代转型是本国社会发展进程中自动启动的,其动力来自社会本身,其法制的发展方向在很大程度上是由本国特定的经济、政治需求和法律传统的基本性质所决定的,因而其法学理论主要是本土法律实践的升华,它所论证的也仅限于法律自身的发展。但中国不

---

① ［英］边沁:《政府片论》,沈叔平等译,商务印书馆 1995 年版,第 35 页。

② 有关边沁的功利主义思想对法律改革的评论,参见丁威迪:《边沁的功利主义现代化的理论和实践》。转引自王觉非:《英国的政治经济和社会现代化》,南京大学出版社 1989 年版,第 397 页。

③ ［日］大木雅夫:《比较法》,范愉译,法律出版社 1999 年版,第 155 ~ 160 页。

同,中国法律的近代转型所承担的使命,首要的是救亡图存,富国强兵,至于法律发展自身的价值则在很大程度上被忽视了。晚清修律时沈家本就将法律的规范作用放在政教之后,所谓"化民之道,固在政教,不在刑威"。[①] 在法律主要表现为工具主义的传统氛围中,法学理论的首要任务在于论证法制近代化将会对国家强盛、民族复兴所产生的作用,其次才是法律自身的发展问题,如法律的本位问题、法律制定中的技术问题。此外,中国法律的近代转型所经历的过程与英法等国也有很大的不同。英法等国法律的近代转型在很大程度上是一个国家或民族内部发展的历史过程,而在中国,法律近代转型是在面临西方法制文明的挑战的情境下开始的。这样的社会背景就意味着法律的近代转型是在多重而且异常复杂的矛盾冲突中披荆行进的,迫切需要一套能够对这些矛盾提供正确认识和解决方案的科学理论。

当中国人将法制文明与国家的富强兴盛联系起来的时候,他们的法律观念开始发生了变化,认识到要实现国家的独立和强盛,就再也不能固守成法,而必须师夷变法。"善治民者不泥法",[②]"变者,古今之公理",[③]逐渐成了人们的共识。"要救国,只有维新,要维新,只有学外国",[④]人们的目光自然地转向了西方,开始从西方法制文明中寻求挽救中国命运的方案。于是君主立宪、法治、权利本位以及司法独立等近代法制的基本制度和原则,取代了君主专制、人治、义务本位和司法行政不分,成为晚清进行法制变革的目标选择。康有为就曾提出"变法全在定典章宪法",[⑤]即制定一部推行君主立宪制的宪法,使君民同受其治;梁启超认为"法治主义,为今

---

① (清)沈家本:《历代刑法考·寄簃文存卷一·删除律例内重法折》,中华书局1985年版,第2025页。

② (清)魏源:《默觚下·治篇五》,载魏源全集编辑委员会编校:《魏源全集》(第12册),岳麓书社2004年版,第49页。

③ 同上。

④ 《毛泽东选集》(第4卷),人民出版社1991年版,第1470页。

⑤ 康有为:《康南海自编年谱》,载翦伯赞等主编:《戊戌变法·康南海自编年谱》(第4册),上海人民出版社1957年版,第145页。

日救时唯一之主义”；[①]章太炎从反对封建专制的立场出发，宣扬司法独立的合理性，严复则通过翻译西方资产阶级政治法律著作，介绍和宣传天赋人权、民约论、分权论等资产阶级的理论。这些理论论证的结论在以后的清末新政和修律中都得到了实现。由此可见，没有西方近代的法学理论，就不能指导法律制度朝着近代化方向发展，就无法推动法律观念的更新和法律思维方式的改变。

第四，中国法律的近代转型注意发挥掌握新思想的人的作用。

中国法律的近代转型，无论是制度还是观念层面，都离不开掌握新思想的人的作用。从制度层面看，近代化的制度需要掌握新思想的人来论证、设计、运用和执行。从观念层面看，先进的制度必须伴以先进的观念为思想支持。只有广大民众拥有先进的法律观念，先进的制度才有可能得到人们的自觉遵守，制度规范的效益才能得到最大的发挥。而在培养和灌输民众先进法律观念方面，掌握新思想的人的作用尤为重要。此外，他们与传统的旧法律制度和观念所进行的斗争，也有助于树立新的先进的法律制度和观念的权威。这也就是为什么人们总是将英美等国的律师和法官、德法等国的法学家看成该国法律近代化的重要因素之一。

就中国而言，掌握新思想的人对于法律近代转型的作用，不仅在于需要他们来设计和执行先进的法律制度，宣传先进的法律观念，以树立新的法律制度与观念的权威，还在于需要他们去揭示旧的法律制度和观念的不合理之处，介绍并论证引进的法律制度和观念与中国社会现实国情和民情的适应性，减小新旧制度之间的取代和融合所带来的社会震动，推动法律近代转型的进程。

在中国法律近代转型的历史进程中，产生了许多为之呕心沥血、奔走呼号的仁人志士。这些精英人物启动了中国法律的近代转型的历程，并不断地进行调适，使其得以平稳运行。正是意识到中国法制的发展需要众多的掌握新思想的人物发挥作用，因此在晚清修律过程中，主持者除将重点放在删改旧法、制定新法之外，还特别

---

①　梁启超：《中国法理学发达史》，载梁启超：《饮冰室合集》第二册之文集十五，中华书局 1989 年版，第 43 页。

重视用先进的法律理论和技术来教育和培养法律人才。经过沈家本等人的积极努力,不仅建立了法律学堂,还派员出国考察进修,聘请外国法学家来中国讲学,壮大了近代中国法制建设的后备力量。这一期间经由法律学堂所培养的近千名法律专门人才,成了中华民国政府继续推进法律近代转型的骨干力量。

第五,中国法律的近代转型需要处理好法律移植与法律本土化之间的关系。

对于一个以外源性道路开始法制近代化的国家来说,实现从传统法制向现代法制的转变,其中最便捷也是必需的就是法律移植。

中国法律的近代转型就是从实行法律移植开始的。以晚清修律为例,或者全部采用西方的法律以补充阙如,或者用西方法律来取代现有法律中落后的或与时代不相适宜的部分。前者的典型是1906 年制定的破产法。这部法律从体例和内容完全是抄自日本破产法。后者的典型是刑法。在沈家本主持下,修订法律馆先后进行了删改旧律、编定《现行刑律》,最后制定出《大清新刑律》。经过全方位的法律移植,晚清政府仿照大陆法系建立了较为完整的"六法体系",基本确定了中国法律近代转型的基本走向,确立了中国近代法律的总体架构。其后,民国政权继续沿行晚清所开创的通过法律移植的方式改革传统法制、建立新法制的模式。应该说,法律移植对于中国法律的近代转型具有十分重要的意义,它迅速弥补了中国在现代法律制度上的空缺,尽快改变了在制度层面上落后与保守的尴尬局面,消除了在处理新社会关系时因法律漏洞而束手无策的不利局面,也为在民众中传播新的法律观念提供了文本依据。但是,法律移植对于法制近代化的贡献是有限的。要想使其完全发挥作用,最为关键的就是如何将引进的法律制度、原则与本国现有的制度和原则相融合,以共同发挥整体效应。这就是协调法律移植与法律本土化之间关系的问题。

移植来的法律既要体现出时代的先进性,又要与本国的现实国情和民情相适应,表现出与社会的适应性。法律的本土化不仅要使引进的法律与中国的现实国情和民情相协调,更主要的是在保持引进的法律本身的先进性的前提下,将其改造成适合中国现实社会需要的形式,以获得最大限度地社会调整效能,并在此基础上生长出新的制度和原则。这在中外法律史上不乏成功的范例。例如,在英国法律史上,源于法兰克王国的咨审调查技术被诺曼人引进英格兰以后,发展演变成了陪审制度。实践证明,这种立法思路是十分合理的。

如果说通过西方化建立起的晚清法律体系基本符合时代先进性的标准,那么在社会的适应性层面上,留给我们的也有突出的教训。以《破产律》为例,尽管其体系和内容都是以日本破产法为参照,表现出与世界商事立法接轨的先进性,但由于这些规定与晚清时期经济发展水平和经济运行机制产生了严重的抵牾,而受到开明企业家的批评和政府官员的抵制,而流于具文。晚清政府以西方化为主导方向的修律活动为中国以后的法律转型所提供的既有经验,也有教训。经验就是,必须按照近现代法制文明的基本标准来开展本国的法制建设,追求法制的先进性,只有这样才能走上法制近代化的道路;教训就是,在采纳西方先进法制文明因素的同时,必须对本国的法律传统和现实国情持有清醒的和尊重的态度,并且尽可能地将传统法律中的民主性因素纳入新建立的法律体系之中,为先进性的法律制度提供深厚的社会土壤和文化支持。过度的西方化并不是中国法律近代转型的最优路径。最终中国法律的近代转型必然会超脱西方化的樊篱,实现中华法制文明伟大复兴。

参考文献

一、典籍类

1. 周振甫译注:《周易译注》,中华书局 1991 年版。

2. 周振甫译注:《诗经译注》,中华书局 2002 年版。

3. (西汉)伏生:《尚书大传》,(东汉)郑玄注,(清)陈寿祺辑校,载朱维铮主编:《中国经学史基本丛书》(第 1 册),上海书店出版社 2012 年版。

4. 杨伯峻编著:《春秋左传注》,中华书局 2018 年版。

5. 许维遹:《吕氏春秋集释》,中华书局 2009 年版。

6. 程树德:《论语集释》,程俊英、蒋见元点校,中华书局 1990 年版。

7. (清)焦循:《孟子正义》,沈文倬点校,中华书局 1987 年版。

8. 康有为:《孟子微 · 礼运注 · 中庸注》,楼宇烈整理,中华书局 1987 年版。

9. (宋)朱熹集注:《四书集注》,陈戍国标点,岳麓书社 2004 年版。

10. (清)阮元校刻:《十三经注疏》,中华书局 1980 年版。

11.(东汉)许慎:《说文解字》,中华书局 1963 年版。

12.徐元诰:《国语集解》,王树民、沈长云点校,中华书局 2002 年版。

13.睡虎地秦墓竹简整理小组编:《睡虎地秦墓竹简》,文物出版社 1990 年版。

14.(汉)司马迁:《史记》,中华书局 1959 年版。

15.(汉)班固:《汉书》,中华书局 1962 年版。

16.(南朝宋)范晔:《后汉书》,中华书局 1965 年版。

17.(晋)陈寿:《三国志》,中华书局 1959 年版。

18.(唐)房玄龄等:《晋书》,中华书局 1974 年版。

19.(南朝梁)沈约:《宋书》,中华书局 1974 年版。

20.(南朝梁)萧子显:《南齐书》,中华书局 1972 年版。

21.(唐)姚思廉:《梁书》,中华书局 1973 年版。

22.(唐)姚思廉:《陈书》,中华书局 1972 年版。

23.(北齐)魏收:《魏书》,中华书局 1974 年版。

24.(唐)李百药:《北齐书》,中华书局 1972 年版。

25.(唐)令狐德棻等:《周书》,中华书局 1971 年版。

26.(唐)魏徵、令狐德棻:《隋书》,中华书局 1973 年版。

27.(唐)李延寿:《南史》,中华书局 1975 年版。

28.(后晋)刘昫等:《旧唐书》,中华书局 1975 年版。

29.(宋)欧阳修、宋祁:《新唐书》,中华书局 1975 年版。

30.(元)脱脱等:《宋史》,中华书局 1977 年版。

31.(元)脱脱等:《金史》,中华书局 1975 年版。

32.(明)宋濂等:《元史》,中华书局 1976 年版。

33.柯劭忞:《新元史》,上海古籍出版社 1989 年版。

34.(清)张廷玉等:《明史》,中华书局 1974 年版。

35.(清)谷应泰:《明史纪事本末》,中华书局 1977 年版。

36.赵尔巽等:《清史稿》,中华书局 1977 年版。

26.梁启超:《戊戌政变记(外一种)》,上海古籍出版社 2014 年版。

37.(唐)吴兢:《贞观政要集校》,谢保成集校,中华书局 2003

年版。

38.(唐)长孙无忌等:《唐律疏议》,刘俊文点校,中华书局1983年版。

39.(唐)李林甫等:《唐六典》,陈仲夫点校,中华书局1992年版。

40.(唐)杜佑:《通典》,王文锦等点校,中华书局1988年版。

41.(宋)宋敏求编:《唐大诏令集》,商务印书馆1959年版。

42.(宋)王溥:《唐会要》,中华书局1955年版。

43.(宋)窦仪等:《宋刑统》,吴翊如点校,中华书局1984年版。

44.(宋)司马光编著:《资治通鉴》,(元)胡三省音注,"标点资治通鉴小组"校点,中华书局1956年版。

45.(宋)李焘:《续资治通鉴长编》,中华书局2004年版。

46.(清)徐松辑:《宋会要辑稿》,中华书局1957年版。

47.中国社会科学院历史研究所宋辽金元研究室点校:《名公书判清明集》,中华书局1987年版。

48.《元典章》,陈高华等点校,中华书局、天津古籍出版社2011年版。

49.(宋)王钦若等编:《册府元龟》,中华书局1960年版。

50.(宋)李昉等:《太平御览》,中华书局1960年版。

51.(元)马端临:《文献通考》,中华书局1986年版。

52.(明)申时行等修:《明会典》,中华书局1989年版。

53.(清)薛允升:《唐明律合编》,怀效锋、李鸣点校,法律出版社1999年。

54.《大明律》,怀效锋点校,法律出版社1999年版。

55.(明)胡广等奉敕撰:《明实录》,"中央研究院"历史语言研究所校勘,上海书店出版社1984年版。

56.《皇明诏令》,文海出版社1984年版。

57.(明)张卤校刊:《皇明制书》,成文出版社1969年。

58.胡星桥、邓又天主编:《读例存疑点注》,中国人民公安大学出版社1994年版。

59.(明)王圻:《续文献通考》,影印本文渊阁《四库全书》。

60.（清）刘锦藻：《清朝续文献通考》，商务印书馆 1955 年版。

61.《大清律例》，张荣铮、刘勇强、金懋初点校，天津古籍出版社 1993 年版。

62. 马建石、杨育棠主编：《大清律例通考校注》，中国政法大学出版社 1992 年版。

63.《大清律例汇辑便览》，戴炎辉点校，成文出版社 1980 年版。

64. 上海商务印书馆编译所编纂：《大清新法令》，商务印书馆 2010 年版。

65. 伍廷芳等编：《大清新编法典》，文海出版社 1987 年版。

66.《大清法规大全》，考正出版社 1972 年版。

67.《大清会典事例》，中华书局 1991 年版。

68. 全国图书馆文献缩微复制中心编：《钦定台规》，全国图书馆文献缩微复制中心 1989 年版。

69. 中国第一历史档案馆整理：《康熙起居注》，中华书局 1984 年版。

70. 辽宁大学历史系编：《清太宗实录稿本》，辽宁大学历史系 1978 年版。

71. 中华书局编：《清实录》，中华书局 1985 ~ 1987 年版。

72.（清）朱寿朋编：《光绪朝东华录》，中华书局 1958 年版。

73.《光绪会典》，文海出版社 1973 年版。

74.（清）乾隆官修：《清朝通志》，浙江古籍出版社 1988 年版。

75. 襟霞阁主编：《陆稼书判牍》，上海中央书店 1937 年。

76.（清）蓝鼎元：《鹿洲公案》，刘鹏云、陈方明译，群众出版社 1985 年版。

77.（清）贺长龄编：《皇朝经世文编》，文海出版社 1972 年版。

78.（清）高宗敕：《清朝通典》，新兴书局 1963 年版。

79.（清）同文馆编：《同文馆题名录》，光绪五年（1879 年）刊本。

80.（明）黄淮、杨士奇编：《历代名臣奏议》，上海古籍出版社出版 1989 年版。

81.（清）端方：《端忠敏公奏稿》，文海出版社 1973 年版。

82.(清)张树声:《张靖达公奏议》,文海出版社1973年版。

83.(清)郭嵩焘:《郭嵩焘奏稿》,杨坚点校,岳麓书社1983年版。

84.(清)郭嵩焘:《伦敦与巴黎日记》,钟叔河、杨坚整理,岳麓书社1984年版。

85.天津图书馆、天津社会科学院历史研究所编:《袁世凯奏议》,天津古籍出版社1987年版。

86.官箴书集成编纂委员会编:《官箴书集成》,黄山书社1997年版。

87.(清)王先谦:《荀子集解》,沈啸寰、王星贤点校,中华书局1988年版。

88.阎振益、钟夏校注:《新书校注》,中华书局2000年版。

89.(汉)贾谊:《贾谊集》,上海人民出版社1976年版。

90.(汉)董仲舒:《春秋繁露》,(清)凌曙注,中华书局1975年版。

91.王利器校注:《盐铁论校注》,中华书局1992年版。

92.(汉)王符撰,(清)汪继培笺,彭铎校正:《潜夫论笺校正》,中华书局1985年版。

93.(清)陈立:《白虎通疏证》,吴则虞点校,中华书局1994年版。

94.吴毓江:《墨子校注》,孙启治点校,中华书局1993年版。

95.杨明照:《抱朴子外篇校笺》,中华书局1991年版。

96.黎翔凤:《管子校注》,梁运华整理,中华书局2004年版。

97.许富宏:《慎子集校集注》,中华书局2013年版。

98.蒋礼鸿:《商君书锥指》,中华书局1986年版。

99.(清)王先慎:《韩非子集解》,钟哲点校,中华书局1998年版。

100.(汉)应劭:《风俗通义校注》,王利器校注,中华书局1981年版。

101.黄晖:《论衡校释(附刘盼遂集解)》,中华书局1990年版。

102.(汉)桓谭:《新论》,上海人民出版社1977年版。

103. (汉)刘向:《说苑校证》,向宗鲁校证,中华书局 1987 年版。

104. (汉)蔡邕:《独断》,商务印书馆 1936 年版。

105. (唐)王方庆集:《魏郑公谏录》,中华书局 1985 年版。

106. (唐)韩愈:《韩愈集》,严昌校点,岳麓书社 2000 年版。

107. (唐)白居易:《白氏长庆集》,上海涵芬楼借江南图书馆藏日本翻宋大字本景印。

108. (清)孔广陶校注:《北堂书钞》,清光绪富文斋刻本。

109. (宋)程颢、程颐:《二程集》,王孝魚点校,中华书局 1981 年版。

110. (宋)范仲淹:《范文正公集》,商务印书馆 1937 年版。

111. (宋)王安石:《临川先生文集》,中华书局 1959 年版。

112. (宋)司马光:《司马温公文集》,中华书局 1985 年版。

113. 杨国宜校注:《包拯集校注》,黄山书社 1999 年版。

114. (宋)范浚:《香溪集》,中华书局 1985 年版。

115. (宋)朱熹撰,朱杰人等主编:《朱子全书》,上海古籍出版社、安徽教育出版社 2002 年版。

116. (宋)杨万里:《诚斋集》,商务印书馆 1929 年版。

117. (宋)陈亮:《陈亮集》(增订本),中华书局 1987 年版。

118. (元)耶律楚材:《湛然居士文集》,谢方点校,中华书局 1986 年版。

119. (明)张居正:《张文忠公全集》,商务印书馆 1935 年版。

120. (明)丘濬:《大学衍义补》,金良年整理,朱维铮审阅,上海书店出版社 2012 年版。

121. 吴光等编校:《王阳明全集》,上海古籍出版社 2014 年版。

122. (明)朱敬循:《刻精注大明律例致君奇术》,万历中闽潭城余氏萃庆堂刊本。

123. (明)黄宗羲:《明夷待访录》,中华书局 2011 年版。

124. (清)顾炎武:《亭林文集》,商务印书馆 1936 年版。

125. (清)顾炎武撰,陈垣校注:《日知录校注》,安徽大学出版社 2007 年版。

126.(清)王夫之:《读通鉴论》,中华书局 1975 年版。

127.(清)王夫之:《黄书·噩梦》,王伯祥校点,中华书局 1956 年版。

128.(清)吕留良:《吕用晦文集》,清光绪三十四年(1908)上海国学保存会铅印本。

129.(清)方苞:《望溪先生全集》,载《清代诗文集汇编》编纂委员会编:《清代诗文集汇编》(第 222 册),上海古籍出版社 2011 年版。

130.(清)陈宏谋:《培远堂偶存稿》,载《清代诗文集汇编》编纂委员会编:《清代诗文集汇编》(第 281 册),上海古籍出版社 2011 年版。

131.(清)昭梿:《啸亭续录》,文海出版社 1967 年版。

132.(清)汪辉祖:《佐治药言》,中华书局 1985 年版。

133.(清)汪辉祖:《学治臆说》,中华书局 1985 年版。

134.(清)赵翼:《廿二史札记》,北京市中国书店 1987 年版。

135.(清)裕谦:《裕忠节公(鲁山)遗书》,文海出版社 1973 年版。

136.(清)钱仪吉:《续碑传集》,文海出版社 1973 年版。

137.(清)马国翰:《竹如意》,国家图书馆藏清刻本。

138.(清)魏源:《魏源全集》,岳麓书社 2004 年版。

139.(清)魏源:《圣武记》,中华书局 1984 年版。

140.(清)龚自珍:《龚自珍全集》,中华书局 1959 年版。

141.(清)包世臣:《安吴四种》,文海出版社 1968 年版。

142.(清)曾国藩:《曾国藩全集》,岳麓书社 2011 年版。

143.(清)吴汝纶编录:《李文忠公全集》,清光绪三十四年(1908 年)刻本。

144.苑书义等主编:《张之洞全集》,河北人民出版社 1998 年版。

145.(清)张之洞:《张文襄公全集》,中国书店 1990 年版。

146.(清)梁廷枏:《海国四说》,中华书局 1993 年版。

147.(清)徐继畬:《瀛寰志略》,上海书店出版社 2001 版。

148.(清)冯桂芬、马建忠:《采西学议——冯桂芬、马建忠集》,

郑大华点校,辽宁人民出版社 1994 年版。

149.（清）王韬:《弢园文录》,载《续修四库全书》编纂委员会编:《续修四库全书》（第 1558 册）,上海古籍出版社 2002 年版。

150.（清）王韬:《弢园文录外编》,中华书局 1959 年版。

151.（清）王韬:《弢园尺牍》,文海出版社 1982 年版。

152.（清）薛福成:《庸庵全集》,光绪二十七年（1901 年）石印本。

153.（清）薛福成:《出使英法意比四国日记》,社会科学文献出版社 2007 年版。

154. 夏东元编:《郑观应集》,上海人民出版社 1982 年版。

155. 李明勋等主编:《张謇全集》,上海辞书出版社 2012 年版。

156. 汤志钧编:《康有为政论集》,中华书局 1981 年版。

157.《康南海先生口说》,吴锡钊、邓中好校点,中山大学出版社 1985 年版。

158. 黄明同等编著:《康有为早期遗稿述评》,中山大学出版社 1988 年版。

159. 康有为:《孔子改制考》,中华书局 1958 年版。

160. 康有为:《大同书》,上海古籍出版社 2005 年版。

161. 梁启超:《饮冰室合集》,中华书局 1989 年版。

162. 梁启超:《清代学术概论》,中华书局 1954 年版。

163. 梁启超:《先秦政治思想史》,上海古籍出版社 2014 年版。

164. 蔡尚思、方行编:《谭嗣同全集》（增订本）,中华书局 1981 年版。

165. 何启、胡礼垣:《新政真诠》,郑大华点校,辽宁人民出版社 1994 年版。

166.（清）载泽:《考察政治日记》,岳麓书社 1986 年版。

167.（清）戴鸿慈:《出使九国日记》,岳麓书社 1986 年版。

168. 钱仲联笺注:《人境庐诗草笺注》,上海古籍出版社 1981 年版。

169.（清）黄遵宪:《日本国志》,吴振清等点校,天津人民出版社 2005 年版。

170. (清)志刚:《初使泰西记》,岳麓书社1985年版。

171. (清)沈家本:《历代刑法考》,邓经元、骈宇骞点校,中华书局1985年版。

172. 丁贤俊、喻作凤编:《伍廷芳集》,中华书局1993年版。

173. (清)赵炳麟:《赵柏岩集》,广西人民出版社2001年版。

174. 程树德:《九朝律考》,中华书局2003年版。

175. 牛仰山选注:《天演之声——严复文选》,百花文艺出版社2002年版。

176. 汤志钧编:《章太炎政论选集》,中华书局1977年版。

177. 朱维铮等编注:《章太炎选集》,上海人民出版社1981年版。

178. 上海人民出版社编:《章太炎全集》,上海人民出版社1984年版。

179. 孙中山:《孙中山选集》,人民出版社1956年版。

180. 孟庆鹏编:《孙中山文集》,团结出版社2016年版。

181. 胡汉民主编:《总理全集》,上海书店出版社1990年版。

182. 毛泽东:《毛泽东选集》,人民出版社1991年版。

二、史料类

1. 中国第一历史档案馆、中国社会科学院历史研究所译注:《满文老档》,中华书局1990年版。

2.《清代〈宝坻档案〉全宗》,中国第一历史档案馆藏。

3. 中国史学会编:《鸦片战争》,神州国光社1954年版。

4. 金毓黻、田余庆等编辑:《太平天国史料》,中华书局1955年版。

5. 齐思和等整理:《筹办夷务始末》,中华书局1964～1979年版。

6. 蒋廷黻编:《筹办夷务始末补遗》,北京大学出版社1988年版。

7. 中国史学会编:《洋务运动》,上海人民出版社1961年版。

8. 杨家骆编:《戊戌变法文献汇编》,鼎文书局1973年版。

9. 翦伯赞等编:《戊戌变法》,神州国光社 1953 年版。

10. 第一历史档案馆:《清末宪政史料》,编号一一四。

11. 故宫博物馆明清档案部编:《清末筹备立宪档案史料》,中华书局 1979 年版。

12. 故宫博物院明清档案部编:《清季中外使领事表》,中华书局 1985 年版。

13. 天津社会科学院历史研究所编:《1901 年美国对华外交档案》,刘心显、刘海岩译,齐鲁书社 1984 年版。

14. 中国史学会主编:《义和团》,上海人民出版社 1957 年版。

15. 国家档案局明清档案馆编:《义和团档案史料》,中华书局 1959 年版。

16. 中国史学会编辑:《辛亥革命》,上海人民出版社 1957 年版。

17. 中国社会科学院近代史研究所史料组编辑:《辛亥革命资料》,中华书局 1961 年版。

18. 存萃学社编集:《辛亥革命资料汇辑》,大东图书公司 1980 年版。

19. 张枬、王忍之编:《辛亥革命前十年间时论选集》,三联书店 1960 ~ 1977 年版。

20. 辛亥革命武昌起义纪念馆、政协湖北省委员会合编:《湖北省军政府文献资料汇编》,武汉大学出版社 1986 年版。

21. 中国第二历史档案馆编:《中华民国史档案资料汇编》,江苏人民出版社 1979 年版。

22. 张静庐辑注:《中国近代出版史料初编》,中华书局 1957 年版。

23. 王铁崖编:《中外旧约章汇编》,三联书店 1957 年版。

24. 戢翼翚主编:《译书汇编》,学生书局 1966 年版。

25. 刘真主编:《中国留学教育史料》,编译馆 1980 年版。

26. 舒新城编:《中国近代教育史料》,人民教育出版社 1981 年版。

27. 游学译编社编:《游学译编》,湖南师范大学出版社 2008 年版。

28.《仙源东溪项氏族谱》,光绪十一年(1885 年)。

29.《东方杂志》,上海书店出版社 2012 年版。

三、论著类

1. 郭沫若:《青铜时代》,人民出版社 1954 年版。

2. 罗冬阳:《明太祖礼法之治研究》,高等教育出版社 1998 年版。

3. 丁文江、赵丰田编:《梁任公先生年谱长编初稿》,上海人民出版社 1983 年版。

4. 钟叔河:《走向世界》,中华书局 1985 年版。

5. 熊月之:《西学东渐与晚清社会》,上海人民出版社 1994 年版。

6. 汪家熔:《大变动时代的建设者——张元济传》,四川人民出版社 1985 年版。

7. 黄福庆:《清末留日学生》,"中央研究院"近代史研究所 1975 年版。

8. 李喜新:《近代中国留日学生》,人民出版社 1987 年版。

9. 戈公振:《中国报学史》,中国新闻出版社 1985 年版。

10. 费成康:《中国租界史》,上海社会科学院出版社 1991 年版。

11. 张仲礼主编:《近代上海城市研究》,上海人民出版社 1990 年版。

12. 乐正:《近代上海人社会心态(1862—1910)》,上海人民出版社 1991 年版。

13. 周景濂编著:《中葡外交史》,商务印书馆 1991 年版。

14. 强磊:《论清代涉外案件的司法管辖》,辽宁大学出版社 1991 年版。

15. 吴孟雪:《美国在华领事裁判权百年史》,社会科学文献出版社 1992 年版。

16. 高道蕴等编:《美国学者论中国法律传统》,中国政法大学出版社 1994 年版。

17. 胡长清:《中国民法总论》,王涌校勘,中国政法大学出版社

1997 年版。

18. 谢振民编著:《中华民国立法史》,张知本校订,中国政法大学出版社 2000 年版。

19.《民事习惯调查报告录》,胡旭晟、夏新华、李交发点校,中国政法大学出版社 2001 年版。

20. 杨鸿烈:《中国法律思想史》,范忠信、何鹏勘校,中国政法大学出版社 2004 年版。

21. 李贵连:《近代中国法制与法学》,北京大学出版社 2002 年版。

22. 李贵连:《沈家本传》,法律出版社 2000 年版。

23. 李贵连:《沈家本年谱长编》,山东人民出版社 2010 年版。

24. 王铁崖著,邓正来编:《王铁崖文选》,中国政法大学出版社 1993 年版。

25. 罗荣渠:《现代化新论》,北京大学出版社 1993 年版。

26. 王觉非:《英国的政治经济和社会现代化》,南京大学出版社 1989 年版。

27. 刘师培:《儒学法学分歧论》,载《国粹学报》1907 年 7 期。

28. 李大钊:《由经济上解释中国近代思想变动的原因》,载《新青年》第七卷第二号,上海群益书社 1920 年版。

29. [日]滋贺秀三:《中国法文化的考察——以诉讼的形态为素材》,载《比较法研究》1988 年第 3 期。

四、译著类

1. [法]孟德斯鸠:《孟德斯鸠法意》,严复译,商务印书馆 1981 年版。

2. [法]孟德斯鸠:《论法的精神》,张雁深译,商务印书馆 1961 年版。

3. [法]勒内・达维德:《当代主要法律体系》,漆竹生译,上海译文出版社 1984 年版。

4. [加]许美德等:《中外比较教育史》,朱维铮等译,上海人民出版社 1990 年版。

5. [美]德雷克:《徐继畬及其瀛寰志略》,任复光译,文津出版社 1990 年版。

6. [美]费正清编:《剑桥中国晚清史》,中国社会科学院历史研究所编译室译,中国社会科学出版社 1985 年版。

7. [美]郝延平:《中国近代商业革命》,陈潮译,上海人民出版社 1991 年版。

8. [美]郝延平:《十九世纪的中国买办:东西间的桥梁》,李荣昌等译,上海社会科学院出版社 1988 年版。

9. [美]杰西·格·卢茨:《中国教会大学史(1850—1950)》,曾钜生译,浙江教育出版社 1987 年版。

10. [美]马士:《东印度公司对华贸易编年史》,区宗华译,中山大学出版社 1991 年版。

11. [美]乔纳森·斯潘塞:《改变中国》,曹德骏等译,三联书店 1990 年版。

12. [美]威罗贝:《外人在华特权和利益》,王绍坊译,三联书店 1957 年版。

13. [美]西黑尔·E. 布莱克等:《日本和俄国的现代化——一份进行比较的研究报告》,周师铭等译,商务印书馆 1992 年版。

14. [美]丁韪良:《花甲忆记》,沈弘等译,广西师范大学出版社 2004 年版。

15. [美]吴尔玺:《公法便览》,汪观藻等译,[美]丁韪良鉴定,光绪三年(1877 年)同文馆聚珍版。

16. [日]仁井田升:《唐令拾遗》,栗劲等译,长春出版社 1989 年版。

17. [日]奥藤恩秀:《中国人赴日本留学史》,谭汝兼等译,三联书店 1983 年版。

18[日]大木雅夫:《比较法》,范愉译,法律出版社 1999 年版。

19. [英]边沁:《政府片论》,沈叔平等译,商务印书馆 1995 年版。

20. [英]梅因:《古代法》,沈景一译,商务印书馆 1959 年版。

21. [德]瓦德西:《瓦德西拳乱笔记》,王光祈译,上海书店出版社 2000 年版。

22. 中共中央马克思恩格斯列宁斯大林著作编译局编译:《马克思恩格斯选集》,人民出版社 1995 年版。

23. 中共中央马克思恩格斯列宁斯大林著作编译局编译:《列宁选集》,人民出版社 1960 年版。

图书在版编目(CIP)数据

中国法律的传统与近代转型 / 张晋藩著. —— 4版
. —— 北京 : 法律出版社, 2019
ISBN 978-7-5197-3805-1

Ⅰ. ①中… Ⅱ. ①张… Ⅲ. ①法律—研究—中国
Ⅳ. ①D920.4

中国版本图书馆CIP数据核字(2019)第200792号

中国法律的传统与近代转型(第四版)
ZHONGGUO FALÜ DE CHUANTONG YU JINDAI ZHUANXING(DI-SI BAN)
张晋藩 著

责任编辑 黄倩倩
装帧设计 鲁 娟

开本 710毫米×1000毫米 1/16
版本 2019年10月第4版
出版 法律出版社
总发行 中国法律图书有限公司
印刷 天津嘉恒印务有限公司

印张 33.5 **字数** 443千
印次 2019年10月第1次印刷
编辑统筹 学术·对外出版分社
经销 新华书店
责任印制 陶 松

法律出版社/北京市丰台区莲花池西里7号(100073)
网址/www.lawpress.com.cn
投稿邮箱/info@lawpress.com.cn 销售热线/400-660-8393
举报维权邮箱/jbwq@lawpress.com.cn 咨询电话/010-63939796

中国法律图书有限公司/北京市丰台区莲花池西里7号(100073)
全国各地中法图分、子公司销售电话:
统一销售客服/400-660-8393/6393
第一法律书店/010-83938432/8433 西安分公司/029-85330678 重庆分公司/023-67453036
上海分公司/021-62071639/1636 深圳分公司/0755-83072995

书号: ISBN 978-7-5197-3805-1 **定价:** 158.00元
(如有缺页或倒装,中国法律图书有限公司负责退换)